HISTORIA DE CUBA

OBRAS DEL AUTOR

Historia de Cárdenas, La Habana, 1928.
El pasado glorioso como lección de energía, La Habana, 1928.
La decadencia de Cárdenas, La Habana, 1929.
Narciso López y su época, La Habana, 1930. vol. I.
Céspedes, el Padre de la Patria cubana, Madrid, 1931.
Sobre la vida y las obras de Pedro J. Guiteras, La Habana, 1932.
Cuba: Past and Present, Wáshington, D. C., 1933 en **Studies in Hispanic** American History: The Caribbean Area, publicación de The George Washington University.
Cuban Students and Machado's Bloody Tyranny, Washington, D. C. 1933.
What the Platt Amendment Has Meant to Cuba, Wáshington, D. C., 1933.
Cuba y la Conferencia de Montevideo, La Habana, 1934.
La biblioteca y el libro cubanos como factor sociológico, La Habana, 1934.
Martí, diplomático, La Habana, 1934.
The Non-Intervention Pact of Montevideo and American Intervention in Cuba, La Habana, 1935. (Hay edición española).
Cuba y la independencia de los Estados Unidos, La Habana, 1935.
Sobre el ideario político del Padre Varela, La Habana, 1935.
On the Civilization of the Two Americas, Asheville, N. C., 1937.
La economía regional de los Estados Unidos: su influencia en la grandeza y la posible decadencia del país, La Habana, 1937.
La población negra norteamericana como factor de la vida nacional, La Habana, 1937.
Un esfuerzo panamericano por la independencia de Cuba, México, D. F., 1938.
El gobierno de Polk y las conspiraciones cubanas de 1848, La Habana, 1938.
Problemas de población y de razas en los Estados Unidos: resultantes sociales y problemas del futuro, La Habana, 1938.
Lo español en los Estados Unidos, La Habana, 1938.
Evolución histórica de la política y la democracia en los Estados Unidos, La Habana, 1939.
Bolívar y el panamericanismo, La Habana, 1939.
Los prejuicios raciales y la integración nacional norteamericana, La Habana, 1939.
La vida sexual de la juventud norteamericana, La Habana, 1940.
Jorge Wáshington y su obra, La Habana, 1940.
Las conspiraciones cubanas de 1850, La Habana, 1940.
El "New Deal" norteamericano, La Habana, 1940.
Historia de Cuba en sus relaciones con los Estados Unidos y España, La Habana, vol 1, 1938; vol. II. 1939; vol. III. 1939; vol. IV, 1941.
El deber de Cuba en la Segunda Guerra Mundial, La Habana, 1941.

TRADUCCION

Problemas de la Nueva Cuba, por la Comisión de Asuntos Cubanos de la Foreign Policy Association, traducido de la obra en inglés "Problems of the New Cuba", Nueva York, primera edición, 1935; La Habana, segunda edición, 1935.

EN PUBLICACION

Narciso López y su época, vols. II y III.
Historia de América.

EN PREPARACION

Historia de la revolución universitaria cubana, 1922-1935.

BIBLIOTECA DE HISTORIA
FILOSOFIA Y SOCIOLOGIA
VOLUMEN IX

Historia de Cuba

EN SUS RELACIONES CON LOS ESTADOS UNIDOS Y ESPAÑA

por

Herminio Portell Vilá

Profesor Titular de Historia de América y Moderna y
ex-Instructor de Historia de Cuba en la Universidad de La
Habana; ex-Profesor de Historia de la Diplomacia Norteamericana e Historia de la Civilización del Nuevo Mundo en
Black Mountain College, North Carolina, EE. UU.; Delegado Plenipotenciario de Cuba a la VII Conferencia
Internacional de Estados Americanos (Montevideo,
1933). y miembro de la comisión ponente de la
"Convención de Derechos y Deberes de los Estados", de 1933; cuatro veces becario de la John
Simon Guggenheim Memorial Foundation, etc.

TOMO IV
La Intervención y la República

PRIMERA EDICION

MNEMOSYNE PUBLISHING INC.
Miami, Florida
1969

Originally Published 1941
Reprinted 1969

First Mnemosyne Reprinting

1969

LIBRARY OF CONGRESS CATALOG CARD NUMBER:

76-81128

PRINTED IN THE UNITED STATES OF AMERICA

INDICE DEL TOMO CUARTO Y ULTIMO

INTRODUCCION AL ULTIMO VOLUMEN

Con este tomo llega a su terminación la publicación de la "Historia de Cuba en sus relaciones con los Estados Unidos y España", iniciada hace dos años por la Editorial Montero y completada con una rapidez y con una perfección que bien pueden ser timbre de orgullo y crédito de eficiencia para la industria tipográfica cubana.

La obra, como se advertirá, es más detallada hasta 1909, fecha del cese de la Segunda Intervención Norteamericana en Cuba y de la restauración republicana una vez elegido el Presidente José Miguel Gómez. Hay varias razones que abonan la decisión de no entrar en muchos detalles después de ese año y que la justifican plenamente.

No es que el autor renuncie a continuar su estudio de los años turbulentos, difíciles y en ocasiones marcados por la más descarada corrupción política, o por el despilfarro más insolente de los dineros públicos, o por la ingerencia desmoralizadora de los Estados Unidos en nuestros asuntos, o por el mantenimiento de usurpadores y tiranos en el gobierno, o por el triunfo de la improvisación, el nepotismo, la incapacidad y la falta de escrúpulos, etc., en el gobierno de la República, desde 1909 hasta nuestros días, que tanto han hecho y continúan haciendo para retrasar la integración nacional y el progreso definitivo de nuestro país. Me propongo que dentro de algún tiempo aparezca otra obra mía, la "Historia de la república cubana", que cubra todo el período que va desde el cese de la soberanía española al momento actual, y que con adecuada información, madurez de criterio e imparcialidad, pronuncie juicios definitivos sobre ese período de la historia nacional, sus hombres y sus hechos.

Son muchos los materiales que ya tengo reunidos para ese otro trabajo, cuya preparación va muy adelantada; pero se trata de acontecimientos recientes y de personajes que viven todavía o el recuerdo de cuya actuación es objeto de apasionados comentarios, y parece conveniente esperar a que el tiempo serene los ánimos para darlo por terminado y publicarlo.

Además, para hacer una "Historia de la república cubana" que tenga la información y la documentación que esta "Historia de Cuba en sus relaciones con los Estados Unidos y España" que *ahora he completado, hay que aguardar necesariamente a que se abran los archivos públicos y privados de Cuba y de los Estados Unidos de estos últimos años, de la misma manera y con igual libertad que se me permitió su consulta para un período anterior mientras preparaba esta obra.*

Este autor cubano se siente orgulloso de haber dado a su patria un estudio de la evolución nacional en que cree haber prescindido de estridencias nacionalistas y chauvinistas para destacar la realidad de las influencias que han intervenido en aquélla y poner de relieve las virtudes y las grandes capacidades y el espíritu progresista del pueblo cubano, que pesan mucho más, en la balanza de la historia, que los defectos de ese pueblo, ninguno de los cuales ha sido atenuado o desconocido en esta obra.

Ya decía en la introducción general que apareció al principio del tomo primero, que ésta era obra de tesis, que posiblemente chocaría con conceptos añejos y equivocados sobre el pasado de Cuba; pero que aspiraba a fijar nuevos y verdaderos criterios sobre el mismo y fundarlos en todo momento sobre razonamientos sólidos y fuentes bibliográficas insospechables. Declaré entonces mi aspiración a probar que nuestra historia es digna, estimulante, llena de ejemplares enseñanzas y suficiente para construir sobre ella el porvenir de un país admirablemente dotado para ser feliz, rico, libre y respetable. Creo haberlo conseguido, y la reacción de la crítica, especialmente la extranjera, al comentar la aparición de los varios tomos, uno tras otro, ha sido lo más alentadora y favorable en sus juicios y confesado que había visto a una nueva luz, que hasta hoy le era desconocida, la integración de nuestro pueblo y la persistencia del ideal nacionalista cubano.

Como verdad indestructible, como una realidad que tiene visos de eterna, quedan en estas páginas demostradas la existencia y la necesidad de que haya relaciones cordiales y fecundas entre Cuba y los Estados Unidos, como las hay entre la Gran Bretaña y Bélgica no obstante la disparidad de recursos y poderío; pero también queda denunciado el hecho de que tales relaciones, por espacio de muchos años y hasta hoy, han distado muy mucho de ser lo que los espíritus nobles y generosos de ambos lados del Estrecho de la Florida han querido siempre que fuesen. No puede haber relacionamiento cordial y fecundo donde hay egoísmos malsanos, ambiciones de dominio, superioridades pretensas e injusticias. El anhelo de William Jennings Bryan, un tiempo líder de las masas populares norteamericanas, sobre que "¡Dios nos hizo vecinos; que la justicia nos conserve amigos!", continúa siendo una profecía irrealizada por cuya materialización seguimos suspirando los cubanos.

No es sólo que la memoria de pasados errores haga difícil que haya la confianza recíproca, el buen acuerdo sincero, entre los dos países, sino que el presente también contribuye a ese resultado. En verdad que la historia secular de los designios norteamericanos sobre Cuba, bien conocida, es alarmante. Las intrigas para la anexión a los Estados Unidos, desde Jefferson hasta McKinley, que antes había iniciado Franklin y que reaparecen a ratos en este siglo, necesariamente tienen que ser fuente de irritación y molestia para el pueblo cubano. El gobierno de Wáshington es responsable de que nuestra independencia llegase con casi un siglo de retraso por su absurda política de mantener a Cuba como posesión española si no era para pasar a manos de los Estados Unidos. Las revoluciones frustradas, una y otra vez, por la enemiga norteamericana al separatismo cubano, tienen que haber dejado sedimentos de desconfianza e inquietud. La política secular de entenderse con España en contra de Cuba, aún después de la Guerra de 1898, fué absurda y condujo a la frustración y decapitación de la Revolución Cubana para humillar a nuestro pueblo, lanzarle al derrotismo, impedirle cobrar los frutos de la victoria y reorganizar la economía nacional, y preparar la anexión. El que ésta no se realizase fué exclusivamente debido al patriotismo y a la habilidad con que se manejaron los cubanos en aquel cuatrenio crítico de 1898 a 1902. La misma Doctrina de Monroe, según teoría que presento en esta obra, tiene a Cuba y a su suerte como objetivo principal e invariable, lo que explica sus interpretaciones diversas y hasta contradictorias para con los demás países de América. El régimen de Leonard Wood fué desmoralizador del cubano por su arbitrariedad y sus intrigas y restauró la economía colonial destruída por la Revolución, pero a favor de los Estados Unidos y con exclusión de España para su mejor disfrute. La "joint resolution" de abril 19, 1898, sobre la independencia de Cuba, la más altruísta declaración de política internacional que los norteamericanos han podido formular hasta los "Catorce puntos", de Wilson, para el Senador Platt era "that foolish joint resolution" y se aprobó mediante las gestiones de "lobbyists" contratados al efecto y que unieron algunos votos de compromiso a los de los espíritus generosos que, en efecto, simpatizaban con Cuba. La Enmienda Platt no fué otra cosa sino el substitutivo de la anexión, impuesta para preparar el logro de esta última, según confesión que señalo en estas páginas, hecha por los que en 1901 humillaron al pueblo de Cuba. A Estrada Palma se le ayudó en su elección como primer Presidente de la República en la creencia de que favorecería la anexión a los Estados Unidos, y cuando puso de relieve su decisión de ser jefe de un gobierno nacionalista, cubano antes que nada, ya hubo dificultades con él y con sus propósitos. La intervención y la amenaza de intervención han sido siempre fatales en la historia de las relaciones entre Cuba y los Estados Unidos, habitualmente engendradoras de regímenes debilitados, o impopulares, o usurpadores, o despóticos, o corrompidos, pero nunca expresión legítima de la voluntad popular lealmente apoyada, sin egoísmos, por un vecino poderoso que de mil maneras interfiere con la elección.

Nadie puede afirmar sin mentir que la impolítica conducta seguida en cuanto a Cuba, desde 1933 hasta la fecha, por los Estados

Unidos, dictada por Benjamin Sumner Welles y en sus peores y más repugnantes aspectos representada por James Jefferson Caffery, haya sido una rectificación de los errores del pasado que se mencionan en el párrafo anterior, y que forma un catálogo extenso aunque incompleto. El diplomático soberbio, engreído e intransigente al que su orgullo herido por el fracaso le impidió en 1933 hacer frente a una nueva situación, traída por sus desaciertos, y que se obstinó en el error como subsecretario de Estado desde Wáshington, a partir de esa fecha necesitaba un "factotum" de manga ancha y pocos escrúpulos, y lo encontró en ese personaje tenebroso que demostró ser el ex-embajador Caffery. Ambos diplomáticos, y sus hechos, con toda justicia pertenecen a la larga lista de los hombres que han dificultado y obstaculizado las buenas relaciones entre Cuba y los Estados Unidos desde el siglo XVIII, por sus ambiciones, su falta de flexibilidad y su miopía política.

El sistema de las cuotas azucareras; los tratados de supuesta reciprocidad mercantil y de falsa igualdad de derechos de navegación y migración; los convenios para restringir la exportación de alcoholes cubanos a cambio de ventajas nunca otorgadas; la hostilidad al gobierno reformador y el apoyo a los reaccionarios, etc., no son cosas del siglo pasado, sino productos de la llamada "política del buen vecino" que algunos favorecidos exaltan hasta las nubes, pero que ha sido la segunda frustración, aunque incompleta esta vez, de la Revolución Cubana.

Y es que se pretende ignorar que "buenas relaciones" no quiere decir vasallaje, sumisión, abuso, dominación y diferencias esenciales. Para que haya buenas relaciones es preciso que haya justicia, igualdad, sincero deseo de cooperar, equiparación de derechos y deberes, circunstancias todas que crean una situación de comunidad de aspiraciones y de respeto mutuo que es más fecunda, durable y útil, a los participantes, que cualquiera otra. Esta es la situación que debe haber entre Cuba y los Estados Unidos, cada nación siguiendo la órbita de sus particulares destinos, tan cerca, pero tan lejos, tan unidas y tan separadas como la Naturaleza, las culturas respectivas y la Historia, las han colocado para su evolución.

No hay un solo interés legítimo que se oponga a que existan, en toda su integridad, esas relaciones, y cuando se ha querido simular que, efectivamente, había tales intereses contrapuestos, o se ha falseado la realidad o se ha tratado de situaciones de antagonismo y de fricción traídas, más que por otra causa, por la egoísta ambición de poder y de influencia que acompaña a los empresarios y capitalistas norteamericanos en el extranjero.

Esta obra aspira a que, mediante la presentación de la realidad de lo que han venido siendo las relaciones entre Cuba y los Estados Unidos y con la comparación de los respectivos ciclos de evolución de los dos países, que en ella se hace, se pueda llegar a

una mejor comprensión de las rectificaciones que conviene hacer a
ese pasado de imposiciones e injusticias para establecer un nuevo
régimen y un nuevo sistema de relaciones que es el conveniente
tanto para Cuba como para su poderosa vecina.

Los contactos con España, naturalmente, sufren una completa
transformación con la derrota de las escuadras y los ejércitos en la
Guerra de 1898. La victoria norteamericana, alcanzada a pesar de
la indisciplina, la ineptitud y la desorganización de las fuerzas armadas de los Estados Unidos, fué posible por la colaboración directa de las tropas mambisas, en el ataque a Santiago de Cuba y
en todas partes, y por el tacto y la firme prudencia con que los cubanos hicieron frente a la nueva realidad y favorecieron la tranquila liquidación del pasado y el advenimiento del nuevo orden de
cosas. Ese proceso fué trabajoso y, como se verá en este volumen,
tuvo características muy curiosas, ya que los más intransigentes
españolistas, llevados de su odio a Cuba libre, en seguida se olvi-
daron del rencor que habían sentido contra los norteamericanos
porque no habían continuado siendo sus aliados de siempre contra
la independencia de Cuba, y se convirtieron en los más entusiastas
partidarios de la anexión de la Isla a los Estados Unidos y traba-
jaron a su favor. Lo que es más singular todavía, los norteamericanos correspondieron a estas demostraciones de cordialidad con
renovado ardor, olvidados de la larga serie de insultos y luchas
que habían marcado las relaciones entre los Estados Unidos y España en los últimos años del siglo XIX, y hasta se dispusieron a
reconocer a sus enemigos del día anterior iguales derechos en
Cuba que los que tenían los cubanos mismos, por cuya independencia había surgido la Guerra de 1898.

El acuerdo hispano-yanqui no logró hacer la anexión por la resistencia y la determinación mostradas por el pueblo de Cuba, y
se fué debilitando a medida que se consolidaba la república hasta
desaparecer completamente con el fracaso de las últimas esperanzas anexionistas y la restauración republicana de 1909. De cuando
en cuando, en tiempos de crisis políticas, hay una que otra tentativa para revivir la cordialidad anticubana de norteamericanos y
españoles, pero estos esfuerzos esporádicos no han podido galva-
nizar o revitalizar esa muerta tendencia. Cuba es hoy más Cuba,
más nación integrada, delimitada, unificada, que en ningún otro
período de su historia, como si ya hubiese consolidado todos los
atributos de república. Las relaciones triangulares Cuba-España-
Estados Unidos, rotas en 1898, quedaron liquidadas en el período
que discutimos en este tomo.

Esta obra, aunque de especialización dentro de la historia, es
la primera Historia de Cuba... que se completa y queda al día.
En el pasado siglo hubo excelentes esfuerzos para darnos el libro
descriptivo y crítico de nuestra evolución, como los de Pezuela y
Guiteras y con ciertas limitaciones, los de otros autores. En esta

centuria las tentativas más destacadas han sido las de los doctores Ramiro Guerra y Emeterio S. Santovenia. El primero imprimió hace años los dos primeros tomos de su obra, cuya publicación ha quedado interrumpida, y hace poco inició la de otra de menos vuelo, que tampoco ha terminado. Y el Dr. Santovenia acaba de editar el primer volumen de su Historia de Cuba, que constará de varios tomos y que promete ser un trabajo de mucho mérito, tal como podemos esperar de tan distinguido y laborioso historiador. El particularismo de mi Historia de Cuba..., que pone énfasis especial en las relaciones con los Estados Unidos y España, en realidad la coloca en una categoría especial por su orientación y su contenido, con valor específico que espero conserve mucho tiempo, y con utilidad general que ha de durar hasta que complete su obra el doctor Santovenia.

En 1931 la John Simon Guggenheim Memorial Foundation, de Nueva York, me concedió el primero de los cuatro períodos de beca con que recogí los materiales para esta obra y me facilitó después, en época en que no podía vivir en Cuba, la oportunidad de un retiro seguro en que preparar el manuscrito de este libro. La beca fué para continuar estudios en los Estados Unidos sobre las relaciones de este país con Cuba y para investigar los proyectos anexionistas a fin de exponer los resultados de dichos trabajos en una obra original. Queda saldado el compromiso con la publicación de esta Historia de Cuba en sus relaciones con los Estados Unidos y España, pero la deuda de gratitud para con quienes tan generosamente hicieron posible la preparación de esta obra, la proclamo aquí, de nuevo.

Unas palabras más para terminar. Esta obra fué con toda justicia dedicada a mi esposa, Lea Rodríguez de Portell Vilá, por su colaboración inapreciable en la búsqueda y copia de materiales históricos, llevada a cabo en varios países, y en la preparación misma del manuscrito. La revisión e impresión de estos cuatro tomos también han requerido su escrupulosa atención por espacio de más de dos años, como para hacer más patente que, aunque aparezca a mi nombre esta obra, es realmente un trabajo de colaboración por lo mucho que hay en él de labor suya, constante, entusiasta y estimuladora.

Herminio PORTELL - VILÁ.

La Habana, diciembre de 1940.

CAPITULO I
LA PRIMERA INTERVENCION

1.—El gobierno del general Brooke.

Ya hemos dicho en el tomo anterior que la fase más difícil del período de ajuste a la nueva situación que tenía que afrontar Cuba, era la de las relaciones entre los organismos constitucionales de la revolución—llevada a cabo ésta para obtener la independencia de Cuba y organizada y desarrollada bajo un gobierno republicano—, y la realidad de una dominación extranjera a cargo del ejército de los Estados Unidos. Los puntos de vista y los propósitos de cubanos y norteamericanos eran completamente divergentes y hasta antagónicos: los primeros querían ser libres de inmediato, como tenían derecho a serlo, mientras que los segundos, o aspiraban a anexionarse la Isla lo más pronto posible, o preparaban la anexión para el futuro o en el caso de unos pocos dirigentes se oponían a la anexión de Cuba, pero insistían en la necesidad de una larga ocupación militar "para enseñar a los cubanos a gobernarse", como si la arbitrariedad y la imposición de la fuerza en regímenes políticos preparasen a pueblo alguno para la democracia.

En cuanto a los cubanos, de acuerdo con preceptos constitucionales de antiguo vigentes y que había dado a la revolución la carta fundamental de Jimaguayú, en vigor por dos años hasta que fué sustituída por la de La Yaya, en octubre de 1898 se había reunido en Santa Cruz del Sur, pueblo de la provincia de Camagüey, la cuarta Asamblea de Representantes de Cuba, encargada del gobierno supremo, con facultades legislativas y ejecutivas, estas últimas confiadas a un comité de su seno muy por el estilo del Congreso Continental de los Estados Unidos. En la ley y en la práctica el Ejército Libertador, desde el general en jefe Máximo Gómez hasta el último soldado, también dependía de la Asamblea. Como ocurre siempre en todas partes y ni siquiera los Es-

tados Unidos han sido excepción de esta regla durante su guerra
de independencia, entre la Asamblea de Representantes cubana y
los militares que habían combatido contra la metrópoli había una
hostilidad más o menos abierta con cada grupo celoso de sus atribuciones, sus propósitos y su importancia para decidir de la suerte
de Cuba, hasta el punto de crear y fomentar una verdadera rivalidad. Esta situación era en extremo favorable para el mejor desarrollo de los planes del Subsecretario Breckenridge sobre dividir
a los cubanos y apoyar a uno u otro bando según las circunstancias y las conveniencias hasta lograr la anexión. Los Estados Unidos, pues, por cálculo porque ello convenía a esa política, y por
estrategia para quebrantar a la revolución cubana y así gobernar
a la Isla sin serias amenazas contra su dominio, se aplicaron a desconocer la Asamblea de Representantes y los militares cubanos,
alternativamente. Este sistema, además, estaba de acuerdo con la
actitud norteamericana de rehusar todo compromiso con el gobierno cubano que pudiera embarazar a la intervención o hacer
definitivo el futuro de la Isla, que convenía dejar tan vago e im-
preciso como fuese posible.

Así, pues, quienes primero habían vejado en Santiago de Cuba
al general Calixto García, con quien se habían entendido a espaldas de la Asamblea de Representantes para la colaboración entre
ambos ejércitos, más tarde lo recibieron como un héroe en los
Estados Unidos al ir en representación de la Asamblea a discutir
la liquidación del período revolucionario. De la misma manera,
los que habían ignorado al gobierno cubano al llevar a cabo sus
arreglos con Calixto García para el desembarco en Oriente, después convinieron en pedir la suspensión de las hostilidades por
parte de los cubanos, al firmarse el protocolo de 12 de agosto con
España, por medio del legítimo representante del gobierno cubano
en los Estados Unidos. Asimismo la potencia que en un principio
se había despreocupado del general en jefe Máximo Gómez y
entrado en convenios con su lugarteniente Calixto García, y que
había herido al viejo caudillo con ese proceder, al cabo de unos
pocos meses se le acercó y lo trató como lo que era, en realidad, un
líder de extraordinarios méritos a quien McKinley enviaba un representante personal cuya actuación cerca de Gómez produciría el
definitivo rompimiento entre éste y la Asamblea. Y en mil y un
casos más estas aparentes contradicciones se repetirían como incidentes de la misma campaña disociadora y maquiavélica que ha-

bría de sembrar los primeros odios políticos entre los revolucionarios cubanos, con abundante cosecha de disturbios, corrupción, encumbramiento de ineptos, etc., hasta nuestros días.

La Asamblea Legislativa que inauguró sus sesiones en Santa Cruz del Sur el 24 de octubre de 1898, tenía como objetivos específicos el licenciamiento del Ejército Libertador, el nombramiento de una comisión encargada de realizar ante el gobierno norteamericano las gestiones necesarias para desbandar esas tropas, y la creación de una Comisión Ejecutiva que resolviese, como tal, asuntos de vital interés.[1] El propósito principal y general, sin embargo, era de conocer los proyectos de los Estados Unidos acerca de Cuba y trazarse la línea de conducta cubana respecto a los mismos. Ya en la reunión celebrada el 8 de noviembre uno de los representantes—el coronel Manuel Sanguily, quien no era por cierto de los partidarios de la intervención norteamericana—, habló en solicitud de que se nombrase la comisión encargada de ir a Wáshington a nombre de la Asamblea para que el Presidente McKinley supiese cuáles eran las aspiraciones de los cubanos con tiempo suficiente para redactar su mensaje anual al Congreso de los Estados Unidos.[2] Dos días más tarde, el 10 de noviembre, se aprobaba una extensa moción a ese efecto presentada por los representantes Juan Gualberto Gómez, Enrique Núñez y José R. Villalón. La proposición iba precedida de una extensa exposición de motivos que si en realidad insistía una y otra vez sobre la cuestión del licenciamiento del Ejército Libertador y su importancia para la pacificación del país, en vano quería colocar en un segundo plano la ansiedad sentida respecto al futuro de Cuba y las relaciones de los organismos de la revolución con los Estados Unidos y sus representantes en la Isla. La exposición señalaba varios de los problemas que el gobierno interventor tenía que afrontar y no vacilaba en afirmar que esos problemas

> ... se resolverían bien si con nosotros se cuenta; que quizá no se acierte a solucionar, con fortuna para nosotros, y con gloria para los Estados Unidos, si de nosotros se prescinde sistemáticamente...[3]

De la misma manera, si los tres primeros acuerdos propuestos y aprobados de la moción que comentamos, se referían al licenciamiento de los mambises, lo transitorio de la ocupación norteamericana y la necesidad de un empréstito, pagado con las rentas de la Isla, para hacer frente a los gastos del licenciamiento, el acuerdo número cuatro decía categóricamente:

> ... Ofrecer al Gobierno americano el apoyo decidido de los elementos de toda clase que constituyen la agrupación revolucionaria actual, consignando expresamente que basándose la intervención en las Resoluciones del Congreso americano de 19 de abril último, que aseguran la independencia de este país, los cubanos revolucionarios están dispuestos a secundar la acción del Gabinete de Wáshington, ya continuando organizados como en la actualidad, ya del modo que se les indique, por lo que se ruega al Gobierno de los Estados Unidos que manifieste sus deseos a ese extremo para orientar nuestra actitud de suerte que resulten siempre en armonía los propósitos de dicho Gobierno y los intereses y derechos de nuestro pueblo... [4]

Es significativo que durante la discusión del articulado de la moción el representante Fernando Freyre de Andrade, perteneciente al grupo más radicalmente opuesto a la intervención, que ya comenzaba a formarse, expuso su criterio de que el principal objeto de la comisión enviada a Wáshington debía ser

> ... recabar del Gobierno americano el reconocimiento del derecho que asiste a esta Asamblea para intervenir en el régimen provisional de gobierno y administración vigente en Cuba desde la cesación de la soberanía española hasta la definitiva constitución del país, y especialmente para fijar los principios y reglas relativos al derecho y ejercicio del sufragio público, de donde han de emanar los futuros poderes, instituciones y legislación de la República cubana... [5]

El propio día diez de noviembre quedó nombrada la comisión que debía ir a Wáshington, elegida por mayoría de votos y presidida por el general Calixto García, con el Dr. José A. González Lanuza, el Dr. Manuel Sanguily, el general José Miguel Gómez y el ingeniero José R. Villalón, como vocales. Las tendencias que prevalecían en la Asamblea estaban bien representadas en la comisión, pues si el general García, tan injustamente tratado por Shafter, y el coronel Sanguily, no eran simpatizadores de la ocupación norteamericana en Cuba, el general Gómez todavía no se había hecho acreedor a la hostilidad del gobierno de Wáshington, como así resultaría años más tarde, el Dr. González Lanuza tenía cierta inclinación anexionista y era un realista en política, mientras que el coronel Villalón, educado en los Estados Unidos, era un oportunista de grandes ambiciones personales.

Las fuentes principales para historiar las gestiones de los comisionados son el informe oficial presentado a la Asamblea con fecha 25 de febrero de 1899, y los papeles del Senador John T. Morgan, quien todavía conservaba la careta de partidario de la independencia de Cuba y no se había declarado anexionista, por lo que los delegados cubanos se confiaron a él y Morgan dejó ciertos relatos de los puntos de vista cambiados con ellos, que son de gran interés.

La comisión cubana comenzó su viaje bajo los más desfavorables auspicios, cuando tanto la actitud de los Estados Unidos respecto a Cuba, como la del general Máximo Gómez y del pueblo cubano todo, eran nebulosos irreducibles en aquel momento. Todo hace presumir que las disposiciones de los Sres. Estrada Palma y Quesada, quienes por largos años habían representado a la revolución en los Estados Unidos, respecto a los comisionados encargados de una gestión que correspondía a los agentes citados, no eran del todo cordiales, aunque es de justicia decir que prestaron todo el concurso posible al mejor éxito de su labor, y que sus eficaces negociaciones lograron cierta consideración oficial para los delegados de la Asamblea y con ello impidieron el franco desconocimiento de su comisión por parte del gobierno de Wáshington, hecho que pudiera haber causado una ruptura y quizá si precipitado una nueva lucha armada en la Isla, esta vez de cubanos contra norteamericanos. El mismo Horatio Rubens, consejero legal de la Revolución, tampoco parece haber dedicado sus mejores esfuerzos al éxito de una encomienda confiada a hombres ajenos a la legación cubana en los Estados Unidos. Por otra parte, no podía escaparse a la percepción y experiencia de Estrada Palma, Quesada y Rubens, que la comisión luchaba por una causa perdida de antemano al querer obtener el reconocimiento de la personalidad de la Revolución Cubana por el gobierno de Wáshington, opuesto a la misma en todo momento.

En los primeros días del mes de diciembre la comisión llegó a Wáshington, donde sus miembros fueron agasajados con entusiasmo. Senadores y representantes, altos funcionarios del gobierno, diplomáticos extranjeros, hombres de negocios, etc., se disputaban el atender socialmente a los representantes de la Revolución Cubana. La comida ofrecida en honor de Calixto García por el general Miles, jefe del ejército norteamericano constituyó un acto lucidísimo de desagravio a quien tan groseramente había sido tra-

tado por Shafter. Los contactos oficiales, sin embargo, no corrían
parejas con esos actos sociales y apenas si hubo un interés ofi-
cioso en lo que aquellos huéspedes espontáneos tenían que decir
a nombre de la Asamblea.

Naturalmente, por su posición en el Comité de Relaciones Exteriores del Senado y por haber sido uno de los primeros abogados
de la causa de Cuba, el Senador John T. Morgan, de Alabama, fué
de los políticos con quienes desde un principio establecieron relaciones los comisionados cubanos. Una carta de Morgan al Secretario de Estado, John Hay, parece dar a entender que fué él quien
obtuvo de McKinley que les recibiese en la Casa Blanca, al decir:

> ... When General García and his co-commissioners ar-
> rived in Washington, they invited me to a conference with
> them.
>
> I accepted the invitation, having previously informed the
> President that I expected such an invitation and would accept
> it. I met the full body and presented to them the enclosed
> statement of my views of the situation, in writing, to which,
> after some days of consideration, they returned me the
> enclosed typewritten reply, placed in my hands by Mr. Gon-
> zalo de Quesada.
>
> In conversation with Gen. García and the other commis-
> sioners, I informed them that I had not, in any way, conferred
> with the President on the subject of their visit, except to ask
> him if he would give them an audience, to which he replied
> that he would do so, without any official recognition of them
> or the body they claimed to represent. I also said to them that
> I had not expressed my views to the President, as to Cuban
> affairs, and would not do so, until after they have seen him.
> I have not yet said anything on the subject to the President...[6]

Los documentos aludidos por el Senador Morgan en la cita que
antecede resultan del mayor interés político e histórico. Las copias
enviadas por Morgan a Hay y cuya autenticidad él garantizaba no
obstante que los papeles no aparecían firmados, están en idioma
inglés y pueden consultarse conjuntamente con la carta de Morgan
en el mismo volumen de Miscellaneous Letters que contiene
aquélla. Los comisionados presentaron a la Asamblea copias en
español de los mismos documentos, que aparecen impresos como
apéndices a las actas de las Asambleas de Representantes, que
venimos citando. De ese intercambio de memorándums el Senador
Morgan extraía la conclusión de que tan pronto como fuese ratificado el Tratado de París era preciso dar los pasos necesarios para

establecer un gobierno civil en Cuba en substitución de la intervención militar, [7] paso peligroso para la independencia prometida porque el régimen civil significaba permanencia en la posesión de la Isla, mientras que la transitoriedad de la ocupación militar era la más tranquilizadora promesa para los cubanos que
querían establecer la república. Hay, al contestar a Morgan, le
daba las gracias por la sugestión relativa al gobierno civil, pero
cuidaba de no prometer que sería instaurado. [8]

Las opiniones expresadas por Morgan en su memorándum eran
en número de dieciséis y declaraban que el Congreso de Wáshington había rehusado expresamente el reconocer la soberanía del
gobierno revolucionario o del autonomista sobre Cuba, y sí sólo
la de España, y que la guerra entre españoles y norteamericanos
había sido determinada por el Congreso

> ... to avenge the destruction of the "Maine" and for wrongs
> done to our people, and the insult to our flag while it was in
> Havana harbor by invitation... [9]

Es decir, que uno de los primeros corifeos del reconocimiento
de la independencia de Cuba en el Senado, de una plumada des-
pojaba a la guerra con España de su carácter de cruzada en defensa de la libertad, la justicia y la humanidad, y la convertía en
una venganza por la explosión del *Maine*, buque del cual, con
una frescura extraordinaria, se permitía decir que había ido a La
Habana invitado por España, y la responsabilidad de cuya destrucción echaba sobre esa nación en el párrafo que acabamos de
citar. Morgan ya se inclinaba abiertamente a la anexión de la
Isla que antaño había considerado, cuando pertenecía a España,
digna de ser libre, y daba a los cubanos un excelente argumento
para probar la pobrísima importancia de la "deuda de gratitud"
que a cada paso aparece en las relaciones entre Cuba y los Estados Unidos.

Más adelante, en el mismo documento, las proposiciones tercera, cuarta y quinta se concretaban a elaborar la interesante hipótesis de que al surgir la guerra con España "...all the people...
of Cuba" se convirtieron en "national enemies of the United States"
porque el Congreso rehusó exceptuar de la consideración de enemigos a los mambises que luchaban por la independencia. Con
esta declaración es posible que Calixto García comprendiese mejor la grosería y la injusticia con que le había tratado Shafter al

rendirse Santiago y no obstante lo que el general Miles había de
decir en su visita a la Convención Nacional Constituyente cubana,
poco después:

> ...Os felicito por la campaña soberbia de vuestro ejér-
> cito cubano en esta última guerra contra las fuerzas inmensas
> de España. Vosotros conocéis las hazañas militares de nues-
> tro ejército, pero deseo atestiguar que yo presencié el valor
> indomable del vuestro a las órdenes del ilustre General Ca-
> lixto García Iñiguez. Con seis mil hombres cerróle el paso a
> más de veinte mil soldados españoles e impidió que pudieran
> socorrer las guarniciones de Santiago. La otra parte de sus
> fuerzas, unos cuatro mil hombres, atacó con tal actividad, que
> merece gran parte de la gloria del éxito... [10]

La teoría de Morgan, pues, borraba la colaboración entre las
tropas cubanas y norteamericanas y hasta el nombre de aliados
que en días de angustias para él había dado Shafter a los primeros
citados.

En otros de sus postulados Morgan cuidaba de insistir sobre
que, no obstante la revolución en Cuba y el proceder de España en
sus esfuerzos para sofocarla, el Congreso de los Estados Unidos no
había reconocido la beligerancia de los cubanos y al cesar la soberanía española sobre la Isla, ésta quedaba confiada a los Estados Unidos porque el conflicto, mientras se había limitado a cubanos y españoles, no había sido guerra. La ironía de esta pretensión que se aferraba a un "tecnicismo" para justificar la intervención, se advierte mejor si recordamos que los Estados Unidos se
comprometieron a indemnizar a sus ciudadanos por las reclamaciones que tuviesen contra España, causadas por la revolución
cubana, y que la comisión encargada de decidir sobre esas demandas, nombrada por el mismo gobierno de McKinley que negó
la beligerancia a los cubanos, resolvió

> ...as a previous question that the conflict between Spain and
> Cuba was really a war and, in consequence, Spain was not
> and hence the United States should not be, responsible for
> damages suffered by reason of the hostilities... [11]

Como dice Rubens a propósito de esa decisión, cuando se trataba de no pagar las reclamaciones entonces sí que

> ...at last the United States declared that it was a war,
> admitted that there should have been a declaration of
> neutrality, and that the belligerent rights, so earnestly sought
> by the Cubans, should have been granted...

Morgan, como los demás imperialistas norteamericanos de su tiempo, tenía un "santo horror" a admitir que los Estados Unidos empleaban la fuerza y no el derecho, la ficción jurídica y no la justicia, a fin de impedir la independencia de Cuba y preparar la anexión, y de ahí sus contradicciones y su infantil preocupación en justificar lo injustificable.

En cuanto al futuro político de Cuba, Morgan hacía la intranquilizadora afirmación de que el Congreso, al surgir la guerra, había declarado que

> ... the people of Cuba were and of right ought to be free and independent...,

pero agregaba que era simplemente un compromiso moral y no un convenio, un decreto o una ley, por lo que los Estados Unidos lo ejecutarían del modo y en el momento que creyesen conveniente y mientras tanto las autoridades militares norteamericanas ejercerían el gobierno supremo de la Isla, responsables ante el Presidente McKinley y con la "...civil sovereignty in suspense", ya que esa soberanía sólo sería

> ... accorded to the people of Cuba when they have established a permanent government, republican in form.

No menos terminante y amenazadora para los representantes de la Asamblea cubana, por tratarse de un organismo que aspiraba a encarnar la soberanía del pueblo de Cuba, era la declaración de Morgan respecto a que

> ... Peace between Spain and the United States does not establish peace in Cuba if there are organizations there that refuse to accept the military authority of the United States as being supreme throughout the island...

Y aunque esta afirmación iba acompañada de otra sobre la provisionalidad del gobierno militar de la intervención y la necesidad de organizar un régimen civil que fuese permanente y reconocido por las potencias, no es menos cierto que el Senador Morgan precisaba que ese sistema político no podría ser establecido sino a invitación del poder interventor cuando éste juzgase que había paz, orden y normalidad económica, según su criterio, con lo cual resultaba obvio que el sistema político que se fundase emanaría del gobierno militar a satisfacción de éste, caso el más incongruente de "educar" a un pueblo para la democracia por medio de la fuerza y la arbitrariedad. En el fondo, además, se veía claramente el propósito de dictar el futuro político de Cuba.

Los comisionados cubanos contestaron al memorándum del Senador Morgan con otro que expresaba sus puntos de vista sobre las opiniones del político norteamericano, documento que, según el último citado, le fué entregado por Gonzalo de Quesada y por Calixto García, respecto a quien dice una nota manuscrita al dorso del memorándum, que murió antes de diez días, observación que hace presumir que la entrega tuvo lugar alrededor del 2 de diciembre, ya que el fallecimiento del héroe de Las Tunas ocurrió el 11 de ese mes.

Por cartas posteriores de Morgan podemos saber que la respuesta cubana hubo de alarmarle por el alcance de los argumentos empleados y las aspiraciones contenidas en los mismos, que eran las de un pueblo viril y digno, expresadas con mesurada energía y con inteligente razonamiento que no dejaban lugar a dudas sobre lo difícil que se haría despojar a los cubanos de la independencia por la cual habían luchado.

La respuesta cubana, como hemos dicho, consideraba una por una las afirmaciones de Morgan y, por supuesto, con hombres que le eran superiores en inteligencia y cultura, como Sanguily y González Lanuza, en su comisión, rebatía sus puntos con facilidad. En cuanto al primero de éstos, acerca de que los Estados Unidos nunca habían reconocido la beligerancia de los cubanos en armas ni al régimen autonómico, sino solamente la soberanía de España, los comisionados admitían la verdad de esa afirmación, pero no dejaban de hacer constar que tal política había sido injusta y egoísta para con la revolución cubana, acreedora al reconocimiento de su beligerancia y de la independencia por ella proclamada, como muchos norteamericanos habían pedido y el propio

> ... Senator *Morgan* was one of the most enthusiastic defenders of belligerency and most wise in aspiring to the formation of another republic in the new world... [12]

La segunda afirmación de Morgan relativa a que la guerra entre los Estados Unidos y España había tenido por causa la destrucción del *Maine*, los comisionados cubanos la rebatieron fácilmente, como era de esperar por la propaganda de cruzada libertadora y humanitaria que se había hecho, hasta de un modo oficial, a dicho conflicto. Con efecto, la comisión refrescaba la memoria de Morgan con la información de que el mensaje de McKinley al Congreso, sobre la crisis, mencionaba la explosión del *Maine* como una causa incidental y *"the Cuban question"* como la determinante de todas las dificultades entre las dos potencias, y con un párrafo del informe del Comité de Relaciones Exteriores del Senado, del que formaba parte Morgan, fecha 13 de abril, que de una manera bien enfática declaraba que si la calamidad representada por la catástrofe del *Maine*, que era *"a single incident"*, no hubiese tenido efecto, sin ello también se habría precipitado la ruptura por ser necesaria una *"immediate solution"* de la cuestión.

La absurda pretensión de que la declaración de guerra a España había hecho a todos los cubanos enemigos de los Estados Unidos no quedó mejor parada. Sin dificultad pudieron los cubanos probar que los mambises habían cooperado eficazmente con las tropas y la marina norteamericanas; que los representantes de la revolución habían estado en constante correspondencia con los Secretarios de la Guerra y de Marina; que McKinley, sus generales, almirantes y oficiales, habían consultado a los cubanos respecto a la campaña e interesado la ayuda de los revolucionarios en la lucha contra España a fin de actuar con unidad de acción; que varias expediciones de cubanos habían sido transportadas a las costas de la Isla, a bordo de buques de los Estados Unidos, con armas suministradas por esta última nación, y que las tropas de ambos países habían luchado en las mismas batallas, con los mambises al mando de sus propios oficiales.

De esa cooperación, adoptada de acuerdo, la comisión cubana extraía como la séptima de sus conclusiones, la muy importante de que los Estados Unidos no consideraron a los cubanos como insurrectos contra España, indignos de ser independientes, sino que al luchar juntos y con la declaración de que Cuba era y de derecho debía ser libre e independiente, la causa de la revolución había sido legalizada por la intervención norteamericana

> ... since it cannot be supposed that if would have been undertaken on the supposition that said solution was only sustained by a rebellious and boisterous ungovernnable and violent minority, that opposed by the use of force the true aspirations of the Cuban people...

La anterior argumentación iba dando la pauta de cuál sería la definitiva actitud de los comisionados respecto a la arbitrariedad que suponía el régimen de la intervención. Efectivamente, al discutir el punto número 9 del memorándum de Morgan, la comisión declaraba su complacencia de que el senador norteamericano expresase que la "joint resolution" de abril 20, 1898, era un compromiso moral de los Estados Unidos, porque su incumplimiento envolvía, por implicación, la conclusión de que "...*would be immoral*" no hacer a Cuba libre e independiente. Pero el razonamiento iba más lejos que todo eso, porque los delegados cubanos afirmaban que la "joint resolution" era "...*a real obligation for the benefit of the Cuban people*" porque sin que este último estuviese reconocido como nación podía aprovecharse de las ventajas de un contrato que le afectase, aun sin haber sido parte del convenio, y a ese respecto se expresaban en desacuerdo con Morgan para declarar que la "joint resolution" tenía fuerza obligatoria. Además, con gran realismo la comisión declaraba que reconocía la debilidad de las fuerzas de la revolución cubana si comparadas con las de los Estados Unidos y que por ello aceptaba la intervención en beneficio de Cuba, pero

> ...*sure as we are of our own rights... we believe that the Cuban people have now a perfect right to know what is the procedure to be employed and what is the criterion that must determine the opportune time when all this is to be effected. Mr. Morgan will understand that the theory that all this is at the discretionary power of the American Government,—which does not believe itself in a position to tell even the discretion in which that power will be exercised,—cannot be accepted by a people which have been fighting for several generations to gain its independence, but as a forcible imposition, as an unavoidable evil, and never as something that can satisfy its aspirations, nor consider it justifiable...*

Tampoco usaban de eufemismos los comisionados cubanos para decir que la rehabilitación económica de Cuba no se obtendría sin que la precediesen "...*all other steps tending to the establishmen of a stable and independent government in Cuba*" a fin de que la ocupación temporal no se prolongase indefinidamente.

La comisión aceptaba la situación impuesta por los Estados Unidos en Cuba como *de facto* y se expresaba dispuesta a cooperar con el gobierno norteamericano de acuerdo con la "joint resolution", es decir, por la pacificación de la Isla para dejar el gobierno de la misma a su pueblo porque Cuba era y de derecho debía ser libre e independiente, pero en cuanto a la suspensión del gobierno civil y el mantenimiento del militar, hacían las siguientes importantísimas preguntas que eran otros tantos retos a la arbitrariedad del régimen y otras tantas protestas de inconformidad:

a) What shall be the limitation of that military power or rule?

b) Shall the American military commanders be invested with full authority in Cuba, so that they will be constituted as source and origin of all powers, legislative as well as executive and judicial?

c) Shall that military government be an absolute and unlimited government such for example, as the Sultan's rule?

d) Shall there be continued and extended throughout the Island the present state of affairs, as established in part of the Island allowing for instance, Col. Hood, at Gibara, to establish the jury system, which is an institution not to be found in our judicial traditions?

e) Can it be possible that the Island of Cuba, which since its original civil organization to the present day has always been governed by the same laws, should now be ruled in such a way that every military commander may esatblish within its district (province) such regulations as he may see fit, ignoring our past and without any regard to what we could call the legislative history of our country?

f) Or shall, on the contrary, that temporary sovereignty be limited to a simple administration, management and protection of the public order, modifying and altering only such parts of our laws as are compatible with the new order of things?

La trascendencia de estas preguntas resulta más significativa si consideramos que iban acompañadas de este aviso terminante:

... Our efforts shall always tend to prevent our people from resorting to violence; we shall, on the contrary, instruct them to act prudently and wisely; but should the solution of these problems concerning political procedure and time of duration of this temporary situation of ours be attempted in a manner contrary to the ideals for which we have struggled and which we defend today, we would find ourselves driven to withdrawing and not co-operating with the American military authorities, in its gubernative and administrative labors, and leaving said authorities to assume absolute responsibility for the result, which responsibility we neither would nor could share with them...

En cuanto a la declaración de Morgan respecto a que McKinley, como jefe supremo de las fuerzas armadas de los Estados Unidos, tenía poder absoluto sobre Cuba y determinaría a su entender cuándo había llegado la hora de establecer un gobierno independiente en la Isla, la comisión ripostaba como sigue:

> ... There does not exist within our political creed a foreign power legislating for ourselves, regardless of ourselves, and for an indefinite time. Within the program of democratic principles which inspired our Revolution (and which are the same throughout the Constitution of the United States), we hold that one person ruling is the most dangerous of all powers, especially whenever his term of office is neither brief nor is previously determined, but on the contrary when he who rules the country is left free to fix term of his own office...

De esta concluyente afirmación los comisionados sacaban estas preguntas de incalculables consecuencias para las relaciones entre Cuba y los Estados Unidos:

> ... Upon whom shall devolve the duty of establishing the conditions of suffrage in Cuba? In other words, who is to legislate concerning the persons able to vote, conditions regulating the vote, scrutiny, etc? And in case such was the duty of the President, or any other American authority or corporation, in as much as our future constitution shall spring from said elections, as well as the final form of our government, does not Mr. Morgan believe that the establishing of a law regulating said elections is to exercise in Cuba an act of sovereignty, with conclusive and transcendental consequences...?

Como se vé, estos argumentos eran lógicos, justos, dignos, pero la posición de los Estados Unidos en Cuba era un abuso de fuerza, no nacía del derecho internacional, sino de la voluntad de un vencedor que se había lanzado a la guerra para libertar a un pueblo sometido a un gobierno militar, y substituía ese régimen por otro, también militar, y tan arbitrario, pues a la larga sería la intervención la que determinaría la futura organización de la República de Cuba y le limitaría su soberanía a cambio de la retirada de las tropas norteamericanas. Lógica, justicia, dignidad en el tratamiento de un pueblo civilizado, progresista, acreedor a su independencia por su adelanto y por sus sacrificios, eran consideraciones que no entraban en la política de los Estados Unidos respecto a Cuba, tendiente a hallar una oportunidad favorable para vencer la oposición de ciertos grupos de la opinión norteamericana y la de los cubanos, así como del escándalo universal, para llevar a cabo la anexión de la Isla.

Con objeto de precisar más la actitud cubana, la comisión también consideró el velado ultimátum de Morgan para que se disolviese la Asamblea porque mientras hubiese un organismo que pretendiese tener autoridad distinta a la de la intervención militar, no podía decirse que había paz en Cuba y, por tanto, no habría gobierno cubano, y a ese respecto los comisionados se expresaban dispuestos a disolver la Asamblea existente siempre

> ... that the said military authority shall invite the people of Cuba for the election of a stable government just as soon as there ceases to exist any organization which should refuse to accept it...

Finalmente, en cuanto a la última de las opiniones expresadas por Morgan respecto a un gobierno establecido por todo el pueblo de Cuba—peligrosa generalización que incluía a los españoles y extranjeros en general, partidarios de la anexión, especialmente los norteamericanos que afluían a la Isla—, los comisionados declaraban enfáticamente que

> ... for the whole people of Cuba we understand those who within the conditions to be determined will accept the citizenship of the New State which shall be named Republic of Cuba and will make theirs the government of that Republic. In the determination of said conditions, our criterion is of the greatest amplitude, but we do not believe it to be logical or rational, nor just, that foreigners wishing to maintain their nationality (here are among these latter such Spaniards as may wish to keep their Spanish nationality) should become factors in the solution of the future political regime of Cuba, in as much as they would enjoy all the rights proper to the Cubans, without doing their duty to the country in the constitution of which they had intervened...

Sin decirlo, sin embargo, los cubanos tenían presente los procedimientos de emigración norteamericana a Tejas y a Hawaii, que habían producido la anexión de ambos países al votar todos los residentes en los mismos, y con la confraternidad entre norteamericanos y españoles en Cuba en favor de la anexión de la Isla y en contra de la república, la demanda que acabamos de citar tendía a hacer imposible la repetición de esa estratagema imperia-

lista. En los temores de los cubanos a ese respecto había bien
fundados motivos, pues no tardaría en surgir ese problema con los
ciudadanos de los Estados Unidos avecindados en la Isla de Pinos
y que pretendieron hacerla república para después anexarla a los
Estados Unidos.

Resulta explicable que la respuesta cubana al memorándum de
Morgan, que acabamos de citar, alarmase al senador y lo llenase
de preocupaciones para el futuro, pues ya por entonces, como habremos de señalar en las páginas siguientes, él era partidario de
la anexión. Así podemos comprender que en su carta al Secretario
Hay le dijese:

> ... The demonstration of the "Cuban Assembly", recently
> on the occasion of the funeral of Gen. García, at Havana,
> indicated a feeling of jealousy (perhaps a stronger feeling) that
> results from a claim of rightful and organized authority, on
> the part of that body, to control in the progress of the develop-
> ment, in Cuba, of permanent civil government. I will not now
> comment that situation further than to say that it is worthy of
> careful attention...
> ... the Assembly is claimed to be the lawful and constitu-
> tional successor of the provisional "Republic of Cuba", and...
> the expulsion of the sovereign power of Spain was made, in
> that constitution, the event that would call the "Assembly"
> into existence as the governing power in Cuba... [13]

La entrevista de los comisionados cubanos con McKinley siguió
al cambio de documentos con Morgan y fué propiciada por éste y
dió lugar a otras con diferentes funcionarios, todas las cuales culminaron en el fracaso de la gestión encomendada a la delegación
cubana en los Estados Unidos aunque sí sirvieron, y poderosamente, para marcar nuevos rumbos a la política norteamericana
en Cuba, conquistaron para el pueblo cubano un respeto y una
consideración que hasta entonces les habían sido negados, e impidieron más de una injusticia al mismo tiempo que obligaron a
los intervencionistas y anexionistas a moverse con más cautela y
menos insolencia.

La historia de ésas por otra parte infructuosas negociaciones
puede reconstruirse con la memoria oficial de los comisionados cubanos y los relatos dejados por Horatio Rubens, consejero legal de
aquéllos, y Robert P. Porter, el asesor de McKinley.

En su entrevista con el Presidente de los Estados Unidos los representantes de la Asamblea por espacio de hora y media trataron

en vano de concertar un empréstito de varios millones de pesos ($3.000.000 en opinión de Calixto García; $10.000.000 a juicio de los demás miembros de la comisión), necesarios para licenciar al Ejército Libertador con algún pago por sus servicios; y también en vano procuraron obtener una definitiva promesa sobre el plazo final de la intervención militar norteamericana en Cuba. La idea de un donativo para financiar el licenciamiento no la concibieron los cubanos ni a ella accedieron sino cuando toda otra posibilidad había desaparecido y se les imponía el supuesto obsequio de la misma manera que se había hecho con la ocupación militar. La estación naval de Guantánamo, en tierra cubana, imposición del gobierno de Wáshington en sus limitaciones a la soberanía cubana, indemnizó a los Estados Unidos por los tres millones de dólares finalmente distribuídos para el desbande de los mambises, y si tomamos en cuenta la arbitraria rebaja de los derechos aduanales en favor de los Estados Unidos durante los tres años de la intervención, sin ventajas para Cuba, no puede quedar la menor duda de que el donativo fué más aparente que real con las concesiones hechas al comercio norteamericano.

En su conversación con McKinley los delegados cubanos rehusaron admitir para el Ejército Libertador "...*socorro o auxilio meramente caritativo*" y procuraron

> ... *dejar sentado de una vez que, administrando el Gobierno norteamericano nuestros intereses materiales, sólo queríamos que nos adelantara a cuenta de los ingresos de las Aduanas o a la de otra renta de la Isla, y en cantidad que racionalmente fuera bastante, los fondos que habrían de aplicarse como parte de sus haberes al alivio de nuestros soldados...* [14]

McKinley se opuso a ello por diversas razones. Según Rubens, en carta suya a Benigno Souza, que cita éste, fechada a 28 de octubre de 1931, McKinley rehusó admitir el proyectado empréstito porque

> ... *los empréstitos pesan sobre el porvenir de las naciones, y es la regla de los gobiernos democráticos que estos empréstitos, exactamente como los impuestos, deben ser votados por el pueblo que los va a pagar...* [15]

El informe de los comisionados cubanos, escrito a raíz de la histórica entrevista, contiene otra versión que nos parece más admisible, sobre que McKinley se había opuesto a ayudar a financiar el licenciamiento del Ejército Libertador porque ello

> ... *implicaría reconocer la validez de actos realizados por el Gobierno revolucionario, lo cual resultaba en contradicción con la política que hasta entonces había seguido el Gobierno norteamericano, de no reconocer al nuestro...*,[16]

criterio con el cual el Secretario de Justicia (Attorney General), consultado al efecto, se había mostrado de acuerdo.

En cuanto al objeto principalísimo de su misión sobre el futuro político de Cuba, los delegados cubanos, después de insistir sobre la representación que ostentaban y su deseo de colaborar a "las miras honradas" de los Estados Unidos, dijeron a McKinley que pretendía la Asamblea

> ... *conocer inequívocamente, con tal objeto, los propósitos del Gobierno de los Estados Unidos a fin de prevenir errores de interpretación en que incurriría si tuviera que conjeturar lo que por autorizado modo puede saber sin dudas ni arriesgadas presunciones; para que en la esfera de su acción y su influencia le fuera dable enterarse sin peligrosa incertidumbre de las miras justificadas del Gobierno de los Estados Unidos, a fin de mantenerlas y contribuir a realizarlas en beneficio del pueblo cubano...*[17]

McKinley, como ya había hecho el Senador Morgan, no dejó duda alguna en el ánimo de sus visitantes respecto a que los Estados Unidos se proponían gobernar a Cuba por sí solos y sin dividir la responsabilidad ni la autoridad con la Asamblea, y así lo hizo saber a los comisionados cuando la entrevista tocaba a su fin, no sin recomendarles que se viesen con secretarios del despacho, senadores, representantes y políticos influyentes, en general, a fin de que completasen los informes que su misión requería.

De conformidad con este consejo, y con la esperanza de que todavía pudiesen tener éxito en sus gestiones, los delegados cubanos se entrevistaron con el Secretario de Justicia, Griggs, el de Estado, Hay, el de la Guerra, Alger, etc., sin encontrar mejor acogida en sus pretensiones, aunque de Griggs obtuvieron la promesa de que no se harían concesiones de obras y servicios públicos mientras durase la intervención,[18] génesis de la Ley Foraker poco después promulgada.

Revistieron importancia especial las entrevistas con el Secretario del Tesoro, Gage, respecto al régimen fiscal y arancelario de la Isla, y con el hombre de confianza de McKinley, Robert P. Porter, quien comenzaba su meteórica carrera al servicio de los Estados Unidos en Cuba. Ante el primero citado protestaron los cubanos de la arbitrariedad por la cual se habían rebajado las tarifas de la Isla en favor de los productos norteamericanos sin compensación alguna para los frutos de Cuba importados por los Estados Unidos, y pidieron que se hiciesen las correspondientes concesiones en cambio de las que se habían apropiado los Estados Unidos porque

> ... esas reformas realmente no favorecían a las industrias cubanas, sino a los industriales y exportadores norteamericanos, puesto que encontraban ellos más facilidad en la colocación y disposición de sus artículos, mientras que las producciones cubanas entraban en los Estados Unidos con los mismos gravámenes que anteriormente... [19]

La injusticia del régimen impuesto a Cuba por el gobierno de Wáshington pocas veces aparece más patente que en este caso, pues McKinley, quien no podía en su propio país liberalizar las tarifas, podía rebajar a capricho las de Cuba, y así lo hizo, y no para todas las importaciones y para los buques de todas las banderas, sino para establecer una preferencia irritante e incompensada en favor de los Estados Unidos, hecho que silencian o apenas mencionan los panegiristas de la intervención militar en Cuba. Esto también formaba parte del "entrenamiento" de los cubanos para el gobierno propio.

En respuesta a la demanda de los comisionados cubanos a que acabamos de referirnos, el Secretario Gage usó como argumento en favor de la anexión

> ... que era imposible acceder a nuestra posición por el presente, pues que si bien era verdad que podía el Gobierno americano modificar, y había modificado, las tarifas cubanas, no le era dable, sin embargo, introducir ninguna reforma en sus tarifas nacionales, por ser éstas generales para el mundo entero, sin diferencias en favor de nadie; e indicó que en el futuro, cuando hubiera en Cuba un Gobierno independiente, podría éste concertar tratados comerciales de reciprocidad, y que si—por otra parte—la suerte de Cuba era su anexión a los Estados Unidos, entonces sus tarifas serían las mismas de la Unión, sin diferencia alguna...

Con Porter, quien actuaba en representación de McKinley, se

entrevistaron varias veces los representantes de la Asamblea en infructuosos esfuerzos para conseguir un empréstito de diez millones de pesos para el licenciamiento del Ejército Libertador en vez del donativo de tres millones que el Congreso de Wáshington había aprobado. Las indicaciones hechas por escrito a Mr. Porter por los Sres. Sanguily, González Lanuza y Villalón, respecto a que los tres millones fueran parte de un préstamo de diez,[20] las contestó negativamente el comisionado norteamericano, y las únicas concesiones finalmente obtenidas de Porter y del Secretario de la Guerra, Alger, fueron las cláusulas 1ª y 3ª del memorándum entregado a Alger por Villalón, sobre que un oficial cubano cooperaría con otro, norteamericano, en la distribución de los fondos, y que las armas entregadas por los soldados licenciados lo serían a la Asamblea o a un representante suyo.[21] Alger se opuso terminantemente a admitir la cláusula segunda del memorándum respecto a que los $100.00 pagados a cada soldado lo eran a cuenta de sus haberes.

Quizá la parte más significativa del tantas veces citado informe de los comisionados cubanos acerca de su gestión fué el extenso párrafo en que decían a la Asamblea que

> ... respecto a la política que el gobierno norteamericano se propone seguir en la Isla de Cuba, fué imposible en lo absoluto a los comisionados—a pesar de su empeño y su insistencia—obtener explicación ninguna, sino sólo manifestaciones vagas, y aun frases más o menos evasivas, ni del Presidente, ni de los Secretarios, ni de las demás personas a quienes consultaron ni requirieron; por más que todos declararon que estaban resueltos a cumplir fielmente las resoluciones del Congreso de 19 de abril de 1898, sin que dejaran nunca escapar ni una palabra respecto de los medios que hayan de adoptarse para obtener este resultado, ni el tiempo de la ocupación de la Isla, como si en realidad no tuviesen programa político definido; así es que, aun cuando varias veces solicitamos que, con el objeto de cooperar inteligentemente por nuestra parte con las autoridades norteamericanas en la obra de reconstruir el país, se nos indicara el camino o la conducta que debíamos seguir, quedamos siempre en la misma densa obscuridad, porque jamás fueron explícitas y francas con nosotros aquellas eminentes personas a quienes acudimos en busca de luz con que guiarnos...[22]

Así terminó la primera tentativa de la Asamblea para llegar a un acuerdo con los Estados Unidos respecto a la liquidación de la revolución cubana y el establecimiento de un gobierno republicano. Dos hechos más hay que mencionar en conexión con esa gestión, ambos de gran importancia para el futuro de las relaciones entre Cuba y los Estados Unidos. Cuando el gobierno de McKinley se declaraba oficialmente contrario a todo empréstito y así se hacía saber en la sesión celebrada por la Asamblea el 25 de febrero de 1899, durante la cual se leyó el informe de los comisionados, y sin que ello conste en las actas de la Asamblea porque "esta información ha sido suprimida" de las mismas,[23] se dijo en esa sesión que no obstante la actitud de McKinley

> ... se habían hecho ofrecimientos por el Secretario de Estado, por el de la Guerra, por el del Tesoro y por el Abogado General para buscar un arreglo por medio de un Empréstito...[24]

La verosimilitud de este aserto es bastante aceptable, sobre todo si tenemos en cuenta que el gobierno de McKinley, si no tan corrompido como el de Grant, se significó por escándalos administrativos y políticos de mayor cuantía que envolvieron, entre otros, al Secretario de la Guerra, Alger, y al mentor de McKinley, Senador Hanna. Sea como fuere, lo cierto es que los comisionados cubanos habían sido entrevistados, antes de salir de Wáshington, por ciertos agentes que alegaban representar a banqueros influyentes y dispuestos a prestar dinero a Cuba, y que está línea de actividad iba a ser seguida en los meses subsiguientes, aunque sin el menor éxito, como veremos en las páginas que siguen.

El segundo hecho que hay que citar en relación con la primera misión enviada a Wáshington es el inesperado fallecimiento del general Calixto García, víctima de una pulmonía fulminante que lo abatió el 11 de diciembre de 1898, cuando presidía la comisión cubana en sus conferencias con el gobierno de McKinley. Calixto García era para los cubanos un hombre de leyenda, invencible, indomable, inmortal, a quien hasta una tentativa de suicidio había respetado. El grosero tratamiento que había recibido de manos de Shafter, y la injusticia con que le había tratado el gobierno de Masó, habían contribuído a aumentar su prestigio, y como que no hacía secreto de lanzarse de nuevo a la revolución si los Estados Unidos no cumplían sus promesas para con Cuba, encarnaba el espíritu de protesta del pueblo cubano ante el agravio de la intervención militar y por todo ello su repentina muerte dió pábulo a las más aventuradas hipótesis en la imaginación popular respecto a las causas de su enfermedad.

Con el fallecimiento de Calixto García por otra parte, cambiaban en favor de los Estados Unidos las perspectivas de la pacífica consolidación del régimen de gobierno impuesto a Cuba. Ante la enigmática actitud de Máximo Gómez, el primer caudillo de la revolución, cuyo espíritu independiente no le hacía santo de la devoción de los asambleístas, García era el soldado de la Asamblea, el único, excepción hecha de Gómez, que podía haber galvanizado a los cubanos a un movimiento de resistencia armada, ya que los demás jefes tenían nombradía local o regional, o eran muy jóvenes o tenían rivales de análoga influencia. La desaparición del soldado de la Asamblea, pues, dejaba a ésta a la defensiva en un lado, con Gómez en una posición preponderante: si se podía convencer a este último de la conveniencia de una colaboración directa para mantener un régimen pacífico dominado por los Estados Unidos, la Asamblea tendría que disolverse y dejaría de ser un factor inquietante en el presente y el futuro de Cuba. A ese fin dedicó todos sus esfuerzos el gobierno de McKinley, y lo hizo a toda prisa, antes de que pudiese cristalizar en un choque armado la oposición a los Estados Unidos. Por una curiosa coincidencia, tanto el finado Calixto García como Máximo Gómez no eran partidarios de contratar empréstitos para financiar el licenciamiento, y sí de una modesta compensación que no gravitase sobre los recursos de Cuba y que ayudase a los soldados desbandados a empezar una nueva vida y bastarse a sí mismos. Finalmente, la muerte de García privó a la Asamblea de la única gran figura que podía poner a raya a ciertos demagogos y a ambiciosos sin escrúpulos que, con algún mediocre, se habían filtrado en las filas de los asambleístas y se sentaban junto a patriotas de gran capacidad y neutralizaban los esfuerzos concienzudos de estos últimos. Esos elementos eran los que en lo sucesivo iban a dirigir y controlar a la Asamblea.

Por supuesto, los errores nacidos de la suficiencia y el ensoberbecimiento de las autoridades militares norteamericanas en el tratamiento de los cubanos, en ocasiones hicieron el juego a los demagogos de la Asamblea. El sepelio de los restos del propio general Calixto García, en La Habana, constituyó una de las pruebas de ese aserto. El gobierno norteamericano hizo todo lo posible por honrar dignamente al desaparecido caudillo con honores militares de gran significación: exposición del cadáver en el cementerio nacional de Arlington, cortejo fúnebre en que presidían el duelo el Secretario de Estado, John Hay, los generales Miles, Shafter, Wheeler, Lawton y Ludlow, senadores, representantes, etc., y transporte de los restos hasta La Habana a bordo de un crucero norteamericano. Ya en la capital de la Isla, y después de solemnes ceremonias en homenaje al caído adalid, se puso en marcha el cortejo fúnebre en que se tributaban a García los honores de mayor general muerto en campaña en medio de la más imponente manifestación de duelo que La Habana había presenciado hasta entonces. En ese momento, y a virtud de la orden de un militar subalterno, sin duda, porque la organización de la comitiva había sido acordada con anticipación y en ella tenían sitio prominente los representantes de la Asamblea, en seguimiento del coche ocupado por el gobernador militar, general Brooke, un grupo de soldados de caballería norteamericana tomó el puesto que correspondía a los miembros de la Asamblea, con desprecio de todas las protestas que les fueron hechas y sin que el propio Brooke, carente de preparación o experiencia para comprender de momento que se precipitaba un incidente que podía tener funestas consecuencias, lo impidiese. El general Freyre de Andrade, que presidía la Asamblea, se retiró con sus compañeros y ordenó la retirada de las tropas cubanas que cubrían la carrera hasta el cementerio y hacían guardia junto a la tumba, por lo que los soldados norteamericanos tuvieron que hacer por su cuenta los honores en medio de la protesta general, que creció y se mantuvo vivísima por espacio de varios días, a pesar de las explicaciones dadas por Brooke y secundadas por sus secretarios de despacho, todos ellos cubanos de conocidos prestigios revolucionarios. Pese a la solución cordial dada al incidente, en el ánimo de todos existía la impresión de que había ocurrido el primer choque entre el interés cubano y el norteamericano, y es un hecho que hubo periódicos que pidieron la renuncia del general Brooke, al que se hacía responsable de una situación que era la resultante de múltiples causas.[25]

Aun sin este incidente la Asamblea y la intervención habrían roto las hostilidades como consecuencia del acercamiento condicional, pero firme, que se advertía entre las autoridades militares norteamericanas y el general Máximo Gómez, que hacía meses

que se encontraba con su ejército acampado en las cercanías de
Remedios y de quien se podía esperar una peligrosa determinación o un gesto de audacia si no se le daba una promesa definitiva
respecto al futuro de Cuba. La actitud de Gómez había sido enigmática, pero en modo alguno de sumisión a los Estados Unidos, sino
de expectación y alerta. A fines de octubre de 1898, como general
en jefe del Ejército Libertador, había enviado Gómez a uno de sus
ayudantes a los Estados Unidos, portador de una carta personal
para McKinley, que si era expresiva en cuanto a la gratitud manifestada por la ayuda norteamericana a Cuba, en la guerra contra
España, no lo era menos en las repetidas alusiones a los sacrificios de los cubanos para obtener su independencia, el elogio de
ésta y las referencias a las futuras relaciones entre los Estados
Unidos y Cuba, como dos naciones.[26] Estos conceptos no eran
menos claros ni dejaban de ser inquietantes en las frases con que
estaba redactada la proclama de 29 de diciembre de 1898, firmada por Máximo Gómez y dirigida al pueblo cubano y al ejército.
En ese documento Gómez se refería a los norteamericanos como
los aliados de los cubanos, hablaba de que sólo se movería por
"un objeto político determinado" al terminarse la evacuación, y
decía significativamente que los Estados Unidos se hacían cargo
de la soberanía de la Isla, "...ni libre ni independiente todavía"...,[27] pero que había que laborar para "...dar cumplimiento
a las causas determinantes de la intervención y poner término a
ésta en el más breve tiempo posible".

Una semana más tarde el general Gómez enviaba a la Comisión Ejecutiva de la Asamblea, con su jefe de estado mayor, general Rafael Rodríguez, un pliego reservadísimo que ya era una excitación franca a colocarse frente al gobierno interventor y realizar
los objetivos de la revolución y revelaba su desconfianza ante la
política seguida por los Estados Unidos. Gómez consideraba el
momento en que la intervención asumía el dominio del país como
de extraordinaria gravedad y pedía la convocatoria de una Asamblea Constituyente que preparase la carta fundamental de la república. Al hacerlo declaraba que no se debía

> ...perder un solo minuto de tiempo en emprender esa obra,
> único medio de concluir la labor y despedir al poder extran-
> jero—para mí injustificable y que a la larga constituye un

*peligro para la independencia absoluta de Cuba—que ejerce
en esta tierra...* [28]

En el seno de la Comisión Ejecutiva la carta de Gómez produjo
una extraordinaria alarma, pues tras ella se advertía la impacien-
cia y la desconfianza del Ejército Libertador que, de decidirse a
actuar, podía causar un gravísimo conflicto. En la sesión de once
de enero se acordó el texto de una extensa nota confidencial para
Gómez, en que se le instaba a esperar a que regresase la comisión
enviada a Wáshington y a que no dudase de las buenas intenciones de los Estados Unidos. [29]

Las autoridades norteamericanas tuvieron noticia de la actitud
asumida por Gómez, y la decisión de tratar directamente con él y
de prescindir de la Asamblea cristalizó en seguida en el envío de
Robert P. Porter, en representación de McKinley, para conferenciar
con el jefe del ejército cubano. Porter iba acompañado de Gonzalo
de Quesada, que había estado representando a Cuba en Wáshington por espacio de varios años. Cuando ambos habían partido
a desempeñar su comisión, Rubens obtuvo de John Hay, Secretario
de Estado, que convenciese a McKinley respecto a la conveniencia
de que si su enviado iba a tratar con Gómez, cuyo nombramiento
de jefe del ejército cubano había sido ratificado de acuerdo con la
constitución y el gobierno revolucionarios, bien podía tratar con
la Asamblea, de que dependía el caudillo, y así se evitarían conflictos y rivalidades, especialmente si los representantes de la
Asamblea participaban como tales en la distribución de los fondos
para el licenciamiento, lo que habría equivalido a un reconocimiento de su autoridad. Infortunadamente, el cable cifrado de
Rubens a Quesada no llegó a manos de éste en La Habana, sino
que le fué trasmitido cuando ya había ido a encontrarse con Gómez y no tenía consigo la clave para descifrarlo, y la misión de
Porter culminó en un reto a la Asamblea y el choque de ésta con
Gómez. [30]

Un autor norteamericano, de los más desapasionados y justicieros, residente en Cuba durante los años de la intervención y
cuya obra sobre la misma continúa siendo fuente de primera importancia para el estudio de dicho período histórico, refiere que
entre Brooke y Gómez había cuestiones de susceptibilidad que
impedían un entendimiento entre ambos militares, y dice a este
respecto que:

> ... A point of personal dignity, or something of that kind,
> stood in the way of an adjustment for several weeks. The
> mountain would not go to Mahomet, neither would Mahomet
> go to the mountain. Máximo Gómez stood upon his dignity,
> and General Brooke upon his... [31]

La misión de Porter tendía a buscar una solución a ese estado
de cosas antes de que pudiera precipitarse un conflicto que, por
la posición de semi-dios en que la democracia norteamericana había colocado al soldado encargado de "enseñar" a los cubanos a
gobernarse, podía haber causado una catástrofe, pero ciertos detalles del informe oficial de dicho comisionado al Secretario del
Tesoro, Lyman J. Gage, dan una idea bien clara de que el plan
para romper el hielo entre Gómez y Brooke se originó en Wáshington y le fué impuesto al gobernador militar. Con efecto, Porter,
quien salió de Wáshington el 27 de enero, provisto de poderes y
cartas de presentación, llegó a La Habana el día 30 y se entrevistó
inmediatamente con Brooke, a quien hizo entrega de una carta del
Secretario de la Guerra, Russell Alger, sobre que Porter era el
"Special Commissioner to Cuba and Puerto Rico" y disfrutaba de
la entera confianza del Presidente McKinley, en representación del
cual investigaría y reportaría sobre la situación existente en
Cuba. [32] Según Porter dice en su informe, le dijo a Brooke en esa
visita que McKinley quería que hubiese una

> ... informal and friendly conference between the Commander
> of the United States Army in Cuba and General Máximo Gó-
> mez, Commander in chief of the Cuban forces, for the purpose
> of promoting harmony, disbanding the Cuban Army, and
> aiding the people of the island, now under arms, to return
> again to their peaceful occupation...

Parte principal de ese plan, agregó Porter en su conversación,
sería la distribución de tres millones de pesos a las tropas mambisas, que entregarían sus armas, según los términos discutidos
por él con los comisionados de la Asamblea en una reunión celebrada el 14 de diciembre, y conforme a las recomendaciones hechas en un informe de 13 de enero al gobierno federal.

Ya se encontraba ejerciendo su poderosa influencia en el gobierno insular, por esta época, el improvisado general Wood, a
cuyo cargo estaba el departamento oriental, y el viaje de Porter
coincidió con su presencia en La Habana, por lo que fué consul-

tado acerca del plan, que aprobó, y el mismo día 30 de enero el
general Brooke entregó a Porter una carta dirigida al "*General
Máximo Gómez, General in Chief of the Cuban Army*", en que le
presentaba a Porter y le invitaba a ir a La Habana para tener una
entrevista y acordar los puntos necesarios para su colaboración.
A fin de hacer más impresiva la misión, además de Gonzalo de
Quesada, acompañaron a Porter el capitán Campbell, en representación de Brooke, y el teniente Hanna, en nombre de Wood.

La reunión entre Gómez y Porter, de enorme trascendencia para
el futuro de Cuba, ya que fué en ella que los Estados Unidos acla-
raron las dudas de los cubanos respecto a la temporalidad de la
intervención y el advenimiento de la independencia, tuvo lugar en
Remedios. Quesada primero visitó a Gómez y de viva voz le an-
ticipó las promesas que Porter traía y la solicitud que iba a hacerle
para que depusiese su actitud de desconfianza y diese a los Estados Unidos la oportunidad de probar su buena fé. El viejo mambí, con astuto y certero juicio, asió la ocasión en que se le reconocía como jefe de la revolución cubana para prometerle el triunfo
de ésta, y cuando el 1º de febrero fué a verse con Porter en Remedios, para la histórica entrevista que duró una hora y media,
ya tenía resuelta su línea de conducta y lo único que esperaba era
que el enviado de McKinley le ratificase los informes recibidos.
En realidad, Gómez practicaba en la paz la política serena, firme
y realística que había empleado durante la guerra y mediante la
cual, con arremetidas de sorpresa, añagazas que le diesen la ventaja, valor frío e indomable e infalible cálculo de las probabilidades, había sido siempre el vencedor. El país estaba destrozado, el
anexionismo era abiertamente fomentado por norteamericanos y
españolizantes, y una nueva revolución era imposible de momento,
sin que hubiese nación alguna que se prestase a apoyarla. La
transacción, pues, era el mejor recurso que convenía emplear, y la
aceptó con las condiciones convenientes en favor del establecimiento de Cuba republicana. Porter mismo da a entender que Gómez casi le saludó con una declaración de que Quesada le había
informado acerca de los verdaderos propósitos de McKinley respecto a la temporabilidad de la intervención, y que le satisfacía
mucho saber que los rumores a flote sobre una ocupación permanente fuesen infundados, por lo que estaba dispuesto a cooperar
al restablecimiento de la normalidad.

Porter, en cuyo informe abundan los elogios al carácter, la inteligencia y la personalidad con que hubo de impresionarle Gómez, dijo a éste, con indudable justicia, que

> ... no man in military history had done so much with such small resources as he..., [33]

y le explicó que el propósito de McKinley en Cuba no era anexionista y que el plan de la intervención era de construir una administración perfecta, comenzada desde sus cimientos con la reorganización de los ayuntamientos y el empleo de los cubanos, y de restablecer la paz con el licenciamiento de las tropas cubanas, a las que se distribuiría una suma que les ayudase a establecerse en la vida civil y que no sería considerada como salario, a cambio de la cual los soldados entregarían a la Asamblea sus armas. Este arreglo fué aceptado por Gómez siempre que la distribución estuviese a cargo de oficiales cubanos y norteamericanos y el control de los fondos lo tuviese el general Brooke, a quien él iría a visitar en La Habana.

En los archivos del State Department figura la versión inglesa, firmada, de la carta que Máximo Gómez envió a McKinley, a raíz de su entrevista con Porter, para participarle su decisión. Todo en ella es cortés y cordial, pero respira dignidad y está exenta de adulación al decir:

> ... I have had great pleasure in conferring with your commissioner, Mr. Porter, presented by my friend Quesada, and I have been notified of, and am gratified by your wishes. In a short time I shall go to Havana to confer with Gen. Brooke in order that everything may go on well in accordance with your advice, and I shall gladly co-operate in the reconstruction of Cuba... [34]

Es posible que el pueblo de Remedios no se diese cuenta del importantísimo acuerdo que acababa de adoptarse allí y que prometía el advenimieno de la república, pero la presencia de Quesada y los representantes norteamericanos dió ocasión para festejos populares y una velada patriótica que tuvo lugar en el teatro, ante desbordante concurrencia que frenéticamente aplaudió el discurso de Quesada sobre el próximo establecimiento de la república. Porter, testigo presencial del acto, escribió en su citado informe al Secretario Gage, que Quesada

... thoroughly disillusioned the audience of any idea that the United States desired to annex Cuba against the will of the people, and assured them of the friendship of President McKinley and his advisers. These sentiments were loudly applauded, and it was evident the audience were at heart with the speaker...

E pur si muove, que diría Galileo, y la idea de la anexión con "the will of the people", elástica frase que podía cobijar toda una política integralmente anexionista en la que los resortes del gobierno sirviesen ese propósito, en lo que los Estados Unidos siempre fueron maestros, se movía bajo ese aparente abandono de la adquisición de Cuba por los Estados Unidos. De ello tendremos múltiples y evidentes pruebas en este capítulo, pero permítasenos citar ahora lo que dice Rubens sobre los cubanos y españoles anexionistas que visitaban por entonces a McKinley y a los que este último preguntaba invariablemente:

...How are we doing in Cuba? and, when do you want us to leave? More often than not they would reply: "Not for a long time", whereupon McKinley would smile meaningly at me... [35]

Gómez demoró poco, una vez disipadas sus dudas y tranquilizada por el momento su ansiedad respecto al futuro, en emprender viaje a La Habana en respuesta a la invitación de Brooke. Su presencia, en todas partes, era la de la revolución triunfante, que encarnaba en el único sobreviviente de las grandes figuras de la guerra de independencia—los Céspedes, los Agramonte, los Maceo, los García, los Martí, habían caído antes de la paz, y el homenaje que se le tributaba era una apoteosis nacional. Atkins, al burlarse del desfile de los mambises mal armados y peor vestidos que participaron en los festejos en honor de Máximo Gómez a su llegada en Cienfuegos, pero que no eran menos heroicos en su pobreza que los harapientos valientes milicianos de Jorge Wáshington, escribía a su esposa:

... Gómez is, I think, stirring the people up to independence... [36]

Ni Atkins con su malsano odio a los cubanos, ni nadie, tenía derecho a esperar que por el mero hecho de haberse entrevistado con Porter y haber sido invitado a visitar al general Brooke, en La Habana, el caudillo cubano tuviese que renunciar a declararse partidario de la independencia, decirlo así, y excitar al pueblo a creer en esa solución como la única que convenía a Cuba.

Cierto que había rozamientos entre cubanos y norteamericanos, pese a la cordialidad establecida entre el gobernador militar y el jefe cubano, pero no podía ser de otro modo. Atkins señala que hubo verdaderos choques entre las tropas de la revolución y de la intervención,[37] pero ésta es otra de sus mendaces afirmaciones, ya que la discordia existente nunca llegó a revestir serios caracteres, no obstante que, de parte de los cubanos, había muchas y sólidas razones para no estar conforme con ciertos métodos arbitrarios, así como con las imposiciones y menosprecio que los norteamericanos habían comenzado a emplear con un pueblo siempre celoso de su dignidad y poco dispuesto a tolerar semejante conducta. Robinson dedica varios párrafos certeros a estas diferencias y a sus causas, al decir:

> ... Unduly magnifying that which their country had done for Cuba, and forgetting that American intervention in the affairs of the Island was far from being unselfish, too many Americans looked to see the Cuban people in an attitude of subservient gratitude, and finding them less voluble in their thanks than was thought to be fit and proper, at once declared them to be an ungrateful race. The pity with which the Cubans had been regarded, during their days of struggle and suffering, largely disappeared, and its place was filled by an uncharitable conviction of Cuban unworthiness. Too many held an idea that to have freed the Cubans from Spanish bondage was enough to command their submission to and gratitude for anything which might be imposed upon them by their alien rescuers.
>
> Unbridled comment upon their ignorance, their indifference to sanitation, upon the clamor of many whom the Cubans themselves knew to be unworthy of place and preferment, and general air of superiority on the part of so many of the thousands of Americans who, as soldiers or civilians, were on the Island in those early days, tended strongly to drive the Cubans into a semi-hostile attitude which was clearly noticeable.
>
> A well-defined breach between the Cubans and the Americans was apparent as early as the middle of February. The Cubans felt that they were being ignored in affairs in which they believed they had an active concern. Military methods over-rode civil systems established by the military authorities. Americans were irritated by Cuban manifestation of a resentment which, in many ways, was excusable if not justifiable.

Opposition and unfriendliness grew upon the one side, and uncharitableness developed upon the other. Cuba's most emphatic political grievance in earlier days had been the system of military absolutism. America's special energies might be directed along other lines than those followed by her predecessor, but the Cubans saw little change in the system. No doubt, the Cubans expected too much, and unreasonably expected political and economic relief which could only come through a process of time. But it is perhaps equally beyond doubt that the Americans too frequently failed to take the Cuban and his ambition into a duly tactful conderation...(38)

Sin duda que el acuerdo entre Gómez y Brooke hizo mucho por modificar ese desagradable estado de cosas, preñado de peligros, y más fué así porque Gómez se condujo con extraordinaria habilidad en su recorrido hasta La Habana y en su entrada triunfal y estancia en la capital de la Isla. No hacía él prédica de animosidad contra los Estados Unidos o España, sino de unión para construir una nación próspera e independiente sobre la colonia arruinada. No obstante lo que en su saña anticubana dice Atkins y citamos ha poco, la verdad es la que señala Robinson al decir:

... Wherever he went, he urged forbearance, forgiveness, and the burial of the past, to Cuban and to Spaniard alike. He urged harmony and unity of action, not against Americans, but for the building of a distinct Cuban nation which should be recognized by the American people with whom it should live in relations of the closest amity...(39)

Es muy fácil a un investigador laborioso y desapasionado probar que el pueblo cubano, trabajador, progresista e inteligente, se conducía con moderación extraordinaria en un país empobrecido y postrado del que había desaparecido una tiranía secular y atrasada y en el que había una revolución triunfante. Por otra parte, a un escritor superficial le es fácil repetir la perversa mentira de Atkins sobre que los cubanos no querían trabajar y que los mismos *"cannot understand that liberty and work are in any way related"*, y con esa cita cómoda se puede falsear la verdad, pero el comisionado Porter, en su informe al Secretario Gage respecto a la entrevista con Máximo Gómez y después de un viaje de La Habana a Remedios, con un recorrido de tres provincias de las más devastadas, no pudo menos que expresarse maravillado del cambio y la mejoría que presentaban en febrero de 1899 los mismos campos de Cuba que en septiembre de 1898 había visto él desiertos, y que ahora presentaban por doquier señales de trabajo y cultivo, por lo que concluía que un poco de amistosa cooperación de los Estados Unidos

> ... and the Cubans who have manfully borne the heat and burden of this terrible and devastating war is needed to bring about normal conditions...[40]

El acuerdo entre Gómez y Brooke, si conjuró la crítica situación que separaba a cubanos y norteamericanos e impuso la paz, también produjo el rompimiento entre Gómez y la Asamblea, a la que sus fracasos, las humillaciones sufridas, y la falta de un líder respetado por todos, había lanzado por el camino de la intransigencia, en el que algunos demagogos dictaban la política a seguir. Gómez, además, se había declarado, como Calixto García, enemigo de los empréstitos y partidario de aceptar los tres millones de pesos ofrecidos por los Estados Unidos, que al fin fueron distribuidos a 33,930 hombres, a setenta y cinco pesos cada uno, lo que hizo un total de $2.544,750 entregados, por lo que quedó un remanente de $455,250 que fué devuelto al gobierno de Wáshington.[41] La Asamblea, inconforme con lo actuado y descontenta por haber sido ignorada en los convenios hechos y en sus propósitos, acordó en marzo de 1899 destituir a Máximo Gómez como jefe supremo de un Ejército Libertador que, en realidad, desaparecía con el licenciamiento, la restitución de muchos de los soldados a sus labores, hecha independientemente de aquél, y el alistamiento de no pocos de sus números como policías en las ciudades o miembros de la Guardia Rural, que comenzaba a desarrollarse para cuidar del orden en los campos.

La Asamblea no se rindió inmediatamente a la decisión de McKinley contra el propuesto empréstito y en favor del donativo por una suma menor que el gobierno de Wáshington anunció como solución definitiva para el licenciamiento a fin de no reconocer o pactar oficialmente con la representación cubana como si fuese la de un país extranjero. Como ya hemos dicho, algún funcionario norteamericano no se había mostrado tan firme como McKinley en la opinión contraria al emprésiito y había dejado entrever la posibilidad de que se realizase. ' La comisión cubana que fué a Wáshington había sido asediada por agentes de negocios y banqueros norteamericanos que a toda costa querían hacer un préstamo a Cuba en las condiciones más leoninas. Los cubanos, por su parte, sabían demasiado bien por sus experiencias en tiempos de Grant, confirmadas por la corrupción administrativa bajo McKinley y la dependencia creciente del gobierno federal y de ciertos senadores y congresistas a los dictados de los grandes financieros y capitalistas que influían en todo, que era bastante común que la política federal se amoldase a compromisos con los poderosos intereses de la banca, el comercio y la industria, y que era posible que hubiese algún político venal o necesitado de apoyo que se rindiese ante aquéllos, y el resultado de todos esos factores fué que la Asamblea se obstinase en nuevas gestiones y esfuerzos destinados a contratar un empréstito con financieros influyentes y capaces de vencer la resistencia de McKinley a esa operación por su ascendiente sobre él, en cuyo caso no había más remedio que acelerar el final de la intervención o reconocer la personalidad política de la Asamblea para concertar el préstamo, lo que habría significado un compromiso indiscutible contra la anexión y en favor de la república.

A mediados de febrero, al reanudar sus sesiones la Asamblea de Representantes, que había recesado en sus labores por espacio de varios meses, la discusión del empréstito figuraba entre los asuntos más importantes a tratar, a virtud de informes que los comisionados enviados a Wáshington habían dado privadamente. En la sesión del 16 de septiembre se leyó un cablegrama recibido desde Wáshington, cursado por el cubano A. Farrés, quien estaba relacionado con ciertos asambleístas, que decía:

> ... Si Asamblea suspende resolución proposición tres millones puedo comunicar otra proposición importante a mi llegada próximo sábado... [42]

Pocos días más tarde ya estaban en La Habana todos los comisionados que habían sido enviados a Wáshington meses antes, Farrés, y también un misterioso agente de negocios norteamericano, C. M. Coen, quien declaraba representar a un sindicato bancario de su país dispuesto a negociar un empréstito con Cuba. Cuando la Asamblea se reunió el 2 de marzo, el general Freyre de Andrade, que la presidía, y los representantes Manuel Sanguily y Juan Gualberto Gómez, informaron sobre las conversaciones que habían sostenido con Coen y las bases del empréstito ofrecido, y después de animada discusión se acordó nombrar una comisión para que estudiase la proposición hecha y presentase un informe sobre la misma a la Asamblea. [43] La comisión, integrada por los representantes Villalón—quien era el punto de contacto con Coen por haber figurado en la primera delegación enviada a Wáshington—, y por J. G. Gómez, Lastra, Despaigne y Párraga, cumplió su

cometido con la mayor premura, ya que en la sesión celebrada el
día 6 pudo facilitar los informes esperados, que levantaron una
tormenta de protestas por los términos onerosos en que estaba concebida la oferta de Coen. Este sugería que la Asamblea emitiese
bonos por valor de veinte millones de pesos. valor nominal, que
los banqueros norteamericanos comprarían por doce millones cuatrocientos mil pesos, con una utilidad inicial líquida de siete millones seiscientos mil pesos o más del 33%. Los bonos tenían que
ser redimidos en el plazo de 30 años, pero Cuba podía anticipar la
redención una vez transcurridos veinte años, y pagaba 5% de interés al año. La cláusula 4ª de la proposición Coen determinaba
que el contrato para el empréstito no tendría

> ... value or effect until it meets the approval of the President
> of the United States, which approval I myself and associates
> must obtain without the Assembly having any work to do in
> that line...[44]

Otras cláusulas se referían al depósito de ciertas garantías en
metálico, por parte de los banqueros, la estipulación de que el dinero sería exclusivamente dedicado al licenciamiento del Ejército
Libertador y que se comprometían los ingresos todos de las rentas
públicas para el servicio del empréstito de acuerdo con las estipulaciones relativas a amortización e intereses. La condición final
era que la Asamblea enviase una comisión a Wáshington para
participarle que los tres millones de pesos ofrecidos por los Estados
Unidos para ayudar al licenciamiento no eran suficientes, y que por
esa razón se esperaba que aprobase el plan del empréstito Coen.

Los comisionados de la Asamblea también entregaron a la
misma un pliego con las preguntas hechas a Coen y las respuestas
dadas por éste, quien, según parece, estaba asesorado por el abogado Teodoro Zaldo, de una firma de letrados y banqueros internacionales de La Habana, bien relacionada con el mundo de las
finanzas norteamericano. La primera pregunta, encaminada a cer-
ciorarse de la personalidad y la capacidad para tratar del misterioso personaje, fué contestada evasivamente con que había dado
referencias a Gonzalo de Quesada, en Wáshington, para que las
trasmitiera a la Asamblea y que, en vista de que ésta no las había
recibido, procuraría darlas de nuevo, al cabo de unos pocos días.
En cuanto a la segunda pregunta, relativa a la necesidad del consentimiento de los Estados Unidos para que la operación entrase
en vigor, Coen reputó de indispensable esa autorización que ha-

bría de obtenerla la Comisión enviada a Wáshington y que, en su opinión, se decidiría antes de diez días, porque Coen

> ... está convencido que no se requiere tanto tiempo para conseguirla...,[45]

y tan seguro estaba el agente de las poderosas influencias que haría jugar sobre McKinley para que cediese, que no titubeó un momento en declarar que si en el plazo de diez días McKinley no había aprobado el empréstito, la Asamblea podía a discreción suya declarar anulado el contrato.

Cuando los documentos relacionados con la proposición Coen, fueron leídos, como ya hemos dicho, se suscitó violentísimo debate en el seno de la Asamblea, con los representantes Párraga, Sanguily, Céspedes y otros, opuestos al negocio, por el misterio que rodeaba al agente y las condiciones onerosísimas que imponía. De Wáshington también se recibieron noticias que no auguraban nada bueno para el éxito del empréstito Coen, pero ciertos elementos de la Asamblea continuaron sus esfuerzos hasta que en la sesión de 9 de marzo, y con varios votos en contra, se aprobó la proposición Coen con muy ligeras modificaciones. Seguidamente fueron elegidos los comisionados que debían ir a Wáshington a participar a McKinley la resolución de la Asamblea, y como en todas las anteriores comisiones, el representante José R. Villalón tuvo su puesto en ella, pero ya no le acompañaban aquellos nombres de gran prestigio revolucionario y nacional que habían formado la primera delegación enviada a los Estados Unidos, meses antes, sino dos oficiales de menor nombradía, los coroneles Manuel Despaigne y Aurelio Hevia, a quienes así se enviaba a emprender una aventura cuyo fracaso estaba descontado, porque, aunque el acuerdo relativo a no aceptar como donativo, sino como préstamo, los tres millones de pesos ofrecidos por los Estados Unidos, y a pedir autorización para un empréstito de mayor cuantía, estaba redactado con la más exquisita habilidad y empleaba argumentos de valor, chocaba con la firme oposición de McKinley a reconocer derecho alguno a la Asamblea, y con la realidad de la aceptación ya anunciada por Máximo Gómez, del donativo.

A fines de marzo se encontraban en Wáshington los comisionados Villalón y Hevia, quienes se entrevistaron con el Secretario de Estado, John Hay, y por su mediación hicieron llegar a McKinley los acuerdos de la Asamblea, sin tener oportunidad alguna de verse con el jefe del gobierno. Hay les advirtió en su primera conversa-

ción que no tendrían éxito en sus demandas, lo que los comisionados telegrafiaron en clave a la Asamblea por un primer cable de
31 de marzo que decía:

> ... *Charanga por ahora hay (John Hay) nos recibió oficio-*
> *samente hoy trasmitirá Quivicán (McKinley); manifestaciones*
> *nuestras, ofreció comunicarnos contestación plazo corto, opina*
> *Quivicán (McKinley) no autorizará empréstito*... [47]

La negativa fué confirmada a las pocas horas por una breve
nota de Hay a Villalón, en que le decía:

> ... *He manifestado al Presidente el objeto de nuestra en-*
> *trevista de esta mañana y me significa diga a usted que él no*
> *tiene nada más que agregar a la comunicación verbal que*
> *entonces tuve el honor de tener con usted y el señor He-*
> *via*... [48]

Villalón y Hevia recibieron la respuesta sin gran sorpresa. Todo
señalaba la derrota de la Asamblea desde hacía algún tiempo.
El optimista Coen y sus asociados nada habían podido hacer para
torcer la voluntad de McKinley, y el mismo día 31 de marzo un segundo cable llevó a La Habana la noticia del fracaso definitivo. El
4 de abril, después de oir los informes dados por Hevia y Villalón
respecto a su misión en los Estados Unidos, la Asamblea de Representantes acordó su disolución y liquidó todas sus actividades como
organismo producto de la revolución y organizador de la república: los Estados Unidos habían ganado una primera victoria con
la política de "divide y vencerás", que el Subsecretario Breckenridge había preconizado como indispensable para dominar a los
cubanos y forzarles a la anexión. De que el plan original de provocar divisiones continuaba siendo la preocupación de altos funcionarios y políticos norteamericanos hay prueba concluyente en
una carta del Senador Morgan, el llamado "amigo de Cuba", a
McKinley, en que le decía:

> *Mr. President: It is becoming more manifest, I think, that*
> *the jealousy between Havana and Santiago de Cuba is a*
> *serious feature of the situation in that island. It is also a*
> *growing conviction with me, that the wiser policy is to divide*
> *Cuba into two general divisions, with local military governors,*
> *under the superintendence of a Governor General.*
> *Each general division should be supplied with revenues*
> *derived from the provinces within its jurisdiction, after con-*
> *tributing a percentage to the national revenues.*
> *This arrangement would compel the Cuban Assembly to*

disintegrate and, if it should arouse that body to an effort at
resistance, they would find local antagonisms in both divisions
that would dispel their pretensions as the representatives of
the sovereignty of the entire island. It is our opportunity,
I think, to repress the assumed authority of the Assembly, by
arraying against it the opposition of the people in the East and
West Cuba.

Our government in Cuba is national and it represents the
whole body of the people, until they should organize its suc-
cessor. The Assembly is in opposition to this idea, and is
preventing the expression of the will of the people who inhabit
the several provinces, as I understand the situation.

To put the West in competition with the East, and in quasi
possession of a separate local authority, in each, is to dis-
sipate the power of the Assembly by exciting rivalry between
the sections in the place of the personal and embittered
jeaulosy, between leaders who are looking to the Pres-
idency...[49]

En sus cálculos respecto a la tendencia divisionista en Cuba,
las ventajas de fomentarla, y la supuesta debilidad del nacionalismo cubano, la suficiencia norteamericana estaba tan equivocada
en 1898-1899, acerca del pueblo de Cuba y sus verdaderos deseos,
como lo había estado antes y ha seguido estándolo hasta nuestros
días. De ahí que al escoger a Máximo Gómez para apoyarle frente
a la Asamblea, y disolverse ésta casi en seguida y sin oponer mayor resistencia, el plan laboriosamente preparado cayese por su
base y resultase en la unificación del sentimiento nacional en torno al viejo caudillo, que encarnaba lo revolución y podía hablar
en nombre de ella, un resultado diametralmente opuesto al que se
habían prometido McKinley y sus consejeros y que quizá, de haberlo previsto, les hubiese llevado a apoyar a la Asamblea frente
a Gómez.

Es posible que a ese resultado cooperasen las cualidades personales y la orientación que a su sistema de gobierno había dado
desde los primeros momentos el gobernador militar, general John
R. Brooke, de quien dice un historiador cubano, que era

... honrado a carta cabal, militar pundonoroso, espíritu jus-
ticiero, afable de trato, corto de razones y demócrata de veras,
aunque de ninguna trastienda en el juego de las ambiciones y
en el trasconejeo de las intrigas palaciegas...[50]

En realidad, no obstante la difícil situación en que Brooke asumió su cargo y los naturales y graves problemas que tenía que

afrontar con un pueblo que había luchado por su independencia y al que se le imponía un gobierno extranjero, las dificultades mayores de su mando, las que en verdad causaron su relevo al cabo de unos pocos meses, fueron las producidas por la desordenada ambición personal de uno de sus subordinados, Leonard Wood, médico militar improvisado en general con ocasión de la guerra con España, y al que se había dado el mando del Departamento Oriental de la Isla, en el cual había puesto de relieve cualidades extraordinarias de hombre de acción y hasta de administrador, mezcladas con una peligrosa tendencia a imponerse a todo el mundo, inclusive sus superiores jerárquicos, a actuar por cuenta propia, con indisciplina bien manifiesta, y a laborar por la anexión de Cuba a los Estados Unidos. Es a tal situación de rivalidad entre las autoridades norteamericanas a la que se refiere el Senador Morgan en su carta a McKinley que hemos citado últimamente.

Si los cubanos en un principio no apreciaron debidamente las intenciones de Brooke, no fué por culpa de ellos, sino de los términos mismos en que fué redactada la alocución del nuevo gobernador a los habitantes de la Isla, y que si hacían referencia a la paz, el orden público y la normalidad económica, para nada se referían a las promesas de libertad e independencia contenidas en la *joint resolution* de abril de 1898, ni mencionaban la provisionalidad de la intervención.

Con pocas excepciones que constituían otros tantos casos de deferencia a los elementos españoles radicados en Cuba, los nombramientos de secretarios de despacho y consejeros del general Brooke recayeron en cubanos de altos prestigios patrióticos, y el gobernador no se opuso a que alguno de los nombrados, como el general Domingo Méndez Capote, por ejemplo, solicitase de la Asamblea de Representantes el permiso para aceptar el cargo de Secretario de Estado y Gobernación que le había sido ofrecido.

Las reformas, las importantísimas reformas en la administración pública de la Isla, que la moralizaron e hicieron progresar de acuerdo con los recursos del país y que más tarde llegaron a ser timbre de orgullo para los Estados Unidos, fueron iniciadas por el gobierno de Brooke. Es de justicia señalar, sin embargo, que se exagera mucho al destacar el mérito indudable del gobierno interventor en Cuba, ya en tiempos de Brooke, ya bajo Wood, y que en esa exageración se prescinde sistemáticamente de reconocer la parte extraordinaria que el pueblo cubano tuvo en ese progreso sorprendente y en los éxitos más notables de la administración.

En primer lugar, en un país acabado de salir de una guerra sangrienta y desoladora, ya por ello hay múltiples reformas y medidas que establecer para restañar las heridas y restaurar la normalidad económica alterada. Si ese país ha estado en guerra, revolución o simple estado de perturbación por espacio de unos setenta años, la oportunidad para esas reformas y mejoras, es más urgente y completa e invita a actuar a quienquiera que tenga poder, buena voluntad y deber de imponer remedios. Cuando, además, el país en cuestión ha estado tiranizado y desprovisto de derechos por un gobierno desmoralizado, corruptor y atrasado, que ha dedicado la mayor parte de las rentas públicas al sostenimiento de las fuerzas armadas con abandono concienzudo y completo de la sanidad, la educación pública y el fomento de la riqueza y del bienestar del país, la ocasión de reformar, mejorar y fundar es única y resulta criminal y estúpido cruzarse de brazos ante una situación semejante.

Nuestra tesis a este respecto puede concretarse en las siguientes conclusiones: 1º - Cuba estaba atrasada, arruinada y embrutecida después de siglos de desgobierno. 2º - El pueblo cubano no era ni podía ser responsable de esa situación, ya que no le había sido permitido participar en la administración de la colonia y se le había mantenido sometido a militarotes y politicastros traídos de la Península. 3º - Los cubanos, por su laboriosidad y su espíritu progresista, estaban perfectamente capacitados para hacer frente a la obra de rehabilitar a su país. 4º - Los grandes éxitos de la intervención norteamericana en cuanto a sanidad, educación, obras públicas, etc., fueron posibles por la inteligencia, la adaptabilidad y la decisión con que el cubano contribuyó a lograrlos o los aceptó. La mejor prueba de esta última afirmación la suministra el grado de atraso material, miseria moral, falta de sanidad e higiene, carencia de educación, etc., en que viven millones de norteamericanos del Sur y del Oeste y hasta de algunas regiones del Este de los Estados Unidos que, naturalmente, de ser el progreso de Cuba por completo debido a las excelencias del sistema norteamericano, era en los Estados Unidos que primero debía haber tenido aquél un éxito integral y definitivo que niegan con su formidable elocuencia libros como *You have seen their faces*, por Erskine Caldwell y Margaret Bourke-White, y dramas como *Tobacco Road*, etc., sobre la situación de numerosas secciones del pueblo norteamericano en nuestros días.

Cierto que el cubano había vivido sin sanidad ni higiene, con poquísimas escuelas, deficientes comunicaciones, etc., bajo el gobierno español, pero en un momento se adaptó a las nuevas condiciones de vida y prosperó con ellas como si las hubiese conocido siempre, instauradas por los Estados Unidos durante la intervención y mantenidas y mejoradas por los cubanos en la era republicana, pero el resultado habría sido el mismo si los cubanos hubiesen llevado a cabo las reformas y las innovaciones cuya necesidad era innegable y apremiante. El crédito a que es acreedor el pueblo de Cuba como progresista e inteligente por su maravilloso adelanto a partir de 1898 no debe ni puede serle regateado.

El informe anual del general Brooke respecto a su gestión en Cuba contiene repetidos elogios suyos y de otros de sus subordinados acerca de los cubanos. Brooke mismo es quien dice que a la retirada gradual de las tropas españolas, sin chocar con ellas ni provocar disturbios, los soldados cubanos ocupaban los puestos de responsabilidad pública "...*maintaining order and, generally, performing police duty*...", y que durante el tiempo que medió hasta el licenciamiento definitivo y en que el Ejército Libertador se mantuvo unido,

> ... *the police duties performed seemed to be well done and order was preserved*...[51]

Es en las páginas del informe que acabamos de citar en las que Brooke dejó constancia de la miseria general, de los horrores de la reconcentración, de la destrucción de la riqueza nacional, del desorden y el caos en que estaba la administración pública cuando él se hizo cargo del mando, y es en ese documento donde también podemos encontrar que los millones de raciones distribuídas a los necesitados de toda la Isla a partir del 1º de enero de 1899 y que no tardaron en ser innecesarias por la vuelta al trabajo del pueblo, eran pagadas con los fondos del tesoro de Cuba, o sea, que el país en seguida estuvo en condiciones de remediar la miseria de sus hijos y lo hizo con generosidad.

Dentro de las circunstancias impuestas por la pobreza del país, el malestar del período post-revolucionario y las ambiciones que prevalecían en Wáshington, puede decirse que el general Brooke presidió un gobierno cubano y preocupado por el bien de Cuba, lo que era tanto más natural si tenemos en cuenta las promesas de la *joint resolution* y el anunciado propósito de la provisionalidad de la intervención hasta establecer la normalidad y que los cubanos pudieran gobernarse, y que todo ello tenía lugar no en Madagascar o en Tasmania, sino en Cuba. Por eso mismo resulta más flagrante la contradicción que aparece en un reciente libro sobre las relaciones entre Cuba y los Estados Unidos, en que el autor, norteamericano, por supuesto, se permite decir:

> ... *If there is to be a criticism of General Brooke it would probably be that the government of the island felt too little of his own personal control and too much of that of his subordinates, especially of the many Cuban officials...* [52]

La cita que antecede es característica de una cierta escuela de historiadores norteamericanos al tratar de Cuba. El autor, como muchos de sus colegas, reclama para los Estados Unidos el mérito de haber salvado a Cuba del caos, rehabilitádola y héchola progresar, pero se olvida de esa primera premisa para criticar a Brooke porque los cubanos eran los que realmente gobernaban. Entonces, las glorias del primer período de la intervención, tendríamos que concluir nosotros, fueron cubanas y Brooke fué sólo un polizonte cuidador del orden. No resulta menos curiosa la explícita censura de que había muchos funcionarios cubanos bajo Brooke, que lleva a cavilar sobre si el crítico en cuestión habría querido que los funcionarios, y la preparación que se suponía habrían de adquirir éstos, fuesen para norteamericanos, españoles, chinos o japoneses, en el gobierno de la patria nativa de los cubanos.

Lo poco que hubo en Cuba del acostumbrado desenlace de una revolución, que es algo más que un cambio de banderas y aspira a un nuevo orden de cosas, tuvo lugar sin violencia alguna bajo el mando de Brooke. Tal la institución del matrimonio civil como único válido, establecido por la Orden Militar 66, de mayo 31, 1899, que tendía a romper los privilegios que la Iglesia Católica, en perfecto acuerdo con el despotismo español, había mantenido en Cuba hasta entonces, y que marcaba la pauta de la separación entre la Iglesia y el Estado por la que había abogado la revolución y la cual llevaría a la jerarquía católica a aliarse de manera efectiva con la dominación norteamericana en Cuba, aún en los años de vida republicana del país hasta nuestros días. Revolucionario fué también el indulto general proclamado por la Orden Militar 68, de junio 1, 1899, en favor de los condenados por ciertas sentencias de los tribunales militares y navales de España que habían sido dictadas en causas más bien políticas. Revolucionaria asimismo fué la Orden Militar 87, de junio 20, 1899, a virtud de la cual los caballos en poder de los soldados del Ejército Libertador se consideraban botín de guerra y podían ser legalmente inscriptos en el registro pecuario; y también tuvieron ese carácter ciertas otras medidas relativas al sistema judicial, que reorganizaron el Tribunal Supremo, crearon los juzgados correccionales e introdujeron reformas en la clasificación de los delitos, las penas y el funcionamiento mismo de los tribunales. Estas resoluciones y cambios, por supuesto, no pudieron haber sido aconsejadas y articuladas para su proclamación por militares norteamericanos sino por técnicos cubanos, conocedores de la legislación del país y de sus deficiencias.

El nombramiento de alcaldes municipales y la reorganización de la administración local en toda la Isla fué otra de las disposiciones impuestas revolucionariamente y de la cual surgieron excelentes iniciativas y mejoras generales. La responsabilidad de las mismas casi siempre estuvo a cargo de funcionarios cubanos y el general Wilson, uno de los tenientes de Brooke, en su informe oficial de septiembre 7, 1899, se refirió con los mayores elogios a la labor de los alcaldes nativos y a su honradez y espíritu progresista.[53]

En tiempos de Brooke se crearon cuerpos de policía urbana y de guardias rurales, exclusivamente integrados por soldados de la revolución y mandados por sus oficiales, y estos elementos demostraron una extraordinaria eficiencia en el desempeño de sus funciones, supervisadas por militares norteamericanos que más tarde recibieron todo el crédito por la creación de esos cuerpos de seguridad y por la actuación de los mismos, aunque bueno es agregar que el general Wilson siempre se mostró opuesto a la creación de la guardia rural por considerarla el inicio del militarismo en Cuba.[54]

Correspondió al gobierno del general Brooke el llevar a cabo el primer censo de la población cubana hecho después de cesar la soberanía española. El censo fué iniciado con una proclama de McKinley al pueblo de Cuba, fechada a 19 de agosto de 1899, que anunciaba y justificaba ese trabajo como preliminar "...al establecimiento de un sistema eficaz de gobierno propio...",[55] declaración que con todo cuidado evitaba hablar de la república o la completa independencia. Elihu Root, quien ya por entonces había relevado a Alger en la Secretaría de la Guerra, tras la ola de escándalos que había desacreditado al último citado, fué más lejos que McKinley al decir a los inspectores cubanos del censo que éste sería "... *la base para el establecimiento de un gobierno libre e independiente en Cuba*".(56) La Isla resultó tener una población de 1.572.797 habitantes o 59.842 menos que en 1887, y los directores del censo conservadoramente estimaron que había unas doscientas mil personas de menos a causa de las muertes y la emigración producidas por la guerra de independencia, aunque Martínez Ortiz hace ascender esas bajas a quinientas mil.

Meses antes de que se hiciese el censo, Atkins, con su ligereza y suficiencia acostumbradas, se había permitido escribir a McKinley con los siguientes falsos informes:

> ... *The conclusions which I have reached are, that the total population of the Island at the present time, in all probability, does not exceed one million; that a majority of these are colored, and that the native white population are a comparatively small minority, those of Spanish birth being next to the colored race in number...*
>
> *It is probably no exaggeration to say that three fourths of the property interests are in the hands of foreigners, classing the Spaniards as such, and taking into consideration the personal indebtedness of Cuban estate owners. The insurgent independent party (wishing to be rid of American control) represent no property interest as a class, and their control of affairs is equally feared by the Cuban property holders, Spaniards, and foreigners...*(57)

Sin embargo, el censo hecho ese mismo año arrojó cifras definitivamente distintas a las presunciones de Atkins, con 1.067.354 habitantes blancos y 505.443 de color, o sea una tercera parte mayor que el número fijado por él para la población total, con una pequeña proporción de españoles y otros extranjeros entre los blancos. Y si ese mal agradecido enemigo de Cuba mentía en cuanto al número de habitantes, no era más veraz en sus informes respecto a la distribución de la propiedad, ya que, a pesar de todas las vicisitudes, de todas las confiscaciones, embargos y compras amañadas que habían afectado a los cubanos revolucionarios, los hijos del país poseían la mayor parte de las tierras y las fincas urbanas y nadie, a no ser los españolizantes y los anexionistas, temía su gobierno.

El general Wilson, a quien Atkins detestaba y denuncia en su obra como pro-cubano y partidario de que "...*Cuba should be given its independence at the earliest possible moment...*",[58] crimen gravísimo a los ojos de Atkins, decía en 1899 al referirse al resurgimiento económico de Cuba, que

> ... *When it is remembered that the white race is largely in the majority, that both the white Spaniards and Cubans, as well as the colored people, are sober, orderly, lawabiding, and generally industrious, it may be fairly hoped that with the re-establishment of a reasonable degree of prosperity, this gratifying state of affairs will continue to prevail...* [59]

Para este militar norteamericano, el cubano, en contra de lo dicho acerca de los pueblos tropicales y de las calumnias de Atkins, era un pueblo con excelentes cualidades físicas y morales y en cuyas capacidades se podía confiar. Su idea del funcionamiento de la intervención era la de facilitar la rehabilitación económica del país, mantener el orden con la menor cantidad posible de imposición y así, con el interés cívico del pueblo, hacer responsables a los cubanos de todas las funciones políticas y administrativas que se pudiese, compatibles con el gobierno militar norteamericano, y preparar para el futuro el establecimiento de un gobierno propio estrechamente relacionado con los Estados Unidos, circunstancias todas que, en su opinión, más tarde o más temprano conducirían a la anexión de Cuba a los Estados Unidos sobre un régimen de igualdad que daría a los cubanos la posibilidad de demostrar sus méritos como ciudadanos.[60] Este tipo de anexionismo no era el que convenía, sin embargo, a los hombres de la mentalidad de Atkins, desprovistos de escrúpulos y deseosos de un sistema colonial que les permitiese la explotación del nativo al amparo de un ejército de ocupación. Lo que Atkins y sus secuaces de todas las épocas querían poder hacer a su antojo en Cuba, es lo que ese mismo personaje describe en su obra acerca de la manera como él cambió a capricho y para su conveniencia las disposiciones dictadas durante los primeros meses de la intervención respecto al tráfico de cabotaje ejercido por los españoles que no habían renunciado a su ciudadanía. Atkins se fué a Wáshington sin preocuparse del gobernador Brooke, y se encontró con que ni el Secretario de Hacienda ni el de la Guerra sabían nada de esas disposiciones y se habían limitado a firmar las órdenes redactadas por un empleado de menor cuantía y de ochenta años de edad, quien no sabía nada de Cuba, pero así contribuía a gobernar a quienes con seguridad le superaban en cultura, inteligencia y preparación administrativa. Atkins, convenientemente respaldado por poderosas influencias, se fué a ese empleado, le redactó una nueva serie de medidas, que aprobaron los secretarios respectivos, y hé aquí que la reorganización del cabotaje en toda Cuba y el mismo criterio oficial respecto a la nacionalización de los extranjeros, se modificaron en la forma que Atkins quería y que un empleadillo cualquiera admitió.[61]   Por supuesto que semejante triquiñuela no figura en el catálogo de los grandes bienes que Cuba recibió con la intervención, y es muy de dudar que en esa forma "se enseñe" a pueblo alguno a gobernarse.

Con lo que llevamos dicho se puede advertir que el gobierno de Brooke, no obstante las tendencias imperialistas de ciertos jefes de departamentos, no estaba consagrado a una política preparatoria de la anexión, pues en el caso mismo de Wilson, éste reclamaba el establecimiento de la república, con ciertas condiciones de control que él creía conducirían a la anexión en lo que él llamaba "modo honorable para ambos países". A los anexionistas no les satisfacía este sistema ni les tranquilizaban las perspectivas que Wilson creía ver. A esos elementos, en Cuba y los Estados Unidos, les convenía una política de agresiva dominación, de control absoluto, de negación de todo derecho o capacidad a los cubanos, de afirmación de supuestas responsabilidades internacionales y conveniencias estratégicas contrarias a la retirada de la intervención. La implantación en marzo de 1899 de la Ley Foraker, por la cual se prohibía el otorgamiento de propiedades, franquicias o concesiones de cualquier carácter, por parte del gobierno provisional, disgustó a los anexionistas, que protestaron en todos los tonos contra lo que denunciaban como un ataque a la influencia norteamericana en Cuba. Como hemos dicho anteriormente, al comentar el informe de los comisionados de la Asamblea ante McKinley, en diciembre de 1898, fueron los cubanos los que pidieron al Secretario de Justicia, durante el curso de sus gestiones, que no se otorgasen concesiones en Cuba sin que hubiese un gobierno republicano en la Isla que pudiera decidir respecto a su conveniencia. Foraker tuvo en cuenta esos puntos de vista, bien legítimos por cierto, al presentar su proposición de ley, aprobada como enmienda a la ley general de gastos de las fuerzas armadas y que salvó a Cuba de las garras de

> *... generally impecunious speculators, whose aim was to obtain much while giving little or no equivalent...* [62]

Más hubo de disgustar a los anexionistas que con el positivo obstáculo de la Ley Foraker, que después vulneraría el general Wood a su capricho, el Departamento de Justicia de Wáshington se viese precisado a emitir dictámenes y dictar normas que ratificaban la provisionalidad de la intervención de acuerdo con la constitución y las leyes federales y reafirmaban que Cuba debía tener un gobierno propio al terminarse la ocupación, y que ese gobierno sería el que pudiese resolver sobre las concesiones. En marzo de 1899, apenas aprobada la Ley Foraker, y en respuesta a consultas hechas por el Secretario de Estado, John Hay, y el de la Guerra, Russell Alger, el Secretario de Justicia les informaba que la ocupación de Cuba era sólo temporal y hasta que

> *... a stable government shall have there been established, to retire from the Island and leave the government thereof to the inhabitants...,* [63]

y que ese gobierno decidiría sobre las concesiones.

Esta declaración no tardó en trascender los límites de dictámenes hechos para regular la actuación de las secretarías de despacho en lo que pudiéramos llamar cuestiones de política interna o a lo sumo referentes a las relaciones entre los Estados Unidos y Cuba, porque casi en seguida tuvo que ser aplicada y reiterada en la correspondencia diplomática con otras naciones. Así resultó que en el propio mes de marzo, y en respuesta a una protesta británica en favor de las compañías cablegráficas, el Secretario Hay tuvo que declarar en una nota que

> *... the present American control of Cuba is essentially and merely that exercisable by a temporary military occupant; that the United States Government, not having established a Protectorate over Cuba is not called upon to discuss the cuestion of the transitory obligations which devolved upon a Protecting State...* [64]

Inglaterra, todavía ansiosa de atraerse la gratitud de los Estados Unidos o de encontrar un punto que le permitiese hacer aparentes concesiones a cambio de apoyo en Europa y el Lejano Oriente, no se dió por satisfecha con la contestación de Hay y, sin el menor interés por Cuba, y sí sólo por su conveniencia, volvió a instar a la cancillería de Wáshington sobre el asunto en una nota en que el Encargado de Negocios inglés apenas ocultaba las dudas de su gobierno respecto a la temporalidad de la ocupación norteamericana en Cuba y los deberes de los Estados Unidos como resultado de la misma. En esa nota decía el diplomático británico:

... I am directed by the Marquis of Salisbury to represent to your Government that Her Majesty's Government is unable to share the views of the United States Attorney General that the occupation of Cuba by the United States is in anyway analogous to a military occupation during war. The occupation began upon the conclusion of a Treaty of Peace, by which it was provided that Spain relinquished all claim of sovereignty over Cuba, and that the United States, who were to occupy the Island on its evacuation by Spain, were to assume all obligations which, under International Law, might result from such an occupation, for the protection of life and property... Such an occupation is not in the slightest degree analogous to a mere military occupation. It may or may not be temporary, but so long as it lasts, it carries with it the duty of respecting such local obligations as the concessions of the Telegraph Company... [65]

Inglaterra continuó en el futuro presionando a los Estados Unidos, con diversos pretextos, para ver si podía obligarles a confesar algún propósito oculto de quedarse con Cuba y venderles así su tolerancia al despojo, pero el gobierno de Wáshington, que con el mayor cuidado evitaba revelar sus miras a los cubanos, nunca cayó en el lazo y se esforzó en mantener su libertad de acción para decidir conforme a sus conveniencias.

Lo que acabamos de decir, por otra parte, no quiere decir que la anexión dejase de ser el objetivo principal de muchos influyentes personajes del gobierno de McKinley y del régimen intervencionista en Cuba, también. Brooke fué considerado el hombre menos apropiado para la realización de esos planes, y contra él se enderezó una campaña de críticas, dudas, calumnias y descrédito tendiente a lograr que se le relevase del mando. En esta campaña jugaba papel principal quien, de acuerdo con toda jerarquía militar, antecedentes personales y organización administrativa, era uno de los subordinados de Brooke: el brigadier Leonard Wood, intrigante, trepador sin escrúpulos y hombre de iniciativas y de grandes energías como gobernante. Wood era partidario de la anexión y lo fué siempre, hasta cuando a pesar suyo preparaba el advenimiento de la república en Cuba, y por ello disfrutaba de la confianza de los anexionistas, en quienes se apoyaba para atacar a Brooke y despojarle de su puesto. Naturalmente que esta rivalidad y estas bajunas intrigas y ambiciones en quienes habían impuesto un gobierno militar, que presupone disciplina, para enseñar a los cubanos a respetar la ley, el orden y la voluntad de la mayoría, no eran lo más apropiado para inspirar a los cubanos con buenos ejemplos de virtudes cívicas, ya que la realidad fué que Wood, el subordinado intrigante, desplazó de su cargo a Brooke, el superior jerárquico que sólo se preocupaba de su deber de militar.

Martínez Ortiz menciona que ya en enero de 1899, cuando el comisionado Porter pasó por La Habana en viaje a Remedios para entrevistarse con Máximo Gómez, Leonard Wood acababa de regresar de Wáshington, donde había ido a tratar de sus rozamientos con el general Brooke, motivados por la independencia con que pretendía manejarse en Oriente, como si la provincia fuese un estado y le fuese permitido emplear los ingresos aduaneros de sus puertos sin contar con la autorización del gobernador general.[66] Como se recordará, Wood hizo que un ayudante suyo acompañase al de Brooke en la comitiva de Porter. Rubens claramente acusa a Wood de haber revelado a ciertos elementos en Santiago de Cuba una orden de Brooke para que las recaudaciones de Oriente ingresasen en el tesoro insular, en La Habana, y de haberles alentado a llevar a cabo la protesta y cierre general de establecimientos en señal de descontento con el gobierno de Brooke, de que fué teatro aquella ciudad en los primeros días de enero.[67] Wood mismo cablegrafió su protesta a Wáshington sin hacerlo por el conducto reglamentario del gobernador general, y se fué a los Estados Unidos a insistir en que fuesen aceptados sus puntos de vista. En cuanto a Brooke, como para mostrar a los cubanos qué poco importaba a McKinley hacer respetar el principio de autoridad, sus protestas por la irregular conducta de su subordinado no fueron satisfechas porque Wood tenía más influencia que él en la Casa Blanca.

Páginas atrás ya hemos hecho observar cómo el Senador Morgan, en el mes de marzo, recomendaba a McKinley la división de Cuba en dos gobiernos regionales, Oriente y Occidente, sugestión que constituía el primer plan de Wood para emanciparse de toda sujeción a la autoridad central encarnada en Brooke. Wood no temía por entonces clamar por la descentralización administrativa y la autonomía provincial y municipal, y lo hacía con todas sus fuerzas para ser independiente cuando no parecía posible que se le considerasen méritos suficientes para reemplazar a Brooke. Con la misma energía y la misma falta de sinceridad, pocos meses más tarde, al conseguir ser nombrado gobernador general merced a intrigas, triquiñuelas e influencias empleadas al efecto, Leonard Wood, encargado de "enseñar" a los cubanos a gobernarse, rigió a la Isla con un mando unificado y absoluto con el cual el pueblo aprendió que el ejecutivo nacional podía hacer y deshacer a su antojo aun cuando fuese un ciudadano de la democracia norteamericana, si tenía "padrinos", sabía intrigar y empleaba la fuerza o el soborno, según los casos. Con esta explicación preliminar podemos comprender mejor los propósitos ocultos en una carta de Wood a Roosevelt, a mediados de febrero, en contra de la centralización del gobierno en La Habana, en manos de Brooke, y en favor de la autonomía provincial y municipal,[68] sentimientos que no eran precisamente dictados por deseo alguno de ayudar a los cubanos a obtener la independencia, como ya veremos.

El comisionado de McKinley, R. P. Porter, el mismo que con ocasión de su misión a Remedios para verse con Máximo Gómez, había presenciado manifestaciones populares contrarias a la anexión y había dado a Gómez, a nombre de McKinley, seguridades de que los Estados Unidos no querían la anexión, tardó unas pocas semanas en revelarse anexionista y así lo hizo en un sensacional artículo publicado por *The North American Review* en que declaraba "...the future of Cuba... can only lie in annexation".

Esta afirmación, por venir de quien venía, pues se trataba de uno de los confidentes de McKinley, causó sensación en todo el país; y la prensa norteamericana y los imperialistas, los proteccionistas y los elementos liberales opuestos a nuevas expansiones territoriales, se enzarzaron en una discusión violentísima del tema anexionista. Desde el primer momento pudo advertirse que los periódicos de los estados industriales y financieros, y también los de productos agrícolas que no competían con los de Cuba, estaban de acuerdo con los puntos de vista de Porter quien, dicho sea de paso, tenía como oráculo suyo para creer que el pueblo cubano quería la anexión, nada menos que al reaccionario español Marqués de Apezteguía, casado con una norteamericana y ardiente enemigo de la independencia de Cuba, quien hasta la derrota de Santiago había sido enemigo de los Estados Unidos y acérrimo partidario de España, pero que se había convertido al anexionismo por conveniencias personales. Normalmente, un personaje de esa laya habría sido descalificado para opinar a nombre de los cubanos, a los que odiaba, pero como lo que convenía era engañar al pueblo norteamericano con la idea de que Cuba quería la anexión, el pintoresco marqués se convirtió en vocero de los cubanos, por obra y gracia de los anexionistas. Las opiniones de Porter fueron comentadas con grandes elogios en el *Times*, de Watertown, Nueva York, el 4 de abril; el *Post-Standard*, de Syracuse, N. Y., el 9 de abril; el *Advertiser*, de Newark, New Jersey, del siguiente día, y el *Commercial*, de Bangor, Maine, el día 8 del propio mes. Una semana más tarde el *News*, de Indianapolis, Ind., publicó los resultados de una encuesta hecha para ilustrar a la opinión norteamericana sobre la anexión. En esa encuesta el general M. C. Butler, el filántropo Andrew Carnegie, el obispo Henry C. Potter, el estadista W. J. Bryan y el líder negro Booker T. Washington se expresaron unánimemente en contra de la anexión y en favor de que los cubanos se organizasen en una república independiente. Tomás Estrada Palma, quien había sido Presidente de Cuba durante la Guerra de los Diez Años y había representado a la revolución en los Estados Unidos desde 1895, también se manifestó contrario a la anexión y opuesto a que la Convención Constituyente la considerase siquiera. El Senador Chandler, de New Hampshire, declaró:

> ... To continue the military occupation of Cuba until the Cubans, in despair, ask for annexation, would be a breach of our plighted faith, and wicked...[69]

En ese mismo periódico se publicaron opiniones de políticos y banqueros que, sin oponerse al establecimiento de la república, de antemano declaraban que ese sistema político llevaría a la anexión.

A medida que transcurrían los días la campaña anexionista arreciaba, como puede verse por los artículos publicados desde abril hasta fines de junio de 1899 en *The Wisconsin*, de Milwaukee; *The Gazette*, de Elmira, N. Y.; *The Argus*, de Albany, N. Y.; *The Star*, de Bradford, Penna.; *The Astorian*, de Astoria, Oregon; *The Globe*, de Boston, Mass.; *The Journal*, de Meriden, Conn.; *The Times-Herald*, de Chicago, Ill.; *The State Journal*, de Topeka, Kan.; *The Times*, de South Bend, Ind.; *The News*, de Joliet, Ill.; *The Tribune*, de Detroit; *The Leader*, de Pittsburgh, Penna.; *The North American*, de Filadelfia; *The Bulletin*, de Providence, Rhode Island; *The Star*, de Washington, D. C.; *The Leader*, de Madison, South Dakota, y otros muchos periódicos de los estados del Este y del Medio-Oeste norteamericano. Por otra parte la prensa del Sur y del Oeste, donde se producían tabaco y azúcar, se mostraba hostil a la anexión por la misma época. El millonario H. O. Havemeyer, asociado con Atkins en el tristemente célebre "Sugar Trust" que con el formidable apoyo de las tarifas norteamericanas controlaba la vida económica de Cuba, declaraba ante el Senado, el 14 de junio de 1899, que su compañía contaba con once mil accionistas, y agregaba que eran

... *almost enough to take Cuba, and they would take it if they could*... [70]

Su digno socio, Atkins, chillaba sus temores ante el Senado y decía el 18 de julio de 1899:

... *If Cuba is made an independent nation, Cuba is commercially ruined by our tariff*... [71]

Tal era la opinión del representante de B. H. Howell and Son quienes, aprovechándose de la crítica época que había vivido y vivía Cuba, compraban tierras e ingenios a bajo precio y esperaban que se consumase la anexión a fin de importar azúcar en los Estados Unidos sin tarifas ni restricciones y hacer "...*good business under our Government*". [72]

No hay que maravillarse, pues, de que cuando toda esta trama salía a la luz pública y era notorio que había poderosos intereses que trataban de forzar la anexión, John Clark Ridpath, el historiador, declarase enfáticamente y para ilustración de los que invocaban la deuda de gratitud de Cuba a los Estados Unidos, que

... *the idea that we are in Cuba on a philanthropic and humane mission has gone to join the other misplaced absurd and hypocritical pretexts which history has flung with lavish hand into the limbo near the moon*... [73]

En estos mismos días apareció simultáneamente en ciertos periódicos de Chicago y Detroit, y también en *The Standard*, de Leavenworth, Kansas, edición de 11 de julio, la revelación completa de la trama anexionista que estaba en ejecución y que envolvía el relevo del general Brooke y su substitución por Wood. Un despacho de la "Associated Press", publicado en otros muchos periódicos también, anunciaba que McKinley tenía preparado un plan para la anexión de Cuba y que aunque el general Brooke había informado desde La Habana que los cubanos no simpatizaban con la anexión, sus objeciones habían sido desechadas a virtud de confidencias que McKinley había recibido de hombres de negocios que estaban en Cuba y, muy principalmente, a consecuencia de informes que Leonard Wood le había enviado de modo directo y personal a la Casa Blanca, en favor de la anexión. Según este despacho, Wood no tenía reparo en decir que era su política en Oriente, que la opinión pública en esa región era anexionista en proporción de cuatro a uno, y que él daba preferencia y alentaba al capital norteamericano para que hiciese inversiones y fomentase fincas en Cuba, en controposición a lo que Brooke hacía en La Habana contra los intereses de sus conterráneos, lo que provocaba el resentimiento de los mismos.[74] La armonía entre Wood y los imperialistas, como hemos podido ver, descansaba en favores económicos, fáciles de otorgar bajo un régimen militar a raíz de una guerra destructora y de la retirada de un gobierno despótico y carente de organización que, posiblemente, había dejado embrolladas las titulaciones de bienes. Además, Wood había retenido a sus órdenes en Santiago, porque ello le convenía a su sistema, buen número de funcionarios españoles, entre ellos un jefe de policía que, como si estuviese en tiempos de Weyler, le escribía para sugerirle que ahorcase a algunos cubanos ("We ought to hang quite a few of these fellows") a fin de dominarles.[75] Justo es decir que Wood no necesitaba de estímulos para ordenar ejecuciones sin sentencia judicial al efecto e imponerse por el terror, porque en Oriente hizo ahorcar a varios individuos sospechosos de dedicarse al bandolerismo y no se preocupó de probar las acusaciones contra los mismos.[76]

Según el ejemplar del Chicago News que acabamos de citar, McKinley estaba dispuesto a provocar una votación de los cubanos sobre la anexión, a fin de averiguar si había posibilidad alguna de hacerla triunfar.

El Detroit News del 11 de julio ya anunciaba claramente que Brooke sería relevado de su mando en Cuba por Wood por haberse llegado a la conclusión en las esferas oficiales de que los informes en que negaba las supuestas simpatías de los cubanos por la anexión, que sí anunciaba Wood, estaban equivocados. El propio periódico insertaba la gravísima declaración de que

    ... so strong is the President's tendency toward annexation that it is expected that an effort will be made in Congress at the coming session to rescind the resolution providing for

Billete de diez dólares de los sudistas de la Guerra de Secesión de los Estados Unidos, sin valor, de los pasados como de curso legal en Santiago de Cuba por las tropas de desembarco norteamericanas.

Cuban independence and to substitute a plan for which the matter may be submitted to the people of the island...

Leonard Wood no estaba inactivo mientras le hacían su campaña para gobernador en reemplazo de Brooke y a fin de llevar a cabo la anexión. Desde Santiago escribía a Theodore Roosevelt para atacar al gabinete cubano de Brooke, que se manejaba con gran independencia y con exquisita cautela encaminaba al país hacia la república. Para Wood ese sistema equivalía a establecer un gobierno liberal bajo las viejas leyes españolas, lo que produciría disturbios y entonces, decía él,

> ... *these little rascals who have made all the trouble will be, or think they will be, in a position to have the government turned over to themselves and they will be virtually in possession of the situation. In other words the system of civil government which is being developed here has got to be uprooted and suppressed entirely in the end and every day makes it more difficult to do so without more or less trouble...* [77]

La injusticia de esta bastarda acusación de Wood es manifiesta. El gabinete cubano laboraba por la independencia de su patria y el bienestar de la misma, conforme a las promesas de la "joint resolution", y no había ni podía haber falta de honradez en que tal hicieran y nadie tenía derecho a llamar a sus componentes "sinvergüencitas" (little rascals) por esa labor: menos que nadie un intrigante sin escrúpulos del tipo de Wood, infiel a sus jefes y podrido de ambiciones personales, quien les era inferior en preparación y convicciones, especialmente a González Lanuza, Méndez Capote y Desvernine, ciudadanos y estadistas de relevantes méritos.

Mientras tanto la propaganda periodística por la anexión continuaba en aumento. El *New York Times*, en su edición de junio 29, discutía la posibilidad de la anexión, y tal hacían el mismo día el *New York Herald* y el *Times-Herald*, de Chicago. La aparición de un periódico anexionista en Camagüey, con el título de *El Sufragio Universal*, proporcionó tema para la campaña en favor de la adquisición de Cuba a varios diarios de Nueva York, Massachusetts, Pennsylvania, Illinois y Kansas. *The Capital*, publicado en Topeka, Kansas, en su edición de julio 16, declaraba que, de acuerdo con la *joint resolution*, los Estados Unidos no podían anexarse la isla de Cuba contra la voluntad de sus habitantes, y que por ello la intervención debía terminarse, pero agregaba que era preciso evitar que se produjese la anarquia en el país mientras se consolidaba un gobierno estable o los cubanos aceptaban la anexión, por lo cual

> ... *that country cannot be anything but a ward of the United States...*

Las declaraciones de militares, predicadores, comerciantes y agentes de negocios que iban a Cuba y regresaban a los pocos días convencidos de que los cubanos, cuyo lenguaje no hablaban, eran anexionistas, tenían siempre cabida en la prensa norteamericana que comentaba sus opiniones como de expertos bien conocidos e intérpretes de la opinión cubana. El *Journal*, de Detroit, en su edición de julio 13, relacionaba a Wood con la anexión al decir que si él hubiese sido el gobernador general en vez de Brooke, "...*the Cubans would be unanimous for annexation*", y que por lo tanto la política a seguir era la de dar a Wood su oportunidad para americanizar a Cuba. El *Leader*, de Cleveland, el 29 de julio, insistía sobre lo mismo y expresaba su confianza en que, mientras se hacía el censo y se reunía la Covención Constituyente, pasaría un año y medio y durante ese tiempo Cuba estaría americanizada hasta el punto de que cuando el Congreso de Wáshington fuese a decidir sobre el futuro de la Isla, ya tendría presentada la solicitud de anexión. El *Globe-Democrat*, de St. Louis, Missouri, había dedicado su edición del 18 de julio a defender las ventajas de la anexión y a tratar de probar que los cubanos eran todos partidarios de la misma. Estas propagandas no se detenían ante el infundio en su tendencia proselitaria, pues el 24 de julio podemos encontrar en el *Post-Standard*, de Syracuse, Nueva York, un titular que ponía en boca de Estrada Palma, representante de la revolución cubana en los Estados Unidos, la declaración de que "...*Cuba will someday be one of the United States*", que se repetía en el texto con el aditamento entonces de "...*but not now, not until the Cuban people themselves wish it*", que era algo muy distinto de lo que aparecía en el titular de referencia. Apenas si se podía mencionar como una voz discordante en el concierto general pro-anexión al periódico *The Democrat*, de Grand Rapids, Michigan, que en su edición de 12 de julio se había pronunciado contra la intervención militar, que calificó de despotismo y de causa de que los cubanos comenzasen a odiar a los Estados Unidos. Este periódico, por otra parte, si mantenía la tesis de que la anexión era posible en el futuro, si se hacía justicia a los cubanos, cuidaba de decir que estos últimos sabían perfectamente que había en pie una campaña destinada a exagerar sus defectos para impresionar a la opinión norteamericana, y con razón decía que las sensacionales informaciones sobre el peligro del bandolerismo en Cuba eran mentiras.

La candidatura de Wood progresaba lenta y seguramente y el Chicago *Tribune*, de agosto 1º, anunciaba que era cierto el nombramiento de Wood como gobernador militar de Cuba, y agregaba que con la substitución de Brooke aumentaría el sentimiento anexionista en la Isla. La agresividad del sentimiento anexionista llegó a adquirir tal violencia a principios de agosto, que a consecuencia de un discurso del Senador Foraker, en demanda de que se terminase la intervención y se permitiese a los cubanos organizarse libremente en una república, el periódico *Inter-Ocean*, de Chicago (agosto 6, 1899), lo atacó con la mayor dureza y le amenazó con la ruina de sus aspiraciones políticas si persistía en oponerse a la anexión, como le había ocurrido a Thomas Corwin cuando la guerra con Méjico. Para este periódico, los Estados Unidos estaban "...moving on now... in the due course of manifest destiny", y nadie debía tratar de detenerles.

Las cartas de Leonard Wood a Theodore Roosevelt, durante el mes de agosto de 1899, son del mayor interés para estudiar la trayectoria del movimiento anexionista y los esfuerzos para eliminar a Brooke, a quien se consideraba un obstáculo al mejor éxito de esos innobles planes. En una de ellas Wood, quien no mostraba la menor consideración en sus quejas y críticas de Brooke, cuyo subordinado era, se lamentaba de haber recibido un telegrama sin cifrar, del gobernador general, leído y releído por todo el mundo, en que se le acusaba de

> ... *great folly in building roads, haphazard methods of doing business, and submitting reports for six months which were a disgrace to the army...*[78]

Esta censura Wood la atribuía con la mayor frescura a la envidia de Brooke, pero si no perdonaba a su superior jerárquico, menos consideración mostraba a los secretarios de despacho, cubanos, que laboraban por la independencia, y respecto a ellos decía en esa carta:

> ... *the so-called Cuban Cabinet... are simply working to*

produce friction between the Americans and the great bulk of the Cuba people...

It is maddening to see our representatives in the hands of transparent little rascals, being led into pitfalls which a child ought to see...

Lo que enloquecía a Wood, pues, según propia confesión, es que los cubanos eminentes que asesoraban a Brooke en el gobierno de su patria y a los que con indigna grosería e injusticia llamaba "sinvergüencitas" (little rascals), en realidad gobernaban y no para lo que él quería, o sea, en favor de la anexión, por lo que sugería seis meses o un año de un régimen fuerte, que

...will turn public sentiment all our way and the problem will be solved...,

es decir, la adquisición de la Isla sería un hecho.

Ya en esa carta Wood se refería con elogio a las buenas costumbres de los cubanos, a quienes tanto desacreditaban en los Estados Unidos, y aconsejaba retirar la mitad de las tropas por innecesarias, en vista de *"how quiet and orderly these peoples are"*. Pocas semanas más tarde volvía al mismo tema, en otra carta a Roosevelt, y exponía la conveniencia de reducir las tropas de ocupación, cuyos efectivos eran de quince regimientos de infantería, uno de ingenieros y cuatro batallones de artillería, o más que el total de las fuerzas que habían combatido contra España, y alistar soldados cubanos para que los reemplazasen. Este plan, en su opinión, favorecería a la anexión y los cubanos pedirían que los Estados Unidos se quedasen con la Isla. Su razonamiento a ese efecto está comprendido en los dos párrafos siguientes, que tomamos de la carta de Wood:

...The Cubans are in no sense a troublesome or warlike people. It has taken years of the most frightful brutality and oppression to drive them into the last war and, so far as any war with the United States goes, it is absolutely absurd... The Cubans are simply crazy to enlist...

The difficulties in front of us in Cuba are purely our own manufacture. Clean government, quick decisive action and absolute control in the hands of trustworthy men, establishment of needed legal and educational reforms and I do not believe you could shake Cuba loose if you wanted to. but dilly-dallying and talking politics will play the devil with people of this temperament... [79]

Roosevelt, todavía sin la responsabilidad del gobierno federal

y sin que se le hubiese desarrollado el curioso complejo de simpatía
por Cuba republicana que más tarde habría de dominarle, entregó
las cartas de Wood que acabamos de comentar y que tan bien
pintaban su ambición y su indisciplina, nada menos que a Elihu
Root, quien acababa de relevar a Russell Alger como Secretario
de la Guerra a consecuencia de los escándalos producidos por las
inmoralidades descubiertas en ese departamento. Root nada hizo
para llamar al orden a aquel turbulento personaje que era Wood,
y éste, sabedor de que su conducta sería aprobada por Root, se
mostró complacido de que Roosevelt hubiese entregado al Secretario de la Guerra unos documentos que, en cualquier otro país,
habrían sido en extremo comprometedores. El haber confiado en
Root había sido excelente medida, según Wood hubo de escribir a
Roosevelt,

> ... because it really is important that we should not lose
> control of the situation here under any circumstances, whether
> we are to evacuate or not. If we are to evacuate we want
> to leave clean, honest government up to the date of our
> departure. If we have got to stay here we want to start the
> civil government on a foundation of honesty and efficiency,
> and... the tendency to centralize everything in Havana is
> rapidly increasing, not only among the military authorities,
> but especially among the Cuban civil authorities. There lies
> the preponderance of influence and control; and the present
> Cabinet is undoubtedly insincere so far as their friendliness
> to the Americans goes... [80]

La principal queja de Wood contra los secretarios cubanos en
el gabinete de Brooke es de que no eran partidarios de los norteamericanos, pero como esto, para él, era simpatizar con la anexión,
no hay duda de que él llamaba insinceridad al patriotismo. En
esta carta que ahora comentamos hay un párrafo bien demostrativo de cómo Wood "enseñaba" a los cubanos a gobernarse, en
sus quejas porque González Lanuza, Secretario de Justicia, había
nombrado magistrados a individuos que él le había pedido que
no fuesen nombrados. En la opinión de aquel Napoleón de cartón,
que nunca había estado en una batalla y que se permitía criticar
la centralización establecida por Brooke, cuando él informaba en
contra de un aspirante a puesto público ya ello era bastante para
que no se hiciese el nombramiento. Esto lo decía en la misma carta
en que tejía su intriga para el ascenso a brigadier general, apoyado por "Boss" Platt, en perjuicio y contra los méritos de dignos
oficiales postergados en favor de un trepador.

Este mes de febrero, en el que se decidió la nueva orientación
del gobierno intervencionista en Cuba, aún antes del nombramiento de Wood como gobernador general, que no tuvo lugar hasta
fines de año, también fué señalado por las revelaciones que comenzaron a aparecer en ciertos periódicos contra la bien organizada campaña anexionista que se extendía por los Estados Unidos
y que gratuítamente suplía a la prensa provinciana con material in-
formativo destinado a ese objeto. El *Journal*, de Lansing, Michigan,
en su edición de agosto 7, acusaba a la Associated Press de inun-
dar a la prensa norteamericana con noticias en favor de la anexión
por estar al servicio de "... *unknown imperialists... at work to
secure the annexation of the island*". Esta revelación la encontramos repetida en la *Gazette*, de Worcester, Massachusetts, de agosto
14, y el *Transcript*, de Northampton, Massachusetts, de agosto 15,
que protestaban del envío de informaciones que les eran remitidas
para hacer campaña por la adquisición de Cuba.

La prensa norteamericana dedicaba espacio y elogios a las
gestiones anexionistas de los españolizantes autonomistas pocos
meses antes tildados de traidores y retrógrados sin influencia alguna con el pueblo cubano. Las manifestaciones pro-incorporación
de Cuba a los Estados Unidos, puestas en boca de Antonio Govín,
Rafael Fernández de Castro, Marcos García y otros autonomistas,
y los viajes de esos individuos a los Estados Unidos, eran el tema
de los más entusiastas encomios de *The Constitution*, de Atlanta,
Georgia; el *Inter-Ocean*, de Chicago; *The Inquirer*, de Filadelfia;
The Press, de Middletown, Connecticut, a fines de agosto de 1899.
De repente, los poco antes desacreditados autonomistas, que habían sido partidarios de España y enemigos de los Estados Unidos,
aparecían reputados de verdaderos intérpretes de la opinión cubana, a la que nunca habían representado, por el mero hecho de
ser partidarios de la anexión. ¡Vergüenza para estos últimos, que
negaban a su patria y cambiaban de bandera tan fácilmente; pero
vergüenza también para los imperialistas norteamericanos que al
fin se habían quitado la careta para demostrar que su verdadero
interés en Cuba era de ambición para reemplazar a España!

A fines de noviembre todavía se hizo más escandalosa esa
nueva actitud de los Estados Unidos, pues se extendió oficialmente
a los españoles más intransigentes, a los que así se reconocía
como voceros del sentimiento cubano que por tantos años habían
querido destruir, ante el gobierno norteamericano, al que habían

combatido con saña. El New York Sun, de octubre 13, y el Filadelfia Inquirer, del 14 de ese mes, ya habían justificado esa anomalía con la declaración de que los españoles de Cuba, que formaban "la mejor clase de la población", eran partidarios de la
anexión. El 22 de noviembre de 1899 McKinley recibía en la Casa
Blanca, a las 2.30 p.m., a una comisión de anexionistas españoles,
norteamericanos y cubanos, quienes también visitaron a los Secretarios Root y Gage como para mejor demostrar que los partidarios de la anexión eran oídos en las altas esferas.

Cuando el coronel Carlos García Vélez, hijo del general Calixto García, desmintió como cubano las tendenciosas afirmaciones anexionistas del Marqués de Apezteguía, miembro del American Sugar Trust y hombre de turbios antecedentes políticos, y del
propio R. P. Porter, representante personal de McKinley en Cuba,
en unas declaraciones que publicó la Chronicle, de Chicago, el 12
de septiembre, el secretario particular de Porter, Leonard Darby-
shire, le contestó con una sarta de injurias que aparecieron en el
Washington Times, de septiembre 25. Porter, inglés renegado que
se había hecho confidente de McKinley y que había mentido a
Máximo Gómez, meses antes, un anti-anexionismo que no sentía,
no quedaba muy bien parado en el tratamiento que le daban ciertos periódicos. El Independent, de Harrisburg, Pennsylvania, en su
edición de agosto 28, al proclamar que la anexión de Cuba causaría el descrédito y el deshonor de los Estados Unidos como nación que no cumplía sus promesas, expresaba su desconfianza de
que R. P. Porter y Leonard Wood fuesen encargados de llevar a
cabo el proyectado plebiscito de McKinley acerca de la anexión, y
francamente les acusaba de ser capaces de amañar los resultados
del mismo.

El principal obstáculo para la anexión estaba en los cubanos
mismos, opuestos a ella y partidarios de la independencia. Por esa
razón, todo el que no se manifestaba en favor de la adquisición
de la Isla por los Estados Unidos, era hombre sin gratitud, elemento
peligroso y lleno de vicios. El Record, de Filadelfia, en su edición
de octubre 7, expuso claramente su opinión al decir que todo en
Cuba invitaba a que los Estados Unidos consumasen la anexión,
todo allí era deseable para los Estados Unidos menos los habitantes, juicio que terminaba con la exclamación: "...If we could only
have the honey without the bees!" Por lo demás, el Record no estaba sólo en esa propaganda para librarse de los cubanos y que-

darse con Cuba, ya que cinco meses más tarde el reaccionario ex-
Presidente Cleveland daría rienda suelta a un anexionismo de esa
clase y que era el que le había animado siempre en su oposición a
la revolución cubana y su hipócrita actitud con España, al escribir
a Olney:

> ... I am afraid Cuba ought to be submerged for a while
> before it will make an American State or territory or colony
> of which we will be particularly proud...[81]

Si tenemos en cuenta que Cleveland hubo de figurar entre las
personas consultadas por Leonard Wood antes de hacerse cargo
del gobierno de Cuba, quizá podamos imaginarnos mejor qué tipo
de relaciones y de ideas sobre Cuba tenían ambos personajes.

Los capitalistas norteamericanos que respaldaban y estimula-
ban y cooperaban en esta campaña anexionista hacían su agosto
mientras tanto en la compra de terrenos, comercios y negocios a
bajo precio, que los cubanos sumidos en la miseria o presas del
derrotismo, vendían, y el traspaso de los cuales Wood tenía interés
en alentar y favorecer, según sus cartas a Roosevelt. La presencia
de Wood en la jefatura del Departamento Oriental de Cuba explica el rápido y sorprendente auge de las inversiones norteamericanas en esa región, durante los años de 1898-1899, algo nuevo en
la historia de la misma y todavía más raro si consideramos ese
proceso en las otras comarcas de la Isla, en igual período. Otto
Carmichael, en un estudio del progreso de las inversiones de capital norteamericano en Cuba, que apareció en el *Times*, de Min-
neapolis, Minnesota, el 20 de octubre de 1899, decía con razón:

> ... it will not be long before the people of Cuba are but little
> more than hired men for American millionaire investors... in
> a sense they will be owned as they never were before...

Ninguno de los interesados apologistas de la intervención norteamericana en Cuba ha tratado de explicar por qué ese régimen sin
ley ni freno no impidió que se consumase el rápido y fácil despojo de la riqueza cubana mientras los Estados Unidos tenían la
responsabilidad del gobierno y se oponían a todo plan de reorganización económica o financiamiento que hubiese ayudado a los
cubanos a conservar, redimir y fomentar sus propiedades sin caer
presas de los promotores que ofrecían efectivo a gentes en la miseria y a las que era imposible alcanzar crédito alguno para reha-
bilitarse económicamente.

En noviembre de 1899 ya era tan evidente el propósito anexionista respecto a Cuba, que aquel mismo Fitzhugh Lee quien, como Cónsul General en La Habana, desde tiempos de Cleveland, había sido campeón de los derechos de los cubanos a la independencia y censor implacable de España, ya había tirado la careta y unídose al coro de farsantes que acusaba a los cubanos de ser incapaces de gobernarse. El coronel Ethan Allen iba más lejos, y olvidado de su propaganda de antaño por Cuba libre, pedía en el New York *Times*, de noviembre 19, la anexión de Cuba, Méjico y la América Central para que no hubiese tierra extranjera entre los Estados Unidos y el canal de Panamá. El congresista Joseph B. Showalter, de Pennsylvania, declaraba que había que anexar a Cuba y se lamentaba en el Wáshington *Post*, de noviembre 9, de que la "joint resolution" fuese "...*an unfortunate embarrassment to us in that regard"*. Más resuelto que su colega, el representante Hull, de Iowa, presidente del Comité de Asuntos Militares de la Cámara, al salir de la Casa Blanca el 27 de noviembre, después de una entrevista con McKinley, declaró que él era partidario de que los Estados Unidos se quedasen con Cuba y lo pediría así en una proposición de ley. El Chicago *Chronicle*, del 28 de agosto, al publicar esa información, no ocultaba que su posible efecto sería causar una revolución en Cuba. Es significativo que en esos mismos días el Consejo Nacional de Veteranos de la Independencia, que había organizado a los soldados de la revolución en una asociación poderosa, enviase un cable a McKinley en que se expresaba opuesto a que la intervención militar se cambiase en un gobierno civil norteamericano, porque esta transformación alteraba "...*los nobles fines de la intervención de los Estados Unidos en nuestra lucha con España"*. Y para no dejar lugar a dudas sobre su actitud, los veteranos pedían a McKinley que

> ... *lejos de alterar el carácter de la ocupación militar, la mantenga con su índole transitoria y provisional, apresurando, cuanto sea posible, la creación de los organismos electivos que deben construir el gobierno estable puramente cubano al que, según la joint resolution de 19 de abril de 1898, debe entregarse la Isla independiente y soberana...* [82]

Este era el estado de cosas cuando se hizo público el relevo de Brooke por Wood, después de que éste y su acérrimo rival, el general Wilson, habían sido llamados a Wáshington en consulta. En realidad, hacía meses que el diario *Argus*, de Albany, Nueva York, en su edición de agosto 11, había anunciado el nombramiento de

Wood como gobernador general de Cuba y, periódico publicado en la capital del Estado que gobernaba Theodore Roosevelt, había afirmado que la designación de Wood era debida a la influencia de Roosevelt.

McKinley, al fin, se había decidido a no apremiar a los cubanos a que aceptasen la anexión, y arriesgar una revolución, sino a darles un gobierno que hiciese reformas y preparase el terreno de tal manera que la anexión viniese por sus pasos contados, en lo que Wood decía que sería el resultado de su política en Cuba: "I do not believe you could shake Cuba loose if you wanted to". Esencialmente, Wood y su archi-enemigo, el general Wilson, convenían en que ése era el sistema a seguir, porque aunque Wilson llegaba hasta el extremo de recomendar el establecimiento de la República de Cuba, pedía que su creación fuese acompañada de un tratado de alianza y comercio con garantía de gobierno republicano, pacífico y estable, control de las aduanas por los Estados Unidos, unión postal, concesión de estaciones navales a los Estados Unidos y reciprocidad mercantil con cláusula de nación más favorecida, condiciones todas que, en su opinión, prepararían la anexión de Cuba y las demás Antillas en lo que él llamaba modo honorable y ventajoso para ambas partes.[83]

Con estos antecedentes y el conocimiento de las consultas con Wood y Wilson en Wáshington, puede comprenderse con claridad meridiana qué quería decir y cuál era el objetivo final de McKinley en su mensaje de 5 de diciembre de 1899 al Congreso, en el que hizo este sorprendente anuncio respecto a Cuba:

> ... This nation has assumed before the world a grave responsibility for the future good government of Cuba. We have accepted a trust the fulfillment of which calls for the sternest integrity of purpose and the exercise of the highest wisdom. The new Cuba yet to arise from the ashes of the past must, needs to be bound to us by ties of singular intimacy and strength if its enduring welfare is to be assured. Whether those ties shall be organic or conventional, the destinies of Cuba are in some rightful form and manner irrevocably linked with our own, but how and how far it is for the future to determine in the ripeness of events. Whatever be the outcome, we must see to it that free Cuba be a reality, not a name, a perfect entity, not a hasty experiment bearing within itself the elements of failure. Our mission, to accomplish which we took up the wager of battle, is not to be fulfilled by turning adrift any loosely framed commonwealth to face the vicis-

*situdes which too often attend weaker states whose natural
wealth and abundant resources are offset by the incongruities
of their political organization and the recurring occasions for
internal rivalries to sap their strength and dissipate their
energies...* [84]

El párrafo que antecede está basado en premisas falsas, contiene una argumentación hipócrita y falaz, y las conclusiones son del mismo carácter. Los Estados Unidos no habían aceptado responsabilidad alguna por el futuro de Cuba, sino por aquel presente en que habían impuesto su gobierno a los cubanos, y muy especialmente, durante la discusión del tratado de paz con España, y en el caso de las reclamaciones inglesas en favor de las concesiones cablegráficas, habían resistido todo esfuerzo tendiente a hacerles responsables del futuro de Cuba en forma alguna que les atase las manos. Lo más que España pudo obtener de los Estados Unidos fué que esta última nación aceptase ciertas responsabilidades prefijadas en el tratado de paz durante el tiempo que durase la intervención militar y que se comprometiese a aconsejar al gobierno cubano que se estableciese, que continuase desempeñándolas. Esa era la única obligación de los Estados Unidos, ante España y no ante el mundo, y McKinley, pues, establecía una premisa falsa para convencer al Congreso y a la opinión pública de su país de que había tales responsabilidades. Por otra parte, ¿qué causa había para que los Estados Unidos se abrogasen tales derechos en Cuba, de acuerdo con España, y no los exigiese en cuanto a Méjico, Haití, Guatemala o la República Dominicana, pongamos por ejemplo? ¿Es que por ventura podía alguien atreverse a afirmar con evidencia alguna que esos países y la mayoría de los del Nuevo Mundo estaban mejor preparados para gobernarse, eran más ricos, estaban más poblados, tenían mayor civilización, etc., que Cuba? La única razón era que para el gobierno de Wáshington la ocupación militar de Cuba aparecía como una oportunidad dorada para consumar la anexión de la Isla.

La pretensión de que Cuba tenía que estar atada a los Estados Unidos por "...*ties of singular intimacy*" y no por las acostumbradas relaciones de dos países vecinos y amigos que encuentran su expresión en los tratados de alianza, de comercio, de extradición, etc., era un indigna violación de lo declarado en la *joint resolution* de abril de 1898 sobre pacificar a Cuba y dejar el gobierno de la Isla a su pueblo. ¿Quién que respete la verdad puede afirmar que el anunciado propósito de imponer *"ties of singular intimacy"* era compatible con aquella solemne declaración de que los Estados Unidos negaban toda intención de ejercer soberanía, jurisdicción o control alguno sobre Cuba, excepto para pacificarla, y que entonces dejarían el gobierno *"and control"* de la Isla a su pueblo? ¿Por qué McKinley se permitía decir que eso era indispensable para el bienestar de Cuba? ¿Qué casta de salvajes igorrotes creía él que habitaba en aquella nación donde la civilización occidental había florecido por espacio de cuatro siglos y en la que habían nacido, se habían educado y habían triunfado hombres eminentes en las ciencias, las artes, las letras, las virtudes cívicas?

El oculto propósito anexionista que era el objetivo final de McKinley aparece mal encubierto tras la frase de que los *"ties of singular intimacy"* podían ser orgánicos, es decir, parte de la constitución misma del país, o convencionales, o sea, por medio de tratados, pero que de todos modos los destinos de ambas naciones estaban "irrevocablemente" unidos y que sólo el futuro, "al madurarse los acontecimientos", podría decir de qué manera y cuán completamente serían establecidos esos vínculos.

El sarcasmo de que quien imponía esa *capiti diminutio* sobre el pueblo cubano, se permitiese a renglón seguido hablar de que Cuba libre debía ser una realidad, *"...a perfect entity"*, es evidente. ¿Cómo podía aspirar a ser una entidad perfecta, en la vida internacional, un país al que se escogía como la única nación indigna de gobernarse en una época histórica que ha visto a Montenegro, Albania, Haití, Estonia, Panamá, Nicaragua, Costa Rica y tantas otras pequeñas naciones reconocidas como independientes sin cortapisas? Cuando se querían recortar los atributos de la soberanía del pueblo cubano, ¿era justo y decente decir que así se le convertiría en una entidad perfecta?

Es posible a los apologistas del imperialismo y a los ignorantes de la historia de Cuba y del progreso de su pueblo, emplear sofismas más o menos hábiles para justificar la injustificable política de McKinley en Cuba; pero la verdad es que ella constituyó un abuso de fuerza, una negación del derecho, una burla de las más solemnes promesas, y no una situación jurídica defendible con buenos argumentos de equidad y justicia. Esto, por supuesto, no pretende negar que McKinley triunfó transitoriamente con el empleo de su poder, como Inglaterra, Italia, Japón, etc., lo han hecho con su imperialismo en otros casos y con otras víctimas, pero todo lo más coloca a los Estados Unidos junto a las potencias cuyos hábitos predatorios han triunfado en el mundo, nunca como una respetuosa del derecho de los débiles y de sus propias promesas.

A Wood no le eran desconocidos los términos del mensaje presidencial cuando dos días antes de su envío al Congreso le había escrito a Roosevelt, desde Wáshington, donde se hallaba llamado por McKinley, para expresarle sus puntos de vista respecto a las ventajas del gobierno militar sobre el civil, en Cuba, y repetirle que el régimen de Brooke era un fracaso en todos sus aspectos y que lo que se establecería en la Isla sería un gobierno

> ... of and by the people under American supervision and control, which must continue for a longer or shorter time continue at any rate until the people of the Island have demonstrated that they have all of the qualities necessary to maintain and continue a stable and reliable government for themselves... [85]

Diez días después de esta carta, o sea, el 13 de diciembre, se anunció el nombramiento de Leonard Wood en relevo del general Brooke, como gobernador militar de Cuba, y el día 20 de ese mes tuvo lugar el cambio de poderes. La mejor prueba de que el pueblo cubano es agradecido y sabe hacer justicia sin apasionarse, podemos encontrarla en la despedida que se tributó a Brooke al terminar su mando en Cuba. El periódico *La Discusión*, vocero del cubanismo más agresivo de la época y que tenía a orgullo considerarse "*diario cubano para el pueblo cubano*", frente a los anexionistas y españolizantes de la prensa, comentó el relevo de Brooke con un editorial de elogios por su labor, publicado el 15 de diciembre, en que decía, con loa que también honraba al gabinete cubano que le había asesorado en su gestión:

> ... Puede asegurarse que en el Gobierno actual resplandece de tal manera la probidad, que nadie se ha atrevido a pensar que con dinero podía adquirirse influencia sobre sus miembros, ni con dinero alcanzar ninguna resolución gubernativa... [86]

Los elementos más prestigiosos de la sociedad cubana ofrecieron un banquete de homenaje al general Brooke que culminó en una sentida demostración de afecto y respeto por su gestión. El Dr. Pedro González Llorente, el más ilustre jurisconsulto cubano de la época, pronunció un discurso elocuentísimo en elogio del gobierno de Brooke, en presencia de Wood, quien era uno de los comensales, y en el curso de su pieza oratoria dijo

> ... *Dondequiera que os encontréis, general; cualquiera que sea nuestro destino, cualesquiera que sean las circunstancias que a los cubanos nos favorezcan o nos agobien, tendremos siempre de vos una brillante memoria y os profesaremos un motivadísimo sentimiento de respeto, de amor y de gratitud...* [87]

Los cubanos, pues, honraron a Brooke, al representante de la intervención que les había privado de su inmediata independencia, no obstante ello, y como justicia debida a quien supo ser considerado en el ejercicio de un deber ingrato. Las acusaciones de irreflexivo patriotismo, de odio a los Estados Unidos, de falta de serenidad, lanzadas contra los cubanos por los imperialistas para provocarles o para justificar el desconocimiento de los derechos de Cuba, tienen un mentís concluyente en la ponderada actitud de un pueblo que probaba su capacidad de gobierno propio al no permitir que la pasión le cegase a ignorar la rectitud con que Brooke había gobernado al país. ¡Qué pocas veces los hombres que han representado a los Estados Unidos en Cuba en cualquier capacidad, y especialmente como diplomáticos, han sabido granjearse el afecto y el respeto de los cubanos con una gestión respetuosa de la dignidad de ese pueblo! ¡Crédito excepcional, por esa razón, el que merece el general John R. Brooke en la historia de las relaciones entre los Estados Unidos y Cuba y de los agravios e injusticias recibidas por esta última!

El historiador Martínez Ortiz dedica a Brooke y a su relevo como gobernador militar de Cuba varios párrafos del mayor interés y que mucho contribuyen a fijar las causas del cambio de poderes y las respectivas características de Brooke y Wood. Tan precisa resulta su interpretación, que aquí la transcribimos desde el punto en que dice:

> ... *El relevo de Mr. Brooke causó sorpresa, y era natural que la causase. No parecía lógico que se sustituyese a un gobernante tan probo y dotado de tan elevado concepto de lo justo; pero precisamente en estas mismas cualidades personales consistía su defecto. Necesitábase al frente de Cuba, para los puntos de vista de Wáshington, un hombre más político; que sirviese para guardar, de botones para adentro, segundas intenciones sin dejarlas traslucir fácilmente, y que, dotado de grandes condiciones de fortaleza de carácter y de*

*probidad personal para el manejo de los asuntos, fuese de
conciencia algún tanto elástica y con disposición para sostener, con vistas a su país, como equitativo, lo conveniente,
y dar la preferencia a la fuerza sobre la justicia, cuando lo
impusieran o lo recomendaran las circunstancias.*

*El general Brooke, honrado a maza y martillo, era dema-
siado austero para llevar el timón de los asuntos públicos en
el nuevo período iniciado. Obligaba éste a una ductilidad incompatible con caracteres tan rectos, y las condiciones del
gobierno de Wáshington, frente al problema planteado que
debía resolver en plazo breve y en cierta forma ya fijada,
impusieron, con imposición ineludible, el cambio...*

*Baste al renombre del general Brooke la afirmación exacta
de que ningún acto suyo mereció censura; ninguna resolución
la aconsejó el apasionamiento; ningún propósito movió su
ánimo no encaminado al respeto a la ley y al mejoramiento
de la producción y la riqueza, totalmente destruidas por la
guerra. Desde el punto de vista cubano, su gobierno fué perfecto; donde encontró un desierto dejó un oasis; donde sólo
había luto dejó sonrisas; donde había miserias dejó abun-
dancia; donde había dudas colmó esperanzas. Es esta afirmación honrada la más bella corona que puede ofrecer un
pueblo a la memoria de un gobernante...*[88]

2.—Wood y su gobierno.

Rubens afirma que antes de la llegada de Wood a La Habana
tuvo una entrevista con él y con el Secretario Root a fin de llegar
a un acuerdo para preparar la opinión pública en Cuba en favor
de Wood, y que a consecuencia de ese acuerdo fué a La Habana
y por espacio de diez días, casi sin poder dormir, se dedicó a la
tarea de aplacar las desconfianzas que había entre los soldados
de la revolución ante el nombramiento de Wood. No fué hasta
que Rubens cablegrafió a Wáshington que había un cambio de actitud en la opinión, que Wood fué a tomar posesión de su cargo.
En seguida Wood y Rubens tuvieron un primer choque porque,
aunque en la reunión celebrada con Root, se había convenido en
la remoción del gabinete cubano de Brooke—de los "sinvergüencitas (little rascals)—, como les llamaba Wood en sus cartas a Roosevelt que hemos citado, al asumir el mando Wood y encontrarse
con las renuncias de los secretarios de despacho cubanos, rehusó
aceptarlas, buena prueba de la poca firmeza de sus convicciones.
Ante la insistencia de Rubens por fin Wood admitió las renuncias,[89] no sin tenerles que enviar una carta de elogio por su ges-

tión que se daba de cachetes con las injurias que les había prodigado antes.

Wood y Máximo Gómez cambiaron visitas sin que llegaran a entablar relaciones cordiales por la desconfianza recíproca que les animaba respecto a los verdaderos propósitos de cada uno en cuanto al futuro de Cuba.

Cuando Wood comenzó, en enero de 1900, sus entrevistas con los notables de la revolución y con otros elementos influyentes de la sociedad cubana, una y otra vez tuvo que cambiar de opinión respecto al éxito de su misión y a las supuestas facilidades de conquistarse a los cubanos. En la reunión celebrada el 3 de enero Wood chocó con la oposición del ex-Presidente Bartolomé Masó y del general Miró Argenter. El primero citado, al ser interrogado acerca de las condiciones para que los cubanos ejerciesen el sufragio en las elecciones, y bien enterado de que el voto de calidad, además de ser impopular en Cuba como institución distintiva del despotismo español, pondría el futuro político del país en manos de los conservadores opuestos a la independencia y partidarios de la anexión, se expresó en favor del sufragio universal sin limitaciones. El patriota cubano abogaba por una democracia sin privilegios por razón de sus principios y de los postulados de la revolución, pero también para que el control de los destinos de Cuba y el establecimiento y consolidación de la república quedasen a cargo de todo el pueblo y no de una clase.

Wood, el representante de la democracia norteamericana cuya intervención en Cuba se excusaba con la supuesta misión de enseñar a los cubanos a gobernarse, ¡se mostró en desacuerdo con el sufragio universal! En su opinión, debían votar los que supiesen leer y escribir, los que hubiesen luchado por la independencia, y los que, no obstante ser analfabetos y haberse opuesto o haber sido indiferentes a la independencia, fuesen mayores de veintiún años de edad y justificasen el estar en posesión de doscientos cincuenta pesos.[90] De esa manera, con una maniobra bien hábil, Wood recomendaba que el sufragio de los partidarios de la república y enemigos de la anexión quedase reducido a los 43,139 hombres del Ejército Libertador y a unos pocos que sin haber pertenecido al mismo supiesen leer y escribir y tuviesen la cantidad requerida y fuesen contrarios a la anexión. Por otra parte, los españolizantes y españoles naturalizados convertidos en entusiastas anexionistas; las gentes conservadoras, en general; los ele-

El mayor general Leonardo Wood, anexionista decidido,
gobernador militar que fué de Cuba durante la
Primera Intervención.

mentos católicos con quienes Wood había establecido las mejores relaciones, todo el numeroso grupo de los que tenían dinero y se habían instruído y querían conservar posiciones privilegiadas, pero que habían demostrado hasta la saciedad su anticubanismo, votarían por la anexión, y como que la gran masa del pueblo quedaba excluída de los comicios por iletrada, pobre, menor de edad o no mambisa, el resultado de la elección habría sido que Cuba pidiese la anexión a los Estados Unidos y que ante esa petición el gobierno de Wáshington se considerase relevado de su promesa de la *joint resolution.*

Miró Argenter, franco y resuelto, no demoró un instante en expresar su oposición al sufragio restringido y agregó que

> ... *con las limitaciones apuntadas podía llegar un momento en que se falsease el anhelo de los cubanos de mantener la soberanía absoluta de su tierra, y ese peligro no debía correrse jamás. Añadió algunas frases alusivas a las intenciones atribuídas al Gobernador Wood...* [91]

Ante ataque tan directo y en tensas y dramáticas circunstancias, Wood declaró que había llegado con el propósito de dejar el gobierno en manos de los cubanos y se mostró quejoso de los recelos demostrados y que encontraban eco en las páginas de *El Cubano Libre* y otros periódicos republicanos, a los que por ello acusó de hacer "...*propaganda contra el orden y la tranquilidad de los espíritus".* Miró Argenter volvió a la carga y precisó la opinión cubana al contestar a Wood que:

> ... *En Santiago dábase el Sr. Gobernador por anexionista y sonreía siempre que se hablaba de independencia; ahora se nos presenta como independiente decidido: debemos felicitarnos· quizás el cambio se deba, en parte, a El Cubano Libre...* [92]

Apremiado de esta manera Wood contestó con gesto melodramático al poner la mano sobre el pecho:

> ... *Yo aseguro, por mi honor de caballero y de militar, que por las instrucciones de mi Gobierno vamos hacia la independencia: el gobierno de la Isla se entregará a los cubanos...*

La insinceridad de esta profesión de fe de Wood no puede quedar sin comentario y hay que destacarla en toda su importancia para explicar por qué resulta tan difícil al pueblo cubano creer en las promesas y la rectitud de los estadistas y diplomáticos norte-

americanos. Hacía sólo unos meses que Wood había declarado en
el curso de un banquete ofrecido por el Union League Club, de
Nueva York, que los cubanos reunían grandes méritos y tenían
excelentes capacidades cívicas, y que si no se les forzaba y se
procedía con tacto, de motu propio pedirían la anexión de la Isla
a los Estados Unidos.[93] El mismo autor de que tomamos la antecedente cita y que es ciego partidario de su biografiado, también
nos dice que por esta época Wood tenía planes muy completos de
entrenar a las tropas cubanas en lealtad a los Estados Unidos.[94]
El día 11 de enero se entrevistaron Wood y el archienemigo de la
independencia de Cuba, Edwin F. Atkins, y sostuvieron una entrevista que duró media hora y en la que discutieron la situación del
país y su futuro. Según Atkins, Wood hubo de informarle que sabía mucho acerca de él a través de Cleveland y Olney, y se expresó de acuerdo con las ideas de Atkins respecto a Cuba.[95]
Ahora bien, de sobras conoce el lector que Atkins estaba en favor
de la anexión y en contra de la independencia, como hemos probado repetidas veces en el curso de esta obra. En tal caso, Wood
le mentía a él el 11 de enero o le había mentido a los veteranos
cubanos en su melodramática promesa del día 3 de ese mes. Todas
las pruebas son de que estos últimos fueron las víctimas de su
mentira, ya que no fué culpa de Wood que no se realizase la
anexión antes del 20 de mayo de 1902 o que no tuviese lugar después de esa fecha, como era su última esperanza.

Hagedorn, en su afán de justificar el despotismo con que
Wood se manejó en Cuba para "enseñar a los cubanos a gobernarse", dice que su biografiado usaba un método "largely pater-
nalistic", y a renglón seguido agrega:

> ... He was convinced that, at the moment, a dictatorship
> was necessary in Cuba. Circumstances, indeed, were pres-
> sing him more and more toward autocracy...[96]

Al explicar las diferencias entre Wood, de una parte, y los generales J. H. Wilson y Fitzhugh Lee, de otra, Hagedorn con gran
ligereza las atribuye a que estos últimos eran partidarios de la
inmediata independencia de Cuba, mientras que Wood aspiraba
a "preparar" a los cubanos para que fuesen independientes al
cabo de cierto tiempo. Si en cuanto al general Wilson, partidario
de un protectorado norteamericano sobre la Isla, puede admitirse
que Hagedorn dice la verdad, yerra completamente respecto a
Fitzhugh-Lee, anexionista decidido, que no se ocultaba para ex-

presar sus simpatías y en un discurso pronunciado en San Luis,
Missouri, el 21 de diciembre de 1900, hubo de decir:

> ... And now the stars and stripes float over Matanzas,
> over El Caney, over Havana, and I will tell you that the flag
> is going to stay there... [57]

Wood, por su parte, si el 6 de febrero de 1900, después de un
recorrido por la Isla, escribía a Root que el cubano era laborioso
y emprendedor y que con su trabajo en corto tiempo había restaurado la riqueza del país hasta el punto de que había más miseria
en Nueva York que en Cuba,[98] diez días más tarde de nuevo
escribía al Secretario de la Guerra para decirle que había consultado ¡con los españoles y con los demás extranjeros sobre la duración de la intervención en un país que no era el suyo! y que esos
elementos pedían que continuase, a lo que agregaba Wood, sin
contar con la opinión de los cubanos respecto a su patria:

> ... there is not a sensible man in the country who thinks we
> can leave for a long time, not measured by months, but by
> years; several of them at least... [99]

Es bastante significativo que Hagedorn haga seguir la cita que
antecede con una terminante declaración de que Wood tenía la
esperanza de que los cubanos mismos pedirían la anexión des-
pues de un largo período de intervención norteamericana.

En los primeros días de abril Wood hubo de enviar a McKinley
una extensa carta en que, al abogar por una larga ocupación militar, de muchos años de duración, decía que ello era necesario
porque era evidente que los cubanos no estaban preparados para
gobernarse,[100] afirmación que se daba de cachetes con la promesa hecha a los veteranos cubanos en la reunión del 3 de enero
y con múltiples declaraciones suyas respecto a la laboriosidad, el
espíritu ordenado, el respeto por la ley y otras virtudes cívicas que
en múltiples ocasiones él había proclamado que eran patrimonio
del pueblo de Cuba. En la correspondencia de Wood con Theodore
Roosevelt encontramos cartas con análogos puntos de vista y las
mismas contradicciones, pero hay una, particularmente, enviada a
los pocos días de la que acabamos de citar y en la que el nuevo
gobernador escribía a su antiguo camarada "rough-rider", que merece comentario especial porque en ella Wood decía:

> ... There is not a bit of danger of any revolution down
> here and no one is thinking about it. Affairs are going on

*slowly and it is going to be a long time before the people are
ready for self government. Any man, who knowing the conditions should recommend it at present, would be a coward
and guilty of the greatest crime of recent years. Go we must,
when the time comes... but to go now would be without any
reason or justification and would be followed by a return
under the most distressing conditions...* [101]

La importancia de esa carta crece con una adición que de propósito hemos omitido en la cita hecha para destacarla ahora. Después
de las palabras *"Go we must, when the times come..."*, Wood in-
tercaló de puño y letra suyos la condicional *"if they want us to"*,
que claramente revelaba su propósito de mantener a los Estados
Unidos en posesión de Cuba, porque toda su política se dirigía a
lograr que los cubanos pidiesen la anexión, ora por la desesperación ante la ocupación militar y los privilegios por ésta exten-
didos a los españoles, los extranjeros y, en general, los enemigos
de la independencia, ora porque estos elementos pudiesen con es-
tratagemas de voto de calidad, etc., representar en unas elecciones una supuesta voluntad anexionista cubana.

La substitución de Brooke por Wood y el inicio de la gestión de
éste en Cuba fueron acompañados por dos importantes investigaciones oficiales norteamericanas en la situación de la Isla y las
disposiciones en que se encontraba su pueblo respecto a los Estados Unidos. La primera de esas investigaciones fué la del Committee on Cuban Relations, nombrado por el Senado federal, y la
segunda la llevada a cabo personalmente por el Secretario de la
Guerra, Elihu Root.

A mediados de 1899 el Senado norteamericano había creado
un Comité de Relaciones con Cuba, cuya presidencia quedó confiada a un imperialista convencido, el Senador Orville H. Platt, y
en el que figuraban una mayoría de políticos de iguales tendencias y unos pocos oponentes de la tendencia expansionista, como
se echa de ver con los nombres de los integrantes de esa comisión,
senadores Aldrich, Butler, Chandler, Cullom, Davis, McMillan,
Money, Platt, Spooner, Taliaferro y Teller. El biógrafo de Platt, al
tratar de convencernos de que el gran enemigo de la independencia de Cuba no era partidario de la anexión de la Isla, hace la
interesante afirmación de que, al ser nombrado Platt para presidir
la comisión, en contra de su expreso deseo de presidir la de Filipinas, la mayoría del pueblo norteamericano y de sus hombres

públicos eran de opinión de que los Estados Unidos debían quedarse con Cuba de una vez,

> ... that our "temporary" occupation was actually for all
> time... Senator Platt was not with the majority in this. He
> dreaded annexation—the bringing of Cuba into such relations
> with the United States that ultimately she would be pleading
> for admission into the sisterhood of States. For the stability
> of the Cuban people he had a profound distrust... [102]

Esta cita merece un comentario adecuado y que nos dé el conocimiento exacto de cuáles eran las aspiraciones de Platt respecto a Cuba. El hecho de que él se opusiese a que Cuba fuese un estado de la Unión no significaba que él no fuese anexionista, sino simplemente que su puritana suficiencia se negaba a admitir que los cubanos—de lo que éstos se felicitaban—pudiesen llegar a ser ciudadanos norteamericanos y compartiesen las "congénitas virtudes cívicas" con que por arte mágico nacen los "chosen ones", el pueblo escogido al cual él pertenecía. A Platt le hubiese gustado quedarse con Cuba como una colonia y le aterraba que los colonos quisiesen después tener iguales derechos y deberes que los ciudadanos de los Estados Unidos, y ése era el verdadero significado de su actitud, bien convencido, por otra parte, de que, para mantener a los cubanos en condición de colonos había que dominarles por la fuerza y renunciar a la idea de una paz estable, y sin olvidarse de que había lo que él hubo de llamar una "foolish joint resolution", [103] y que él mismo reconocía que era un obstáculo para la anexión.

De sobras es sabido que Platt fué siempre unos de los resueltos campeones de la anexión de las Filipinas, que llevó su cinismo a atribuir a la Providencia el haber confiado a los Estados Unidos el control de las Filipinas, que para justificar la traición a las promesas de libertad hechas a los filipinos por Dewey y otros, inventó que la retirada norteamericana del lejano archipiélago, cuando España había sido derrotada completamente, dejaría a los libertadores filipinos a merced de España, algo que, según él, con un concepto muy imperialista de la decencia, declaraba que

> ... we could not in decency abandon the Philippine insurgents... [104]

Fué Platt quien, en cierta ocasión, calificó de traidores en un discurso pronunciado en el Senado a los norteamericanos de generoso corazón opuestos a la injusta y peligrosa aventura imperialista de quedarse con las Filipinas por la violencia y de entrar así en peligrosas rivalidades con las potencias en el Lejano Oriente, y en su arenga en defensa del "land grabbing", el puritano senador se pronunció nuevo apóstol del "Manifest Destiny" al proclamar con hipócrita unción que era preciso que el mundo entero se convirtiese a

> ... the cause of free government and I believe the United States is a providentially appointed agent for that purpose... [105]

El hombre que tenía semejante credo imperialista en los labios no podía hacer excepción en favor de Cuba y no puede haber duda de que, al nombrársele presidente del "Committee on Relations with Cuba", sus compañeros sabían lo que podían esperar de él. A mayor abundamiento, el *New York Sun*, de enero 12, 1900, al anunciar el viaje a Cuba del subcomité senatorial integrado por Platt, Aldrich y Teller, ya decía que era opinión general entre los senadores encargados de la misión, la de que la anexión de Cuba a los Estados Unidos era inevitable y conveniente. Platt mismo, a poco de haber tomado posesión de su cargo como presidente del "Committee on Relations with Cuba", le escribía al ex-Senador George Gray, miembro que había sido de la delegación norteamericana en las conferencias de paz con España, para pedirle opinión sobre la muy imperialista duda de a quién correspondía la soberanía de Cuba. Gray se había opuesto durante las negociaciones de París a que los Estados Unidos se quedasen con Cuba y Filipinas, y Platt le preguntaba el 23 de diciembre de 1899 que cuál era el poder soberano en Cuba una vez que España y los Estados Unidos no asumían tal responsabilidad en el tratado de paz. También pedía Platt a su antiguo colega que le precisase qué se entendía por la "pacification" de Cuba y si el Congreso de Wáshington podía

> ... prescribe the form, character, and limitations of the government to be established by the people of Cuba? Can we even by legislation declare who may participate in the establishment of such government...? [106]

El hombre que después de una larga carrera política podía abrigar dudas tan elementales y tan manchadas de imperialismo sin escrúpulos, no anunciaba buen trato alguno para la independencia de Cuba, al hacerse cargo de la presidencia del "Comité de Relaciones con Cuba", creado por el Senado, mucho antes de que prestase su apellido para limitar los derechos del pueblo cubano con la poco honorable estratagema congresional del apéndice al presupuesto del ejército conocido con el nombre de "Enmienda Platt".

El subcomité de Platt, Aldrich y Teller salió de Wáshington el 14 de marzo de 1900, y después de diez días de estudio y consultas en La Habana, Cienfuegos y Matanzas, o sea, en el diez por ciento del territorio de la Isla, el 31 del propio mes estaba de regreso en Wáshington dispuesto a opinar sobre cuáles eran los puntos de vista de todos los cubanos. Como era de rigor por la especialización atribuída a este fracasado profeta del porvenir político de Cuba, E. F. Atkins fué una de las personas consultadas por los comisionados. Naturalmente que entre Teller y Atkins, quienes sabían bien a qué atenerse el uno acerca del otro y viceversa, las relaciones no fueron muy cordiales, pero Atkins se las manejó muy bien para impresionar a los dos imperialistas del comité, Platt y Aldrich, a quienes halagó y agasajó como tenía por costumbre cuando le convenía. Sus opiniones respecto a la situación cubana, como veremos por su correspondencia con Platt meses más tarde, fueron en favor de la anexión, y al escribir a su esposa el 23 de marzo respecto a sus visitantes, le decía:

... *Mr. Aldrich and Mr. Platt seem to fully appreciate the situation and Teller shows a great deal of sense about it also*... [107]

Martínez Ortiz relata en su tantas veces citada obra la conversación de Platt, Aldrich y Teller con el general Monteagudo y el coronel Enrique Villuendas, en el pueblo de Cruces. La importancia de la entrevista estaba en el hecho de que ambos cubanos, estrechamente relacionados con el influyente general José Miguel Gómez, que ya aparecía como una figura política de magnitud entre los nacionalistas cubanos, más o menos hablaban a nombre de estos últimos. Platt hubo de preguntar a Monteagudo y a Villuendas si sabían que España, durante las conferencias de París, había tratado de ceder a los Estados Unidos su soberanía sobre Cuba, pero la pregunta no hizo mella alguna en la actitud de ambos cubanos, quienes insistieron en que el pueblo aspiraba a tener una república libre y soberana. Platt entonces recogió velas con una cauta referencia a que él y sus compañeros no tenían formada opinión alguna sobre el futuro de las relaciones entre Cuba y los Estados Unidos, y que estaban tratando de formar esa opinión.

Hasta en esa prudente actitud les fué al encuentro la resuelta demanda del nacionalismo cubano, porque Villuendas hubo de decirles que, si no tenían criterio formado sobre tan importante cuestión, había fundadas esperanzas de que aceptasen los puntos de vista cubanos. Platt se batía en retirada al prometer a Monteagudo y a Villuendas que informaría a su regreso a los Estados Unidos sobre lo que fuese "...mejor para Cuba", pero los veteranos cubanos a una contestaron:

> ...Entendemos, como lo mejor para Cuba, su independencia absoluta... [108]

A esta directa afirmación Platt no tuvo más remedio que responder de una manera bien explícita:

> ...La independencia no es tema de discusión; es para los Estados Unidos un deber: las promesas hechas se cumplirán...

Con estas palabras se terminó la entrevista y la comisión senatorial, que también discutió la situación con el general Wood, regresó a su país. Pocas semanas después de su vuelta el imperialista Henry C. Lodge escribía a Leonard Wood sobre las impresiones traídas por sus colegas, y le decía que, en opinión de Platt, Wood era

> ...the finest specimen of the iron hand and velvet glove he had ever seen... [109]

No hay duda de que Platt podía encontrar abundante apoyo para anexarse a Cuba como colonia sin hacerla estado de la Unión, entre los líderes del Partido Republicano que estaba en el poder. Su respeto por la *joint resolution* que él había aprobado, y por las promesas contenidas en la misma, no tenía por qué ser mayor que el de Whitelaw Reid, consejero y confidente de McKinley, por los términos del Tratado de París que él había firmado como uno de los delegados de los Estados Unidos. Sin embargo, Reid hacía unos pocos días que había escrito al Senador Chandler, compañero de Platt en el "Committee on Cuban Affairs" y le estimulaba a que se manifestase imperialista y echase a un lado todos los escrúpulos morales y la preocupación de que toda anexión tenía que terminar en la estatalidad de la colonia como miembro de la Unión. Por ello le decía:

> ...The real danger in our sudden expansion lies in the cowardly tendency of so many of our public men to do

*nothing against admitting anybody and everybody to full
partnership in the American union. It has been only a little
while since one could not get anybody in Congress to admit the
possibility of dealing with the Sandwich Islands in any other
way than by making them a state in the Union. Everybody
seemed to consider it natural, as well as certain, that Cuba
would come in some day as a state. But if Cuba and the
Sandwich Islands, why not Haiti and Santo Domingo and the
Philippines and Puerto Rico? And yet everybody seems bent
on taking the first step by treating Puerto Rico like a domestic
territory in training for statehood, and stretching our gro-
tesquely inapplicable Dingley tariff bodily over it...* [110]

Los argumentos de Reid, que acabamos de citar, estaban destinados a convencer a Platt y a los suyos de que había que proceder
sin consideraciones de ninguna especie, que había que tener valor
para proclamar a los Estados Unidos un país con colonias y abandonar toda vacilación y todo posible escrúpulo en favor de los derechos de los pueblos "conquistados". Estas indicaciones no caían
en saco roto, ni mucho menos, pero la oposición de los liberales
norteamericanos y de los remolacheros y de los hacendados de
Luisiana, a la adquisición de territorio extranjero, la promesa de la
joint resolution, y la cada vez más evidente actitud de los cubanos
contra la anexión, eran formidables obstáculos al imperialismo.

El último obstáculo citado no fué un secreto para Platt después
de su viaje a Cuba, pero la comisión senatorial no salió de La Habana más convencida de ello que lo que lo estaba por la misma
época el Secretario de la Guerra, Elihu Root, después de su visita
a la Isla. Root llegó a La Habana a bordo de un buque de guerra
y celebró un número de entrevistas con elementos de los que Wood
consideraba moderados y favorables a los Estados Unidos, y con
algunos de los llamados radicales porque abogaban por la independencia de la Isla. A hombre tan avisado como Root no le
causaron mayor impresión las halagadoras palabras de los anexionistas del día, que poco antes habían sido españolistas, como él
sabía muy bien, pero sí le impresionaron las concluyentes declaraciones de los republicanos. El coronel Manuel M. Coronado, director del diario *La Discusión*, y el líder revolucionario Juan Gualberto Gómez, hablaron con resuelta franqueza a Root de que el
pueblo quería ser independiente cuanto antes y esperaba que la
intervención llegase a su fin lo más pronto posible. Martínez Ortiz
nos dice que Root les contestó:

... Los Estados Unidos no han derramado la sangre de sus hijos, ni han gastado el dinero de sus arcas para esclavizar a un país; lo han hecho para ayudar a su libertad...,

y agrega que el Secretario de la Guerra regresó a los Estados Unidos con la impresión personal y directa de cómo pensaban los cubanos y qué era lo que querían ver realizado cuanto antes.[111] Esta opinión de Martínez Ortiz concuerda con las informaciones de la prensa norteamericana de la época, al regreso de Root, especialmente con lo publicado a ese respecto por el *New York Sun*, de marzo 16, 1900, sobre que el Secretario de la Guerra había quedado convencido de que los cubanos querían ser independientes.

En la política que los Estados Unidos iban a seguir en cuanto a Cuba, Wood no iba a tener la influencia decisiva que algunos historiadores y sus panegiristas después le atribuirían, ya que los pasos para liquidar la intervención militar y establecer la república fueron dados muy en contra de su opinión y sí sólo colaboró en el establecimiento del sistema de relaciones que iban a tener ambos países, independientemente de su labor como administrador y dictador de los destinos de la Isla.

A este último aspecto de su gestión, a que acabamos de referirnos, es al que ahora vamos a dedicar un breve estudio y las consideraciones pertinentes.

Mucho se ha hablado de los cambios de Wood en la judicatura y el sistema de administrar justicia en Cuba por quienes se empeñan en justificar todo lo hecho por él como reformas esenciales, prudentes y correspondientes a un plan progresista y bien integrado. Nada está más lejos de la realidad que ese juicio; y cualquiera que haya estudiado el derecho y los procedimientos en Cuba, y al mismo tiempo conozca el régimen jurídico norteamericano, no puede menos que concluir que los cambios y las innovaciones de Wood respondieron a la arbitrariedad y falta de coordinación de que dió abundantes pruebas durante su gobierno y que, desgraciadamente, nada hicieron para interrumpir la tradición administrativa de caprichosa imposición y creciente complicación en que España había fundamentado su sistema colonial y que así fué trasmitida, íntegra o con extraños y poco científicos aditamentos, al régimen republicano. Además de la impracticabilidad, el conflicto y la perturbación causados por tales cambios, estos dejaban un sedimento de la futilidad de la ley ante la voluntad del ejecutivo, que iba a causar gravísimos perjuicios en la vida republicana de la Isla. Si todavía hay quienes creen que la intervención militar norteamericana en Cuba tuvo por objeto "preparar" a los cubanos para el gobierno propio bajo un régimen democrático, hay que preguntar a los que así opinan si tales objetivos eran posibles con el ejemplo dado por Leonard Wood en sus años de dictadura en Cuba, durante los cuales sus aciertos y sus desaciertos, que fueron igualmente numerosos, tuvieron siempre la característica de imposición inconsulta, de decisión arbitraria e inapelable en que su voluntad era ley y no había tribunales ni congreso ni autoridad superior a la suya, en la Isla, que pudiera llamarle a capítulo, vetar sus disposiciones o declararlas inconstitucionales.

Fácil es a los apologistas de Leonard Wood y a los interesados partidarios de la intervención norteamericana en Cuba el destacar reformas dignas de loa y significativos progresos que, más que nada, prueban el adelanto y la inteligencia del pueblo cubano, pero si al general Wood se le acreditan esas mejoras, también hay que cargarle la responsabilidad de lo que no hizo, de lo que deshizo y de lo que quedó mal hecho y, por sobre todo ello, la influencia malsana de su ejemplo de gobierno personal e infalible que pesa sobre la historia política de Cuba hasta nuestros días. Para decirlo de una vez, Leonard Wood no representa en la evolución política del pueblo cubano la inyección de las instituciones norteamericanas de gobierno propio y responsable y respetuoso de la ley a estilo de los Estados Unidos, sino un último gobernador colonial "a la española", pero más progresista y más justo y con mayores facultades que todos sus predecesores.

Nadie tenía derecho a esperar que la judicatura, los procedimientos judiciales y los códigos y las leyes de la época de la dominación española fuesen perfectos, libres de máculas o simplemente ajustados a lo que Cuba necesitaba al cesar la soberanía de España, que sobre tal estructura jurídica había fundamentado su despotismo. Los Estados Unidos, sin embargo, no permitieron a los cubanos que hicieran tabla rasa con ese pasado como primera consecuencia del triunfo de la revolución, sino que al empeñarse en conquistar la buena voluntad de los vencidos hacia una anexión ambicionada por muchos, al reducir a un mínimo la iniciativa y la autoridad de los cubanos capaces de planear y ejecutar reformas integrales, al mantener el *statu quo* en todo lo que podía dar resultados económicos y sociales al cambio de banderas, y al concentrar el poder en manos de militares encargados de frenar la revolución y cobrar y gastar los ingresos públicos con honradez y eficiencia, pero del todo ignorantes del pasado y las necesidades de Cuba y del modo de organizar una democracia sobre las ruinas de una colonia, lo que hicieron los Estados Unidos fué poner remedios provisionales y hacer innovaciones caprichosas y a veces irrazonadas y desmoralizadoras que no fueron obra de gobierno constructivo e inspirado en planes bien meditados. Así, pues, Wood pudo ver, como cualquier otro gobernante, que era urgente remediar el sistema jurídico y el funcionamiento y la organización de los tribunales, todo un régimen heredado de España y que en los meses del gobierno de Brooke no había podido ser cambiado.

Fitzgibbon, al tratar de explicar las reformas judiciales de Wood, nos dice que el magistrado E. D. White, del Tribunal Supremo de los Estados Unidos, dijo al gobernador general que lo que había que modificar en Cuba era el derecho adjetivo o los procedimientos,[112] y que a ello se aplicó Wood durante su mando en la Isla. La deducción, pues, es de que un jurista norteamericano, por lo demás desconocedor del régimen y la vida jurídica de Cuba, señaló a Wood los defectos y este último los subsanó con un plan metódico y concienzudo. Tal deducción es falsa. En primer lugar, si es cierto que el derecho adjetivo cubano de la época era imperfecto, más lo era el derecho substantivo basado en códigos rígidos y anticuados que respondían al sistema de relaciones entre la Iglesia y el Estado existente en España y a ciertas características del régimen de propiedad, derechos de la mujer, contrato de matrimonio, nacionalidad de los cónyuges, mayoría de edad y otros no menos importantes aspectos de la base jurídica de la sociedad cubana, que pedían cambios radicales. Estos cambios, sin embargo, podían revolucionar la estructura social y poner al alcance del pueblo los medios de dar firme y amplia base a su organización económica, al establecerse la república, y ello no entraba en los cálculos de Wood y del gobierno cuyo agente él era en Cuba. De ahí, pues, que los viejos códigos quedasen intactos o ligeramente modificados, y que algunas de las reformas hechas en tiempos de Brooke, y que tenían trascendencia, fuesen anuladas o restringidas por Wood. En ello, pues, también se frustraba a la revolución para impedir los cambios profundos e importantes que habrían facilitado el triunfante experimento republicano al cesar la intervención.

En su defecto, Wood en gran parte redujo las decantadas reformas a cuestiones de policía u orden público, cesantías y nombramientos en la administración de justicia, redistribución de jurisdicciones y persecución y castigo del criminal y del infractor, con garantías, estímulo y ejemplo para tribunales, acusados y víctimas, a fin de que nadie delinquiese o, si lo hacía, tuviese castigo. Todo ello, como se vé, tendiente a la conservación de la tranquilidad pública y a la imposición y mantenimiento del orden. Y aún pudiéramos agregar que, en ocasiones, el gobernante que pretextaba la transitoriedad del mando para evadir reformas de contenido económico en el derecho sustantivo, no tenía reparo en inyectar en la vida jurídica cubana innovación tan radical y poco practicable y ajena al carácter y las tradiciones del pueblo de la Isla como el juicio con jurado popular, que existe en los Estados Unidos y que fracasó de la manera más ruidosa en Cuba.

Si el gobierno de la intervención hubiese procedido de acuerdo con las leyes que él mismo había conservado vigentes, a limpiar la judicatura de la Isla de los malos elementos que por espacio de muchos años la habían corrompido y desprestigiado, como fácilmente podía haber hecho con el uso de los recursos legales al efecto, puestos en manos de tribunales depuradores bien integrados, el aspecto administrativo de la reforma judicial habría culminado en una reorganización concienzuda por la cual los jueces incompetentes, venales, cobardes o de ideas fosilizadas, habrían sido ejemplarmente substituídos y con causa bastante para ello. Pero lo que hizo Wood fué separar de sus cargos a tales o cuales funcionarios, por resolución gubernativa inconsulta las más de las veces, no siempre por causa justificada sino también por desacuerdo con la arbitrariedad con que él se manejaba, y dejar tranquilos en sus puestos a muchos jueces y auxiliares que no merecían continuar en los mismos y que fueron heredados por el gobierno republicano con la tradición de años de servicios bajo gobernantes españoles y norteamericanos.

Nadie puede osar el discutir que la judicatura de la Isla necesitaba reorganización y reforma y disciplina y moralización, pero es absurdo pretender que Wood le dió todo eso con su gobierno. La pugna de Wood con el fiscal del Tribunal Supremo, Dr. Federico Mora, que produjo la cesantía de este último, es la mejor prueba de la perturbación caprichosa y el dominante personalismo con que Wood se manejó frente a los tribunales. Martínez Ortiz no puede menos que dejar caer unas mesuradas palabras de crítica acerca de las resoluciones dictadas al decir que Wood tenía cierta prevención contra la magistratura y que por ello acometió su reforma sin pararse en barras,

> ... aunque en algunos casos llevase las cosas más allá de lo conveniente y hasta diese sus golpes de ciego de cuando en cuando... [113]

En el caso del Dr. Mora, que acabamos de citar, Wood hubo de encontrarse con un funcionario de energía y conocedor de las leyes vigentes, que no quiso doblegarse a capricho, y su rabia se desbordó contra el fiscal que oponía razones legales a sus arbitrarias pretensiones. Como de costumbre, Wood elogió al Dr. Mora en sus declaraciones públicas referentes a la cesantía,[114] pero en su correspondencia con el gobierno de Wáshington y sus amigos lo calificó duramente para así justificar su violenta actitud. El motivo principal del sonadísimo incidente fué el proceso iniciado por los fraudes descubiertos en la Aduana de La Habana, cuya investigación fué auxiliada por algunas de las personas comprometidas en el asunto y para las cuales Wood reclamó una indemnidad a que no tenían derecho con las leyes vigentes en Cuba, que no reconocían la calidad de testigos de estado o "state evidence" con que en los Estados Unidos es posible escapar a la responsabilidad de un delito.

Las leyes en vigor y para las cuales el gobierno de la intervención había exigido una observancia que impidiese la consumación de la revolución, no dejaban lugar a dudas sobre la forma de llevar el proceso y quiénes debían ser procesados, que eran todos los comprometidos y por todo el término legal hasta que los tribunales decidiesen. Wood, sin embargo, decidió por sí y ante sí que el procedimiento debía ser el que su arbitraria voluntad impusiese y exigió que se eximiese del proceso a los que él llamaba "testigos de estado", desconocidos en la legislación en uso, pero a los cuales él había prometido un tratamiento especial por haberle ayudado en el esclarecimiento de los fraudes. El Fiscal Mora, hombre de carácter y nada favorable al gobierno interventor, se entrevistó con Wood varias veces y tuvo con él discusiones que llegaron a ser muy agrias porque, a las terminantes exigencias del gobernador militar, siempre le contestaba que el proceso se conducía con toda la rapidez que permitían las leyes y que mientras éstas no se modificasen, a ellas había que ajustarse. La consecuencia de discrepancia tan natural y remediable por parte de Wood con la reforma de los códigos y las leyes de procedimientos, lo que habría revolucionado la vida jurídica del país, fué la cesantía del doctor Mora al cual Wood, quien no sabía una palabra de leyes, se permitió calificar de "deficiente como fiscal del Supremo" aunque dotado de una "personalidad brillante". En su afán de justificarse, el gobernante que debía "enseñar" a los cubanos a gobernarse y que a capricho barrenaba la ley aunque nunca para facilitar la consumación de los postulados y objetivos de la revolución cubana, no titubeó en declarar al público que su gobierno no había querido señalar,

> ... arbitrariamente, a los que debían ser procesados; ha querido que se exceptúe a los testigos de Estado. Es un error empeñarse en mantener las viejas leyes; no se puede desenvolver un país, dentro de la libertad, por los mismos medios, con igual sistema y con las mismas armas que sirvieron para mantenerlo en el despotismo... [115]

Wood "mentaba la soga en casa del ahorcado", pues lo que él tenía en Cuba era el viejo régimen europeo del "despotismo ilustrado" y era él, precisamente, quien se empeñaba en mantener las viejas leyes que impedían el desarrollo del país de acuerdo con un sistema de libertad que él no representaba por la arbitrariedad de sus disposiciones. ¡Bien hubieran querido los cubanos tener una reforma legal bien planeada, integral e inspirada en la justicia, pero no era eso lo que Wood quería ni lo que practicaba con su caprichoso injerto de los "testigos de Estado" impunes, de la legislación norteamericana!

Ciertos publicistas norteamericanos, a quienes no se les oculta la arbitrariedad con que Wood se manejó en las cuestiones judiciales, han tratado de presentarle como un reformador e innovador de altos vuelos, que dió al pueblo cubano el "habeas corpus", por ejemplo, según parece desprenderse de lo que al respecto dice Fitzgibbon, [116] cuando lo cierto es que ese derecho lo tenía Cuba en forma expectante en la constitución de la monarquía española desde 1881 y había sido ratificado por una proclama de McKinley, de julio 13, 1898, mucho antes de que Wood fuese gobernador militar de Cuba y que, como dice Robinson, el decantado "bill of rights" de Wood, si fué "highly gratifying to the American people... as a matter of fact, it was quite superfluous". [117]

Es verdad que el gobierno de Wood equiparó el personal de las audiencias provinciales, abolió del todo el sistema de participación judicial en el importe de las costas, organizó la defensa de pobres por abogados de oficio, reguló y fijó el castigo por el delito de perjurio, determinó el funcionamiento de la justicia correccional y hasta trató de implantar el juicio por jurado, pero si la mayor parte de estas reformas e innovaciones aisladas, establecidas por órdenes militares inconsultas, fueron útiles y bien inspiradas, los beneficios de la arbitraria justicia correccional han resultado muy relativos y sus perjuicios a veces graves, y el juicio por jurados Wood mismo tuvo que abolirlo. No deja de ser paradójico que la supresión del jurado se atribuyese y se atribuya, por ciertos historiadores norteamericanos, a la falta de espíritu cívico en el pueblo cubano, sin querer ver que simplemente se trataba de bien arraigadas ideas sobre el principio de autoridad y el ejercicio y la responsabilidad del mismo que hacían que, pese al capricho de Wood, el sistema no prosperase. En los propios Estados Unidos, especialmente en los juicios contra "gangsters" como Capone, Schultz, etc., y contra políticos corrompidos llevados ante los tribunales, el juicio por jurados ha sido un sonadísimo y vergonzoso fracaso.

No hay duda de que Wood, en sus reformas judiciales, se manejó a su antojo, sin plan ni objetivos bien estudiados, y sin conocimiento del pueblo al que dictaba su voluntad y mucho menos de sus necesidades. Sus innovaciones carecieron de método y causaron innúmeras e inútiles perturbaciones de la vida nacional que una reforma fundamental, aconsejada por jurisconsultos e implantada por estadistas, nunca habría producido. Y no vale decir que el gobierno republicano de Cuba tampoco ha llevado a cabo esa reforma para justificar a Wood, porque los poderes discrecionales de éste nunca los tuvo aquél, y la ley del divorcio y la de la emancipación económica de la mujer, dictadas en la era republicana, son más progresistas, justas y científicas que todas las dictadas durante el "despotismo ilustrado" del pseudo-reformador. Todo ello aparte de que, como dice Martínez Ortiz respecto a Wood por sus arbitrariedades mientras "enseñaba" a los cubanos a gobernarse:

> ... La mayor desgracia de un país es hallarse a merced de la tornadiza y caprichosa voluntad de sus gobernantes... [118]

Las disposiciones de Wood acerca del matrimonio civil y el religioso ilustran bien su arbitrariedad reformadora, en este caso complicada con su siempre firmísimo deseo de contar con el apoyo de la Iglesia Católica, tan española y tan anti-norteamericana y anti-cubana meses antes, para dominar al pueblo cubano. Durante las guerras de independencia el clero católico, con excepciones contadísimas, había estado siempre del lado del despotismo y lo había respaldado, justificado y alentado en su política en Cuba. Esto había sido así por ser el catolicismo la religión oficial de España y sus dominios, por los subsidios pagados por el Estado y por el conservadorismo tradicional de la jerarquía eclesiástica, todo lo cual había traído bendiciones papales y episcopales sobre las tropas españolas que venían a Cuba a aplastar y ahogar en sangre a la revolución, y persecuciones canónicas contra los sacerdotes cubanos y unos pocos españoles que simpatizaban con la causa cubana. Además, en general, la piedad, la abnegación, el buen consejo, la conducta irreprochable de los grandes intérpretes y maestros de la fé católica habían desaparecido o quedado reducidos a su mínima expresión con el criterio político-oportunista que el clero había estado practicando durante toda la centuria. Había fanáticos y beatos, de una parte, y ateos y descreídos, de otra, con una enorme proporción del país que era indiferente en materia religiosa o que desconfiaba del cura y era partidaria de oponer obstáculo a su ministerio y a su influencia.

El oportunismo y la avaricia clerical se notaban especialmente en el reducido número de los matrimonios y el crecido número de uniones irregulares, que eran sus resultados; y durante el gobierno de Brooke se dió un paso decisivo para remediar esa situación y al propio tiempo servir el fin político-nacionalista de reducir a la Iglesia a su ministerio espiritual y separarla del Estado, cuando se dictó la orden militar No. 66, de mayo 31, 1899, que, sin prohibir el matrimonio religioso a los que quisieran contraerlo de acuerdo con su credo, declaraba que el único tipo de unión conyugal reconocido ante la ley, era el del matrimonio civil llevado a cabo de acuerdo con los preceptos del Código respectivo. La reforma tuvo el apoyo casi unánime de la población cubana, que simpatizaba con los propósitos sociales y políticos de la misma, y así lo han reconocido siempre todos los historiadores y comentaristas. Los católicos sometidos a la influencia eclesiástica, y el clero, en general, protestaron contra la innovación y organizaron una campaña carente del apoyo popular y del respaldo de los cubanos más eminentes de la época, y mientras Brooke con su gabinete cubano estuvo en el podei, se mantuvo la reforma en toda su integridad y con aprobación general.

Con el cambio del gobernador, sin embargo, el clero y sus partidarios pudieron imponer su voluntad al pueblo de Cuba porque Wood les dió la razón, como siempre hizo y ello por motivos políticos, porque él no era católico. Hagedorn es quien dice que

> ... Wood... had made it a point to get along with the Church...,[119]

y a fe que en esto está en lo cierto el biógrafo de Wood y que sólo así se explica que en el verano de 1899 se prestase a participar de una procesión religiosa por las calles de Santiago en compañía del mismo arzobispo que unos meses antes predicaba la "guerra santa" contra los Estados Unidos. Es también Hagedorn quien escribe que el afán de Wood y del clero para llevarse bien llegó a hacerse tan vivo que, en cierta ocasión, las religiosas de un convento le pidieron al gobernante encargado de "enseñar" a los cubanos a gobernarse, que ordenase a la abadesa que tomase un descanso para reponer su salud, ¡y Wood las complació y la abadesa le obedeció![120]

No hay duda de que Wood conocía el sentir de la opinión pública cubana en favor del matrimonio civil y que, ello no obstante, decidió no malquistarse con el clero, en su inmensa mayoría extranjero, que quería imponer su voluntad a Cuba. Por ello fué que modificó lo dispuesto por Brooke al respecto. El Vaticano, por su parte, colaboró en lo que pudo a favorecer la dominación norteamericana sobre Cuba y en ello desempeñó papel principalísimo el envío a La Habana del prelado italiano Donato Sbarreti (hace poco fallecido como Cardenal Sbarreti) y más tarde del arzobispo Chapelle y los obispos Brederick y Courier, éstos tres norteamericanos y si representantes de la Santa Sede también interesados en el predominio de los EE. UU. en Cuba. El 18 de junio de 1900 Wood escribía a Root acerca de la cuestión del matrimonio civil y le decía que el pueblo cubano era de opinión "very positive and very bitter on this subject", de acuerdo con la reforma Brooke, y que Sbarreti sabía "so little about the people that he does not realize that it is going to take time to heal old wounds",[121] así que no puede quedar duda de que el gobernador militar sabía cuál era el sentimiento popular. Sin embargo, en esta ocasión, como en otras muchas, prescindió de la opinión de sus gobernados cubanos para mantener el favor extranjero, en su mayoría anexionista, de que gozaba su régimen, y la orden militar de agosto 8, 1900, modificó la de Brooke y estableció que el matrimonio podía ser civil o religioso, a voluntad, lo que creó una dualidad absurda y causante de múltiples dificultades, aparte de llevar a los cubanos al convencimiento de que las leyes eran futiles, y también la opinión pública, ante los caprichos, las maquinaciones y las inconsultas decisiones de quien, con la más curiosa contradicción, les estaba "enseñando a gobernarse de acuerdo con normas democráticas".

Finalmente, para dejar a un lado por el momento la cuestión del desprecio por la ley y la opinión bajo el "despotismo ilustrado" de Wood, debemos mencionar el caso de la indemnización a la Iglesia Católica por las propiedades de la misma que el gobierno español se había apropiado o había usado para su beneficio y por ciertos privilegios del clero, declarados extinguidos. El problema de derecho privado y público representado por esta reclamación era superior a las facultades, los deberes, la responsabilidad y la preparación de Wood como gobernador militar provisional de Cuba. Era discutible, en primer lugar, si el concordato de 1861 entre el gobierno español y la Iglesia, en tiempos en que España estaba sometida a la influencia del Vaticano y reconocía al catolicismo como la religión oficial, tenía fuerza obligatoria sobre Cuba cuando la soberanía española se había terminado, cuando se había establecido la libertad de cultos y ni Cuba ni los EE. UU. tenían relaciones diplomáticas con la Santa Sede. Más aún, cuando durante las discusiones para la firma del Tratado de París los delegados norteamericanos se habían negado a tomar en consideración siquiera las proposiciones españolas en favor de la Iglesia Católica. Cuba tenía derecho a ser la que decidiese, por la libre determinación de su gobierno republicano, que nadie negaba que se establecería, y por resolución de sus tribunales, qué era lo que en justicia había que hacer con las reclamaciones eclesiásticas que originariamente envolvían una indemnización de siete millones de pesos. Además, aún concedida la justicia de la reclamación si presentada ésta de acuerdo con los términos legales por la Iglesia, con personalidad jurídica bastante, la indemnización convenida y que se pagaba con el dinero de Cuba, debía ser autorizada por un gobierno legítimo, y ese pago tenía que ser acompañado, naturalmente, con el de los impuestos o tributos correspondientes por parte del beneficiario, como cualquier otro contratante, pero de ello también dispensó Wood al clero en el abuso de sus arbitrarios procedimientos. Para terminar, nada sino su capricho o las conveniencias de su política, y no las de Cuba, obligaba a Wood a resolver la cuestión de las reclamaciones del clero. Aunque la Iglesia Católica hubiese tenido, que no tenía, derecho a tamaña indemnización, y fuese acreedora a la exención del pago de derechos, y Wood estuviese autorizado a obrar a su antojo para que los cubanos "aprendiesen" lo que era un gobierno democrático, con todo ello la urgencia en la solución del problema nunca tuvo la menor justificación legal o de ventaja pública y sí sólo la de servir a Wood en sus designios. El concordato de 1861 entre la Santa Sede y la España católica para el ajuste de sus problemas económicos no había sido firmado sino después de muchos años de disputa, y en todo ese tiempo nada había ocurrido entre la curia eclesiástica y el poder temporal que aconsejase para el futuro como imperativo el inmediato arreglo de toda diferencia de ese carácter. No obstante ello, Wood se precipitó a negociar su solución cuando hacía unos pocos meses que gobernaba en Cuba y ultimó los acuerdos con la Iglesia y pagó la indemnización cuando faltaban pocos días para la inauguración del gobierno republicano y como para hacer bien patente que era al régimen de la intervención que el clero debía su éxito en la solución dada a la reclamación. Es muy de lamentar, digamos de paso, que los altos dignatarios de la Iglesia Católica y parte del clero subalterno y extranjero establecido en Cuba, no hayan olvidado las bondades de los Estados Unidos en su favor y en contra de los intereses del pueblo cubano, porque ello ha restado a este último, en algunas de sus más graves crisis republicanas, un valioso apoyo que ha ido a respaldar la política del gobierno de Wáshington, como recientemente ocurrió en favor del Embajador Caffery, de infausta memoria, quien era católico e inyectó el problema religioso, por primera vez, en nuestros problemas nacionales.

En el arreglo definitivo para el pago de la indemnización convenida con la Iglesia Católica el general Wood usó ciertas tácticas reveladoras de que Robert W. Wooley no iba descaminado en llamarle "The Man Who Owns Cuba", en un artículo publicado por Pearson's Magazine. El P. Emilio Fernández, párroco de la Iglesia de Monserrate, en La Habana, era español intransigente y sacerdote de pintorescas costumbres, pero se contaba entre los amigos de Wood. Por complacer a éste el notorio P. Emilio participó de las honras fúnebres en memoria del Presidente McKinley, quien no era católico, y lo hizo en unión de un pastor protestante y sin la correspondiente autorización canónica para ello. El obispo Sbarreti castigó al P. Emilio por su indisciplina al relevarle de la parroquia de Monserrate, pero al llegar el día en que Wood tenía que autorizar el pago de la indemnización por los bienes del clero, el gobernador suspendió la firma hasta que Sbarreti a petición y en presencia de él, cablegrafió a Roma en demanda del perdón del P. Emilio y su restitución a la parroquia de Monserrate.[122] Este curioso incidente, en que los intereses de la Iglesia Católica y los del pueblo de Cuba estuvieron a merced de la amistad de Wood por el famoso P. Emilio, lo relata Hagedorn, el biógrafo de Wood, como una gracia más del carácter de su biografiado, pero olvida precisar si tal era la manera de "enseñar" a los cubanos a gobernarse, que era la hipócrita justificación de la intervención. El militar norteamericano que con tamaña desaprensión se conducía en el abuso de su poder en Cuba, era el mismo que meses antes había escrito a su esposa, desde Santiago de Cuba, que

> ... *The Archbishop is a great chap about here and a very fine looking old gentleman who at a dinner recently wanted to wade in American blood...*[123]

Mientras Wood jugaba de este modo a la dictadura personal y ponía en el juego sus pasiones, sus preferencias y sus instintos, como acabamos de ver, su ejemplo ejercía los más desmoralizadores efectos sobre el futuro político de Cuba, porque tanto a los pro-españoles, a los pro-norteamericanos y a los indiferentes, que estaban del lado de la autoridad en ejercicio, como a los partidarios de la independencia a quienes los Estados Unidos habían demostrado su preparación y determinación de controlar los destinos de Cuba, el "despotismo ilustrado" de Wood, la infalibilidad y los caprichos de ese gobernante omnipotente y omnisapiente, abrían horizontes insospechados respecto a las arbitrariedades que era posible cometer impunemente en la administración pública mientras se conservase el orden y se tuviese la confianza del gobierno de Wáshington. El ideal de todo político cubano desprovisto de escrúpulos llegó a ser el ejercicio de un despotismo benévolo del tipo del de Wood, en que el país obedeciese sin chistar a cambio de una elemental satisfacción de sus necesidades materiales por parte del gobierno. Y cuando el choque de otras ambiciones políticas, la deficiencia económica o el natural anhelo del cubano por una democracia bien organizada y progresista, tropezaron en el futuro con los sucesores de Wood, con los que, como éste, se creían hombres predestinados a "salvar" a los cubanos a su manera, surgieron la usurpación, el atropello gubernativo, la revolución, la corrupción política y otros muchos males de la historia de Cuba republicana, país al que la intervención interpretada e impuesta por Wood dió progresos materiales de nota con los peores ejemplos de desprecio por la opinión pública y los intereses nacionales si el concepto de los mismos difería de los del gobernante en el poder. Todo ello sin olvidar, por otra parte, que en todos y cada uno de esos progresos materiales a que acabamos de referirnos, se hizo sentir siempre la colaboración cuando no la dirección misma, del pueblo cubano; que esos adelantos se consolidaron y formaron parte permanente del patrimonio de la nación por el espíritu progresista de ese pueblo y la inteligencia con que asimila todo mejoramiento, y, finalmente, que nunca fué empresa extraordinaria descubrir faltas e implantar mejoras en un país al que una metrópoli retrógrada y explotadora había reducido a la ruina y al atraso material y espiritual más completos. Para decirlo de una vez, la explicación de las supuestas "maravillas" por las cuales la intervención norteamericana en Cuba convirtió a la atrasada y empobrecida colonia en la progresista nación de hoy en día, está en la presencia del pueblo cubano en la Isla. Por ello es posible entender la aparente contradicción de que Cuba, con un corto período de dirección norteamericana, llegase a lo que es, más adelantada que muchos de los estados de la Unión en los que es de presumir que la dirección norteamericana se haya hecho y se hace continua y completa sin lograr los resultados que Cuba muestra.

Caso bien representativo de la colaboración y la dirección cubanas en las más notables conquistas de la intervención norteamericana en la Isla es el del descubrimiento del agente transmisor de la fiebre amarilla y la erradicación de la misma en Cuba, uno de los más grandes progresos de la humanidad, en todos los tiempos, que súbitamente cambió los rumbos en la marcha de la civilización, especialmente en las regiones tropicales y subtropicales.

La fiebre amarilla, por espacio de siglos, había causado millares y millares de víctimas en las regiones meridionales de los Estados Unidos, en las Antillas, Méjico y otros países de la América Central y la del Sur. Nueva Orleans, Veracruz, Panamá y los

puertos cubanos, eran regiones especialmente insalubres a causa
del terrible azote que dificultaba la construcción del canal de Panamá y había causado enormes bajas al ejército español en Cuba
y hacía estragos en las tropas norteamericanas de guarnición en
la Isla. Sabios e investigadores de distintas nacionalidades habían
estudiado la enfermedad con el propósito de descubrir su etiología y señalar el agente trasmisor que la hacía especialmente te-
mible, pero todo había sido en vano. El Dr. Walter Reed, ilustre
bacteriólogo del ejército de los Estados Unidos, era uno de los
hombres de ciencias cuyos esfuerzos en ese sentido habían fracasado, pues si bien él había oportunamente señalado el error del
italiano Sanerelli, en 1897, sobre la relación del bacilo icteroide con
la fiebre amarilla, por su parte nada había añadido el hombre de
ciencias norteamericano al conocimiento general del origen y la
propagación de la fiebre amarilla y no es menos cierto que durante los dos primeros años de la intervención en Cuba los médicos e higienistas de los Estados Unidos en la Isla nada pudieron
hacer en ese sentido, ni siquiera cuando actuaron de acuerdo con
la teoría de Sanerelli. Cuba estaba urgentemente necesitada de
un servicio de sanidad pública eficiente y que el régimen colonial
español nunca había implantado, por lo cual y por los espantosos
efectos sociales y económicos de la guerra de independencia, el
estado sanitario del país era desesperado. A los militares y a los
higienistas norteamericanos también se les ocurrió que una campaña de sanidad e higiene llevada a cabo con la mayor energía
habría de erradicar la fiebre amarilla, y con actividad y eficiencia
norteamericanas limpiaron ciudades e impusieron normas sanitarias que Cuba nunca había conocido. No por ello, sin embargo,
desapareció la fiebre amarilla, pues en 1899 hubo en la ciudad de
La Habana nada menos que 1,300 casos con 322 fallecimientos
causados por esa enfermedad. La situación continuó agravándose
y se hizo evidente que el saneamiento y todos los sistemas profi-
lácticos empleados eran ineficaces, por lo que el gobierno norteamericano nombró una comisión de hombres de ciencia para que
investigasen todo lo relativo a la fiebre amarilla. Esta comisión,
presidida por el Dr. Walter Reed y completada con otros tres médicos de renombre, ya contaba entre sus miembros a un cubano,
el Dr. Arístides Agramonte, y a ella se agregaron más tarde otros
especialistas cubanos, los doctores Silverio, Herrera y Anglés. Por
otra parte, había un segundo grupo de higienistas y hombres de

ciencias dedicados en La Habana al mismo estudio y entre los que se contaba el Dr. Gorgas, norteamericano, que también tenía profesionales cubanos de gran prestigio científico, como los doctores Juan Guiteras y Antonio Díaz Albertini.

Con tales antecedentes resulta indiscutible que la labor de investigar la etiología y determinar la profilaxia de la fiebre amarilla en Cuba nunca fué una obra exclusivamente norteamericana, sino de cubanos y norteamericanos, en que ambos colaboraron y en la que los fracasos iniciales y el triunfo definitivo habrían correspondido a todos por igual si no hubiese sido por el hecho de que el descubrimiento del agente trasmisor de la fiebre amarilla se debió únicamente al genio científico y la investigación de un cubano, el Dr. Carlos J. Finlay y Farrés quien, desde 1881, en el Congreso Sanitario Internacional de Wáshington, y ante la indiferencia general, había señalado el posible medio de trasmisión de la enfermedad, pocos meses antes de que, en ese mismo año, presentase a la Academia de Ciencias de La Habana su memorable trabajo sobre el mosquito como agente trasmisor de la fiebre amarilla.(124)   Por todas estas razones, la gran victoria de la civilización sobre las terribles epidemias del llamado "vómito negro" fué una empresa cubana en la que cooperaron hombres de ciencia norteamericanos y no una obra norteamericana como con imperdonable injusticia quieren hacer aparecer autores mal informados o dominados por sus prejuicios, especialmente de los Estados Unidos y de Inglaterra. A mayor abundamiento, ni Reed ni sus asociados de la comisión nombrada por el gobierno de Wáshington fijaron su atención en la teoría del mosquito trasmisor hasta después de haberse entrevistado con el Dr. Finlay quien, con toda generosidad, puso a la disposición de sus colegas los datos en que apoyaba sus conclusiones, los resultados de sus experiencias y la descripción misma del sistema empleado por él hasta llegar a la determinación del tipo de mosquito conductor de la infección, una labor científica de veinte años de duración y sin la cual la llamada comisión norteamericana habría continuado sus investigaciones sobre el bacilo icteroides, etc. La verificación de la teoría de Finlay vino después con el abnegado sacrificio de uno de los científicos norteamericanos de la comisión, quien rindió su vida en la prueba decisiva.

Los Estados Unidos cuentan con glorias positivas e indiscutibles en todos y cada uno de los campos de las actividades humanas:

ciencias, letras, artes, etc., y la mayoría de esas luminarias han nacido en ese país, se han educado en él y allí han llevado a cabo sus portentosos descubrimientos y trabajos. No necesitan ni han necesitado basar su grandeza ni los prestigios de su civilización en la usurpación de glorias ajenas, pero en el caso de la fiebre amarilla y por razones políticas y de huecas y pretensas superioridades raciales, así ha resultado. Wood y sus contemporáneos, y los mismos Reed, Gorgas, etc., no vacilaron en atribuir, como era debido, al genio de Finlay la gran victoria sobre la fiebre amarilla. El gobernador militar homenajeó al sabio cubano quien, por cierto, durante la guerra con España, había sido médico militar en el ejército norteamericano, y el banquete ofrecido a Finlay, en La Habana, el 22 de diciembre de 1900, fué presidido por el general Wood y por el Dr. Gorgas, y cubanos y norteamericanos rivalizaron en sus elogios al genial hombre de ciencias sin que a nadie se le ocurriese todavía relegarle a un segundo plano en el glorioso descubrimiento.[125]   En años posteriores, sin embargo, la tendencia del mundo oficial y científico norteamericano, y del de habla inglesa, sería la de ignorar al sabio cubano o, por lo menos, rebajar la importancia de su contribución y hacer de la conquista de la fiebre amarilla una gloria de los Estados Unidos.

La campaña a que acabamos de referirnos y que es buena prueba del empeño de ciertos elementos norteamericanos de asumir indebidos aires de superioridad sobre los cubanos, que engendran incomprensión y rozamientos, tiene un exponente indiscutible en el monumento al Dr. Walter Reed, erigido en el Capitolio de Wáshington, y en el que se lee una inscripción al "Presidente de la Comisión de Oficiales del Cuerpo de Sanidad del Ejército Norteamericano que descubrió (?) y demostró en 1901 la trasmisión de la fiebre amarilla por el mosquito". En esas palabras, que son una usurpación de la gloria de Finlay y afirman una falsedad al mismo tiempo que representan un agravio a Cuba, está una de las más claras expresiones de la provocativa arrogancia y la injusticia con que no pocos norteamericanos consideran a Cuba, llevados de una infundada idea de superioridad. Hagedorn, en su biografía de Wood, menciona ligeramente que la idea del mosquito como trasmisor de la fiebre amarilla fué primeramente enunciada por Finlay y dedica a Reed y a sus colaboradores en la obra de Finlay varias páginas en que los seguidores del inmortal científico cubano aparecen como los héroes del memorable descubrimiento.[126]   En no

pocos libros escritos por médicos norteamericanos, ni siquiera se
menciona la teoría de Finlay, sino que todo el crédito va para Reed
quien, a pesar de haber dudado de las ideas de Finlay y haberse
decidido con gran dificultad a seguirlas, aparece como el "guiding
spirit" de la obra.[127] Tal es el criterio seguido por la Encyclopedia
Britannica, en el incompleto artículo que dedica a la fiebre amarilla y en que los prejuicios son bien evidentes. Para otros autores
anglo-americanos que reconocen la gloria de Finlay, la parcialidad anticubana consiste en llamarle "Charles John Finlay", o sea,
en hacerle inglés o representante del genio inglés, y así dicen que
era un médico cubano "of British descent",[128] cuando lo cierto es
que solamente su padre, por muchos años emigrado en Cuba, era
nativo de Escocia, y su madre no tenía nada de la supuesta superior sangre británica. Los que tal hacen echan en olvido que si tal
fuese a hacerse para servir propósitos de absurdas superioridades
raciales, con los notables descendientes de padres extranjeros en
un país cualquiera, muchas naciones, y los Estados Unidos más
que ninguna, perderían el derecho a reclamar como hijos eminentes suyos a los de no pocos nombres ilustres de todos los campos
de la actividad humana. Finalmente, para otra clase de autores
norteamericanos, la gloria de Finlay corresponde a Cuba, su patria, pero ésta ha sido ingrata con su memoria y la de Reed y demás colaboradores en la lucha contra la fiebre amarilla. Un historiador improvisado, quien vivió en Cuba durante cuatro años como
embajador de los Estados Unidos, se ha lamentado a este respecto
de que Cuba no ha dedicado sino

> ... a modest bust in a comparatively obscure part of the city
> in memory of those great benefactors, Finlay, Reed, and his
> collaborators... [129]

El diplomático de referencia parece desconocer que Cuba está
tan celosa de la gloria de su insigne hijo que ha publicado sus
obras en una edición nacional en varios idiomas, le ha erigido un
monumento en el jardín de la Secretaría de Sanidad y otro, de
cuerpo entero, en el Parque "Finlay", en La Habana, en que aparece rodeado de sus principales colaboradores, ha establecido el
Instituto Finlay para investigaciones científicas y ha creado la
Orden Nacional "Carlos J. Finlay" para premiar y distinguir a figuras destacadas de la ciencia mundial.[130]

En el estudio de las relaciones entre Cuba y los Estados Unidos,
si puede señalarse el caso flagrante a que acabamos de referirnos,

de usurpación de gloria para servir fines políticos o egoísmos que ni Reed ni Gorgas eran capaces de sentir por su cuenta, es en extremo halagador el poder señalar que el general Wood, fué también ajeno a tales maniobras y nunca regateó sus elogios a Finlay y hasta influyó poderosamente en lograr que su teoría fuese considerada y probada. A fin de cuentas, no hay que olvidar que si Wood no era estratega, ni jurista, ni hacendista, ni ejemplo de tolerancia en política, sí era un buen médico y podía comprender y comprendió en efecto la enorme importancia de la obra de Finlay, con lo que la campaña sanitaria que siguió a la confirmación de la teoría de Finlay y que culminó en la desaparición de la fiebre amarilla fué, en verdad, un gran éxito del gobierno interventor.

Wood tuvo que hacer frente al difícil problema creado por la nube de promotores poco escrupulosos e inversionistas emprendedores, procedentes de los Estados Unidos y que llegaban a Cuba con ambiciones de comprar y dominar todos los recursos de un país empobrecido por muchos años de una guerra devastadora. Como hemos hecho notar anteriormente, a Wood se le consideró, y con justicia, mientras fué gobernador de Oriente, como el tipo de funcionario que más convenía a los empresarios y financieros norteamericanos para fundar, controlar y desarrollar sus negocios en Cuba. Pero lo que Wood, gobernador de Oriente deseoso de reemplazar a Brooke en el mando, parecía estimular y proteger en 1898-1899, no resultó tan popular con Wood, gobernador general de la Isla, en 1900-1902. Cierto que hubo excepciones, y bien notables, de favoritismo, privilegios y hasta concesiones y compromisos ilegales y perjudiciales e impuestos a capricho, pero en conjunto puede decirse que Wood se opuso al uso indebido de influencia política norteamericana en la obtención de favores en Cuba y que cuando se separó de esa regla fué porque o convenía a la Isla, como así ocurrió en algunos casos, o porque así le plugo a su onnímoda voluntad. Por supuesto que cuando ocurrió esto último la enseñanza cívica así recibida por los cubanos no fué de la mejor, precisamente, y por ello y por los métodos y triquiñuelas empleados por los promotores sin escrúpulos para asegurarse ventajas, no puede decirse que los encargados de demostrar al pueblo cubano las ventajas de la democracia y las virtudes ciudadanas de los norteamericanos fueron los mejores ejemplos para que aquéllos "aprendiesen" a gobernarse.

La cesión de propiedades, privilegios y concesiones de todas clases estaba terminantemente prohibida desde 1899 por la Ley Foraker, dictada a virtud de los esfuerzos del Senador Foraker y otros estadistas norteamericanos quienes temían que el crecimiento de las inversiones de capital de los EE. UU. en Cuba crearían intereses opuestos a la independencia de la Isla y en favor de su anexión o, por lo menos, de la continuación de la intervención.[131] No obstante ello, como dice Hagedorn, eran numerosos los explotadores de baja estofa que venían a Cuba dispuestos a hacer toda clase de negocios y mezclados con esa ralea aparecían senadores, políticos conocidos y hasta respetables que laboraban porque "...*the flag once raised must never be pulled down*".[132] Wood mismo hubo de referirse a tales maquinaciones cuando al escribir a R. P. Hallowell, en diciembre 26, 1903, escribió:

> ... *One of the hardest features of my work was to prevent the booting of Cuba by men who were presumably respectable. Men came down there apparently with the best recommendations, and wanted me to further the most infamous of schemes. They expected to profit by sharp business practices at the expense of the people of the island*...[133]

No es difícil imaginar la reacción de hostilidad que tales maniobras tenían que provocar entre los cubanos, y lo difícil que debió hacerse para la opinión pública, al cabo de cierto tiempo, el distinguirse entre los norteamericanos poco escrupulosos y llenos de ambiciones que caían sobre la Isla en busca de riqueza fácil, y los que formaban el gobierno y que. ajenos y hasta opuestos a esos despojos, se encastillaban en una supuesta superioridad y una pretensa infalibilidad que no descansaban en sus méritos o virtudes personales, sino en el hecho de ser norteamericanos, como lo eran los explotadores.

Muy naturalmente, esta situación de desconfianza y antagonismo tendía a hacerse más pronunciada cuando el gobierno interventor por conveniencias de la política de los Estados Unidos en Cuba, o por influencias electorales norteamericanas, o por favoritismo, resolvía contra los mejores intereses del pueblo cubano. Ya hemos mencionado el caso de la transacción entre Wood y la Santa Sede para pagar a esta última un millón de pesos por bienes y derechos sin esperar al establecimiento de la república. Agreguemos ahora el sonadísimo problema con los ingenieros norteamericanos Michael J. Dady & Co., de Brooklyn, a causa de la concesión para las obras del dragado y alcantarillado de La Habana en principio otorgada por España desde 1894, pero que en tiempos de Wood no había sido cumplimentada por los contratistas debido a demoras imputables, primero al régimen colonial español y después a la oposición del cuerpo de ingenieros militares norteamericanos, especialmente de su jefe en Cuba, general Ludlow, y a la falta de coordinación con que funcionaba el gobierno interventor.

Para Wood, según él mismo hubo de admitir y ratifica su biógrafo Hagedorn, las pretensiones de Dady & Co. eran perjudiciales a los intereses de Cuba y la concesión podía y debía ser anulada, pero el gobernador militar que tan expeditivamente resolvía las cuestiones relativas a los cubanos sin preocuparse por las consecuencias de sus actos, nunca se atrevió a decidir en contra o en favor de Dady & Co. sino que se entregó a una serie de equilibrios desorientados y perturbadores con la municipalidad habanera, los ingenieros militares norteamericanos y los concesionarios, al final de los cuales, en abril de 1901, Wood llegó a un pacto con Dady & Co. mediante el cual, "...by an arbitrary, if not illegal proceeding...", que dice Robinson,[134] dicha firma recibió del tesoro cubano la cantidad de $250,000 a cambio de renunciar a sus pretensiones. Y agrega el autor norteamericano a quien acabamos de citar, con una muy justa observación:

> ... In other words, with funds from the insular treasury, he bought a claim, not legally established, against the City of Havana, at a price agreed upon by himself and the claimant. By this act military authority overrode laws which military authority had declared to be established and in force. The same proceeding |was repeated in another and only less disputed case in which one José de Armas was paid $47,500 for his claim under another inchoate contract, similarly obtained to that of Dady & Co., to float a loan for the city of Havana...

Para hacer más patente la arbitrariedad del régimen que así disponía de los dineros públicos, el general Wood requirió al Ayuntamiento de La Habana, debidamente elegido este último y en el ejercicio de su autonomía, para que sacase a subasta las obras de alcantarillado y pavimentación de la ciudad. El requerimiento era en sí una violación de las leyes y también lo habría sido la convocatoria para la subasta, ya que estaba dispuesto que no podía convocarse a licitación alguna sin que de antemano se hubiese provisto lo necesario para el pago de toda obra, pero cuando los gobernados que estaban "aprendiendo" a gobernarse llamaron la atención de su "maestro" sobre semejante irregularidad, Wood no se paró en barras sino que de un plumazo suspendió la vigencia de las disposiciones legales que se oponían a sus propósitos y así los llevó a adelante. El sistema, debemos repetirlo, no era precisamente el más adecuado para inspirar a los cubanos en el respeto a la ley y a la democracia, ni mucho menos demuestra la eficiencia del gobierno de Wood el que con la nueva subasta y su tormentosa adjudicación, y con los planos y estudios hechos, la intervención llegó a su fin casi a los cuatro años de la derrota de España sin que La Habana viera el inicio de los trabajos del alcantarillado. Todo lo cual sirve para destacar aún más lo vacío y absurdo de la afirmación de Wood en su informe al jefe auxiliar del ejército norteamericano, fecha 10 de septiembre de 1900, en elogio de la eficiencia de la intervención, al decir que

> ... *military training forms a splendid basis for administrative and reconstructive work*....[135]

como si un sistema de ciega obediencia al superior jerárquico y en el que él, indisciplinado por excelencia, no creía, pudiera ser la base de una república democrática.

Hagedorn mismo es quien nos dice que Wood, aunque opuesto a la transacción con Dady & Co., y partidario de anular la concesión, no se atrevió a hacerlo por las poderosas influencias políticas de que disfrutaba el irlandés gerente de esa firma entre los republicanos de Brooklyn y que resultaban especialmente útiles a McKinley cuando éste iba a la reelección presidencial. Michael J. Dady era un factor en la contienda electoral norteamericana, pero por razón de que los Estados Unidos estaban "enseñando" a los cubanos a gobernarse, Cuba tuvo que pagarle un cuarto de millón de pesos por resolución personal y arbitraria del general Wood.[136]

Ante esta confesión de Hagedorn es que resulta más fácil comprender el incidente entre Wood y H. S. Rubens, que produjo la renuncia de este último como miembro de la comisión encargada de recomendar un nuevo sistema de impuesto territorial destinado a gravar fuertemente las tierras baldías pertenecientes a absentistas a fin de forzar a éstos a que las fomentasen o las vendiesen. Rubens fué quien personalmente recomendó el progresista tributo y al relatar sus dificultades con Wood acerca de este asunto, dice él, textualmente:

... When my proposal became known, the landowning better element protested violently. Wood told me he could not agree to my plan because it would raise an immediate storm and McKinley, who was facing a campaign for reelection, had asked him to keep things as quiet as possible in Cuba.

With the remark that I had supposed we were in Cuba for the best interests of the Island rather than to enhance McKinley's prospects and accelerate his ambitions, I resigned from the commission... [137]

El interés norteamericano: de la política, el comercio, la expansión, etc., de los Estados Unidos, era, pues, lo que regía en Cuba durante la intervención, según podemos ver por los dichos de autores con tan disímiles opiniones y propósitos como Hagedorn y Rubens. El bienestar y el progreso y la independencia de Cuba, eran cuestiones secundarias. En el caso que cita Rubens del impuesto al absentismo y al latifundio, el gobernador militar rehuía seguir una política fiscal que era indispensable para la liberación económica de Cuba a fin de no comprometer el éxito político de McKinley en su campaña reeleccionista, y con su abstención se frustraba y desaparecía la oportunidad dorada de una redención económica al faltar la cual el fin de la soberanía española sobre Cuba tendía a reducirse a un incidente político y dejaba de ser el triunfo de una revolución.

Los fraudes descubiertos en el Departamento de Correos de la Isla y en los cuales resultaron complicados ciertos funcionarios norteamericanos que desempeñaban altos cargos, también dieron ocasión para probar que la intervención militar en Cuba tenía que limitar sus actividades por razones de la política interna de los Estados Unidos y la actitud adoptada por influyentes personajes del Partido Republicano en defensa y apoyo de los responsables del desfalco. El propio Presidente McKinley se inclinaba a proteger a los defraudadores porque éstos eran miembros de la corrompida maquinaria política controlada por el Senador Hanna, a quien McKinley debía su carrera política, favores múltiples y hasta su cargo; pero el escándalo provocado por los desfalcos fué de tal naturaleza que el proceso tuvo que seguir su curso.

Los principales acusados en el escándalo del Departamento de Correos fueron el comandante Estes G. Rathbone, director del mismo y de quien se decía que aspiraba a substituir a Wood en el gobierno de la Isla; Charles W. F. Neely, tesorero, y otro cómplice,

Reeves, contable auxiliar. Al segundo citado, desde los primeros momentos se le consideró responsable de haberse apropiado de $36,000 confiados a su custodia, y en cuanto a Reeves escogió, de acuerdo con Wood, el cómodo sistema de convertirse en "testigo de Estado" para escapar al castigo. En realidad, la cantidad en que fué desfalcado el tesoro cubano ascendió, según cálculos de Wood, a unos $200.000.[138]

Cuando el robo fué descubierto el gobernador militar estaba en Ardsley, Nueva York, y con la autoritaria y antidemocrática resolución que le caracterizaba cablegrafió órdenes de arresto contra Rathbone y demás implicados y con absoluto desprecio del supuesto libre funcionamiento de los tribunales ya determinó que la fianza de Rathbone tenía que ser por lo menos de $25,000.[139] Posteriormente, mientras Rathbone clamaba que era víctima de una persecución política por parte de Wood, éste prometía el perdón a Reeves a fin de que acusase a sus cómplices, como así fué. En la lucha que siguió, mientras que el Senador Hanna escribía a McKinley que se sentía *humiliated that I am powerless to help a friend*, que era el desfalcador Rathbone, y el propio Presidente de los Estados Unidos y la justicia federal obstaculizaban el proceso o no cooperaban al mismo, Rathbone y sus corresponsables estuvieron en la cárcel y el pueblo cubano fué espectador de la pugna de intereses e influencias políticas que los que habían venido a enseñarle a gobernarse ponían en juego para desacreditarse unos a otros y torcer la justicia y ponerla al servicio de compadrazgos y odios personales. Wood no fué de los que salió mejor parado en cuanto a la sinceridad de sus propósitos y la justicia de su proceder,[140] y cuando el Senado norteamericano investigó la cuestión algún tiempo después, las afirmaciones de Wood respecto a sus promesas a Reeves se dieron de cachetes con las que acerca de ese asunto dió el Secretario de la Guerra, Elihu Root.

Sabido es que, en una componenda de última hora, cuando ya se terminaba la intervención y se establecía el gobierno cubano, Rathbone fué libertado y él y Reeves fueron exonerados. En cuanto a Neely, el proceso se continuó, aunque con poca fortuna para el desfalcado tesoro de Cuba, ya que en 1906 el defraudador seguía campeando por sus respetos en Nueva York. El abogado Edward K. Jones, investigador auxiliar en la causa seguida por Cuba contra Neely, hubo de quejarse al Ministro cubano, Gonzalo de Quesada, de que la Secretaría de Justicia de Wáshington obstaculizaba su gestión contra Neely, actitud que él no podía comprender

> ... unless it is the desire of the Department that Neely shall escape responsibility and get away with his booty. It is utterly impossible for me to believe such a thing, but that will be the effect... [141]

El día en que Mr. Jones escribía a Quesada, el abogado federal, al comparecer ante el juez Lacombe, quien conocía del proceso,

> ... produced letters from the Department of Justice practically asking the court to dismiss the action... [142]

El resultado de la protesta del Ministro de Cuba fué la inmediata cesantía del abogado investigador auxiliar que le había suministrado los informes y el envío de nuevas instrucciones a los agentes federales para la decisión final del proceso con la indemnización a Cuba o con la incautación de las fianzas de Neely, que eran tres y en total ascendían a $43,634 o una quinta parte de lo desfalcado. [143] Todo ello a los seis años de ocurrido el desfalco y con una prueba bien concluyente de que si los Estados Unidos no tenían mucho que enseñar a Cuba en cuanto a justicia regular y rápida, sí podían mostrarle los prodigios de la influencia política sobre la maquinaria administrativa y judicial.

Finalmente, para terminar por ahora con estos comentarios a los desmoralizadores efectos de la política interna norteamericana y de la arbitrariedad de Wood sobre la vida nacional cubana durante la primera intervención, que nos han llevado a conclusiones tan disímiles a las de autores parciales o poco informados o mal orientados, sobre el mismo tema, mencionemos que, según Hagedorn, si no llega a ser porque Frank Steinhart, el factótum de Wood, se negó a darle la combinación de la caja de caudales en que se guardaban los papeles del empréstito proyectado por el Municipio de La Habana, Wood habría autorizado esa operación de crédito con "untrustworthy American banking firm". [144] Un régimen de gobierno en que tales enormidades podían ocurrir y ocurrieron sin sanción y al capricho de omnipotentes e infalibles oficiales extranjeros, nunca pudo ser ni fué el más conveniente para "preparar" a un pueblo para el gobierno propio en el respeto a la democracia y a la justicia. No hay que olvidar que Wood indultó en dos años y medio de gobierno a más de mil presos y que en los tres últimos días de su mando sus "perdones" ascendieron a treinta y dos, en favor de individuos sentenciados por asesinato, robo, falsedad en documento oficial, soborno y sustracción de dineros públicos.[145]   El autor norteamericano de quien tomamos los datos que anteceden es también quien relata la conversación con un magistrado en que éste, significativamente, declaró que era inútil sentenciar a los criminales cuando Wood los indultaba con tamaña rapidez.

El general Wood llevó sus propósitos de gobierno absoluto a todos los sectores de la administración pública, la que, como el pueblo extranjero sobre el cual ejercía su dominación, no podía disentir ni discutir los dictados del déspota que así enseñaba lo que era la democracia. El departamento de instrucción pública, naturalmente, no escapó a su autoritaria política en un choque continuo de orientación educacional y propósito político que terminó con la imposición de los puntos de vista de Wood y la retirada del educador norteamericano Alexis E. Frye, quien se había permitido oponerse al omnisciente gobernador militar.

La controversia Frye-Wood fué una de las más enconadas de las muchas que tuvieron lugar durante la intervención y todavía hoy se hace difícil precisar el valor de todos y cada uno de los argumentos empleados por ambas partes. No hace mucho que el Prof. Lester MacLean Wilson, de la Universidad de Columbia, en un estudio sobre la organización de la enseñanza en Cuba, se permitió decir, en son de crítica a la obra de Frye, que

> ... *It was Cuba's educational misfortune that the pattern of its public school system was set under North American auspices, directed by a schoolman from Massachusetts...* [146]

No es difícil encontrar opiniones contrarias a la que acabamos de citar, y Martínez Ortiz, quien no regatea por cierto sus elogios a Wood como gobernador de Cuba, ha dicho de aquel educador noble y generoso, que fué Frye:

> ... *Fué uno de los personajes que más influyeron en el período admirable de la primera intervención. De gran competencia en la materia confiada a su cuidado, sentía por ella vocación; la marcha que imprimió a la enseñanza primaria se ha dejado sentir por mucho tiempo, y el profesorado guarda grande y justa veneración por su memoria... El retrato del pedagogo ilustre se encuentra todavía en casi todas las escuelas, y los maestros cubanos que recibieron directamente su influencia han procurado inculcar en el corazón de los niños por ellos educados un sentimiento de amor a su nombre. Su labor fué corta, pero profunda; dió frutos excelentes. Cuba debe recordarlo siempre con respeto...* [147]

La discrepancia que se echa de ver en el juicio de dos autores, uno norteamericano, el otro cubano, sobre la labor inolvidable de A. E. Frye, el reorganizador y animador de las escuelas públicas de Cuba durante la intervención, es muy significativa y se presta a muy interesantes comentarios. Es curioso, en primer lugar, que los justos elogios a la obra de Frye provengan de un historiador cubano, y las críticas, en éste y otros muchos casos, de los norteamericanos compatriotas de Frye, pero partidarios de Wood. Ello revela, más que nada, que el pueblo cubano sabe agradecer a quien le favorece sin segundas intenciones, al verdadero benefactor, como en el caso de Frye, sin que para ello sea obstáculo su nacionalidad. Ello prueba, además, que es fácil a un norteamericano honrado y sincero el granjearse la simpatía y el reconocimiento de los cubanos; tan fácil, por lo menos, como les es a un politicastro, un diplomático y un negociante de los Estados Unidos, desprovistos de escrúpulos, inspirar desconfianza y despertar odios entre los cubanos maltratados por el imperialismo norteamericano y sus cómplices cubanos. Todo en el pasado y el presente de Cuba y los Estados Unidos favorece y estimula el establecimiento y la conservación de las mejores relaciones entre ambos países, todo menos las arbitrariedades y las injusticias con que Cuba ha sido y es tratada por los hombres ignorantes o ambiciosos o desvergonzados que a veces han estado a cargo de puestos importantísimos de la política, la diplomacia o las finanzas, de Cuba y de los Estados Unidos.

No hay duda de que la reorganización y expansión de la instrucción pública en Cuba, al cese de la soberanía española, constituyen uno de los más notables esfuerzos del gobierno interventor para poner fin a males seculares y habilitar a los cubanos para un futuro mejor. Es de justicia decir, sin embargo, con un historiador norteamericano:

> ... So much stress has been laid upon the educational work of the American Government during the years 1900 and 1901 that an incorrect impression has been left upon the public mind. Contrary to a widely prevalent idea, a school system existed under the Spanish Government. That it was corrupt and inefficient may be admitted, but the Island was not so benighted as to be utterly destitute of such an institution... So far as school laws were concerned Cuba, under Spanish control, was fairly well equipped and, notwithstanding the many and glaring crudities and irregularities of its administra-

tion, Cuba had a school system. Nor would it appear, from a comparison of tables of statistics, that Cuba was much worse off, in point of illiteracy, than are some of our own Southern and Southwestern States at the present time... [148]

Por otra parte, si es cierto que, como cita Robinson, en 1895 había cerca de mil maestros y casi sesenta y cinco mil alumnos en las escuelas de Cuba, con un presupuesto de instrucción pública que ascendía a más de un millón de pesos, no lo es menos que la situación imperante en 1899, al comenzar la intervención norteamericana y como consecuencia de la guerra de independencia, la reconcentración y la ruina general, era muy inferior a la de 1895. Fué el general Brooke quien primero acometió la obra de dotar a Cuba de un amplio y eficiente sistema de escuelas públicas, y fué bajo él que Mr. Frye comenzó su fructífera y enérgica campaña en pro de la educación popular. La ley de instrucción pública fué dictada por Brooke con fecha diciembre 6, 1899, y de acuerdo con ella se establecieron y organizaron el noventa por ciento de las escuelas. Ésa ley fué modificada por otra, proclamada por Wood el 30 de junio siguiente, a la que siguió otra revisión cuatro semanas más tarde, como para probar que Wood obraba a impulsos y sin estudio acabado de cada problema cuando dictaba sus disposiciones. Las medidas implantadas por Wood fueron de carácter político-administrativo más bien que educacionales, pero por ello mismo chocaban con los puntos de vista de Frye y las liberales ideas de éste, especialmente en cuanto al futuro político de Cuba. El consejero de Wood para sus reformas en instrucción pública lo fué el teniente Matthew E. Hanna, *alter ego* del gobernador y quien, además de ser graduado de West Point, había sido maestro de instrucción primaria en Ohio, circunstancias todas que no le capacitaban como técnico en la materia de planear el sistema educacional del pueblo de Cuba junto a hombres de la talla de Enrique José Varona, Esteban Borrero Echeverría, Alfredo M. Aguayo, Manuel Valdés Rodríguez y otros, pero Hanna era norteamericano y hombre de confianza de Wood.

Frye, llevado de su entusiasmo, creó u obtuvo la creación de 3,800 escuelas hasta que por orden de marzo 3, 1900, Wood le prohibió que continuase su campaña para el establecimiento de más aulas. El número de éstas se redujo en unas quinientas, pero al cese de la intervención casi había 3,800 escuelas de nuevo. Estos sorprendentes resultados fueron posibles por el empeño reformador de la intervención, muy especialmente por el celo apostólico de Frye, pero más que nada por la entusiasta cooperación que las autoridades cubanas y el pueblo todo ofrecieron al hombre generoso que les excitaba a fundar o ayudar, por lo menos, a la fundación de las escuelas. De todas partes llegaban ofertas sinceras de colaboración como otras tantas pruebas concluyentes de que los cubanos, dotados de espíritu progresista, comprendían las ventajas del nuevo sistema y la trascendencia del mismo para el futuro del país, y estaban capacitados para desempeñar su papel en la obra de fundar la república. Es un hecho bien significativo el que los cuatro mil maestros que en el curso de unas pocas semanas se hicieron cargo de los millares de aulas creadas eran todos cubanos capacitados para ese ministerio. La movilización de semejante contingente de personas educadas y dispuestas a enseñar en menos de dos meses da una idea de cómo respondió el pueblo cubano a la estimulante iniciativa de Mr. Frye, y también de cómo este último supo aprovechar esa disposición en favor de la nueva escuela pública.

Ante resultados tangibles como los que acabamos de enumerar, a primera vista resulta incomprensible el antagonismo entre Wood y Frye, que culminó en la renuncia del educador norteamericano después de un año de choques con el gobernador general. El 9 de diciembre de 1903, en sus declaraciones ante el Comité de Asuntos Militares del Senado de Wáshington que discutía la tormentosa carrera de Wood, Frye contestó con las siguientes palabras a la pregunta que le fué hecha sobre si Wood estaba destruyendo el sistema de escuelas públicas durante el período de pugna entre ambos funcionarios:

> ... I do not say he was destroying them deliberately, but the effect of his orders was to destroy them, and, personally, I think it was simply to create the necessity of the new school law to be published by himself, and thus throw discredit upon General Brooke... [149]

Para Frye, pues, con esta declaración jurada, que causó sensación en los Estados Unidos y en Cuba, el general Wood, encargado de "enseñar" a los cubanos a gobernarse, se aprovechaba de su posición oficial para con la mayor irresponsabilidad y evidente perjuicio para Cuba, satisfacer su enemiga contra el general Brooke quien, por su parte, al declarar ante el Comité de Asuntos Militares del Senado de Wáshington, en 1903, no tuvo reparo en acusar a Wood, su sucesor en el mando en Cuba, de insubordinado y de haber prescindido de él, cuando Brooke era gobernador general, para decidir con McKinley y Root cuestiones relativas a Cuba. [150] La acusación de Brooke contra la irregular conducta de Wood comprendía al Presidente y al Secretario de la Guerra de los Estados Unidos y todos esos funcionarios así aparecían a los ojos del pueblo cubano al cual tenían que dar altos ejemplos cívicos, como unos individuos caprichosos, de moral pequeña y dominados por mezquinas pasiones.

Hagedorn, en su afán de justificar a Wood, acumula las más tremendas críticas sobre la labor de Frye y la fundación de escuelas por éste, que califica, con la opinión de Hanna, de "Frye's engaging rainbow".[151] Tal era la actitud del propio Wood en sus informes oficiales para acreditar que los cambios en la ley de instrucción pública y la elevación del teniente Hanna, convertido en pedagogo, al cargo de comisionado escolar y superior jerárquico de Frye, eran necesarios para evitar un supuesto desastre en la administración pública. En enero de 1901, al escribir al Secretario Root, Wood daba la verdadera razón de su enemiga a Frye, la que marcaba el antagonismo inconciliable entre los propósitos de ambos personajes respecto al futuro de Cuba. En opinión de Wood, el educador Frye era "a dangerous man" y

... his influence on the teachers and children was in the direction of the most intense radicalism as to the future relations between Cuba and the United States... [152]

Las palabras que subrayamos en la antecedente cita y que es extraño que R. H. Fitzgibbon haya omitido al citar el resto de la frase en su obra sobre las relaciones entre Cuba y los Estados Unidos, dan la clave de las divergencias entre Wood y Frye. Este era "radical" en sus puntos de vista cubano-norteamericanos, es decir, iba deprisa en la formación de ciudadanos y en la creación y desarrollo de una conciencia nacional contraria a la absorción y al tutelaje por parte de los Estados Unidos, y por ello su obra era contraria a la política de Wood, preparatoria a la anexión.

Así, en esa pugna en la cual el pueblo cubano estuvo del lado de Frye, el progreso de la instrucción pública, la disminución del analfabetismo y la integración nacionalista cubana estimulada por una cultura que se difundía con toda rapidez, hicieron que la idea de la anexión perdiese terreno y la aspiración republicana creciese más potente, no obstante que hasta los libros de texto y los planes de estudio de instrucción primaria puestos en vigor por Wood y Hanna y seguidos por algunos años después de terminada la intervención, bien a las claras revelaban la tendencia anexionista.[153] Es justo agregar, por otra parte, que un historiador norteamericano nada favorable a Wood, ha criticado como extravagantes, injustificados y crecidos los gastos del gobierno interventor en educación cuando la rehabilitación económica del país no estaba terminada ni mucho menos.[154]

La reforma de la enseñanza no se limitó a la instrucción primaria, sino que alcanzó a la secundaria y se hizo sentir con decisiva fuerza renovadora en la reorganización de la Universidad de La Habana. Esta labor, que requería energía indomable, civismo invencible y plan inteligente, fué llevada a cabo por Enrique José Varona, Secretario de Educación en el gabinete de Wood y sobre quien cayeron y siguen cayendo de por igual los elogios y las críticas por sus reformas, bien demostrativas de que había cubanos capaces y virtuosos para resolver los problemas más trascendentales sin rendirse ante obstáculos e insultos, como bien reconoce el propio Hagedorn en su obra sobre Wood. La reorganización universitaria fué una de las pocas medidas verdaderamente revolucionarias como liquidadoras del pasado y fundadoras de algo nuevo para el porvenir, que llevó a cabo la intervención, y eso por la iniciativa de un cubano. Fué también uno de los pocos casos de ruptura con el coloniaje y de reconocimiento de los derechos cubanos y en un tris estuvo de que el esfuerzo se malograse por la protesta de los elementos reaccionarios y españolizantes en su mayoría que se resistían a ser desalojados de sus privilegiadas posiciones.[155]

Robinson nos dice con razón indiscutible al referirse a la situación financiera y económica de Cuba de 1898 a 1902:

> ... Her special requirements at this time were along the lines of industrial rehabilitation, in which department very little was done for the Island save that which was done by the people themselves... [156]

No deja de ser extraño que un país cuyos hijos no han alcanzado reputación mundial como educadores, juristas, moralistas, científicos por la ciencia en sí, estrategas o fundadores de otras democracias del tipo norteamericano, como es el caso de los Estados Unidos si comparados con algunas naciones europeas, y cuyos ciudadanos, por otra parte, son universalmente conocidos como hombres prácticos, economistas de primera fuerza, empresarios de grandes iniciativas e indomable energía, y comerciantes, industriales, etc., de inteligencia y acometividad, al tener la responsabilidad de preparar a Cuba para el gobierno propio, nada hicieran para modificar la estructura económica del pueblo cubano, integrarla mejor y echar los cimientos de una vida nacional bien balanceada con la mejor explotación de todos los recursos del país a fin de que éste, en lo posible, se bastase a sí mismo y dejase de ser colonia. Alguien puede decirnos, con verdad, que semejante labor habría sido contraria a los intereses del imperialismo norteamericano, al cual convenía que Cuba siguiese siendo importadora de artículos de consumo a cambio de la producción de uno o dos productos agrícolas para la exportación, pero si admitimos esa conclusión como lógica y natural, también debemos concluir que la intervención norteamericana impidió la liberación económica de Cuba al hacer imposible que el gobierno revolucionario llevase a cabo esa transformación y al imponer al de la república creada en 1902 la continuación del coloniaje económico a cambio de una limitada independencia política, por todo lo cual resulta indiscutible que la intervención no preparó a los cubanos para el gobierno propio, sino que activa y pasivamente impidió la reorganización de la economía nacional indispensable para ese gobierno propio y fué, en suma, un caso concreto de traición a promesas bien definitivas, desprecio a las necesidades verdaderas de Cuba e incumplimiento de una misión autoimpuesta y cuyo único pretexto ante el pueblo norteamericano, el cubano y el del mundo entero, fué de que había que "enseñar" a los cubanos a gobernarse y preparar el tránsito de la colonia a la república, con todos los atributos de la soberanía vinculados en esta última, sin continuar la colonia para beneficio de los Estados Unidos y con una careta republicana.

Si Wood pudo imponer e impuso su inconsulta y omnipotente voluntad en saneamiento, educación, elecciones populares, funcionamiento de tribunales, indemnizaciones a la Iglesia y a particulares, modificación caprichosa de las leyes, organización militar, etc., etc., todo ello con la cómoda justificación de que ello se hacía en beneficio del pueblo cubano, ¿por qué no puso remedio a los males seculares de la equivocada economía colonial cubana, al monocultivo, al latifundio y tantos otros errores? Facultades, dadas o abrogadas, no le faltaban; tampoco las energías para llevar a cabo la empresa. ¿Es que aquel hombre superior no supo ver que él conservaba el coloniaje económico y lo agravaba con su política? Si no se dió cuenta de ello, ¡qué grave responsabilidad para el país que impuso a Cuba semejante tipo de gobierno que impidió el triunfo de la revolución y conservó la estructura económica colonial para una república sometida a los Estados Unidos! Y si todo ello fué parte de un plan deliberado para preparar la substitución de España por los Estados Unidos como la metrópoli de Cuba, ¡qué indigna comedia la del imperialismo! ¡Qué hipocresía en las untuosas palabras de que la intervención era para salvar a Cuba!

No puede haber duda de que el pueblo cubano trabajó con energía y constancia invencibles en la rehabilitación de las fuentes de producción y casi exclusivamente con sus propios recursos, si prescindimos de los tres millones de pesos donados por los Estados Unidos para efectuar el desbande del Ejército Libertador y la inyección monetaria representada por los sueldos del ejército norteamericano de ocupación, con un promedio de ocho mil hombres entre oficiales y soldados. No hubo empréstito para financiar obras públicas, crear bancos de refacción agrícola, fomentar industrias, desarrollar el comercio o todos los demás métodos para rehabilitar a un país postrado. Algún capital norteamericano e inglés fué invertido en Cuba, pero posiblemente en valor inferior al del capital español que emigró con la soberanía peninsular y con la proximidad de la república. La Ley Foraker, por otra parte, impedía u obstaculizaba por lo menos el otorgamiento de concesiones a los hombres de negocios norteamericanos que sin ella se habrían lanzado sobre la Isla con sus capitales. Ella no fué óbice, sin embargo, para que Wood diese todas las facilidades posibles a Sir William Van Horne y el general Granville Dodge a fin de que acometiesen y llevasen a cabo la obra del Ferrocarril Central de Cuba, de gran utilidad pública y llamado a ejercer gran influencia en el desarrollo económico y la integración nacional del pueblo cubano, pero al mismo tiempo con extraordinaria importancia estratégica para los Estados Unidos en el caso de una revolución en la Isla o de una guerra internacional a fin de acudir a proteger sus intereses en el Caribe.

En el caso concreto del Ferrocarril Central, Wood pudo autorizar a los promotores a infringir la Ley Foraker, como reconoce el mismo Hagedorn,[157] y justificar la excepción con razones diversas y atendibles desde el punto de vista norteamericano y el cubano, pero no puede decirse lo mismo en cuanto a la escandalosa con-

cesión del Frontón Jai-Alai, autorizada por Wood en los últimos días
de su mando de modo y manera que el gobierno republicano no
pudiera revocarla sin provocar un incidente con los Estados Unidos de acuerdo con el artículo IV de la llamada Enmienda Platt.
La historia de esta inmoral combinación la da en detalle Robinson
en su obra,[158] y los más entusiastas panegiristas de Wood no han
podido por menos que reconocer que su ídolo, en contra de la
opinión cubana, del dictamen del asesor militar norteamericano
y de lo que era justo y legal, otorgó una concesión para un juego
de apuestas con otros indebidos privilegios a ciertos amigos suyos,
españoles influyentes, que formaban la Compañía del Frontón Jai-
Alai. No obstante lo que el obsequio hecho a Wood por los favorecidos con la concesión, pudiera hacer sospechar, la realidad es
que el gobernador no actuó en este asunto movido por interés pe-
cuniario alguno, sino simple y sencillamente por amistad con los
jugadores y promotores del Jai-Alai, con los que se había ejercitado
por algún tiempo en el deporte vasco y a los que quería premiar
en cierto modo por ello. Es curioso, sin embargo, que como si se
tratase de un rey absoluto que recompensaba a sus cortesanos por
haberle ayudado a divertirse, el gobernante que debía enseñar a
los cubanos el valor de la democracia se condujese con la cosa
pública cubana como un déspota asiático que premiaba a sus
gladiadores. La moraleja final de la concesión al Jai-Alai es la de
que Wood pudo faltar a la Ley Foraker para satisfacer su capricho personal, pero no para favorecer la creación de nuevas industrias, fomentar un comercio bien balanceado y estimular la independencia económica de Cuba, porque, como bien dice Jenks, la
intervención

> ... *did little directly to foster the revival of economic life in
> Cuba... The island was certainly not so well off economically
> in May, 1902, as it had been in February, 1895...*[159]

Esa innegable realidad, que señala Jenks, hay que considerarla en detalle. Con la intervención norteamericana cayeron sobre Cuba aventureros, promotores y hombres de negocios en gran
número y los cuales, con abundante dinero en un país que acababa
de salir de una guerra espantosa y asoladora, compraron a diestra
y siniestra tierras, fincas urbanas, minas, casas de comercio, compañías de transporte y servicios públicos, etc. Algunos de esos
inversionistas eran ingleses, pero la mayoría eran norteamericanos y si muchos vinieron sin propósito ulterior alguno de domina-

ción política y con la idea de aumentar sus capitales solamente, no pocos creían a pie juntillas que estaban en tierra conquistada y que la Isla era o sería una posesión norteamericana y que sus actividades en ella acelerarían ese resultado, como antaño había sido en Tejas y California y Florida. Un grupo de individuos más ambiciosos y de menos escrúpulos, y que por ello pudieron engañar a muchos incautos que les siguieron, concentraron sus esfuerzos en adquirir derechos reales más o menos legítimos en la Isla de Pinos como parte de un plan para que, fuese cual fuese la decisión final respecto a Cuba, dicha Isla se convirtiese en territorio norteamericano con la pretensión inadmisible de que no era parte de Cuba.

Azucareros y tabacaleros fueron de los primeros en adquirir posiciones para el futuro, y ello era, hasta cierto punto, natural, ya que los años de la intervención son los del crecimiento de los trusts del azúcar y el tabaco en los Estados Unidos y era este país el que dominaba en Cuba. Por otra parte, ya había inversiones del "Sugar Trust" y el "Tobacco Trust" en Cuba directamente o por medio de alguno de sus miembros, desde antes de la guerra. El crecimiento anormal de la industria azucarera en Cuba había sido detenido y en gran parte destruído por la guerra de independencia, a tal punto que de 1,054,000 toneladas producidas en 1894 y valoradas en $62.100,000, la zafra se redujo en 1900 a menos de trescientas mil toneladas cuyo valor no llegaba a veinte millones de pesos. Lo mismo ocurría con la producción tabacalera y esa situación, en realidad, resultaba ideal para una buena política económica favorable al establecimiento y desarrollo de pequeñas fincas, diversificación de cultivos, creación de industrias necesarias y capaces de mantenerse por sí mismas y abolición del absurdo sistema fiscal basado en la exportación de unos pocos productos y la importación de otros muchos que no era necesario comprar en el extranjero, pero sobre los cuales se cobraban derechos de aduana que, a la vez que encarecían la vida, eran la principal fuente de ingresos para el tesoro nacional.

La intervención no hizo nada de eso sino que dejó subsistentes y permitió que creciesen los errores económicos del coloniaje porque así convenía al imperialismo norteamericano.

Atkins, ya asociado con el "Sugar Trust", declaraba el 18 de julio de 1899 ante la Federal Industrial Commission, de Wáshington, D. C.:

... If Cuba is made an independent nation, Cuba is com-
mercially ruined by our tariff...[160]

Otro de los magnates azucareros de la época planeaba enviar
a Cuba millares de negros norteamericanos para trabajar en la
industria y así "americanizar" al pueblo cubano.[161] La United
Fruit Co. compró en 1901 miles de caballerías de tierras junto a la
Bahía de Nipe para dedicarlas a caña de azúcar y platanales, y
ese mismo año comenzaron las inversiones de McCann Sugar
Refinery, Stuyvesant Fish, Gramercy Sugar Refinery, R. B. Howley
y otros en Santa Clara, Oriente, Matanzas y Pinar del Río, mientras que Atkins y sus asociados aumentaban sus inversiones. Con
el impulso dado por estos nuevos hacendados y otros, nominal-
mente cubanos, españoles y franceses, pero cuya nacionalidad era
la que les aumentase sus riquezas, la industria azucarera destruída
por la revolución cubana volvió a la vida y con toda rapidez asumió su antiguo papel de dictadora de los destinos de Cuba en favor
de los Estados Unidos. En 1901 la Isla produjo dos veces más
azúcar que en 1900, y en 1902 la zafra llegó a 850,000 toneladas,
cifra igual a las de los años anteriores a la guerra. La importancia
económico-política de este incremento en la producción azucarera
puede verse en las significativas y justas palabras de Jenks cuando dice:

... Between Cubans who had sought the protection of
American citizenship and residence in anticipation of the
revolt, and Americans who planned to reside in Cuba after
the war and help Americanize the island, nationality was a
quality which mattered less than a certain spirit of enterprise
of which all partook in different degrees... Many of these
owners resumed business after the war, most of them becom-
ing citizens of Cuba, some of them securing funds in the United
States with which to carry on. It will not be urged that they
stood in need of much Americanizing. They formed part of
the group of persons in the United States and Cuba to
whom the American tariff on raw sugar was a serious
inconvenience...[162]

Naturalmente, cuando la llamada reciprocidad mercantil entre
Cuba y los Estados Unidos reguló la vida económica cubana hasta
ajustarla al peor modelo de monocultivo y latifundismo, la realidad de esa situación chocó con los principios mismos de la independencia del país.

El proceso que acabamos de señalar en cuanto al azúcar se repitió con el tabaco. El cultivo y la elaboración de esa hoja por

largos años se había desarrollado como la más cubana de las industrias, con un relieve criollo tan definido que por muchos años imprimió sus características sobre la industria tabacalera norteamericana a lo largo de la costa atlántica de los Estados Unidos y muy especialmente de la Florida, donde los dueños de las fábricas de cigarros y cigarrillos más importantes y la mayor parte de los operarios eran cubanos.

Los primeros intereses norteamericanos que en gran escala invadieron la industria tabacalera cubana fueron los de la llamada Havana Commercial Company, dirigida por H. B. Hollins, norteamericano, y Rafael R. Govín, miembro de una familia cubana emigrada durante la Guerra de los Diez Años. Esa firma más tarde se unió con la de Francisco García y Hnos., españoles "norteamericanizados" cuyo gerente principal había sido el intermediario entre el Ministro Moret y el general Woodford durante las gestiones de éste, a principios de 1898, para comprar a Cuba y evitar así la guerra con España, a que nos hemos referido en un capítulo anterior. Después de grandes éxitos iniciales en sus esfuerzos para dominar la producción cubana, entre ellos la compra de la Henry Clay and Bock Company, Ltd., los elementos de la Havana Commercial Company tuvieron que rendirse a los recursos de la American Tobacco Company, el famoso "Tobacco Trust", que en mayo de 1902, al cesar la intervención norteamericana, efectivamente controlaba el 90% de la producción tabacalera cubana enviada a mercados extranjeros.[163] De esta manera, antes de establecerse la república, no sólo era ya casi dominante el interés de capitalistas de los Estados Unidos en la industria azucarera de Cuba, sino casi absoluto el control en cuanto al tabaco, por lo que puede decirse que fué durante la intervención norteamericana y, más tarde, bajo gobiernos impuestos o sostenidos por los Estados Unidos, que el crecimiento sorprendente de las inversiones de capital procedente de ese país, ha tenido lugar en Cuba.

Al finalizar la intervención, además, había en Cuba 37 comunidades agrícolas de norteamericanos—10 en La Habana, 6 en Matanzas, 4 en Santa Clara, 8 en Oriente y 9 en Santiago, en que vivían centenares de familias emigradas. Ese personaje característico de la vida de los negocios en los Estados Unidos, el agente de "real estate", también fué a Cuba y compró o se apropió tierras y vendió ésas y las que no le pertenecían a numerosos compatriotas suyos, más o menos incautos. No pasó mucho tiempo sin que, con mucha exageración y un fondo de verdad, un comentarista norteamericano dijese que 13,000 conciudadanos suyos poseían tierras en Cuba por valor de $50.000,000, de ellos 7,000 propiedades en la provincia de Camagüey, compradas por $28.000,000, y después de hacer la sorprendente y falsa afirmación de que siete octavas partes de las tierras del municipio de Sancti Spíritus, pertenecían a norteamericanos, concluía diciendo:

> ... Somewhere between 7 and 10 percent of the entire area of Cuba is owned outright by Americans... [164]

Como que tales cifras están en contradicción con los datos disponibles respecto al monto de las inversiones norteamericanas en Cuba, durante el período de la intervención, parece lógico concluir que si la obra de "enseñar" a los cubanos a gobernarse fué comenzada en Oriente por ciertos soldados de Shafter robando al comercio y al pueblo con billetes de los confederados, de la época de la Guerra Civil, carentes de valor, como si fuesen moneda de curso legal de los Estados Unidos, [165] fué continuada y concluída por promotores tan poco escrupulosos como los soldados de marras.

Con la extensión y el número de esos fondos en toda la Isla, y la influencia que sus tenedores tenían en la vida política de los Estados Unidos, es que podemos entender mejor el desacuerdo entre Horatio S. Rubens y el general Wood por el impuesto territorial que proponía el primero y que el segundo consideraba impolítico ¡y perjudicial a la reelección de McKinley! según ya hemos citado. Por ello fué, sin duda, que Wood, además, no tomó en consideración las recomendaciones de Sir William Van Horne sobre el impuesto territorial como medio de fomentar una sana organización económica en Cuba, en que los ingresos nacionales no hubiesen dependido del monto de los derechos de aduana, casi exclusivamente, como así ha venido ocurriendo. En una carta a Wood sobre este asunto decía así el magnate ferroviario:

> ... A system of land taxation is the most effective and equitable way of securing the greatest possible utilization of lands, and affords at the same time the best safeguard against holding lands in disuse for speculative purposes. It affords, moreover, the most certain and uniform revenue to the state. Freedom from land taxation... comes from landlordism, which you certainly do not wish to continue or promote in Cuba. The country can only reach its highest prosperity and

*greatest stability of government through the widest possible
ownership of the lands by the people who cultivate them. In
countries where the percentage of individuals holding real
estate is greatest, conservatism prevails and insurrections are
unknown...* [166]

Jenks, al comentar esta sensata recomendación, hace el mejor
juicio crítico de la ineficiencia económica de la intervención y sus
grandes perjuicios a Cuba cuando dice:

*... The entire social history of the Cuban Republic would
have been altered had General Wood added fiscal reform to
the sanitary work he performed for Cuba. Van Horne's advice
was, of course, not disinterested... Nevertheless, it struck at
the root of Cuba's agricultural difficulties. A disinterested
despot, zealous to put the country upon the soundest agricultural basis, would have leaped at the opportunity.*

*The United States was not such a disinterested despot,
however. She was making the work of pacification pay for
itself. She preferred revenues which could be easily collected.
She was desirous of diverting Cuban trade, to her own markets
by reciprocity arrangements. Hence, tariffs must be maintained high enough to enable her to secure a real preference
over other countries...* [167]

Poco a poco, pero con la más natural sequencia, la cuestión de
la reorganización de la economía cubana y su fracaso durante el
gobierno de la intervención, ha venido a parar al punto importantísimo de las tarifas en las relaciones entre Cuba y los Estados
Unidos. Sereno E. Payne, presidente del poderoso Comité de Medios y Arbitrios de la Cámara de Representantes norteamericana,
quien el 8 de abril de 1902 había declarado: *"The time will come
when Cuba will be annexed to the United States"*, pocos meses
más tarde presentó la cuestión de las relaciones entre Cuba y los
Estados Unidos en su verdadero aspecto al defender la llamada
reciprocidad mercantil con estas palabras, en un discurso pronunciado en el Congreso federal:

*... Sir, let Cuba become prosperous, with closer trade
relations with the United States, making the conditions down
there stable for five years or as much longer as this treaty
shall remain in force. Let American capital go down there to
develop the island and employ the islanders. Let there be a
demand for better things and more of them. Multiply the
buying capacity of the people as we have multiplied it in the
last five years in the United States under the Dingley tariff
law, so that the people want more, buy more, and are ready.*

*to give bigger prices, because they get larger wages. Under
such improved conditions what shall be the future of our
imports into Cuba? Shall the amount be barely $60.000,000 as
during the past year, for all imports, running up to $100.000,000
in the days preceding the war; or shall it be what Colonel
Bliss of the United States Army, a careful and impartial
observer, says in his report on Cuba—$300.000,000 a year
bought from the United States to supply the needs and the
capacities of the people down there? Why there are millions
in this bill to the farmers and manufacturers of the United
States...* [168]

Payne contemplaba los beneficios económicos provenientes del
tratado de reciprocidad con las tarifas vigentes en los Estados
Unidos, y razonablemente concluía que eran los intereses norteamericanos los que resultaban favorecidos, pero al final de ese
tipo de relaciones él veía la anexión y lo proclamaba así. En
Luisiana, mientras tanto, se publicaba que

> *... Little by little the whole island is passing into the hands
> of American citizens, which is the shortest and surest way to
> obtain annexation to the United States...* [169]

Y el senador Chauncey Depew diría poco después, en un discurso pronunciado en el Congreso, la otra parte del plan anexionista con estas palabras:

> *... With the opportunities which Cuba offers I look for
> such an immigration from the United States... that within five
> years from now there will be from two to three million Amer-
> icans in that island. The day is not far distant when Cuba,
> resembling the United States in its constitution, laws, and
> liberties—and in all which makes a country desirable to live
> in for people brought and educated as are Americans—will
> have from five to six million people who are educated upon
> American lines and worthy of all the rights of American
> citizenship. Then, with the initiative of Cuba, we can welcome
> another star to our flag...* [170]

Como se ve, ciertos políticos, economistas, promotores, financieros y agricultores norteamericanos, miraban a Cuba y al fomento de sus riquezas con un propósito anexionista bien definido, y el mantenimiento y desarrollo de la economía colonial
cubana, que la revolución frustrada había intentado destruir, durante la intervención, tendía al mismo fin. El resultado de todo ello,
en un país que carecía de capital propio después de la guerra, con
la destrucción hecha, las confiscaciones y los destierros, etc., y al

cual el gobierno no daba, sino todo lo contrario, quitaba el estímulo para crear la pequeña propiedad, las industrias elementales y los demás materiales de una bien organizada política económica de importar lo que no se podia producir en el país sin concentrar las energías de la nación en el comercio de exportación con uno o dos productos, fué una continua crisis en la vida del país porque, hasta en los mismos años en que, al cabo de un tiempo, la exportación superó en valor a la importación, el beneficio fué aparente y no real, ya que las utilidades de lo vendido no quedaron todas en Cuba, sino en gran parte fueron a parar al extranjero, y el precio de lo importado aumentó considerablemente para el consumo una vez pagados los derechos de aduana que eran la base principal de los ingresos nacionales. Con ello, además, la proletarización y pauperización del pueblo cubano avanzaron a grandes pasos y se legitimó, ante la pasividad de un gobierno establecido con el pretexto de salvar a Cuba y "prepararla" para la vida republicana, el absurdo sistema económico del desempleo general para una gran parte de la población empleada por dos industrias que no funcionaban más que parte del año. No es que la intervención estableciese por primera vez en Cuba ese régimen antieconómico, sino que lo restableció y alentó su resurrección después de que la revolución cubana lo había virtualmente destruído y el gobierno militar, infalible, arbitrario e impune, tenía todas las facultades de libre acción para moldear el futuro de Cuba y las empleó o dejó de emplearlas, según los casos, en el establecimiento de una situación artificial, que ni siquiera era segura por parte de los Estados Unidos, donde las tarifas cambiaban con las fluctuaciones de la política electoral norteamericana, pero que en cuanto a Cuba la reducía a un vasallaje económico asfixiante, eternamente en los bordes de la miseria lo mismo si el proteccionismo iba en alza, porque no podía entonces adquirir los artículos de importación por falta de dinero, que si disminuían los derechos a las exportaciones de Cuba, porque entonces inundaban al país los productos norteamericanos.

La responsabilidad de la intervención en esa situación es todavía más directa de lo que hasta ahora hemos señalado, porque ese gobierno que se abstuvo de planear y estimular la creación de una estructura económica racional y balanceada para Cuba, sí manipuló la modificación de los aranceles de aduana en beneficio de los Estados Unidos y con igual propósito exclusivista de los competidores extranjeros que el que España había mostrado durante sus años de metrópoli. Quizá si con más arbitrariedad porque, al fin y al cabo, la opinión cubana por lo menos era consultada por el gobierno de Madrid, si bien de manera superficial, antes de hacer cambios en las tarifas, pactar tratados comerciales, etc., y los Estados Unidos no hicieron nada de eso durante la intervención.

Semanas antes de que España transfiriese la soberanía sobre Cuba a los Estados Unidos, por una orden dictada en Wáshington por McKinley con fecha diciembre 9, 1898, y publicada por la Secretaría de la Guerra cuatro días más tarde, los aranceles de aduanas vigentes en Cuba fueron modificados para facilitar la importación de productos norteamericanos por la Isla. No se hizo la correspondiente modificación en las tarifas norteamericanas para las exportaciones provenientes de Cuba porque el Presidente de los Estados Unidos, tan bien dispuesto a enseñar a los cubanos lo que era la democracia, no podía modificar las tarifas de su propio país sin vulnerar la constitución y las leyes federales, pero sí se había abrogado la facultad de cambiar, a beneficio de los exportadores norteamericanos, las de un país extranjero que era y de derecho debía ser "libre e independiente", según la "joint resolution". El pretexto para el cambio fué el generoso propósito de ayudar a la rehabilitación económica de Cuba y de aliviar la carencia de artículos de primera necesidad, pero esa caritativa finalidad habría sido más completa y evidente si hubiese sido acompañada de rebajas a los derechos de las exportaciones cubanas o, por lo menos, si los descuentos hubiesen sido de un carácter general y no exclusivos para las mercancías norteamericanas.

La primera reforma arancelaria estuvo en vigor hasta que el 15 de junio de 1900 el gobierno interventor estableció una nueva tarifa que rigió por espacio de dos años hasta que la República la modificó. Robinson ha dicho lo que sigue respecto a las tarifas que la intervención impuso a Cuba:

> ... In the well qualified judgement of Colonel Bliss, the Collector of Customs, neither the old tariff nor the new were suitable adopted to the needs of the situation... It was held that the new tariff was... too distinctly advantageous to American products. That various American food products were given such advantage is not to be denied. The argument used in support of this provision was the poverty of the Island and the desirability of placing sundry necessities of life upon

the Cuban market at the lowest possible prices. The argument against it was that it restricted Cuba's domestic production and sent out of the country large sums of money which should have been kept at home.

For instance, during the last sixth months of 1900, there were imported in to Cuba, a distinctly agricultural country, breadstuffs to the value of one and a half millions of dollars, and twelve hundred thousand dollars worth of vegetables. There were also large quantities of beef and hog products brought in. A tariff which would force some of the Island people, and induce others, to engage in more extensive production for home consumption and for the local market, would have been much more to Cuban advantage than the tariff established for them by the United States. It is to be noted that very soon after the government came into Cuban hands, steps were taken to increase, very materially, the duties on such imports... [171]

Con tales antecedentes resulta mucho más explicable la diferencia entre el valor de las importaciones cubanas desde el 1º de enero de 1899 hasta el 20 de mayo de 1902, y las exportaciones de la Isla durante el mismo período. En esa diferencia hay algo más que la destrucción de los cultivos, la paralización de la industria y la desorganización de las comunicaciones nacionales traídas por la guerra y que la mayoría de los autores aceptan como causas justificativas de la reforma arancelaria tendiente a intensificar la importación de artículos de primera necesidad. Ese "algo" fué la reestructuración de la economía nacional cubana para hacer de la Isla un país-sirviente cuando con tanta facilidad podía haberse bastado a sí mismo en la producción de muchos de los efectos importados. En un país arruinado y necesitado de rehabilitación económica, todos los esfuerzos y las orientaciones debieron concentrarse en conservar en el mismo la mayor cantidad posible de numerario a fin de emplearlo en el fomento de las riquezas nacionales con el poco capital nativo disponible, y no en estimular la exportación de ese numerario para crear un "standard" de vida artificial, una prosperidad ficticia consistente en comprar más de lo que se vendía, especialmente cuando mucho de lo que se compraba en el extranjero podía producirse en Cuba.

En 1899 Cuba importó por valor de $74.845,186 y exportó $49.327,724 de sus productos. En 1900 las importaciones fueron valoradas en $69.887,547 y las exportaciones en $51.363,498. En 1901 el valor de lo importado ascendió a $67.751,911 y el de lo exportado a $66.502,533. Durante los primeros meses del año 1902 hasta el final de la intervención Cuba recibió $25.157,300 de mercancías extranjeras, y vendió $23.133,719 de sus productos a otros países. En ese período el comercio de Cuba con los Estados Unidos fué mayor que con el resto del mundo, no obstante lo que dice Jenks al efecto, aunque con referencia a las exportaciones norteamericanas a Cuba, menores si comparadas con las de otros países. Esto último puede explicarse, sin embargo, con otros factores como las desventajas del cambio de moneda respecto al dólar, la tradición de comprar en España y el resto de Europa, poca familiaridad con ciertos productos de los Estados Unidos, etc., más que como resultado de una campaña organizada contra las mercancías norteamericanas. Es bastante significativo, por otra parte, que Jenks diga que la disminución en el comercio de exportación de los EE. UU. con Cuba tuvo lugar porque "...*although we had twisted the tariff to favor our trade in many ways, our occupation had not promoted Cuba as a market for our goods*..."[172]

Con especial referencia al año de 1900, en que se implantó la tarifa favorable a los Estados Unidos, Robinson nos dice que "...*the increase in the sugar output was of little advantage to the planters inasmuch as it had to be sold at prices which gave no living profit on the work of the year*...," y a renglón seguido hace estas terminantes afirmaciones que son otras tantas censuras de la intervención:

> ... *The year closed upon a commercial and industrial situation which was far from encouraging. How far this is attributable to the failure of the administration to give aid and encouragement to those special departments, cannot be said. There was certainly much of complaint, to which the authorities gave no heed. The official reports declared the Island to be prosperous and the people to be contented. The statements of many of the Cuban people, and the assertions of the Island press, quite fail to support these reports, and the financial statements appear to endorse the Cuban argument. The local administration rested its claims for approval largely upon the work done in the departments of education and sanitation. But if these features were developed at the expense of the economic wellbeing of the Island, the measure of that approval must be limited. Cuba's endless agricultural resources, and the marvellous fertility of her soil, make her readily responsive to even a shadow of industrial encouragement... Cuba's normal position had been that of a creditor nation to the extent of some $30.000,000 a year. These two*

years saw her transferred to the debtor class to an amount ap-
proximating $30.000,000 for the term...[173]

El administrador de aduanas, coronel Tasker H. Bliss, aunque
durante la intervención nada hizo para dotar a Cuba de una tarifa
científica favorable a la producción local de artículos de primera
necesidad, y al terminarse la intervención fué enviado a Cuba por
el gobierno de Wáshington *"...to obtain the most he could from*
Cuba in return for the least concessions in ourt part...",[174] según
la frase del Senador Cullom, a mediados de 1900 no pudo menos de
comentar la crisis del país en las siguientes pesimistas palabras:

> *... The economic situation of Cuba, as indicated by the*
> *statistics of the Customs Service during the past year, cannot*
> *be regarded as favorable. The returns of imports and exports,*
> *excluding the movement of specie, show an excess of the*
> *former over the latter, or a balance against the Island of*
> *$26.260,065.*[175]

El general Brooke, al retirarse como gobernador de Cuba, entregó a Wood el tesoro insular con una existencia en efectivo y
superávit de cerca de dos millones de pesos. Brooke había gobernado a Cuba durante el peor año del restablecimiento de la paz y
con una política, muy criticada por Wood, de dejar al gabinete cubano la mayor parte de la responsabilidad administrativa, y ello
no obstante pudo llevar a cabo tales economías. El déficit del primer año del gobierno de Wood alcanzó a medio millón de pesos,
o sea, que gastó bastante más de lo ingresado en ese año y el siguiente, pues el déficit de 1901 alcanzó a $700,000. Finalmente, en
menos de cinco meses del año de 1902, hasta que se inauguró la
república, Wood gastó unos $900,000 más de lo ingresado. Aunque
en el traspaso oficial del gobierno de la Isla a los cubanos, el 20 de
mayo de 1902, Wood declaró entregar y el Presidente Estrada
Palma admitió recibir $689,191.02, en efectivo, la realidad es que
como Wood mismo decía en su mensaje de esa fecha al nuevo gobierno, la citada cantidad era entregada

> *... subject to such claims and obligations properly payable*
> *out of the revenues of the Island as may remain...,*[176]

lo que significa que, comprometida al pago de obligaciones no satisfechas, su valor real, como numerario en caja, era bastante relativo.

Robinson, como resumen de su estudio de todas las cifras de
ingresos y egresos de la intervención, comparadas con el supe-

rávit de tres millones de pesos que el gobierno cubano acumuló en un año de régimen republicano a pesar del aumento en los gastos públicos por la estructura política de la nueva nación independiente, hace dos declaraciones de extraordinaria importancia en la apreciación de las supuestas ventajas de la intervención norteamericana en Cuba. La primera tiene que ver con la capacidad de los cubanos para gobernarse y está contenida en la frase *"As a financier, General Wood was outclassed by both General Brooke and Señor Estrada Palma"*. La segunda afirmación es la que hace referencia a la justificación de las cuentas de la intervención: *"... As trustees of the Island of Cuba, pending a pledged transfer to a Cuban Government, we handled more than $57.000,000. We should have rendered an account of our stewardship to the last cent"*.[177] Nunca se ha hecho un ajuste definitivo y detallado de los ingresos y egresos de la intervención norteamericana en Cuba. El gobierno cubano trató de obtener un arreglo final de la cuestión con el de los Estados Unidos, y esta última nación se excusó con diversos pretextos y ese tema no ha vuelto a ser tratado entre ambos países.

No puede quedar duda de la ineficiencia de la intervención norteamericana en la reorganización de la economía cubana a fin de hacerla lo sólida y balanceada que la nueva república necesitaba. Más aún, resulta indudable que la intervención restableció o estimuló el restablecimiento del sistema económico existente hasta 1895 y que la revolución cubana había destruído o dislocado por lo menos, pero que al hacerlo siguió el plan general de prescindir de España como beneficiaria parcial de la explotación de Cuba para poner la mayor cantidad posible de beneficios, la más estrecha dependencia obtenible, al servicio de los Estados Unidos.[178] La responsabilidad norteamericana en los males económicos de Cuba, con lo que dejamos apuntado, ya resulta extraordinaria; pero si tenemos en cuenta que todo eso tuvo lugar en el único período de la historia de la Isla en que la reorientación de la economía cubana pudo haberse hecho con facilidad y sin mayor quebranto ni oposición por la situación del país y el poder arbitrario, discrecional, del gobierno interventor, la responsabilidad norteamericana todavía adquiere mayores proporciones. Debemos agregar que el sistema restablecido por la intervención, al desalentar la pequeña propiedad, las industrias menores, el comercio nacional, la autosuficiencia cubana, en fin, en materias económi-

cas, para basar la prosperidad del país en los ingresos de las
aduanas, también reconstruyó el régimen colonial de los empleos
públicos como medios de vida bien seguros, o sea, que la institución del presupuesto como primera industria nacional, según la
frase popular cubana, tiene sus orígenes en la política económica
de la intervención.

La tarifa aduanera de Cuba, puesta así al servicio de los Estados Unidos y dependiente de la de ese país, pasó a convertirse
en arma política de influencia incalculable sobre la vida nacional
cubana; y su eficaz funcionamiento en dictar el futuro de Cuba se
puso de relieve en el curso de los últimos meses de régimen intervencionista, cuando los Estados Unidos la esgrimieron frente a la
Asamblea Constituyente y las tendencias nacionalistas de la
misma para imponer a los cubanos el tipo de relaciones con la república norteamericana que se le ocurrió al gobierno de Wásh-
hington que le convenía a su pujante imperialismo. Este aspecto
de la cuestión, lo consideraremos conjuntamente con el de la imposición de la Enmienda Platt, con el que corresponde, y por ello
dejaremos de continuar discutiéndole por ahora. Parece indispensable, sin embargo, que antes de dar por terminado este tema, destaquemos la contradicción ante la realidad creada y desarrollada
por la intervención norteamericana en torno a la economía cubana
—mal organizada, insuficiente para una república libre y soberana
y típica de una colonia o país sirviente—, con las palabras del
mensaje presidencial de McKinley al Congreso federal, el 6 de diciembre de 1899, respecto a la elevada misión de los Estados Unidos en Cuba, que servía de pretexto para la intervención:

> ... *This nation has assumed before the world a grave
> responsibility for the future government of Cuba. We have
> accepted a trust the fulfillment of which calls for the sternest
> integrity of purpose and the exercise of the highest wisdom.
> Whatever be the outcome, we must see to it that free Cuba be
> a reality, not a name, a perfect entity, not a hasty experiment
> bearing itself the elements of failure...*

Aunque todos los autores están de acuerdo en que McKinley
nunca se distinguió por extraordinaria inteligencia o más que me-
diana cultura, parece difícil creer que no pudiese entender que la
obra política y económica de la intervención en Cuba fué exactamente la negación de lo prometido en el párrafo que acabamos de
citar, porque la integridad de las intenciones y la sabiduría en la

ejecución de las mismas eran incompatibles con atar al pueblo cubano al carro del imperialismo norteamericano, y también la realidad de "Cuba libre" era imposible con el coloniaje recreado a
favor de los Estados Unidos.

3.—*El régimen de relaciones políticas impuesto a Cuba.*

Y ahora, planteados y discutidos los problemas sociales y económicos de Cuba durante el período de la intervención, pasemos
a considerar los de las relaciones políticas entre Cuba y los Estados Unidos que llevaron a la creación de la república en una
renuncia temporal, de conveniencia estratégica, de las ambiciones anexionistas norteamericanas.

Elihu Root, Secretario de la Guerra de McKinley y, como tal,
estadista de responsabilidad en cuanto a las relaciones entre Cuba
y los Estados Unidos, en su informe oficial del año de 1899 había
dicho con referencia al gobierno que habría de regir la Isla al terminarse la intervención:

> ... *When that government is established the relations
> which exist between it and the United States will be the mat-
> ter for a free and uncontrolled agreement between the two
> parties*... [179]

Nadie que respete la verdad puede decir que Root y el gobierno del que formaba parte cumplieron con el espíritu o la letra
de la declaración que acabamos de transcribir, pero entre el incumplimiento de esa promesa y el de la bien explícita y solemne
de la "joint resolution", y la imposición del apéndice a la constitución cubana como condición para poner fin a la ocupación norteamericana en Cuba, media toda una sórdida historia de triquiñuelas y abusos en que los Estados Unidos y su representante en la
Isla, Leonard Wood, se condujeron con la más refinada hipocresía
y falta de sinceridad a fin de ver triunfantes sus propósitos imperialistas.

Los partidos políticos surgieron naturalmente en Cuba con el
anuncio de la celebración de elecciones municipales hecho por
Wood a poco de haber tomado posesión de su cargo. Dos de ellos,
el Republicano y el Nacional, controlaban la mayor parte del electorado y de la opinión pública cubana por estar a favor de la independencia absoluta y sin limitaciones, y entre sus líderes y simpatizadores figuraban muchos de los más prestigiosos elementos de

la revolución, inclusive el general Máximo Gómez. En esos partidos hacían sus primeras armas como políticos, muchos de ellos sin el bagaje de tales por no haber sido siquiera de los cubanos que habían tenido la restringida preparación de la época autonomista, militares más o menos prestigiosos, pertenecientes al Ejército Libertador y quienes, como siempre sucede en las nuevas democracias, se afincaban al localismo o el provincialismo para comenzar a edificar sus carreras políticas. Esto era aún más explicable, por otra parte, al tratarse de elecciones municipales, que no envolvían el gobierno nacional. De ahí que esos partidos, si acordes en su cubanismo, luchasen aparte, el Republicano como fuerza dominante en las Villas y Matanzas; el Nacional en La Habana y las demás provincias. Para Wood ambos eran radicales o ultra-radicales. Frente a ellos surgió, con el beneplácito del gobierno interventor, la Unión Democrática, a que se afiliaron no pocos de los autonomistas de la época colonial y españolizantes y, en general, los enemigos de la independencia en muchos de los cuales el sentimiento anti-republicano había dado lugar a simpatías anexionistas más o menos francas.

Martínez Ortiz, siempre ponderado en su crítica, no la regatea para señalar los errores de los autonomistas y españolizantes al hacer el juego a la intervención y a los ultra-radicales y no cooperar con sus luces al establecimiento de una realidad política cubana bien dirigida y aconsejada. Cuando él dice que esos elementos *". . .no hicieron otra cosa que debilitar las fuerzas cubanas de resistencia. . .",*[180] bien revela por implicación que era entre los nacionales y republicanos que se encontraba el ideal cubano independiente en su forma más pura y no obstante que varios veteranos prestigiosos figuraban entre los miembros de la Unión Democrática. Estos, hombres de tendencias moderadas, partidarios de la llamada "democracia selectiva", tenían un santo horror de que se estableciese una república sin ciudadanos, dominada por políticos ambiciosos, sin escrúpulos ni preparación y con el bagaje de servicios a la revolución. La tendencia evolucionista que ellos representaban era la que especialmente convenía a los anexionistas para impedir, retardar o malograr el triunfo de la república. Aunque no todos los dirigentes de la Unión Democrática eran favorables a la anexión Robinson expresa a maravilla los propósitos políticos de esa agrupación al decir que *". . .the views of its members ranged from a desire for annexation to a desire for*

some form of temporary or permanent protectorate under the United
States..."[181]   Y Sanguily hubo de decir por entonces con respecto
a la Unión Democrática y sus implacables adversarios del Partido
Republicano:

> *... Con su programa se va a la anexión, si no viene el*
> *protectorado; con el programa del Partido Republicano se va*
> *a la guerra si los Estados Unidos no se encaminan al plantea-*
> *miento de la independencia absoluta...*

Wood desconfiaba de los nacionalistas y los republicanos, especialmente estos últimos, que mostraban una peligrosa tendencia
descentralizadora y de cubanismo acendrado frente a toda pretensión de dominio norteamericano. Sus simpatías estaban del lado
de la Unión Democrática, de la minoría, más conservadora, conforme al famoso memorándum del Subsecretario Breckenridge al
general Miles. Cuando el general Ríus Rivera, Secretario de Agricultura en el gobierno de Wood y hombre de carácter indomable,
hizo pública una carta en que se declaraba opuesto a considerar
el Tratado de París como base de la acción política de los partidos cubanos, porque dicho tratado no concedía ni reconocía la
soberanía, Wood se alarmó notablemente. Ríus Rivera era uno de
los más prestigiosos veteranos de la revolución y al recomendar
que para el establecimiento de la república "...*el punto de par-*
tida debe ser la resolución conjunta (joint resolution)", en realidad
descalificaba a la intervención y señalaba que era preciso retro-
traer las relaciones entre Cuba y los Estados Unidos a la terminante y casi olvidada declaración de que el pueblo de Cuba era y
de derecho debía ser libre e independiente. Ríus Rivera era realista y veía la necesidad y la conveniencia de pactar un régimen
especial de relaciones cubano-norteamericanas, pero claramente
indicaba que ello debía ser hecho de modo normal por el gobierno
republicano, ya establecido. Ya entonces Wood reveló que no era
ése el propósito de los Estados Unidos y censuró que el Secretario
de Agricultura dijese lo que pensaba acerca de la vida política de
su patria, por lo que Ríus Rivera presentó la renuncia de su cargo,
aceptada por Wood y contestada con una carta especiosa e intranquilizadora. El incidente, así cerrado, daba una prueba más de la
simpatía del gobernador con la Unión Democrática, criticada por
Ríus Rivera por sus tendencias anexionistas. A mayor abundamiento, Rubens nos dice del desacuerdo habido en esta época entre
Máximo Gómez y Wood respecto a las simpatías que este último

expresó por el triunfo de su candidato en las elecciones municipales de La Habana. Gómez encargó a Rubens que dijese palabra por palabra a Wood que hasta ese momento él había respaldado al gobierno interventor, pero que si era cierto que Wood se había declarado en favor de cierto candidato y declarádolo así y autorizado a sus agentes para que lo anunciasen, cambiaría su actitud respecto a los Estados Unidos *"...for I do not believe that the American Government should interfere with our elections"*. Rubens cumplió su cometido y todo asombrado oyó a Wood contestarle que no era cierta la imputación, a pesar de que el propio Rubens *"...has been present when General Wood wished the committee success with its candidate..."* Y comenta ahora, al cabo de los años, el mediador:

> *...What seemed inexplicable may have had its basis in the instruction to General Miles, "the support of the minority, always..."*[182]

La ley electoral de abril de 1900 fué exactamente la que quería Wood para mejor obtener sus fines, hasta el punto de que sus preceptos fueron los recomendados en el dictamen de la minoría disidente de la comisión electoral, con un completo desprecio de los procedimientos democráticos que la intervención tenía que "enseñar" a los cubanos, ya que si un cuerpo consultivo y representativo de los partidos políticos no puede llegar a acuerdos unánimes en sus recomendaciones y estas se agrupan en dictamen de la mayoría y dictamen de la minoría, la adopción de este último es una decisión impolítica y antidemocrática. Los preceptos de la ley electoral incluían no pocos puntos exclusivistas y tendientes a favorecer el control de los municipios por los que Wood llamaba "better elements" o gentes que supiesen leer y escribir y tuviesen propiedades de más de cierto valor, nacidos o no en Cuba. Había resultado indispensable, sin embargo, excluir de tales requisitos a los hombres de la revolución, por sus méritos cívicos, y por ello y por el hecho indiscutible de que la mayoría de los electores eran partidarios de la independencia, veteranos o no, la Unión Democrática se retiró de la lucha cívica, muy a disgusto de Wood, y la contienda quedó reducida a los nacionalistas y los republicanos entre cuyos respectivos puntos de vista, como dice Robinson, había *"little difference"* porque todos querían la república libre y soberana.

Así y todo Wood usó y abusó de su poder en ciertos municipios

para lograr la elección de los candidatos que a su juicio le convenían, pero no siempre le acompañó el éxito en tales artimañas y
hasta algunos de esos favoritos se le emanciparon más tarde. Así
se explica la extraordinaria declaración del gobernador de Cuba
en su informe anual de 1900 en que deplora la abstención electoral
de la Unión Democrática y afirma que la retirada de ese grupo de
las elecciones celebradas el 16 de junio de 1900 fué la que determinó el triunfo de los revolucionarios, a los que oficialmente calificó en ese documento de menos preparados y propensos al fracaso al expresar su infundada opinión de que aquella minoría partidaria de su política de absorción y control podía haber ganado
las elecciones en muchos municipios.[183] En ese documento hay
prueba bien palpable de la parcialidad de Wood, ya que a él no
podía ocultársele que sin la exclusión de los otros partidos la
Unión Democrática no tenía la menor probabilidad de ganar.

Fitzgibbon acepta que Wood *"attempted to influence certain
elections"* mientras "enseñaba" a los cubanos las normas democráticas. De esto no puede quedar duda con lo que ya hemos dicho y no puede haberla tampoco de que, aun sin el propósito
anexionista que en realidad influía en la política de Wood, este
hijo de la Nueva Inglaterra, el neoyorquino Root, y el propio
McKinley, veterano de la Guerra Civil por la redención de los
esclavos y la igualdad de las razas en los Estados Unidos, lo que
pretendían en Cuba era preparar y estimular el establecimiento
de una oligarquía antidemocrática y exclusivista del tipo de la que
aún hoy existe en todos los estados del Sur de los Estados Unidos,
en que los blancos pobres y los negros en general están prácticamente excluídos de los comicios en la nación que alardea de ser
la democracia perfecta.

Nada, sin embargo, prueba tan bien la infantil suficiencia norteamericana, su desconocimiento de otros pueblos y de la realidad
que viven los Estados Unidos y que les incapacita para "enseñar"
a otros países donde radica la perfección cívica, que un incidente
que con el mayor cinismo relata Atkins acerca de las elecciones
municipales de Cienfuegos, en 1900. Atkins comienza con la declaración de que

     ...*the methods used by the Cuban politicians were unique...*,[184]

y agrega que Wood quería como alcalde de Cienfuegos a una
determinada persona y a fin de asegurar su elección para ese

cargo envió a buscar a Atkins y le pidió que emplease toda su influencia en favor de ese candidato. Atkins, ni corto ni perezoso, como hombre que sabía de la corrupción electoral de Boston, se fué a ver a los alcaldes de barrios y les indicó lo que quería y obtuvo la promesa de que destruirían los votos de los candidatos rivales para asegurar el triunfo del que quería Wood. Y al relatar esta indigna triquiñuela hecha a instancias suyas, comenta Atkins su conversación con un alcalde de barrio y dice:

> ... I told him that that was a magnificent idea and worthy of Tammany Hall. Needless to say, the candidate was elected...

La moraleja de esta desvergonzada confesión no está solamente en que Wood impuso a Cienfuegos el alcalde que él quería y del modo menos democrático, sino que los métodos de los políticos cubanos, que Atkins consideraba "unique", él podía compararlos con los de Tammany Hall, en Nueva York, y como buen bostoniano, en torno a quien vivía en Massachusetts una podrida maquinaria política digna de Chicago, Kansas, Filadelfia, etc., sin rubor podía ser cómplice de ese despojo electoral. No eran tan únicos, pues, los métodos de los políticos cubanos con semejantes maestros y ejemplos. Por lo demás, el alcalde que Wood impuso a Cienfuegos con semejantes procedimientos no fué mejor, ni con mucho, que los realmente electos por el pueblo cubano. El lector más desapasionado no puede menos de preguntarse, ante incidentes como los que acabamos de relatar, de elecciones robadas, partidos y candidatos apoyados por el gobernador militar, mentirosas declaraciones de imparcialidad y supresión del voto a ciertos electores pobres o ineducados para favorecer a los "better elements", si Elihu Root se burlaba o hablaba seriamente y con idea de su responsabilidad al escribir:

> ... It was a fascinating work. It was the work of applying to some ten millions of people in Cuba and Puerto Rico and the Philippines, the principles of American liberty...; the problem was to apply those principles which are declared in our constitutions, which embodied the formative idea of the Declaration of Independence that all men are endowed with inalienable rights, among which are life and liberty and the pursuit of happiness, to the customs and the laws of people which had come down from the Spain of Philip the Second and the Inquisition... [185]

El resultado de las elecciones municipales, en que Wood, pese

a sus simpatías y sus actividades, pudo obtener unos pocos triunfos
con sus candidatos, no fué como para inspirar confianza al gobierno interventor y a los anexionistas, en general, de que tuviesen
éxito sus planes de controlar la voluntad del pueblo cubano. Root
y los miembros de la comisión senatorial que habían visitado la
Isla para estudiar la situación, habían regresado a los Estados
Unidos convencidos de que había una mayoría abrumadora en
favor de la independencia absoluta y en el más breve plazo posible. La excusa de la pacificación de la Isla perdió toda su fuerza
y ni aun la intentona revolucionaria de Lobatón y García, en las
Villas, pudo revivirla. El prestigio de Wood como gobernante sincero y bien intencionado tardó unos pocos meses en gastarse y
los cubanos, muchos de cuyos líderes superaban al improvisado
general en inteligencia, cultura y espíritu crítico, no tardaron en
percatarse de que se las habían con un procónsul enérgico y poco
escrupuloso en cuya sinceridad era peligroso confiar. La prensa
cubana comenzó a atacar su política y a esos ataques se sumaron
algunos norteamericanos enemigos de Wood, cuya meteórica carrera había lastimado muchas susceptibilidades y quien por sus
métodos dictatoriales y oportunistas carecía de protección eficaz
contra tales acusaciones. El escándalo provocado por la publicación de un artículo firmado por el comandante J. E. Runcie, confidente de Wood, en que se atacaba al general Brooke y a los cubanos, no añadió crédito alguno al ambicioso personaje quien,
después de no pocos difíciles equilibrios y afirmaciones y nega-
ciones medio creídas nada más por todo el mundo, y con la intere-
sada cooperación del propio Runcie para exculparle de responsabilidad, pudo capear el temporal con una declaración final del
Secretario Root para terminar el asunto, sin la exoneración definitiva de Wood,

> ... since it was clear that public considerations of the highest
> importance, rising out of the necessities of the future of Cuba,
> should overshadow all personal questions... [186]

En los Estados Unidos había una formidable ola de protesta
contra el imperialismo resultante de la guerra con España y que,
si hasta cierto punto, tomó una actitud especialmente intransigente
en cuanto a las Filipinas por las circunstancias de no estar su
pueblo amparado por una declaración terminante como la de la
"joint resolution", aplicable a Cuba, no por ello dejaba de lado la
independencia de Cuba. El Partido Demócrata había hecho cues-

tión política el creciente imperialismo de los republicanos, pero muchas organizaciones y líderes liberales e independientes de la política de partido abogaban por la liquidación de las aventuras coloniales del gobierno de McKinley, con esa energía y las elevadas miras con que, en todas las épocas, es posible encontrar numerosos elementos del pueblo norteamericano, nobles, generosos, justicieros y opuestos a los desmanes de mayorías poco escrupulosas. Charles Francis Adams, con todos los prestigios tradicionales de su familia y de su propia carrera de hombre público, Carl Schurz, el ex-gobernador Boutwell, el profesor Fischer, y otros muchos, colaboraban a esa campaña cuando las elecciones presidenciales se acercaban y McKinley aspiraba a la reelección.

Con todos estos antecedentes no resulta difícil admitir como cierta la afirmación de Robinson de que la decisión de establecer un gobierno cubano no fué resultado de deseo alguno de hacer justicia a Cuba sino producida por "political considerations". Y como para hacer más clara su intención, Robinson enumera varias de esas razones y termina la lista con la declaración de que había "numerous indications that the prompt fulfilment of the pledge of the Joint Resolution was to be made an active feature in the political campaign of that year..."[187] Fitzgibbon, al discutir la convocatoria de elecciones para la Asamblea Constituyente Cubana también dice:

> ... It is an interesting speculation as to how far this decision, coming at that time, may have been influenced by political considerations. Naturally, the drafting of a Cuban constitution would not commit the United States to withdrawal by any particular date but it would be an easy way to spike the Democratic charges of imperialism which were being hurled at the administration with renewed vigor in that election year... [188]

Esta interpretación de los verdaderos motivos que había tras la decisión de elecciones para la Asamblea Constituyente está más de acuerdo con los informes de Wood a Root y a McKinley durante el mes de abril de 1900 sobre que los cubanos no estaban preparados para gobernarse y la intervención debía continuar, y también con el contenido de su carta de abril 20, 1900, a Theodore Roosevelt, que ya hemos citado en este mismo capítulo, sobre que "...it is going to be a long time before the people are ready for self-government... Go we must, when the time comes, if they want us to..."

Pocas semanas después de que Wood había hecho circular estas opiniones contrarias al cese de la intervención norteamericana porque había que "preparar" a los cubanos para gobernarse, y como resultado de los desfalcos hechos en el Departamento de Correos por ciertos funcionarios traídos de los Estados Unidos, el Senador Platt, del Comité de Asuntos Cubanos, pronunció un discurso en extremo significativo sobre las relaciones entre Cuba y los Estados Unidos. La inspiración de ese discurso la encontró Platt el 17 de mayo, durante una larga visita al Secretario Root; y al disertar el 23 sobre los fundamentos de la intervención, pretendió relacionar la promesa de la "joint resolution" con el artículo primero del Tratado de París y el pretexto de la pacificación de la Isla antes de dejar el gobierno de la misma a los cubanos. Según Platt, los Estados Unidos, a virtud del Tratado de París, tenían la posesión de Cuba "...as the conquerors", y a ello agregó la declaración de que:

> ... We have a duty to perform in Cuba yet, as we had a supposed duty to perform when we went there to free the people of Cuba. That duty is not yet discharged...

Finalmente, en cuanto a lo que él entendía que era la pacificación de Cuba y la terminación de la intervención, su juicio tuvo la entonces vaga y después clara y alarmante expresión imperialista de que

> ... we become responsible for the establishment of a government there, which we would be willing to indorse to the people of the world—a stable government, a government for which we would be willing to be responsible in the eyes of the world...[189]

A Wood escribió Platt una primera explicación de esas crípticas palabras por carta de fecha 31 de mayo, en que decía:

> ... If we had made no promise there would be I think a strong annexation sentiment among the business people of the United States... our promise of pacification included the establishment of a government which should be a republic in fact as well as in name, and with which we should have such relations as would safeguard and protect not only the interests of Cuba, but our own interests with relation thereto...[190]

Es curioso observar la reacción de Wood a estas declaraciones y la manera como trató de conciliarlas con sus propios puntos de vista respecto a que la intervención debía continuarse por algún tiempo más. Poco antes de emprender viaje a los Estados Unidos a fin de entrevistarse con McKinley y Root, Wood escri;' 'a a este último que estaba trabajando en la preparación de

> ... a Constitution for the Island similar to our own and to embody in the organic act certain definite relations c.' agreements between the United States and Cuba. This... will have to be subject to the most careful consideration before presented to the Assembly as a model for adoption... [191]

Y no sólo ya pensaba en preparar la carta fundamental para Cuba y determinar las relaciones de la misma con los Estados Unidos, sino que también decía a Root que el nuevo gobierno debía estar sometido a un residente norteamericano con facultad de veto y de mando sobre el ejército, o sea, que sus peregrinas teorías sobre "enseñar" el gobierno propio a un pueblo consistían en establecer un protectorado sobre el cual rigiese un autócrata irresponsable. En cuanto a las promesas de la "joint resolution" y la disposición de los cubanos para someterse a semejante indignidad, el pintoresco bajá de la Nueva Inglaterra transformado en estadista no se preocupaba de ello.

El 19 de junio, cuando se reunió en Filadelfia la convención del Partido Republicano para hacer las postulaciones electorales, pudo verse por el texto de la plataforma adoptada cómo las ideas expresadas por Platt en el Senado poco antes, y que reflejaban las de Elihu Root, sobre el futuro de Cuba, iban tomando cuerpo. La convención republicana proclamó su satisfacción ante los resultados de la guerra con España y reclamó para esa agrupación política todo el crédito, real o supuesto, de haber libertado a diez millones de súbditos españoles y dado ocasión a las armas nacionales para obtener grandes victorias. Al propio tiempo aludía a las responsabilidades surgidas en relación "a los pueblos no organizados" que por la intervención de los Estados Unidos se habían emancipado del yugo español y a los que habría que ayudar para establecer buenos gobiernos, cumplir sus deberes internacionales y mantener el orden y las leyes. La idea del tutelaje seguía perfilándose y cobrando forma más y más definida. Los candidatos designados por el Partido Republicano fueron McKinley, aspirante a la reelección, y aquel inquieto y agresivo personaje, Theodore Roosevelt, que había laborado eficazmente para precipitar la guerra con España y de ella había surgido con cartel de héroe nacional. El 4 de julio, en Kansas City, el Partido Demócrata celebró su convención nacional y postuló candidato presidencial a William J. Bryan con una plataforma en que abundaban las críticas al imperialismo de los republicanos, pero bien concretamente reducidas a la incorporación de las llamadas razas inferiores y sin hacer mención directa de si los cubanos estaban o no comprendidos en ese grupo, aunque sí lo estaban los filipinos.

Ante estas cuestiones la estrategia de la campaña imponía ciertos cambios en la política de la intervención, y para discutir la situación y acordar lo que debía hacerse sin que se descubrieran esos planes antes de tiempo, a mediados de julio Wood fué a los Estados Unidos y celebró con McKinley y Root varias importantes entrevistas en que recibió las instrucciones preliminares relativas a la Asamblea Constituyente. No obstante la reserva guardada por Root y Wood, algo trascendió respecto a lo acordado, y ya hubo informaciones periodísticas que con exactitud precisaban que se impondría a Cuba la obligación de no contraer deudas o compromisos internacionales sin licencia de los Estados Unidos.

El periódico *La Discusión*, en su edición de 23 de julio, al comentar los rumores circulantes sobre restricciones a la soberanía de Cuba, ya formuló su protesta contra ese plan, en representación de gran número de los elementos liberales y de prestigio revolucionario, y una vez expresada su inconformidad decía de la manera más terminante:

> ... *¿Puede decirse que la nación cubana sería independiente y soberana si para tratar con las demás naciones tuviera que hacerlo por el conducto de los Estados Unidos? ¿Si no pudiera contraer empréstitos sin el beneplácito del Gobierno yanqui; si éste le prohibiera sostener el ejército y fomentar la marina mercante que considerara necesarios para su seguridad y defensa? De ningún modo. Un Estado constituído de esa manera sería un Estado más o menos autónomo... pero sería un Estado dependiente de aquél cuyo permiso tuviese que solicitar...*

Otros elementos, conservadores los unos, españolizantes los otros, y hasta de bien ganada reputación en la lucha por la independencia, unos pocos, se oponían a los puntos de vista expresados por *La Discusión* y, sin simpatizar con la anexión y hasta oponiéndose a ella, no temían expresarse en favor del establecimiento de un protectorado norteamericano sobre Cuba, una vez instaurado el gobierno cubano. José A. González Lanuza era quizá el más ilustre de los exponentes de esa tendencia y había proclamado sus puntos de vista en una carta famosa a Manuel Sanguily, de fecha 21 de abril de 1900, reveladora de que si apreciaba claramente la realidad de la situación entre Cuba y los Estados Unidos, desconocía en lo absoluto que la intervención restablecía el orden económico colonial y no preparaba al país para la república libre e independiente, y que los Estados Unidos no podían ni sabían ni les convenía dar a Cuba el consejo ilustrado e imparcial y la protección leal y desinteresada que él creía indispensables a la Isla.

Dos días después de haber publicado *La Discusión* su artículo de protesta, apareció en la *Gaceta Oficial* la orden militar No. 301, de fecha 25 de julio, sobre la celebración de las elecciones para la Asamblea Constituyente que se reuniría en La Habana en los primeros días del mes de noviembre. La convocatoria, como concesión a los partidarios de la independencia absoluta posiblemente, pero con escarnio de las promesas hechas a Cuba y al mundo, comenzaba con un preámbulo relativo a la "joint resolution" de 20 de abril de 1898, transcribía el párrafo de la misma por el cual los Estados Unidos declaraban no aspirar a soberanía, jurisdicción o control alguno sobre Cuba y afirmaban que entregarían a los cubanos el gobierno y control de la Isla, una vez pacificada. Más adelante, sin embargo, se enumeraban los deberes de la Asamblea Constituyente y entre los mismos figuraba el de que, como parte de la constitución,

> ... to provide for and agree with the Government of the United States upon the relations to exist between that Government and the Government of Cuba...

Esta resolución se daba de cachetes con la promesa de la "joint resolution" en que se basaba la convocatoria, y era injusta e indefendible hasta desde el punto de vista de la conveniencia política y de los elevados propósitos de fomentar la unión de los cubanos de todas las tendencias a fin de que la república naciese como la obra de colaboración de los mejores y más capaces de los cubanos.

Los resultados directos fueron los que eran de esperar que se produjesen y que quizá si habían sido previstos de acuerdo con las instrucciones del Subsecretario Breckenridge al general Miles sobre "dividir para dominar". Los enemigos de la independencia absoluta sintieron revivir sus esperanzas de anexión, aunque a largo plazo; los derrotistas o que desconfiaban de sus propias fuerzas o

temían el control popular del gobierno, se inclinaron a aceptar la
solución propuesta como la más cómoda para una vida de responsabilidades cívicas limitadas hasta cierto punto tras el cual un
polizonte gigantesco decidía lo que se debía hacer y cómo había
que hacerlo, y a la mayoría del pueblo se la lanzó a una crisis de
desesperación, de impotencia, de desconfianza y de resentimiento
cuyos efectos pesan todavía hoy sobre la vida nacional cubana y
sobre las relaciones entre Cuba y los Estados Unidos.

Ni que decir tiene que la opinión pública se apasionó con la
convocatoria para las elecciones. Las protestas comenzaron a
amontonarse, en La Habana especialmente; y ante los ataques a la
política de la intervención, que cada vez se hacían más violentos
y presentaban la demanda de que la Asamblea Constituyente se
ocupase de la constitución, única y exclusivamente, sin determinar
el régimen de relaciones con los Estados Unidos como parte integrante de la misma, Wood se lanzó a recorrer el interior de la
Isla e ignoró las protestas en cuanto a contestarlas, pero no en
cuanto a luchar por todos los medios a su alcance contra su propagación y auge. En esa excursión, acompañado de dos secretarios, Tamayo y Lacoste, que eran simpatizadores del protectorado
y hasta tenían ribetes de anexionistas, Wood hizo una verdadera
campaña política en favor de sus planes. En Santiago de Cuba,
en un discurso, trató de tranquilizar los ánimos con la ambigua
promesa de:

> ...Whatever the ultimate destiny of Cuba may be, its im-
> mediate future is independence... [192]

Y La Discusión, al comentar los propósitos políticos del viaje
de Wood, decía:

> ... Como el embajador romano ante Cartago, él, Mr. Wood,
> lleva ante los pueblos y gobiernos y entre los pliegues de su
> túnica—que es por desgracia la gloriosa bandera de Jefferson
> y Lincoln—"la paz o la guerra". Al que acepte sus candida-
> tos; al que acceda a sus deseos; al que comparta sus intentos
> y coopere a sus planes, le ofrece paz... y ferrocarriles, hos-
> pitales, etc. Al que se oponga osadamente; al que niegue su
> concurso o escatime su complicidad, le declara la guerra...
> traducida en una destitución en forma de renuncia obligatoria
> por enfermo.
>
> Tal es la obra que en pleno período electoral va realizando
> el delegado en Cuba del Presidente de los Estados Unidos...

A mediados de agosto se promulgaron las órdenes definitivas

acerca de la manera cómo debía llevarse a cabo la elección, señaladas para el 15 de septiembre, y el encono de las pasiones se aumentó. Enrique José Varona, Secretario de Instrucción Pública en el gobierno de Wood y estadista de talla, en una famosa carta de fecha 21 de agosto, en que declinaba la candidatura de delegado a la Constituyente por el Partido Republicano de Camagüey, marcaba una actitud conformista con las realidades del momento y esperanzas de un futuro mejor para Cuba, pero sin mostrarse partidario del protectorado y mucho menos de la anexión, pues su opinión era la de que Cuba podía aspirar a una situación análoga a la de Bélgica como nación independiente. Sanguily, mientras tanto, herido por la actitud de los derrotistas, de los simpatizadores de la intervención y de los mismos conformistas, daba rienda suelta a su indignación con el apóstrofe de

> ... Podrán formar un grupo de sabios muy versados en profetizar sumisiones, pero nunca fueron ellos los que arrostraron el peligro y pisotearon el dragón...

Las dudas que abrigaban los cubanos partidarios de la independencia ante el control de la Asamblea Constituyente por los llamados elementos moderados con quienes simpatizaba Wood, tenían bastante justificación, como veremos en seguida, y la tortuosa política de Wood, la misma declaración en el discurso de Santiago de Cuba que citamos ha poco sobre independencia inmediata y un futuro mediato y distinto, eran altamente intranquilizadoras. En parte alguna de la convocatoria para las elecciones se decía que la Constituyente tenía que establecer una república libre y soberana, sino se usaban las palabras constitución, gobierno y relaciones con los Estados Unidos en forma poco explícita. Si la Asamblea la controlaban los enemigos de la independencia absoluta, en ella podían ocurrir múltiples acontecimientos desde una petición por la anexión hasta la solicitud del protectorado, y si estas demandas eran hechas por los delegados del pueblo cubano, la promesa de la "joint resolution" podía ser echada a un lado sin escrúpulo alguno hasta por el más entusiasta antiimperialista norteamericano. Rubens nos dice que por esta época se entrevistó con el Secretario Root, a quien encontró muy quejoso por la desconfianza de los cubanos, quienes no parecían "very grateful". Al tratar de explicar la actitud cubana, Rubens dijo a Root que Cuba había sido engañada en múltiples ocasiones, que acababa él de almorzar con tres oficiales norteamericanos del ejército de ocupación y que todos tres le habían dicho que la intervención continuaría a pesar de todo y que, al decirles él que, en efecto, ellos dejaban entrever que McKinley, Root y el Congreso mentían en sus promesas, la respuesta había sido: "...*the American flag would not come down*".[193]   A preguntas de Root sobre si Wood era de la misma opinión que esos oficiales, Rubens, quien era asesor del gobierno interventor y sabía lo que se decía, contestó afirmativamente y así lo hace constar en sus memorias que venimos citando.

De la misma manera, Robinson, testigo presencial de las ocurrencias de la época, afirma que, no obstante las promesas de la "joint resolution",

> ... *American officials, both political and military, openly asserted that the American flag would never be hauled down in the Island of Cuba...;*

y al explicar en detalle y con cierta extensión el origen y los resultados de semejante actitud, agrega:

> ... *Visitors to the Island, few of whom possessed even a shadow of competent information, returned to the United States with loudly voiced opinions of Cuban incapacity for self-government. A doubt of the good faith of the United States developed even within the opening days of the American occupation. This continued up to the very time of the transfer, in May, 1902. Apologists for our conduct of Cuban affairs are disposed to ridicule this proposition, but it remains a fact that our actions in Cuba during this first year laid the foundations for a prevalent belief in the Island that the United States intended to stay in Cuba in spite of the Teller Amendment to the Joint Resolution.*
>
> *Praise in most abundant measure is due to those subordinate officials, staff men and department men, almost all of whom were officers in our regular army, for the faithful performance of their duties... But it is to be regretted that the general policy of the administration, as dictated by the authorities in Washington, was so vague that many of them, without dispute or reprimand, frankly and openly declared their conviction that their country would be recreant to its trust and false to its pledges. American Congressmen also endorsed and supported this opinion. There is ample ground for belief that the President and others in Washington were widely misled by some whose opinions were incompetent, and by others who had special interests to foster... There were those who thought that the United States, having*

*specifically declared its purpose, should work unswervingly
toward the accomplishment of that purpose.* There were
others who upheld a policy of opportunism and there is,
unfortunately, little room for doubt that the administration
followed the latter plan.... [194]

El comandante Lucien Young, de la marina norteamericana, capitán del puerto de La Habana y representante de la Secretaría de
Marina en la Isla, después de una conversación con Wood declaró a la prensa, repitió al Secretario de Marina y confirmó en un
testimonio oficial, que la convocatoria para las elecciones a la
Constituyente, según él la había entendido y Wood se lo había
ratificado, tenía el doble objeto de establecer el gobierno cubano
y al mismo tiempo *"...feeling their pulse as to annexation"*, [195]
o sea, que la coletilla de las futuras relaciones entre los dos países,
en la convocatoria para las elecciones, tenía por objeto hacer posible la anexión si la Asamblea Constituyente hubiese sido partidaria de ella tras una conveniente integración de la misma de
acuerdo con los manejos electorales de Wood.

Mientras esto ocurría, la opinión pública cubana, en su inmensa mayoría partidaria de la independencia, o dudaba de que,
realmente, fuese a establecerse la república, o la reclamaba enérgicamente, y en ambos casos protestaba de la imposición de que
la Asamblea Constituyente decidiese sobre las relaciones con los
Estados Unidos como parte de la carta fundamental de la nación
y sin esperar a que hubiese un gobierno constituído. Salvador
Cisneros Betancourt, de regreso de los Estados Unidos, declaraba
públicamente que ni republicanos ni demócratas establecerían la
república, y a Wood se le acusaba públicamente de intrigar y
usar ciertos manejos para impedir que fuese electo delegado por
Oriente el líder revolucionario Juan Gualberto Gómez, a quien consideraba como ultra-radical y enemigo de los Estados Unidos por
ser uno de los exponentes más caracterizados de la tendencia cubana por la independencia absoluta. En aquella época las pruebas
de tales manejos no fueron presentadas, aunque era un secreto
a voces que Wood quería impedir la elección de Juan Gualberto
Gómez. Hoy en día, sin embargo, resulta fácil probar que Wood
"enseñaba" a los cubanos a respetar la democracia mediante el
abuso de su influencia en contra de un candidato. Quien podía
rebajarse y desprestigiar su uniforme y la representación que tenía para controlar la elección del Alcalde de Cienfuegos, según

Atkins confiesa y ya hemos citado, no era de extrañar que para librarse de un delegado hostil en la Convención apelase a análogas triquiñuelas. La insistencia de Hagedorn, el panegirista de Wood, en presentar a Juan Gualberto Gómez como un demagogo peligroso y racista que quería establecer en Cuba una segunda Haití y contra quien, por ello, Wood estaba justificado en proceder como procedía,[196] ya es prueba de la enemiga del gobernador. Además, una carta de Wood a Roosevelt, meses después de haberse constituído la Asamblea sin que triunfasen sus propósitos de excluir a Juan Gualberto Gómez, se refería a los opositores de la llamada Enmienda Platt con estas palabras de despecho:

> ... *They are the degenerates, agitators of the Convention, led by a little negro of the name of Juan Gualberto Gómez; a man with an unsavory reputation both morally and politically. This man believes that he can force the issue until we withdraw without any satisfactory arrangement being made. His purpose then being to bring forward his own race and see what he can accomplish politically to his own advantage...*[197]

¿Cómo dudar, pues, con estos antecedentes, de que Wood trató de hacer en Oriente con la elección de Juan Gualberto Gómez lo que ya había hecho en Cienfuegos respecto a la alcaldía? ¿Por qué dudar de que tratase en vano de ganarse al ex-Presidente Masó, como por entonces se dijo, con ciertas ofertas de ventajas pecuniarias en las dificultades económicas que atravesaba el viejo patriota? ¿Qué de extraordinario hay en que Wood no quisiese tener en la Convención, como delegado, al general Ríus Rivera, quien le había renunciado la Secretaría de Agricultura en el incidente que hemos relatado y de quien se sabía que era opuesto a lazos constitucionales entre Cuba y los Estados Unidos y prefería que las relaciones entre ambos países fuesen determinadas por el gobierno republicano una vez establecido? De la misma manera que todo el que se había opuesto a Wood era considerado por éste como enemigo de los Estados Unidos, la opinión de los elementos más radicales entre los partidarios de la independencia absoluta era de que todo aquel que gozaba de la simpatía de Wood era partidario de la anexión o, por lo menos, del protectorado, y esta generalización comprendió ataques tremendos contra aspirantes a delegados como Gonzalo de Quesada, Joaquín Quílez, Diego Tamayo, etc. Es significativo que, en cuanto al primero citado, y al declarar que Cuba sería anexada antes de que McKinley comenzase su segundo período presidencial, dijese el *Citizen*, de Brooklyn, N. Y., edición de diciembre de 1900:

> *... Annexationists here have a strong ally in the leader of that faction in the Cuban constitutional convention, señor don Gonzalo de Quesada. It was he who moved that the sessions of the convention be secret, a motion lost by only a few votes, and it is he who will turn the convention into an annexation rout if his plans succeed. That he, an officer of the United States Government, Commissioner to Cuba in title, should be admitted to seat in the convention is in itself unusual, and rumors here are to the effect that pressure was brought from the War Department to achieve that result... About a year ago he was appointed United States Commissioner to Cuba, and since that time has devoted his efforts to fostering among his countrymen a sentiment for annexation...*

Citas como la que antecede revelan que había gran descontento, en Cuba y en los Estados Unidos, con la intervención y sus métodos. Wood, quien en junio había dado a Theodore Roosevelt toda clase de seguridades de que, con la excepción de los fraudes de Correos, todo iba bien, dos meses más tarde decía lleno de ansiedad:

> *... You are all asleep as far as Cuba goes. This island is full of people abusing the administration... Everything going to the United States is tinctured with anti-administration policy, but the statements are all lie... Prod Hanna up on this subject; if you do not get a move down here you are going to have all Cuban matters used against us...* [198]

Con todas las inquietudes que le asaltaban, sin embargo, Wood iba adelante con sus planes y afectaba no prestar oídos a la creciente ola de protestas contra los términos de la convocatoria para la Asamblea Constituyente y su interferencia con los candidatos y la campaña política. En agosto ya se comentaba libremente la posibilidad de que ciertas agrupaciones fuesen al retraimiento electoral en señal de protesta, lo que habría causado gran embarazo a McKinley en sus propósitos reeleccionistas al dar ocasión a los demócratas para recrudecer sus denuncias del imperialismo del gobierno republicano de los Estados Unidos. Así las cosas tuvo lugar en La Habana, el 27 de agosto, una asamblea de lo. partidos cubanos, convocada a instancias de los republicanos de las Villas, a quienes Wood consideraba como radicales, a fin de adoptar una línea de conducta nacional frente a la pretensión de que las relaciones entre Cuba y los Estados Unidos fuesen parte

de la constitución. Republicanos y nacionalistas fueron los que
principalmente participaron de la reunión, y aunque el criterio general fué contrario al retraimiento, se hizo evidente que había gran
oposición a los términos de la convocatoria. Sin la concurrencia
del Partido Nacional, por carecer de instrucciones al efecto sus delegados, los republicanos expresaron su opinión de

> ... que el establecimiento de las relaciones que deban existir
> entre los Estados Unidos y el gobierno futuro de Cuba no es
> materia constitucional y, por lo tanto, no debe ser parte de la
> Constitución...,

y acordaron enviar a McKinley un telegrama en solicitud de que
aclarase

> ... la cláusula de la convocatoria referente a ese extremo, en
> el sentido de que la Convención no estará obligada a discutir
> ni aprobar, como parte de la Constitución, el orden de rela-
> ciones que haya de existir entre el gobierno de los Estados
> Unidos y el de Cuba... [199]

Robinson relata que la exigencia acerca de las relaciones entre
ambos países "...called out much criticism in the United States
and general opposition in the Island", porque la cuestión claramente se salía de las atribuciones de una Convención Constituyente y envolvía puntos importantes de relaciones internacionales
que debían ser resueltos en los tratados correspondientes por un
gobierno cubano debidamente electo y en el ejercicio del poder.
El propio autor norteamericano es quien nos dice que

> ... Political parties refused to participate under such terms;
> individuals declare that they would not go to the polls; and
> aspirants for election expressed their determination, in the
> event of their election, to resign from the Convention unless
> the terms were modified by the excision of the objectionable
> point... These protests, supported as they were by arguments
> and protests from American sources, became so emphatic that
> assurances were given that the terms of the order would be
> modified... [200]

No dice el autor que acabamos de citar quién dió las seguridades de esa modificación y en qué circunstancias, pero es de
presumir que se refiera al mensaje personal que Horatio S. Rubens
trajo de Wáshington, después de varias conversaciones con el Secretario Root, y como proveniente de éste, relativo a que los Estados Unidos no tenían segundas intenciones tras la convocatoria
para la Constituyente y se preparaban a evacuar la Isla. Hagedorn

dice de una manera bastante indeterminada que Wood escribió a Root acerca del disgusto y las protestas de los cubanos por la exigencia de resolver sobre las relaciones con los Estados Unidos y le insinuó la conveniencia de que la adopción de la constitución fuese aparte del acuerdo sobre relaciones con los Estados Unidos, pero que Root se negó a admitirlo así.[201]

Parece indudable, sin embargo, que las promesas hechas fueron creídas, porque las elecciones tuvieron lugar el 15 de septiembre, como se había anunciado, y si Wood no pudo impedir la elección de algunos delegados cuyos impulsos temía, los radicales y ultra-radicales tampoco pudieron lograr la derrota de elementos moderados y hasta partidarios del protectorado, con quienes Wood simpatizaba, por lo que la integración de la Asamblea Constituyente resultó bastante balanceada en las distintas ideologías. Todavía no estaba constituída la Asamblea y el Senador Beveridge, influyente miembro del Partido Republicano de los Estados Unidos, al abrir la campaña por la reelección de McKinley decía en un discurso pronunciado en Chicago que él era partidario del "imperialismo civilizador" y estaba en contra de la independencia de Cuba:

> ... I say that for the good of Cuba... a separate government over Cuba uncontrolled by the American Government should never have been promised. Cuba is a mere extension of our Atlantic coast line... [202]

Entre los hombres elegidos por el pueblo cubano, con o sin la presión de Wood, y excepción hecha de hombres como el general Máximo Gómez, Enrique José Varona, José A. González Lanuza, Bartolomé Masó, Tomás Estrada Palma y algún otro, que de antemano habían declinado sus candidaturas, estaban los cubanos más eminentes de la época por su talento, su prestigio revolucionario, su posición social, etc. Dos de ellos habían sido presidentes de la república durante la guerra de independencia; tres más lo serían de la república establecida en 1902; otros fueron secretarios de despacho, senadores, vicepresidentes, diplomáticos, rector de la Universidad, jefes militares, educadores, magistrados, etc. Ante estos hombres, reunidos el 5 de noviembre en La Habana para comenzar las labores de la Asamblea Constituyente compareció el general Wood y declaró inauguradas las sesiones con un corto y significativo discurso que más tarde fué publicado como orden militar N⁰ 455 de 1900. Es indispensable que transcribamos aquí las ins-

trucciones dadas a los delegados por el gobernador militar al constituirse la Asamblea a fin de compararlas con las exigencias posteriormente hechas por los Estados Unidos a los convencionales.
Decía Wood en representación de McKinley:

> ... It will be your duty, first, to frame and adopt a Constitu-
> tion for Cuba, and when that has been done, to formulate
> what, in your opinion, ought to be the relations between Cuba
> and the United States.
> The Constitution must be adequate to secure a stable,
> orderly, and free government.
> ... When you have formulated the relations which, in your
> opinion, ought to exist between Cuba and the United States,
> the Government of the United States will doubtless take such
> action on its part as shall lead to a final and authoritative
> agreement between the peoples of the two countries to the
> promotion of their common interests.
> All friends of Cuba will follow your deliberations with the
> deepest interest, earnestly desiring that you shall reach just
> conclusions, and that, by the dignity, individual self-restraint,
> and wise conservatism which shall characterize your pro-
> ceedings, the capacity of the Cuban people for representative
> government may be signally illustrated.
> The fundamental distinction between true representative
> government and dictatorship is that in the former every
> representative of the people, in whatever office, confines him-
> self strictly within the limits of his defined powers. Without
> such restraint there can be no free constitutional government.
> Under the order pursuant to which you have been elected
> and convened, you have no duty and no authority to take part
> in the present government of the island.
> Your powers are strictly limited by the terms of that order...

Conviene destacar varios puntos de estas instrucciones. En
primer lugar, el deber específico que Wood confiaba a los delegados en sus palabras inaugurales, confirmadas por una orden militar de fecha posterior, era de redactar y adoptar la Constitución
de Cuba. Después de hecho esto, debían formular cuáles habrían
de ser, en su opinión, las relaciones entre Cuba y los Estados
Unidos. Todos los autores—Robinson y Fitzgibbon de manera bien
determinada—, convienen en que esas frases de Wood y la ratificación de las mismas por la orden militar No. 455, de noviembre 9,
1900, modificaban de acuerdo con las protestas de los cubanos la
cláusula de la convocatoria electoral de julio 25 en lo referente a
que las relaciones entre Cuba y los Estados Unidos debían formar
parte de la carta fundamental cubana, y que la decisión fué adop-

tada en referencia a los deseos del pueblo de la Isla. El periódico norteamericano *The Havana Post* lo entendió así y al informar sobre el acto inaugural decía que Wood quería que los delegados comprendiesen que habían sido electos "...*to frame a Constitution for Cuba. That was their plain duty. The matter of relations which should exist between Cuba and the United States was another matter*..." Además el gobernador militar hizo hincapié en que la constitución debía ser adecuada para garantizar un gobierno libre, estable y de orden, o sea, que si la Asamblea aprobaba una carta fundamental capaz de realizar ese cometido, nadie tenía derecho a pedir más a Cuba. Más adelante Wood prevenía a los delegados, entre los cuales había hombres que podían darle lecciones de derecho político, sobre la limitación de sus facultades, a fin de que no se extralimitasen, y muy especialmente les advertía de que no debían ni podían interferir con el gobierno, sino concretarse a los deberes que les habían sido prefijados.

Como comenta Robinson, sin embargo, la orden militar Nº 455 apenas si fué conocida en los Estados Unidos, donde la opinión pública, por defecto de la información periodística o por la estrategia de políticos interesados en ello, siguió creyendo que la Asamblea Constituyente tenía que actuar de acuerdo con la previa orden militar Nº 301, de 25 de julio, sobre la incorporación de las relaciones con los Estados Unidos en la constitución votada, y al no resultar así por ceñirse los convencionales a los términos de las nuevas instrucciones recibidas, con mala fe en algunos, con falta de caridad e indisculpable ignorancia en los más, muchos norteamericanos, entre ellos funcionarios oficiales, se permitieron criticar injusta y duramente a los delegados cubanos por no haber hecho lo que, de acuerdo con las disposiciones en vigor, nadie tenía derecho a esperar de ellos.

Al retirarse Wood del salón de sesiones de la Asamblea quedó presidiéndole interinamente, por disposición suya y hasta que se eligiese la mesa de edad, el coronel Fernando Figueredo, Subsecretario de Estado y Gobernación del gobierno interventor, quien cedió ese cargo, a los pocos momentos, al Dr. Pedro González Llorente, primer presidente designado por los convencionales antes de constituirse la mesa definitiva y que era el de más edad entre todos los reunidos. En presencia del representante del gobernador militar y sin que ni entonces ni después se pidiese la rectificación de esas palabras, González Llorente proclamó que la reunión de

la Asamblea era para acordar la Constitución de la república de
Cuba, conforme a la cual quedaría establecido el gobierno de la
nación

> ...como entidad internacional, enfrente ae otra cualquiera
> del mundo, salvando con cualquier otrc, con los Estados
> Unidos, los lazos de gratitud de que no podemos desiigarnos
> con el pueblo (norte) americanc...[203]

Además, en el juramento prestado por los delegados momentos
después ante el presidente del Tribunal Supremo, la declaración
era de jurar "...la soberanía del pueblo libre e independiente de
Cuba y acatando la Constitución que esta Convención adopte, así
como el Gobierno que por ella se establezca".

La Asamblea Constituyente comenzó y desarrolló sus labores
iniciales con la orientación bien marcada de seguir la pauta tra-
zada por Wood en su mensaje de apertura y acordar la carta fundamental de la república antes de discutir la cuestión de las relaciones con los Estados Unidos. Aún así, sin embargo, de cuando
en cuando este último tema hizo su aparición en los primeros debates, a pesar de los esfuerzos de los convencionales moderados y
de los partidarios del protectorado para posponer su discusión y
no precipitar un choque prematuro. En la sesión del 16 de noviembre, en respuesta a las palabras pronunciadas por Eliseo Giberga acerca del futuro de Cuba, ya Diego Tamayo, miembro del
gobierno de Wood, no tuvo reparo en declarar que el día en que
la intervención "vacile en cumplir los compromisos que tiene con
nosotros" para constituir "...la patria cubana, como nacionalidad
cubana, para el pueblo cubano", dejaría de cooperar con el régimen de ocupación militar impuesto por los Estados Unidos.

El jueves 22 de noviembre, en una sesión tormentosa en que
se discutió hasta dónde alcanzaban las facultades de los constituyentes, el general Alemán, miembro de la Asamblea, condensó
las dudas y las preocupaciones suyas y de sus compañeros al
decir:

> ...necesito que un hombre se levante y me diga cuáles son
> las relaciones entre Cuba y los Estados Unidos, cuáles son los
> intereses comunes entre ambos pueblos, hasta dónde llega,
> hasta dónde alcanza el poder que recibimos del pueblo cu-
> bano para poder dar, para poder restringir[204]

Quizá si en respuesta a la angustiosa pregunta contenida en las
palabras del general Alemán, en el curso de la misma sesión Ma-

nuel Sanguily sugirió la posibilidad de que al mismo tiempo que
se presentaban los proyectos de bases para la constitución futura
"...se presentasen proyectos de opinión respecto a las relaciones
de Cuba con los Estados Unidos". El ilustre tribuno, en un discurso
que se desenvolvió como un atormentado soliloquio en torno al
"acaso pavoroso problema de la extensión de la soberanía", después de afirmar que "la constitución de Cuba implica la soberanía
de Cuba", expresaba sus dudas de que Cuba fuese "cuando nosotros hagamos una constituyente sobre esa base, realmente en absoluto soberana". Por ello Sanguily indicaba la conveniencia de
que primero se determinase cuál sería la extensión de la soberanía
de Cuba para ajustar a ella la constitución, o desenvolver para-
lelamente ambas actividades, pero sin dejar la cuestión de las relaciones entre los dos países para después. Y al ir al fondo de la
cuestión terminaba diciendo Sanguily:

> ... ¿Tengo o no razón en creer que, según sea el orden
> de relaciones con los Estados Unidos, así ha de ser la consti-
> tución? Porque si no afecta a la constitución ese orden de re-
> laciones, ¿por qué se nos pide establecerlo? ¿Por qué no es-
> perar a que constituído el gobierno aquí creado, sean los or-
> ganismos creados por nuestra constitución los que establezcan
> las relaciones que hayan de tener ambos países, de acuerdo
> nuestro gobierno con el gobierno de los Estados Unidos...?[205]

Al contestar a Sanguily, en la sesión del 23 de noviembre, el
delegado Juan Gualberto Gómez puso de relieve por qué el general Wood le detestaba y distinguía con el epíteto de radical, ya
que en medio de resonantes aplausos expresó su oposición a que
la constitución se formulase teniendo en cuenta las relaciones de
Cuba con los Estados Unidos y declaró:

> ... nosotros debemos constituir a nuestro país como entende-
> mos que debe constituirse, y como tiene derecho a constituirse,
> y después, dentro de un gran espíritu de amistad, del más
> amplio y cariñoso espíritu de gratitud hacia el pueblo de los
> Estados Unidos, podemos estar dispuestos a decir que nos-
> otros entendemos que nuestro país necesita para vivir libre,
> grande y próspero, mantener con los Estados Unidos cuantas
> relaciones sean compatibles con ese orden de cosas; o, lo que
> es lo mismo, que las relaciones con los Estados Unidos deben
> depender de nuestra constitución, y nuestra constitución no
> debe depender de las relaciones con los Estados Unidos...[206]

Y en el mismo orden de cosas siguió perfilándose la oposición

de los asambleístas de mayores prestigios revolucionarios cuando
Sanguily, lastimado por las palabras que acabamos de citar, pronunciadas por Juan Gualberto Gómez, hizo la alarmante declaración de que, a su juicio, la constitución que se adoptase y promul-
gase durante el período de la intervención no debía ser la *definitiva del pueblo cubano*", lo que hacía ver con claridad meridiana
que él le consideraría un vicio de origen, como producto de imposición. Para hacer más patente su actitud Sanguily no vaciló
en proclamar que la idea de obtener de la Constituyente una declaración respecto a las relaciones entre Cuba y los Estados Unidos era "*absolutamente anormal, incomprensible y absurda*". Estos puntos de vista fueron calurosamente apoyados por el general
Alemán al reclamar que se determinase cuáles serían las relaciones entre Cuba y los Estados Unidos; y el propio general Alemán, en la sesión del 24 de noviembre, trató de obtener de la
Asamblea una resolución inicial sobre la candente cuestión al presentar dos mociones importantísimas, una relativa a que se decidiese de antemano cuál sería la forma de gobierno del pueblo de
Cuba, tendiente a obtener una declaración fundamental en contra
de la anexión, el protectorado o la supervisión extranjera en los
asuntos de Cuba al acordarse que fuese la republicana, y la otra
referente a que se crease una comisión de la Asamblea, compuesta de cinco delegados, para que estudiase e informase al
pleno de la Convención, una vez adoptada la carta fundamental,
"*...sobre las relaciones que en lo futuro deben existir entre la
República de Cuba y la de los Estados Unidos...*"[207] Estas mociones deben ser consideradas como el índice de la opinión de
ciertos delegados acerca de la soberanía de Cuba, y no todavía
como la expresión de los puntos de vista de la Asamblea porque,
por una curiosa anomalía, los constituyentes siguieron adelante
en sus deliberaciones sobre el reglamento que había de regirles,
sin acordar nada definitivo en torno a lo propuesto por el general
Alemán. Parecía haber un convenio tácito de no entrar a discutir
la cuestión capital de las relaciones con los Estados Unidos por el
momento, al menos; y la tendencia a hacer secretas las sesiones
de la Convención y sustraer sus trabajos a la influencia de la
excitada opinión pública que seguía los debates, comenzaba a hacerse manifiesta.

La liquidación de los esfuerzos para dejar constancia de la
actitud cubana contraria a toda supervisión norteamericana en los

asuntos de la futura república desde antes de que se adoptase la constitución, tuvo lugar en la sesión celebrada el 4 de diciembre y sirvió de pretexto para ello la moción presentada por Juan Gualberto Gómez días antes para que la Asamblea contestase el discurso de apertura del general Wood. El citado delegado, además, había redactado un proyecto de contestación a ese discurso en que, cláusula tras cláusula y con el más habilidoso empleo de las palabras de Wood, hacía saber a éste que la Convención cumpliría con los deberes que le habían sido fijados al convocarla, dentro de sus facultades, y que por ello mismo no consideraría la cuestión de las relaciones con los Estados Unidos como parte integrante de la constitución, sino como materia que debía ser objeto de discusión y acuerdo por dos gobiernos constituídos.

Al votar en contra de esta proposición la mayoría de los delegados, quedó por entonces orillado el cabo de las tormentas y la convención entró a considerar las distintas ponencias presentadas como bases para la constitución de la república y a ello se dedicó en sesiones que duraron durante el mes de diciembre de 1900 y parte del de enero de 1901. En parte alguna de los diferentes proyectos apareció cláusula o referencia a la anexión, el protectorado o la supervisión de los Estados Unidos sobre Cuba. Trece proyectos de bases fueron presentados individualmente por otros tantos delegados, y uno más fué formulado por la comisión redactora nombrada al efecto hasta completar catorce proposiciones distintas de las cuales una labor sistemática de discusión y selección formó la carta fundamental de una república independiente y soberana. Si como después habrían de decir los panegiristas de la intervención norteamericana y los partidarios de la Enmienda Platt, entre los convencionales había algunos que favorecían la supervisión de los Estados Unidos sobre Cuba, el protectorado y hasta la anexión, cosa que es de dudar, la realidad es que nadie expresó opinión alguna sobre la soberanía limitada y que todos rivalizaron en el propósito de no restringir atributo alguno de la misma a la nueva nacionalidad.

No es de este lugar el hacer el estudio detallado de la constitución cubana de 1901, aprobada por la Asamblea Constituyente elegida al efecto, pero no puede quedar duda de que dicho código fué preparado y votado conforme a normas democráticas por hombres que figuraban entre los mejores hijos de Cuba en aquella época, en cuanto a patriotismo, serenidad de juicio y preparación.

Los convencionales prepararon una carta fundamental con las imperfecciones de toda obra humana, pero capaz de garantizar la vida política, social y económica del pueblo cubano y en nada inferior a otras constituciones del primer siglo de la democracia moderna. La obra de los constituyentes de 1901, además, al preparar la constitución firmada el 21 de febrero de ese año, cumplía con todos y cada uno de los requisitos mencionados en la alocución del general Wood y, muy especialmente, era adecuada para el mantenimiento de un gobierno estable, libre y ordenado, como pedía la orden militar No. 455. Ni por un momento el gobernador militar o las autoridades federales en Wáshington criticaron o reputaron de insuficiente, inarticulada, radical, peligrosa o débil la constitución de 1901. El Secretario de la Guerra, Elihu Root, quien, como superior de Wood, tenía la última palabra en lo referente a los asuntos de Cuba durante la intervención, declaró en el informe oficial de su departamento correspondiente a 1901:

> ... I do not fully agree with the wisdom of some of the provisions of this constitution; but it provides for a republican form of government; it was adopted after long and patient consideration and discussion; it represents the views of the delegates elected by the people of Cuba; and it contains no features which would justify the assertion that a government organized under it will not be one to which the United States may properly transfer the obligations for the protection of life and property under international law, assumed in the Treaty of Paris... [208]

Durante las deliberaciones de la Convención Constituyente la actitud general había sido de duda respecto a los verdaderos propósitos de los Estados Unidos, como no podía menos de ser con la campaña y las declaraciones anexionistas hechas hasta por Mc Kinley y Wood y que no eran incompatibles con el discurso inaugural de la Asamblea, hecho por el último citado y que no excluía la posibilidad de la anexión, como si le alentase la secreta esperanza de que tal pudiese ser el resultado de la intervención norteamericana en Cuba. Por otra parte, sin excepción alguna los convencionales no perdonaron ocasión de testimoniar su gratitud a los Estados Unidos por haberles ayudado a libertarse de España, como puede comprobarse fácilmente con la simple lectura del *Diario de Sesiones*. [209] En tales declaraciones no fueron remisos ni siquiera aquellos delegados quienes, por ser enemigos de la anexión y el protectorado, Wood calificaba con apasionada injusticia de ser *"...the worst agitators and political rascals in Cuba..."*[(210)]

Con todos estos antecedentes resulta injustificable la actitud asumida por los Estados Unidos respecto a sus relaciones con Cuba y las exigencias hechas a los convencionales hasta que la llamada Enmienda Platt fué aceptada, y puede presentarse como caso típico de duplicidad y de ambición imperialistas en flagrante contradicción a las más terminantes promesas y declaraciones respecto a la independencia de Cuba.

Apenas había iniciado sus labores la Asamblea Constituyente cubana cuando el Naval General Board de los Estados Unidos, presidido por el almirante George Dewey, por comunicación de fecha 7 de diciembre de 1900 elevó a la Secretaría de Marina un informe oficial en que recomendaba que en todo acuerdo acerca de las relaciones norteamericanas con Cuba se tuviese presente que los Estados Unidos necesitaban la posesión permanente de las bahías de Guantánamo y Cienfuegos para "defender" a Cuba, el canal interoceánico cuya cónstrucción ni siquiera había comenzado, y la Doctrina de Monroe. Por supuesto que la teoría de este derecho eminente de los Estados Unidos a ocupar territorio extranjero era absurda e indefendible y podía llevar a la ocupación de Jamaica, Trinidad, Curazao y puntos estratégicos de la América Central con mayor razón que los de Cuba, tan cercana ésta a los Estados Unidos y Puerto Rico, pero el Secretario de Marina, John D. Long, personaje anodino que Theodore Roosevelt había manejado a su antojo mientras fué su auxiliar, trasmitió al State Department la recomendación del Naval General Board, aprobada por él, aunque se trataba del control militar y naval de territorio cubano en un radio de diez millas alrededor de la catedral de Cienfuegos y otras diez millas en torno al fuerte "El Toro", en Guantánamo.[(211)]

Un artículo editorial de *The Gazette*, de Colorado Springs, Colorado, el estado del Senador Teller, campeón de la independencia de Cuba, publicado el 3 de diciembre de 1900, proclamaba que los Estados Unidos tenían derecho a exigir ciertas garantías del nuevo gobierno cubano, al cesar la intervención, y ponía en boca del Secretario Root, como lo que se esperaba de la Convención cubana en la preparación de la constitución, cuatro puntos principales que eran: 1º, creación de una república cubana libre y soberana en *lo interior* y con poder sobre tribunales, tarifas, impuestos, gastos, etc.; 2º, que esa república cubana estuviese limitada en lo exte-

rior para que sus relaciones diplomáticas se manejasen en Wáshington y no en La Habana, por medio del gobierno de los Estados
Unidos, único encargado de tratar con países extranjeros acerca
de Cuba la que, de ese modo, internacionalmente, sería un estado
norteamericano por el cual los Estados Unidos serían responsables
ante el mundo; 3º, las fortalezas principales continuarían siendo
guarnecidas por los soldados norteamericanos durante algún
tiempo, y 4º, establecimiento de una limitación constitucional en
materia de impuestos. Si Root había realmente dicho eso y esperaba que espontáneamente los cubanos adoptasen semejantes puntos de vista, la constitución votada debió convencerle de que se
había equivocado de medio a medio.

No hay duda de que tanto Root como Wood, de acuerdo y por
cuenta propia, siguieron atentamente los debates de la Convención y en lo que podían hacer sin provocar reacciones violentas o
de escándalo, trataron de influir en el ánimo de los delegados en
tal o cual dirección. Parece probable que con ciertos constituyentes sus recomendaciones ejercieran mayor influencia que con
otros, por sinceras convicciones pro-Estados Unidos en algunos, por
desconfianza a la independencia absoluta en otros, y hasta por
gratitud política en algún otro caso; pero la inmensa mayoría de
los convencionales pertenecían a los grupos que habían hecho la
revolución y luchado por la independencia, y a esos elementos
había que dominarles por imposiciones incontrastables y era imposible influenciarles de otro modo. Robinson no niega que se pu-
sieran en juego influencias norteamericanas con la Asamblea y
dice que es difícil determinar "...the degree of strictness with which
this proposed policy of non-interference was carried out", pero
también afirma que "...no direct interference appeared until the
middle of February, 1901".[212]

Sin embargo, lo que Robinson no podía precisar en su valiosa
obra, escrita contemporáneamente con los sucesos descritos, resulta bastante evidente hoy en día y llegará a serlo más a medida
que vayan siendo conocidos más documentos históricos pertenecientes a los hombres que intervinieron en esos acontecimientos.
Ya hoy sabemos, por ejemplo, que en el mes de diciembre de 1900
el general Wood se había entrevistado con ciertos delegados a la
Convención y discutido con ellos las futuras relaciones con los
Estados Unidos según unos puntos de vista de Root, que Wood no
detalla, pero sobre los cuales había hablado él con el Secretario

de la Guerra algún tiempo atrás. Cabe suponer que se trata de los mismos que hemos citado ha poco como atribuídos a Root por un periódico de Colorado Springs. Y Wood, al informar de estas conversaciones a Root, le aseguraba que sus opiniones serían aceptadas por los constituyentes, aunque quedaba el pueblo por convencer.[213] Por esta cita ya vemos que Wood había discutido la cuestión de las relaciones con los Estados Unidos para influir en la adopción de la política norteamericana "*rather extensively with many members of the Convention*", según su propia confesión.

Root, con refinada hipocresía, porque a los pocos días haría oficialmente las exigencias que entonces prohibía a Wood, decía a éste que se manejase con cautela "...*taking special care not to permit anyone with whom you talk to have the opportunity to say that you are making demands, or even official suggestions...*"[214] Algún historiador norteamericano ha interpretado esa carta de Root como un "*gentle reproof*" o amable reproche a Wood, pero la verdad es que lo único que Root le aconsejaba es que fuese cauto y no que desistiese de sus esfuerzos para influir sobre la Convención; es más, le instruía para que siguiese en esa labor. La prueba de ello está en que, en la misma carta, una vez afirmado que la Asamblea debía rechazar la sugestión de relaciones especiales con los Estados Unidos o indicar cuáles serían esas relaciones, Root instruía al gobernador que dijese a los constituyentes que los Estados Unidos no protegerían a Cuba si la atacaba otro país a menos que los cubanos consintiesen en reconocer el derecho de intervención a los norteamericanos. Root agregaba que los Estados Unidos irían a la guerra con otra nación "...*not on account of Cuba, but on our own account...*", y que si sus compatriotas se convencían de que los cubanos eran ingratos y no se avenían a razones, la próxima vez que Cuba necesitase su ayuda no serían tan altruístas como habían sido (?) en abril de 1898. La falsa declaración de que no se ejerció presión sobre los cubanos para obligarles a limitar su soberanía a beneficio de los Estados Unidos queda desvirtuada desde un principio con las cartas de Wood y Root que acabamos de citar y que revelan la doblez de la política del gobierno de McKinley en su cacareada actitud de no interferencia con lo convencionales cubanos, porque, tengámoslo bien presente, todo esto tenía lugar meses antes de que se adoptase la constitución que, según el discurso de Wood al inaugurar las sesiones de la Asamblea, era el primer paso de ésta, terminado el

cual los delegados procederían a formular su opinión sobre las relaciones entre Cuba y los Estados Unidos.

Todavía no había recibido Wood las nuevas instrucciones de
Root, a que acabamos de referirnos, cuando escribió al Secretario
de la Guerra para informarle de que los delegados "radicales" se
oponían a la concesión de estaciones navales a los Estados Unidos
y que la cuestión de las relaciones internacionales iba a ser un
punto difícil con muchos de los asambleístas, pero que, en opinión
suya, un acuerdo general de que Cuba no negociaría convenio
con otra nación que pudiese afectar a los intereses de los Estados
Unidos, sin el consentimiento de esta última nación, sería aceptado.[215]   A este nuevo informe, bien demostrativo de que Wood
ya había sondeado la opinión de los convencionales, Root contestó
en seguida para expresar su inconformidad y pretextar de que si
se hacía el acuerdo general propuesto, como un tratado regular
con otra nación cualquiera, los Estados Unidos no podrían proteger a Cuba si la atacaba otro país. El argumento que Root es-
grimía, en la confusión de sus ambiciones con ciertos remotos escrúpulos morales, le hacía aparecer como tonto e inferior a la capacidad que se le suponía, porque dos naciones pueden pactar
libremente el socorrerse en caso de ataque por una tercera potencia, y la idea de que los Estados Unidos no iban a intervenir en
una guerra con Cuba para garantizar al país que, en realidad, era
su primera línea de defensa, a menos de que Cuba le reconociese
derechos especiales antes de establecerse la república, habría
sido absolutamente ridícula si no supiéramos que tras ella se agi-
taban dos propósitos alternativos: o en la desesperación de que se
frustraba la república si no se sometían, los convencionales se
rendían al protectorado que el gobierno de McKinley esperaba que
llevaría a la anexión; o se negaban a la exigencia y continuaba la
intervención porque los cubanos eran "ingratos", "no estaban preparados para gobernarse" y "se negaban a cooperar a la defensa
de los Estados Unidos". Root terminaba su carta a Wood con la
peregrina declaración de que, a virtud de la guerra con España y
el Tratado de París, los Estados Unidos tenían el derecho de proteger a Cuba (que siempre se había abrogado el gobierno de
Wáshington sin esperar a la guerra con España), y que la nueva
república debía ratificarlo.[216]

En su carta a Wood de 9 de enero ya Root presentaba al gobernador militar un nuevo argumento para que lo emplease con los

elementos conservadores, adinerados o interesados en la industria azucarera; y con ese realismo norteamericano que indemniza por las conquistas territoriales, las usurpaciones y las imposiciones para acallar escrúpulos morales y justificar lo injustificable, le decía que, por supuesto, los Estados Unidos no podían arrancar concesiones a los cubanos respecto a la intervención sin darles algo en cambio en cuanto a derechos preferenciales a los productos de Cuba. Y para mejor tranquilizar su conciencia si ésta se alarmaba por sus abusos, decía que si los Estados Unidos lo conseguían todo de Cuba y la dominaban sin dejar a los cubanos gobernarse y sin concederles alguna compensación, él no quería seguir en su cargo como Secretario de la Guerra.[217]

En este puritanismo de conveniencias Root no tenía nada que enseñar a Wood, sin embargo, y este último ya había comprendido que las compensaciones de Root podían servir para sobornar a ciertos elementos opuestos al protectorado y hacerles desistir, y estaba en tratos con aquellos individuos que podían ser utilizados al efecto. De ahí, aparte de sus esfuerzos con algunos cubanos, sus cartas a los senadores Aldrich, Platt y Foraker sobre la rebaja en los derechos pagados por el azúcar cubano, inicio de una campaña en que Wood mostró que, si como militar, su estrategia había siempre sido nula, como "lobbyist" su táctica era realmente napoleónica. Más adelante volveremos sobre este punto y ahora nos limitaremos a señalar que en su carta a Foraker el general Wood decía que si se rebajaban en un 25% los derechos de aduanas del azúcar cubano,

> ... this will do more than all else to make us masters of the situation here... Our supporters are the producers and the merchants...[218]

No puede haber duda de que Root ya se había trazado su línea de conducta definitiva respecto a Cuba en los primeros días de enero, y aunque el 9 de febrero todavía no se la había comunicado a Wood en todos sus detalles, según puede verse por su carta de esa fecha, un mes antes había escrito al Secretario Hay y díchole terminantemente que Cuba tenía que conceder el derecho de intervención para proteger la independencia de la Isla y un gobierno estable, la facultad del veto norteamericano en las relaciones con otros países, la ocupación permanente de estaciones navales por parte de los Estados Unidos, y el reconocimiento explícito de la validez de los actos realizados por la intervención.[219]

Alentado por la actitud que poco a poco iba revelando Root, el general Wood también se aventuró a descubrir a su superior algunos puntos de su sistema de gobierno y de los procedimientos con que él "enseñaba" a los cubanos a gobernarse. Así se echa de ver por su carta a Root en que le explicaba que las gentes conservadoras y adineradas de la Isla temían manifestarse en contra de la independencia y que los Estados Unidos terminasen la intervención y los dejasen abandonados a su suerte; pero que si se señalaba una fecha para la retirada de las tropas de ocupación una vez establecido el gobierno, él se las arreglaría para que los elementos conservadores fuesen los que formasen el gobierno,[220] y séanos lícito llamar la atención sobre que tal fué, precisamente, lo que hizo Wood en Cuba con el primer gobierno republicano aunque con resultados muy distintos de los que él se prometía.

Así las cosas, y de acuerdo con Root, el senador Platt decidió reunir a los republicanos que eran miembros del comité senatorial de relaciones con Cuba, y el 30 de enero, a invitación de Platt, se reunieron en casa del Senador Chandler (calle I núm. 1421, noroeste, en Wáshington), los Senadores Aldrich, Chandler, Cullom, McMillan, Platt y Spooner, quienes comenzaron a discutir la cuestión de las relaciones entre los EE. UU. y Cuba sin contar con que la minoría democrática del comité, en la que figuraba el ilustre autor de la "joint resolution" de abril 20, 1898, Senador Teller, quien por ese hecho y por su interés en los asuntos de Cuba, era la figura más conspicua en cualquier decisión que se adoptase a ese respecto. El único informe que hasta ahora se conoce de lo tratado en esas reuniones de las que, según el Senador Chandler, no se hizo acta o minuta de acuerdo, es el relato más tarde hecho por ese político, de conformidad con el cual parece que se resolvió que para no lastimar el sentimiento patrio de los cubanos la limitación de la soberanía de Cuba no figurase como parte integrante de la constitución, sino como apéndice de la misma. La limitación era en cuanto a sanidad pública, contratación de empréstitos y autorización a los Estados Unidos para que interviniesen en Cuba a fin de proteger la independencia, el orden y la libertad. Una proposición de Chandler para que Cuba lanzase un empréstito de cien millones de pesos al cuatro por ciento, amortizable en 50 años, a fin de indemnizar a los Estados Unidos por la guerra y la intervención, fué desechada después de viva oposición mostrada por el Senador Spooner.[221] Los acuerdos adoptados por el cenáculo republicano tardaron varios días del mes de febrero en ser coordinados, y se acercaba el final del período congresional y la inauguración del segundo término presidencial de McKinley, que empezaría el 4 de marzo y habría de traer una reorganización en la Cámara, el Senado y quizá si en el gabinete. Por ello los sórdidos estrategas reunidos en casa de Chandler y que comprendían que su proyecto de burlarse de la "joint resolution" y mediatizar a Cuba, podía chocar con poderosa oposición si presentado al Senado como una proposición aislada, más si ello ocurría después del 4 de marzo, acudieron al indigno subterfugio de sellar la suerte de Cuba como país dependiente de los Estados Unidos mediante un anexo o "rider" a la ley regular de los créditos para el sostenimiento del ejército de la ocupación, procedimiento que hacía peligrar la necesaria aprobación de esa ley si se combatía el aditamento a la misma y que por ello haría desistir a no pocos congresistas quienes, de otro modo, se habrían opuesto a la escandalosa usurpación de la soberanía cubana, los unos; a las responsabilidades sin necesidad contraídas por los Estados Unidos, los otros.

Ningún historiador ha destacado como se debe la inmoralidad de la estratagema que acabamos de describir, en toda su integridad. Esa página bochornosa de la historia de los Estados Unidos no tiene defensa o excusa posible. De la injusticia y la violación de las solemnes promesas de la "joint resolution" y de las proclamas a Cuba y declaraciones al pueblo norteamericano y al mundo, nos ocuparemos más adelante. Ahora, sin embargo, señalaremos otros aspectos repulsivos de la escandalosa trama que dió al traste con los últimos restos del respeto, la gratitud y la confianza que el pueblo de Cuba podía tener por aquella nación que se burlaba de sus compromisos, cuyos estadistas comprendían su error y la injusticia de su posición y hasta veían que agraviaban sin necesidad a un país vecino, pero que, llevados de su ambición y cegados por su ignorancia, persistían en su nefanda obra de sembrar la discordia entre Cuba y los Estados Unidos.

Platt y sus secuaces actuaron con absoluto desprecio de las normas que el gobierno de McKinley había trazado a la Asamblea Constituyente. Según las órdenes militares números 301 y 455, la labor de los convencionales era de preparar la constitución y, una vez aprobada ésta, formular cuáles debían ser, en su opinión, las relaciones entre Cuba y los Estados Unidos, hecho lo cual el gobierno norteamericano daría los pasos necesarios para llegar a lo

que sería un convenio final y debidamente autorizado entre los
dos países. Lo dicho por Wood en su discurso inaugural, días más
tarde ratificado por la orden 455, era lo que la "joint resolution",
McKinley y Root habían prometido una y otra vez, pese a todas las
capciosas interpretaciones que hoy quieran hacerse en contrario.
Las sesiones de Platt y sus compinches comenzaron el 30 de enero,
cuando todavía la Convención no había terminado la primera parte
de sus labores, o sea, la de hacer la constitución, que no fué aprobada hasta el 21 de febrero de 1901. Además, es falso que la
Asamblea evitase discutir la cuestión de las relaciones entre Cuba
y los Estados Unidos y pretendiese ignorar parte de la gestión que
se le había encomendado, ya que en la sesión ordinaria y pública
celebrada por la Asamblea el 11 de febrero se presentó, y fué aprobada por unanimidad, una moción firmada el día anterior por los
delegados Enrique Villuendas, Antonio Bravo Correoso, Manuel R.
Silva, Gonzalo de Quesada y Diego Tamayo para que, ya terminada la discusión del proyecto de bases para la constitución, y
siendo otro de los deberes de la Convención,

> ... el informar sobre las relaciones que, a su juicio, deben
> existir entre Cuba y el pueblo de los Estados Unidos... se
> acuerde... a elegir los comisionados que juntos redacten la
> ponencia sobre tal materia...[222]

En la sesión extraordinaria del 12 de febrero la Asamblea
quedó enterada de que se había organizado la comisión de referencia, integrada por Juan Gualberto Gómez, Manuel R. Silva,
Gonzalo de Quesada, Enrique Villuendas y Diego Tamayo, o sea,
con una mayoría francamente anti-radical y de tendencias moderadas.

Ninguno de los panegiristas de la intervención norteamericana
en Cuba y de la Enmienda Platt ha dado explicación alguna de
por qué Platt y sus secuaces, de una parte, y Root y Wood, de otra,
pudieron permitirse por sí y ante sí proceder a fijar las relaciones
entre Cuba y los Estados Unidos sin esperar a que la Convención
opinase sobre ello. No es posible creer que desconociesen que la
Asamblea actuaba de acuerdo con las instrucciones recibidas del
gobierno interventor, y no cabe otra explicación sino la de que el
gobierno de McKinley había llegado a la conclusión de que sus
ilusiones de dominar la opinión cubana con la esperanza de que
los convencionales se rebajasen a pedir la anexión o, por lo menos, el protectorado, habían resultado fallidas y querían presentar

a la Asamblea un *fait accompli, preparados* para cualquier emergencia ante la reacción de los cubanos a la demanda.

En esos mismos días en que los delegados iban a acometer la segunda parte de su labor; para ser exactos, un día antes de que se firmase la moción en demanda de la comisión que había de redactar la ponencia sobre las relaciones entre ambos países, Root decidió señalar las concesiones que los Estdaos Unidos querían obtener. Conviene mencionar que en enero ya la prensa cubana había discutido, sin que ello despertase una violenta oposición, la conveniencia de que Cuba cediese a los Estados Unidos ciertas bahías para estaciones navales, y que en los primeros días de febrero, en este caso con la oposición de los llamados ultra-radicales, se había publicado en varios periódicos un plan para arrendar a los Estados Unidos dos estaciones navales, desenvolver la política extranjera de Cuba por mediación de la cancillería de Wáshington durante dos años, período durante el cual algunas fortalezas continuarían ocupadas por tropas norteamericanas, etc., y sobre esas condiciones pactar el régimen de relaciones entre ambos países.[223]

Las instrucciones de Root a Wood acerca de las exigencias a que Cuba debía allanarse están contenidas en un documento ilógico, lleno de falsas premisas y absurdas deducciones, fechado a 9 de febrero de 1901 y que no llegó a manos del gobernador militar hasta el 15 del propio mes. Root comenzaba por decir que las demandas que él hacía eran las del Ejecutivo y en modo alguno obligaban al Congreso, después de lo cual citaba el escarnecido artículo que el Senador Teller había agregado a la "joint resolution" a fin de evitar la anexión de Cuba, y ciertos preceptos del Tratado de París, todos y cada uno de los cuales eran terminantes en la declaración de que la ocupación norteamericana en Cuba era temporal, con derechos y obligaciones limitados al tiempo que durase la intervención y bien determinada perspectiva de que al final de la ocupación se establecería una república por el pueblo cubano, sin limitaciones en la soberanía, porque los Estados Unidos negaban de la manera más solemne que tuviesen inclinación o propósito *"to exercise sovereignty, jurisdiction or control"* sobre la Isla. Root agregaba que la obligación contraída por su país, al firmar el Tratado de París, era la de aconsejar al gobierno que se estableciese en Cuba que continuase cumpliendo con los compromisos contraídos por los Estados Unidos con España respecto a vidas, propiedades y derechos civiles y políticos. De estas obligaciones contractuales, francas y claras, que eran la negación del imperialismo, la expresión de elevados conceptos de moral internacional, la concreción de una de las más nobles resoluciones de un gran pueblo en beneficio de los derechos de otro, amigo y nunca rival, Root saltaba a invocar los precedentes de la rapiña que habían inspirado la política norteamericana respecto a Cuba, desde Jefferson hasta Grant, como determinantes del sistema de relaciones que habría de existir entre ambos países. ¡Qué contraste tan vergonzoso y tan representativo de la falta de escrúpulos del gobierno de McKinley! La nobilísima promesa de Teller: *"Cuba es y de derecho debe ser libre e independiente"*, citada junto a las palabras de Jefferson, Monroe, J. Q. Adams, Jackson, Van Buren, Grant, Clay, Webster, Buchanan y Everett: de Jefferson, quien había pedido la anexión de Cuba para levantar una columna con la inscripción *"ne plus ultra"* en la costa sur de la Isla; de Monroe, el jacobino arrepentido que había ayudado a Alvarez de Toledo en sus planes anexionistas; de John Q. Adams, el autor de la ley de la gravitación política de Cuba hacia los Estados Unidos; de Jackson, el que aún antes de ser presidente y en la euforia de su victorioso golpe de mano sobre la Florida, había pretendido coronar su obra con la conquista de Cuba; de Van Buren, el anodino, que había apoyado la tiranía de Tacón en Cuba; del corrompido Grant, quien si careció de resolución para arrancar Cuba a España, tampoco tuvo escrúpulos en hacer fementidas promesas a los cubanos mientras trataba de comprar a la Isla con los inmorales manejos característicos de su gobierno; de Henry Clay, el que había hecho desistir a Méjico y a Colombia de sus propósitos de expulsar a España de Cuba y había hecho flirteos anexionistas con el general Vives; de Daniel Webster, el falso demócrata que en 1841-1843 había ofrecido a España el auxilio de la flota norteamericana para aplastar una posible revolución cubana y la había movilizado al efecto; de James Buchanan, quien traicionó la confianza de los conspiradores cubanos de 1848 y ese año y durante el resto de los de su vida política hasta 1859 trató de obtener de España que vendiese a los cubanos por unos dineros; de Edward Everett, el que en 1852 había contestado a Inglaterra que Cuba sería española o norteamericana. . . Oh! la figura de Teller como demócrata verdadero y hombre respetuoso del derecho de los débiles, sin duda que se levanta cien codos más alta en la historia de las relaciones cubano-norteamericanas que la de todos los imperialistas cuyas ambiciosas miras citaba Root como precedentes para la indigna empresa de hacer de los cubanos el único pueblo al cual, ante la cobarde indiferencia del resto del mundo, se le imponía la humillación de confesarse incapacitado del gobierno propio una vez cesada la tiranía que lo oprimía. Si había sarcasmo en la imposición de una independencia mediatizada a Cuba, en nombre de la burlada "joint resolution", Root era consecuente con los apóstoles del anexionismo en que se inspiraba para decir a Wood que los Estados Unidos no tenían meramente las obligaciones de la "joint resolution" y el Tratado de París, respecto a Cuba, durante la intervención, sino que, a virtud de la tradicional política norteamericana en cuanto a la Isla, desde Jefferson a Grant, tenían "...*a substantial interest in the maintenance*..." de un gobierno estable y adecuado en Cuba, una vez terminada la ocupación, como si lo que España había tenido en Cuba, apoyada por los Estados Unidos, en tiempos de Polk, Taylor, Fillmore, Pierce, Buchanan, Grant, Cleveland y McKinley, hubiese sido estable y adecuado.

De tales antecedentes Root concluía con lógica deleznable que los Estados Unidos tenían que proteger la "independencia" de Cuba cuando por más de un siglo habían protegido eficazmente la "dependencia" de la Isla y no habían intervenido sino cuando España se había negado a aceptar la anexión propuesta por Woodford a nombre de McKinley y la victoria de los cubanos por su propio esfuerzo ya cristalizaba. En su argumentación Root se apoyaba en declaraciones de McKinley al Congreso federal, que estaban en contradicción con la "joint resolution", pero todavía, antes de señalar en detalle sus exigencias, llegaba a decir que la Asamblea había sido electa para adoptar la constitución de Cuba "...*and as part thereof provide for and agree with the Government of the United States upon the relations to exist between that Government and the Government of Cuba*". Es decir, Root empleaba con maliciosa doblez los términos de la orden militar núm. 301, de 25 de julio de 1900, para imponer la obligación de pactar a la Asamblea, y en lo absoluto prescindía de tener en cuenta que en las instrucciones de Wood a los delegados en el discurso inaugural de la Convención, dictadas como satisfacción a los cubanos para que éstos no boicoteasen la elección, y publicadas el 9 de noviembre de 1900 como texto de la orden militar núm. 455, que reemplazaba a la anterior, las facultades y el deber de pactar quedaban específicamente abolidos y lo único que los convencionales podían hacer en cuanto a la cuestión de relaciones era formular su dictamen sobre lo que debían ser.

Los puntos concretos que Root exigía fuesen aprobados por la Asamblea a pesar de la limitación de las facultades de ésta, que así lo prohibía, y de la contradicción que tales exigencias suponían con la prometida soberanía integral de Cuba, eran los siguientes:

1. That no government organized under the constitution shall be deemed to have authority to enter into any treaty or engagement with any foreign power which may tend to impair or interfere with the independence of Cuba, or to confer upon such foreign power any special right or privilege, without the consent of the United States.

2. That no government organized under the constitution shall have authority to assume or contract any public debt in excess of the capacity of the ordinary revenues of the Island after defraying the current expenses of government to pay the interest.

3. That upon the transfer of the control of Cuba to the government established under the new constitution Cuba consents that the United States reserve and retain the right of intervention for the preservation of Cuban independence and the maintenance of a stable government, adequately protecting life, property, and individual liberty, and discharging the obligations with respect to Cuba imposed by the Treaty of Paris on the United States and now assumed and undertaken by the government of Cuba.

4. That all the acts of the Military Government, and all rights acquired thereunder, shall be valid and shall be maintained and protected.

5. That to facilitate the United States in the performance of such duties as may devolve upon her under the foregoing provisions and for her own defence, the United States may acquire and hold the title to land for naval stations, and maintain the same at certain specified points... [224]

Finalmente, como para sugerir a Wood un argumento que pudiera decidir a los delegados recalcitrantes a renunciar a su oposición, Root terminaba sus instrucciones con la declaración de que

It is not our purpose at this time to discuss the cost of our intervention and occupation, or advancement of money for disarmament, or our assumption under the Treaty of Paris of the claims of our citzens against Spain for losses which they had incurred in Cuba. These can well be the subject of later consideration...

En realidad Cuba ha tratado en distintas ocasiones, sin resultado, de obtener la cuenta detallada de los servicios prestados a ella por los Estados Unidos y cuyo costo sin duda que es muy inferior a los beneficios arancelarios y las ventajas a los buques de bandera norteamericana entrados en los puertos de la Isla que con la mayor tranquilidad el gobierno interventor concedió a los productos y las compañías navieras de su país. Todo ello aparte de la ocupación continuada de la estación naval de Guantánamo, la no devolución del sobreprecio en la venta de los azúcares cubanos por el Sugar Equalization Board con ocasión de la Guerra Mundial, etc., que hacen una suma enorme recibida por los Estados Unidos de Cuba o por Cuba.

Ningún historiador norteamericano, de los que niegan que los Estados Unidos impusiesen a Cuba la limitación de su soberanía de la manera más abusiva, ha comparado las exigencias de la carta que acabamos de transcribir, con el llamado "gentle reproof" de Root a Wood, semanas antes, a fin de que no ejerciese presión sobre la Asamblea. El reproche a Wood había sido una advertencia de cautela envuelta en la más hipócrita palabrería; a las instrucciones que acabamos de transcribir sólo faltaba la orden de movilizar a la tropa para que los soldados de la intervención, con bayoneta calada, "enseñasen" lo que era la democracia norteamericana a los delegados de la Asamblea. El hecho de que no se apeló a semejante recurso no hay que atribuirlo a escrúpulos que Root no sentía, sino a sus temores de la reacción que ello produciría en la opinión pública norteamericana, a la que la guerra con España había sido vendida como una cruzada por la independencia de Cuba sin designios imperialistas.

Como ya hemos dicho, las instrucciones de Root no llegaron a manos de Wood hasta el 15 de febrero, o sea, seis días después de la fecha del documento. En ese corto período el gobernador militar ya había ido adelante con sus esfuerzos para imponerse a la Asamblea y dictarle los términos en que habían de ser establecidas las relaciones entre Cuba y los Estados Unidos. Cierto que Wood lo hizo con brutal rudeza, poco concordante con la recomendación de Root de que no diera ocasión de que alguien pudiera decirle que estaba haciendo exigencias o siquiera sugestiones a la Convención; pero, aparte de la bien norteamericana costumbre de no obedecer órdenes de los superiores, de que tantas pruebas hemos visto entre políticos, diplomáticos, militares, marinos, etc.,

Wood tenía buenas razones para saber que Root no era más escrupuloso que él en cuestión de procedimiento para impulsar el imperialismo norteamericano. De ahí la entrevista con el general
Wood, provocada por éste, que relata en sus memorias el licen-
ciado Antonio Bravo Correoso,[225] miembro de la Convención y
hasta entonces admirador sincero del gobernador militar. La reunión tuvo lugar en el despacho de Wood; a ella asistieron, además
de Bravo Correoso y otros delegados, el presidente de la Asamblea, Domingo Méndez Capote, y debió celebrarse después del 12
de febrero, pues ya estaba nombrada la comisión redactora de la
ponencia sobre las relaciones entre Cuba y los Estados Unidos y
no había sido firmada la constitución, según las declaraciones que,
a preguntas de Wood, hicieron a éste los delegados.

El gobernador interrogó concretamente a los asambleístas si ya
habían pensado cuáles habrían de ser las relaciones cubano-norteamericanas, y los visitantes le aseguraron que el dictamen sería
aprobado sin debate

> ... ya que eran unánimes el deseo y el sentir de la Conven-
> ción, reflejando los del pueblo cubano, de aprovechar ese do-
> cumento para consignar nuestra gratitud a la gran nación
> norteamericana por su valiosa cooperación a lograr nuestra
> independencia, y la cual gratitud debía revelarse en una per-
> durable amistad y en un concierto recíproco de intereses eco-
> nómicos y preferenciales...[226]

A estas palabras contestó Wood con una extensa declaración
de que los Estados Unidos habían sufrido grandes pérdidas en
hombres y dinero, con ocasión de la guerra con España para "libertar" a Cuba, que las relaciones norteamericanas con Alemania
no eran muy cordiales y podían llevar a un conflicto entre ambas
naciones, y que por las necesidades próximas o lejanas de la
posición internacional de los Estados Unidos

> ... Cuba había de contribuir a conjurar esas peligrosas
> situaciones toda vez que, relativamente, los Estados Unidos no
> habían obtenido provecho alguno de apreciable importancia
> en la aludida guerra con España...

Fué el mismo Bravo Correoso, quien contaba con la amistad
personal de Wood desde sus días como gobernador de Oriente, el
que interrumpió la asombrosa confesión de Wood sobre los motivos y resultados de la guerra con España, las miras sobre Cuba y
las quejas de no haber obtenido provechos materiales de una con-

tienda iniciada con el único y altruísta propósito de libertar a Cuba. Bravo Correoso recordó a Wood que los Estados Unidos habían proclamado que no les guiaban móviles interesados al ir a la lucha y que, a pesar de ello, se habían quedado con Puerto Rico y las Filipinas sin consultar para nada la voluntad de sus habitantes y sí solamente la de España. El gobernador respondió que las Filipinas habían sido compradas en varios millones de dólares, y el delegado cubano le hizo observar que el precio había sido irrisorio y admitido por España a causa de su derrota; pero entonces Wood mostró el descarnado imperialismo que le alentaba al replicar que aún se habían mostrado generosos los norteamericanos

> ... al permitir que Santiago, cuya guarnición española capituló ante el ejército interventor, y por ello les pertenecía como fruto de conquista, continuase formando parte del territorio cubano...

Ante esa declaración los móviles de la exclusión de los cubanos en el acta de la rendición de Santiago, impuesta por Shafter, resultan aún más sórdidos y repulsivos que si esa actitud se hubiese basado en simples rivalidades de mando y desconfianzas, porque de esa manera el propósito de escarnecer la "joint resolution", que ya hemos visto en las instrucciones del Subsecretario Breckenridge al general Miles para quedarse con Cuba, era el que guiaba a Shafter y había comenzado a ser puesto en ejecución con la rendición de Santiago.

La osadía de Root y Wood en sus pretensiones; la extralimitación que las declaraciones del gobernador militar suponían, no ya sólo en cuanto a la transitoria autoridad que le había sido concedida sobre la soberanía del pueblo de Cuba, sino sobre la "joint resolution" del Congreso de su país y el Tratado de París, resultan más escandalosas si tenemos en cuenta que el propio Tribunal Supremo de los Estados Unidos, la integridad de cuyos miembros y la infalibilidad de cuyas decisiones hacen gala de respetar los norteamericanos cuando así les conviene, había declarado en sentencia núm. 387 (octubre, 1900), que Cuba era territorio extranjero y como tal había que considerarla, y los Estados Unidos, según la autorización dada por el Congreso, habían ido a la guerra con España para expulsarla de Cuba y no para controlar los destinos de la Isla o de su gobierno.[227]

Dos días después de la entrevista que acabamos de describir

llegaban a manos de Wood las instrucciones de fecha 9 de febrero, contentivas de las demandas de Root que debían resolver los constituyentes. En vez de comunicar directamente a la Asamblea las condiciones que el gobierno de Wáshington requería para determinar las relaciones entre ambos países, Wood escogió y empleó otro procedimiento, muy a tono con sus tortuosos manejos y la rudeza de sus maneras, e invitó a los miembros de la comisión nombrada por la Convención para que preparasen el dictamen sobre relaciones cubano-norteamericanas, a fin de que le acompañasen en una cacería de cocodrilos que habría de tener lugar en la Ciénaga de Zapata y que tendría como cuartel general el yate *Kanowha*, sobre el cual ondeaba la bandera de los Estados Unidos. Algunos historiadores norteamericanos, críticos de la gestión de Wood, alegan que la incorrección de su proceder en este caso fué simple y llanamente el resultado de la falta de urbanidad del gobernador militar, pero es más exacta la hipótesis de que fué parte del ya añejo sistema de dividir para vencer, preconizado por Breckenridge, que en este caso tendía a provocar una escisión entre los miembros de la Asamblea.

Con tales preparativos, sin consideración alguna a sus huéspedes ni reparo en los deberes de la hospitalidad, porque sus invitados tenían, o que expresar su resentimiento ante la incorrección, lo que no era de esperar de la cortesía cubana, o tolerar en silencio o con unas frases banales lo que seguramente había de ofender a la Asamblea, Wood explicó a los delegados que había recibido instrucciones formales de Root, cuyo contenido detalló, y que eran, según su decir, no demandas definitivas, sino indicaciones sobre las cuales el Congreso de Wáshington diría la última palabra. Robinson ha dejado dicho que

> ... *Cuban courtesy forbade these gentlemen to display the resentment which they felt at the informal manner in which a communication which was really of an official nature, was, in the words of one of the committee, "pitched at" them. They were offended both by the manner and by the fact of an interference in their proceedings which they rightly regarded as unwarranted*... [228]

Pero es que, además de la grosería característica de Wood, a que alude Robinson, había también la cuestión de las terminantes demandas norteamericanas, por primera vez formuladas de una manera que no dejaba lugar a dudas sobre lo que el gobierno se proponía obtener de Cuba. Y Bravo Correoso, al hablar de la impresión recibida por él y sus compañeros ante la actitud de Wood, dice acerca del dilema planteado:

> *... Nuestro asombro no tuvo límites. ¿Qué hacer? ¿Prestarnos a esas sugerencias del extranjero? ¿Restringir nuestra soberanía que acabábamos de consignar en nuestra constitución? ¿Desear la capitis deminutio de la futura república? Nuestro patriotismo nos llevaba a repudiar esas condicionales...* [229]

No es posible que, con lo ya expuesto en el curso de este capítulo, haya quien crea en la sinceridad de Wood ni pueda considerarle sino como un hombre tortuoso, rudo, autoritario y desprovisto de escrúpulos para realizar sus fines. Así había sido él con sus compañeros de armas por encima de los cuales había trepado gracias a influencias y gestiones personales y no por méritos; así había sido con sus intrigas para reemplazar a Brooke en el gobierno de la Isla; así también había sido con los cubanos todos, a quienes había engañado una y otra vez con sus promesas. Nos queda por ver a Wood engañando a su jefe inmediato, el Secretario Root, y a la opinión norteamericana a fin de lograr el éxito de sus planes. Con efecto, Wood quien, en ocasiones, había escrito a Theodore Roosevelt, a Elihu Root y al propio McKinley, sobre las excelentes cualidades de orden, tranquilidad y laboriosidad de los cubanos y acerca de que no había peligro de revolución en Cuba, en los mismos días en que gestionaba con los cubanos la aceptación del protectorado dictado desde Wáshington, escribía a Root y le decía que el pueblo de Cuba era partidario de que continuasen los EE. UU. en la Isla y creía que no estaba preparado para la vida republicana, por lo que sobrevendría el caos si no se conservaba el control sobre Cuba. Wood, concretamente, decía que había que propiciar el advenimiento de la "better class of people" a que irónicamente se refiere Rubens, al gobierno, y pedía que se le diese un año más antes de terminar la intervención a fin de hacer las cosas perfectas e instalar mejores gobernantes en el poder. Como argumentos en pro de esta tesis, Wood decía a Root que el propio Máximo Gómez, en entrevista sostenida en casa de éste, le había dicho que sesenta días después de inaugurada la república habría lucha y se derramaría sangre en Cuba por cuestiones políticas, y que Méndez Capote le había informado que la cuestión del plazo necesario para liquidar la intervención no era tan importante como la del anuncio de una política definitiva de los Estados Unidos respecto a Cuba.[230]   Esta última razón no tenía relación alguna con la solicitud que hacía Wood y sus afirmaciones de la actitud que él atribuía al pueblo cubano, y podemos prescindir de discutirla, pero en cuanto a la absoluta falsedad de las declaraciones puestas en boca de Máximo Gómez, hay prueba de ello. Lo que Wood escribió a Root el 8 de febrero, casi palabra por palabra se publicó en los Estados Unidos el 26 de febrero como un despacho telegráfico enviado desde La Habana acerca de la entrevista tenida ese día en el Palacio entre Máximo Gómez y Wood, preparada por este último, lo que da evidencia suficiente de que la entrevista, la carta a Root y la información periodística, fueron partes de una indigna celada de Wood para hacer aparecer ante el pueblo norteamericano que Máximo Gómez, quien había dedicado cuarenta años de su vida a la independencia de Cuba, no creía en ella y prefería la intervención o el protectorado que al día siguiente discutiría el Senado de Wáshington, muchos de cuyos miembros decidirían su voto con las palabras atribuídas a Máximo Gómez.

Rubens da esta explicación de la bochornosa trama cuyos detalles conoció a fondo por su conexión con el régimen imperante en Cuba:

> ... When American newspapers carrying the dispatch arrived, a furor naturally arose. General Gómez more than emphatically challenged the authenticity of the article and asserted that it was too well known that his opinions were entirely contradictory to such an utterance.
>
> Since the report had been given American correspondents by Wood he was speedily interviewed by a local paper which informed him of the denial from General Gómez. Wood declared that the correspondents had made a mistake. These men represented rival agencies, had obtained their information from the same source, and published almost identical declarations... [231]

La explicación y la implícita acusación de Rubens concuerdan con las que hace muchos años diera Robinson en su tantas veces citada obra. Si comparamos ambas con el texto de la carta de Wood a Root, de fecha 8 de febrero, medio mes antes de que ocurriera "the mistake" o error que hubo de decir Wood, llegamos a la conclusión de que así como mintió en su carta al Secretario de la Guerra, deliberadamente engañó a la opinión congresional y pú-

blica de los Estados Unidos cuando inventó el bochornoso infundio
de que Máximo Gómez era partidario del protectorado a fin de
que el Senado aprobase la Enmienda Platt. En Wood tuvieron un
digno maestro de usurpación, deslealtad y falta de escrúpulos muchos de los políticos cubanos de esa laya durante la era republicana, como acabamos de ver. Bien descarnadamente mostraba
Wood en su correspondencia, por otra parte, que para los hombres
de sus principios, desgraciadamente bastante numerosos por cierto,
en el gobierno norteamericano, la intervención de los Estados Unidos en la guerra de independencia de Cuba había obedecido a
móviles sórdidos y ambiciones imperialistas y no a los ideales le-
vantados de protección al débil, humanitarismo y amistad a los
cubanos que Teller y otros nobles demócratas habían imaginado
como las causas del choque con España. ¡Por fortuna Cuba tenía
la protección de la Enmienda Teller a la "joint resolution", intro-
ducida por el Senador Teller y aceptada por la mayoría de sus
colegas, unos por idealismo, otros por la gestión de los "lobbyists"
cuyas actividades hemos descrito en el volumen anterior! Si no
hubiese sido por esa declaración renunciatoria, ¡qué no se habría
exigido de Cuba cuando Wood escribía a Root, el mismo día de
la aprobación de la Enmienda Platt en el Senado, y le informaba
de que había dicho a la Convención "...*flatly, but of course unofficially*", que los Estados Unidos no estaban dispuestos a permitir
que se ignorasen sus servicios prestados a Cuba y que por ello
aconsejaba que "*we must show the strong arm of authority*" al
"*ungrateful lot*" de políticos cubanos![232]

Con el mismo respeto por la verdad con que Wood informó a su
digno jefe, el Secretario Root, de las supuestas declaraciones de
Máximo Gómez en favor del protectorado, así también le dijo que
los miembros de la comisión encargada de la ponencia sobre las
relaciones con los Estados Unidos, en la famosa excursión a Zapata, habían recibido muy bien las demandas de Root, excepción
hecha de las referentes al derecho de intervención y las estaciones
navales, por lo cual le había extrañado que la Convención se sin-
tiese ofendida por las exigencias y la forma en que él las había
presentado.[233] Parece inconcebible que su suficiencia y su falta
de preparación no le permitiesen comprender que los delegados,
sus huéspedes, no le habían contestado la incorrección con una
violenta protesta porque su urbanidad y su lealtad a la Asamblea
se lo impedían, y así trató de quitar importancia a la inconformi-

dad sobre las estaciones navales y la intervención, que eran los puntos importantes del desacuerdo, en su carta a Root.

Por lo demás, cierto que la Asamblea se alarmó, como no era para menos, con el informe de los delegados que habían escuchado las demandas de Wood, y que la alarma, el disgusto ante la imposición que se pretendía, y la indignación por la grosería con que se había conducido el gobernador militar, estuvieron a punto de precipitar una ruptura de la Asamblea con el régimen de la intervención. Wood supo de ello, ya que el resentimiento de los delegados trascendió al público, pero ora fuese por inconsciencia, ora por deliberado propósito de provocar un conflicto que prorrogase la intervención y desacreditase a la Convención al hacer aparecer como díscolos a sus miembros, infirió nuevo insulto a los asambleístas al enviar el texto de las demandas de Root a uno de los ponentes de la comisión de relaciones con los Estados Unidos, Diego Tamayo, *".. .a member of the Military Governor's Cabinet, and generally regarded as more than a little influenced by his chief".*[234]

En esos días la cuestión de las relaciones entre Cuba y los Estados Unidos amenazaba con adquirir caracteres internacionales más complejos que los que el gobierno de Wáshington deseaba. No era por cierto España la que reconsideraba su actitud de despecho contra Cuba y trataba de ayudar a su antigua colonia a salir de la difícil situación en que los errores de España la habían colocado en cuanto a los Estados Unidos. Por el contrario, por entonces la cancillería de Madrid gestionaba de los Estados Unidos la adopción de un convenio suplementario del Tratado de París, por primera vez presentado en abril de 1900, que era atentatorio a la soberanía de Cuba. No eran tampoco las repúblicas latinoamericanas las que se ocupaban del país hermano que se debatía sólo frente a la ambición norteamericana y ni por un momento recordaron a los Estados Unidos que el pueblo de Cuba era y de derecho debía ser libre e independiente. Y mucho menos Francia, cuyo gobierno había sido siempre opuesto a la independencia de Cuba y acababa de provocar en la exposición internacional de París un ruidoso incidente por haber sido izada la bandera cubana. Eran Inglaterra y Alemania las que, para mejor servir el juego de sus respectivos imperialismos con los Estados Unidos, intrigaban junto a los delegados cubanos sin propósito firme de apoyarles, a fin de que se resistiesen a aceptar las demandas norteamericanas. El

cónsul inglés en La Habana, Lionel Carden, quien por muchos años
más sería tema de la preocupación de la diplomacia yanqui en
Cuba, ya alteraba los nervios del general Wood con sus manejos,
y en ello le imitaba su colega, el de Alemania. Wood no encontró
otra manera de poner remedio a esa situación y a la oposición general de los cubanos y de ciertos norteamericanos liberales, a las
demandas del gobierno de McKinley, que aconsejar una política
fuerte, sin miramientos, respecto a unos y otros. En un cable cifrado le decía a Root el 24 de febrero:

> ... *Relations Committee drafting relations. Expect present*
> *them and the complete discusion middle this week. Good*
> *evidence English and German Consuls have attempted to*
> *defeat relations unsuccessful to date. American agitators of*
> *whom I have written have made every effort influence Con-*
> *vention refuse relations stating United States bound yield to*
> *their demand if insisted upon. Expression sentiment by*
> *members of Convention indicate easier to yield to request or*
> *demand of United States than suggest relations. Fear loss of*
> *popularity latter case hence if desirable may be well to give*
> *provision more character of request than suggestion. Every-*
> *thing here quiet...*

Y Root, al trasmitir este cable al Secretario Hay sin que, en apariencia, dudase de la veracidad de esos informes, que, en cuanto
a la actitud de los delegados eran del todo falsos, como en seguida
veremos, le decía que ya tenía antecedentes de la labor de los
cónsules referidos en contra de los intereses de los Estados Unidos
y que por ello pedía que el State Department requiriese su traslado
de La Habana o un cambio radical en su conducta.[235] Todas las
probabilidades son de que Inglaterra trataba, por medio de las actividades del cónsul Carden, de provocar la protesta de los Estados
Unidos para vender el favor de que las mismas no continuasen a
cambio de la cesación de la propaganda anti-británica y pro-boer
que entonces agitaba a sectores importantes de la opinión norteamericana contra la guerra de rapiña que la Gran Bretaña había
emprendido contra la república del Africa del Sur y ya había el
precedente de que la cancillería de Londres había presentado al
State Department, pocos meses antes, la anexión del Transvaal
como consecuencia de la guerra boer, como caso análogo al del
control norteamericano sobre Cuba resultante de la lucha con España,[236] similaridad que los Estados Unidos habían rechazado.

Volvamos atrás por un momento a fin de considerar en detalle

la mendaz afirmación de Wood en su telegrama a Root que acabamos de transcribir, referente a que los delegados cubanos eran
del sentir de que era más fácil ceder ante la imposición de las demandas norteamericanas que emitir el dictamen sobre las relaciones que debía haber entre Cuba y los Estados Unidos. Esta
mentira era del mismo jaez que la de que los invitados a la cacería de Zapata estaban prácticamente de acuerdo con las demandas
de Root. Hagedorn, en su tendenciosa biografía de Wood, acoge
como artículo de fe lo dicho por su ídolo, siempre que sea conveniente para realzar la figura de Wood, y prescinde de considerar
toda otra evidencia en contrario, proveniente de su mismo héroe o
de terceros. Para él, como para la mayor parte de los historiadores norteamericanos que han estudiado el período de que nos ocu-
pamos, las fuentes históricas oficiales cubanas no existen y los relatos y memorias de los protagonistas cubanos de estos sucesos
son desconocidos. La consulta superficial y a veces amañada de
la excelente obra de Martínez Ortiz les resulta suficiente para alegar que no prescindieron de considerar el punto de vista cubano.
Esos pseudo-especialistas en la historia de las relaciones cubano-
norteamericanas no se toman el trabajo de consultar documentos
como el *Diario de Sesiones de la Convención Constituyente*, (números 1-52, 1900-1901, 651 pp.), con la transcripción taquigráfica de
las opiniones vertidas y las proposiciones y acuerdos votados en
las sesiones públicas; la *Memoria del Senado* con las actas de las
sesiones secretas de la Convención y el texto de las mociones e informes confidenciales discutidos en las mismas; los relatos dejados
por varios de los convencionales, como Méndez Capote, Bravo Correoso, Giberga, Juan Gualberto Gómez, etc., sobre las deliberaciones de la Asamblea, y los importantes trabajos de autores bien informados cual Aurelio Hevia, Gay Calbó, Roig de Leuchsenring y
otros. Si los pseudo-especialistas aludidos comprendiesen que la
historia no se escribe con los comentarios de una sola de las partes, sino con la consulta meditada y completa de toda la evidencia
favorable o adversa que sea posible reunir, Hagedorn, por ejemplo, en vez de hablar de la "duplicidad latinoamericana típica"[237]
con que, según él, se conducían los delegados cubanos al resistirse
a admitir la injusticia perpetrada con su patria, pudiera referirse
con mayor exactitud a la duplicidad empleada por Wood, Root y
otros imperialistas de su laya, en el caso bien concreto de la trama
de mentiras construída y mantenida por el gobierno de McKinley

en torno a la independencia de Cuba. Es estúpido hablar de "duplicidad típica" en ciento treinta millones de hombres cuyos idiomas, cultura, hábitos, virtudes y vicios Hagedorn sin duda ignora, y bien absurdo hacerlo para glorificar a un individuo dominado por violentas pasiones y carente de escrúpulos para obtener ciertos fines, como Leonard Wood. Si todo ello, además, es el resultado de insuficientes investigación y estudio y de aventuradas generalizaciones, el valor de la obra histórica y el respeto al historiador caen por los suelos.

Los delegados cubanos no engañaron a su pueblo ni a los Estados Unidos con su actitud irreprochable en la consideración del problema de las relaciones con los Estados Unidos, y fué Wood quien llevado de su optimista suficiencia o su afán de intrigar inventó que estaban de acuerdo espontáneamente con el protectorado que atraía a contadísimos miembros de la Convención, casi todos hechuras de Wood.

En la sesión de 12 de febrero, al constituirse la comisión encargada de la ponencia y antes de la primera entrevista en que Wood reveló sus demandas, el delegado Juan Ríus Rivera, uno de los primeros prestigios militares de la revolución cubana desde la Guerra de los Diez Años, miembro que había sido del gabinete de Wood como Secretario de Agricultura y quien, como se recordará, había renunciado a su cargo en señal de desacuerdo con los puntos de vista del gobernador militar, presentó a la Convención su opinión sobre las relaciones entre Cuba y los Estados Unidos en un extenso y bien razonado escrito, ampliado el 19 de febrero con un proyecto de dictamen redactado por él y encomendado a la atención de sus compañeros para que, de ser aprobado, fuese remitido a Wood como respuesta de la Asamblea Constituyente a las demandas de Root. Ríus Rivera basaba su argumentación en la "joint resolution", que transcribía literalmente y de cuyos principios extraía la conclusión de que las obligaciones de los Estados Unidos consistían en hacer cesar la soberanía española en Cuba, realizar la pacificación de la Isla y dejar el gobierno y dominio de la misma a su pueblo cuando aquél objeto fuese conseguido. Correlativamente, esas obligaciones daban al pueblo cubano el derecho de pedir al gobierno norteamericano que le entregase el gobierno y dominio de la Isla, una vez ésta pacificada. La tendencia antiingerencista aparecía más marcada cuando Ríus Rivera hacía notar que la "joint resolution" no ponía condición alguna de gobierno

cubano estable para que se terminase la intervención, y para justificar su razonamiento citaba las palabras del Senador Teller al
explicar por qué había introducido su famosa enmienda garanti-
zadora de la independencia de Cuba:

> ... *Yo redacté las resoluciones muy cuidadosamente y sin
> consultar a nadie. Prevalecía, por aquel tiempo, en Europa
> la impresión de que nuestras intenciones no estaban tan cla-
> ras que permitieran despojarlas de toda sospecha: lo había
> visto insinuado así en la prensa y lo oía en las conversacio-
> nes y comentarios de la época. Era un asunto que no podía
> dejarse pasar sin rectificación y formulé, por tanto, las reso-
> luciones, de modo que desmintieran aquellos rumores. Yo
> había insertado en ellas la frase tan traída y llevada ahora
> sobre una forma de gobierno estable, porque me parecía que
> debíamos hacerlo para satisfacer al mundo, en general, de
> que nosotros acompañaríamos a los cubanos hasta verlos li-
> bres de todas las dificultades, entrar con paso seguro en el
> camino de su prosperidad y buen gobierno; pero luego se me
> ocurrió pensar que podrían presentarse dificultades para de-
> terminar qué cosa era una forma de gobierno estable; y que,
> so pretexto de semejante autorización pudiéramos permane-
> cer ocupando indefinidamente la Isla, y suprimí, en conse-
> cuencia, la frase referida, declarando solamente que los Es-
> tados Unidos no tenían disposición ni intención alguna de
> ejercer soberanía, jurisdicción o dominio sobre la Isla, ex-
> cepto para los fines de su pacificación...* [238]

De la cita que antecede deducía Ríus Rivera que la "joint resolution" tenía por objeto evitar que pérfidamente se falseasen los verdaderos propósitos de la intervención y claramente decía su pensamiento al afirmar

> ... *esa cláusula ha salvado y salvará a Cuba de los horro-
> res de una guerra suicida y ha evitado y evitará al gran pue-
> blo americano que un grupo de políticos ambiciosos u obse-
> sionados en alianza con poderosas corporaciones de plutócra-
> tas le obliguen a pasar por la ignominia y la amargura de
> exterminar al mismo pueblo que con su decisivo apoyo vi-
> nieron a hacer libre e independiente...*

En un segundo considerando el delegado cubano discutía concretamente las demandas que se atribuían al gobierno de Wáshington para mediatizar la soberanía cubana y categóricamente negaba que hubiese deber de gratitud alguno que impusiese a Cuba
la aceptación de semejantes condiciones y señalaba que el resultado de la referida tentativa podía ser la guerra. En su opinión,

nadie interferiría con Cuba y ésta no necesitaba la protección extraordinaria que los Estados Unidos querían darla, ante el ejemplo de lo ocurrido con las guerras de independencia contra España. No obstante esas consideraciones, Ríus Rivera abrigaba la convicción de que las relaciones entre Cuba y los Estados Unidos debían ser más estrechas que entre otros dos países cualesquiera y abogaba por que se estableciesen, pero, por medio de un pacto regular con el gobierno cubano debidamente constituído.

Pocos días más tarde, y con referencia al escrito que acabamos de comentar, Ríus Rivera presentó un proyecto de respuesta a las demandas de Root según el cual la Asamblea acordaba recomendar al Congreso cubano que formulase una ley de relaciones con los Estados Unidos y autorizase al Ejecutivo para concertar un tratado con esa república mediante el cual se estableciese el libre cambio recíproco; se unificase el sistema monetario de ambas naciones; se reconociese a los ciudadanos de cada una el derecho de adquirir bienes inmuebles en la otra, y viceversa; se garantizasen los actos de la intervención y los intereses creados al amparo de la misma, siempre que no violasen las provisiones de la Ley Foraker, y se declarase por Cuba que la república no hipotecaría ni cedería porción alguna de su territorio o soberanía a potencia alguna.[239]

Otra proposición sobre relaciones cubano-norteamericanas, fechada a 13 de febrero y firmada por el delegado Martín Morúa Delgado, pedía que se recomendase al gobierno de la república que sucediese al de la intervención una declaración terminante en favor de la Doctrina de Monroe, el establecimiento del principio de nación más favorecida en el intercambio mercantil entre ambos países, un compromiso definitivo de ayuda mutua en caso de guerra que afectase a una de las dos naciones, la obligación para Cuba de oír el parecer de los Estados Unidos durante los diez primeros años de su vida republicana en cuestiones internacionales, excepto en los casos relacionados con los Estados Unidos, y el reconocimiento por parte del gobierno de Wáshington del derecho de Cuba para nombrar árbitro y someter a su decisión cualquiera diferencia de opinión entre las dos repúblicas.[240]

El delegado Eliseo Giberga presentó otro proyecto de relaciones pactadas, fechado a 16 de febrero, que determinaba la existencia de once distintos compromisos, en su mayor parte recíprocos, pero todos ellos destinados a disipar los recelos norteamericanos sobre

el futuro de Cuba y a garantizar que la misma no sería un peligro
para la seguridad o la paz de los Estados Unidos. Los puntos de
vista del delegado Giberga eran de que Cuba se comprometiese
con los Estados Unidos a no celebrar alianzas ofensivas o defen-
sivas con otra potencia o cederle parte alguna del territorio nacional, al mismo tiempo que adquiría la obligación de impedir que la
Isla pudiese ser empleada en hostilidades contra los Estados Unidos; que se acordase no emitir empréstitos sin previo concierto con
el gobierno de Wáshington y en ningún caso con garantía especial
de rentas o propiedades determinadas; que el gobierno cubano no
entrase en convenio alguno acerca de sus relaciones internacionales sino hasta después de acordar las que habría de tener con los
Estados Unidos, y que a esta última nación se le reconocía el derecho de asegurar en Cuba el orden público y los derechos individuales garantizados por la constitución, a cuyo fin podía mantener
en la Isla las fuerzas militares necesarias al objeto. Otras partes
del acuerdo se referían a cuestiones de reciprocidad mercantil, de
tráfico naviero, de la propiedad intelectual, de inversiones de capital y de sistema monetario.[241] La proposición Giberga no hay duda
de que era en extremo amplia y en cierto grado impracticable, pero
su presentación prueba que los asambleístas no rehuyeron hacer
frente al problema de las relaciones con los EE. UU. y que alguno, como en este caso, fué tan lejos como Root y Platt podían
haber deseado para los *"ties of singular intimacy"* que había dicho
McKinley.

Cuando ya estaba a punto de discutirse la ponencia oficial todavía hubo otra proposición individual, la del delegado Emilio Núñez, fechada a 25 de febrero, que pedía un receso en las labores
de la Convención y el nombramiento de una comisión de su seno
que habría de trasladarse a Wáshington para informarse de las
demandas norteamericanas y presentar los puntos de vista cubanos como paso preparatorio a un acuerdo definitivo, honorable y
libre de imposiciones y humillaciones. Esta proposición era, sin
duda alguna, garantía suficiente para los Estados Unidos en sus
preocupaciones respecto a Cuba, pero también garantía suficiente
para los cubanos de que no iban a ser víctimas de abusos e injusticias en el ejercicio de las facultades reconocidas al gobierno norteamericano. Su tendencia era de concretar y regular las relaciones de ambos países mediante un compromiso entre las ambiciones de los Estados Unidos, el hecho de la intervención y los dere-

chos de Cuba. Núñez sugería que la comisión enviada a Wáshington no tuviese poderes para aceptar o rechazar proposición alguna, pero sí instrucciones de discutir un convenio sobre ciertas
bases que representaban las máximas concesiones que Cuba podía hacer. Esas bases eran las de que ningún gobierno cubano
organizado de acuerdo con la constitución podía contratar con potencia alguna en menoscabo de la independencia de Cuba u otorgarle derechos o privilegios de carácter político que perjudicasen
a los Estados Unidos; que no se contrataría empréstito o deuda el
servicio de la cual fuese superior a la capacidad rentística del país
una vez deducidos los gastos públicos; que Cuba aceptaría que
los Estados Unidos tuviesen el derecho de intervención en la Isla
para proteger su independencia y mantener un gobierno estable,
pero que ese derecho sería ejercido cuando a juicio del Congreso
norteamericano hubiese en Cuba un estado permanente de desorden y el gobierno fuese impotente para garantizar la libertad y
la propiedad según los términos del Tratado de París; que las tropas de ocupación serían retiradas dentro de los seis meses siguientes a la inauguración de la república; que Cuba no reconocería deuda alguna a favor de los EE. UU. por virtud de la intervención norteamericana, y que en caso de guerra los puertos y la zona marí-
tima de Cuba serían considerados como de los EE. UU. hasta
que se restableciese la paz, cuando serían evacuados por las
fuerzas militares y navales norteamericanas.[242]

Si tenemos en cuenta que, al propio tiempo que se presentaban
estas proposiciones individuales y que demostraban el interés de
los delegados para formular el régimen de relaciones entre los dos
países del modo más íntimo posible, la comisión encargada de la
ponencia oficial a ese respecto laboraba sin descanso en la preparación de su informe, hay que convenir en que las acusaciones
de indiferencia y hasta de maliciosa ignorancia de sus deberes respecto a la espinosa cuestión de las relaciones, lanzadas contra la
Asamblea con la mayor despreccupación y con bastante mala fe,
eran completamente infundadas. También lo era la excusa de que
por negarse a decidir los cubanos se hizo indispensable al gobierno
de los Estados Unidos presentarles con la mayor grosería y notoria
injusticia el "fait accompli" de la Enmienda Platt.

Cierto que los informes de Wood a Wáshington tendían a ese
fin, y de ahí el párrafo que hemos citado sobre que los asambleístas preferían que se les obligase a ceder para justificarse ante su

pueblo. En el fondo, además, Wood estaba dispuesto a que si no se aceptaban las demandas de Root y después las de Platt, por lo menos su conducta en la negociación haría imposible todo otro acuerdo sustituto con la Asamblea, ofendida y resuelta a no transigir, por lo que la política a seguir entonces sería la de preparar la anexión. No otra explicación puede tener el hecho de que, después de la imprudente e insultante maniobra de la cacería de Zapata utilizada como pretexto para informar de los puntos de vista de Root a unos pocos de los delegados, y tras otros desprecios a la Asamblea, la comunicación contentiva de las concesiones que se esperaban como requisitos para terminar la intervención no fuese enviada a la Convención sino a uno de los ponentes de la comisión dictaminadora.

El 25 de febrero, horas antes de que la Asamblea Constituyente se reuniese en La Habana para conocer la ponencia sobre las relaciones con los Estados Unidos, el Comité de Asuntos Cubanos del Senado de Wáshington conoció y aprobó el informe que la mayoría republicana había estado preparando sobre el mismo asunto en los conciliábulos celebrados en casa del Senador Chandler, a que ya nos hemos referido. Los senadores Teller, Money, Butler y Taliaferro, que representaban a la minoría, no se opusieron "por patriotismo" a que el informe se presentase al pleno de la cámara, agregado como un pegote a la ley de gastos militares.[243] Platt y sus compañeros habían esperado hasta el último momento para lanzar la iniciativa de su famosa enmienda, pero no tan tarde que Wood, ¡maravillas del telégrafo y también de la estrategia que se empleaba para presionar a los cubanos!, no tuviese el texto de la proposición en su poder, al día siguiente, y antes de que fuese aprobada por el Senado la hubiese comunicado a la Convención, seguro de que con el empleo de todos los resortes políticos del gobierno y la triquiñuela inventada por él sobre la actitud de Máximo Gómez en favor del protectorado, la enmienda sería aprobada: si las promesas de la "joint resolution" habían sido burladas, con la Enmienda Platt y los manejos de Root y Wood que la precedieron y la siguieron, también con ella los Estados Unidos habían traicionado las declaraciones bien concretas de las órdenes militares relativas a los deberes de la Constituyente, en particular la número 455; más aún, habían destruído la confianza del pueblo cubano en la sinceridad y buena fe de los Estados Unidos.

Al presentarse en el Senado la Enmienda Platt algunos senadores hicieron notar la importancia de la cuestión a discutir y solicitaron que se pospusiese el debate hasta que hubiese ocasión de estudiar el alcance de la medida propuesta; pero esos esfuerzos fueron vanos. La sólida mayoría republicana manejada por Platt, Lodge y otros, arrolló con toda oposición y forzó al Senado a considerar la proposición cuando apenas había tiempo de ilustrar la opinión congresional sobre ella y mucho menos de determinar la reacción del pueblo norteamericano y la de Cuba ante un compromiso específico, gravísimo, que así aceptaban los EE. UU. impuesto a la carrera cuando una semana más tarde habría de renovarse el gobierno, no importa si para continuar McKinley o no en la Casa Blanca.

Ningún historiador norteamericano se ha detenido a considerar la enorme trascendencia de la carga que Platt, testaferro de McKinley, echó sobre los Estados Unidos con la enmienda a la ley de gastos del ejército. Ninguno ha calificado como se debe el procedimiento empleado de obstaculizar toda oposición mediante la triquiñuela múltiple y poco escrupulosa de aprovechar los últimos días de un período de gobierno, de enmendar una ley que era indispensable para el sostenimiento de las tropas, de hacer falsificaciones de la verdad respecto a Cuba y a los Estados Unidos a fin de obtener en una semana la aprobación de una pieza legislativa que necesitaba maduro estudio. Tampoco es posible encontrar obra histórica alguna que destaque como se debe el hecho escandaloso de que un pegote o "rider" a una ley doméstica comprometiese a los Estados Unidos en un peligroso *"foreign entanglement"* de los que los estadistas norteamericanos tradicionalmente han querido librarse. ¿A quién puede ocultársele que las relaciones cubano-norteamericanas durante todo el tiempo de la vigencia de la Enmienda Platt y del Tratado Permanente estaban cargadas de dinamita, que si despojaban a los cubanos de derechos que les pertenecían, imponían de antemano a los Estados Unidos obligaciones rígidas e inescapables que podían haber causado una ruptura entre ambos países? El resultado inmediato de una guerra entre ambos países, ni que decirlo tiene, habría sido de una aplastante derrota para Cuba, pero ¿con qué cara se habría presentado el gobierno norteamericano ante el mundo y, especialmente, ante las demás naciones panamericanas si en el cumplimiento de deberes autoimpuestos e innecesarios, se hubiese encontrado con que un gobierno cubano le disputaba con las armas el derecho de intervenir en la Isla? ¿Por ventura han necesitado los Estados Unidos otros pegotes u otras tantas leyes de gastos militares para justificar intervenciones en Nicaragua, Méjico, Haití, la República Dominicana, etc.? ¿No les resultó siempre mejor el poder hacerlo a capricho o según las conveniencias del momento, que no el estar obligados a hacerlo de una manera específica? No puede quedar duda, ante las consideraciones que dejamos expuestas, de que la Enmienda Platt fué una medida impolítica, peligrosa, mal aconsejada, perjudicial al desarrollo de las ideas democráticas en Cuba, destructora de la fe cubana en el esfuerzo propio, que trajo graves e inflexibles responsabilidades sobre los Estados Unidos que éstos, por la corrupción política a veces imperante en esa nación y de la cual se aprovecha la plutocracia imperialista que gobierna en la sombra a esa nación, no estaban preparados a asumir con toda la honrada eficiencia requerida.

La Enmienda Platt fué atacada duramente por varios de los colegas de Platt cuando fracasaron los empeños para posponer su consideración y se abrió el debate sobre la misma. Fueron los senadores demócratas y los independientes los que mayormente llevaron el ataque con sobra de argumentos incontestables, y los republicanos se limitaron a manejar la cuestión hasta llegar a la votación que sabían sería una victoria para ellos y no pusieron mayor empeño en contestar los argumentos de sus opositores. Los senadores Morgan, de Alabama, Bacon, de Georgia, y Teller, de Colorado, en vano emplearon las mejores razones para convencer al Senado de la improcedencia, la injusticia y lo innecesario de la Enmienda Platt; los respaldaron el republicano Foraker y Pettus, Culbertson, Mallory, Clay, Berry, Tillman y otros, pero todo fué inútil. Teller, como autor de la cláusula sobre la independencia de Cuba contenida en la "joint resolution", habló con autoridad y alteza de miras de las promesas hechas y que iban a ser burladas. Bacon insistió en que la negativa de adquirir dominio sobre Cuba o de influir sobre su pueblo al terminarse la guerra con España había sido una declaración sincera, dictada por nobles motivos y para satisfacer a la opinión mundial e impedir que otras potencias ayudasen a España en la creencia de que los Estados Unidos querían despojarla de su colonia.[244] Morgan habló por espacio de varias horas en un esfuerzo tenaz para evitar la adopción de la Enmienda Platt, y después de referirse una y otra vez a la capacidad de los cubanos para el gobierno propio, que juzgaba por

hombres como Calixto García, Manuel Sanguily, Gonzalo de Quesada y otros, a quienes había conocido, propuso el establecimiento
del librecambio entre Cuba y los Estados Unidos sin imposición de
tutelaje o derecho alguno limitativo de la soberanía del pueblo
cubano. Con precisión absoluta señaló Morgan que la Enmienda
Platt no era necesaria, y menos indispensable a su país, al decir:
*"Yo creo que el gobierno de los Estados Unidos en sus relaciones
con Cuba nunca carecerá de poder o determinación para cuidar
de sus propios intereses..."*[245] Cuando la Enmienda Platt fué
puesta a votación en el Senado quedó aprobada por 43 votos contra 20. No hay memoria de que John Hay, entonces Secretario de
Estado y esperanzado con la anexión de Cuba, criticase la mayoría
senatorial influída por el gobierno de que él formaba parte ante
tamaña demostración de mala fe e injusticia. Meses atrás, sin embargo, Hay había escrito a Henry Adams sus quejas de que los tratados eran rechazados en el Senado por razón de las rencillas de
las esposas de los senadores, por vengarse en casos de puestos
no dados y recomendaciones no atendidas, por diferencias personales, etc. Según él, sus deberes como canciller eran tres:

> *... to fight claims upon us by other States; to press more or
> less fraudulent claims of our citizens upon other countries; to
> find offices for the friends of Senators when there are
> none...* [246]

Y en otra carta de pocos días después volvía a sus críticas de
la incapacidad y la falta de escrúpulos de los senadores de la
época de McKinley, a quienes calificaba de "greedy" y de sacrificar los grandes intereses del país en sus relaciones internacionales, a sus rencillas y pequeñeces.[247] Es evidente que la mayoría
senatorial que en 1901 traicionó las promesas hechas a Cuba no
hizo con ello sino seguir la línea de bajas pasiones que John Hay
atribuía en 1899 a aquellos políticos poco escrupulosos, que hablaban de enseñar a los cubanos a gobernarse y a tener virtudes
cívicas, pero de los cuales el secretario de McKinley habría de
decir más tarde, al referirse al tratado que ratificó la Enmienda
Platt:

> *... The Cuban Senate has ratified our treaty, and I hope
> ours will be decent enough to do the same...* [248]

Si tal podía decir John Hay del Senado que imponía a Cuba la
Enmienda Platt por 43 votos contra 20, mientras 25 senadores dejaban de votar en cuestión tan importante, hay que confesar que

la Cámara de Representantes actuó con mayor serenidad de juicio y mostró una más digna consideración por las promesas norteamericanas a Cuba, y el respeto que las mismas merecían. Cuando después de vivísimo debate la Cámara Baja votó el ultimátum legislativo a Cuba, el gobierno de McKinley sólo tenía una mayoría de 159 contra 134 votos, bastante reducida por cierto y prueba bastante de la impopularidad de una medida que, respaldada por toda la presión oficial e impuesta a la carrera sin información previa, iba a determinar estrictamente las obligaciones internacionales de los Estados Unidos en un territorio extranjero, cuando ello era impolítico, riesgoso e innecesario por más de un motivo y al país no se le había dado ocasión de manifestarse o formar juicio concreto sobre la trascendencia del compromiso adoptado, las responsabilidades derivadas del mismo o el agravio estúpido que así se hacía a un pueblo deseoso de complacer a los Estados Unidos en sus demandas y sus justas preocupaciones respecto a la seguridad nacional norteamericana, y que en esos mismos momentos discutía la mejor manera de llegar a dicho resultado por medio de una Asamblea Constituyente a la cual, si no se le facilitaba su labor y se le reconocía su prestigio, se la convertía en un instrumento más de las desdichas de Cuba en vez de ayudarla a ser el arquitecto de una nueva Cuba, próspera, pacífica, ilustrada y responsable.

Cuando McKinley, con una prisa demostrativa de su interés en demostrar a los cubanos que el gobierno de Wáshington era el amo, firmó la ley que con un pegote regulaba las relaciones entre Cuba y los Estados Unidos, esta nación liquidó todos los títulos que pudiera haber tenido a la gratitud del pueblo cubano y convirtió a la "joint resolution" y a las nobles promesas de la misma, así como a los muchos e importantes beneficios provenientes de la intervención, en una descarada aventura imperialista a través de la cual los cubanos podían ver, con claridad meridiana, el propósito anexionista redivivo.

Hagedorn tiene un concepto cabal de la injusticia de la Enmienda Platt y de la violación que la misma representaba de compromisos bien solemnes y que, como hubo de decir el Senador Bacon, no habían sido hechos por "necio sentimentalismo" sino a virtud de altas consideraciones de justicia. El biógrafo de Wood dice que los cubanos naturalmente protestaron de la imposición representada por la Enmienda Platt, pero que la "joint resolution",

—¡esa declaración inspirada en los más nobles ideales que la democracia norteamericana ha podido sentir y que tanto y tan justamente hubo de honrarla!,—era un error y la realidad imponía otro tipo de relaciones entre ambos países. El mismo autor, sin embargo, afecta asombrarse de que los cubanos estuviesen inconformes con la imposición de la Enmienda Platt y, después de decir que hasta los elementos más conservadores de la Asamblea se mostraron disgustados con la precipitación con que los Estados Unidos presentaron sus demandas sin esperar a que los cubanos hubiesen formulado su opinión, dice con la mayor despreocupación y sin concepto de su responsabilidad como historiador que muchos de los delegados a la Convención eran anexionistas y no presenta prueba alguna en respaldo de esa afirmación.[249] A este respecto se permite acusar a los asambleístas de "doblez latinoamericana", una de esas generalizciones baratas de observadores de pacotilla quienes, conocidas diez o doce personas, se permiten atribuir a ciento treinta millones de personas tal o cual cualidad que conviene con cierta clase de individuos, no importa la nación, la raza o la cultura a que pertenezcan. Acusar a los delegados cubanos, traicionados en su fe, carentes de fuerza y acosados por la intervención, de "doblez latinoamericana" por resistirse a aceptar las exigencias trasmitidas por Wood, es injusto y censurable, además de absurdo. Doblez sí había habido en la conducta de McKinley, Root, Wood y toda la cohorte de imperialistas que sin reparo habían mentido la fe prometida en abril de 1898.

Una carta de Wood a Root, cuando la Convención ponía los toques finales a su dictamen sobre las relaciones con los Estados Unidos, ponía de relieve de qué parte estaba la duplicidad al informarle de que había dicho *"flatly, but of course unofficially"* a la Asamblea que los Estados Unidos no estaban dispuestos a tolerar que se ignorasen sus servicios a Cuba (corroboración de lo que hemos citado según las memorias de Bravo Correoso), por lo que aconsejaba que *"we must show... the strong hand of authority..."* al *"ungrateful lot"* de políticos cubanos.[250]

Ahora, una vez discutida la forma en que se preparó y votó la Enmienda Platt para presentarla a la Asamblea como un hecho consumado y sujetar a los Estados Unidos a una política adoptada sin estudio ni justicia, antes de que la opinión pública norteamericana pudiese organizarse y manifestarse en contra, volvamos a consi-

derar la labor de la Convención para cumplir con su cometido respecto a las relaciones entre ambos países.

El 26 de febrero reanudó sus sesiones la Asamblea Constituyente Cubana, en un ambiente pleno de expectación y presa de
alarmas indeterminadas. Fué la de ese día una sesión secreta y en
ella la comisión encargada de la ponencia sobre las relaciones con
los Estados Unidos presentó su esperado informe, en la prepara·
ción del cual se emplearon más de dos semanas. El extenso
documento comenzaba por declarar que los ponentes habían considerado que eran tan obvias las relaciones entre ambos países y
tan viva la gratitud de Cuba por la ayuda recibida en su guerra de
independencia que al principio habían creído que su misión podía
considerarse cumplida con la simple declaración de que los Estados Unidos y Cuba debían tener los lazos de la más íntima y
fraterna amistad, a tono con sus comunes intereses. No tardaron
—seguían diciendo los comisionados—, en percatarse de que su
cometido era más complejo de lo que habían imaginado, porque
tuvieron ocasión de conocer los puntos de vista de Root, a nombre
de McKinley, sobre los vínculos futuros de las dos naciones, y en
el dictamen se transcribían a continuación las opiniones del Secretario de la Guerra que había trasmitido Wood, aunque con la prudente declaración de que la aceptación de las mismas dependía
de lo que la Asamblea Constituyente desease resolver en representación e interés del pueblo cubano. Sin titubear y unánimemente los ponentes, entre los cuales figuraba un miembro del gabinete de Wood, el Dr. Diego Tamayo, a quien aquél se complacía
en atribuir excesiva simpatía por la intervención, declaraban respecto a las demandas de Root y su pretensa justificación de que
eran para garantizar la independencia de Cuba, que algunas de
esas estipulaciones

> ... son inaceptables, cabalmente porque vulneran la inde-
> pendencia y soberanía de Cuba. Nuestro deber consiste en
> hacer a Cuba independiente de toda otra nación, incluso de la
> grande y noble nación americana; y si nos obligásemos a
> pedir a los gobiernos de los Estados Unidos su consentimiento
> para nuestros tratos internacionales; si admitiésemos que se
> reservan y retengan el derecho de intervenir en nuestro país
> para mantener o derrocar situaciones, y para cumplir deberes
> que sólo a gobiernos cubanos competen; si, por último, les
> concediésemos títulos a terrenos para estaciones navales y
> mantenerlas en puntos determinados de nuestras costas, es
> claro que podríamos parecer independientes del resto del mun-

*do, aunque no lo fuéramos en realidad, pero nunca seríamos
independientes con relación a los Estados Unidos...*[251]

La comisión dictaminadora, tras una sucinta referencia a la constitución que acababa de aprobar la Asamblea y los objetivos y el funcionamiento de la misma, declaraba que una sencilla respuesta a los Estados Unidos podía condensarse en la frase:

> *... Con los preceptos de nuestra constitución observados
> con fidelidad por nosotros y por los demás, se alcanza la aspiración que alentáis y por la que hemos estado y estamos
> dispuestos a velar celosamente, de que se asegure la independencia de la Isla de Cuba...*

Más adelante los ponentes hacían referencia a las virtudes cívicas del pueblo cubano y su convicción de que era preciso tener en cuenta la situación especial de Cuba respecto de los Estados Unidos, y dejaban caer afirmaciones incontestables en favor de la cordura, la laboriosidad y el espíritu generoso y progresista de los cubanos, concordantes con las que no mucho antes habían hecho R. P. Porter, el comisionado de McKinley, y el propio Wood, en ese sentido, cuando todavía no se había acordado en qué forma y con qué pretexto se limitaría la soberanía de los que en 1898 habían sido proclamados "son y de derecho deben ser libres e independientes". Seguidamente la comisión recomendaba cinco puntos concretos como su dictamen sobre las relaciones entre Cuba y los Estados Unidos y para que su concertación fuese hecha por los poderes constituídos de la república, cuando ésta se estableciese, lo que implicaba que no creían que la Asamblea tuviese facultades para nada más que opinar sobre la cuestión. Los cinco puntos a convenir eran que Cuba se comprometiese a no celebrar tratados con otras naciones que pudiesen limitar su independencia o conceder a potencia alguna territorio o derecho alguno para colonización o fines militares o navales; que se comprometiese a no permitir que su suelo fuese utilizado como base de operaciones de guerra contra los Estados Unidos u otro país cualquiera; que aceptase en todas sus partes el Tratado de París y bien específicamente las obligaciones referentes a vidas y haciendas contenidas en el mismo; que reconociese como válidos los actos de la intervención según la "joint resolution" de abril de 1898 y la Ley Foraker, y que expresase su buena disposición de concertar un tratado de reciprocidad mercantil con tendencia librecambista con los Estados Unidos.

Es fácil aducir que posiblemente la convención debiera ha·
ber ido más lejos en sus proposiciones para un acuerdo permanente con los Estados Unidos. Una declaración concreta de una
alianza o convenio de acción conjunta en caso de una guerra que
envolviese a los Estados Unidos, habría sido una solución práctica
para el problema de la defensa nacional norteamericana contra un
ataque proveniente de Cuba porque la Isla hubiese caído en poder
de una potencia enemiga. Por otra parte, sin embargo, los Estados
Unidos nunca habían exigido tales garantías de Méjico y Canadá,
contiguas a su territorio y no separadas del mismo por más de un
centenar de millas de océano, como sí lo estaba Cuba. El gobierno
de Wáshington no había requerido de España, nación de segunda
categoría, esas garantías mientras fué la metrópoli de Cuba.
Además, con Puerto Rico y las islas Vírgenes, posesiones norteamericanas, en el extremo oriental de Cuba, ¿quién iba a aventurarse a quedar entre dos fuegos y cerca del centro de la potencia
de los Estados Unidos? Los cubanos podían ser los más eficientes
defensores de su independencia con un auxilio elemental de la
poderosa república vecina, ya que quienes por su cuenta habían
podido resistir a más de doscientos mil soldados españoles, apoyados por una escuadra, y respaldados por una parte de la población de la Isla, durante muchos años, era fácil que impidiesen cual·
quiera otra tentativa de sojuzgarles. ¿Dónde estaba la nación que
iba a mandar a Cuba doscientos mil soldados y una escuadra para
atacar a los Estados Unidos? ¿Eran acaso éstos más débiles en
1901 que lo habían sido hasta 1898, en que España dominó en la
Isla sin otorgar privilegios a los Estados Unidos para su defensa?
Alguien podrá alegar que había la posibilidad de nuevos compromisos en la política extranjera norteamericana con los canales proyectados en Panamá y Nicaragua, pero el argumento resulta de
leznable si tenemos en cuenta la posesión de Puerto Rico y las
islas Vírgenes.

La idea de la alianza envolvía deberes y derechos recíprocos y
específicos, y no habría sido aceptada con las ambiciones hege-
mónicas norteamericanas. Por ello, pues, la exclusión de esa proposición al hacerse el dictamen para la Asamblea Constituyente,
respondía a una realidad que sólo los Estados Unidos podían destruir con una declaración terminante en ese sentido, la cual no
habría de venir y nunca vino porque las exigencias de Root y las
demandas de la Enmienda Platt no eran más que la expresión de

una política imperialista que hipócritamente empleaba los pretextos de la defensa nacional norteamericana, la protección de vidas y haciendas y el mantenimiento de la independencia de Cuba para disfrazar sus verdaderos propósitos.

La lectura de la ponencia que acabamos de comentar, en la sesión secreta celebrada por la Asamblea el 26 de febrero, fué seguida de una información hecha por el Dr. Diego Tamayo, presidente de la Comisión dictaminadora, sobre la entrevista que acababa de tener con Wood y en la que éste le había entregado copia de la Enmienda Platt aún antes de que el pleno del Senado de Wáshington la conociese. Tamayo facilitó a la Convención la nota que había recibido de Wood y que aparece transcrita en el acta de la sesión celebrada ese día, con todas las exigencias características del famoso documento aunque sin tener todavía asociado el nombre del nuevo campeón del "Manifest destiny" que era el Senador Platt. La Asamblea simplemente se dió por enterada de lo comunicado por Tamayo, pero los delegados discutieron abiertamente la presión que se venía ejerciendo sobre ellos para obligarles a ceder a las demandas norteamericanas, y Sanguily precisó que desde el día 15 de febrero los delegados no actuaban libremente y se les presionaba y coaccionaba, por lo que sugirió la conveniencia de disolver la Convención Constituyente en señal de descontento con el procedimiento que estaban empleando las autoridades norteamericanas. Aunque la sugestión hecha por Sanguily no fué aceptada, no por ello pudiera creerse que la actitud de los demás delegados fué de ignorar la conducta seguida por Wood, ya que hubo críticas bien terminantes de la misma. En general la opinión de los asambleístas continuó adherida al punto principal y justificadísimo de que la Convención carecía de facultades para convenir en las relaciones que Cuba habría de tener con los Estados Unidos y solamente podía opinar sobre las mismas, aunque por momentos se veía que había una minoría más conservadora y partidaria de seguir las indicaciones del gobierno interventor y que en un principio pareció formada por sólo Joaquín Quílez y Eliseo Giberga, pero a la cual se incorporaron otros delegados. Las enmiendas propuestas por Giberga a la ponencia oficial y que más de una vez tendieron a satisfacer las demandas norteamericanas o conciliarlas con las opiniones contenidas en el dictamen, fueron rechazadas; y cuando en la sesión pública de 27 de febrero se leyó el informe aprobado por la Convención respecto a las relaciones de Cuba con los EE. UU., una copia del cual había sido ya entregada a Wood, la Asamblea había cumplido con la segunda parte de la labor que le había sido encomendada por el general Wood al inaugurar sus sesiones, según la orden militar No. 455, es decir, había formulado su opinión respecto a los lazos que debía haber entre Cuba y los Estados Unidos y tenía que dedicarse al tercero de sus deberes, que era el de la preparación de las elecciones de que debía surgir el gobierno cubano.

Para Wood fué una sorpresa la aprobación unánime que la Asamblea dió a la ponencia sobre las relaciones entre Cuba y los Estados Unidos y que iba contra todas las indicaciones hechas por él, en persona y por medio de gentes de su confianza, para persuadir a los delegados a ceder a las demandas de Root, primero, y más tarde a las exigencias de la Enmienda Platt, días antes de que ésta hubiese sido votada por el Congreso y sancionada por McKinley. El había dado por descontado que sus recomendaciones serían aceptadas y había enviado los más optimistas informes acerca de ello a Root, pero a éste, a lo que parece, ni se le ocurrió llamar a cuentas a su subordinado ni puso en duda una eficiencia y un supuesto juicio infalible que tan mal parados habían quedado.

El 2 de marzo Root instruía a Wood sobre la aprobación de la Enmienda Platt con palabras que daban a entender que ello había sido por acuerdo unánime, lo que estaba muy lejos de la verdad, y agregaba que la disposición restrictiva de la soberanía cubana estaba respaldada por el pueblo norteamericano y por ello Cuba debía aceptarla ya que la demora en hacerlo les acarrearía a los cubanos "an incalculable injury".[252] Lo menos que puede decirse como comentario a las falsas afirmaciones contenidas en esa carta, destinadas a justificar lo injustificable, es que Elihu Root consideraba que él era la opinión pública de los Estados Unidos y que si él estaba conforme con la Enmienda Platt todos sus conciudadanos lo estaban. Ya hemos visto que las votaciones congresionales, a pesar de que la medida había sido presentada por sorpresa, sin dar tiempo para un debate concienzudo, respaldada por toda la influencia del gobierno y ayudada por la triquiñuela de Wood al hacer aparecer a Máximo Gómez como uno de sus soportes, no fueron de mayoría aplastante en favor de la Enmienda Platt, que los votos de los senadores que no participaron de la votación en la Cámara Alta fácilmente hubieran cambiado el resultado, y que en la Cámara Baja la diferencia había sido muy pequeña. Robinson niega que el pueblo norteamericano fuese partidario de la Enmienda Platt y dice:

> ... Many eminent public men, of both parties, voiced regret and protest against the measure... [253]

El mismo autor reputa de falsas las afirmaciones del Senador Platt en los artículos que publicó para defender su limitación a la soberanía cubana con el absurdo argumento de que los "revolutionary and turbulent" elementos, si los Estados Unidos no protegían las propiedades españolas en Cuba, las destruirían y confiscarían. El apoderarse de las propiedades de los partidarios de la metrópoli lo habían hecho los revolucionarios norteamericanos por medio de la violencia al terminarse la guerra de independencia de los Estados Unidos y quizá por el recuerdo de lo que habían hecho sus antecesores el Senador Platt temía que los cubanos resultasen agresivos, díscolos, poco escrupulosos y con tendencias a "mob violence" como así resultó en los Estados Unidos al cese de la dominación británica, al final de la Guerra Civil, etc., pero en ello se equivocaba el flamante apóstol del "Manifest destiny". Hemos señalado que Porter y Wood no habían podido menos que maravillarse del espíritu de orden del pueblo cubano, y Wood mismo escribió a Roosevelt en elogio de esas cualidades al referirse a la tranquilidad pública en Santiago cuando tenía unos pocos policías y el pueblo celebraba ruidosos festejos callejeros. Agreguemos ahora que la acusación de Platt, según Robinson, quien vivió en Cuba por entonces:

> ... is as inaccurate as it is unjust to the Cubans, who had shown no more disposition toward turbulence or disorder than had the people of any State in the Union... It is most unfortunate that Senator Platt and those who followed his line of reasoning, and supported his bill, should have been so lacking in competent information regarding the Island and its people. To those who knew, all this was mere bugaboo, baseless and unwarranted. There had not been for two years prior to the period of this discussion any sign of either "revolutionary or turbulent party"... The argument of potential menace to the peace of the island, and the necessity for Cuban recognition of the right of the United States to interfere in insular affairs, was without justification... [254]

Robinson demuestra con citas abundantes que la oposición manifestada por la opinión pública norteamericana a la Enmienda

Platt, fué hecha independientemente de la política de partido. Si el diario *State*, de Columbia, South Carolina, de filiación demó- crata, dijo respecto a la Enmienda Platt:

> ... Si este plan preparado en flagrante violación de nues tra solemne promesa nacional y de toda consideración de equidad y de ilustrada política en los asuntos públicos, llega a tener éxito, los Estados Unidos aparecerán deshonrados ante las naciones del mundo...,

no faltaron periódicos republicanos, es decir, del mismo partido de McKinley, Root y Platt, que calificasen duramente las triquiñuelas de última hora para limitar la soberanía cubana. El *Chicago Journal* se refirió a las votaciones congresionales sobre la Enmienda Platt con la frase:

> ... Esas resoluciones son un acto de mala fe para con un pueblo débil, que tiene que ceder o ir a la revolución...

El *North American*, de Filadelfia, todavía fué más lejos al decir:

> ... Si una nación se deshonra cuando viola la fe prome- tida y lo hace fría y abiertamente y para obtener ventajas materiales, entonces los Estados Unidos están deshonrados ante el mundo...

El *Express*, de Buffalo, New York, comentó la iniciativa del Se- nador Platt y sus argumentos y los de sus secuaces con la decla- ración de que:

> ... Es bastante fácil el encontrar excusas para violar una promesa nacional cuando el deseo de hacerlo es fuerte. Pero no hay excusa que pueda disminuir el estigma de la fe vio- lada...

Un periódico de Baltimore, el *American*, dejó caer esta conde- nación del ultimátum presentado a Cuba:

> ... El imponer condiciones a Cuba es una violación de la promesa dada al mundo cuando los Estados Unidos fueron a ayudar a los cubanos.

Finalmente, para no hacer interminable esta lista que desmiente las afirmaciones de Root sobre el unánime apoyo norteamericano a la Enmienda Platt, repitamos la cita que hace Robinson en su tantas veces citada obra de lo publicado por el *Times-Herald*, de Chicago, contra la Enmienda Platt:

> ... Una vez dicho que los cubanos eran "libres e indepen- dientes" y que de derecho debían serlo, no descendamos ahora

*a leguleyerías. No dictemos a los "libres e independientes"
en manera alguna. Sigamos el sendero recto y estrecho de la
honradez...*

Todo esto fué inútil para impedir que se aprobase la Enmienda
Platt en la forma oportunista en que se aprobó, y tampoco pudo
obtener que un Congreso sometido al Ejecutivo e inconsciente de
los compromisos del honor nacional, y en el que había numerosos
imperialistas, revocase su actitud después de que la protesta popular se había hecho sentir. Sancionada la ley con el pegote de la
Enmienda Platt, ésta, basada en una hipótesis falsa y poco escrupulosa, se convirtió en una política a seguir y que envolvía la influencia del gobierno en la vida nacional y por ello requería el
apoyo de aquéllos mismos que comprendían la bajeza cometida,
pero temían comprometer más el prestigio, tan maltrecho, de la administración pública. La jugada de los audaces sin escrúpulos, de
los ignorantes erigidos en estadistas, de los imperialistas podridos
de ambiciones, si no era aceptada y defendida ponía en peligro
la mayoría electoral y con ella todo el complicado andamiaje de
la política nacional al empezar el segundo período de McKinley,
y así ganaron los que habían violado las solemnes promesas de los
Estados Unidos burlándose del honor de la nación, y los políticos
decentes e ilustrados tuvieron que respaldarlos.

Wood no perdió un momento en desempeñar su parte de la indigna trama, cuyo éxito veía asegurado por lo menos en cuanto a
los Estados Unidos. El mismo día 2 de marzo en que McKinley san-
cionaba en Wáshington la Enmienda Platt, el gobernador militar
de Cuba se dirigía oficialmente al Dr. Domingo Méndez Capote,
quien presidía la Asamblea Constituyente cubana, y le participaba, como para recalcar la burla hecha de uno de los más nobles
pronunciamientos de justicia internacional jamás hechos, como lo
era la "joint resolution", que en cumplimiento de ésta los Estados
Unidos continuarían ocupando la Isla hasta que se hubiese organizado un gobierno cubano cuya constitución llevase adicionados,
pero como parte integrante de la misma, todos y cada uno de los
preceptos de la Enmienda Platt, y el cual ratificaría su aceptación
de las exigencias a que ahora se pedía a la Asamblea que se sometiese en un tratado permanente con los Estados Unidos tan pronto
como se estableciese la república: el ultimátum legislativo había
sido notificado a Cuba.

Mientras la Convención y el pueblo de Cuba orientaban sus

respectivas actitudes hacia la nueva situación creada y que establecía como requisito indispensable para la consumación de la
independencia la aceptación de la Enmienda Platt, Wood se dedicó a tranquilizar y alentar al gobierno de Wáshington con informes de que los cubanos se someterían: por supuesto, si esto no
ocurría, ora porque hubiese oposición pacífica, ora porque surgiese una violenta reacción, la intervención continuaría pese a la
resistencia cubana y con ella Wood se lisonjeaba de que se consumaría la anexión. Si, por otra parte, la Asamblea se allanaba a
las demandas hechas, la política a seguir por él era la de controlar
la elección del nuevo gobierno, como ya había anunciado a Root
y hemos citado, y preparar la anexión por ese medio. De todos
modos él creía que sus planes resultarían triunfantes. En toda
Cuba había protestas populares contra la Enmienda Platt, se orga-
nizaban mítines y manifestaciones por la independencia absoluta,
los periódicos publicaban artículos que atacaban la conducta de
los Estados Unidos y, no obstante la rumorada demostración naval
norteamericana en aguas de Cuba, habría bastado una resolución
violenta de los veteranos de la guerra con España para precipitar
una revolución. *La Discusión*, el diario más influyente entre los
cubanos, en su edición de 9 de marzo se refirió a la Enmienda Platt
como una mutilación desvergonzada y perversa de la independencia y la soberanía de Cuba y veladamente acusó a Wood de haber
engañado a su gobierno y a la opinión congresional en Wáshington
con informes de que la Asamblea estaba en favor del apéndice
constitucional, y de continuar engañándolos para impedir que la
protesta popular norteamericana forzase al Congreso a modificar
sus exigencias.

No hay duda de que el tiro de *La Discusión* iba muy bien dirigido porque el 4 de marzo Wood había escrito a Root para decirle
que los elementos conservadores de Cuba estaban de acuerdo con
la Enmienda Platt, lo cual era excelente para el éxito de la misma,
y repetía lo que hacía pocos días había negado él que fuese cierto
respecto a que Máximo Gómez respaldase la Enmienda Platt. Páginas atrás hemos señalado la indigna triquiñuela empleada por
Wood al hacer que se enviase un cable a los Estados Unidos con
la falsa noticia de que Máximo Gómez le había visitado para ma-
nifestarle su conformidad con el apéndice constitucional el mismo
día en que el Senado había de votar sobre esa medida, y cómo esa
combinación obtuvo no pocos votos congresionales que de otro

modo habrían sido dudosos. Como se recordará, Wood, ante la indignación de Máximo Gómez, al ser interrogado por los repórters sobre la verosimilitud de la noticia, recibida en el palacio, quitó importancia al asunto y alegó que había habido un error. En la carta a Root, una semana más tarde, aquel gobernante poco escrupuloso mentía de nuevo la supuesta conformidad de Máximo Gómez y decía que éste le había dicho que la intervención no debía terminarse por entonces, sino continuar por uno y medio o dos años más, hasta que se estableciese el gobierno de Estrada Palma, a quien él apoyaría con los veteranos para que fuese presidente de la República. Y agregaba Wood, en su mezcla de verdades y mentiras, que Máximo Gómez iba a los Estados Unidos a verse con Estrada Palma y que era de esperar que le tratasen de manera conveniente en Wáshington.[255]

En realidad, el conformismo de Máximo Gómez no era más cierto el 4 de marzo, cuando Wood escribió a Root, que lo había sido el 27 de febrero, cuando el informe periodístico para influenciar al Senado. Robinson nos da nuevamente preciosa evidencia para juzgar de la duplicidad de Wood cuando cita una carta de fecha 9 de marzo, de Máximo Gómez a un amigo suyo, en que el generalísimo decía:

> ... This demand of Platt, thrown in the face of this heroic people by a great and powerful nation, must cause deep moral perturbation in the hearts of all the people of this Island, and even in America, which, during the trying days of war, regarded us with pride, and now regards us with covetous eyes... [256]

Lo que antecede demuestra con cuánta razón Leonard Wood merece en la historia de las relaciones entre Cuba y los Estados Unidos el contundente juicio que en su reciente y excelente "Historia de la Enmienda Platt" le dedica Roig de Leuchsenring al decir:

> ... el general Wood era un habitual mentiroso, que lo mismo mentía para calmar a los cubanos, que para quedar bien con su gobierno o cumplir las órdenes de éste... [257]

Con efecto, el gobernante encargado de "enseñar" virtudes cívicas a los cubanos era un Maquiavelo con uniforme, verdadero prototipo de la duplicidad que su panegirista, Herman Hagedorn, afecta ver en los latinoamericanos. El 2 de marzo La Habana fué teatro de una formidable manifestación de protesta contra la Enmienda Platt en la que se vieron representadas todas las clases sociales. Los manifestantes en número de muchos millares se presentaron en el local de la Asamblea Constituyente donde el Alcalde de La Habana, Dr. Carlos de la Torre, una de las grandes figuras científicas del Nuevo Mundo y a quien un día la Universidad de Harvard otorgaría el título de doctor honoris-causa, nada sospechoso de radical, pronunció un discurso memorable contra la Enmienda Platt y de estímulo a los delegados para que insistiesen en el establecimiento de la independencia absoluta. Una vez el presidente de la Convención hubo contestado a nombre de la misma, los manifestantes siguieron hasta el palacio del gobernador, quien recibió a una diputación compuesta por quince personas y allí, en su despacho oficial, rodeado por oficiales del ejército de ocupación, entre ellos su *factotum*, Frank Steinhart, oyó un breve discurso del Dr. Ricardo Dolz contra la Enmienda Platt y aceptó la exposición que en ese sentido le fué entregada para que la hiciera llegar a McKinley. Wood respondió con una declaración de que la Enmienda Platt no era definitiva y podía ser modificada y que si la Convención no la aceptaba, el Congreso podía ser llamado a una sesión extraordinaria y adoptar las medidas necesarias para llegar a un acuerdo y evitar toda crisis en las relaciones de amistad entre Cuba y los Estados Unidos.[258] El día 4 de marzo el doctor Diego Tamayo, miembro del gabinete de Wood y de quien con toda frescura el gobernador había escrito a Root, poco antes, que era partidario de que continuase la ocupación militar, celebró una trascendental entrevista con Wood en que le hizo conocer la oposición general del país, inclusive los elementos moderados y conservadores entre quienes él se contaba, a la Enmienda Platt. La versión de las palabras cruzadas se publicó en el periódico *La Discusión*, de La Habana, edición de marzo 5, 1901, y según ella el Dr. Tamayo dijo a Wood que la Enmienda Platt era

> ... *el más irritante e inaceptable acuerdo de las Cámaras americanas, que merma extraordinariamente el ideal de la revolución cubana... que podía asegurar que la Asamblea Constitucional—representación genuina del pueblo de Cuba— rechazaría de plano el funesto acuerdo que ha introducido el desaliento en nuestra patria y el recelo y desconfianza hacia los actos del gobierno interventor. Esa proposición es objeto para un tratado internacional, que no puede celebrarse sino de potencia a potencia...*

La respuesta de Wood a Tamayo, como antes a los manifestantes del 2 de marzo, fué nuevamente la de que la Enmienda Platt no era definitiva, que constituía una proposición que los asambleístas podían aceptar o no, y que de negarse a admitirla McKinley convocaría al Congreso a sesión extraordinaria para decidir cuál sería la política final de los Estados Unidos, respecto a Cuba. No fué hasta el 7 de marzo, cuando llegaron de Wáshington declaraciones bien terminantes de que la Enmienda Platt era la decisión definitiva de los EE. UU., de que no habría sesión congresional extraordinaria y si la había no se modificarían las condiciones impuestas a Cuba, y de que Wood no podía haber dicho que la Enmienda Platt podía ser cambiada, que el gobernador cantó la palinodia y se desdijo de lo que había dicho al respecto en distintas ocasiones. Y cabe preguntar, ante los tortuosos manejos de Wood, ¿no sería todo parte de un plan, al que ya hemos aludido, para hacer imposible arreglo alguno que diese fin a la intervención y de esa manera continuar ésta hasta consumar la anexión? El alentar a los cubanos a resistir las exigencias de Wáshington con falsas esperanzas sin duda que se presta a tal interpretación.

Las rectificaciones de última hora de Wood coincidieron con la reanudación de las sesiones secretas de la Asamblea, el 7 de marzo, para conocer de la ccmunicación oficial del gobernador contentiva de la Enmienda Platt. Leído el escrito de Wood el delegado Manuel Sanguily propuso que la Asamblea pidiera la celebración de nuevas elecciones a fin de constituir una Convención específicamente autorizada para determinar las relaciones entre Cuba y los Estados Unidos. Esta proposición se fundaba en la duda, cada vez más generalizada y firme, de los delegados, respecto a que no tenían poderes para atar a Cuba al carro del imperialismo norteamericano por medio de una interdicción de la soberanía. Sanguily había estado insistiendo sobre ello, de una u otra manera, por algún tiempo, y no era otro el significado de su recomendación de que la Asamblea acordase disolverse ante la presión de que estaba siendo objeto. El debate de los asambleístas en esa primera reunión puso de relieve que había cuatro grupos de opiniones acerca de lo que Cuba debía hacer ante el hecho concreto de la presentación de la Enmienda Platt, pero ninguna de ellas era favorable a su aceptación. Había quienes, como Sanguily, negaban que la Convención tuviese facultades para admitir las exigencias norteamericanas y pedían que se decidiese ese primer punto por aquel pueblo cubano al que la "joint resolution" había reputado ser y que de derecho debía ser libre e independiente; otro grupo del que era elemento prominente Eudaldo Tamayo, precisaba que el deber de la Asamblea según la orden militar 455 era de opinar sobre las relaciones entre Cuba y los Estados Unidos, y que ese deber había sido cumplido con la ponencia aprobada el 27 de febrero; un tercer bloque, en modo alguno partidario del protectorado, pero integrado por delegados que estaban dispuestos a agotar todos los recursos honorables para llegar a una avenencia, abogaba por el nombramiento de una comisión que preparase una ponencia sobre la Enmienda Platt y la sometiese al pleno de la Asamblea para una decisión de la misma, y un cuarto y reducido núcleo de que era cabeza visible el antiguo autonomista Eliseo Giberga, afirmaba, sin declararse todavía en favor de la Enmienda Platt, que la Convención tenía facultades para entrar en convenios con los Estados Unidos.

La opinión que finalmente prevaleció fué la de nombrar la comisión dictaminadora, integrada por los Sres. J. G. Gómez, Silva, Quesada, Villuendas y Diego Tamayo, quienes poco más o menos recogieron de sus colegas el criterio general contrario a la Enmienda Platt antes de comenzar sus tareas y participaron del mismo, no obstante que Quesada, Tamayo y Villuendas no eran del grupo de los llamados radicales, sino hombres de ideas más moderadas y partidarios de hallar fórmulas que, sin perjudicar a Cuba, fuesen satisfactorias a los Estados Unidos, por lo que puede decirse que el paso imprudente, injusto, mortificante e innecesario, representado por la Enmienda Platt, tuvo la pobre virtud de restar amigos a los Estados Unidos en todas las clases sociales.

La ponencia acerca de la Enmienda Platt y la actitud que debía adoptar la Convención respecto a las exigencias norteamericanas tardó varias semanas en ser preparada y constituyó un documento mesurado, de sólida argumentación, en modo alguno agresivo contra los Estados Unidos, pero sí firmemente favorable a la independencia absoluta de Cuba. Su autor lo fué aquel delegado Juan Gualberto Gómez detestado por Wood, y Quesada y Tamayo formularon votos particulares respecto a la misma, que mostraban algún desacuerdo con sus conclusiones, mientras que Villuendas, en otro voto particular, de fecha 22 de marzo, cuya discusión nunca fué hecha y del cual parece que él mismo prescindió, fué de opinión que ni la orden militar 201 ni la 455 imponían a la Convención obligación alguna de aceptar la Enmienda Platt, por lo que a su juicio la Asamblea no podía ni aceptar ni rechazar las exigencias norteamericanas y sí dejar de considerarlas por carecer de facultades delegadas del pueblo de Cuba para hacer otra cosa.[259]

La ponencia Gómez comenzaba por señalar la contradicción entre la Enmienda Platt y sus restricciones a los derechos del pueblo cubano, que los Estados Unidos no tenían derecho a imponer sobre una nación extranjera, con la "joint resolution" de abril de 1898 y otros pronunciamientos sobre la independencia de Cuba que en la Enmienda Platt se señalaban como fundamento de la imperialística política adoptada por el gobierno de Wáshington. Sólo por consideración a los Estados Unidos—continuaban diciendo los ponentes—, podía la Asamblea entrar a estudiar las cláusulas de la Enmienda Platt. Respecto a la primera de las mismas el dictamen señalaba que estaba de acuerdo con lo acordado por la Convención, a fines de febrero, acerca de no limitar la independencia de Cuba. En cuanto a la segunda demanda, la de los empréstitos y deudas públicas, se hacía notar que los artículos 59, 93 y 105 de la constitución eran más rígidos en las condiciones establecidas acerca de tales operaciones de crédito que lo que los Estados Unidos exigían.[260] No había gran desacuerdo en lo tocante a la validez de los actos de la intervención, aunque la ponencia hacía la salvedad de que tales garantías serían para aquellos actos hechos de acuerdo con las leyes de los Estados Unidos vigentes durante la intervención y así excluía, naturalmente, la legitimación de cualquier ilegalidad en que se hubiese incurrido. También expresaba la ponencia su conformidad con la cláusula quinta de la Enmienda Platt, relativa a ciertos deberes de sanidad pública tendientes a exigir de Cuba un estado sanitario superior al de muchas regiones de los Estados Unidos y que Cuba ha mantenido celosamente.

Las divergencias surgieron en la apreciación de las demandas contenidas en las cláusulas tercera, sexta, séptima y octava, la primera de las cuales era la referente a la intervención. Esta, según la ponencia, querían los Estados Unidos ejercerla como un derecho para cuatro fines principales que aparecían enumerados en la Enmienda Platt y que el dictamen de los comisionados discutía y analizaba como sigue: para mantener la independencia de Cuba; para el mantenimiento de un gobierno ordenado; para la protección de vida, propiedad y libertad individuales, y para cumplir las obligaciones impuestas a los Estados Unidos por el Tratado de París.

Respecto al primer punto los ponentes declaraban, con razón que les sobraba, que ningún otro pueblo podía tener mayor interés que los cubanos en el mantenimiento de su independencia y que era obvio que si había peligro para la misma los cubanos serían los primeros en defenderla efectivamente y por tanto resultaba absurdo otorgar a los Estados Unidos el derecho de entrometerse en las cosas de Cuba. En cuanto al segundo punto la ponencia contenía la concluyente declaración de que

> ... Si a los Estados Unidos corresponde apreciar cuál es el gobierno que merece el calificativo de adecuado, y cuál es el que no lo merece; si a los Estados Unidos queda la facultad de intervenir para mantener el gobierno cubano que les parezca adecuado y por lo tanto combatir al que no les parezca, no serán ya (esos gobiernos) productos de la voluntad de nuestro pueblo, sino de la del gobierno de los Estados Unidos. A éste, en efecto, correspondería de hecho y de derecho la dirección de nuestra vida interior. Sólo vivirían los gobiernos cubanos que contasen con su apoyo y su benevolencia; y lo más claro de esta situación sería que únicamente tendríamos gobiernos raquíticos y míseros, conceptuados como incapaces desde su formación, condenados a vivir más atentos a obtener el beneplácito de los poderes de la Unión, que a servir y defender los intereses de Cuba. En una palabra sólo tendríamos una ficción de gobierno y pronto nos convenceríamos de que era mejor no tener ninguno, y ser administrados oficial y abiertamente desde Wáshington que por desacreditados funcionarios cubanos, dóciles instrumentos de un poder extraño e irresponsable...

Los estudiosos de la historia de Cuba y de las relaciones de esta última con los Estados Unidos tienen que elogiar las previsoras objeciones de Juan Gualberto Gómez que acabamos de transcribir como denuncia anticipada de lo que llegaría a ser la realidad política cubana perturbada por la Enmienda Platt. En tesis general, no hay duda de que la ponencia precisó cuáles serían los perniciosos efectos de la interdicción de la soberanía de Cuba al establecerse la república sometida a la injusta y abusiva imposición de una ingerencia irregulada y arbitraria.

El dictamen también consideraba la posibilidad de la intervención para proteger la vida y la propiedad y libertad individuales. A este respecto se hacía notar que en caso de anarquía en un país el vecino perjudicado por la misma no se amparaba en permiso alguno para intervenir y con dolida ironía se recordaba que sin semejante autorización habían intervenido los Estados Unidos en la lucha entre Cuba y España después de muchos años de esa anarquía. Los ponentes declaraban que ese compromiso equivalía "a deshonrar antes de que nazcan a todos los gobiernos cubanos", a condenarles a una posición de inferioridad bochornosa y completamente injustificada, porque la protección de la vida y de la propiedad y libertad individuales, deber de todo estado, podía fallar en un momento dado en cualquier país, y así ocurría hasta en los mismos Estados Unidos, sin que ello llevase aparejada la intervención de otros países.

En cuanto al requisito del cumplimiento de las obligaciones impuestas a los Estados Unidos por el Tratado de París y, de acuerdo con éste, transferidas a Cuba, que la Enmienda Platt pretendía hacer aparecer como otra causa más de la intervención norteamericana en los asuntos cubanos, los ponentes no tuvieron que esforzarse para demostrar que era un pretexto absurdo e infundado: el recordatorio de que el artículo primero del Tratado de París limitaba las obligaciones de los Estados Unidos al tiempo de su ocupación en la Isla, como una y otra vez había reclamado que así fuese la delegación norteamericana a las conferencias de la paz, ya era bastante para poner de relieve lo injustificado de la pretensión contenida en la Enmienda Platt a ese respecto y su contradicción con la actitud asumida por los Estados Unidos en París.

Al enjuiciar el artículo tercero de la Enmienda Platt en conjunto la ponencia declaraba, con toda razón, que el derecho de intervención que los Estados Unidos querían arrancarle a Cuba con el apéndice constitucional, era incompatible con la soberanía de la república según los preceptos de los más eminentes tratadistas y contrario a las más solemnes promesas y pronunciamientos norteamericanos acerca de las futuras relaciones con Cuba independiente. Más concretamente se hacía notar que la situación de Cuba frente a la intervención sería inferior a la de un estado cualquiera de los componentes de los Estados Unidos, en el que el gobierno federal no podía intervenir a voluntad sin violar la constitución de la nación y sí pretendía tener esa facultad respecto a un país extranjero y arrancarla con la amenaza de que continuaría la ocupación militar si Cuba no se sometía a la abusiva exigencia.

Respecto a la cláusula sexta de la Enmienda Platt el dictamen se concretaba a dejar constancia de que Cuba no renunciaba a su soberanía sobre la isla de Pinos y continuaba considerándola territorio cubano.

La última objeción era a la cesión de estaciones carboneras que requería el propuesto apéndice constitucional. Contra ella se manifestaba el dictamen en los términos más enfáticos por atentatoria a la soberanía de Cuba y contraria a los compromisos del gobierno de los Estados Unidos para con su pueblo, el de Cuba y el resto del mundo.

Los comentarios generales que figuraban al final de la ponencia eran de una fuerza incontrastable. Para Juan Gualberto Gómez los Estados Unidos, con sus exigencias condicionales para la evacuación, trataban a Cuba como un país vencido y ocupado por un ejército victorioso que imponía condiciones "duras, onerosas y humillantes" para retirarse. Como con razón decía la ponencia, si en vez de haber sido la guerra con España hubiese sido con Cuba, y sin la "joint resolution", los Estados Unidos habrían exigido la anexión y era ésa la única condición que no exigían con la Enmienda Platt. Las contradicciones, la insinceridad, la injusticia y el egoísmo de la actitud norteamericana quedaban bien destacados en el dictamen presentado a la Asamblea y en el que no faltaban merecidos calificativos al proceder del gobierno de Wáshington. La ponencia, además, negaba que la Convención tuviese facultades bastantes, por la convocatoria, la elección misma o disposición alguna, para hacer de "Cuba otra cosa que un estado independiente y soberano", y declaraba que la concesión de poderes al efecto por el gobierno interventor equivalía

> ... a encontrar legítimo y moral que, en el orden civil, el tutor pueda emancipar cuando la emancipación no tenga otro objeto que el de habilitar al pupilo para hacer donaciones al tutor...

Finalmente, la ponencia proponía que se contestase al gobierno de Wáshington que la Convención no tenía inconveniente en recomendar favorablemente al futuro gobierno republicano de Cuba las cláusulas 1ª, 2ª, 4ª y 5ª de la Enmienda Platt, pero que las 3ª, 5ª y 7ª las consideraba atentatorias a la soberanía cubana y no recomendaba su aceptación. En cuanto al pretexto hipócrita de que la aceptación de la Enmienda Platt aceleraría el cumplimiento de la "joint resolution" por parte de los Estados Unidos, en un último dardo al terminar el formidable documento, el dictamen sugería la conveniencia de hacer notar a los Estados Unidos que la única manera de cumplir con la "joint resolution" consistía en constituir cuanto antes la república de Cuba según la Constitución adoptada por la Asamblea convocada por las autoridades norteamericanas, y negociar con el gobierno cubano legalmente elegido cuáles debían ser las relaciones entre ambos países.

La ponencia que acabamos de comentar ya estaba redactada y firmada el 26 de marzo, días antes de que la Convención se reuniese para decidir la actitud que habría de adoptarse frente a las exigencias norteamericanas. El delegado Eliseo Giberga, antiguo autonomista y aún no reconciliado con el triunfo de la revolución de que podían excluirle sus antecedentes anti-mambises, era de los partidarios de una avenencia con los Estados Unidos de acuerdo con los deseos de esta nación. Por ello fué que, también antes de que la Asamblea entrase a discutir la ponencia sobre las relaciones entre Cuba y los Estados Unidos, y con fecha 29 de marzo, presentó un proyecto de contestación al escrito del general Wood con que la Asamblea había recibido el texto de la Enmienda Platt. Aun en este caso, sin embargo, de un delegado que figuraba y que simpatizaba con los Estados Unidos y era de tendencias conservadoras, la opinión favorable a la Enmienda Platt estaba limitada por una tentativa bien concreta de regular el uso de las facultades que pretendían tener los Estados Unidos en Cuba en cuanto a intervención, carboneras, etc., en un convenio, como concesiones a cambio de las cuales el gobierno de Wáshington otorgaba ciertos privilegios a los productos cubanos y al comercio de la Isla en general.[261]

Pese a todos los optimistas y falsos informes de Wood a su gobierno sobre que los convencionales estaban en favor de la Enmienda Platt, la verdad es que *"...el único de los constituyentes que propuso desde el primer momento... la aprobación total de la Enmienda..."*,[262] fué el delegado Joaquín Quílez, de Pinar del Río. Resulta una infortunada coincidencia en este caso para apreciar la espontaneidad de esa actitud, que Joaquín Quílez,

> *... persona apreciable, de poco color político y a quien se le achacaba el prestarse dócil a los deseos del Gobernador General...*,[263]

era protegido político del general Wood y había relevado en el gobierno de Pinar del Río a un funcionario reputado de hostil a Wood. Esta circunstancia restaba no poco del valor que, de otro modo, pudiera haber atribuído la intervención a su temprano voto favorable a la Enmienda Platt.

En la sesión primero pública y después secreta que celebró la Convención Constituyente el día 1º de abril de 1901, se dió lectura a la ponencia oficial que ha poco comentamos, los votos particulares disidentes de la misma presentados por los señores Quesada y Tamayo, y las enmiendas introducidas por los delegados Núñez, Giberga, Quílez, Alemán y Portuondo. Una proposición previa de esa fecha, firmada por Emilio Núñez, José N. Ferrer, José de J. Monteagudo, José L. Robau y J. Fernández de Castro, pedía que se nombrase una comisión de asambleístas que se trasladase a Wáshington a entrevistarse con McKinley, directamente, y obtuviese de él declaraciones concretas y terminantes sobre la forma, casos y motivos que harían entrar en juego las facultades otorgadas por la Enmienda Platt a los Estados Unidos. Esta proposición previa, que no recomendaba ni con mucho la aceptación de la Enmienda Platt, aspiraba a fijar su alcance y despojarla de cualquiera interpretación arbitraria, y también pretendía saber qué daban en cambio de tan extraordinaria exigencia los norteamericanos con una alusión directa a un tratado de reciprocidad mercantil.

Las sesiones celebradas por la Asamblea Constituyente durante los primeros días del mes de abril mostraron de manera bien evidente que la tendencia era contraria a la aceptación de la Enmienda Platt. La declaración del delegado José B. Alemán, en la sesión de 1º de abril, de que nunca votaría en favor de la Enmienda Platt, reflejaba también la opinión de Juan Gualberto Gómez, Salvador Cisneros Betancourt y otros muchos, y el único partidario decidido de su aprobación aparecía ser Joaquín Quílez y, con ciertas limitaciones, Eliseo Giberga, Gonzalo de Quesada y algún otro. El 11 de abril, cuando la Convención iniciaba los debates sobre el nombramiento de una comisión que iría a Wáshington a entrevistarse con los funcionarios del gobierno norteamericano y discutir los términos de la Enmienda Platt, los delegados Rafael M. Portuondo, José B. Alemán, Martín Morúa Delgado, Eudaldo Tamayo y Luis Fortún presentaron una proposición previa para que se hiciese constar, al designarse la comisión referida,

... *que el criterio de la Convención Constituyente es opuesto a la Enmienda Platt por los términos en que están redactadas algunas de sus cláusulas y por el contenido de otras como son las 3ª, 6ª y 7ª...* [264]

Los esfuerzos de Eliseo Giberga para impedir la aprobación de ese pronunciamiento político contra la Enmienda Platt fueron baldíos y al hacerse la votación, el día 12, la declaración propuesta fué aprobada por dieciocho votos contra diez. Pocos días más tarde quedó nombrada la comisión integrada por los señores Méndez Capote, Portuondo, Diego Tamayo, G. Llorente y Pedro Betancourt, y con la sesión del 18 de abril, en que quedó definitivamente integrada esa comisión, la Asamblea Constituyente receso hasta el 7 de mayo, en que volvió a reunirse para conocer del resultado de las gestiones practicadas en Wáshington.

No habían permanecido inactivos durante ese tiempo los partidarios norteamericanos de la Enmienda Platt, autoridades o no, especialmente cuando era evidente que la opinión pública cubana era contraria a la Enmienda Platt y que la agitación popular crecía por momentos. Tomás Estrada Palma, antiguo delegado de la revolución cubana en los Estados Unidos y en quien, por sospechársele de anexionista a virtud de algunas manifestaciones en ese sentido hechas años atrás, se fijaban los ojos de McKinley y sus consejeros para hacerle presidente de Cuba, decía por entonces en Wáshington con aparente irreflexividad, aunque con la vista fija en lo que ello podía significar para sus aspiraciones presidenciales:

... I care more for liberty than I care for independence... [265]

No obstante esa declaración, que favorecía la Enmienda Platt, y la innegable realidad de que, conforme a la nueva teoría de Roig de Leuchsenring, Estrada Palma pudiera considerarse como uno de los iniciadores de los principios limitadores de la soberanía cubana contenidos en la Enmienda Platt, a la par con el Senador Platt, el Secretario Root, los generales Wilson y Wood, etc., [266] es también cierto que Estrada Palma, como a su tiempo probaremos, una vez en la presidencia de la República luchó por la dignidad de su cargo y se opuso con firmeza a múltiples imposiciones resultantes de la Enmienda Platt.

Si el aspirante presidencial, realista y convencido de que él tenía una misión que cumplir a fin de consolidar la república naciente para la cual creía tener mejor preparación que nadie, hacía una declaración a Elihu Root como la que citamos ha poco, el Secretario de la Guerra, que la recibía, no podía menos que acogerla con el mayor placer, ya que esa actitud favorecía sus planes. En respuesta a una comunicación de Wood, fecha 23 de marzo, en que se decía a Root que la Asamblea se inclinaba a aceptar la Enmienda Platt si la intervención podía tener lugar sólo cuando Cuba no pudiese controlar difíciles situaciones políticas y si las estaciones navales tenían límites precisos y quedaban situadas lejos de las poblaciones, el 29 contestó Root al gobernador militar que podía tranquilizar a los delegados cubanos con la información de que la intervención mencionada en la Enmienda Platt no era sinónimo de interferencia o entrometimiento en los asuntos de Cuba, sino de la acción formal del gobierno norteamericano en el caso de que fracasase completamente el de Cuba en sus deberes o de que hubiese daño inminente. Según Root, era el reconocimiento del derecho de volver a hacer lo que se había hecho con España en abril de 1898, y no concedía a los Estados Unidos nada que ya no tuviesen, pero beneficiaba a Cuba en sus relaciones con otros países y permitía a los norteamericanos proteger la independencia de la Isla.[267]

La falacia de toda la argumentación de Root en sus instrucciones a Wood es evidente: no existía tal derecho norteamericano a intervenir en Cuba para evitar la anarquía, proteger la vida y la propiedad y la libertad individuales; si alguna vez hubiera existido, la responsabilidad de los Estados Unidos en los horrores del despotismo español durante el siglo XIX habría sido imperdonable y los crímenes de los guerrilleros, de los voluntarios, de los esbirros de Tacón, O'Donnell, Alcoy, Concha, Cañedo, Valmaseda, Rodas, etc., habrían sido los del gobierno de Wáshington que se permitía alegar ese derecho durante cien años. Lo que sí tenían los Estados Unidos en Cuba, pura y simplemente, era el arbitrario ejercicio de un poder que no les correspondía y el que habían asumido con el derecho del fuerte y con evidente desprecio de sus compromisos y declaraciones y querían legitimarlo con la imposición de la Enmienda Platt.

Root, en sus esfuerzos para engañar a la opinión de su país y a la de Cuba y justificar lo injustificable de la limitación de la soberanía cubana, se había permitido decir que esa limitación era necesaria porque las potencias no habían reconocido la Doctrina de Monroe y en consecuencia resultaba imprescindible tener una base legal para defender a Cuba en caso de ataque por una potencia extranjera. ¡Ridículo e hipócrita pretexto! ¿Por qué no entonces otra Enmienda Platt a México, a las repúblicas despobladas de la América Central, a la República Dominicana y Haití, a las colonias europeas contiguas a los Estados Unidos? ¿Por qué no había habido una Enmienda Platt para Cuba colonia española cuando la debilidad de España y los vaivenes de la política internacional europea habían tenido a la Isla en peligro? Además, un moderno tratadista norteamericano, con justicia reconocido como una de las primeras autoridades sobre la Doctrina de Monroe, al discutir precisamente la absurda excusa de Root, a que acabamos de referirnos, comentaba lo infundado de semejante argumento al observar que la Conferencia de Paz de El Haya, en 1899, había reconocido a la Doctrina de Monroe de una manera específica, lo que hacía innecesario el imponer una obligación especial en el caso de Cuba y destruye ese pretexto.[268] El propio Dexter Perkins, en la obra que acabamos de citar, llama "impudent" al Senador Hoar por haberse atrevido a sostener opinión semejante a la de Root.

Como consecuencia de las manifestaciones hechas el 29 de marzo por el Secretario de la Guerra y que hemos comentado en estos últimos párrafos, el general Wood tuvo una entrevista con varios delegados de la Asamblea Constituyente, a los que trasmitió la aclaración de Root. Esta es la entrevista que aparece mencionada en el acta de la sesión secreta de la Convención celebrada el 3 de abril. Como de costumbre, o Wood no entendió los puntos de vista de los cubanos, o si los entendió prefirió hacer una turba maniobra para con Root, sin decirle cuál era realmente la actitud de los convencionales. De ahí su cable a Root en que le decía el día 1º que había celebrado una conferencia con muchos miembros influyentes de la Asamblea y por ello creía que la Enmienda Platt sería aceptada en su totalidad si se le autorizaba a declarar a la Convención, de una manera oficial, que la declaración de Root en su carta de 29 de marzo era la expresión de las opiniones de McKinley y Root sobre la intervención, y que ésta no se produciría por motivos baladíes, sino por causas bien justificadas.

La mejor prueba de que Wood no decía la verdad a Root respecto a las disposiciones en que se encontraban los Estados Unidos está en que la Asamblea se manifestó, una y otra vez, durante las dos semanas subsiguientes, en contra de la Enmienda Platt, como ya hemos visto. Sin embargo, Root prestó oídos a la sugestión de su subordinado, y el día 2 de abril cablegrafió a La Habana, de

manera oficial, el texto de su famosa aclaración de esa fecha para
que Wood la trasmitiese a la Asamblea Constituyente, lo que hizo
aquél por comunicación del día 3. La nota de Wood a Méndez
Capote precisaba que el cable de Root contenía la opinión de
McKinley sobre el alcance de la intervención descrita en el artículo tercero de la Enmienda Platt y tenía por objeto desvanecer
las dudas surgidas respecto al particular. En cuanto al mensaje
de Root, autorizaba a Wood para que de manera oficial declarase
que la intervención estipulada en la famosa cláusula tercera no
era sinónimo de entrometimiento o interferencia en los asuntos del
gobierno cubano, sino de posible acción, con justa y evidente
causa, para conservar la independencia de Cuba y mantener un
gobierno adecuado para la protección de la vida y la propiedad y
libertad individuales y para el cumplimiento de las obligaciones
impuestas a los Estados Unidos por el Tratado de París con respecto a Cuba.

No es posible precisar en qué fundamentos se basaba Wood
para creer que con las seguridades ofrecidas por Root, y que no
comprometían a nada a los Estados Unidos, ni siquiera durante el
gobierno de McKinley que tan señalado ejemplo de desprecio por
sus más solemnes compromisos había dado con la traición a los
de la "joint resolution" en favor de la Enmienda Platt, los delegados cubanos fuesen a resignarse a aceptar esta última. Probablemente se trataba de uno de los tantos casos en que el procónsul se
engañó a sí mismo y engañó a su gobierno en su suficiencia y con
perjuicio de los intereses de Cuba y de los Estados Unidos.

El mismo día 3 en que la Asamblea se daba por enterada de las
comunicaciones de Wood y Root sin más comentario, el gobernador militar volvía a escribir al Secretario de la Guerra para decirle que había algún malentendido respecto a la aclaración recibida el día anterior y que por ello quería saber si se podía modificar la promesa hecha de modo que fuese para un gobierno adecuado para la protección de la vida y la propiedad, sin decir nada
de la libertad individual, y adecuado para el desempeño de las
obligaciones referentes a Cuba impuestas por el Tratado de París
sobre los Estados Unidos.

Root aceptó parte de la sugestión hecha, es decir, la que se refería al error de redacción en sus instrucciones de 2 de abril, según
la cual el gobierno cubano que se estableciese parecía serlo para
cumplir las obligaciones del Tratado de París, y un nuevo tele-

grama de la Secretaría de la Guerra precisó que debía ser "adecuado" para ese fin. No tuvo igual éxito Wood en su petición de que se aboliese lo de la protección a la libertad individual.

Hechas estas rectificaciones, de nuevo se vió que Wood se había dejado llevar de su optimismo sin medir con exactitud la realidad, porque en su sesión de 6 de abril, la Asamblea no tomó acuerdo respecto a las declaraciones de Root, y aun el delegado Cisneros Betancourt propuso que le fuesen devueltas al gobernador Wood esas comunicaciones con todas las demás referentes a la Enmienda Platt. Esta actitud de la Convención, que pudiera haber sido considerada como una descortesía, era consecuencia directa y natural de la oficiosidad, los errores de juicio y la suficiencia de Wood, creído por sus contactos con elementos conservadores y pronorteamericanos que él tenía como nadie la apreciación exacta de la realidad y podía con dos o tres maniobras salir al encuentro de cualquiera objeción y fabricar una solución favorable a las pretensiones norteamericanas. Como ya hemos hecho notar, la Asamblea dejó a un lado, muy naturalmente, en vista del incumplimiento de anteriores promesas, las hechas entonces por Root y nombró la comisión encargada de ir a Wáshington y de obtener que no se limitase la soberanía del pueblo cubano.

Wood quería ganar tiempo y fomentar mientras tanto el espíritu anexionista y desacreditar y aislar a la Asamblea Constituyente en su oposición a la Enmienda Platt. Hagedorn dice con evidente exageración que mientras Wood, Root y la Convención no se ponían de acuerdo, "...the desire for annexation was growing...", y trata de probar que el pueblo de Cuba no respaldaba a los que se oponían a la Enmienda Platt. Ya hemos dado buenas pruebas de que tal no era el caso y que el anexionismo, que sí existía, era independiente del problema de la Enmienda Platt, bien ligado al régimen económico apuntalado por la intervención y a la cuestión de la desconfianza y oposición a la independencia mantenida por los elementos reaccionarios y acaudalados que siempre habían sido contrarios al establecimiento de la república en Cuba. Podemos agregar más evidencia a la ya suministrada sobre los propósitos anexionistas de Wood y el apoyo popular cubano a la Asamblea contra la Enmienda Platt, la anexión y cualquiera otra relación con los Estados Unidos que no fuese la de dos países amigos, pero igualmente independientes.

En una carta de Wood a su amigo el Vicepresidente Roosevelt, en estos días, podemos encontrar la siguiente declaración:

> ... *Everything here is in suspense pending the action of*
> *the Convention on the question of relations. I believe these,*
> *as covered by the Platt Amendment, will be accepted con-*
> *sidering them as part of the Joint Resolution, as soon as the*
> *Cubans realize that our idea is not aggressive nor our purpose*
> *the acquisition of territory, but simply to have an announced*
> *understanding in order that the rest of the world may not at-*
> *tempt to interfere in Cuban affairs... The main thing now is*
> *to establish the Cuban Government. No one is more anxious*
> *than I, provided it can be so established as to be enduring and*
> secure until such time as the people of Cuba may desire to
> establish more intimate relations with the United States...* [(269)]

Esas relaciones más íntimas, una vez establecida la Enmienda
Platt, como así lo admitía Wood, no podían ser otras que las de la
anexión de la Isla a los Estados Unidos.

Otro intercambio de correspondencia en esos mismos días, que
ahora vamos a citar, prueba cuál era la verdadera actitud de no
pocos oficiales del ejército norteamericano en Cuba, y del propio
Root, acerca de la cuestión cubana, y también marca el momento
en que el Senador Morgan, de Alabama, quien por espacio de varios años había pasado por amigo de la independencia de Cuba,
cambiaba de rumbo para trabajar por la anexión a cara des-
cubierta. Incidentalmente, estas cartas vienen a probar una vez
más que la opinión pública cubana era contraria a la Enmienda
Platt y se orientaba contra los Estados Unidos responsables de la
misma. Un oficial norteamericano, uno de tantos individuos sin
preparación especial ni conocimientos de los problemas de Cuba
que, por el hecho de haber nacido en los Estados Unidos y vestir
el uniforme de sus tropas, ya era "autoridad" en las cuestiones cubanas y "civilizador" de un país con una cultura más antigua y superior a la de muchos de los estados de la Unión, fué consultado
por el Senador Morgan, en carta de 21 de marzo, respecto a cuál
era "...*the real sentiment in Cuba as to the Platt Amendment*".
El oficial, Walter B. Barker, capitán pagador, estaba estacionado
en Cienfuegos, y de allí envió su informe, un pintoresco documento
que ahora vamos a comentar en detalle. Según Barker los cubanos
veían

> .. *the Platt Amendment as asking much of Cuba without*
> *making them the least concession. This is true if they*
> *disregard the blood and money the United States has ex-*

pended in securing their release from Spanish cruelty and oppression.

To my surprise, as well as regret, this people are base in-grates... You know of my services during the days of Weyler's "reconcentración". I gave my money and often exposed my life to give succor to their sick and starving. Today I am simply one of the Americans whom they are more bitter toward than the Spaniards. This, in my humble opinion, is, in a measure, due to the temporizing policy the United States has pursued, while the Spanish Government ruled them by strict military despotism. Thus trained they are better controlled by sternness and fairness than leniency.

They will accept the Platt Amendment as soon as each member of the Constitutional Convention has given publicity to his individual views. If I am mistaken in this, and they refuse to accept this amendment, no serious trouble will arise... No condition can ever arise to cause the Cubans to again take up arms...

I wish it were possible for our people to know the material improvements made by our Government within the past two years. General Wood is giving unrelenting efforts toward educating the children, which is the sole hope of the Island. I believe that one year more of General Wood's Administration along the lines he is building will bring about a revolution of sentiment among the Cubans. By that time they will realize what he is doing; they will see without question the improvement in their financial condition; discontent which now prevails will disappear; they will become convinced that the United States desires nothing but their contentment and prosperity, and then they will clamor for annexation.

I pity this people for I know Spain is responsible and not themselves, for their condition. They are incapacitated for themselves. Reared under a corrupt Government, untrained with minds of no greater scope than children, how could they be expected to conduct successfully a government of their own?

While I have stated that they never could be driven to a revolution I do believe that if given "Cuba libre" without a guiding hand and some sort of a protectorate they will soon be "scrapping" among themselves... [270]

El lector tiene derecho a una explicación por la inserción de esta extensa carta, firmada por un obscuro e improvisado militar del gobierno interventor, en esta obra. En ella aparece el propósito anexionista como fin de la intervención, se menciona el disgusto general del pueblo cubano contra la Enmienda Platt, y surge de nuevo la tonta e infundada idea de la superioridad norteamericana. Elihu Root, el Secretario de la Guerra que ofrecía a los cubanos que los Estados Unidos querían verles libres e imponían la Enmienda Platt para protegerles de agresiones externas, recibió del Senador Morgan la carta de Barker, la leyó cuidadosamente, y la devolvió con la siguiente misiva reveladora de su insinceridad para con los cubanos al estar él de acuerdo con los puntos de vista de Barker:

> ...I return the letter of Captain Barker which you are so kind as to send me. It exhibits a very acute and accurate perception, and confirms the good opinion which I already entertained of him. This is gratifying in view of his recent appointment to the regular army...[271]

En esta carta de Root radica la importancia que hemos reconocido en la del capitán Barker. Para el Secretario de la Guerra era un juicio inteligente y acertado el que insultaba a los cubanos, el que les veía opuestos a los Estados Unidos por razón de la Enmienda Platt, el que esperaba que la anexión sería el resultado de la intervención, el que reclamaba el protectorado para Cuba; y Root se ratificaba en su "buena opinión" del que así hablaba.

El informe de Barker y los elogios de Root fueron suficientes para que el Senador Morgan por fin se despojase de su careta de amigo de la independencia de Cuba para presentarse como amigo de la anexión. En esos días publicó su folleto The Just and Safe Method of Settling the Cuban Question, que recomendaba la anexión de Cuba a los Estados Unidos. Copias del folleto fueron distribuídas a las autoridades y a los anexionistas norteamericanos y cubanos para hacer la propaganda de la incorporación de Cuba a los Estados Unidos. John Hay, el Secretario de Estado, en carta de 22 de abril dirigida a Morgan, le elogiaba su folleto y las opiniones relativas a Cuba y expresaba sus deseos de que el trabajo de referencia fuese traducido al español y circulado profusamente por toda la Isla.[272]

Dos cubanos anexionistas, de antiguo radicados en los Estados Unidos y que se habían hecho ciudadanos norteamericanos y hasta uno de ellos tenía alta graduación en el ejército de ese país, estuvieron de acuerdo con el Secretario Hay en su sugestión de que se tradujese al español el folleto en favor de la anexión. El coronel Aniceto García Menocal, U. S. Army, famoso por sus trabajos de ingeniería acerca de los canales de Nicaragua y Panamá, al acusar el recibo de una carta del Senador Morgan, de fecha 19 de abril,

sobre su folleto, calificaba a éste de admirable y lo estimaba como
"...a clear and forcible presentation of the subject and, in my
opinion, the only solution of that annoying question". Este cubano
de tendencias anexionistas decía terminantemente al Senador
Morgan en su carta, con evidente y censurable injusticia de los
revolucionarios cubanos que habían hecho posible la independencia:

> ...I think it should be translated into Spanish without
> delay and circulated in Cuba freely. The Cubans know that
> you have been their faithful friend and that no man has done
> more than you towards their emancipation from Spanish rule;
> and your opinion as to what is best for them ought to, and I
> think will, have considerable influence with the party now in
> control of the Assembly, and, at the same time, prop up the
> conservatives who, while recognizing the advantages in and
> favoring American supremacy, appear to be lacking in the
> strength of their conviction...
>
> It may be quite difficult for the radical members of the
> Assembly to ask for annexation now: such a change of front
> would place them at a great disadvantage with the voters who
> put them in power and through whom they expect to live and
> prosper. They may be willing to accept a transitory arrange-
> ment that will lead to statehood in the Union at a comparatively
> early date, and in such a case, the conditions of the Platt
> Amendment or something to the same effect might bridge over
> the difficulty satisfactorily...[273]

En los momentos en que se cruzaban estas cartas, la comisión
de delegados cubanos ya iba camino de Wáshington y la escena
se preparaba para convencerles de que la mejor solución era la de
la anexión. La distribución al público del folleto de Morgan estaba
señalada para el 27 de abril. En estos momentos entró en funciones otro cubano anexionista en la persona de un C. L. Pintó, quien
tenía la ciudadanía norteamericana y aspiraba a un puesto en la
Secretaría de Justicia, de Wáshington, por mediación de Morgan,
y quien por todo ello se prestó a laborar contra la independencia
de su patria de origen, a reportar sobre las disposiciones en que
se encontraban los representantes de la Asamblea, y a favorecer
la anexión. Pintó trabajaba de acuerdo con el coronel García Menocal, de quien era amigo, y con Morgan. En una carta a este
último, Pintó se mostraba entusiasmado con las opiniones de
Morgan y se ofrecía "entirely and unconditionally" a ayudarle en
su realización y a traducir el folleto y distribuirlo en Cuba. Después de anotar que la opinión de Morgan tenía que ejercer grande

influencia sobre *"the best class of the Cuban people"*, Pintó decía con toda suficiencia:

> ... *The Commission will arrive in Washington tonight or tomorrow morning. If it is received and handled with tact a great deal could be accomplished so they can be strongly impressed that the ultimate solution of the problem is annexation and the only solution.*
>
> *I know personally three of the Commissioners and my opinion is—Tamayo, annexationist at heart; Méndez Capote: strongly inclined to be; Llorente, a man of convictions and intelligent enough to appreciate facts; Portuondo: thinks more of himself to be prominent, easily hushed up, if a position is given to him. I do not know who the other one is because the one originally appointed resigned on acount of his health.*
>
> *I claim that if tact and forms are used and diplomacy to make them understand that we do not intend to take any step backward, they will realize the futility of further efforts. I do not see any other alternative for Cuba, but to be annexed for the benefit of all concerned...* [274]

Obvio es decir que, si los informes de Pintó acerca del anexionismo de Tamayo, no iban del todo descaminados, en cuanto a Méndez Capote y González Llorente eran en lo absoluto falsos, pero con tales informantes era que los Wood, los Root, los Morgan, etc., hacían sus conclusiones acerca de Cuba y de los cubanos.

Estimulado por su ambición y por las interesadas excitaciones de sus secuaces, el Senador Morgan decidió dirigirse directamente a Méndez Capote, a su llegada a Wáshington, y participarle sus ideas sobre la anexión. Esto no lo hizo por su sola cuenta, como con lamentable insinceridad hubo de escribir a Méndez Capote, sino con conocimiento y sin la oposición de John Hay, Secretario de Estado, y de Elihu Root, Secretario de la Guerra. El mismo día 24 de abril en que los comisionados cubanos llegaron a Wáshington, Morgan envió copia de su carta a Méndez Capote a Hay y a Root, y entre sus papeles figuran los acuses de recibo de los dos desleales estadistas que por espacio de varias semanas habían estado declarando que los Estados Unidos no querían la anexión de Cuba y que la Enmienda Platt era para proteger la independencia de Cuba. El propio Root se encargó de hacer llegar a manos de Méndez Capote y sus compañeros la carta de Morgan y un paquete contentivo de varios ejemplares de su folleto sobre la anexión, y una nota suya del 24 de abril, que figura en los archi-

vos de Morgan, informaba a este último de que había dado cumplimiento a su comisión.

La carta del Senador Morgan, el arrepentido campeón de la
independencia de Cuba transformado en anexionista, a Méndez
Capote, decía como sigue:

> ... Sir: Desiring to present my personal views of the situa-
> tion in Cuba, I have prepared the enclosed paper, which I
> have the honor to request that you will kindly present to the
> members of the Commission of which you are the Chairman.
>
> In preparing this paper, I have not consulted the President
> or any person in authority.
>
> It presents my own opinion, with impartial sincerity, and
> with entire freedom, relying upon my known friendship for
> Cuba for its just and considerate examination by your com-
> mission.
>
> I am convinced, as all must be, that Cuba and the United
> States have a destiny that is one and inseparable, and I
> aspire, with a hope that is fondly cherished, to witness the
> cordial union of these peoples in the bonds of peace, fraternity
> and prosperity.
>
> As their union is inevitable, let it be accomplished at once,
> with honor for all, and with the great sovereign powers of
> American statehood resting as a crown of glory on the brows
> of Cuba... [275]

Esta insolente carta, en cuyo último párrafo aparecía cierta afirmación respecto al honor bien demostrativa de que Morgan tenía
un concepto un poco raro de lo que era el honor, la conocían Hay y
Root, pero también éstos tuvieron ocasión de leer las cartas untuosas y derrotistas de Pintó y García Menocal, que les prestó
Morgan, y el Secretario de Estado, al devolverlas el día 24, las calificaba de "very interesting and significant", y decía a Morgan
que informaría a McKinley respecto a sus sugestiones. Es decir,
que la gestión indigna de Morgan para destrozar a la "joint resolution" y a la misma Enmienda Platt, para dar un mentís a todas las
promesas hechas y quedarse con Cuba, la conocieron el Secretario
de Estado, el Secretario de la Guerra, y el propio Presidente de los
Estados Unidos, ninguno de los cuales dijo al ambicioso politicastro
que estaba echando lodo sobre el buen nombre de su país y dando
pruebas a los cubanos de que debían sospechar la buena fe de los
Estados Unidos por la facilidad con que sus dirigentes cambiaban
de criterio, siempre para servir sus fines imperialistas con los más
hipócritas pretextos.

Menos mal, para el honor del Congreso de Wáshington y del gobierno norteamericano, que el Senador E. W. Pettus, de Alabama, al enterarse de las gestiones de su colega, John T. Morgan, hubo de escribirle:

> ... *I received your letter and your article on Cuban annexation. I do not entirely agree with you mainly because we promised that Cuba should be "free and independent", and I am so far behind in politics, that I believe a nation to be bounded by its promises, as an individual is bound. And, therefore, I believe that Cuba ought to be "free and independent" before annexation. It is certain Cuba never will be "free and independent" after annexation. But I had rather have Cuba, as part of the United States, than to own all the other Islands, acquired from Spain...* [276]

Los representantes de la Asamblea Constituyente no fueron los únicos en ir a Wáshington para discutir los términos de la Enmienda Platt. Al mismo tiempo que ellos llegó a la ciudad del Potomac el gobernador Leonard Wood, cuyo papel era el de contrarrestar con sus informes toda posible ventaja que los comisionados pudiesen alcanzar en favor de Cuba. De las entrevistas, las gestiones, las objeciones hechas y las declaraciones cambiadas entre cubanos y norteamericanos con ocasión de la histórica misión de Méndez Capote y sus asociados, quedó un informe oficial detallado y lleno de interés, que los delegados presentaron a la Convención, a su regreso a Cuba. No hemos podido encontrar, aunque puede que sí exista y algún día vea la luz pública, memoria alguna de Morgan, Root, Platt, etc., sobre sus discusiones con los cubanos. Estos, los representantes del país que "no sabía gobernarse", sí tomaron notas de las palabras cambiadas, hicieron una versión definitiva de las mismas y completaron un documento de estado que por muchos años fué poco conocido, pero que en 1918 apareció publicado en la *Memoria* del Senado cubano correspondiente a los años 1902-1904. Posteriormente lo extractó y comentó en su obra tantas veces citada el Dr. Rafael Martínez Ortiz, como también acaba de hacerlo el Dr. Roig de Leuchsenring en su interesante *Historia de la Enmienda Platt*, y han hecho otros historiadores, nacionales y extranjeros, que han empleado el texto cubano. En 1929, al publicar sus *Trabajos* (3 vols., imprenta de Molina y Cía., La Habana), el Dr. Domingo Méndez Capote, reimprimió en las páginas 183-200 ese documento con el título de "Informe oficial sobre la Enmienda Platt", y reveló de manera concluyente el

hecho de haber sido su autor y de haberlo redactado de acuerdo
con sus compañeros y mediante el empleo de las notas recogidas
por el general Betancourt durante el curso de las discusiones. Con
el informe de Méndez Capote y la correspondencia del Senador
Morgan es posible reconstruir esa fase especial de la historia de
las relaciones entre Cuba y los Estados Unidos.

Los delegados cubanos fueron tratados con toda clase de consideraciones durante su estancia en los Estados Unidos. El Presidente McKinley dió una comida en su honor en la Casa Blanca; el
Secretario Root fué su anfitrión otro día, y el general Miles, el Subsecretario de Estado, Hill, los senadores Platt, Lodge, Teller,
Foraker, Hanna, y otros, tributaron sus atenciones a aquel infortunado grupo de estadistas que buscaban la independencia absoluta de su patria cuando la ambición imperialista norteamericana oscilaba entre la anexión y el protectorado. Dos excepciones
pudiéramos señalar en esa actitud general de consideración a los
cubanos con ocasión de su viaje a Wáshington: una la de desconsiderada pretensión del Senador Morgan en favor de la anexión,
que ya hemos discutido, y que en persona tuvo ese politicastro la
desfachatez de repetir a Méndez Capote, en una entrevista celebrada por ambos; la otra la del Senador Cockrell, de Missouri,
quien no obstante la Ley Foraker, y en sociedad con el Senador
Allison, se interesaba por el control de unas minas de cobre en
Cuba. Cockrell acababa de visitar la Isla en viaje de negocios y
quizá si por haber fracasado en los propósitos del mismo, se mostraba como un crítico apasionado de los cubanos y de su capacidad para gobernarse. En una carta de Leonard Wood al Vicepresidente Roosevelt, que ya hemos citado en parte, podemos encontrar un párrafo referente al flamante político de Missouri
transformado en juez de las virtudes cívicas del pueblo cubano.
Decía Wood:

> ... The political situation here is gradually coming to an
> end. The Platt Amendment—so called—will, I believe, be ac-
> cepted and when the people have fully understood its purposes
> they will wonder why there was so much talk about it...
>
> There are about eight men of the 31 of the Convention who
> are against the acception of the Amendment. They are the
> "degenerates" (esta palabra aparece tachada por Wood en su
> carta y reemplazada por "agitators". Nota del Autor) agitators
> of the Convention, led by a little Negro of the name of Juan
> Gualberto Gómez; a man with an unsavory reputation both
> morally and politically. This man believes that he can force

the issue until we withdraw without any satisfactory arrange-
ment being made. His purpose then being to bring forward
his own race and see what he can accomplish politically to
his own advantage. It is a decidedly tough proposition,
because the Cubans have been so dishonestly dealt with,
always and in all things, that it is next to impossible to make
them believe that we have only their own interests at heart...

... Senator Cockrell... goes back discouraged with the
prospect of the government to exist under the men now
dominating the Constitutional Convention. I mean the radical
element who are opposed to everything and denounce the
United States as treacherous and dishonorable. One of their
papers publicly branded the President and myself as thieves
the other day... their purpose is to provoke me into some
action which make martyrs of them... [277]

Tres semanas más tarde podemos encontrar otra carta de Wood
a Roosevelt, fecha 9 de mayo, en que le hablaba de los apremios
que durante su visita a Wáshington le habían hecho los intereses
mineros del Senador Cockrell, tan pesimista respecto al futuro gobierno cubano, para que pidiese el apoyo de Roosevelt en el arrendamiento de unas minas de cobre. En cuanto a la parte final de
esta carta, la referente al periódico que, según Wood, les había
presentado a McKinley y a él como un par de ladrones, el gobernador evitó decir cuál había sido su proceder, como maestro de
democracia y de respeto por la ley y la libertad de imprenta, con
el periódico en cuestión. El Viernes Santo el diario *La Discusión,*
de La Habana, publicó una caricatura de fuerte intención política,
intitulada "El Calvario de Cuba", y en que ésta aparecía clavada
en la cruz con Dimas-Wood y Gestas-McKinley crucificados a sus
lados. El Senador Platt, como legionario romano del relato bíblico,
presentaba una esponja a la martirizada Cuba y en ella se leía la
inscripción "Enmienda Platt". El gobernador militar, omnipotente
e infalible, inmediatamente clausuró el periódico y por una orden
personal suya, arbitraria, hizo arrestar al director del periódico y
al caricaturista. Estas disposiciones no fueron rescindidas sino después de que los periodistas hicieron pública una aclaración de los
motivos por los cuales habían publicado la caricatura. Esta arbitrariedad contra la libertad de imprenta, el orden jurídico y los derechos individuales, a capricho del déspota encargado de "enseñar
democracia" a los cubanos, si practicada por un dictador nativo
en la América Latina, es del tipo de las pruebas con que en los
Estados Unidos se llega a la conclusión de que los latinoameri-

canos no saben gobernarse. Por supuesto, la arbitrariedad realizada por Wood en un país que no era colonia norteamericana,
quedó legitimada porque la dictadura que él encabezaba era irresponsable ante los tribunales cubanos. De todos modos, queda constancia con éste y otros hechos de que el restablecimiento del sistema despótico español de sofocar la libertad de la prensa y arrestar a capricho del gobernante, no lo llevaron a cabo los cubanos
por su cuenta, sino que siguieron los métodos del falso maestro
de democracias que fué Leonard Wood, quien en su país nunca
se habría atrevido a hacer lo que impunemente llevó a cabo en
Cuba.

Hay otra parte de la carta que acabamos de citar que merece
un comentario especial. Decía Wood en ella que los cubanos habían sido engañados tantas veces y durante tanto tiempo, que merecían excusas por su desconfianza de los Estados Unidos. Es de
justicia precisar en qué radicaba esa desconfianza y nada más
apropiado par ello que el siguiente párrafo de Robinson sobre este
asunto:

> ... The most unfortunate immediate result of the American
> official attitude, and the acceptance of the Platt Amendment
> by the American Congress, was a marked increase in an
> already well-defined undercurrent of Cuban bitterness toward
> and distrust of the American administration. This feeling was
> almost completely limited to American officialdom. Through-
> out all of our dealings with the Island, the Cubans maintained
> an abiding confidence in the justness and the kindly and
> generous intentions of the American people. It was President
> McKinley and his advisers, and General Wood, upon whom
> was laid the blame for an act which the Cubans regarded as
> unjust, unworthy of a great nation, a violation of America's
> pledge, and a grievous wrong to the Cuban people...[278]

Y, ¿cómo podía ser de otro modo? Ya hemos visto al Senador
Morgan quitarse la careta de partidario de la independencia para
abogar por la anexión con el conocimiento de McKinley, Root y
Hay. Veamos ahora un párrafo de una carta de Wood a Roosevelt,
después de que éste se había excusado de ir a Cuba a ayudarle
en sus manejos anexionistas, carta escrita en los días en que Wood
afirmaba a los cubanos que la Enmienda Platt tenía por objeto proteger la independencia de la Isla:

> ... I think the Platt Amendment will be accepted and the
> Convention then proceed with its work on the electoral law...
> Trade relations will shortly draw the two countries together

and place them not only upon a footing of commercial friend-
ship and confidence, but, I believe, also upon a political
one... [279]

Todavía esa declaración no llega a la monstruosa duplicidad
de otras cartas de Wood que veremos dentro de poco, pero ya revelaba a las claras la trama bajuna a que estaba entregado el
gobernador.

Root, en sus esfuerzos para convencer a los delegados cubanos
de que no había perjuicio alguno para Cuba en aceptar la Enmienda Platt, hasta se buscó el testimonio del Senador Platt, y
antes de que Méndez Capote y sus compañeros regresasen a La
Habana les fué entregada copia de una carta de 26 de abril de
1901, enviada por Platt a Root y que traducida decía así:

> ... *He recibido su comunicación de hoy en la cual dice*
> *usted que los miembros de la Comisión de la Convención*
> *Constitucional Cubana temen que las disposiciones relativas*
> *a la intervención, hechas en la cláusula 3ª de la enmienda*
> *que ha llegado a llevar mi nombre, tengan el efecto de im-*
> *pedir la independencia de Cuba y en realidad establezcan un*
> *protectorado o suzeranía por parte de los Estados Unidos, y*
> *me pide que exprese mis propósitos sobre la cuestión que*
> *suscitan.*
>
> *En contestación diré que la Enmienda fué cuidadosamente*
> *redactada con el propósito de evitar todo posible pensamiento*
> *de que al aceptarla la Convención Constitucional produciría*
> *el establecimiento de un protectorado o suzeranía, o en modo*
> *alguno mezclarse en la independencia o soberanía de Cuba:*
> *y, hablando por mí mismo, parece imposible que se pueda*
> *dar semejante interpretación a la cláusula. Creo que la en-*
> *mienda debe ser considerada como un todo, y debe ser evi-*
> *dente, al leerla, que su propósito bien definido es asegurar y*
> *resguardar la independencia cubana y establecer desde luego*
> *una definida inteligencia de la disposición amistosa de los*
> *Estados Unidos hacia el pueblo cubano, y la expresa inten-*
> *ción en aquéllos de ayudarlo, si fuere necesario, al manteni-*
> *miento de tal independencia.*
>
> *Estas son mis ideas, y aunque, según usted indica, yo no*
> *puedo hablar por todo el Congreso, mi creencia es de que tal*
> *propósito fué bien comprendido por aquel Cuerpo...* [280]

Esta carta y las declaraciones contenidas en la misma, destinadas a engañar a los cubanos, eran un tejido de mentiras, tan
falsas como las seguridades que McKinley, Root y Wood, habían
dado a los cubanos, en distintos momentos, para lograr que aceptasen la Enmienda Platt, sabedores de que prometían lo que ni

querían ni podía cumplir. Para no interrumpir el hilo de esta narración no presentamos ahora la prueba concluyente de la insinceridad de Platt en la carta que acabamos de citar y otros documentos, como lo haremos respecto a Wood y Root, también, más adelante. Ahora nos limitamos a llamar la atención del lector sobre las declaraciones que acabamos de transcribir, y lo invitamos a que las recuerde para compararlas a su tiempo con otras afirmaciones.

Más mérito tenía la actitud de los imperialistas sin escrúpulos, como el Senador Beveridge, quien un día se llamaría "progresista" en política, y el que sin hipócritas excusas proclamaba por entonces en *The North American Review* que los Estados Unidos nunca habían pretendido con la "joint resolution" que Cuba fuese por completo independiente y que si por casualidad tal había sido el propósito en 1898, *"let us frankly admit that it was a mistake"*, es decir, que la más noble declaración de política internacional, de lo que hoy llamaríamos "política del buen vecino", para Beveridge era solamente una equivocación: *"a mistake"*. ¿Por qué, entonces, pedirle a los cubanos que fuesen agradecidos por semejante error?

Un cubano renegado de la época, aliado a los anexionistas norteamericanos y que viviría y moriría como ciudadano de los Estados Unidos, el Dr. José Ignacio Rodríguez, también escribía por entonces en *Forum* para negar que fuese posible establecer una república de Cuba y para reclamar la anexión del país al cual él había traicionado y que hoy lo ha olvidado, a los Estados Unidos. Rodríguez es uno de los pocos casos que pueden citarse de cubanos "norteamericanizados". Emigrado a los Estados Unidos a principios de la Guerra de los Diez Años, en ese país vivió el resto de sus días y allí contrajo matrimonio y se hizo de fortuna en la gestión de reclamaciones internacionales y como asesor del Departamento de Estado y de la Unión Panamericana. Sus opiniones, pues, representaban las de un hombre desvinculado de la realidad cubana, de que se había separado hacía treinta años, pero para impresionar a la opinión norteamericana y cubana en favor de la anexión, las revistas utilizaban sus trabajos y los publicaban en sitio destacado de las mismas, como hacía *Forum*.

Del mismo tipo de pensamiento político eran los inmediatos corresponsales del Senador Morgan, los cubanos renegados que ya hemos citado, C. L. Pintó, Aniceto G. Menocal, partidarios de la anexión, y algunos hacendados y hombres de negocios para los

cuales la patria estaba en la libre entrada del azúcar cubano en
los Estados Unidos. Pintó, de abolengo anexionista, escribía al
Senador Morgan poco después de las famosas entrevistas de la
Comisión Cubana en Wáshington, y completaba de esta manera
su espicnaje de Méndez Capote y sus compañeros:

> ... The Cuban Commissioners tell me of their pleasure in
> meeting you, and Méndez Capote gave me some details of his
> long conversation with you on Cuban matters. I have seen
> enough of them in these two days to form my own conclusions
> and these are illustrated by this graphic phrase uttered by the
> one above mentioned (Méndez Capote).
>
> "Well... the Americans have the key of our provision
> room", or in other words we can staive if they choose to let us.
> So I have no doubt that as a preliminary step the Platt
> Amendment will be accepted, and annexation will come in
> the very near future, that is, the acquiescence of the people
> to ask openly for it. I think the majority of the Commissioners
> are thouroughly convinced that they have to accept the in-
> evitable laying aside ideals and sentimentalism.
>
> Capote believes that your suggestion about asking for an-
> nexation at once will look as an imposition, they rather see it
> come gradually, without being forced upon them. So you see
> that forms are a strong factor in their minds as I have always
> claimed...[281]

A los que conocimos a aquel astuto político que fué el Dr. Domingo Méndez Capote, no nos es difícil imaginarnos que en todo
momento se dió perfecta cuenta de lo que había tras la oficiosidad
de Pintó y la actitud del gobierno de Wáshington y que, consciente
de su responsabilidad para el porvenir de Cuba, engañó a quienes
trataban de engañarle, con la idea fija de que se estableciese la
república y de que ésta se consolidase. La temprana muerte del
insigne patriota, cuando regresaba de servir nuevamente a Cuba
en el destierro contra una tiranía sangrienta y ruinosa, nos impidió
obtener datos concluyentes respecto al particular, pero hay bastantes en sus memorias y en su actuación para respaldar nuestra tesis de que ante el peligro de la ambición desenfrenada de los Estados Unidos y de la crítica situación de Cuba, prefirió no precipitar una ruptura sino probar todos los recursos posibles, hasta
los de la duplicidad, para que no se consumase la anexión que
parecía inevitable. Pintó no pudo engañarle con sus protestas de
lealtad, y mucho menos Morgan y los imperialistas con su falso
interés en el bienestar de Cuba.

En la forma en que se iban eslabonando los acontecimientos, si la Enmienda Platt era el substitutivo de la anexión como en cierta ocasión hubimos de proclamar en representación de Cuba ante las naciones de América reunidas en congreso,[289] también era el lazo para provocar la ruptura final entre Cuba y los Estados Unidos y precipitar la acción imperialista norteamericana, ya sin disfraces, para quedarse con la Isla.

Leonard Wood le decía por entonces al Senador Morgan, en una carta muy importante:

> ... Everything here is moving on quietly. The matter of the acceptance of the Platt Amendment is one of more or less indifference to the pleople. The commercial and business class are against it as they believe either in the continuance of the present government or in ultimate closer relations with the United States. It is a case of sentiment versus judgment in which judgment is gradually getting the upper hand... [283]

Y al ponerse de acuerdo el Senador Morgan con el coronel García Menocal para imprimir el alegato del primero en favor de la anexión y distribuirlo profusamente en Cuba, el cubano anexionista, identificado con el país en cuyo ejército tanta distinción había alcanzado, le pedía que le concediese el "honor" de pagar la mitad del costo del folleto que, según él, era por la felicidad de Cuba, y agregaba:

> ... I think I can depend on two or more friends in Havana and Matanzas, who earnestly believe in the blessings of annexation, for the distribution of the paper in Cuba... [284]

Mientras Morgan, Wood y los suyos descubrían su juego anexionista a los cubanos de la manera que acabamos de presentar, y con ocasión del viaje de la Comisión Cubana a Wáshington, el Secretario Root que un día orgullosamente alardearía ante el Senado de los Estados Unidos, en defensa de Leonard Wood, de que él había "...directed the course of the Government in Cuba and knew what was going on...,[285] con otros extravagantes elogios del procónsul norteamericano en Cuba, le escribía al Senador Platt sobre la visita de los comisionados cubanos a Wáshington y le decía:

> ... I think they really suspected and some of them believed, that under the provisions of the law (Platt Amendment) was concealed a real purpose to make their independence merely nominal and really fictitious... [286]

Debemos tener presente esta declaración de Root para compararla semanas más tarde con las palabras de Wood sobre la inexistencia de la independencia de Cuba bajo la Enmienda Platt, pero ahora nos basta destacar la contradicción entre las manifestaciones del Secretario de la Guerra y las de su subordinado, respecto a la soberanía cubana y la anexión, ya que pocos días después de la carta de Root que acabamos de citar, recibía él una carta del gobernador militar en que éste le informaba de que los anexionistas trabajaban activamente cerca de la Convención Constituyente para impedir que se aprobase la Enmienda Platt y hacer que siguiese la intervención, preparatoria de la anexión, por lo que el gran simpatizador de la adquisición de Cuba se aventuraba a decir que el gobierno republicano que se estableciese en Cuba iba a tener muchas dificultades con los anexionistas, a lo que agregaba:

> ... There is a very strong annexation sentiment growing up everywhere....[287]

afirmación que dejaba caer Wood sin la correspondiente aclaración de que era él, precisamente, quien fomentaba ese sentimiento anexionista de un modo deliberado y con el empleo de todos los recursos del gobierno puestos a su disposición. Ante la inexorable presión que ejercía Wood y que tendía a presentar a la anexión como la mejor solución para el problema de Cuba, no ofrecían muchas seguridades de verdadera independencia las palabras de Root y de Platt. Del primero ya hemos citado un párrafo de su carta a Platt sobre que no habría limitaciones a la soberanía cubana; pero también podemos hallar manifestaciones bien concluyentes del Senador Platt que eran del mismo tenor. La Comisión Cubana recibió de manos de Elihu Root copia de una carta que había dirigido a éste el Senador Platt con el objeto de disipar los recelos de los asambleístas sobre los peligros de la Enmienda Platt. Esa carta decía categóricamente, con la autoridad que podía tener la palabra de quien había redactado la Enmienda y presidía el comité senatorial de relaciones con Cuba, lo que sigue:

> ... I will say that the amendment was drafted with a view to avoid any possible claim that its acceptance by the Cuban Constitutional Convention would result in the establishment of a protectorate or sovereianty of Cuba, and speaking for myself, it seems impossible that any such construction can be placed upon that clause. I think the amendment must be considered as a whole, and it must be evident upon its reading

that its well defined purpose is to secure and safeguard Cuban independence and to establish at the outset a definite understanding of the friendly disposition of the United States toward the Cuban people, and its expressed intention to assist them, if necessary, in the maintenance of such independence... [288]

Y como para hacer más clara su opinión de que la Enmienda Platt, que a poco Wood declararía que anulaba la independencia de Cuba, no estaba destinada a interferir con la soberanía cubana, el Senador Platt escribió una carta al constituyente Sr. Joaquín Quílez, considerado simpatizador de los Estados Unidos y de su influencia en Cuba, con la declaración de que era imposible que la Enmienda Platt

... could be taken as limiting Cuban independence. The preamble declares that it is to carry out the so-called Teller Resolution. It recognizes Cuban independence in three of the clauses, and indirectly in the other four, in two of the clauses it speaks of treaties to be made, and we certainly only make treaties with independent governments. The clause relating to sanitation involves an agreement between two equally independent powers, and the ratification of the acts of the military government certainly can only be made by an independent power. So each clause of the resolution was based upon the idea, not only that Cuba, was to be independent, but that the United States recognized the fact. All that we ask is that Cuba shall assent to our right to help her to maintain her independence, and to protect our own interests. Of course we can only determine treaty relations with an independent and fully established government... No one man can speak for the future action of his nation, but I can say this, that I find in the United States but one sentiment, and that is that as soon as Cuba shall have put herself in a proper position to make a commercial treaty, there will be every disposition to agree to treaty relations which shall be for the benefit of both countries... [289]

Si Root, pues, trataba de tranquilizar a los cubanos y despojarles de sus sospechas, Platt no le iba a la zaga en sus protestas de que la Enmienda Platt era a beneficio de Cuba y se ayudaba para convencer a los cubanos con el soborno de un tratado de comercio.

Tal era la situación y tales las dudas expuestas y las seguridades ofrecidas cuando en los primeros días de mayo regresaron a La Habana el Dr. Méndez Capote y sus compañeros para informar a la Asamblea Constituyente del resultado de sus gestiones.

La Convención reanudó sus sesiones el 7 de mayo, fecha en

que el Dr. Méndez Capote leyó ante sus colegas el informe preparado por los comisionados y firmado por todos ellos con fecha del
día anterior. Este documento permaneció inédito y desconocido
del público por muchos años, pero en estos años ha sido reproducido y comentado extensamente, después de haber sido publicado
con las actas y papeles de las sesiones secretas de la Asamblea.
Redactado con vista de las notas que los enviados a Wáshington
tomaban, con anuencia del Secretario Root, acerca de lo tratado
en las entrevistas celebradas en la capital norteamericana, resulta de inapreciable valor histórico como la única memoria existente de aquellas importantes conversaciones. El Dr. Méndez Capote, al publicar hace pocos años y no mucho antes de su temprano fallecimiento, sus obras, reveló que le correspondía la paternidad de ese informe al enumerarlo entre sus trabajos, lo que
no hay duda alguna de que fué así. Elihu Root tuvo ocasión de
conocer una traducción inglesa de ese reporte y no expresó diver-
gencia alguna fundamental con los datos y afirmaciones contenidos en el mismo.

En el informe los comisionados hacían resaltar la completa
identidad de criterio con que actuaron en todo momento y precisaban que, después de un estudio detenido de los antecedentes de
la misión que les había sido confiada, habían llegado a la conclusión de que, lo que la Convención esperaba era, en relación con las
cláusulas 3ª, 6ª y 7ª de la Enmienda Platt,

> ... obtener una información cumplida sobre las miras y pro-
> pósitos del Gobierno de los Estados Unidos acerca de los par-
> ticulares que indica el acuerdo de la Convención, y si de ello
> resultaba la posibilidad de establecer las relaciones que allí
> se indican sobre otras bases que las contenidas en las citadas
> cláusulas 3ª, 6ª y 7ª, gestionar entonces un acuerdo que pro-
> poner a la Convención para su resolución definitiva. Caso de
> que no apareciera la posibilidad de pactar sobre esas otras
> bases, limitar su cometido a obtener una información extensa,
> completa y detenida, a fin de que la Convención pudiera lle-
> nar su deseo, que ella estimó necesario, de proceder con pleno
> conocimiento al acordar de modo definitivo sobre todos los
> extremos de la contestación que debía darse a la comunica-
> ción del Gobernador Militar de esta Isla, de fecha 2 del pa-
> sado mes de marzo... [290]

El 24 de abril, ya en Wáshington los comisionados, dedicaron
cuatro horas a preparar un estudio exegético de la Enmienda Platt,
que pusiera de relieve sus defectos, y presentase la opinión del

pueblo cubano respecto a la misma, para así provocar la declaración norteamericana acerca de esas cuestiones, y el Dr. Méndez Capote fué comisionado para hablar a nombre de la comisión.

Al día siguiente tuvieron lugar las entrevistas oficiales con el Secretario Root y el Presidente McKinley, en presencia del general Wood, quien también había ido a Wáshington para la visita de los comisionados. En la primera visita, que fué a Root, quien había de llevarlos a la Casa Blanca, y a invitación del propio Secretario de la Guerra, Méndez Capote le explicó cuál era el objeto del viaje de la Comisión, la situación en que se encontraba el asunto de la aprobación de la Enmienda Platt y las causas de la oposición a la misma, entre las cuales citó los términos específicos de la "joint resolution" de abril de 1898, los del Tratado de París, las declaraciones oficiales norteamericanas sobre el futuro de Cuba, la convocatoria para la celebración de las elecciones a la Constituyente y la modificación hecha a la convocatoria a virtud de las protestas cubanas contra la imposición del régimen de relaciones con los Estados Unidos. El Presidente de la Asamblea concretó específicamente las objeciones cubanas a las cláusulas 3ª, 6ª y 7ª de la Enmienda Platt, indicó la conveniencia de que los Estados Unidos precisasen el alcance que querían darles, y se refirió a la opinión de Cuba respecto a que las relaciones políticas entre ambos países debían ser consideradas conjuntamente con las económicas para resolverlas de modo simultáneo, todo ello expresado en lenguaje firme y mesurado, pero razonado con gran solidez y que no dejaba lugar a dudas sobre cuál era la actitud de los comisionados en representación de la Asamblea.

En dos extensas entrevistas de Méndez Capote y sus compañeros con Root, celebradas en las tardes de los días 25 y 26 de abril, se discutieron los puntos a que acabamos de referirnos y otros más, destinados a esclarecer la opinión oficial norteamericana acerca de la Enmienda Platt, ya que Root obró de acuerdo con McKinley y sus colegas del gabinete y según las instrucciones recibidas del gobierno. En la primera de esas reuniones Root declaró que la Enmienda Platt especificaba la voluntad y el deber de los Estados Unidos para proteger a Cuba, país vecino y de pequeño tamaño sobre el cual ejercían indudable influencia. Después, y sin referirse al sanguinario despotismo y la ruinosa explotación de Cuba por parte de España, tolerada cuando no favorecida por los Estados Unidos hasta 1898, el Secretario de la Guerra decía que por espacio de ochenta años su país no había permitido a nación europea alguna que se mezclase en los problemas entre Cuba y España, aun a riesgo de guerra con la Gran Bretaña, sin hostilizar a España porque ésta no era agresiva y mantenía en Cuba derechos reconocidos por todas las naciones. Según exponía Root—todavía sin aludir a por qué, con tal interés dominante de los Estados Unidos en Cuba, durante casi un siglo habían amparado la tiranía española—, como resultado de la guerra con España el gobierno de Wáshington se encontraba con que sus relaciones con Cuba tenían un doble aspecto, el sentimental, que le mandaba "protegerla", y el nacional, que hacía indispensable aumentar las precauciones contra toda posible complicación europea, por lo que se hacía doblemente obligatorio mantener la independencia de la Isla.

El razonamiento debió parecer un poco raro a los cubanos porque, realmente, si los Estados Unidos no les habían "protegido" durante los ochenta años que Cuba había sido inundada de esclavos y también de gobernantes rapaces y criminales que habían llevado a cabo espantosos horrores, ¿a qué ese súbito interés sentimental para "proteger" fuera de la tiranía a quienes habían tanto tiempo sufrido bajo ésta, que había sido efectivamente apoyada por la política norteamericana contra la independencia de Cuba? Por otra parte, las "complicaciones europeas "habían cesado con la retirada de España, que había hecho de la cuestión cubana, por primera vez en la historia, un problema esencialmente americano en un sentido continental. El peligro europeo había existido mientras España había dominado en Cuba, porque pudo haber vendido o perdido la colonia a beneficio de Alemania, Inglaterra, Francia, Rusia, Bélgica, etc., como resultado de la política española. No había la más remota posibilidad de que lo que no había ocurrido bajo España fuese a tener lugar con Cuba libre y, además, las temidas "complicaciones europeas" las tenían los Estados Unidos en Canadá, posesión inglesa, al otro lado de la frontera, más inmediatas y concretas, pues, que en el hipotético caso de Cuba, sin reclamar por ello la tutela o el vasallaje de ese dominio británico. El pretexto inconfesado estaba. en el caso de Cuba, en los secretos designios anexionistas norteamericanos.

Root, después de los especiosos pretextos que acabamos de rechazar, aseguró a los comisionados cubanos que

... *La llamada Enmienda Platt... contiene y concreta las*

medidas que a juicio de los Estados Unidos son necesarias e indispensables para la conservación de la independencia de Cuba. Esta Ley no tiene otro objeto. Esta es su única mira... [(291)]

La insinceridad de la declaración era bien evidente. La realidad de las relaciones cubano-norteamericanas asi lo ha probado en múltiples ocasiones, pero el general Wood también lo revelaría en una carta al Presidente Roosevelt, pocos meses más tarde.

El Secretario de la Guerra declaraba que el artículo III de la Enmienda Platt era simplemente una extensión de la Doctrina de Monroe, lo que, realmente, la hacía innecesaria, pues si nadie había molestado a Cuba cuando era colonia española, porque los Estados Unidos habrían intervenido, ¿cómo iba a haber una potencia que se atreviese a hacerlo cuando ya España había sido expulsada de Cuba? En el primer tomo de esta obra ya hemos expuesto nuestra tesis de que la posesión de Cuba fué en todo momento el factor determinante y el objetivo principal de la Doctrina de Monroe, como parte de la "ley de gravitación política de Cuba", de John Quincy Adams. Y decía Root en apoyo de sus pretensiones y con desprecio por la verdad, que la Enmienda Platt era necesaria porque la Doctrina de Monroe "...*no tiene fuerza internacional reconocida por todas las naciones...*" [(292)]

Este razonamiento absurdo de Root nadie lo ha negado con mayor atuoridad y acierto que el historiador norteamericano Dexter Perkins, ya reconocido como el primer tratadista de hoy acerca de la Doctrina de Monroe. Perkins hace notar, al comentar las palabras de Root, que el Congreso de la Paz, de El Haya, reunido en 1899, había reconocido específicamente la Doctrina de Monroe y que por ello era infundada la pretensión del Secretario de la Guerra acerca de la necesidad de la Enmienda Platt, limitadora de la soberanía cubana. [(293)] Lo que es más, Perkins no vacila en calificar de "impudent" el discurso del Senador Hoar en que este enemigo inveterado de la independencia de Cuba trató de relacionar a la Enmienda Platt con la Doctrina de Monroe, y se declara de acuerdo con las opiniones de los senadores Jones y Morgan, quienes negaron en pleno Congreso de Wáshington que la Doctrina de Monroe contuviese principio alguno que pudiera ser relacionado con la intervención de los Estados Unidos en otro país para que éste tuviese un gobierno estable. Finalmente, Perkins, en su obra fundamentalísima y como comentario a la declaración de Root que citamos más arriba sobre que la Enmienda Platt era una simple extensión de la Doctrina de Monroe, niega de la manera más enfática que ello fuese así y que los derechos que pretendían abrogarse los Estados Unidos en Cuba ya los tenían con la Doctrina de Monroe.[294]   Los puntos de vistas de Root, pues, como sus argumentos, eran falsos y sólo tendían a engañar a los cubanos y a justificar de algún modo la odiosa imposición imperialística a que se les quería someter.

Méndez Capote no dejó sin respuesta las palabras de Root y expuso en un vivo cambio de impresiones, con el texto de la Enmienda Platt a la vista, la opinión cubana de que la injusta imposición de que se hacía objeto a Cuba, tendía a limitar la soberanía de la misma y le dificultaría el mantenimiento de su posición internacional como nación.   Root no tuvo reparo en asegurar que no había intención alguna de mermar la soberanía de Cuba sino solamente de proteger la independencia de la Isla en caso de que estuviese amenazada, y que para ello era conveniente contar con el derecho de intervención, a fin de conservarla "eternamente", según sus palabras.

El Secretario de la Guerra, sin embargo, se las había con un jurista de gran habilidad y muy inteligente, a quien no faltaba el valor suficiente para obligarle a quitarse los guantes con que encubría sus rapaces garras para mostrarlas tales cuales eran.   Por ello, pues, Méndez Capote prescindió de las aclaraciones y seguridades banales y forzó a Root a prescindir de las melosas palabras al hacerle notar que la cláusula III de la Enmienda Platt parecía presuponer que los Estados Unidos tenían el derecho de intervenir en Cuba y preguntarle a quemarropa si esa interpretación era exacta.   A ello el representante de la nación que durante un siglo había visto impasible la explotación, la ruina, la corrupción y los asesinatos y las torturas del régimen español en Cuba, y que se había opuesto a los esfuerzos de los cubanos para liberarse, respondió que para él dicha idea era incuestionable.   Según Root hubo de decir entonces: *"...desde hace tres cuartos de siglo los Estados Unidos han proclamado ese derecho a la faz del mundo americano y europeo, y han negado a otros Estados hasta la intervención amistosa en los asuntos cubanos...; los Estados Unidos conservan ese derecho respecto a Cuba..."*[295]   La noción del derecho, sin embargo, como más de una vez hemos destacado, y esa conexión es generalmente conocida en los Estados Unidos, es correlativa

con la del deber: no hay privilegio sin la correspondiente responsabilidad. Así, pues, Root, al abrogarse esa posición privilegiada
en Cuba por espacio de tres cuartos de siglo, echaba sobre su patria, con toda justicia, la inmensa e imperdonable responsabilidad
de los crímenes y del desgobierno español en Cuba, desde los
tiempos de Vives, el amigo de John Quincy Adams, hasta los de
Weyler, el compinche de Edwin F. Atkins, inclusive... Lo terrible
del calvario de Cuba en ese tiempo, la perturbación internacional
causada por su crisis social y política, la continuación de la trata
africana y de la esclavitud más allá de los límites que otros países
pusieron a las mismas, la ruina y la desolación sobre los campos
de Cuba y los sacrificios de España y de los Estados Unidos, todo
había sido posible porque una nación se había abrogado un derecho indebido sobre otra, pero había sido injusta, inhumana,
egoísta y cobarde para no cumplir con la responsabilidad correlativa en la esperanza de quedarse con ella.

El Presidente de la Asamblea Constituyente Cubana, ante la
terminante declaración de Root sobre el supuesto derecho norteamericano sobre Cuba, entonces hubo de preguntarle por qué si los
Estados Unidos abrigaban semejante convicción, necesitaban que
Cuba les reconociese ese derecho con la aceptación de la Enmienda Platt, pero a esta pregunta, que no tenía vuelta de hoja,
Root no contestó directamente al refugiarse en sus anteriores palabras de que no se trataba de limitar, sino de proteger la independencia de Cuba, con la Enmienda Platt, de una manera íntegra y
perdurable.

En cuanto a las estaciones navales que los Estados Unidos declaraban necesitar en Cuba para defenderse y defender a ésta, y
que no pedían de Canadá o de México, países contiguos, como
Francia tampoco los pide de Inglaterra y viceversa, Root hubo de
repetir que esas ventajas estratégicas se utilizarían para la defensa contra agresiones externas y que eran esenciales para la
seguridad de Cuba y de los Estados Unidos, pero se expresó en
favor de que el número y la situación de las estaciones fuesen de-
terminados por el gobierno de Wáshington y el de la república
cubana, una vez establecida ésta. Por supuesto que con la posesión de Puerto Rico y las islas Vírgenes, las estaciones navales en
Cuba eran innecesarias a la escuadra norteamericana, hasta para
la protección de los proyectados canales interoceánicos, ya que
con el mismo pretexto imperialista Alemania podía reclamar las

Islas Británicas y Suecia para proteger el Canal de Kiel, Inglaterra no podría pasárselas sin Sicilia para defender el Canal de Suez, etc. Las pretendidas estaciones carboneras, además de pretextos convenientes para justificar en los Estados Unidos las grandes escuadras y los gastos navales extraordinarios que ya predicaban el capitán Mahan y sus partidarios, tendían a ser en todo momento los puntos de desembarco y de penetración convenientes para ir imponiéndose a los cubanos y dominarles efectivamente el día en que se decidiese la anexión.

No descuidó Méndez Capote, en esa entrevista, el precisar a nombre de Cuba que la Isla de Pinos era y siempre había sido parte integrante del territorio nacional, y Root no tuvo reparo en informarle de que la cláusula de las Enmienda Platt relativa a la Isla de Pinos había sido incluída entre las exigencias a Cuba por interés de algunos senadores norteamericanos.

A la demanda hecha por los comisionados de que los Estados Unidos pactasen con Cuba acerca de las relaciones mercantiles entre ambos países, el Secretario de la Guerra hubo de objetar que las rebajas de derechos arancelarios sólo podían hacerlas los Estados Unidos a países absolutamente dependientes de ellos, como Puerto Rico (lo que en sí constituía una invitación al coloniaje), o a países independientes por medio de tratados de reciprocidad que suponen igual personalidad jurídica en las partes contratantes, la que Cuba no tenía aún. Con esa peregrina teoría, en 1901 los cubanos tenían para Root facultades de renunciar a ciertos atributos de su soberanía a beneficio de los Estados Unidos, y hasta de ceder porciones de territorio nacional, pero no podían aprovecharse de rebajas arancelarias, aunque el general Wood sí las concedía, por sí y ante sí, a beneficio del comercio norteamericano.

Antes de terminar la entrevista del jueves 25 de abril Méndez Capote pidió específicamente a Root que precisase concretamente y por escrito lo esencial de sus puntos de vista sobre la cláusula III de la Enmienda Platt, a fin de estudiarlos, y Root ofreció hacerlo así, aunque después, cuando hubo consultado con sus consejeros y éstos le hicieron ver que el éxito de sus planes respecto a Cuba dependía de evitar todo compromiso por escrito, no cumplió su promesa con lo que se quedó en el aire todo lo afirmado por el Secretario de la Guerra a nombre del gobierno de Wáshington.

El viernes 26, por la tarde, volvieron a reunirse los comisionados cubanos con el Secretario Root para seguir discutiendo sus respectivas opiniones acerca de la Enmienda Platt, su sentido y su alcance. Méndez Capote hizo notar a Root la contradicción que había en que durante las conferencias que habían llevado al Tratado de París, entre España y los Estados Unidos, esta última nación hubiese insistido, una y otra vez, sobre que las responsabilidades asumidas por ella en cuanto a Cuba quedaban limitadas al tiempo de la ocupación militar, y ahora pretendiese, con la Enmienda Platt, hacerlas permanentes. Root hizo todos los esfuerzos posibles para explicar el contrasentido, pero lo único que consiguió fué poner de relieve que la razón que asistía a los Estados Unidos en su actitud era la misma que al cabo de los años emplearían la Italia fascista con Etiopía y Albania y la Alemania nazi con Austria y Checoeslovaquia, es decir, la de la fuerza al servicio de un propósito imperialista; el desprecio por la promesa hecha acerca de la independencia de Cuba, como algo que los Estados Unidos encontraban que chocaba con su ambición expansionista.

Pero Root volvía a su declaración anterior, cuya veracidad los cubanos no tenían por qué creer después de la burla a la "joint resolution", referente a que la intervención mencionada en la Enmienda Platt no era para interferir con la vida nacional de Cuba, sino para proteger su independencia con un derecho de que los Estados Unidos se creían asistidos. Méndez Capote, sin embargo, no le dejó tranquilo en las palabras en que se había refugiado, y de nuevo apeló a su pregunta fundamental del día anterior: si existía ese derecho, como pretendía el gobierno de Wáshington, ¿para qué pedir el consentimiento de los cubanos para ejercerlo? Y Root, entonces, reveló a las claras el complejo nacional puritano que él representaba en esos momentos, tan característico de los Estados Unidos, al contestar que

> ... ese consentimiento facilita a los Estados Unidos la realización de sus anunciados propósitos con respecto a las demás naciones... [296]

Méndez Capote, firme en su terreno, arguyó que el consentimiento pedido de nada valdría si la república norteamericana carecía de la fuerza necesaria para realizar su objeto, ya que en las cuestiones internacionales la fuerza era la "ultima-ratio"; pero entonces se vió a Root preocupado con la justificación legalista, que no moral, del abuso que se cometía con Cuba, con el respaldo del mismo ante la opinión norteamericana y la mundial, en caso de necesidad, por el consentimiento arrancado a Cuba a cambio de su constitución en república. No otra cosa significaron aquellas palabras suyas, del diablo hecho predicador, al decir:

> ... si la fuerza es la última razón, es también verdad que ella no informa e inspira siempre el derecho internacional, pues si no se respetara la legitimidad de ciertos derechos habrían dejado ya de existir naciones como Suiza, Bélgica y Holanda. Hay, pues, que respetar ciertos derechos, que son la única fuerza de los pequeños, para no aparecer como enemigos del género humano. Un pequeño Estado atrincherado tras derechos de todos reconocidos, es un pequeño Estado que dispone de una fuerza que todos los grandes Estados respetan. Y además de la fuerza con que cuentan los Estados Unidos, buscan la fuerza de la plenitud del derecho para interponerse, con fuerza y con derecho, a todo ataque contra la independencia de Cuba... [297]

Root, sin darse cuenta, estaba justificando el que la diplomacia cubana hubiese arrancado en la "joint resolution" los ciertos derechos, la única fuerza de que disponen los estados pequeños, porque si la apelación a la nobleza de unos, al egoísmo de otros y a las sórdidas ambiciones de algunos otros, no hubiesen logrado en abril de 1898, del Senado de Wáshington, la declaración de que Cuba es y de derecho debe ser libre e independiente, el ansia imperialista norteamericana se la habría tragado sin escrúpulo, como hizo con Puerto Rico y Filipinas. Así también, Root revelaba el talón de Aquiles del imperialismo de los Estados Unidos en la pretensión de sus estadistas de obrar en todo momento con justificación legal y con respeto por las conveniencias, hasta en el caso de McKinley con su revelación "divina" que le ordenó subyugar a los filipinos.

El Secretario de la Guerra, además, declaró en aquel momento que la Enmienda Platt no obstaculizaría el afianzamiento de la personalidad internacional de Cuba; que ésta sería reconocida por todas las potencias y celebraría libremente con ellas sus tratados; que tendría su ejército y su marina; que manejaría su hacienda y sus intereses sin interferencia alguna, y que su bandera sería respetada como las de las otras naciones.

Poco después, y con otras aclaraciones respecto a los artículos I y II de la Enmienda Platt y las obligaciones de carácter sanitario de la misma, las conferencias de los comisionados cubanos con el Secretario Root llegaron a su fin, no sin antes escuchar de sus labios, como hubo de ratificarles McKinley y en la entrevista de despedida, celebrada el sábado 27, la promesa de que el gobierno de

Wáshington haría todo lo que estuviese en su mano para otorgar concesiones arancelarias a los productos cubanos aún antes de que hubiese un tratado de reciprocidad entre ambas naciones.

La Asamblea Constituyente, al conocer el texto del documento que acabamos de comentar, leído por el Dr. Méndez Capote, puso de relieve el desconcierto en que habían quedado sus miembros con la actitud del gobierno de Wáshington, pues apenas si al terminar la memorable sesión de 7 de mayo y tras unas discusiones llenas de cautela, quedaba adoptado en principio un acuerdo de que el informe de los comisionados no fuese hecho público en su parte esencial de las deliberaciones con McKinley y Root, y sí sólo, si acaso, en lo tocante a las atenciones recibidas por los constituyentes cubanos con ocasión de su viaje. Una semana de agitación e intranquilidad públicas transcurrió, en que la prensa, las corporaciones económicas, los grupos veteranistas, etc., pesaban en silencio las alternativas de la situación, no del todo conocidas; pero que se adivinaban graves y difíciles para la fundación de una república verdaderamente independiente. Los esfuerzos que, más o menos por su cuenta, pero casi siempre de acuerdo con influyentes capitalistas norteamericanos, hacían los azucareros y tabacaleros de Cuba, ansiosos de concesiones arancelarias en el mercado de los Estados Unidos, tenían profundas implicaciones políticas en esos momentos, pues, como veremos más adelante, el argumento de las ventajas a los productos cubanos era usado hasta oficialmente por los gobernantes en Wáshington y en La Habana para ganarse votos.

El 13 de mayo reanudó sus sesiones la Asamblea en un ambiente de intensa inquietud política y casi sin discusión se acordó que el informe de los comisionados pasase a estudio del comité de los cinco que, semanas antes, había dictaminado sobre la Enmienda Platt. Poco se tardó en llegar a acuerdo sobre el término que se daría a dicho comité para evacuar su consulta. Manuel Sanguily, sin embargo, provocó el primer gran debate al hacer notar que los delegados enviados a Wáshington no habían hecho constar en el informe emitido sus opiniones sobre el resultado de la gestión hecha y que, además, habían faltado a su deber al no obtener nuevas bases de transacción con los Estados Unidos, de no ser aceptados los puntos de vista de los cubanos. Ante el silencio del general Betancourt y en ausencia del Dr. Méndez Capote, dos de los comisionados enviados a Wáshington, sus tres

compañeros de representación, el general Portuondo y los doctores
González Llorente y Tamayo, hicieron manifestaciones que en realidad recomendaban la aceptación de la Enmienda Platt como imposición inescapable de los Estados Unidos para que quedase establecida la república. El Dr. González Llorente explicó que por ello
la comisión no había creído pertinente la presentación de las
nuevas bases de acuerdo. Sanguily, entonces, hizo a quemarropa
su famosa pregunta: "Si se rechaza la Ley Platt, ¿qué sucederá?"
González Llorente, midiendo cuidadosamente sus palabras, contestó
que no podía vaticinar el porvenir, pero que el rechazar la Enmienda Platt tendría efectos desastrosos para Cuba. En respuesta
a otra pregunta sobre si la no aceptación de la Enmienda Platt
pondría en peligro la creación de la república de Cuba, González
Llorente expuso su opinión de que así se prolongaría la ocupación
militar, con lo que estuvo de acuerdo el Dr. Tamayo, lo que ya presentaba a la Asamblea Constituyente cubana, en toda desnudez,
la imposición a sus funciones y la limitación a sus facultades que
hacía la nación que un día había prometido dejar a Cuba libre y
soberana y entregada al gobierno de su pueblo.

El 18 de mayo, sin que se hubiese reunido nuevamente la Convención, pero bien enterado de la crítica situación existente y sin
tener todavía segura la victoria, Wood le escribía a Root una de
aquellas vagas informaciones suyas acerca de la anexión, en que
nunca había un dato concreto en apoyo de sus noticias, y le decía:

> ... There is a very strong annexation sentiment growing
> up everywhere...,[298]

a lo que agregaba la pintoresca declaración de que eran los
anexionistas (de los que él era el más caracterizado, sin duda),
quienes trabajaban para que no se aceptase la Enmienda Platt y
continuase la intervención. Ya entonces Wood, conocedor de los
obstáculos que había sembrado en el camino de la futura república cubana, se anticipaba a decir que el gobierno que se estableciese al cesar la ocupación militar, tendría grandes dificultades con los anexionistas.

Y no era Wood el único que empleaba el absurdo argumento
de que los oponentes de la Enmienda Platt eran anexionistas. La
importante revista World's Work, bien inspirada por el propio Senador Platt, llegaba a la misma sorprendente conclusión al comentar la actitud de los cubanos y decir:

> ... An amusing turn is given to the American discussion

*of the subject by the sudden realization by the anti-Imperialists
that the effect of the Platt Amendment will be to discourage
and probably to prevent the annexation of Cuba... The op-
ponents of the Platt Amendment play directly into the hands
of the Annexationists, who oppose Cuban independence...* [(299)]

La misma revista, que entonces y por espacio de muchos años,
hasta su reciente desaparición, fué intérprete principal de la política exterior norteamericana, publicó por entonces una extensa
declaración del Senador Platt sobre la cuestión cubana. Decía el
viejo "politician" de Connecticut convertido en estadista que sólo
había dos soluciones, la de la anexión y la de la creación de una
república. La primera alternativa Platt la rechazaba *"except in case
of the direst necessity..."*, por razón de las diferencias que había
entre ambos pueblos y por la promesa de la "joint resolution",
debido a lo cual concluía Platt que *"...there is nothing to be
gained; much, even honor, to be lost by the annexation of
Cuba..."*[(300)]

A renglón seguido Platt hacía una calurosa defensa de la ocupación militar y de la Enmienda Constitucional que se imponía a
Cuba, para lo cual partía de premisas falsas para llegar a conclusiones análogas que, sin embargo, aparecían como indiscutibles a
una opinión pública impreparada cuando no parcial a favor de
tales puntos de vista. Es difícil precisar si sólo por maldad o únicamente por ignorancia el Senador Platt se permitía asegurar que
había una obligación entre España y los Estados Unidos para que
este país tuviese la responsabilidad del gobierno de Cuba hasta
que ésta no hubiese llegado a la condición requerida para ser una
nación como las demás. Precisamente la "joint resolution" de abril
de 1898 había presupuesto, como era un hecho evidente, que Cuba
tenía esa condición, y durante las discusiones para el Tratado de
París los comisionados norteamericanos lo habían asegurado así,
más de una vez, ante los españoles, al mismo tiempo que se habían
negado del modo más terminante, tal y como se ve en el texto de
dicho Tratado, a asumir responsabilidad alguna respecto al futuro
de Cuba. El razonamiento de Platt, pues, era falso, carecía de justificación y vulneraba los derechos del pueblo cubano y los deberes de los Estados Unidos. Su verdadero propósito era el de preparar la anexión pacífica en el porvenir mediante la ingerencia
norteamericana en los asuntos de Cuba, porque en el fondo, si
Platt no abogaba por la anexión inmediata, no era por respeto a la

justicia ni siquiera al honor, sino porque no le parecía conveniente la oportunidad para la adquisición.

El representante de la democracia norteamericana echaba de menos que Wood no hubiese impuesto a los cubanos una constitución en vez de "permitir" que el pueblo que de derecho era y debía ser, libre e independiente, se la diese y se lamentaba de que *"...there was... no recognition of the United States, no expression of gratitude or even friendliness"* en la carta fundamental cubana. En su petulancia de buen "yankee" no se le ocurría que los errores y la mala fe de la política norteamericana en Cuba eran los que habían producido la desconfianza en aquella nación a la que se había impuesto un tutelaje desmoralizador y se la había desconocido en sus esfuerzos libertadores, único caso en la historia, de semejante atropello. Y así también podía pensar que la Constitución de los Estados Unidos no tenía una palabra de gracias para Francia y España por su valiosa ayuda contra la Gran Bretaña, sin que por ello hubiera tacha de ingratitud o de vano orgullo contra Wáshington y sus colegas.

Las palabras solemnes y los vacíos razonamientos de Platt, sin embargo, tenían influencia extraordinaria sobre la mentalidad de un pueblo que por espacio de más de un siglo se había engrandecido territorialmente mediante el "land grabbing" y que estaba persuadido de que la dominación de otras comarcas y de sus habitantes era un favor que se hacía a estos últimos.

Félix D. Pavey, político y hombre de negocios norteamericano de gran prestigio, publicó también por entonces un notable artículo que apareció en la *North American Review* y no pocos de cuyos puntos parecían contestar las apreciaciones de Platt, que acabamos de comentar, y las cuales rebatía Pavey con excelente argumentación. La cuestión de la supuesta ingratitud de los cubanos, que estaba entre las jeremiadas de Platt, Pavey la reducía a la realidad al poner de relieve que la orden militar que había dispuesto la elección de delegados para la Asamblea Constituyente violaba las promesas de la "joint resolution" e ignoraba los derechos del pueblo cubano, lo que, a juicio suyo, era tanto más de criticar por tratarse de un país formado, como proclamaba él, por ciudadanos dignos, inteligentes y de fuerza moral, cuyas virtudes ni los Estados Unidos ni el gobierno interventor habían sabido apreciar y a los que se podría abrumar por la fuerza, pero no someterles servilmente y de buen grado a una voluntad extraña.

Para Pavey, los Estados Unidos perdieron las simpatías y la influencia de que habían disfrutado entre los cubanos desde el mismo momento que revelaron sus propósitos de recortarles la independencia.[301] Según Pavey, el gobierno de la ocupación militar había uno tras otro establecido en Cuba todos los abusos y errores por los cuales las Trece Colonias se habían encontrado justificadas para rebelarse contra la Gran Bretaña por constituir un régimen tiránico. Y en cuanto a la Doctrina de Monroe y su relación con la Enmienda Platt, que era la teoría de los defensores de esta última, el artículo que comentamos la negaba de plano al afirmar que la Doctrina de Monroe había sido y seguía siendo suficiente para proteger a Cuba contra toda ambición o amenazas extranjeras.

Las generosas palabras de Pavey, que encontraban eco simpático en otros nobles espíritus norteamericanos, no podían, sin embargo, torcer la línea política de imposición de la Enmienda Platt a los cubanos, que vivían por su parte la crisis terrible de la frustración revolucionaria representada por la ocupación militar decretada por los Estados Unidos.

Los comisionados encargados de dictaminar sobre el informe de los delegados enviados a Wáshington, que también debían presentar a la Convención bases concretas para solucionar la controversia sobre la Enmienda Platt, no pudieron ponerse de acuerdo para hacer una recomendación unánime. Tres de los comisionados, los Sres. Tamayo (Diego), Quesada y Villuendas, formaron la mayoría y emitieron un dictamen que con fecha 16 de mayo fué entregado a la Asamblea. Los Sres. Gómez y Silva, constituídos en minoría, formularon su voto particular el 18 de mayo. Dos días más tarde, el 20 de mayo, volvió a reunirse la Convención Constituyente y conoció de los puntos de vista contenidos en ambos documentos. El informe de la mayoría era fuertemente favorable a la adopción de la Enmienda Platt, en toda su integridad, como un hecho consumado y muy especialmente por las promesas y declaraciones hechas por McKinley, Root, Platt y Wood acerca de que el apéndice constitucional no sería empleado para limitar la soberanía o independencia de Cuba. Es decir que, hasta en los tres delegados que aceptaban la Enmienda, su actitud era condicional y supeditada a los ofrecimientos de los funcionarios oficiales norteamericanos.

El voto disidente de la comisión, firmado por los Sres. Juan

Gualberto Gómez y Manuel R. Silva, criticaba con fuerza lógica impresionante las contradicciones de la política norteamericana entre la "joint resolution" y la Enmienda Platt y de las declaraciones de Root con la Constitución republicana de Cuba. Gómez y Silva planteaban la importante cuestión de si los Estados Unidos eran o no eran un país extranjero, la resolvían en sentido afirmativo, como era la realidad, y entonces hacían observar que la propia Enmienda Platt declaraba que Cuba no debía hacer concesiones a otros países. *"...Si los Estados Unidos son para Cuba un poder extranjero, ¿cómo acceder a las peticiones que formulan las cláusulas 3ª y 7ª de la enmienda. Y si no lo son ¿cómo pensar que Cuba sea un país independiente...?*,[392] se preguntaban los delegados de la minoría con toda razón.

Para resolver de acuerdo con la justicia y la apreciación de la realidad del momento, la minoría disidente proponía nuevas bases de acuerdo, entre Cuba y los Estados Unidos, en número de nueve. La primera reafirmaba el derecho de la República a celebrar tratados y convenios internacionales, con la única limitación, bien general, de que tales pactos no menoscabasen la soberanía nacional ni permitiesen a potencias extranjeras el control de porción alguna del suelo patrio. La segunda cláusula ratificaba que el gobierno cubano, conforme a lo dispuesto en la Constitución, no contraería deudas ni contrataría empréstitos perjudiciales al país o superiores a sus recursos.

La tercera base propuesta trataba de neutralizar los puntos de vista norteamericanos sobre la relación entre la Doctrina de Monroe y la Enmienda Platt. Con efecto, en ella se sugería que Cuba proclamase su adhesión a la Doctrina de Monroe y su voluntad de apoyar toda acción internacional en favor de la misma, así como que se comprometiese a la conservación de su independencia y al desempeño de todas las obligaciones que el Tratado de París había impuesto a los Estados Unidos por razón de Cuba.

Las cláusulas 4ª, 5ª y 6ª virtualmente aceptaban las estipulaciones de la Enmienda Platt en cuanto a la validez de los actos ejecutados por el gobierno de la intervención, las medidas de higiene internacional contra las enfermedades, y la decisión definitiva de la propiedad de la Isla de Pinos a virtud de futuras negociaciones.

En cuanto a la cooperación militar entre Cuba y los Estados Unidos y la preparación de la primera citada para combatir eficazmente en defensa de la Doctrina de Monroe y de su independencia, el informe de la minoría sugería que ello fuese a virtud de un plan concertado entre ambos países y que de acuerdo se escogiesen las bases navales que Cuba habría de construir y mantener en tiempo de paz, con sus propias fuerzas, aunque en caso de guerra y, previo el consentimiento del gobierno cubano, se disponía que las tropas norteamericanas pudiesen cooperar con las guarniciones cubanas a la defensa de la Isla.

Otra cláusula precisaba que habría un convenio de reciprocidad mercantil entre Cuba y los Estados Unidos y, finalmente, se proponía que las estipulaciones que acabamos de mencionar sirvieran para la concertación de un tratado permanente de paz, amistad y relaciones mercantiles, entre las dos naciones.

El voto de Gómez y Silva era, pues, un documento cubanísimo, pero ponderado, que no esquivaba la consideración de las realidades de la situación cubana ante las demandas norteamericanas y que proponía soluciones sensatas, lógicas y justas. Por ello son tanto más de extrañar las críticas indebidas de que le hace objeto Martínez Ortiz en su obra,[303] porque no caben medias tintas en esta cuestión: o se declaraban legítimas la imposición de la Enmienda Platt y la burla de los derechos de Cuba y de las solemnes promesas de los Estados Unidos, o se rechazaban las demandas arbitrarias que iban contra la soberanía cubana y se establecía un régimen normal en las relaciones entre ambos países. Esto último es lo que pretendían los delegados disidentes con su voto particular, digno de una consideración más respetuosa de la que le dedica Martínez Ortiz.

Los dos informes no fueron discutidos en la sesión del 20 de mayo, sino que fueron dejados sobre la mesa para ser estudiados durante un receso de veinte y cuatro horas. Los días 21, 22, 23, 24, 25 y 27 de mayo la Convención discutió principalmente el voto particular de Gómez y Silva, defendido por sus autores, con especialidad el primero citado, y por un grupo de irreconciliables que seguían oponiéndose a la Enmienda Platt, y combatido por los que veían en ello la continuación de la ocupación militar y la anexión como consecuencia de ello, y también por los que se habían rendido a la influencia ejercida por el gobernador Wood y por los que creían que la Enmienda Platt propiciaría la anexión, que tales eran las mezclas de motivos determinantes en ambos

bandos con la difícil situación que las ambiciones norteamericanas
habían creado a Cuba.

Wood no desdeñaba, mientras tanto, el "enseñar" a los cubanos
a gobernarse según normas democráticas, que dicen sus panegiristas, con el cebo de la construcción de una carretera u otras obras
públicas, con dinero cubano, por supuesto, o con la concesión de
empleos gubernamentales, o la concesión de un indulto, o la persecución de un alcalde, etc., a fin de obtener votos en favor de la
Enmienda Platt. El Dr. Miguel Gener quien, como Secretario de
Justicia, hizo la mayor parte de las reformas judiciales por las que
se da crédito de gran gobernante a Wood, nos ha dejado una acusación bien explícita contra el gobernador militar y sus métodos
para imponerse. Gener figuró como delegado a la Convención
Constituyente, al mismo tiempo que era Alcalde de La Habana, y
se negó a someterse a los dictados de Wood en la Asamblea, por lo
que perdió todas sus posiciones políticas en las represalias hechas
por el "maestro" de democracias. En una carta de Gener al Obispo Sbarreti podemos encontrar ese conflicto descrito en las siguientes palabras:

> ... *Desde que en la Convención Constituyente, en la cual
> era yo Delegado, voté contra la Enmienda Platt a pesar de las
> indicaciones del General Wood para que votase en pro de
> ella, el General empezó a manifestar cierta frialdad en sus re-*
> *laciones conmigo... Y con ese motivo, el General Wood, el
> Secretario de Estado y Gobernación Diego Tamayo, el Secre-
> tario de Hacienda Leopoldo Cancio y el Gobernador Civil
> Emilio Núñez, empezaron a hostilizarme en la Alcaldía, con el
> propósito de cansarme y hacerme presentar la renuncia...*[304]

Los Sres. Tamayo, Quesada y Villuendas, que formaban la
mayoría de la comisión dictaminadora sobre la Enmienda Platt, el
24 de mayo presentaron un nuevo informe que recogía las observaciones de varios votos particulares presentados y conseguía así
más votos para la aceptación definitiva de la Enmienda, que iba
abriéndose paso con la presión oficial del gobierno interventor,
ejercida en todas direcciones con las promesas de mejoras económicas, con los lamentos de las corporaciones económicas y los elementos conservadores, que poco antes habían sido españolistas y
entonces simpatizaban con los Estados Unidos, y con la ambición
política insatisfecha de muchos noveles políticos cubanos.

En vano fué que el 27 de mayo una moción del delegado Cisneros Betancourt, apoyada por sus colegas Lacret Morlot y Alemán,

reclamase una declaración de la Asamblea Constituyente en el sentido de que la misma no tenía facultades para modificar la Constitución, que era lo que pedían Tamayo, Quesada y Villuendas al recomendar la aceptación de la Enmienda Platt. La votación contra la proposición de Cisneros Betancourt fué de veinte contra siete, figurando entre estos últimos, además de su autor, los Sres. Portuondo, Alemán, Fortún, Eudaldo Tamayo, Lacret y Silva.

Por fin el día 28 de mayo la Asamblea Constituyente comenzó a tratar del informe de los Sres. Diego Tamayo, Quesada y Villuendas, expresión del criterio de la mayoría de la comisión encargada de dictaminar sobre la Enmienda Platt y sobre la gestión del comité enviado a Wáshington en abril. Era un ambiente caldeado por las rivalidades ya planteadas y que definitivamente dividirían a muchos de los más ilustres cubanos de la época, y la sesión transcurrió con numerosos incidentes, hasta entre aquellos delegados más serenos y que mejores relaciones de compañerismo habían mantenido. En esa forma se llevó a cabo la votación. La aceptación de la Enmienda Platt, con ciertas limitaciones, fué aprobada por quince votos contra catorce, o sea, por mayoría de uno. En ese resultado intervinieron presiones, coacciones y favores oficiales, y también temores equivocados y lamentables impaciencias de elementos que de buena fe creían que peligraba la independencia si se negaban a votar por la Enmienda Platt.

Como para hacer más patente de qué lado estaba la actitud más resuelta en favor de la independencia absoluta, varios de los delegados vencidos en la votación insistieron en hacer constar en acta sus opiniones y los que triunfaron cuidaron de hacer constar que habían votado por la aceptación de la Enmienda Platt debido a las seguridades dadas por los Estados Unidos de respetar la soberanía cubana. Sólo hubo la excepción del Sr. Joaquín Quílez, hombre de confianza del general Wood, quine ratificó su criterio de que la Enmienda Platt debía ser aceptada *"sin condiciones ni limitaciones".* [305]

Desde Santiago de Cuba, donde se encontraba, el delegado Bravo Correoso, que sobreviviría a todos sus compañeros, envió una carta fechada a 22 de mayo en que se declaraba contrario *"...a la aceptación de la Enmienda Platt en cualquier forma que se verifique...* [306] Cisneros Betancourt, dos veces presidente de la República durante las guerras de independencia, con más de cincuenta años de esfuerzos revolucionarios por la libertad de Cuba, y que tanto había sacrificado por la misma, hizo constar que, en opinión suya, como así era en efecto, la Enmienda Platt era inconstitucional y estaba en contra de la independencia absoluta.

Entre los votos que dieron la mayoría figuraron, junto a los de mambises de gran prestigio, algunos autonomistas y hasta conservadores que habían sido partidarios de España, a los cuales la intervención norteamericana había dado influencia o se la había conservado a pesar del cese de la soberanía española y que así, con la revolución frustrada por la ocupación militar extranjera, dictaban a sus antiguos enemigos, a los mambises que todo lo habían sacrificado durante tantos años de lucha, su voluntad de que Cuba no fuese libre del todo y de que no se consumase el triunfo de la revolución.

La opinión cubana no contempló tranquilamente lo resuelto por la Constituyente con una minoría tan reducida. En distintos lugares de la República, pese a las habilidosas maniobras de Wood, hubo mítines de protesta y la prensa denunció la aceptación de la Enmienda Platt mientras que algunas de las figuras más ilustres de la revolución expresaban su oposición a lo acordado. Mucho se ha especulado por algunos elementos con la actitud del general Máximo Gómez, que se abstuvo de alentar la excitación pública. Sabemos ya, sin embargo, que el viejo guerrero, único superviviente de las primeras figuras de la lucha por la independencia, era contrario a la Enmienda Platt a pesar de las intrigas de Wood para falsear la verdad de los hechos. Su cautelosa táctica se encaminaba entonces a burlar la trama de los anexionistas y no quería comprometer su libertad de acción cuando se encontraba sólo con sus planes. No puede haber duda, por otra parte, de que de haber vivido Martí, Maceo y García, ellos, con Gómez, se habrían opuesto a la Enmienda Platt por injusta y por anticubana.

El gobierno de Wáshington no se mostró satisfecho con la resolución adoptada por la Asamblea Constituyente en su sesión de 28 de mayo. El dictamen de la mayoría, aprobado por margen tan precario en la sesión de 28 de mayo, tenía un párrafo que pedía la adición de la Enmienda Platt a la Constitución con la siguiente declaración:

> ... La República de Cuba, en uso de su soberanía, conviene con la República de los Estados Unidos de América del Norte que las siguientes prescripciones, interpretadas con arreglo a las declaraciones hechas por el Secretario de la Guerra Mr. Root, que constan en el informe de la Comisión

que fué a Wáshington, sean sustancialmente las bases de un Tratado entre ambos países... [307]

Este párrafo hubo de enfurecer a Root por parecerle que venía a limitar o calificar la aceptación de la Enmienda Platt y porque, por su lectura, hubo de advertir que sus ofrecimientos habían servido de argumento para decidir la votación y revelado sus puntos de vista. En realidad, el voto del Presidente de la Convención, Dr. Méndez Capote, quien hubo de emplear la famosa carta de Root a Platt para convencer a algunos de sus colegas, fué el decisivo en la votación, todo ello a pesar de las intrigas y artimañas de Wood para fabricar una mayoría respetable y satisfactoria a los Estados Unidos y que quedó limitada a un sólo voto.

Y no puede quedar duda de que el gobierno interventor apeló a todos los medios, hasta los de la baja política, tocante en los linderos de la arbitrariedad dictatorial y de los favores inmorales, para triunfar y conseguir lo que Wood decía:

> ... The main thing now is to hold together the votes we have got... [308]

El interés del procónsul en dictar la voluntad norteamericana a la Asamblea Constituyente de Cuba se ve en esa frase de su carta a Root sobre "controlar los votos que hemos conseguido", que ya revela la intervención directa de los que estaban "enseñando" a los cubanos la vida de la democracia, para burlarse de ésta. Enrique Villuendas, al explicar su sorprendente conversión a las filas de los partidarios de la Enmienda Platt, hubo de decir públicamente en un discurso:

> ... Es inútil oponerse a lo inevitable. Hay que escoger entre la anexión o una república con Enmienda Platt. Prefiero lo último... [309]

Y el autor norteamericano de quien tomamos la cita que antecede, testigo veraz y autorizado de todos estos acontecimientos, no tiene reparo en hacer la siguiente declaración sobre las presiones oficiales para dominar a la Convención:

> ... The month of May was spent in secret discussions in the Convention, and in conference with constituencies throughout the country. Pressure was brought to bear upon the Convention through the channels of the local administration. The exact nature and form of this pressure will only be known to historians of some later day, when those who were involved in it or were cognizant of it shall have related

the story of the time. At present there is no way of verifying
the charges and allegations that were made of assurances of
political favor and preferment, of deals made by party leaders,
and of other methods common in the ramifications of the
politics of all countries. Some of the "convencionales" yielded,
though with reluctance in the majority of cases, while others
remained stubborn and persistent in their attitude of objection
and protest . . . [310]

Root mostró su inconformidad con lo resuelto por la Convención
Constituyente en un despacho de fecha 31 de mayo, dirigido a
Wood, que exigía la sumisión de los delegados cubanos al criterio
norteamericano, sin condiciones. El asunto fué discutido con los
senadores Platt y Spooner, después de lo cual McKinley convocó
al gabinete y sometió a su consideración el problema de las relaciones con Cuba y la actitud asumida por la Asamblea. La resolución adoptada fué de violencia extraordinaria, pues los Estados
Unidos tiraron a un lado la careta de acuerdo voluntario entre ambos países para revelar que querían imponer su predominio sobre
Cuba. Los "deseos" y las "peticiones" de los Estados Unidos, a que
melifluamente se había referido meses atrás el Senador Platt y que
también había mencionado el Secretario Root, de súbito se convirtieron en exigencias y amenazas equivalentes a un ultimátum real
y efectivo: o Cuba se rendía a la imposición o continuaba la intervención militar, decía la nación que había intervenido en la contienda entre Cuba y España después de cincuenta años de lucha
entre ambas, porque el pueblo cubano era y de derecho debía ser
libre e independiente, la que pretendía justificar su política con el
absurdo pretexto de que había que "enseñar" a los cubanos a gobernarse, la que a ratos se "horrorizaba" ante la acusación de imperialista y se permitía simpatizar con irlandeses, armenios, boers,
polacos, etc., víctimas de gobiernos arbitrarios.

La conmoción producida en los círculos oficiales norteamericanos por el desacuerdo evidente con los cubanos, fué profunda y
se reflejó en la prensa y en las discusiones públicas. El día 1º de
junio el Vicepresidente Roosevelt le escribía a Root, su gran amigo,
para decirle:

> *. . . I am concerned over the Cuban situation. If it is proper*
> *for me to know anything about what is going on, I would be*
> *very much obliged . . .* [311]

El apóstol del moderno imperialismo norteamericano, que siempre sintió una simpatía sincera y extraña por Cuba con su fino

olfato husmeaba que había algo raro en la política de Root y Wood sobre la Enmienda Platt, pues al escribirle sobre esto a su confidente Nicholas Murray Butler, le decía:

> ...I am not very easy about the situation in Cuba. I do not believe there are any of our people to blame, for I do not know enough of the matter to say that; but we have been unfortunate in getting down into a position where it looks as is there is a chance for cross purposes...[312]

Las instrucciones de Root c. Wood, de 31 de mayo, eran de una energía inusitada. Tan molesto estaba el Secretario de la Guerra, que en su despacho emprendía la discusión de los puntos de vista de los cubanos, uno por uno, con gran disgusto del gobernador militar, quien lo consideró mala táctica. El memorándum de las entrevistas entre Root y la comisión enviada por la Asamblea a Wáshington, redactado por el Dr. Méndez Capote con las notas tomadas por el general Betancourt, en particular despertó las iras de Root. Contra él dirigió extensos razonamientos dominado por su afán de probar que no se habían interpretado fielmente sus declaraciones y de que se había abusado de su confianza al revelar la carta de Platt sobre el alcance de la Enmienda.

Al contestarle su carta al día siguiente Wood se expresó de acuerdo con las opiniones de Root, pero le explicó que el contenido de la carta de Platt había sido empleada por ser necesario para asegurar la votación del 28 de mayo, aunque la mayoría sólo había sido de un voto. Wood hubo de escribir a Root el 6 de junio que, a juicio suyo, la táctica a seguir no era la de discutir con los convencionales, sino la de forzar una nueva votación en que se declarase si se aceptaba o no la Enmienda Platt tal cual la había aprobado el Congreso de Wáshington y sin interpretación o limitación algunas. "...The main thing now is to hold together the votes we have got...",[313] concluía Wood, quien el día 9 volvía a escribir que había que plantearle un ultimátum a la Convención sin discutir nada más.[314]

La realidad de la situación planteada era entonces la de que el gobierno de Wáshington dudaba de llegar a los extremos y arriesgar una explosión de oposición pública, tanto en los Estados Unidos como en Cuba, como revelaba el tono de la carta de Theodore Roosevelt a Nicholas Murray Butler, con una demostración de fuerza contra la Asamblea Constituyente. No era tan firme ni tan intransigente la actitud del gobierno de McKinley; pero Wood tenía

otra opinión y escogió el "bluff", en que son maestros los norteamericanos, para presionar a la Convención. Su criterio fué el que
prevaleció al cabo de unos días, y el 8 de junio Wood trasmitió a
la Asamblea una versión arreglada por él, de las instrucciones recibidas de Root, en que con la supresión de unos párrafos se completaba un documento equivalente a un ultimátum y del que se
había eliminado con el mayor cuidado todo lo que pudiese haber
dado idea de transigencia por parte de los Estados Unidos.

La carta de Wood a Méndez Capote, seca y breve, precisaba
que en opinión de Root la aceptación de la Enmienda Platt en la
sesión de 28 de mayo no era como para autorizar a McKinley a
"...retirar el ejército de Cuba...",(315) o sea, que presentaba el
dilema de o se rendía la Convención a las exigencias norteamericanas o no había república de Cuba por continuar la ocupación
militar. Así resultaba, y lo reafirmaba Root en sus instrucciones,
que una ley del Congreso de Wáshington o más bien, un engendro
legislativo por sorpresa y con doblez agregado a la ley de créditos
del ejército de los Estados Unidos en los días postreros de un período legislativo, se convertía en ley obligatoria para un país extranjero, como era Cuba, que así había sido declarado más de una
vez por el Tribunal Supremo de los Estados Unidos. En cuanto
al respeto a la "joint resolution" y a los derechos de los cubanos
como pueblo libre e independiente, así como a la promesa de dejar
el gobierno de Cuba pacificada en manos de sus ciudadanos, todo
eso resultaba falseado, burlado y escarnecido por el aditamento
hecho a una ley de créditos para las fuerzas armadas. La indigna
estratagema que habría de marcar a los Estados Unidos con el
marchamo de violadores de la fe pública internacional todavía era
más monstruosa para hacer que el establecimiento de la República
de Cuba, la erección en nación soberana de un pueblo que no
había hecho daño alguno a los Estados Unidos y se había confiado en sus promesas, dependiese de un pegote de varios artículos
agregados a una ley urgente y presentada de sorpresa. Los inventores de semejante atropello no añadieron prestigio ni respeto alguno al nombre de la patria de Wáshington como democracia...

La Asamblea Constituyente cubana no se rindió sin lucha al
ultimátum que con crueldad imperdonable y desvergüenza censurable le exigía que fuese ella quien emasculase la soberanía de la
nación cuya personalidad había sido llamada a crear. En la sesión
de 11 de junio pudo advertirse que había una minoría resuelta

mente hostil a las exigencias norteamericanas. Cisneros Betancourt propuso sin éxito favorable que se le devolvieran a Wood su
carta y la de Root; pero pese a todos los esfuerzos de la mayoría,
no fué posible llegar a una nueva votación "con los votos que
ahora controlamos", que decía Wood.

Finalmente, en la sesión de 12 de junio y por 16 votos contra 11
quedó aprobada la aceptación de la Enmienda Platt tal y como la
exigían los Estados Unidos, mientras éstos tenían miles de soldados
en el suelo de Cuba y dominaban con una ocupación militar el gobierno del país y utilizaban a su antojo en favor de dicha imposición todos los resortes administrativos, políticos y económicos,
que tenían en sus manos.

Emilio Roig de Leuchsenring, en su notable trabajo sobre la
Enmienda Platt, destaca algunos aspectos curiosos de la votación
del 12 de junio comparada con la del 28 de mayo. En aquélla vo-
taron a favor de la Enmienda los delegados José Miguel Gómez,
Pedro G. Llorente, Martín Morúa Delgado, J. J. Monteagudo, Gonzalo de Quesada, Leopoldo Berriel, Alejandro Rodríguez, Manuel
Sanguily, Pedro Betancourt, Emilio Núñez, Diego Tamayo, Joaquín
Quílez, Eliseo Giberga, Enrique Villuendas, Domingo Méndez Capote y José N. Ferrer. Votaron en contra los delegados José B.
Alemán, José Lacret Morlot, Rafael Portuondo, Luis Fortún, Juan
Gualberto Gómez, Rafael Manduley, Manuel R. Silva, José Fernán-
dez de Castro, Eudaldo Tamayo, Alfredo Zayas y Salvador Cisneros Betancourt. No asistieron a la sesión decisiva y dejaron de vo-
tar los delegados Juan Ríus Rivera, Miguel Gener, José L. Robau y
Antonio Bravo Correoso.

La única adición que hubo a la mayoría de una votación a la
otra fué la de José N. Ferrer. Los otros quince señores, pues, eran
"...the votes we have got...", que decía Wood. En cuanto a la
minoría, perdió el voto de Ferrer y el de los cuatro delegados que
no asistieron a la última sesión, todos ellos contrarios a la aceptación de la Enmienda en la forma que exigían los Estados Unidos y
que, de haber votado en contra nuevamente, habrían logrado una
votación de 16 contra 15 sin impedir la rendición. El Sr. Ferrer,
pues, más que nadie, fué el factor determinante en la solución y
explicó su cambio de frente en las siguientes palabras:

> ...Entiendo que ya se ha resistido bastante y que no
> puede resistirse más. Consideré útil, provechosa, y necesaria
> la oposición a la Ley Platt en tanto que hubo esperanza de

que ésta se modificara o retirara por el Congreso norteamericano, y de acuerdo con esto voté en contra del dictamen de
los Sres. Tamayo, Villuendas y Quesada. Hoy considero dicha oposición inútil, peligrosa e intecunda si se tiene en cuenta la gran vía que el Tribunal Supremo ha abierto al imperialismo en los Estados Unidos del Norte, y perdida además la
esperanza de que el Congreso de aquella nación reconsidere
su acuerdo conocido por Ley Platt. Por esto y porque es el
único medio para establecer el Gobierno de la República... [316]

La victoria obtenida, pues, no honraba a los Estados Unidos, ya
que no era fruto de convicciones que favoreciesen a esa nación,
sino del temor a sus ambiciones en el voto decisivo. En cuanto a
los demás de la mayoría, Sanguily, Méndez Capote, Monteagudo,
José Miguel Gómez, Morúa Delgado, Núñez, Quesada y Berriel, enfáticamente declararon que habían votado en la afirmativa para
lograr el establecimiento de la república, que peligraba de continuar la ocupación militar, pero en ningún momento expresaron su
simpatía por la Enmienda Platt o los métodos empleados por los
Estados Unidos.

Es difícil precisar si tenían razón o no en sus temores. Posiblemente, de haber insistido la Asamblea Constituyente en oponerse a
la Enmienda Platt y llevado a cabo un vigorosa campaña de protesta en los Estados Unidos, habrían forzado una reacción de la
opinión pública norteamericana contra la tremenda injusticia, especialmente si tenemos en cuenta que a poco moriría asesinado
McKinley y que Theodore Roosevelt, el gran imperialista, siempre
tuvo una debilidad de hombre fuerte para con la independencia de
Cuba y no se habría mostrado intransigente. Pero, ¿quién podía
adivinar el porvenir? Sobre todo, ¿quién podía jugarse la suerte
de Cuba en esa forma? ¿A qué extremos no habría llegado el procónsul Wood para acallar toda protesta? ¿Dónde estaba el apoyo
de aquellas naciones latinoamericanas que tranquilamente habían
contemplado a Cuba desangrándose en el pasado y que entonces
cbservaban con toda indiferencia como el águila norteamericana
la oprimía entre sus garras?

La rendición, pues, de los que por salvar a la República no quisieron que los enemigos de la misma fueran los únicos que aceptasen la imposición de los Estados Unidos, posiblemente salvó a
Cuba como nación independiente, en espera de favorables oportunidades futuras que permitiesen a Cuba recobrar todos sus derechos y librarse de las arbitrarias limitaciones que la amenaza y la

intriga habían impuesto a su soberanía. Años más tarde, el gobierno cubano del Presidente Grau San Martín, surgido por la voluntad del pueblo de Cuba, oficialmente rechazó la Enmienda Platt y a nombre de la patria cupo al autor de ésta obra el honor de denunciar ante las naciones de América, los Estados Unidos inclusive, reunidas en Montevideo, el 19 de diciembre de 1933, los indignos manejos que habían llevado a la imposición de la Enmienda Platt. En esa VII Conferencia Internacional de Estados Americanos, y también por iniciativa de Cuba, quedó aprobada la Convención de Derechos y Deberes de los Estados que condenó toda política como la seguida en 1901 por los Estados Unidos en Cuba y hacía nula de hecho y de derecho la Enmienda Platt, meses más tarde convenida esa nulidad por ambos países en un nuevo tratado de relaciones que fué consecuencia de la acordado en Montevideo.

Queda un comentario final al proceso de la imposición de la Enmienda Platt antes de pasar a un nuevo aspecto de las relaciones entre Cuba y los Estados Unidos en este período. Hagedorn, al hablar de la forma en que Wood arregló las instrucciones de Root, de 31 de mayo, para que resultasen un ultimátum impresionante que hiciera ceder a los cubanos, la llama pomposamente "...a Bismarckian operation..."(317) No hay necesidad de insultar a Bismarck con semejante comparación. El canciller prusiano, que arrebató tierras, sojuzgó pueblos, impuso su voluntad sin contemplaciones, etc., lo hizo con el pensamiento de la grandeza material de Alemania, que así forjó él, con sangre y hierro. El agraviar a Cuba, el convertirla en el único pueblo necesitado de tutelaje norteamericano si independiente cuando durante el período colonial los Estados Unidos habían estado de acuerdo con su verdugo, el tratar de fundar un complejo de inferioridad colectivo en un país vecino y amigo de los Estados Unidos y decidido a ser su aliado en todo momento, fué un error estúpido e injustificable que ni ventaja ni honor daba a los Estados Unidos, los que no fueron más grandes por haber mentido su fe y haber hecho de la independencia de Cuba la consecuencia de un pegote a una ley norteamericana. Bismarck fué cínico, brutal, poco escrupuloso y agresivo, pero inteligente; Wood y su comparsa expansionista resultaron ser tan cínicos, brutales y carentes de escrúpulos como el canciller prusiano, pero en cuanto a inteligencia, es decir, en obrar como obraban porque así conviniese a su país, ahí sí que no es posible compararles con Bismarck.

No pocos de los delegados que votaron en favor de la aceptación de la Enmienda Platt lo hicieron así por las promesas de Root y de Wood, que eran también las de McKinley, de que la Enmienda Platt era garantía de la independencia de Cuba y obstáculo definitivo a la anexión, así como que no limitaba o restringía la soberanía cubana. La mala fe del procónsul yanqui puede mejor comprenderse si leemos la siguiente desvergonzada carta suya a Theodore Roosevelt, meses después de todas sus promesas a los cubanos:

> ... There is, of course, little or no real independence left to Cuba under the Platt Amendment. The more sensible Cubans realize this and feel that the only consistent thing to do now is to seek annexation. This, however, will take some time, and during the period which Cuba maintains her own government, it is most desirable that she should be able to maintain such a one as will tend to her advancement and betterment. She cannot make certain treaties without our consent, or borrow money beyond a certain limit, and must maintain certain sanitary conditions, etc., from all of which it is quite apparent that she is absolutely in our hands, and I believe that no European government for a moment considers that she is otherwise than a practical dependency of the United States, and as such is certainly entitled to our consideration...

> ... With the control which we have over Cuba, a control which will soon undoubtedly become possession... we shall soon practically control the sugar trade of the world, or at least a very large portion of it... I believe Cuba to be a most desirable acquisition for the United States. She is easily worth any two of the Southern States, probably any three, with the exclusion of Texas... and the Island will, under the impetus of new capital and energy, not only be developed, but gradually become americanized, and we shall have in time one of the richest and most desirable possessions in the world...[318]

Esas palabras eran tanto más amenazadoras si agregamos a lo dicho por Wood en su carta, que el propio Presidente McKinley daba ejemplo de duplicidad al escribir al Secretario de Estado, pocos días después de la aceptación de la Enmienda Platt, como sigue:

> ... It will not be very long, I suppose, until Cuba and the

*Philippines will come into the Department of State, and we
already have Hawaii and Puerto Rico...* [319]

En realidad, la aplicación de la Ley Platt a Cuba, la obligación
de que los cubanos aceptasen la imposición hecha, fué el equivalente del resultado de una guerra entre Cuba y los Estados Unidos
en que la nación vencedora no retiraba sus tropas sino ante la rendición absoluta del país vencido, al que se impuso la pérdida de
su territorio y la restricción a su soberanía a pesar de haber luchado junto a los Estados Unidos. El trato dado por el Norte victorioso a los sudistas vencidos en la Guerra de Secesión, durante
la trágica época de la "reconstrucción", fué una maravilla de justicia y de bondad si comparado con el que Cuba recibió de los
que vinieron a "libertarla" y no desdeñaron su ayuda contra España.

4. — *La elección e instalación del primer gobierno cubano.*

Liquidado el problema de la Enmienda Platt, el gobierno interventor se dispuso a dar los pasos necesarios para el establecimiento de la República. El cese de la ocupación militar venía des-
paciosamente y estaba muy complicado con la estipulación referente a las bases navales que querían tener los Estados Unidos.

Llegaba para Wood otra oportunidad de ejercitar sus peculiares
talentos en agregar otro eslabón a la cadena entre Cuba y los Estados Unidos mediante la elección de un gobierno cubano que sirviese los propósitos enunciados por él en la extensa cita que acabamos de hacer, para realizar la anexión. Mientras se preparaba
la ley electoral, Wood se dedicó por entero a su nueva tarea.
A principios de 1901, Wood le había escrito al Senador Foraker
para pedirle que gestionase concesiones a los productos cubanos,
y como para inducirle a actuar, le había dicho:

> ... *This will do more than all else to make us masters of
> the situation here*... *Our supporters are the producers and
> the merchants*... [320]

Y pocos días después, en carta al Secretario Root, ya había explicado concretamente su plan de controlar las elecciones al decirle que los conservadores y las gentes adineradas temían manifestarse y que los Estados Unidos se retirasen de Cuba y les dejasen entregados a su suerte; pero que si se le señalaba la fecha
de la retirada de las tropas una vez establecido el gobierno, él, el

gobernador militar, se las arreglaría para poner la dirección de los asuntos en manos de los conservadores.[321] Como lo anunció lo hizo, aunque a ello hubo de ayudarle poderosamente la situación política cubana y la habilidad con que se manejaron Máximo Gómez y Tomás Estrada Palma para conquistarse la confianza de Wood y lograr su apoyo para el triunfo de la candidatura de Estrada Palma a la Presidencia de la República, que el gobernador militar equivocadamente creyó que era la realización de sus propósitos anexionistas.

Martínez Ortiz, no obstante su empeño en disimular las faltas de Wood para destacar los méritos de su obra de gobierno, menciona que el procónsul yanqui favoreció a un candidato a la alcaldía de Cienfuegos por haber sido "...*el primero en declararse en las Villas partidario de la aprobación de la Enmienda Platt, mientras que su contrincante abogaba por la tendencia contraria...*"[322] Wood, pues, hubo de manejarse con gran cautela para decidir a qué posible candidato habría de apoyar para la primera magistratura, a fin de tener seguridades de que no se declarase contrario a la Enmienda Platt. Máximo Gómez quien, por su prestigio y popularidad, hubiera sido candidato de triunfo en las elecciones, ni siquiera admitió que se le considerase aspirante al cargo y voluntariamente se eliminó, aunque apoyando a Tomás Estrada Palma, a quien Wood, por su parte, prefería a cualquier otro candidato.

Parece probable que Wood conociese la carta de Estrada Palma a los hermanos Gener, escrita en la prisión y abatido por los efectos de una dolorosa crisis espiritual, en que hubo de decir que la solución más lógica del problema de Cuba era "...*la anexión a los Estados Unidos de América...*"[323] Las estrechas relaciones de Wood con el Dr. Diego Tamayo, de antiguo amigo de Estrada Palma, también hubieran podido darle algunas confidencias del último citado favorables a la anexión y que en modo alguno hacían de él un anexionista convencido y mucho menos el agente de la entrega de Cuba a los Estados Unidos, que creyó Wood. De todos modos, por la indicación de Gómez, a quien convenía complacer, y por los informes recibidos, el gobernador militar desde un principio creyó conveniente a sus planes el apoyar la candidatura de Estrada Palma. La declaración atribuída a Estrada Palma durante una conferencia celebrada con Root, en Wáshington, sobre que "*I care more for liberty than I care for independence...*",[324] parecía justificar la política de Wood.

Hagedorn opina que Wood creía que los cubanos pedirían la anexión tras de un período de experimentación como nación independiente, y a ese fin dice en justificación de su héroe y de sus manejos:

> ... Forcible annexation he had refused to consider; annexation by guile he had effectively opposed; but annexation by acclamation had been his dream from the beginning. behind the ardor, the endeavor, had been the aspiration to make the American rule so kindly, so just and so productive of national and individual well-being that the Cubans would not consent to let the Americans go... [325]

El plan, pues, queda revelado en todos sus detalles por el biógrafo de Wood en el párrafo que antecede. La intervención era el antecedente de la anexión y todo lo hecho por el gobernador militar tendía a ese objeto. Hasta dice el panegirista de Wood que las iras de éste contra Brooke se basaban en su creencia de que el régimen liberal, transitorio y pro-cubano, del primer gobernador, había hecho casi imposible el buen éxito de los proyectos anexionistas. [326]

Y si los cubanos no pedían la anexión antes de terminarse la ocupación militar, como había visto Wood que no lo hacían a pesar de la Enmienda Platt, y de las persecuciones, los favores y las intrigas, que no habían quebrantado el espíritu nacionalista de la mayoría, su plan sustituto era el de que jugasen al gobierno propio hasta que se cansasen y prontamente reclamasen la incorporación a los Estados Unidos. Para el mejor éxito de ese proyecto le convenía un presidente que se inclinase a la anexión y equivocadamente creyó haberlo encontrado en Estrada Palma. De ahí su carta al Presidente Roosevelt en que con el mayor desenfado confesaba sus designios:

> ... There is no concealing the fact that there is a good deal of anxiety concerning the new government and annexation talk grows apace. I always tell the people, however, that they must talk annexation through their own government when is is formed. I think we can be ready to turn over the government not later then May 1st, and in April, if necessary... [327]

Wood, por supuesto, tenía el respaldo de los intereses norteamericanos que hasta 1898 habían sido españolistas por odio y temor a Cuba independiente y que entonces eran anexionistas, y han seguido siéndolo, por las mismas razones. Ese anexionismo, sin embargo, lo que quería era el control y la explotación de Cuba y de los cubanos por los inversionistas de los Estados Unidos en condiciones parecidas a las de la época de la esclavitud, aunque los que tal hiciesen fuesen puritanos de la Nueva Inglaterra, abolicionistas en Boston y esclavistas en Cuba. Atkins, por ejemplo, partidario de la anexión, se oponía a que se introdujese la moneda norteamericana en Cuba, porque tendría que pagar con ella a los braceros y tendría menos ganancias en sus negocios.[328]

Atkins hubo de apelar directamente a Platt en contra de la independencia con una carta en que le decía:

> ... *The property owners of the Island, as you are aware, are very much in fear of independence, as they understand (what) independence would mean in the hands of the insurgent element, and those now holding office... their one great desire (the property owners) being that the United States troops should remain, and United States authorities keep control...*[329]

La carta de Platt en respuesta a Atkins es del mayor interés para demostrar, como proclamó el autor de esta obra en la Conferencia Panamericana de Montevideo, en 1933, que la Enmienda Platt fué el sustitutivo de la anexión y que los partidarios de la misma tenían el mayor desprecio por la "joint resolution" de abril de 1898, por la más noble declaración de política internacional de que los Estados Unidos han sido capaces. Así escribió Platt:

> ... *Affairs in Cuba, of course, are far from satisfactory, but the United States government must have a policy with regard to Cuba, and that policy must be one which is the best possible under conditions as they exist. I think annexation is absolutely out of the question. In the first place THAT FOOLISH TELLER RESOLUTION STANDS NOT ONLY IN THE WAY OF THAT, (mayúsculas del autor de la obra para destacar la opinión de Platt), but of all other action which we might take if it had never been passed. I think I know enough of congressional sentiment to know that that is regarded as a pledge of the government against annexation. That being out of the way, what next? We cannot forever remain in military occupation. We have promised them an independent government, and when that is established, it seems to me that we must withdraw. That is what the amendment which is called by my name proposes. The President is authorized to withdraw the troops when a government shall have been "established" under a constitution which contains either in itself or in an ordinance appended to the constitution, the propositions set forth in the amendment. Personally, I was in favor of very much more stringent measures and requiring much*

more as to our future relations, but in legislation you must consider the preponderance of popular sentiment. As you say, it is difficult enough to bring these Cuban delegates to the acceptance of the terms we propose. If we had proposed more stringest terms, we should not only have had that difficulty vastly increased, but we should have had a party in the United States and Congress giving aid and comfort to the Cuban radicals. My own judgement is that when conceded to us the right of intervention and naval stations, as set forth in the amendment, that the United States gets an effective moral position, and which may become something more than a moral position, and will avoid trouble there... We cannot make a treaty with Cuba while it is in our military occupation, so that it seems to me that the only solution is annexation being impossible, to have an independent government and a reciprocity treaty which shall be mutually advantageous... [330]

Para Platt, pues, la "estúpida" promesa en favor de la independencia de Cuba contenida en la "joint resolution", era lo que impedía la anexión, y la Enmienda Platt daba a los Estados Unidos una posición moral en Cuba "...*que podía llegar a convertirse en algo más que una posición moral*...", criterio que podía coincidir con el de Wood.

El candidato presidencial que antes de mucho surgió como rival de Estrada Palma, después de habérsele considerado como selección lógica para la vicepresidencia, fué el general Bartolomé Masó, quien desde 1868 había combatido por la independencia de Cuba y había sido Presidente de la República en armas. Masó pasó a encarnar la oposición a la Enmienda Platt y a la intervención norteamericana después de una carta de cierta imprudencia, en que resueltamente proclamaba su actitud contraria a la Enmienda Platt al contestar a un cuestionario del general Lacret Morlot, quien era uno de los irreductibles de la Asamblea Constituyente. La carta de Masó terminaba con este párrafo de gran violencia:

... Hay... un derecho contra el cual se estrellan todos los demás...

Ese derecho es el de la fuerza, del que ha nacido la ley Platt, esa decantada ley que tan horrorosa decepción nos ha hecho sufrir, haciéndonos aceptar, entre otros, el juicio del profesor italiano Camazza Amari, que "condena la intervención como resultado de la tendencia que tienen siempre los fuertes de dominar a los débiles e imponerles su ley y atacar y destruir a su vez la autonomía de los estados...* [331]

Junto a Masó se fueron reuniendo algunos elementos de indu-|

dable patriotismo con descontentos y gentes de tendencias radicales que formaron un grupo político de innegable arrastre y popularidad, especialmente entre las clases más pobres y maltra-
tadas, opuestos al régimen de gobierno representado por la intervención militar y al que se temía que fuera su contiːuador bajo la
Enmienda Platt. El candidato, partidario decidido de la independencia absoluta, con sus prestigios de patriota inmaculado y otros
merecimientos, en realidad no tenía la energía ponderada, pero
firme, necesaria para imponer la disciplina a sus heterogéneos
partidarios, y a ratos pareció plegarse a su influencia en vez de
ser quien les inspirase y dirigiese. En torno a Estrada Palma,
mientras tanto, respaldado por Máximo Gómez y con el beneplácito de Wood, se iban reuniendo los "better elements" a que Rubens
hace referencia en su libro como los principales beneficiarios de
la independencia de Cuba. Wood, pues, iba lentamente desarrollando el plan que había anunciado meses atrás en su carta a
Root, acerca de que si se le dejaba manejarse haría elegir al gobierno que le conviniese.

La interpretación que la prensa norteamericana dió por entonces al viaje del general Máximo Gómez a los Estados Unidos con
objeto de entrevistarse con Estrada Palma, estaba bien de acuerdo
con lo que dejamos apuntado. Wood pidió que se tuviesen todas
las atenciones posibles con el viejo guerrero, cuyo apoyo a la candidatura de Estrada Palma era vital para su triunfo, y Máximo Gómez recibió distinciones y honores extraordinarios durante su viaje,
inclusive la de ser huésped del Presidente McKinley en una comida ofrecida en la Casa Blanca. Los periódicos norteamericanos,
en entrevistas fabricadas, dieron a entender y hasta afirmaron que
Máximo Gómez era anexionista, de igual manera que Wood, meses
atrás, había inventado la especie de que Gómez estaba en favor
de la Enmienda Platt para que el Congreso de Wáshington la aprobase. En realidad, como el propio general hizo publicar a su regreso, todas las declaraciones que se le atribuían eran falsas y no
había dado más que una, con su firma, en que, a vuelta de recordar a los Estados Unidos su obligación "...de mantener la paz y
la independencia de la isla de Cuba...", afirmaba:

> ... No hay un solo hombre allí, en Cuba, que no desee
> vivamente ver ondear su bandera libre, que cubre tantos do-
> lores y sacrificios por la libertad. Todo esto el mundo entero
> lo sabe hace ya muchos años... [332]

Y como para no dejar lugar a dudas sobre su actitud, cuando un repórter habanero hubo de hacerle saber el rumor circulante sobre que se había hecho anexionista con ocasión de su viaje a los Estados Unidos a verse con Estrada Palma, el viejo caudillo dejó caer su respuesta característica y elocuente: *"...ninguno de esos que lo dicen huele a pólvora tanto como yo"*.

El propio Estrada Palma, desde su residencia de Central Valley, N. Y., hubo de desmentir enérgicamente las declaraciones favorables al anexionismo, que se le habían imputado. Durante los meses de julio y agosto los noveles políticos cubanos estuvieron estudiando la elegibilidad de Estrada Palma frente al grupo heterogéneo reunido en torno a Masó. Finalmente, el 23 de agosto se decidieron por los elementos que simpatizaban con la candidatura de Estrada Palma, el obtener la determinación de sus respectivos puntos de vista en un intercambio de opiniones, y se le envió una extensa carta que venía a ser un cuestionario definitivo para su profesión de fe cubana.

Apenas había llegado la carta del general Ríus Rivera a manos de Estrada Palma, cuando ya Wood estaba de viaje en los Estados Unidos para informar del curso de los acontecimientos e influir en los mismos, de ser posible. El día 7 de septiembre, bien satisfecho de la visita hecha, regresaba a La Habana y una semana más tarde el brutal atentado del anarquista Czolgosz ponía fin a la vida del Presidente McKinley. Este asesinato representó un cambio decisivo en las relaciones entre Cuba y los Estados Unidos y en la política de esta última nación acerca de la instauración de la república cubana. Con Theodore Roosevelt en la Casa Blanca se terminó la complaciente aprobación de todas las medidas aconsejadas o implantadas por Wood, así como quedó restringida la extraordinaria autarquía con que se manejaba el procónsul yanqui en La Habana, todo ello, por extraño que parezca, a pesar de la estrecha amistad que había entre Roosevelt y Wood. No hay duda de que los preparativos y las actividades para terminar la ocupación y establecer la república se aceleraron a virtud de los dictados de aquel estadista de singulares contradicciones y de fuerte personalidad que fué Theodore Roosevelt, entonces y después con la comprensión y la visión política necesarias para advertir que los mejores intereses de Cuba y los Estados Unidos estaban en un entendimiento leal, que prescindiese de vejámenes e imposicions, y no subordínase la existencia de las buenas relaciones entre ambos países, al triunfo de la anexión.

Wood regresó a los Estados Unidos tan pronto tuvo   gar el asesinato de McKinley, asistió al sepelio en Canton, Ohi`. y el 21 de septiembre ya estaba en Wáshington, con el Presidente Roosevelt, que era la incógnita del momento para los Estados Unidos y el mundo, a fin de llegar a un acuerdo acerca de la política a seguir en Cuba. Con esas nuevas instrucciones volvió a La Habana y los preparativos electorales siguieron a toda prisa. Fué entonces que ocurrió uno de los pocos choques entre la Iglesia Católica y el gobierno de la intervención, que tan de acuerdo habían marchado, con ocasión de las honras fúnebres del Presidente McKinley, hechas según el rito protestante y en las que Wood obtuvo que participase un sacerdote católico, su amigote el Padre Emilio Fernández, párroco de Monserrate, que por ello fué penalizado por la curia eclesiástica ante la indignación del procónsul. Meses después, como ya hemos indicado, el general Wood, quien "enseñaba" a los cubanos a gobernarse, arrancó al Obispo Sbarreti el perdón del Padre Emilio a cambio de pagarle a la Iglesia Católica cerca de un millón de pesos del Tesoro cubano por la muy discutible indemnización de las propiedades del clero, sin esperar a que se constituyese la República.[333]

El 21 de septiembre tuvo lugar en La Habana la reunión de los prohombres que aspiraban a conocer los puntos de vista de Estrada Palma antes de comprometerse con su candidatura presidencial y que a ese efecto le habían enviado semanas antes, por medio del general Ríus Rivera, el cuestionario a que ya hemos aludido. La respuesta de Estrada Palma, fechada a 7 de septiembre, era un extenso y hábilmente redactado documento en que se daban las seguridades indispensables sin aventurarse en provocaciones inoportunas ni intransigencias peligrosas al apoyo oficial y nacional que se quería tener para esa candidatura, aunque, en honor a la verdad, ni el lector más suspicaz podía encontrar una frase contraria a la independencia de Cuba. Esa actitud se justificaba con una introducción, resuelta y cautelosa a la vez, sobre la crítica situación del país y la necesidad de conducirse con discreción y habilidad sumas para no comprometer el establecimiento de la República. Acerca de los cuatro puntos principales sobre los cuales se había querido saber la opinión de Estrada Palma, y que eran el tratado comercial con los Estados Unidos, la hacienda pública, la deuda contraída con el Ejército Libertador y el tratado de relaciones con los Estados Unidos, Estrada Palma dió en sus respuestas seguridades satisfactorias para los intereses conservadores.

Respecto a las relaciones comerciales, el candidato precisó que era urgente concertar un tratado de reciprocidad con los Estados Unidos, que favoreciese al azúcar y el tabaco a cambio de cuidadosas rebajas en los derechos de importación a los productos norteamericanos, porque

> ... por algunos años nuestra Hacienda dependerá de las rentas de Aduana para cubrir la mayor parte de los gastos del Estado... [334]

Esta promesa confirmaba el fracaso y la frustración económicas de la Revolución Cubana y era un triunfo del gobierno de la intervención en su política para la dominación de los recursos de Cuba por parte de los Estados Unidos. La ocupación militar norteamericana había dedicado sus esfuerzos a lograr, en estrecha alianza con los elementos adinerados y conservadores del país, los mismos que habían abominado de los Estados Unidos cuatro años antes y siempre habían sido partidarios del despotismo español, que se restableciese el régimen de economía colonial sobre el cual había vivido Cuba durante siglos, aunque con exclusión de España, para que los beneficios fuesen exclusivos de los Estados Unidos, sin la perturbadora coparticipación. La intervención había logrado restablecer el régimen económico destrozado por la Revolución Cubana en cuatro años de guerra cruenta en los que los soldados libertadores habían empleado el fusil y el machete, pero también la tea y la dinamita, en destruir en toda la Isla la organización secular que hacía de Cuba un país de latifundios y de monocultivo, que importaba los artículos de primera necesidad y que extraía los ingresos fiscales de los derechos de aduana pagados por las importaciones.

La intervención, so pretexto de restañar las heridas dejadas por la lucha, había restablecido todo lo destruído, había restaurado la estructura colonial a beneficio de los Estados Unidos, y Estrada Palma, mal aconsejado y equivocado, anunciaba en su carta de aceptación de la candidatura que el tratado de reciprocidad consolidaría todo eso, como así ha sido, en efecto. Han pasado treinta y ocho años y todavía Cuba depende del azúcar y de los ingresos de aduanas que Estrada Palma juzgaba que serían indispensables por "algunos años". Los imperialistas no tenían por qué oponerse a la opinión que enunciaba Estrada Palma y que les convenía.

En cuanto a la hacienda pública, el candidato ponía de relieve la que sería verdadera gran virtud de su gobierno, a poco después, pues prometía una administración honrada y sin despilfarros, que proporcionase a Cuba una hacienda saneada y fuerte que impulsase el fomento de la nación.

El mismo criterio informaba la declaración de Estrada Palma acerca del espinoso problema del pago de la deuda contraída con el Ejército Libertador, pues el candidato lo hacía depender del estado de las rentas públicas y tenía el valor necesario para expresar la opinión de que dicho adeudo debía ser reajustado por ser excesiva la cantidad que el gobierno de la Revolución había votado como compensación por los servicios rendidos.

El cuarto y último punto, que era el referente al tratado de relaciones entre Cuba y los Estados Unidos, ponía a prueba la habilidad del candidato para satisfacer a la opinión cubana sin alarmar ni despertar las sospechas del gobierno de la intervención. Concretamente decía Estrada Palma que el gobierno cubano debía cuidarse de que la interpretación de la Enmienda Platt fuese

... en todos los momentos... la más favorable a los intereses de Cuba, a su soberanía e independencia.

Se procurará que la redacción del tratado no afecte, en ningún sentido, el sentimiento nacional de nuestro pueblo más allá de lo aceptado por el apéndice constitucional, y aún en ese caso debe procurarse resueltamente que los compromisos contraídos sean compatibles, en todo tiempo, mientras subsistan, con la independencia y la soberanía de la República de Cuba. Al efecto, pondrá todo empeño en que el derecho de intervención otorgado a los Estados Unidos por el artículo tercero del apéndice se defina y especifique con toda claridad, que puedan los cubanos llegar a hacer innecesario su ejercicio en virtud de un alto espíritu patriótico en la práctica de las instituciones democráticas; y al tratarse de la venta o arrendamiento de las tierras necesarias para estaciones de carbón o navales, pondrá igual empeño en que la obligación contraída, según los términos del artículo séptimo, sea interpretada en una forma prudente o generosa, de manera que no cause agravio al pueblo de Cuba.

Respecto a la Isla de Pinos, entiendo que no es de provecho alguno a los Estados Unidos... es deber de nuestro gobierno esforzarse en conseguir que el gobierno de Wáshington reconozca nuestro derecho a la Isla de Pinos... [335]

El mayor general Bartolomé Masó, Presidente de la República durante las guerras de independencia y que fué el rival de Estrada Palma en las elecciones para la presidencia de Cuba libre, que llevó a cabo el procónsul Wood.

Los puntos de vista expresados por Estrada Palma, aunque muy discutidos como ambiguos y poco diáfanos, fueron aprobados por el grupo de prohombres de la política que los habían solicitado, por veintitrés contra dos votos. El 28 de septiembre, en un manifiesto al país firmado por ilustres figuras de la Revolución, quedó lanzada oficialmente la candidatura de Tomás Estrada Palma para la Presidencia de la República.

Frente a Estrada Palma, con el formidable apoyo oficial y nacional de que disponía éste, su contrincante, Bartolomé Masó, tenía pocas oportunidades de triunfo, y sus ataques al gobierno interventor asustaron a no pocos elementos casi tanto como el supuesto radicalismo de sus partidarios. El manifiesto de Masó, lanzado el 31 de octubre, lo colocó definitivamente frente a la ocupación militar y sus resultados, de los que la Enmienda Platt era el más importante. Sus acusaciones dirigidas contra el régimen de Wood fueron directas y resueltas y de la verdad de su manifiesto y de su actitud ha dicho Robinson:

> ... His statement is less absurd than many may suppose it to be... While not a little of General Maso's attitude seemed to put him into a position antagonistic to the United States, it is only fair to him to say that he was ardently pro-Cuban rather than in any way anti-American. He was, like many who lacked his courage in saying so, opposed to the Platt Amendment, which was made a feature in this campaign...[336]

Martínez Ortiz, bien informado y ponderado casi siempre en sus juicios, y hasta favorable con ellos a la obra de la intervención, nos dice que Wood

> ... no miraba muy bien la candidatura de Masó, aunque jurara, a pie juntillas, ser absolutamente imparcial... Al Gobernador se le había dado carta blanca, y no se veía con buenos ojos tampoco la posibilidad, siquiera fuese cosa remota, de resultar elegido un candidato pregonado por los suyos como campeón contra la Enmienda Platt, aunque muy otra cosa hubiera consignado en su manifiesto...[337]

En un hombre de las pasiones, la impulsividad y la falta de escrúpulos de Leonard Wood, el hecho de que "no mirara muy bien la candidatura de Masó" no podía quedar en esa declaración escueta, sino que debió traducirse y efectivamente se tradujo en medidas para imponer al candidato de sus simpatías y dificultar la elección de su opositor. Con la enorme cantidad de facultades y la irresponsabilidad con que se manejaba Wood, como un bajá turco dependiente del sultán, que así "enseñaba" democracia a los cubanos, su política fué de intrigas y persecuciones para que triunfasen sus planes, los que hacía meses había anunciado a Root en la famosa carta en que decía que se las manejaría para poner en el gobierno a los "better elements".

La Junta Central de Escrutinio o Junta Suprema Electoral, nombrada por Wood, la constituyeron los Sres. Méndez Capote, Villuendas, Diego Tamayo, Zayas y Morúa Delgado, y en su integración ya revelaba qué se proponía el gobernador militar, porque todos sus componentes eran partidarios de Estrada Palma, firmantes del manifiesto de su candidatura y dos de ellos, especialmente, Méndez Capote y Zayas, habían redactado ese documento. ¿Dónde estaba la imparcialidad prometida? ¿Así se organizaba en los Estados Unidos para enseñanza de Cuba lo que debía ser una junta electoral de tendencias equilibradas, presidiendo los comicios de una democracia?

Martínez Ortiz explica que Wood se mantuvo inflexible ante todas las protestas de la oposición a Estrada Palma contra la Junta Central de Escrutinio y que lo hizo a sabiendas y deliberadamente.[338] Robinson también parece admitir la verdad de esa conclusión al declarar que Wood favoreció la candidatura de Estrada Palma.[339]

A mayor abundamiento, contamos con la declaración del doctor Miguel Gener, primero el hombre de confianza de Wood como su Secretario de Justicia y Alcalde de La Habana, y después el objeto de sus iras, quien escribió al Obispo Sbarreti, lo que sigue:

> ... En Octubre me negué a apoyar con mis amigos la candidatura de Estrada Palma para Presidente de la República, la de Diego Tamayo para la Vicepresidencia y la de Emilio Núñez para el Gobierno Civil de la Provincia, en las elecciones que debían efectuarse el 31 de diciembre próximo pasado. Y con ese motivo el General Wood, el Secretario de Estado y Gobernación Diego Tamayo, el Secretario de Hacienda Leopoldo Cancio, y el Gobernador Civil Emilio Núñez, empezaron a hostilizarme en la Alcaldía con el propósito de cansarme y hacerme presentar la renuncia. Como esto me pareció un acto de debilidad y cobardía, indigno de un representante del pueblo, cuya representación y defensa no debía yo abandonar, puesto que ese cargo de confianza me obligaba a luchar hasta con el Gobierno, me mantuve firme, y a ciertos emisarios que se me enviaron desde los centros oficiales, para sugerirme la idea de la renuncia, les manifesté que no lo ha-

ría, y que si yo estorbaba en la Alcaldía a los planes del Gobierno de sacar triunfante la candidatura de Estrada Palma,
con el apoyo del general Máximo Gómez, en frente del candidato popular, que era el general Masó, podían destituirme,
pues esa destitución lejos de rebajarme me enaltecería a los
ojos del pueblo cubano.

Mis amigos, que formaban el grupo más numeroso del Partido Nacional, el grupo Republicano que tiene por jefe a Juan
Gualberto Gómez, y el Partido Democrático, se coaligaron para
sostener y votar la candidatura del General Masó; y el General Wood y los sostenedores de la candidatura oficial de
Estrada Palma, me atribuyeron a mí aquella obra, aumentán-
dose con ese motivo la persecución y hostilidad de que me
habían hecho objeto. Y para contrarrestar la fuerza de la
opinión pública, que aseguraba el triunfo al General Masó,
sometieron la elección a medidas que permitían al Gobierno
y sus amigos falsear a su antojo el resultado de la votación,
que estaba sujeto a la decisión de una Junta Central de Escrutinio nombrada por el Gobierno y compuesta de cinco partidarios de la Enmienda Platt y de la candidatura de Estrada
Palma.

La Coalición Masoísta le pidió al Gobierno, como garantía
de la legalidad de la elección que iba a efectuarse, que se le
diera intervención en dicha Junta Central de Escrutinio, agre-
gando a ella dos vocales masoístas, y que se les permitiera
obtener el mismo día de la elección en cada Colegio Electoral,
una certificación del resultado de la votación en cada uno de
ellos; y el Gobierno se negó a tan justa solicitud, demostrando
así su propósito de mixtificar la votación para obtener de todos modos el triunfo de su candidato.

Ante esta actitud del Gobierno, la Coalición Masoísta acordó no tomar parte en las elecciones, para que su retraimiento
sirviese de protesta contra el acto ilegal que iba a efectuarse.
Esto contrarió al Gobierno, que me atribuyó a mí también
aquel acuerdo; pero no por eso desistió de sus ilegales propósitos; y el día 31 de diciembre se llevó a efecto la elección,
con escasísimo número de electores que después la Junta
Central de Escrutinio con el mayor descaro elevó a casi la
totalidad de los que figuraban inscriptos en las listas electorales.

El acto resultó ridículo y casi toda la prensa de buena fé se
encargó de declararlo así; y para castigarme, el Gobierno me
suspendió en 7 de enero, llevando su encono hasta el extremo
de enviarme a las diez y media de la noche la comunicación
suspendiéndome, al Teatro Tacón, donde estaba yo con mi
familia en una función benéfica...

Por fortuna, aquí todo el mundo se ha reído de los cargos
que han servido de pretexto para sacarme de la Alcaldía, y

*han dado en decir que todo ha obedecido al encono político
del General Wood, que no ha podido soportar que un Alcalde cubano no se doblegase ante su omnímoda y despótica
voluntad. Y hasta hay quien relaciona mi remoción con el
deseo de allanar ciertas dificultades que oponía yo a la reali
zación de un empréstito municipal en determinadas condicio
nes, y a la concesión de ciertos beneficios al contratista del
alcantarillado de la ciudad, beneficios y empréstito que después de mi remoción han sido otorgados...*[340]

Este importantísimo documento es todo él una formidable acusación contra Wood y sus métodos de gobierno, así como una declaración que destruye muchos de los supuestos ejemplos de respeto por la democracia, atribuídos al gobierno de la intervención.
Así Wood cumplía lo prometido a Root respecto a que él se las
arreglaría para dejar en Cuba el gobierno que conviniese a sus
planes. El último párrafo de la extensa cita que antecede contiene
dos insinuaciones más contra los manejos de Wood, hechas por
quien se había ganado su odio y que por ello pudiera alguien considerarle como apasionado e injusto con el procónsul. Pero es que
Hagedorn, en su bombástico elogio de Wood, nos dice que en cierta
ocasión Steinhart hubo de negarse a darle la combinación de la
caja de caudales para impedir que el gobernador se saliese con
la suya de contratar el empréstito a que se refiere el Dr. Gener en
la antecedente carta, con una *"untrustworthy American firm"*.[341]
Robinson, por otra parte, también presenta buenas pruebas de la
afirmación del Dr. Gener respecto a las irregulares componendas
de Wood con los contratistas del alcantarillado.[342]   Finalmente,
los datos que da Jessup sobre las influencias políticas norteamericanas que jugaron en la cuestión del alcantarillado hasta que
Wood se allanó a una indemnización arbitraria e indebida, son
de lo más elocuente.[343]

Ante la negativa de Wood de reconsiderar las medidas en favor
de la candidatura de Estrada Palma, quien él creía, equivocadamente, que sería instrumento suyo, los partidarios de Masó se encontraron en un callejón sin salida. En nombre de la democracia
y para que el pueblo cubano se familiarizase con ella, se había
instaurado por enorme sarcasmo un régimen de bajá turco en provincia armenia, absoluto, irresponsable e infalible, que se negaba a reconocer o enmendar yerros y mantenía con inflexibilidad
la injusticia establecida. Las protestas se hicieron inútiles, las denuncias de ilegalidades fueron desoídas, las acusaciones de favo-

ritismo quedaron despreciadas mientras la candidatura que pudiéramos llamar oficial seguía su marcha incontrastable.

En el último momento los partidarios de Masó, desalentados y
en actitud de censura, acordaron no concurrir a las elecciones presidenciales del 31 de diciembre y así lo hicieron. A nombre de
Masó se acusó de parcial a la Junta Central de Escrutinio y se declaró la convicción del mismo sobre que ni el gobierno de Wáshington, ni Wood y sus ayudantes tenían el deseo de que las elecciones se llevasen a cabo con suficiente legalidad, que reflejase la
verdadera aspiración de los cubanos para elegir libremente su
primer gobierno constitucional.

Estrada Palma ganó las elecciones por una mayoría extraordinaria ante la abstención de su contrincante, y sus partidarios declararon que la retirada de Masó había sido estratégica, para aho-
rrarse una derrota. Robinson señala con razón, sin embargo, que
a despecho de tales afirmaciones y de la influencia de la abstención de Masó, ocho de sus partidarios fueron elegidos, y calcula
que ese número habría sido mucho mayor en unas elecciones regulares y honradas.[344]   Y agrega el autor norteamericano que
acabamos de citar lo que sigue, como crítica del sistema empleado:

> ... Charges of fraud and irregularity were brought, but
> the methods proposed for hearing and decision were unac-
> ceptable to those who brought them, and the matter was
> dropped as hopeless, leaving some to believe that injustice
> had been done with the support and connivance of the Military
> Governor... The general tenor of the comment of the local
> press was to the effect that Estrada Palma was regarded as
> the candidate of the United States and of Cuban officialdom,
> and that it was therefore useless to oppose him. It is un-
> fortunate that any ground should have existed for the asser-
> tions and allegations of the time, even if it be admitted that
> they were not warranted. America's hands in Cuba should
> have been so clean that no stain could have clung to them.
> Her acts should have been beyond the possibility of impeach-
> ment... [315]

No obstante todo lo que llevamos dicho y que prueba, sin dejar
lugar a dudas, que las facultades de Wood se habían empleado en
lograr que las elecciones fuesen conforme a su capricho, Wood le
escribió a Roosevelt a los pocos días de celebrados los comicios
de un solo partido porque el de oposición había ido al retraimiento,
que las elecciones habían sido quietas, garantizadas, sin favori-

tismo ni presión de los soldados, y que eran falsas las declaraciones en contrario.[346]

De allí en adelante los preparativos para inaugurar la república con el gobierno que Wood creía que sería manejado a su
antojo, se aceleraron. Para el gobernador militar, el experimento
de gobierno propio tras el cual, según sus palabras, lo mejor que
los cubanos podían hacer era *"to seek annexation"*,[347] debía comenzar lo antes posible, ya que Cuba *"...a practical dependency
of the United States..."* bajo la Enmienda Platt *"...during the
period which she maintains her own government..., will soon
undoubtedly, become possession..."* de los Estados Unidos.[348]

Ya Jessup ha hecho notar en su biografía de Elihu Root que en el
período electoral cubano, el que preparaba la república precisamente, fué aquél en que Wood dió rienda suelta a sus sentimientos
anexionistas en progresión creciente a partir de una carta en que
dijo al Secretario de la Guerra:

> ... *All Americans and all Cubans who look ahead know
> that the Island is going to be a part of the United States and
> it is as much to our interest as it is to theirs to place the
> Island upon its feet...* [349]

Cuando técnicamente Estrada Palma tuvo su elección ratificada
por el voto de los compromisarios, Roosevelt le telegrafió a Estrada Palma su felicitación, mientras que los funcionarios del gobierno de Wáshington y los de la intervención en Cuba lo ulti-
maban todo para que el experimento del gobierno propio comenzase y terminase lo más pronto posible, a beneficio de la anexión.

Y como que los imperialistas, sea cualquiera la lengua que
hablan, se entienden muy bien, M. Cambon, el Embajador de
aquella Francia oficial que siempre había sido partidaria de España y enemiga de la independencia de Cuba, por esos días dejaba caer los más extravagantes elogios sobre el general Wood
como gobernante ideal, aunque entre sus alabanzas no había una
que encomiase el respeto por la ley y los derechos de un pueblo
extranjero, que Wood nunca tuvo aunque se le suponía estar
"enseñando" a los cubanos a gobernarse. John Hay, uno de los
tres mosqueteros norteamericanos de la democracia y libertad, tras
su estancia en la corte de Saint James, era como Secretario de Estado un partidario inconfesado de la doctrina británica del *"white
man's burden"*, que aplicaba al caso de Cuba con la mayor tran-

quilidad e hipocresía. Por ello, al reportar las palabras del Embajador Cambón, le decía al Presidente Roosevelt:

> ... The French Ambassador called yesterday, and spoke with such energy of the state of things in Cuba that I thought you might be pleased to hear a word of it. He thinks that Wood is a man in millions for his place. His intelligence, his courage, his conciliatory (?) disposition, his faculty of acquiring confidence (?), all seem to strike Monsieur Cambon as very remarkable. He thinks our occupation has been already of infinite advantage to the Cubans... [350]

El gobierno de Wáshington se preparó entonces a discutir con Estrada Palma los puntos pendientes de las relaciones con Cuba. El propósito de Root era el de obtener que el Presidente electo conviniese con los funcionarios norteamericanos la forma en que iba a darse cumplimiento a la Enmienda Platt y vigencia a los actos de la intervención. Para las reuniones con Estrada Palma se escogió el momento en que era más activa la agitación en Wáshington y en las regiones de la Unión dedicadas a la producción de azúcar con relación al proyectado tratado de reciprocidad con Cuba. Los azucareros de Cuba, cubanos y extranjeros, actuaban como una fuerza organizada en los Estados Unidos, en colaboración con el general Wood y con aquel acuerdo de gobernantes y hacendados que después sería característico de la historia republicana de Cuba, a beneficio de los dominadores de esa industria parasitaria. Con sus actividades en demanda de concesiones arancelarias a los azúcares crudos, que eran el tema del momento en los Estados Unidos, esos elementos estaban destinados a impresionar a Estrada Palma con la fuerza de su poder ya antes de que asumiese su cargo.

Entre los papeles de Roosevelt se encuentra el original de un mensaje telefónico dictado por el Secretario de la Guerra cuando ya eran inminentes las reuniones con Estrada Palma. En ese documento Root decía:

> ...Say to the President that it is very important that there should be a meeting with the Secretary of State and the Attorney General before we begin to talk with Mr. Palma.
> There are a number of questions under the Treaty of Paris, under the Platt Amendment and under the Cuban Constitution which should be carefully considered. The subjects we ought to talk about are of great importance, affecting our international relations, and I have been this morning drafting a letter of instructions to General Wood, in which we want to

get Palma's concurrence; but before that is done I think we ought to have a full and formal consideration of them... [351]

Al día siguiente el Secretario de la Guerra se dirigía al de Estado con una comunicación análoga, que ya fijaba la fecha del 20 de mayo para la inauguración de la República y le pedía que adoptase las resoluciones pertinentes para el establecimiento de las relaciones diplomáticas entre ambos países y la adopción de un acuerdo acerca de las estaciones navales norteamericanas en territorio cubano y de la propiedad definitiva de la Isla de Pinos, que sirviesen de base para un tratado permanente entre Cuba y los Estados Unidos. [352]

Bajo estos auspicios fué que Estrada Palma discutió con Root, Hay y el propio Presidente Roosevelt, la liquidación del régimen de la intervención y de sus espinosas consecuencias. Dos de sus hombres de confianza, los Dres. Domingo Méndez Capote y Diego Tamayo, el último de los cuales también tenía la del general Wood, habían ido a los Estados Unidos para entrevistarse con el Presidente electo y asesorarle con sus informes sobre la situación de Cuba y las opiniones que prevalecían en la misma, sin que con esto pretendamos decir que sus consejos fuesen los determinantes de la política que seguiría Estrada Palma, porque como bien había dicho éste y se había publicado en La Habana, no era hombre que se resignase a tutelaje ni creía haber sido elegido a virtud de compromisos políticos. Sus inquietantes palabras habían sido:

...Nadie me dominará. Soy libre para proceder sin temor: no he hecho promesas para obtener el cargo... [353]

Y si los cubanos tardaron un poco más en convencerse de que don Tomás tenía un carácter firmísimo, fuerte hasta la obstinación, los norteamericanos se dieron cuenta de que, dentro de las limitaciones de la situación cubana, el Presidente electo no sería juguete suyo, y de que, como de costumbre, Wood se había equivocado, cuando se celebraron las reuniones preparadas por Root, a fines de marzo de 1902.

Los partidarios de la "gran escuadra" y el "gran ejército" entre los militares y marinos profesionales de los Estados Unidos, y los políticos ambiciosos que trabajaban de acuerdo con ellos, no querían que se retirasen de Cuba todas las tropas de ocupación; pretendían que quedaran de guarnición en puntos estratégicos y que las bases navales mencionadas en la Enmienda Platt estuvieran situadas de modo que dominasen eficazmente a Cuba y pudieran servir para la fácil realización de sus planes expansionistas, en un momento dado. El Surgeon General u Oficial Médico Mayor de los Estados Unidos, también pedía que se impusiesen a Cuba ciertas obligaciones contractuales sobre sanidad, higiene y cuarentenas para impedir que las enfermedades (especialmente la fiebre amarilla, cuya trasmisión y medio de combatirla el médico cubano Dr. Carlos J. Finlay había descubierto para su gloria), no fuesen a emigrar a los Estados Unidos,[354] cuyos puertos del Oeste y del Sur, como toda esta última región, han seguido hasta nuestros días teniendo un índice sanitario inferior al de Cuba.

Los españolizantes, tan entusiastas entonces de la anexión a los Estados Unidos, cuya intervención les había protegido a costa de los cubanos con toda efectividad, pedían con la autoridad de partidarios de la ocupación norteamericana que no se retirasen las tropas yanquis que habían frustrado la revolución cubana, con la secreta esperanza de que fracasase la república por un choque cualquiera y se produjese la anexión. Los puntos a decidir en cuanto al ejército de ocupación eran los de la retirada total, parcial o escalonada de sus efectivos, las fortalezas, campamentos o plazas que continuarían ocupando mientras tanto, el mando de esas tropas y su relación con las cubanas. Wood hizo otro viaje a Wáshington para hacer que prevaleciesen los puntos de vista suyos y de sus leales partidarios, los españoles y las clases conservadoras, cuando se discutiesen estas cuestiones con Estrada Palma.

Las entrevistas de don Tomás en Wáshington, muy principalmente en deferencia a las opiniones vertidas por él, culminaron en el acuerdo definitivo de que la nueva nación quedase inaugurada el 20 de mayo de 1902, que se retiraran poco a poco las tropas norteamericanas, a partir de esa fecha, y que el corto número de las mismas que quedase en Cuba regresase a su país tan pronto como fuesen reemplazadas por soldados cubanos, y que entre los puestos fortificados que ocupasen hasta entonces no figurasen las fortalezas del Morro y la Cabaña, de La Habana, por ser las principales y corresponder su guarnición al ejército nacional. En cuanto a las estaciones navales, la firme actitud de Estrada Palma logró en la reunión celebrada por él, Quesada y Tamayo, con el Secretario Root, el 24 de marzo, que los Estados Unidos desistiesen de que La Habana, capital de la Isla, fuese una de ellas, a pesar de que los altos jefes de la marina norteamericana, en su empeño de desacreditar a la nueva República y afianzar su dominación sobre la misma, reclamaban como indispensable a la seguridad de los Estados Unidos el principal puerto de Cuba, a ochenta millas de Key West. Como señala Martínez Ortiz, tras muchas y muy amargas discusiones fué que Estrada Palma obtuvo la conformidad del gobierno de Wáshington a que La Habana no fuese una base naval yanqui, lo que habría humillado aún más el sentimiento nacional cubano, y con esa seguridad hizo la famosa declaración de que "...*el pueblo cubano nunca consentiría que hubiera una estación naval en La Habana...*", tan bien acogida por la opinión pública y de conformidad con la cual el gobierno de Wáshington declaró que no había habido tal propósito ni se aspiraba a lastimar la dignidad cubana con semejante pretensión.[355] Lo triste es que, con esa declaración, como con otras muchas hechas a Cuba por los *Estados Unidos, no había verdadero propósito de renunciar a la presa* ambicionada, ya que tres meses después, conforme a las recomendaciones del almirante Bradford, el gobierno norteamericano se declaraba en favor del arrendamiento del antiguo arsenal de La Habana para convertirlo en estación carbonera y hubo necesidad de rechazar las gestiones en ese sentido.[356]

Así terminaba su gestión en los Estados Unidos el primer Presidente de Cuba que, tras veinte años de destierro en aquel país, en que había sido ciudadano ejemplar en su colegio de Central Valley, volvía a la patria que había dejado en 1877 como prisionero de guerra de España al ser capturado mientras desempeñaba el cargo de Presidente de la República, en plena Guerra de los Diez Años. En Central Valley, N. Y., donde su vida ejemplar y modesta había puesto de relieve las virtudes del carácter cubano, la partida de aquel vecino célebre fué un acontecimiento. Se le despidió con cariño y con respeto, e iguales demostraciones se repitieron a *todo lo largo de la ruta ferroviaria hasta Hampton Roads, donde* embarcó el 17 de abril rumbo al mismo puerto de Gibara de que había partido 25 años atrás.

La llegada a Gibara, como el viaje por Holguín, Bayamo y otras poblaciones hasta Santiago de Cuba, que duró dos semanas, fueron verdaderas apoteosis patrióticas, desbordamiento del sentimiento cubano en honor del fundador de la nacionalidad en que participaron y rivalizaron a porfía todos los habitantes: hasta el mismo general Masó que había sido su adversario en las elecciones lo fué a recibir y abrazados los dos viejos patriotas hicieron su entrada en Manzanillo, donde el hogar de Masó fué la morada de Estrada Palma en franca comunión de cordialidad cubana. Esas espontáneas y entusiastas demostraciones de júbilo nacionalista se dieron también en Santiago, Santa Cruz del Sur, Cienfuegos, Santa Clara, Matanzas y por dondequiera que pasó el Presidente electo en su viaje a La Habana, a la que llegó el 11 de mayo, recibido en triunfo por centenares de miles de cubanos y extranjeros. Wood y los anexionistas nunca se cuidaron de explicar la flagrante contradicción de que seis meses antes, con objeto de demorar la constitución de la República, hubiesen declarado que el sentimiento anexionista *"...grows apace..."*, y la desmentida formidable de aquel movimiento nacional en favor de la República y en desprecio de la anexión que dieron los cubanos cuando con toda libertad pudieron expresar sus convicciones. Porque la realidad es que Wood y los *"better elements..."*, que le apoyaban, españolizantes y derrotistas, podían ser, y efectivamente eran anexionistas, pero el pueblo de Cuba era partidario de la independencia, por la que había luchado en muchas décadas de heroicas conspiraciones y revoluciones con una decisión, un valor y un espíritu de sacrificio inigualados en ambas Américas.

Wood tenía que cesar como representante de los Estados Unidos ante el nuevo orden de cosas. Habría sido impropio cambiar al procónsul en ministro plenipotenciario, y aunque por aquella época Wood no tenía de militar más que las escaramuzas de la campaña de Santiago de Cuba, pues antes había sido un obscuro médico militar lleno de ambiciones, el cambio de la guerrera por la casaca del diplomático no venía bien con su carácter autoritario. Además, el cargo de ministro exigía constitucionalmente la ratificación del nombramiento por el Senado, y eran tales las enemistades que las intrigas, las arbitrariedades, el intrusismo y las ambiciones de Wood habían originado en poco más de tres años, que era muy de dudar que los senadores aprobasen su designación.

Por ello, pues, se aplicó a buscar su sucesor, y a él corresponde, con todo derecho, la responsabilidad del enorme fracaso de Herbert G. Squiers, el primer ministro plenipotenciario de los Estados Unidos en Cuba, nuncio y antecedente de otros muchos errores análogos en las relaciones entre ambos países hasta nuestros días, porque la incapacidad mostrada por el gobierno de Wáshington al escoger sus representantes en Cuba, y que tan señalados ejemplos ha tenido en H. G. Squiers, W. E. González, Harry F. Guggenheim,

Benjamin Sumner Welles y James Jefferson Caffery, para no citar
más que a los peores de entre esos diplomáticos, ha sido lo causa
de gravísimos trastornos para Cuba y de difíciles problemas para
los Estados Unidos, no del todo liquidados muchos de ellos.

A fines de marzo de 1902, durante su visita a Wáshington para
las entrevistas con Estrada Palma, Wood encontró tiempo y oportunidad para hablarle al Presidente Roosevelt en favor de un secretario de la legación norteamericana en Pekín, Herbert G. Squiers,
quien se había distinguido en la lucha contra los "boxers" poco
tiempo atrás. Los occidentales que habían cooperado a aplastar la
insurrección china, decía Wood, habían sido recompensados por
sus gobiernos, con la excepción de Squiers, quien esperaba que se
le premiase por su actuación. Squiers, añadía Wood, había sido
muy amable en China con la hermana de Mrs. Wood.[357] ¿Se
quieren otros motivos para un delicadísimo puesto diplomático en
un país situado a más de diez mil kilómetros de China que las razones empleadas por el procónsul que "enseñaba" a los cubanos a
gobernarse conforme a normas democráticas? Con ser pocas esas
causales con menos se ha llegado a ser representante de los Estados Unidos en Cuba. En el caso de Squiers había, además, el hecho de que era católico casi fanático y por su experiencia en China
partidario de lo que John Hay llamaba con disimulo *the beneficent
partnership...*" de los Estados Unidos y la Gran Bretaña en el gobierno del mundo o expansión imperialista yanqui-británica según
la verdadera interpretación de esa frase.

Roosevelt, al contestar a las recomendaciones de Wood para el
servicio diplomático y consular de los Estados Unidos en Cuba,
le decía:

> ...*I am going to try to put first-class men in the Cuban
> diplomatic service. I have not definitely made up my mind,
> but have been considering Squiers, of Pekin legation fame,
> for minister, and old General Bragg, of Wisconsin, for consul-
> general. They are of conspicuous character and ability; and
> I believe have the necessary tact...*[358]

Hubo un sabroso desenlace a la selección hecha por Roosevelt
de Squiers y Bragg, que fué aceptada por el Secretario Hay como
idónea, ya que no hay constancia de que él le discutiese al jefe
del gobierno las cualidades que atribuía a sus dos candidatos. El
desenlace consistió en que al cabo de dos meses el general Edward
S. Bragg se vió envuelto en un incidente con el Gobierno cubano,

provocado por su incapacidad y su falta de tacto, y a petición de la cancillería cubana fué relevado de su cargo. El mismo Hay, quien le había nombrado, escribió a Roosevelt sobre lo ocurrido y si en una primera carta le decía:

>   ...I suppose Bragg was once "a good dog", but his energies are now confined to barking...,[359]

tres días más tarde le decía categóricamente:

>   ...The Bragg case is in point. Bragg's vanity (his only quality) is not enough to keep him in office...[360]

Y así saltó de La Habana al lugar campestre de Wisconsin a que pertenecía el primer Cónsul General de los Estados Unidos ante la República de Cuba, como poco después tuvo que ser cesanteado el Ministro Squiers por conspirar contra la integridad de la nación cubana desde su puesto. Los dos personajes de "carácter y habilidad relevantes", que decía Roosevelt, como muchos de sus sucesores en tales puestos, se mostraron inferiores a su responsabilidad por su ignorancia y su mala fe, y cayeron con descrédito.

Durante el curso del mes de marzo quedaron constituídos, al llamado del general Wood, y con todos los requisitos legales, el Senado y la Cámara de Representantes, y dejaron de funcionar ciertos organismos administrativos y políticos que habían servido para liquidar el régimen de la intervención y dar nacimiento a la República. El gobierno militar ultimó todos los preparativos y el 20 de mayo de 1902, en medio de delirante entusiasmo del pueblo que, después de haber luchado por su independencia había arrancado por sí solo a los Estados Unidos el reconocimiento de la misma en la "joint resolution" de abril 19, 1898, y que había orillado los peligros de la Enmienda Platt hasta frustrar el propósito anexionista, tomó posesión de la Presidencia de la República don Tomás Estrada Palma.

"¡Ya hemos llegado!", fué el comentario del general Máximo Gómez a cuyo esfuerzo y el de sus mambises se debían la independencia y también la paz, frente a todas las acechanzas, provocaciones, arbitrariedades e intrigas que habían tratado de frustrar el establecimiento de la República.

En el grito clamoroso y unánime, proveniente de centenares de miles de gargantas, en la expresión de júbilo en todas las caras, con que se saludó el cambio de las banderas en las fortalezas y los edificios públicos, Wood y su cohorte de anexionistas tenían la más concluyente demostración de cubanismo y de antianexionismo que podía dárseles, y no pocos de los que en días anteriores aparecían como partidarios de los propósitos del procónsul, al cambio de banderas también se sumaron al regocijo de la patria y abjuraron de sus errores y titubeos.

Cuenta Wood que la "better class" a la cual él había confundido con el pueblo de Cuba, se pronunció contra el fin de la intervención norteamericana y que así se lo dijeron al embarcar él de regreso a los Estados Unidos, los cubanos Ramón G. Mendoza y Alejandro Rodríguez, jefe el último citado de la Guardia Rural organizada durante el mando de Wood y que según éste, le ofreció el apoyo de esos soldados si los Estados Unidos alguna vez de nuevo deseaban ocupar militarmente a Cuba.[361] Ya hemos probado en el curso de esta obra que Wood mentía con mucha facilidad, y puede que ésta sea otra patraña más, de las suyas; pero aunque fuese cierto, ni los señores citados ni las pretensas "clases mejores" que ellos representaban y que tan poco cubanas se habían mostrado, dominaban a aquel pueblo que entre risas y lágrimas de alborozo saludaba y aplaudía la bandera tricolor con una estrella "...con más luz cuanto más solitaria...", que alegre y orgullosa ondeaba en lo más alto del viejo castillo del Morro, al soplo de la brisa marina, sobre una nacionalidad que había sobrevivido a todos los sacrificios y a todos los obstáculos hasta establecerse y consolidarse y que entonces era feliz, por primera vez en su historia, al sentirse libre y soberana.

William J. Bryan, en antaño "joven orador del Platte" cuya elocuencia arrastraba a las multitudes norteamericanas contra los monopolistas y los plutócratas de los Estados Unidos en una temida cruzada política, habló elocuentemente en La Habana en homenaje a la nueva República por cuya libertad había roto lanzas por espacio de varios años, celoso en la denuncia del imperialismo de McKinley. También lo hicieron los primeros oradores de Cuba con expresiones de ardiente gratitud a la nación que, al fin y al cabo, aunque imperfectamente, se había sobrepuesto a las ambiciones de algunos de sus dirigentes y se enorgullecía de lo que Bryan llamaba, con justicia, el placer de dar libertad a los que la merecen y no la tienen.

Y también habló Wood en elogio de Cuba y de los cubanos para terminar diciendo:

...marcho contento, sin que el acto de que la bandera de mi nación sea arriada en vuestras fortalezas me produzca pesar; hasta pudiera decir, valiéndome de las palabras de uno de los oradores que me han precedido, que la veo arriar del Morro con placer, porque tengo la seguridad de que la colocaréis en lugar preferente en vuestros corazones... [362]

¡Qué extraordinaria duplicidad la del hombre que podía hablar de esa manera y que seis meses antes había escrito al Presidente de los Estados Unidos sus verdaderos propósitos en favor de la anexión! Porque conviene repetir que fué Wood, precisamente, quien escribió a Roosevelt la siguiente página indigna, no obstante las promesas hechas para obtener la aprobación de la Enmienda Platt:

...There is, of course, little or no real independence left to Cuba under the Platt Amendment... the only consistent thing to do now is to seek annexation. This, however, will take some time, and during the period in which Cuba maintains her own government, it is most desirable that she should be able to maintain such a one as will tend to her advancement and betterment. She cannot make certain treaties without our consent, or borrow money beyond a certain limit, and must maintain certain sanitary conditions, etc., from all of which it is quite apparent that she is absolutely in our hands, and I believe that no European government for a moment considers that she is otherwise than a practical dependency of the United States, and as such is certainly entitled to our consideration...

...With the control which we have over Cuba, a control which will soon undoubtedly become possession... we shall soon practically control the sugar trade of the world. I believe Cuba to be a most desirable acquisition for the United States... the Island will... gradually become americanized, and we shall have in time one of the richest and most desirable possessions in the world... [363]

No son pocos los historiadores y comentaristas que han elogiado la inauguración de la República de Cuba como un extraordinario acto de generosidad, por parte de los Estados Unidos. Bélgica, sin embargo, fué hecha independiente por las potencias sin que se le humillase con un tratamiento como el que el gobierno de Wáshington dió a Cuba y sin exigencias limitadoras de su soberanía: ahí sí hubo un acto de generosidad verdadera. En el caso de Cuba hubo en todo momento el deseo de preparar la anexión, mediata o inmediata, a que se referían McKinley, Beveridge, Hay, Wood, Morgan, etc. Y sólo *"that foolish Teller resolution"*, como decía el Senador Platt, impidió que se consumase ese propósito durante el período de la intervención y por ello se conformaron los anexionistas con esperar "...*the period in which Cuba maintains her own government*...", según las palabras de Wood que acabamos de citar. ¿Hay mérito en la abstención de un hecho criminoso? ¿Lo hay al no despojar a un pueblo de su independencia, a que tiene derecho? Lo hay, sin duda, pero es relativo. Puede que otras naciones se hubiesen comportado de otro modo y hecho la anexión por la violencia, lo que los Estados Unidos no hicieron, pero la opinión pública norteamericana y los intereses azucareros y fruteros del país no habrían transigido con que la guerra hecha para hacer a Cuba libre e independiente hubiese culminado en la anexión de la Isla.

De todos modos, si el mensaje del Presidente Roosevelt a Estrada Palma y al Congreso de Cuba, fechado a 10 de mayo y leído en el acto del cambio de poderes, estaba concebido en tonos cordiales y elevados que produjeron grata impresión a los cubanos, la declaración leída por Wood en esa misma ceremonia consistió, muy principalmente, en ratificar todos los preceptos de la Enmienda Platt para que de modo público y solemne, ante las representaciones nacionales y extranjeras, con falta de grandeza indisculpable e inolvidable, el Presidente Estrada Palma tuviese que declarar en respuesta y a nombre de su pobre país, que aceptaba su cargo en las condiciones exigidas por los Estados Unidos, no ya sólo en cuanto a los términos de la Enmienda Platt en sí, sino también en lo referente a los actos de la intervención, entre ellos los contratos para alcantarillado y pavimentación concedidos por el Gobierno Interventor, alguno de los cuales era ilegal e impuesto por Wood en favor de influyentes políticos norteamericanos. También se dió validez por Wood y quedó, por tanto, incluída en esas garantías, la concesión a la Empresa del Jai-Alai, contraria a la ley, a la moral y al interés del buen gobierno como juego de azar en que ese deporte se había convertido, pero es que Wood se había aficionado al juego de la pelota vasca para ejercitarse físicamente, y como en una ocasión que ya hemos descrito, en favor del P. Emilio, su compañero de juego, pactó el pago y lo hizo, de centenares de miles de pesos del Tesoro cubano a la Iglesia Católica en una indemnización de daños y perjuicios, de igual manera obsequió con una suculenta concesión a los empresarios del frontón en que había practicado el deporte vasco. Sus enemigos después desta-

La bandera de Cuba izada sobre el Castillo del Morro de La Habana. el 20 de mayo de 1902.

caron el hecho de que los dueños del negocio del Jai-Alai habían regalado a su favorecedor un costoso objeto de plata. Y con estas concesiones hubo otras más, legitimadas arbitrariamente por el procónsul.

Uno de los casos más escandalosos de estos arbitrarios favores de Wood es el que revela Jessup en su reciente biografía de Root, al recordar que en los días mismos en que se iba a entregar a los cubanos el gobierno de su patria, Wood publicó una orden militar por la cual otorgaba la concesión del alumbrado eléctrico de La Habana, ciudad de 200,000 habitantes, por noventa y nueve años, a una compañía privilegiada. Root, quien acababa de salir de La Habana sin que su impulsivo subordinado le hubiese informado de la resolución que preparaba, no pudo menos de indignarse. Ya llovía sobre mojado, pues hacía tiempo que con uno u otro motivo Wood había estado gestionando la anulación de la Ley Foraker para poder otorgar concesiones a negociantes y promotores.[364] Inmediatamente Root le ordenó a Wood, por cable, que le informase con qué facultades se permitía violar la Ley Foraker con el privilegio concedido a la compañía de electricidad. El gobernador trató de justificarse en un telegrama de 12 de mayo de 1902, ¡ocho días antes de la toma de posesión de Estrada Palma! La respuesta del Secretario de la Guerra fué terminante y disponía la rescisión de la orden de Wood, quien alegó que se le irrogaban graves perjuicios al concesionario y trató de demorar el cumplimiento de lo dispuesto. Entonces Root sentó esta doctrina que habría invalidado todos los otros favores dados por Wood contra los intereses de Cuba:

> ...*If your order created no rights its revocation will take none away, and the alleged concessionnaire will simply be left where he was a month ago with whatever rights he then had remaining to be dealt with by the new government as they properly should be...*[365]

Así, sin embargo, se inauguraba la República. La colonia, la anexión y el gobierno de la ocupación militar norteamericana quedaban detrás; los cubanos ni siquiera habían caído en la trampa de la Enmienda Platt y habían dado a los anexionistas el único jaque mate que les era dable ante la imposición de los Estados Unidos, consistente en la aceptación del apéndice constitucional. La exaltación de Teodoro Roosevelt a la Presidencia de la República contribuyó muy mucho a la liquidación del pasado intervencionista y anexionista. Pero Cuba veía restablecida la estructura colonial de su economía, conectada ésta, directamente, por la política de la intervención y de sus apoyos conservadores, a la de los Estados Unidos para depender de ésta en todos los detalles. Esta fué la parte principal de la obra de la intervención en Cuba, que si no estableció el cabotaje con los Estados Unidos y la libre importación de productos norteamericanos en la Isla, mucho hizo en esa dirección al propio tiempo que apuntaló la industria azucarera que se arruinaba por la guerra y por la reorganización natural de la economía cubana, si dejada a sí misma y despojada de los privilegios y ventajas que tan duramente habían pesado y seguirían pesando hasta nuestros días, sobre la vida nacional, y que son las únicas circunstancias que permiten vivir al inmenso parásito que vive de los sacrificios del pueblo de Cuba. El proceso que llevó a ese resultado, sin embargo, pertenece al capítulo siguiente de esta obra, por estar relacionado estrechamente con el problema del tratado de reciprocidad entre Cuba y los Estados Unidos, ofrecido como compensación a los cubanos por haberse sometido a los dictados del país que les había prometido la independencia absoluta.

CAPITULO II
LA PRIMERA REPUBLICA CUBANA

1.—Anexionismo y empréstitos.

Como siempre ocurre en todos los países al constituirse en nación, los primeros pasos de la República cubana fueron vacilantes y difíciles. Ni siquiera los Estados Unidos se han visto exceptuados de esa regla. Los historiadores norteamericanos llaman "the evil days of the Confederacy" a los años de gobierno anárquico, desmoralizados y escandalosos, vividos por los Estados Unidos hasta que se adoptó la Constitución de 1787, y ciertamente que lo fueron, pero también fueron años terribles los que les siguieron, durante los dos períodos presidenciales de Wáshington, con el bizantinismo político, las ambiciones desatadas, las calumnias y las intrigas de mala ley que a cada paso amenazaban con destruir a la naciente República, nacida sin Enmienda Platt ni limitación otra alguna de su soberanía. Y lo que dicen Beard, Adams, Channing, Hart, Andrews, Nevins y otros historiadores de nota, es lo que nuestro Martí expresó con justeza admirable al decir:

> ...*Nuestra república no tendría más celos, más comadreos, más desunión, más descrédito, más desbarajuste, más traición interna, más peligro militar, más demagogia —que es el peligro civil—, que la república agonizante, criminal y deshecha de la primera época de los Estados Unidos. Estudien, los que pretendan opinar...* [1]

Y para ilustración de hipercríticos sajones y latinos, que a veces censuran a los pueblos y dan patentes de preparación y no preparación republicanas a capricho, sin ese estudio que recomienda Martí como necesario para opinar, llevados del apasionamiento cuando no guiados de secretos designios de acumular el desprestigio y las censuras sobre un pueblo para justificar los atentados

contra el mismo, digamos que los cubanos de la época de Estrada
Palma nunca dieron pruebas tan concluyentes de incapacidad ciu-
dadana como las ofrecidas por los norteamericanos con estos pá·
rrafos de Martí, cuya veracidad es innegable:

> ...Con los míseros artículos de la confederación, que ha-
> bían provocado por su impotencia y desorden la cólera y atre-
> vimiento de los militares, era el país una batalla de estados,
> que no querían obedecer las leyes del congreso, ni tomar su
> papel como moneda, ni autorizarlo a levantar con impuestos
> el dinero necesario para los gastos federales, para pagar los
> atrasos de la tropa, que se había ido a sus casas sin paga,
> para devolver a Francia los millones que adelantó a la Con-
> federación... A boca de fusil obligaba un estado a su legis-
> latura a derogar el acuerdo que aceptaba como moneda el
> papel federal. Los estados no pagaban las cuotas atrasadas
> a la confederación. Los campesinos se resistían a pagar al
> congreso por cabeza doscientos pesos, que era más de lo que
> ganaban al año. Se imponían los estados contribuciones en-
> tre sí, se iban a las armas por cuestión de límites, se cobraban
> portazgo, derechos de entrada, cabotaje. El sur, por celos del
> este, daba su carga a los buques ingleses, a los buques ene-
> migos, antes que a los de la Confederación. Ni el tratado de
> paz con Inglaterra podía cumplir el congreso ni rescatar a sus
> ciudadanos cautivos de los piratas de Argel, ni levantar en
> Europa más de unos trescientos mil pesos. Estado había en
> que el aguardiente servía de moneda, y en otro el puerco sa-
> lado. Ya seguían a balazos por las calles al juez federal, ce-
> lebraban congresos rebeldes, se alzaban contra el congreso
> en armas...
>
> Jamás asamblea de latinos apasionados debatió, injurió,
> estorbó, amenazó tanto. Estos convencionales se iban, ale-
> gando que sus estados no les habían dado poder para acor-
> dar constituciones nuevas, sino para reformar la que se
> deshacía.
>
> Los estados pequeños acusaban a los grandes de absor-
> bentes, y le negaban todo poder al ejecutivo federal. Los es-
> tados esclavistas sólo le concedían poder a cambio de garan-
> tías para su privilegio inmundo. De allí nació la batalla entre
> los esclavistas y los abolicionistas... [2]

Si tal había ocurrido con una república en que las tradiciones
democráticas estaban bien establecidas y desarrolladas después
de un largo período colonial, como había sido el caso de los Estados Unidos, en cuanto a Cuba, con los antecedentes del despotismo bajo el cual había vivido y la frustración revolucionaria representada por la intervención militar norteamericana, podía ha-

berse esperado un estado caótico indescriptible al establecerse la república, pero no fué así. La organización de las Cámaras se hizo sin dificultad y a ellas fueron hombres entusiastas, no pocos de ellos de sólida preparación, animados de los mejores deseos y de la resolución necesaria para legislar en favor de un país que hasta el 20 de mayo de 1902 había estado sometido al capricho de un militar, español o norteamericano, que lo había gobernado irresponsablemente.

Estrada Palma escogió un gabinete que no contaba con grandes estadistas ni figuras sobresalientes, que sin duda se habrían encontrado en Cuba en ese momento, pero que estaba integrado por ciudadanos prestigiosos por sus antecedentes como libertadores, o por su riqueza, o por sus conocimientos y que, muy especialmente, respondía a la circunstancia de merecer sus miembros la confianza del Ejecutivo al identificárcele en su constructivo conservadorismo y en su filiación revolucionaria. En la selección de sus ministros Estrada Palma ya puso de relieve cuál sería entonces la tendencia de su gobierno, independiente, paternalista y eficiente. El Ministro Squiers, en uno de sus primeros despachos a la cancillería de Wáshington ya cuidaba de destacar la importancia que había tenido la selección del gabinete de Estrada Palma, al decirle al Secretario Hay:

> ...I understand that the first trial of strength came on the selection of his Cabinet, when he declared that if he was interfered with in any way he would take the first steamer for New York...[3]

En realidad, sin embargo, el nuevo gobierno, sin excluir a Estrada Palma, era una nebulosa entonces irreducible en cuanto a su tendencia definitiva, sus planes de administración y el apoyo mismo que tenía en la opinión. Pasado el entusiasmo de los primeros momentos; cuando habían transcurrido los meses de exaltación nacionalista que habían visto la aprobación de la Constitución, la elección del gobierno republicano y la transferencia del poder al retirarse el general Wood, por doquier surgieron las viejas rivalidades, ambiciones y exigencias, que en no pocos casos hasta eran justificables o naturales, por lo menos. Era imposible satisfacer las demandas que se hacían por los habitantes de un país en crisis y con larga tradición de burocracia y favores oficiales. No había habido reorganización de la economía cubana durante el régimen de la intervención ni había recursos para emprender en gran es-

cala el fomento de los recursos nacionales. El anexionismo levan-
taba la cabeza para librar su última batalla contra Cuba libre y
los elementos reaccionarios y españolizantes de años atrás, de repente se habían convertido en los más entusiastas partidarios de la
anexión a los Estados Unidos y como tales laboraban abiertamente
contra el buen éxito de aquel experimento en gobierno propio.
La diplomacia norteamericana en la naciente república no hacía
oídos sordos a esos contactos, de antiguo esperados, en favor de
sus proyectos imperialistas, porque el Ministro Squiers, dos semanas después de haberse inaugurado la república, le escribía al
Secretario Hay para comunicarle la siguiente importantísima información:

> ...I have the honor to say that Mr. Nicolas Rivero, Editor
> of the "Diario de la Marina", the leading Spanish conservative
> paper here, called at the Legation a few days ago and said,
> among other things, that during Secretary Root's recent visit
> to Havana, an interview took place between General Wood,
> himself and the Secretary, in which the question of a less
> rigid application of the United States Naturalization Law —as
> to Cubans or foreigners who have lived in Cuba during the
> past three years— the American intervention— was discussed.
> It was represented to Mr. Root that the modification of the
> law would not only be very politic; but would be only fair
> and just as, during this period, many interests were created
> in Cuba under the belief, and hope, that the United States
> would not withdraw from the Island, and that that flag would
> continue to protect them.
>
> The proposed change in the law was that those who had
> resided here during the three years of the Intervention could
> become citizens of the United States by registering in the
> United States Consulate and proving such residence.
>
> He further said that Mr. Root approved of the proposed
> change and said he would speak to the President regarding
> it so that the necessary instructions could be given the United
> States' Diplomatic Representative here. Mr. Rivero also
> represented to me that sixty-eight thousand Spaniards had
> availed themselves of their right under the Treaty of Paris,
> of 1899, to register and declare their Spanish citizenship, also
> that there were many Cubans of property who were holding
> themselves aloof from the present Government. Both of these
> classes would take advantage of such a modification in the
> Law, and become citizens of the United States, and thus be in
> a stronger position to eventually bring about annexation.
>
> I explained to him that modifications, or changes, in the
> Law, could only be made by Congress and that it would

*require considerable time, etc. He insisted, however, that such
a change is the desire of many of the principal property
interests here, that I bring the matter to your attention.*

*I said to him that in my opinion the Spanish residents of
the Island could do much more towards annexation, if they
desire it, as citizens of Cuba, than as citizens of the United
States, but that I would lay the matter before you...*[4]

La importancia de esta nota no es posible exagerarla. No hay
dato alguno, que conozcamos hoy, que respalde la sorprendente
afirmación de aquel gran enemigo de la independencia de Cuba,
que siempre fué el periodista Rivero, respecto a que el Secretario
Root había expresado su conformidad con el plan de los españoles
que no querían que los cubanos tuviesen una patria libre y preferían, una vez derrotada España, ser ciudadanos de los Estados
Unidos. La reciente y completísima biografía de Elihu Root por
Philip C. Jessup, que acaba de aparecer, no contiene referencia
alguna al supuesto acuerdo del Secretario de la Guerra norteamericano con Nicolás Rivero para disfrazar a los españoles residentes
en Cuba de ciudadanos de los Estados Unidos a fin de hacer la
anexión de la Isla al provocar el fracaso del experimento republicano. O entre Root y Rivero hubo un malentendido por la diferencia de idiomas, o el director del *Diario de la Marina* se dejó llevar de sus entusiasmos, porque no podía ocultársele a un jurista
de la talla de Root, buen conocedor de la Constitución y las leyes
de los Estados Unidos, que la pretensión del periodista español,
como muy bien expresa el Ministro Squiers en la nota que acabamos de transcribir, envolvía cambios sustanciales en las leyes
le su país.

Por otra parte, también conviene destacar el verdadero significado del cambio de opiniones entre Rivero y Squiers como amenaza concreta a la estabilidad y consolidación del régimen republicano en Cuba. Bajo ese signo inquietante de acuerdo entre españoles intransigentes y norteamericanos sin escrúpulos, todos al
servicio del propósito anexionista, era que nacía la República de
Cuba; a ese peligro había que hacer frente en los mismos momentos en que todas las energías y capacidades de la nación eran necesarias para organizar la república, y el propio ministro de los
Estados Unidos era el que con tamaña deslealtad, típica de la diplomacia de su país en Cuba, con poquísimas excepciones, aconsejaba la mejor manera de acabar con el gobierno ante el cual estaba acreditado. Y como para hacer más patente la escandalosa

infidelidad e incorrección de su proceder, Squiers informaba a su superior jerárquico, el Secretario Hay, de todos sus manejos contra la independencia del pueblo al que habían prometido respeto, protección y colaboración los Estados Unidos, sin que se le reprendiese por ello.

Las maquinaciones de Squiers y la actitud del State Department, a que acabamos de referirnos, se daban de cachetes con el acuerdo de felicitación a Cuba y de buenos deseos a la nueva república que la Cámara de Representantes de Washington había adoptado, y con las demostraciones de júbilo que no pocos norteamericanos tributaban a Cuba libre[5] en esos mismos días. Y el reaccionario Senador Elkins, de West Virginia, en una moción presentada en el Senado norteamericano con fecha 14 de junio de 1902, pedía que se admitiese a Cuba como estado de la Unión, bajo ciertas condiciones. Pocos días más tarde, en defensa de esa escandalosa proposición contra la independencia de Cuba, que violaba la "joint resolution" de 1898, Elkins calificaba la promesa hecha para justificar la guerra contra España y que había redactado el Senador Teller, de *"mischievous and unwise..."*[6]

Estrada Palma, tan unido a Gonzalo de Quesada durante los años de la Revolución de 1895, a la muerte de Martí, y también en el cuatrenio de la intervención, naturalmente que escogió al que había sido representante de Cuba en armas en Wáshington, y que tan hábil y eficiente labor había llevado a cabo con tal carácter, para que fuese el primer ministro plenipotenciario y enviado extraordinario de la nueva República ante la cancillería norteamericana. A petición del gobierno cubano, y mientras sus agentes diplomáticos y consulares no entrasen a desempeñar sus funciones en las demás naciones que habían reconocido el estado recién establecido, la representación de los Estados Unidos se encargó de los asuntos cubanos. Ya hubo dificultades para conseguir que el Senado ratificase el nombramiento del Ministro Quesada, y la aprobación se hizo por una escasa mayoría que atendió las indicaciones del Presidente y ante el disgusto de una minoría que protestaba de que el sueldo del diplomático era superior al de los legisladores.[7]

Y en esos mismos días en que chocaban las ambiciones y rivalidades iniciales de la política, en el Congreso cubano se comenzaba a hablar de los planes que había para establecer una lotería nacional. El aumento de la recaudación, la supresión de las rifas clandestinas, el encauzamiento de los vicios populares hacia un sistema oficial de juegos de azar, etc., eran los pretextos que se aducían en favor del restablecimiento de la lotería que durante la época colonial había sido corruptora de las costumbres y ejemplo pernicioso contra la virtualidad redentora del esfuerzo humano. Entonces, sin embargo, la nefanda institución no pudo ser restaurada por los que tan pronto olvidaban los nobles postulados de la Revolución Cubana, aunque pocos años más tarde triunfarían en sus propósitos y convertirían a la lotería nacional en agente del soborno y de la desmoralización política, compradora de conciencias, de periódicos, de votos, y apoyo de usurpadores y tiranos. El Ministro Squiers visitó al Secretario Zaldo para hacerle presente que los Estados Unidos miraban con repugnancia las loterías y acababan de suprimir la del Estado de Luisiana. Poco después, en una entrevista del diplomático norteamericano con el Presidente Estrada Palma, éste hubo de declarar que "...would rather cut off his right arm" que aceptar la reimplantación de la Lotería Nacional.[8] ¡Lástima grande que sus sucesores no le imitasen en su actitud! Por lo demás, restablecida la Lotería Nacional al cabo de unos años, los escrúpulos de la diplomacia norteamericana en su contra o desaparecieron o se aminoraron por interesadas razones, ya que los gobiernos corrompidos, usurpadores y hasta tiránicos que más se aprovecharon de ese juego de azar para distribuir escandalosos favores políticos en colecturías y otros gajes fueron, precisamente, los que más apoyo tuvieron de los Estados Unidos.

Con todas estas cuestiones a que hemos aludido y que perturbaban el tranquilo inicio de la vida republicana, era en lo económico que el gobierno de Estrada Palma tenía que hacer frente a los más difíciles problemas, porque restablecida la economía de tipo colonial por la intervención militar norteamericana, ni siquiera porque los principales beneficios de esa política eran para los Estados Unidos este país había cumplido su parte en el compromiso que había llevado a la aceptación de la Enmienda Platt y a otras concesiones hechas por Cuba. En ese resultado, justo es decirlo y así lo pondremos de relieve en estas páginas con abundante prueba documental, la culpa no fué del gobierno del Presidente Roosevelt, sino única y exclusivamente de los intereses proteccionistas norteamericanos, entonces en auge, y cuya influencia era preciso contrarrestar.

El gobierno de Estrada Palma trató de escapar a los efectos del círculo de hierro que la dependencia económica de Cuba respecto de los Estados Unidos venía a significar, especialmente cuando nada podía esperarse de España y de las repúblicas latinoamericanas. Sus esfuerzos se dirigieron, por un lado al establecimiento de relaciones comerciales con Inglaterra y Alemania, y por el otro al empleo productivo de los capitales cubanos en la gran obra del restablecimiento del crédito y el fomento de los recursos nacionales en un plan amplio del que la industria azucarera era meramente uno de los elementos integrantes.

Para Inglaterra y Alemania las posibilidades de esas relaciones tenían la característica de una invasión en lo que los Estados Unidos consideraban sus predios exclusivos a partir de la expulsión de España de sus dominios antillanos. Sir Lionel Carden, habilísimo Cónsul General inglés en La Habana, hacía años que era la pesadilla de los diplomáticos norteamericanos con su gestión en favor de los intereses británicos. Alemania, por otra parte, había tenido sus rozamientos con los Estados Unidos en torno a los despojos del imperio colonial español, en 1898, y echaba los cimientos de la rivalidad germano-yanqui en que Guillermo II y el Presidente Roosevelt se entretendrían por espacio de varios años. Los consejeros más conservadores e inteligentes de Estrada Palma, entre ellos algunos de los más capaces autonomistas, como Rafael Montoro, estaban en favor de que Cuba no limitase sus relaciones comerciales a los Estados Unidos, sino que las diversificase hasta incluir otras potencias que tuviesen estructura y potencial económicos semejantes a los de la absorbente democracia. Leonard Wood, durante el período de su bajalato, había chocado con la interferencia anglo-germana en las cuestiones cubanas, frente a los Estados Unidos y hasta había habido la amenaza de retirar el exequátur a los cónsules que perturbaban la tranquilidad del dominio norteamericano sobre Cuba.

El Ministro Squiers, enterado de las conversaciones entre los agentes de las dos potencias europeas y el Secretario Zaldo, en seguida actuó de acuerdo con la línea política de la cancillería de Wáshington para sujetar a Cuba mediante su aislamiento internacional. El día 13 de junio, en una entrevista de Estrada Palma con el representante de los Estados Unidos, éste hubo de interrogarle sobre la verdad de los rumores que corrían respecto a tratados de comercio de Cuba con Inglaterra y Alemania, que negó el Presidente cubano con insistencia, aunque, como bien cuidó de informar

Squiers a su gobierno, por sus espías tenía la certeza de que Inglaterra había propuesto un tratado de reciprocidad mercantil a
Cuba.[9]   No contribuía a tranquilizar a Squiers por otra parte, el
hecho de que Estrada Palma hablase con él acerca de las posibilidades de flotar un empréstito cubano en Londres. El 26 de septiembre Squiers visitó Palacio para llamar la atención del gobernante cubano sobre el significado de las frecuentes entrevistas que
tenía con los ministros de España, Francia e Inglaterra,

> ...on the subject of Cuba's commercial relations with the
> United States as opposed to such relations with European
> powers... [10]

El diplomático norteamericano usó el argumento de que no era
conveniente el poner en peligro el prometido tratado de reciprocidad con los Estados Unidos al hacer arreglos con los europeos, la
realidad de los cuales de nuevo negó Estrada Palma, por lo que
Squiers, como se vé por la misma nota que acabamos de citar, le
indicó sobre la marcha que hiciese una declaración pública de que
no se estaba negociando tratado alguno con otras potencias, y al
ofrecimiento algo vago de Estrada Palma de que así lo haría, contestó con la solicitud al periódico New York Tribune de que enviase
un repórter a recoger las declaraciones así arrancadas.

Por otra parte, pese a las negativas hechas por el gobierno cubano las conversaciones tendientes a la concertación del tratado
con Inglaterra eran un hecho. Los Estados Unidos conocían el
curso de las gestiones, y el avisado Ministro Carden tampoco desconocía que Squiers estaba enterado de todo, pero seguía imper-
turbable en su juego. El espionaje norteamericano junto a Estrada
Palma era completo y eficiente y mantenía a Squiers al tanto de
todo, hasta el punto de que el 15 de octubre ya sabía que el Presidente cubano había pedido a Carden que Inglaterra fuese más
explícita en sus proposiciones.[11] Al día siguiente Squiers exponía
formalmente al Secretario Zaldo su disgusto porque Rafael Montoro, Ministro de Cuba en Londres, era uno de los consejeros de
Estrada Palma acerca del tratado con los Estados Unidos,[12] no
obstante que el día anterior había tenido una entrevista muy cordial con Montoro, en que éste se había manifestado partidario decidido de las más estrechas relaciones económicas con los Estados
Unidos, con preferencia a Europa. John Hay no dejaba de ser
anglófilo cuando con fecha 16 de octubre le telegrafiaba a Squiers
que el State Department no creía en la intriga de Inglaterra con

Estrada Palma, aunque convenía investigarla,[13] y ese mismo día, en una fuerte entrevista del representante de los Estados Unidos con el Presidente cubano, ante la amenaza, que era "bluff", de que corría peligro el tratado con los Estados Unidos, el esfuerzo hecho para escapar al monopolio norteamericano sobre la economía de la Isla, mediante el convenio con la Gran Bretaña, quedaba condenado al fracaso. La presión de los Estados Unidos se había ejercido de manera efectiva para dictar a Cuba sus relaciones internacionales en favor de la nación que había prometido que la Enmienda Platt no sería sinónimo de interferencia.

En cuanto a la emisión del empréstito interior se dió un proceso bastante parecido. Terry, el Secretario de Agricultura, deseoso de hallar salida a la grave crisis económica del país y de liberarlo de su dependencia del azúcar, muy especialmente cuando todavía no había tratado de reciprocidad mercantil con los Estados Unidos y por ello no se había reconsolidado la economía colonial cubana en favor de esa nación, quería fomentar la ganadería para así dar la oportunidad conveniente al campesinado para reconstruir la riqueza rural. Su plan no era ambicioso ni tenía los lineamientos de una gran reforma agraria, pero tampoco la propiedad de la tierra tenía entonces las características de latifundio que después adquiriría, por lo que una ayuda bien planeada para repoblar la ganadería cubana habría resultado en extremo beneficiosa a la nación. Terry aspiraba a la concertación de un modesto empréstito de cuatro millones de pesos, con banqueros cubanos, destinado a echar los cimientos de una nueva economía nacional, porque, aparte de la repoblación ganadera, como bien hace notar Martínez Ortiz, quería financiar los esfuerzos de los campesinos pobres para reconstruir sus predios y establecer estaciones agronómicas que cooperasen a ese fin.[14]

La excelente iniciativa del Secretario Terry, hombre culto y progresista y de excelente preparación para el cargo que desempeñaba, e insospechable, por otra parte, por su honradez y sus moderadas tendencias, no triunfó. Estrada Palma la apoyó sinceramente; pero los demás miembros del gabinete no se mostraron muy entusiastas en favor del proyecto, y los elementos de la política, la prensa y las llamadas fuerzas vivas, que se inclinaban a hacer fracasar el experimento republicano y a propiciar la anexión, lo combatieron. Los Estados Unidos, cuyo apoyo tanto habría hecho para que Cuba hubiese dado con toda firmeza ese primer paso en la reconstrucción de su prosperidad, nada hicieron para respaldar el Plan Terry. Quizás si la explicación de esa política estuvo en el hecho de que se trataba de un empréstito interior y por ello no mostraron la significativa actividad con que desde el Presidente Roosevelt hasta el último funcionario norteamericano en Cuba cooperaron a que la Banca Speyer, de Nueva York, hiciese poco después sus enormes empréstitos a la nueva República.

Squiers, por supuesto, no ignoraba los propósitos de Terry. En uno de sus primeros despachos al State Department, al referirse a la aguda crisis económica y a la difícil situación política existente, decía que todos esos problemas eran creados "...by a certain element among the Cubans, supported by the annexationists..." y que para salvar al gobierno de Estrada Palma hacía falta que hubiese patriotismo. A renglón seguido el diplomático norteamericano daba la información de que Estrada Palma le había pedido a los banqueros de La Habana un empréstito de cuatro millones de pesos, al 6% de interés, y con bonos a un precio muy atractivo, con objeto de llevar a cabo el proyecto Terry, pero que sus gestiones no parecían tener buen éxito.[15] La información se daba de una manera tan casual como si procediese del ministro de Suecia acreditado en Paraguay y no del representante de los Estados Unidos en una nación por cuya felicidad el gobierno norteamericano había anunciado una preocupación que distaba de ser sincera y a la cual había impuesto un tutelaje perturbador y que mucho tenía que ver con las dificultades que encontraba Estrada Palma para el empréstito. La anexión a que se refería Squiers era a su patria y el mejor modo de frustrarla y de consolidar la República de Cuba habría estado en apoyar aquel plan salvador de la economía nacional, que hubiera impulsado la banca, creado mercado interior para inversiones, identificado a los capitalistas con la suerte del régimen y restaurado las fuentes de riquezas, pero ni Squiers ni sus superiores querían que tal sucediese.

Y el representante de los Estados Unidos, que tan cuidadosamente se abstenía de propiciar el éxito del gobierno republicano en Cuba, sí tenía en todo momento presente la realización de la anexión, y la impulsaba, a sabiendas de su gobierno el que, con mala fe imperdonable, no le reprochaba o le reprendía sus disolventes manejos. El 4 de julio, en otra nota de Squiers, podemos encontrar la información de que el financiero cubano-norteamericano Rafael Govín, se había acercado a Estrada Palma con la

oferta de negociarle el empréstito buscado de los cuatro millones
de pesos, con el recién creado Banco Nacional, pero que él dudaba
de que se realizase dicha operación. Y agregaba Squiers que el
día anterior se había entrevistado con Estrada Palma, quien se
había conmovido al hablar de la trabajosa lucha de los cubanos
por su independencia, que casi había desesperado de ver consumada. El comentario que hacía el diplomático acreditado en Cuba
era el siguiente:

> ...I do not believe there is a more devoted friend of the
> United States than he, or a firmer believer in ultimate an-
> nexation and the benefits that will accrue to Cuba, but not
> now. Their pride must be satisfied... [16]

¿Cómo pudiera esperarse que quien veía entusiasmos anexionistas hasta en el Presidente de Cuba, tuviese la menor disposición
favorable a que el pueblo cubano solucionase sus problemas? El
no pronunciaba una sola palabra que disipase las dudas de banqueros e inversionistas sobre la seguridad del proyectado empréstito, pero sí hablaba libremente de la oportunidad y la forma en
que se realizaría la anexión con todo quisque que se le acercaba
para preguntarle cuándo y cómo terminaría el régimen ante el
cual estaba acreditado, que era la mejor manera de desalentar a
los capitalistas y de que fracasase la propuesta operación de crédito, porque, ¿quién iba a aventurarse a entregar cuatro millones
de pesos a una nación a punto de desaparecer?

En el mismo despacho que estamos comentando podemos encontrar esta cínica información que el Secretario Hay dejó pasar
sin reprimenda alguna:

> ...People come daily to the Legation, seeking advice, or
> pretending to, as to the wisest course to take towards bringing
> about annexation. Ordinarily I would have them shown out
> of the Legation, but the circumstances here are rather unusual
> and I believe a little common sense advice may do good.
> I invariably tell them that the safest and surest way is to give
> their best, active, and moral support to this Government and
> in a comparatively short time Cuba will drift into the Union
> without causing a ripple; that annexation accompanied by the
> necessity of a soldier is not desirable and ought not to be.
> Many persons here, particularly the Americans seem to regard
> the U. S. Minister as a sort of advance agent for annexation,
> but I always take occasion to disabuse their minds on that
> point... [17]

La cancillería de Wáshington podía haber descubierto, con gran facilidad, hasta dónde era que realmente Squiers no hacía campaña por la anexión con los agentes de la misma que la política de los Estados Unidos contra la independencia de Cuba había estimulado, porque escasamente dos semanas antes, al tratar de la crisis económica del país, el desempleo y el bandolerismo, con los más alarmistas detalles, decía Squiers que surgirían dificultades y que la mayoría de la población las favorecerían, entre ellos

> ...the annexationists —including Americans, Spaniards and Cuban planters— in order to bring matters to a crisis and force the United States to again take military possession of the Island and which they believe would be followed by annexation...[18]

Según Squiers, los hacendados decían a los obreros que los Estados Unidos eran responsables del desastre financiero de Cuba, y los antianexionistas creían que "...they are being forced into annexation or starvation as their only alternative"..., pero agregaba él por su cuenta este elocuente párrafo:

> ...These people are firm in the opinion that we are trying to force them into annexation... If all thought of annexation could have been blotted out of the American public mind and press on the 20th of May and the young Republic given a helping hand whereby her people might become prosperous and happy and allowed to work out their own political destiny, annexation must have followed in due time, annexation as the fervent desire of the people...

En ese mes de julio ya había dos firmas bancarias interesadas en el empréstito de los cuatro millones de pesos, una la de Govín, con el Banco Nacional de Cuba, y la otra la de Farson, Leach & Co., de Nueva York, pero los corredores Stern & Rushmore, de Wall Street núm. 40, con conocimiento de la cancillería norteamericana, enviaban circulares a los bancos sobre que ellos tenían bonos de la República de Cuba, emisión de 1896, hecha durante la guerra de independencia y que habían servido para el soborno y las gestiones en torno a la "joint resolution" de 1898, como ya hemos indicado en el tomo anterior de la obra, y desacreditaban la propuesta emisión de Estrada Palma con la declaración de que los otros bonos debían ser pagados antes.[19]

Y como para todavía dificultar más la realización del empréstito interior, el representante de los Estados Unidos se permitió una objeción sin fundamento a las facultades constitucionales del gobierno cubano a contratar préstamos, al exponer su opinión personalísima de que para ello era preciso el consentimiento de los Estados Unidos. Esa absurda tesis la mantendrían años después otros diplomáticos norteamericanos, entre ellos el gran imperialista Francis White, Subsecretario de Estado en tiempos del Presidente Hoover y corresponsabilizado con la sangrienta tiranía de Machado sobre la Isla; pero, en realidad, si los Estados Unidos hubiesen tenido derecho y deber de aprobar los empréstitos cubanos, sus culpas en la ruinosa política financiera de Menocal, Zayas y Machado, todavía serían mucho mayores de lo que son.

En una entrevista formal Squiers hubo de preguntar a Estrada Palma si, en opinión suya, de acuerdo con la Enmienda Platt,

>   ...he understood that Cuba could make a loan without reference to the United States as to whether such provision had been complied with, and he replied that in his opinion no such reference was necessary... [20]

El Presidente cubano expuso su criterio de que lo único que Cuba tenía que hacer era calcular los fondos para la amortización e intereses de modo que no fuesen superiores a la capacidad de la nación para pagar. Su tesis era la correcta; pero no es difícil comprender que el conocimiento generalizado de objeciones como la hecha por Squiers y por corredores sin escrúpulos, aparte de desalentar al gobierno cubano en sus esfuerzos para levantar fondos en el país y reconstruir su prosperidad, actuaba como obstáculo poderosísimo a que los banqueros e inversionistas locales aventurasen sus dineros en una operación de crédito con una nación sobre cuya soberanía pesaba tal entredicho. A mayor abundamiento, un banquero improvisado de la época, William A. Merchant, cuya ineptitud y falta de escrúpulos llevarían al Banco Nacional de Cuba a la ruina veinte años más tarde y que quedaría impune bajo un gobierno ilegítimo que los Estados Unidos habían impuesto a los cubanos, no hacía un secreto de sus puntos de vista sobre la inminente desaparición de la República que tan difícil encontraba que le prestasen cuatro millones de pesos a pesar de que la honradez más escrupulosa y la eficiencia más admirable eran las normas del gobierno de Estrada Palma. En los archivos del State Department podemos encontrar una carta de Merchant, como agente general de R. G. Dunn y Cía., de Nueva York, sobre la situación económica y política de Cuba, escrita el 12 de julio de 1902, y en la que informaba que la única solución posible era la de anexar la

Isla a los Estados Unidos, por lo cual abogaba con el mayor calor al mismo tiempo que aconsejaba el aprovecharse de las leyes cubanas de inmigración para "americanizar" a Cuba lo más rápidamente posible.

Con todas estas dificultades y los ataques, embozados o no, pero de sobras efectivos. que le eran dirigidos, el proyecto de Terry no prosperó. Al hacerse evidente que no se obtendría el empréstito y que la Secretaría de Agricultura quedaría convertida en centro burocrático, como así ha seguido, sin recursos para fomentar la prosperidad nacional, Emilio de Terry renunció a su cargo al frente de ese departamento. En su desaliento el funcionario dimitente hizo pública su resolución aún antes de que la conociese el Presidente Estrada Palma, pero se explica que así lo hiciera si hasta los agitadores del veteranismo, azuzados desde la sombra y dominados por las malas pasiones, se habían pronunciado contra todo empréstito que no fuese para remunerarles por sus servicios a la Revolución, como si el restablecimiento de la prosperidad no hubiera sido la mejor manera de equipar al país para que con sus propias fuerzas y sin hipotecar más su economía, hubiese saldado su deuda con los libertadores.

En los primeros días de agosto, sin embargo, el Congreso cubano se ocupaba de nuevos proyectos de empréstitos uno de los cuales, por su cuantía, estaba más allá de las posibilidades del mercado local para flotarlo y suscribirlo y ya claramente ponía de relieve que el dinero se buscaría en el extranjero. No deja de ser curioso que tres semanas después de que Terry hubo de renunciar a su cargo por el fracaso del proyectado empréstito interior de cuatro millones de pesos, la Cámara de Representantes en que alborotaban a su antojo unos cuantos demagogos, aprobase otro proyecto de empréstito, por valor de 35 millones de pesos, con bonos al 90, redimibles en 40 años y con intereses de 5%. Esta sería la operación de crédito que al fin se consumaría y en torno a ella actuaban los corredores de la banca internacional, en favor de la cual se moverían todos los resortes. Estrada Palma le decía a Squiers, como para estimular a los banqueros norteamericanos a hacer las mejores proposiciones, que Londres pudiera ser un buen mercado para el empréstito cubano, y el diplomático yanqui decía significativamente a sus superiores, ya desaparecida la posibilidad del préstamo interior, que los que apoyaban el nuevo plan financiero eran los contrarios a la anexión y los que se oponían al mismo eran anexionistas.[21]

Squiers, con su eficiente servicio de espionaje, que penetraba en Palacio, conocía las reuniones más secretas del gabinete y leía y copiaba la correspondencia privadísima de Estrada Palma, de lo que se ufanaba el diplomático norteamericano, quien no tardó en tener todos los detalles del proyectado empréstito de 35 millones de pesos, y así hubo de notificárselo al State Department, a principios de febrero de 1903, días antes de que la Cámara y el Senado tuviesen conocimiento oficial del plan.

En torno a la operación de crédito se despertaron los apetitos de especuladores y negociantes, así como de corrompidos elementos políticos, que llegaron a formar un bloque poderosísimo y contra el cual el gobierno cubano resultó impotente. Estrada Palma se inclinó lentamente, en su indefensión, a favor del empréstito, pero trató de obtenerlo en las mejores condiciones posibles. Algún consejo recibió en ese sentido del Dr. Rafael Montoro, el antiguo líder autonomista que no se había reconciliado a la supremacía norteamericana sobre Cuba y procuraba que el anciano patricio regatease su rendición y no la hiciese sino en las mejores condiciones posibles para su pueblo. Montoro, nombrado Ministro en Londres, había estado muy en contacto con Sir Lionel Carden, el representante de Inglaterra en La Habana, mientras se gestionaba el tratado de comercio entre ambos países, y por temperamento y por educación era de tendencias europeas. De ahí que Estrada Palma hiciese patéticos esfuerzos para convencer a Squiers de que su gobierno contemplaba la contratación del empréstito en los Estados Unidos o en Inglaterra, según las conveniencias nacionales. Al diplomático norteamericano no le resultó difícil creerle, porque su eficiente espionaje junto a Estrada Palma ya le había informado de que el último citado había tratado con Montoro, al despedirse éste para ir a hacerse cargo de su legación en Londres, de que Cuba aspiraba a que los banqueros londinenses compitiesen con los neoyorquinos por el empréstito de los 35 millones.[22] Un mes más tarde tanto Montoro como el Encargado de Negocios de Cuba en París avisaban a la cancillería habanera de que un consorcio de banqueros europeos se mostraban dispuestos a flotar el empréstito, pero ni Squiers ni el propio Secretario de Estado, Carlos de Zaldo, creían en la realidad de ese interés trasatlántico en una

república apenas creada y sobre cuyos primeros pasos pesaba tan
duramente el control norteamericano.

El confidente principal, entre otros, que tenía Squiers en el gabinete de Estrada Palma, y que traicionaba la confianza de su jefe,
era el ingeniero Manuel Luciano Díaz, Secretario de Obras Públicas. Por mediación suya y de otros cubanos de tendencias anexionistas y que desempeñaban cargos prominentes en un gobierno
republicano de cuya duración desconfiaban, el representante de
los Estados Unidos descubría los secretos propósitos de Estrada
Palma, con una actuación reprobable que hubo de seguir en las relaciones entre los dos países y que si ha traído descrédito sobre
los nombres de ciertos cubanos, no ha honrado ni mucho menos a
la diplomacia norteamericana, que se ha aprovechado de tales
medios. En una conversación de Squiers con el Secretario Díaz,
acerca del empréstito, el funcionario infiel

> ...said very significantly that failure would be more
> advantageous for the country, as in that case the government
> must fall and occupation by the United States and annexation
> eventually follow, and that for these reasons he hoped that
> the loan would not be made... [23]

Sin saberlo los anexionistas, sin embargo, la idea del empréstito se estaba convirtiendo en argumento para la continuidad de
la república cubana con los banqueros norteamericanos que aspiraban a hacer tan jugoso negocio. James H. Speyer & Co., de Pine
Street No. 24, en la ciudad de Nueva York, estaban poderosamente
interesados en obtener el contrato para esa operación de crédito y
contaban con influencias decisivas en los círculos oficiales de
Wáshington para derrotar a sus competidores, mientras que su
agente en Cuba no era otro sino el famoso abogado de los revolucionarios cubanos, Horatio S. Rubens, que de asesor legal de
Martí y de Estrada Palma y de amigo de la independencia de Cuba
pasaba con toda rapidez al papel de especulador y negociante
afortunado, de los muchos que habían caído sobre la Isla y entre
los cuales figuraba, lleno de sórdidas ambiciones, Norman H. Davis,
a cuyas actividades nos referiremos más de una vez en el curso de
esta obra, ya que sobre ellas edificó fortuna e influencia el personaje que después sería "roving Ambassador" de Hoover y de
F. D. Roosevelt y que dejó turbia memoria en Cuba.

Martínez Ortiz describe los procedimientos empleados por los negociantes en certificados de servicios a la revolución con estas palabras:

> ...Pronto comenzó una especulación inusitada sobre los créditos. Se formaron compañías para adquirirlos; los agentes pulularon por todas partes y procuraron hacerlos suyos al menor precio posible. Se daban pocas esperanzas y se procuraba engañar a los incautos, que eran los más, y hacíaseles creer que sus alcances eran letra muerta; no había para cuando pudieran sacar algo de ellos. Se lograron fortunas fabulosas y rápidas. De poca importancia fué que la prensa alzara la voz para contener la impaciencia y acrecentar la fe; no hubo modo de lograrlo; cualquiera daba su crédito por la cuarta parte del valor, y cuando vieron los interesados ir la cosa de veras, era ya tarde; el mal no tenía remedio; habían entregado por nada, o por menos, los haberes ganados en la guerra... [24]

En febrero de 1903 ya fué ley el proyecto de empréstito elaborado por la comisión mixta del Congreso, que no sería el definitivo, pues iba a ser modificado en enero de 1904 por otra ley destinada a redondear las garantías que pedían los banqueros. En ese período de casi un año los intereses norteamericanos, como era lógico que así fuese, se sobrepusieron a los pretensos rivales europeos y uno de ellos, muy principalmente, el de la Banca Speyer, se valió de sus relaciones con el Presidente Roosevelt y el Secretario de la Guerra, Elihu Root, para hacerse del negocio. Root era abogado de los Speyer y no parece que encontrara incompatible su actuación como tal para beneficiar a sus clientes con una operación de crédito pactada con un gobierno surgido por decisión de la Secretaría a su cargo, la que había dominado efectivamente a Cuba por espacio de cuatro años y que así había adquirido influencias decisivas sobre el naciente régimen republicano, aparte de las representadas por las relaciones personales así surgidas y el hecho real de que todavía había guarniciones norteamericanas en la Isla, de las que Estrada Palma quería librarse y cuya retirada dependía de Root. Era otra lección más de "buen gobierno" y de respeto por la moral y la justicia que recibían los cubanos de manos de un estadista norteamericano de conciencia bastante desahogada.

Esto lo hizo Root a sabiendas de su significado y la reciente biografía suya, hecha por el Prof. Jessup, así nos lo revela, porque en marzo 14 de 1904, rehusó hacerse cargo de una encomienda legal para que no hubiese malas interpretaciones de su actuación y de los motivos por los cuales aceptaba tales casos.[25] Un año más tarde, en una carta a Albert Shaw, el influyente director de *The Review of Reviews*, Root repetía esa profesión de fe, tan respetable, de que no aceptaba trabajos como abogado que incluyesen gestiones con el gobierno, por razón de su antigua asociación con el mismo y la natural influencia resultante, pero cuidaba de agregar:

> ...Of course, it may be necessary incidentally to break over it for the protection of interests for which I am acting as counsel and where the Washington end of the business is merely incidental...[26]

Y el biógrafo de Root nos explica cómo el Secretario de la Guerra de Roosevelt, alejado del gabinete por unos pocos meses, fué factor principal en que Speyer obtuviese el contrato del empréstito cubano, cuando nos dice:

> ...A number of cases found in his files reveal the kind of exception which he mentioned to Dr. Shaw. Some arose out of services as general counsel to Speyer and Company and involved the issues of Cuban and Costa Rican and Venezuelan bonds. On these matters he wrote and talked to both Hay and Roosevelt. The point involved in the case of the Cuban Bonds was the procedure by which the bankers might become satisfied that the issue would not violate the second clause of the Platt Amendment which restricted Cuba's borrowing power...[27]

El propósito de imperialismo económico que Root perseguía al mismo tiempo que servía a Speyer, su cliente, que aseguraba la dominación económica norteamericana sobre Cuba, y que lucraba como abogado más que influyente, lo expuso Root cuando para decidir al Secretario Hay, a quien reemplazaría al frente del State Department al cabo de poco tiempo, sobre la ventaja de hacer un empréstito a Costa Rica, decía con el mayor cinismo que era muy importante el tener el

> ...next door neighbor of Panama under the financial control of Americans, with a power of ultimate control by the United States rather than have it vested in any foreign power...[28]

Este fué el criterio aplicado en lo del empréstito a Cuba, también, bien revelador de la falsía de Root cuando prometió a los cubanos, en 1901-1902, sincero respeto por su soberanía si aceptaban la Enmienda Platt. Con las citas que acabamos de hacer queda bien demostrado que la estrecha e inmoral alianza del gobierno de Wáshington, por medio de políticos corrompidos, con los banqueros norteamericanos, para establecer la dominación financiera del capital yanqui sobre los países de la América Latina, no es un invento de los anti-imperialistas, sino una realidad innegable y confesada.

A mayor abundamiento, la papelería del Presidente Roosevelt contiene datos concluyentes de que no sólo Root, mientras era Secretario de la Guerra y después, cuando esperaba serlo de Estado, trabajaba en favor de los banqueros norteamericanos, sino de que el mismo Roosevelt también actuó en ese sentido y a beneficio de la Banca Speyer. En este caso, además de Root, fué mediador su gran amigo Nicholas Murray Butler, hoy tan interesado en la justicia internacional y el derecho de las pequeñas nacionalidades como Presidente de la Dotación Carnegie para la Paz Internacional, la Universidad de Columbia y otras instituciones. Así podemos ver que en una carta de Roosevelt a Butler, el mismo mes en que se firmó el contrato del empréstito cubano, hay esta pregunta:

> ...Shall I ask Jimmy Speyer to come down here a little later and talk over Mexico and Cuba...?[29]

Roosevelt era neoyorquino, como Speyer, Butler y Root, y así se explica el familiar diminutivo de "Jimmy" aplicado al poderoso banquero que con tales garantías y estímulos prestaba 35 millones de pesos a Cuba. La visita de que se hablaba en la carta que acabamos de citar tuvo efecto, por fin, pues el 4 de junio, en una carta de Roosevelt a Speyer, aquél hablaba de la entrevista tenida días atrás y le daba las gracias por sus informes al mismo tiempo que se disculpaba por no haber sido más explícito.

Y los contactos entre el Presidente Roosevelt, el prestamista y su abogado, influyente y eficaz, tanto sobre el gobierno cubano como sobre el norteamericano, por razón de su cargo, precisamente, continuaron, porque poco después podemos encontrar otra carta de Roosevelt a Root en que le consultaba si debía comunicarse con Speyer sin esperar a que Root regresara de Terranova, donde veraneaba[30] con los cien mil pesos de honorarios que según Jessup se había ganado como abogado de los "big business" entre los que figuraba Speyer, con sólo unos meses de ejercicio profesional.

Después de esto, resultan inexplicables los escrúpulos monjiles de Roosevelt cuando algún tiempo después se preocupó de que, al tratar el Secretario de la Guerra del empréstito a la República Dominicana con el agente que despojó a Speyer de ese negocio para dárselo a sus rivales de Kuhn, Loeb & Co., aquel funcionario no hiciese nada

> ...which suspicious and dull-witted fools may construe as improper favoritism to some big financial corporation...[31]

Con lo hecho hasta entonces había evidencia suficiente de que *Ted, Eli* y *Jimmy* actuaban de acuerdo y de que, de la misma manera que el último citado había tenido el apoyo de su abogado, el Secretario de la Guerra y de Estado, y de su amigo, el Presidente de los Estados Unidos, para que la "dollar diplomacy" remachase el grillete de Cuba y de Costa Rica a los Estados Unidos mediante empréstitos, también se había pretendido favorecerles sobre Kuhn, Loeb & Co., quienes, con gran habilidad, habían derrotado a tan poderosa combinación aunque siempre a beneficio de los Estados Unidos. La derrota de Speyer necesitó ser endulzada con alguna distinción especial o la esperanza de otros negocios, expuesta de sobremesa, y en noviembre de 1905 la Casa Blanca preparaba una comida de desagravio a *Jimmy Speyer* y a su esposa, con el inevitable Nicholas Murray Butler y Mrs. Butler, y a la que asistirían los Root y los Taft, además de los anfitriones, a fin de fijar la colaboración de *big business* con el *big stick* en la dominación económica de Hispanoamérica.

Por su parte, el Congreso cubano había procedido desde 1903 a designar una comisión encargada de gestionar la concertación del empréstito. Los senadores Sanguily y Sánchez de Bustamante renunciaron a presidirla y entonces se nombró al Dr. Méndez Capote, cuya personalidad se destacaba más y más por su actuación durante la guerra de independencia y su labor al frente de la Asamblea Constituyente, por lo que se le consideraba ya como uno de los fuertes candidatos a la Presidencia de la República. El viejo caudillo mambí, Máximo Gómez, también rehusó figurar en la comisión creada como representante de los veteranos, y en su lugar fué elegido uno de los generales más jóvenes del Ejército Libertador, Mario García Menocal.

Squiers, como era natural, comentó estos nombramientos en su correspondencia con el State Department. La designación de Méndez Capote la reputó como "...a happy resolution for the Government, as he is by all odds the most capable man, certainly the most astute politician in Cuba..."; pero la de García Menocal no le complació tanto por tratarse de "...a man of no particular *weight or influence...*"[32] Bien sorprendido e incrédulo se habría mostrado Squiers si alguien le hubiera predicho que el hombre de quien él hablaba en tales términos llegaría a ser el favorito del capitalismo norteamericano en Cuba, que con su respaldo económico y el apoyo enfático de la diplomacia de los Estados Unidos, aquel individuo sin personalidad ni influencia llegaría a ser nefasto en la historia de Cuba como gobernante corrompido y corruptor, despilfarrador de más de seiscientos millones de presupuestos nacionales, usurpador del poder, político sin fe y sin escrúpulos, dictador, lleno de máculas cívicas, pero por ello mismo instrumento de confianza de las peores fuerzas reaccionarias, nacionales y extranjeras, aunque preferentemente de estas últimas. La actuación del general García Menocal en la vida nacional cubana, durante cuarenta años, no ha sido otra cosa sino padrón de escándalo político, negación de virtud administrativa, símbolo de nepotismo, de corrupción política, de abuso de fuerza contra la voluntad popular, y ejemplo de falta de convicciones sacrificadas a la ambición personal menos escrupulosa.

El 25 de enero de 1904 se modificó por resolución del Congreso cubano la ley original del empréstito a fin de satisfacer las objeciones que hacían los banqueros norteamericanos. Tres días antes el Subsecretario de Estado, Francis B. Loomis, había pedido que el Ministro de Cuba en Wáshington, Gonzalo de Quesada, se entrevistase con los representantes de la Casa Speyer, y el propio día 25 Squiers cablegrafió al State Department una bien explícita demanda de que los banqueros Speyer enviasen a La Habana un agente debidamente autorizado para que tratase con Estrada Palma,[33] y el 1º de febrero Loomis anunciaba la salida del representante de Speyer. Como se vé la maquinaria oficial funcionaba a la perfección en favor de *Jimmy* Speyer. De ahí que parezca que Martínez Ortiz, por lo general tan bien informado, peque de ingenuo o de malicioso cuando dice que el comité encargado de gestionar el empréstito no perdió un momento en salir para los Estados Unidos y Europa a fin de contratarlo, pero que no tuvo necesidad de ir muy lejos porque al llegar a Nueva York encontraron banqueros interesados en el negocio, el 13 de enero se firmó el convenio inicial con Speyer y el 11 de mayo de 1904 ya se había formalizado el contrato definitivo. El otro banco neoyorquino que figuró como aspirante a flotar el empréstito no tuvo ni la más remota posibilidad de éxito y los clientes del Secretario de la Guerra que ha-

bía establecido el gobierno cubano, consejero el más influyente de
Roosevelt y que a poco sería Secretario de Estado, lograron ser los
banqueros del primero de los grandes empréstitos norteamericanos
a Cuba, el de los 35 millones, comúnmente llamado el de la "paga
del ejército libertador".

La cautela de Estrada Palma hizo, sin embargo, que sólo se pagase la mitad de los haberes de los veteranos, muchos de los cuales
no tenían derecho a compensación alguna, tal y como había ocurrido con los soldados de la independencia de los Estados Unidos
y de otros pueblos. La agitación de los beneficiarios para cobrar
el importe total de sus certificados de servicios nunca llegó a la
escandalosa agresividad de los "bonus marchers" norteamericanos
de 1932-1933 y de los "bonus lobbyists" de esa nacionalidad, en
estos últimos años, pero sí fué un factor de perturbación de la vida
nacional cubana. Bien advertido de ello, y todavía sin haber completado la digestión del jugoso negocio de meses atrás, a mediados de 1904 los representantes de *Jimmy* Speyer, con conocimiento
y aliento del gobierno de Wáshington, habían presentado a Estrada Palma una proposición para un segundo empréstito a Cuba
por la suma de veinte millones de pesos, diez para los veteranos y
diez para obras públicas.[34] Los representantes de Speyer eran
Mac Donald y Rubens, este último el amigo norteamericano de
Martí y de Estrada Palma durante la revolución de 1895 y que
iba camino de amasar una fortuna.

La especulación con los bonos de los veteranos era por entonces
un negocio al que febrilmente se dedicaba todo el que tuviese dinero y arrestos para ello. Squiers, quien nunca tuvo gran simpatía por el general Máximo Gómez, decía por entonces en un despacho confidencial al Secretario Hay, como sigue:

> ...*I have it from good authority that General Gómez, who
> declared in an open letter when Congress voted him $50,000,00,
> that he would not touch a dollar of it until the last soldier was
> paid, but who in fact cashed his treasury warrant as soon as
> the ink was dry, is largely interested in these claims, both as
> purchaser and as broker...*[35]

Por supuesto, Squiers, al arrojar lodo sobre la reputación de
Máximo Gómez, no daba una sola prueba de la verdad de sus
afirmaciones y se refería a una "buena fuente" innominada y que
únicamente él parecía conocer, pero el viejo caudillo mambí de
quien él hablaba tan cáusticamente murió poco después en una

modesta casa y rodeado de una familia pobre que por cierto no revelaba haber sido la de un especulador en bonos.

Por esa época, sin embargo, el anexionista Ramón González de Mendoza le pedía a Squiers que protestase de la forma en que se haría el pago a los norteamericanos que habían comprado sus certificados a los veteranos cubanos y que interviniese a fin de favorecerlos en cuanto a los requisitos exigidos para hacerlos efectivos. Los clientes de González de Mendoza, pensionado éste por el gobierno de Wáshington por su participación en la guerra con España, eran el Senador Frank D. Pavey, Clarence M. Jones y Robert C. Pruyn, de Nueva York, quienes con altruísmo inexplicable habían invertido trescientos mil dólares en la compra de bonos de veteranos.[36] Y Squiers, quien tan severos juicios, a menudo justos aunque duros, dejaría caer sobre algunos cubanos de aquel período formativo de la República, también supo por entonces toda la complicada y poco edificante intriga de los bonos de la Revolución, entregados a corredores de voluntades y de votos de los Estados Unidos que habían estado peligrosamente cerca del Presidente McKinley y que los reclamaban en pago de las gestiones y recompensas empleadas para obtener la aprobación de la "joint resolution" de abril de 1898 en favor de la independencia de Cuba, por parte del Congreso de Washington. Ya nos hemos referido extensamente a este episodio sórdido de las relaciones cubano-norteamericanas (Véase el tomo III de esta obra, pp. 347-365), pero volvemos a insistir sobre la significativa inercia y el elocuente silencio del State Department ante hechos tan escandalosos como los relatados por Squiers en su nota confidencial No. 1063-D, de fecha septiembre 9, 1904, al Secretario Hay, que merecían una investigación que aclarase todo lo ocurrido entre los amigos de McKinley y de los congresistas norteamericanos de la época, y los "lobbyists" que en 1897, como en los tiempos de Grant, ofrecían leyes y resoluciones a cambio de bonos redimibles en metálico.

La orientación de la política del State Department respecto a Cuba, al estímulo de las buenas relaciones con los Speyer, en seguida se hizo favorable a la concertación de nuevos préstamos. Los que habían impuesto a Cuba, en la Enmienda Platt, restricciones para la contratación de empréstitos ante el temor de que la nueva República se llenase de deudas, con el regusto que les había quedado de la primera y bien ventajosa operación de crédito llevada a cabo, querían prestar más y ganar más. Una instrucción de la cancillería de Wáshington a Squiers, de fecha junio 9 de 1904, precisaba que Cuba podía asumir obligaciones mayores que las del empréstito de 35 millones y fijaba el límite de las mismas para que así se le informase a Estrada Palma.

A fines de 1904 el representante de los Estados Unidos era el que insistía con el Presidente cubano para que a toda prisa concertase un nuevo empréstito y saldase la deuda con los veteranos, y Estrada Palma era quien se resistía.[37] Finalmente, Estrada Palma se resignó a ceder, pero se inclinó en favor de la emisión interior, por valor de veinte y ocho millones de pesos, que no cubría la totalidad de la deuda. Squiers no era partidario de este plan y los extranjeros que se habían adjudicado certificados de servicios apelaron a él para que persuadiese al Presidente de que había que hacer el pago total. Según Squiers, en enero de 1905 había 16 millones nominales de pesos de compensaciones de veteranos que pertenecían a ciudadanos norteamericanos, quienes los habían comprado por una parte de su valor. Si el Congreso cubano resolvía que se saldase la deuda y Estrada Palma se oponía a esa medida, el veto podía costarle la reelección, según opinión de Squiers, quien elucubraba una complicada tesis de que el pago total de los bonos de los veteranos era lo que convenía a los Estados Unidos e informaba al State Department de las para él graves complicaciones que traería el fracaso de la reelección de Estrada Palma. El nuevo empréstito se mezclaba con la política cubana al ser falseadas todas las promesas hechas de no interferir en los asuntos interiores de Cuba, de que se burlarían los sucesores de Squiers y sus jefes. Así nos explicamos el párrafo final del despacho que comentamos, harto elocuente para comprender muchas de las vicisitudes de la vida nacional cubana hasta nuestros días, en que decía el diplomático norteamericano lo que sigue:

> ...Our interests will be prejudiced by his failure to succeed himself, seriously so if either of the two candidates now prominently mentioned happened to be nominated and elected. I refer to General Gómez (Máximo) of Revolutionary Army fame, and to José Miguel Gómez, now Civil Governor of Santa Clara, members of the Nationalistic party, avowed enemies of the United States and generally opposed to our interests here...[38]

Chapman nos da solamente una parte de la realidad de los hechos en los por otros conceptos bien certeros párrafos que dedica a la cuestión del primer empréstito de Speyer. Como muy

bien dice él, en torno al problema de los certificados del crédito se
movieron "...*politicians and their associates (who) took advantage
of the situation to make a great profit for themselves*...",[39] pero
la segunda afirmación que hace acerca de que los altos funcionarios encargados de hacer los pagos los demoraron de propósito
para descorazonar a los beneficiarios e inducirles a vender con
descuento, se basa en una obra periodística de la política que el
propio historiador norteamericano llama "*extravagant and exces-
sive faultfinding*", lo que mucho la invalida. Es innegable, sin embargo, que hubo especulación y abuso con los necesitados o ignorantes de su derecho y que hubo quien llegó a criminales extremos
de engaño, pero los dieciséis millones de pesos en certificados que,
según Squiers, controlaban ciudadanos norteamericanos incorporados al agio impune de la época, tampoco fueron comprados como
empresa de beneficencia en favor de los veteranos pobres, sino
como negocio, y constituyeron el bloque principal de la especulación. No hay cómo exculpar a los responsables de tales desmanes,
mucho más si eran cubanos, veteranos y funcionarios públicos que
traicionaban sus deberes, pero para los cubanos, con la tradición
de hacer dinero fácil, legada por siglos de coloniaje, y para los
norteamericanos, en cuyos sistemas de compensación de servicios
militares, desde la Guerra de Independencia hasta la Mundial, ha
habido tan enormes y escandalosas irregularidades, debió parecer
cosa muy natural el aprovecharse de la incertidumbre, la miseria
o la poca preparación de muchos beneficiarios, para comprarles
sus títulos con descuento.

Además, como ya hemos dejado probado, los especuladores
ambiciosos y los políticos sin escrúpulos tuvieron como aliada a la
diplomacia norteamericana, primero contra el proyecto Terry de
empréstito interior, después contra la repugnancia de Estrada
Palma a hipotecar el porvenir económico de la nación mediante
enormes préstamos extranjeros, y la actuación de Squiers y de sus
jefes fué toda ella a favor de que se consumasen esas operaciones
de crédito que, en opinión de Root, ya citada, consolidaban la dependencia financiera de los países deudores para con el poderoso
acreedor.

Bajo este signo ominoso de agresiva interferencia extranjera y
desunión interior era que la República de Estrada Palma hacía el
milagro de robustecerse y de prosperar, a pesar de todos los obstáculos; y no cabe duda de que, ya realizado el empréstito, esa in-

yección de numerario en un país que trabajosamente se reponía de crisis tan terrible como la de Cuba durante el medio siglo anterior, estimuló de manera extraordinaria la rehabilitación de la riqueza nacional, además de que fué un severo golpe a los anexionistas, porque creó una clase poderosa de bonistas y banqueros, cubanos y extranjeros, interesados en el mantenimiento de un régimen que debía millones y que para pagarlos tenía que seguir existiendo como tal.

2.—El tratado de reciprocidad.

El tratado de comercio con los Estados Unidos era también de vital importancia para Cuba, una vez que el gobierno de la intervención había revivido la economía colonial en torno a la industria azucarera que la Revolución Cubana destruyó en cuatro años de lucha, pero al que no había podido reemplazar con un sistema más racional de desarrollo y explotación de recursos nacionales porque la ocupación militar norteamericana no lo hizo por su cuenta ni permitió que los cubanos lo hicieran, a su vez.

Y si el tratado era importantísimo para Cuba, no lo era menos para los Estados Unidos, porque por su mediación era que se había pensado, desde un principio, en completar el control sobre Cuba, y en envolver a ésta en una atmósfera económica sin la cual no pudiese vivir. Este tema lo trataremos aquí con la debida extensión y poniendo todo el necesario énfasis sobre sus implicaciones políticas, ya que es frecuente encontrar personas ingenuas, o ignorantes de la realidad, o de indisculpable hipocresía, tanto en Cuba como en los Estados Unidos, que se refieren al régimen de relaciones comerciales entre los dos países como una cuestión de beneficencia internacional para favorecernos cuando, en realidad, ni los Estados Unidos ni nación otra alguna se ha dedicado jamás al ejercicio de la caridad internacional, y lo que ha habido y hay de intercambio económico entre Cuba y los Estados Unidos es una relación de país sirviente a país dominante, hecha por el hombre. Así había sido durante el último siglo del régimen colonial españo' sobre la Isla, por la imprevisión y el egoísmo de los colonos y por el atraso y la incapacidad de la metrópoli, que actuaban en favor de la penetración norteamericana. Expulsada España de Cuba sin que tuviese la grandeza de permitirle a sus antiguos súbditos que ensayasen a salvarse, los entregó a los Estados Unidos para que éstos consolidasen su predominio sobre la economía cubana.

En torno a la adopción de la Enmienda Platt, como ya hicimos notar en el capítulo anterior de este mismo tomo cuarto, el argumento del tratado de reciprocidad y de las ventajas que Cuba recibiría con él fué usado con algún convencional y con los hacendados y elementos conservadores del país, con lo que casi equivalía a un toma y daca. El biógrafo de Wood, con un concepto muy especial de lo que es honorable, nos dice que la tarifa arancelaria norteamericana a los productos cubanos era "...*honorable quid pro quo...*", por la aceptación de la Enmienda Platt,[40] y el propio Wood nos da la clave del significado de las palabras de Wood al escribir al Vicepresidente Roosevelt estas inquietantes palabras:

> ...*Trade relations will shortly draw the two countries together and place them not only upon a footing of commercial friendship and confidence, but, I believe, also upon a political one...* [41]

Roosevelt entendió perfectamente lo que quería decir el procónsul Wood, porque, al contestarle y como para no dejar lugar a dudas, le dijo:

> ...*I exactly agree with the policy you indicate. A differential rate in favor of Cuba, would tie her to us, and we must consistently give as well as get if we expect to make our new policies a success...* [42]

Estas consideraciones, sin embargo, no habían sido mencionadas al principio de la intervención norteamericana en Cuba. McKinley se había limitado, en su mensaje anual al Congreso, de fecha diciembre 5, 1898, a exponer su opinión de que las relaciones comerciales entre los dos países debían ser "close and reciprocal", y aunque el general James H. Wilson, gobernador que había sido de la provincia de Matanzas, había sugerido en 1899 que se estableciese el libre cambio entre Cuba y los Estados Unidos o que, por lo menos, se hiciese la mayor reducción posible en los derechos al azúcar cubano, nada se había hecho en ese sentido.

Wood más de una vez se había expresado a favor de la reciprocidad mercantil entre ambos países, ya no sólo en su correspondencia privada y oficial, en que reveló los sórdidos motivos que le animaban, sino en sus informes anuales, en documentos públicos en que dejaba constancia de sus aspiraciones de que hubiese un tratado de comercio que fomentase las relaciones económicas más estrechas entre cubanos y norteamericanos.

Y el Secretario Root, una vez que hubo vencido, con todos los argumentos y amenazas, la resistencia de los convencionales cubanos a la Enmienda Platt, recordó que entre las razones empleadas por él había estado la del tratado de reciprocidad mercantil con Cuba que era el premio a la rendición de la Asamblea Constituyente y a los intereses, cubanos o no, que a ello le habían ayudado. Así lo reconoció él, plenamente, en su informe anual de 1901 como Secretario de la Guerra, al decir:

> ...Cuba has acquiesced in our right to say that she shall not put herself in the hands of any other power, whatever her necessities, and in our right to insist upon the maintenance of free and orderly government throughout her limits however impoverished and desperate may be her people. Correlative to this right is a duty of the highest obligation to treat her not as an enemy, not at arm's length as an aggressive commercial rival, but with generosity which toward her will be but justice; to shape our laws so that they shall contribute to her welfare as well as our own.

> Our present duty to Cuba can be performed by the making of such a reciprocal tariff arrangement with her as President McKinley urged in his last words to his countrymen at Buffalo on the 5th. of September... The market for American products in a country with such a population, such wealth and purchasing power as Cuba with prosperity would speedily acquire, made certain by the advantages of preferential duties, would contribute far more to our prosperity than the portion of our present duties which we would be required to concede.

> Aside from the moral obligation to which we committed ourselves when we drove Spain out of Cuba..., there are the weightiest reasons for American public policy pointing in the same direction, for the peace of Cuba is necessary to the peace of the United States; the health of Cuba is necessary to the health of the United States...

Estas consideraciones de Root un economista norteamericano las ha compendiado recientemente en tres razones por las que debía haber reciprocidad y que eran:

> ...in fulfillment of a moral obligation to Cuba, as a benefit to American exporters, and for reasons of public policy...[43]

Es un hecho que en el fondo había algo más grave que la obligación moral a que se refiere Wright y que en su tiempo mencionaron Roosevelt y Root y Wood. *La Review of Review*, según cita

Robinson, al enumerar las razones por las cuales los Estados Unidos debían favorecer a Cuba con sus tarifas, decía significativamente:

> ... *We had taken control and had spent Cuba's revenues freely in reconstructing matters according to our own ideas...*"[.]

Y Jenks, al cabo de los años, todavía expondría con mayor claridad las indisculpables libertades que el gobierno de la intervención se había tomado con los aranceles cubanos, de la manera más arbitraria, en favor de los exportadores norteamericanos y sin compensación alguna para Cuba, cuando habla de que "...*we had twisted the tariff to favor our trade in many ways...*"[45]

Esa política económica que había restablecido la estructura colonial de la explotación de los recursos cubanos era de responsabilidad norteamericana y a beneficio de los Estados Unidos, pero se hizo imposible a los cubanos el seguir viviendo en tales condiciones, porque Cuba puede vivir en prosperidad ficticia vendiendo grandes cantidades de azúcar y tabaco a los Estados Unidos y gastando el importe de lo vendido en esa misma nación, lo que le arruina y la desangra; y puede realmente tener una prosperidad modesta, sólida y conveniente, aunque venda poco, si compra todavía menos porque produce más de los artículos que ella necesita y que no debe importar; pero Cuba no puede vivir ni con prosperidad ficticia, si con la economía teratológica de la colonia, restablecida por la intervención, los Estados Unidos no le compran y, en cambio, la inundan con sus mercancías. Y esto era lo que ocurría en 1901-1902, a virtud de las reformas arancelarias de la intervención.

No hay que maravillarse, pues, de que las clases conservadoras de Cuba, las menos cubanas, sin duda alguna, por diversas razones, entre ellas la de contar con un gran número de españoles y de anexionistas, protestasen de la situación a que se había reducido a la Isla y pidiesen una y otra vez que se rebajasen las tarifas norteamericanas a los frutos de Cuba, de la misma manera que se habían rebajado las de esta última a favor de las importaciones procedentes de los Estados Unidos. Y cuando estas urgentes reclamaciones no fueron atendidas, dichos elementos se mostraron dispuestos a vender el alma, si preciso era, para salvar sus fortunas. No les fué posible hacerlo no porque en su egoísmo careciesen de alma, sino porque no había compradores para semejante mercan-

El Presidente Tomás Estrada Palma en su despacho

cía, pero sí vendieron el alma de Cuba, de la que era su patria de nacimiento o de adopción o, por lo menos, la tierra en que se habían enriquecido y a la que debían gratitud.

La Sociedad Económica de Amigos del País, de La Habana, por entonces muy alejada de los altos y nobilísimos empeños patrióticos de la época en que la habían inspirado Luz Caballero, Saco, Delmonte, etc., fué de las primeras en recomendar la aceptación de la Enmienda Platt a cambio de que los Estados Unidos redujesen los derechos al azúcar y el tabaco de Cuba. Tradicionalmente siempre han sido, y son, las asociaciones de productores de azúcar de Cuba y las organizaciones filiales de las mismas, muy poco cubanas, dispuestas a las más extraordinarias concesiones a costa del pueblo por "una zafra más" o "un centavo menos", porque la industria azucarera, ese gran parásito de la vida nacional cubana, siempre ha vivido del sacrificio del país en beneficio suyo. Era lógico, pues, que esa clase privilegiada y de tan relativo patriotismo se manifestase también en favor de la Enmienda Platt a cambio de unas concesiones arancelarias, y así podemos verlo en la famosa exposición de marzo 30, 1901, del "Círculo de Hacendados y Agricultores de la Isla de Cuba", que se proclamaba representante de "...los intereses permanentes de mayor importancia del país..." al recabar de la Asamblea Constituyente que tuviese en cuenta las conveniencias del "orden público y las realidades históricas" para ceder, a fin de adquirir así el mercado de los Estados Unidos para el azúcar cubano.

Ayer, como hoy, los azucareros tenían mayor interés en los derechos de importación del azúcar elaborado en la Isla, que en la soberanía, independencia y felicidad de la nación, que no son las de unos pocos hacendados. De ahí el párrafo desvergonzado de la aludida exposición que con otras palabras han repetido más de una vez esos azucareros contra los mejores intereses de todo el pueblo cubano, en que decían:

> ...El Círculo de Hacendados y Agricultores de la Isla de Cuba... consideraría altamente beneficioso para los intereses morales y materiales del país cubano la aceptación de la Ley Platt, siempre que se recabara la adición a ella de una cláusula o base por virtud de la cual se establezca entre Cuba y los Estados Unidos un régimen económico inspirado en la reciprocidad, que habría de iniciarse con la rebaja de un cincuenta por ciento de los derechos que satisfacen hoy los productos cubanos a su entrada en los puertos norteamericanos

y que determinando en todas las eventualidades franquicias
superiores a las que puedan otorgarse a cualquier nación; se
dirija con la mayor rapidez posible a la fijación de las mismas
ventajas en todo sentido que las que se otorguen a los pro-
ductos similares de las nuevas posesiones de la república
norteamericana... [46]

Los azucareros anexionistas, como se vé, estaban bien de acuerdo con las ideas de Wood sobre el desenlace político eventual de
las relaciones comerciales que aspiraban a crear, porque no era
de esperar que se identificase el tratamiento arancelario de las
nuevas posesiones y de Cuba sin que ésta pasase a formar parte
del imperio norteamericano, como Filipinas y Puerto Rico.

Jenks nos dice que los azucareros y comerciantes cubanos que,
tras el asalto a la Asamblea Constituyente a que acabamos de referirnos, se dirigieron a Wáshington para hacer iguales peticiones
"...*sought to bargain reciprocity for their approval of the Platt*
Amendment...",[47] y que McKinley y Root se comprometieron sin
gran dificultad a llevar a cabo su parte del compromiso propuesto.
Nada de esto aparece, sin embargo, en el interesante trabajo re-
memorativo que después hubo de publicar el que fué secretario de
la comisión enviada a Wáshington, el notable economista cubano
Luis Víctor de Abad, que tan duros juicios comprende acerca del
gobierno del general Wood y su responsabilidad en la crisis económica de Cuba.[48] Abad, por otra parte, no omite el decir que
más de una vez los comisionados actuaron independientemente,
cada uno por su cuenta, cerca de las más altas autoridades norteamericanas, McKinley, Root, Hay, los senadores Platt y Hanna, etc.,
lo que hace sospechar que en esas entrevistas pudieran haberse
hecho los arreglos a que se refiere Jenks. Y hace muchos años, a
raíz de esas primeras gestiones de los azucareros y comerciantes
cerca del gobierno norteamericano, el propio Abad destacó la relación entre la Enmienda Platt y la reciprocidad, al abogar por
ambas en unas declaraciones que exponían el fruto de las observaciones hechas en sus contactos con McKinley y Root, en que decía:

...*Algunos personajes se extrañan de que las clases con-*
servadoras que franca o reservadamente abogan por el pro-
tectorado o por la anexión no hayan hecho declaraciones so-
bre la Ley Platt contrarrestando las manifestaciones que creen
han sido artificiales, hechas en La Habana en contra de esa
Ley... [49]

El resultado de esas primeras gestiones hechas en Wáshington

no fué del todo favorable a las peticiones hechas, aunque ellas fueron un poderoso argumento para con algunos de los convencionales reacios a aceptar la Enmienda Platt, y ya después de la trágica muerte de McKinley, se envió a los Estados Unidos otra comisión de azucareros y comerciantes encargados de pedir la reciprocidad mercantil entre ambos países, que tampoco pareció tener mejor suerte. Ya esto ocurría en los meses de octubre y noviembre de 1901, cuando se aproximaba la inauguración del gobierno cubano; y Roosevelt, al asumir la Presidencia de la República, se había expresado en términos bien explícitos en favor de la reciprocidad mercantil con Cuba, con lo que él y Root aparecieron como los enemigos del proteccionismo azucarero, mientras que la mayoría congresional republicana fué el obstáculo principal para las concesiones arancelarias a Cuba.

El señor Abad, en los interesantes artículos publicados en el *Diario de la Marina* y a los que ya hemos hecho referencia, se queja de que el gobierno de la intervención militar norteamericana hubiese tardado tres años en despertar a la necesidad de hacer gestiones en favor de la reciprocidad mercantil o de la reducción de los derechos al azúcar cubano. En realidad, el general Wood esperó el tiempo que convenía a su política de penetración inmigratoria y económica de los Estados Unidos en Cuba. Con la miseria señoreando los campos de Cuba, fracasado el empréstito planeado por la Asamblea de Representantes y obstaculizada la entrada de frutos cubanos en los Estados Unidos, el capital norteamericano y los inmigrantes de esa nacionalidad afluyeron a la Isla en busca de oportunidades, que les resultaron fáciles, de establecerse en tierras adquiridas a bajo precio y de convertirse en hacendados e industriales, y allá por 1901 las inversiones del capital transfretano habían crecido hasta hacerse respetables y despertar el interés de Wood, cuya estudiada indiferencia cesó. El gobernador militar se dedicó con ahinco entonces a abogar por la reciprocidad mercantil y como dice Jenks, más tarde

> ...a Senate investigation revealed that General Wood had been paying Cuban funds to a propagandist in the employ of the Sugar Trust...[50]

Wood gastó unos quince mil pesos de los fondos públicos en esa gestión, pero su solicitud por el interés de los azucareros pierde valor cuando tenemos en cuenta que, según el liberal criterio del economista que acabamos de citar:

> ...*The real purpose of the reciprocity treaty was to prevent*
> *the close political ties which bound Cuba to the United States*
> *from being weakened by any other preferential arrange-*
> *ment...*[51]

Y Roosevelt se lanzó a la lucha para conseguir la reducción de
los derechos a los productos cubanos y el tratado de reciprocidad
con su característico ardor. Movilizó a los senadores y representantes de su partido, apeló a la prensa y puso en juego todas sus
relaciones e influencias para conseguir que el Congreso de Wáshington cooperase al logro de sus propósitos. Wood le estimulaba
a obrar con la declaración de que nada de lo que se hiciese en
favor de Cuba se perdería para los Estados Unidos, porque, como
decía él:

> ...*With the control which we have over Cuba, a control*
> *which will soon undoubtedly become possession... we shall*
> *soon practically control the sugar trade of the world, or at*
> *least, a very large portion of it. I believe Cuba to be a most*
> *desirable acquisition for the United States. She is easily worth*
> *any two of the Southern States, probably any three, with the*
> *exception of Texas... and the Island will, under the impetus*
> *of new capital and energy, not only be developed, but*
> *gradually become americanized, and we shall have in time*
> *one of the richest and most desirable possessions in the*
> *world...*[52]

El camino, sin embargo, se encontraba erizado de dificultades.
La mayoría de los azucareros eran extranjeros, principalmente españoles, entre los cuales abundaban los enemigos de la independencia y los anexionistas, carentes de influencia, por lo tanto, entre
los cubanos. Además, los cañeros de Luisiana y Hawaii y Puerto
Rico, y los remolacheros del Oeste norteamericano, así como los
productores de tabaco, se oponían resueltamente a toda concesión
que se hiciese a Cuba y formaban un bloque congresional en que
los republicanos y los demócratas rivalizaban para impedir la rebaja de los derechos. Roosevelt quien, a mediados de abril, ya se
había quejado a Wood de que *"I am having great difficulty in*
getting any kind of a position about reciprocity", comprendía perfectamente las aspiraciones anexionistas que Wood envolvía con
la reciprocidad, y al contestar a Wood su carta de octubre 28, de
que acabamos de transcribir un párrafo, decía:

> ...*It gave me the clearest view I have yet had of conditions*
> *in Cuba. Root feels as strongly as you do as to what our*

actions should be on the tariff, and it is of course unnecessary
to say that I shall back you up most heartily... [53]

En enero de 1902, casi a punto de inaugurarse el nuevo gobierno
cubano, y meses después de que Roosevelt hubiese enviado al Congreso su mensaje en favor de la reciprocidad mercantil, fué que el
Comité de Medios y Arbitrios de la Cámara de Representantes comenzó la información pública acerca del tratado con Cuba. La
voluminosa colección de datos reunidos por dicho Comité sirvió
para la preparación de un proyecto de ley sobre reciprocidad mercantil que con dificultad llegó al pleno de la Cámara de Representantes y contra el cual lanzaron su oposición todos los proteccionistas, en abierta rebeldía a los jefes políticos y hasta a las tendencias de la opinión pública. A principios de febrero, cuando
había esperanzas de éxito, Roosevelt le había escrito a Nicholas
Murray Butler, quien era uno de sus confidentes, como sigue:

...As for Cuban reciprocity, of course I shall stand
absolutely firm. I hope that the west will support me in the
matter as the east does. I have been a little afraid of the
western Senators and Congressmen. I wish that Cuba grew
steel and glass, as I should much rather see us reduce duties
on those than on agricultural products... [54]

Pese a toda la estrategia empleada por el gobierno de Roosevelt,
no fué hasta el 8 de abril que la Cámara comenzó a discutir la ley
de reciprocidad mercantil con Cuba. Las semanas pasaron en debates interminables en torno a diversos artículos del proyecto,
hasta que la Cámara, segura de que el Senado sería un obstáculo
insuperable a las concesiones a Cuba, aprobó la ley, que pasó al
Senado, sin que en éste se hiciera nada para adoptar una decisión,
por lo que al inaugurarse la nueva República no había autorización congresional para iniciar las negociaciones con Cuba y el
gobierno de Estrada Palma tuvo que comenzar a actuar en las más
difíciles circunstancias. Finalmente, cuando el primero de julio de
1902 se acabó la legislatura en Wáshington, con el receso congresional desaparecieron las esperanzas de que hubiese las deseadas
rebajas arancelarias a los productos cubanos.

No es posible dudar de que Roosevelt hizo todo lo que estuvo
en su poder para lograr que el Congreso aprobase la reciprocidad
con Cuba, pero lo hizo porque convenía a sus planes y a los de
Wood y porque reconocía que era un deber de los Estados Unidos
el cumplir el compromiso por el cual se había aceptado la En-

mienda Platt. En otra carta a Nicholas Murray Butler, en que decía
que la cuestión del azúcar era el obstáculo principal para la adopción del tratado y que los remolacheros no se oponían a la reciprocidad con Cuba si las ventajas a ésta afectaban a los industriales
de Pennsylvania y la Nueva Inglaterra, el Presidente se expresaba
como sigue:

> ...Your letter gave me a good deal of concern... With what
> you say about Cuban reciprocity I heartily agree, although I
> wish to add with all emphasis that I entirely understand the op-
> position from certain districts and States to the reduction of
> sugar duties... Of course to my mind there are great moral
> and economic issues of a national kind involved in this Cuban
> reciprocity business, and I think the attitude of those who have
> been against us on it is wholly wrong... [55]

Dos meses más tarde, todavía indignado porque el Congreso le
había hecho la jugarreta de no llegar a acuerdo sobre el tratado de
reciprocidad, Roosevelt escribía:

> ...The only reciprocity that I have talked is that of Cuba.
> This stands on an entirely different footing from everything
> else concerning reciprocity. In my judgment the opposition
> to the Cuban reciprocity bill was most unwise and short-
> sighted... [56]

Una vez fracasada la posibilidad de obtener que los senadores
y representantes norteamericanos hubiesen reconocido que la reciprocidad mercantil con Cuba era parte del régimen de relaciones
entre los dos países, y recompensa por la aceptación de la Enmienda Platt, a Roosevelt no le quedaba otro camino que el de la
concertación regular de un tratado de comercio y su envío al Senado de Wáshington para que o lo desechase o lo ratificase. La
fracasada intentona tenía su explicación en el hecho de que se
había iniciado ese programa legislativo antes de que quedase organizado el nuevo gobierno cubano o sea, sin que hubiese en Cuba
los poderes constitucionales para tratar con otras naciones, aunque
sí había la necesidad de llegar a acuerdos sobre concesiones arancelarias al ser restablecida la economía colonial por el gobierno
de la intervención. El arrancar al Congreso la declaración de una
política como la que quería dictarle Roosevelt, además de cerrar
la negociación informal sobre la Enmienda Platt y atar a Cuba,
aseguraba la tranquilidad de los primeros pasos del gobierno de
Estrada Palma y excluía de antemano a los competidores extran-

jeros por el mercado de Cuba; pero la oposición congresional dió al traste con este plan.

No pocas de las dificultades con que hubo de enfrentarse el gobierno de Estrada Palma, al principio de su gestión, tuvieron su origen en la grave situación económica provocada por el fracaso del tratado de comercio con los Estados Unidos. En junio de 1902 había en almacén, sin que hubiese comprador que se interesase en ellas, nada menos que 442,000 toneladas de azúcares crudos. En la industria tabacalera la situación no era más alentadora con los esfuerzos que hacían los agentes del "trust" norteamericano del tabaco, apoyados por algunos de los españoles mas antiyanquis de antaño y que entonces eran anexionistas y anticubanos nada más, para dominar la producción y el mercado. Y ahí, exclusivamente, radicaba toda la vida económica de la Isla después de cuatro años en que los Estados Unidos la habían tenido en sus manos, por medio de un procónsul que se había manejado a su gusto.

En junio, cuando todavía no había terminado la legislatura el Congreso de Wáshington, el Ministro Squiers atribuía la intranquilidad popular, con el desempleo y el bandolerismo, a las pobres perspectivas que tenía el tratado de reciprocidad y no se recataba para decir que los hacendados acusaban a los Estados Unidos de toda responsabilidad en los males de Cuba. Días más tarde las alarmas de Squiers aumentaron cuando Máximo Gómez hubo de declarar, en un mitin, que

> ...the Yankee Government has decreed our death by famine or our life by annexation... [57]

El diplomático aconsejaba que, por lo menos, se dieran esperanzas de que habría ayuda para los azucareros, porque así Estrada Palma duraría hasta el mes de septiembre de 1903, cuando entraría en vigor el convenio internacional de Bruselas contra el proteccionismo azucarero, que se estimaba favorecería a Cuba como país productor. Por otra parte, sin embargo, como nos dice Fitzgibbon,[58] los fabricantes de azúcar norteamericanos (remolacheros del Oeste y cañeros de Luisiana, Florida, Hawaii, Puerto Rico y Filipinas), alegaban que el convenio de Bruselas, al eliminar los subsidios por la producción de azúcar, solucionaba la crisis de Cuba sin más concesiones por parte de los Estados Unidos.

Como una reacción contra la falta de cumplimiento de la promesa de reciprocidad mercantil, al constituirse la república cubana hubo ciertos sectores de la opinión pública en la Isla que se manifestaron tibios y hasta contrarios al tratado con los Estados Unidos y no hay duda de que esta actitud tuvo mucho que ver con el renovado interés del gobierno norteamericano en la concertación del convenio y la presión ejercida por Squiers sobre la cancillería cubana en contra de toda otra negociación de pactos comerciales con Inglaterra y Alemania.

El coronel Tasker H. Bliss, dictador de las aduanas de Cuba durante el período de la intervención militar, fué comisionado para preparar el borrador del tratado de reciprocidad mercantil, con la ventaja extraordinaria que le daba el haber inspirado los cambios introducidos en los aranceles de la Isla. Con fecha 4 de julio de 1902 el Secretario Hay ya entregó al Ministro Quesada el proyectado texto del tratado, que no gustó al gobierno cubano, cuya comisión dictaminadora, integrada por los Sres. Zaldo y García Montes, secretarios de Estado y de Hacienda, no se mostró satisfecha con las concesiones otorgadas y las reclamadas. Después podemos encontrar una nota del Ministro Quesada a la cancillería de Wáshington, con que se acompañaba un memorándum con las objeciones cubanas al tratado[59] y la noticia de esa inconformidad trascendió fácilmente al público en los Estados Unidos por medio de la prensa.

La política del gobierno de Estrada Palma tomó en cuanto al tratado rumbos inesperados para la diplomacia norteamericana, en defensa de los intereses cubanos. Poniendo en práctica el sistema que una y otra vez practicarían los Estados Unidos, con Cuba y con otros países, para neutralizar el efecto de las rebajas arancelarias, Estrada Palma trató de obtener de la Cámara de Representantes que aumentase los derechos que Bliss había arbitrariamente rebajado, bajo Wood, en favor de las importaciones norteamericanas en la Isla. Una carta de Estrada Palma a Pelayo García Santiago, Presidente de la Cámara de Representantes, fechada a octubre 1º, que fué a parar a manos de Squiers por medio de sus espías, reveló que había el propósito de erigir altas tarifas para utilizarlas como argumentos y bases en la discusión del tratado de reciprocidad. Estrada Palma decía en su carta aludida que hacía tales recomendaciones por consejo de personas competentes, las que según Squiers, eran Zaldo, García Montes, Montoro y Placé.[60]

Con estos informes secretos en poder de la cancillería norteamericana, se explica muy bien que fuesen los Estados Unidos los que tratasen de activar a Cuba para que aceptase el tratado. La instrucción núm. 93, de fecha 22 de septiembre, a Squiers, le ordenaba que preguntase a Estrada Palma si el convenio podía ser firmado al comenzar el mes de noviembre, y el Presidente cubano, con fecha 4 de octubre, informó secamente al diplomático yanqui que dudaba poder hacerlo para esa fecha. Gonzalo de Quesada no tenía los mismos puntos de vista que el Secretario Zaldo sobre la cuestión de la reciprocidad mercantil con los EE.UU.; y por su amistad con Roosevelt y Hay, se permitió discutir por su cuenta con ambos los términos del tratado, por lo que la indignación del jefe de la cancillería cubana contra su subordinado fué grande y hasta trató de relevarle de su cargo para reemplazarlo con Montoro o con Sánchez de Bustamante, lo que no consiguió por la antigua y firme amistad de Estrada Palma con Quesada. Todo lo más pudo obtener que se enviasen instrucciones bien estrictas al último citado para que dejase a un lado toda discusión sobre el convenio propuesto; pero, como siempre, el informante de Squiers que había en el Palacio Presidencial, bien cerca de Estrada Palma, reveló todos estos secretos al diplomático norteamericano, que así estaba en condiciones de hacer frente con ventaja a los cubanos. Y no resulta menos extraño ni escandaloso que llegasen a conocimiento de Squiers dos cartas confidenciales de Quesada a Estrada Palma, fechadas a 22 y 28 de septiembre, en las que el diplomático cubano informaba de que el propuesto tratado daba solamente un 20% de rebaja en las tarifas norteamericanas a artículos cubanos, mientras que los Estados Unidos obtenían un 60% de reducción en sus exportaciones a Cuba, razón por lo que el Embajador de Inglaterra le había dicho que no firmase el tratado hasta que Montoro no tuviese ofertas del comercio inglés. El representante de los Estados Unidos, ya del todo despierto al peligro de que el comercio con Cuba se fuese a perder a beneficio de los rivales europeos, se olvidaba de que su país no había cumplido con los cubanos, y aconsejaba a su cancillería que no se fiase de la gratitud de los mismos, como si hubiese derecho a esperar que, por el hecho de haber servido de pretexto la suerte de Cuba para la expansión imperialista de los Estados Unidos, tuviese aquélla, necesariamente, que convertirse en esclava de los intereses norteamericanos.

No parece que la noticia de los contactos británicos con Gonzalo de Quesada fuese infundada, porque en un cable a Hay, muy alarmante, de fecha 10 de octubre de 1902, el Ministro Squiers hubo de

confirmar dicha información con los datos que le había suministrado el espía que tenía junto a Estrada Palma.

El diplomático norteamericano no vaciló un momento para, con
olvido de todos los respetos prometidos a la soberanía cubana,
lanzarse a presionar al gobierno de Estrada Palma con reprobables
manejos y argumentos poco honrosos en favor de la rápida aceptación del tratado con los Estados Unidos antes del que se planeaba con la Gran Bretaña. El 11 de octubre, en una entrevista de
Squiers con Estrada Palma, aquél aconsejó al Presidente que se
apurase en entregar las contraproposiciones cubanas al tratado
por el mal efecto que esa demora podía tener

> ...on the sugar planters here who would again agitate
> the subject of annexation, and I gave him some of the details
> of that movement last June and July...[61]

La amenaza ya era así bastante explícita, pero como para que
no quede duda sobre su realidad y se vea a qué procedimientos
apelaba el Ministro de los Estados Unidos para imponerse a un
gobierno que con tamañas dificultades se consolidaba, agreguemos
que en ese mismo despacho hacía Squiers la siguiente innoble proposición que su jefe dejó sin reprensión:

> ...In this connection I desire to say that a few hints given
> in the proper quarters would cause an active agitation
> for annexation, an agitation that those connected with the
> present government dread exceedingly and which would
> very promptly force the government to an acceptance of our
> proposals...[62]

¡Y todavía se permitía ese personaje hablar de la gratitud que
Cuba "debía" a los Estados Unidos! ¡Casi húmeda la tinta de la
Constitución Cubana, de la Enmienda Platt y de las promesas de
respetar la soberanía de Cuba y no interferir con su gobierno, y ya
el Ministro de los Estados Unidos apelaba a recursos de mala ley
y quería fomentar la agitación anexionista contra el gobierno ante
el cual estaba acreditado!

La entrevista a que nos referimos fué muy agria, con Estrada
Palma firme en su posición y contestando a los reproches que le
hacía Squiers quien, entre otras quejas, expuso, la de que el día
10, en un mítin al cual había asistido el Presidente, el representante
Rafael Portuondo Tamayo había criticado duramente a los Estados
Unidos y a la Enmienda Platt.

Pocos días después, en otra entrevista, esta vez con el Secretario

Zaldo, Squiers volvió a la carga para expresar su disgusto con que Montoro, el Ministro en Londres, fuese uno de los consejeros del tratado con los Estados Unidos, y como para dejar entender que le creía más partidario de Inglaterra y no le ofrecía confianza, a pesar de que pocas horas antes Montoro le había dicho personalmente que los conservadores cubanos creían en la ventaja de que hubiese las más estrechas relaciones comerciales entre Cuba y los Estados Unidos y en que el porvenir económico de la Isla estaba en entenderse con los Estados Unidos y no con Europa. Zaldo trató de desvanecer las sospechas de Squiers, sin lograrlo, aunque con cierta indiscreción criticó a Gonzalo de Quesada y le acusó de haber aceptado sin tener autorización para ello y hasta en contra de sus instrucciones, el borrador del tratado que le habían propuesto en Wáshington.

En otra visita de Squiers al Palacio Presidencial, que tuvo lugar el 16 de octubre, la conversación se desarrolló en términos bastante duros. El representante de los Estados Unidos se esforzó en apurar a Estrada Palma para que cuanto antes decidiese la aceptación del propuesto tratado. Le llamó la atención acerca de los peligros de la demora y de sus negociaciones para un acuerdo comercial con las potencias europeas, cuya realidad negó Estrada Palma, quien al mismo tiempo pidió que le esperasen unos días más a fin de completar el estudio de las proposiciones hechas y contestar el lunes de la semana siguiente y, afirmándose en su protesta, el Presidente calificó rudamente de "unfair" algunas de las demandas hechas por los Estados Unidos y afirmó que no apuraba más a los comisionados, consejeros y legisladores porque, considerado en Cuba como un agente del gobierno de Wáshington, si así lo hacía todavía lo parecería más.[63] Estrada Palma trataba de ganar tiempo con el propósito, que él creía secreto a pesar de que el espionaje de Squiers leía su correspondencia oficial y privada, de obtener de la Cámara de Representantes que se aumentasen los derechos que pagaban las mercancías norteamericanas y que arbitrariamente había rebajado el propio coronel Bliss al estar ejerciendo la dictadura del departamento de aduanas durante el gobierno de la intervención. Así, por ejemplo, en los momentos en que se celebraba la entrevista a que acabamos de referirnos, Squiers ya había cablegrafiado al Secretario Hay el contenido de una carta privada de Estrada Palma al Dr. Pelayo García Santiago, enviada en esos mismos días, con la urgente reclamación de que

la Cámara aumentase los aranceles a las importaciones norteamericanas cuanto antes. La actuación del desdichado estadista cubano, asediado y coaccionado por un diplomático implacable y sin
escrúpulos, y traicionado por un funcionario en quien había depo-
sitado su confianza y que revelaba sus secretos, se nos aparece
como digna de elogio y acreedora al respeto general, muy distinta
a la que comúnmente se atribuye a Estrada Palma como sumiso
en el cumplimiento de las órdenes del gobierno de Wáshington.

En vista de todo lo que llevamos expuesto de las intenciones y
los procedimientos empleados por Squiers en Cuba, sus informes
acerca de las entrevistas sostenidas por él con diferentes anexionistas de La Habana, en ese mismo mes de octubre, no pueden apa-
recérsenos sino como la realización de sus amenazas de apelar a
los partidarios de la anexión para obligar a Estrada Palma a que
cediese. Esas entrevistas fueron con Fermín Goicoechea ("an annexationist, at least until quite recently", que decía Squiers), y con
Luis V. Placé y Perfecto Lacoste (ciudadanos norteamericanos), y
Francisco Gamba, español que detestaba a la nueva República,
consultor que había sido de Leonard Wood y presidente de la Cámara de Comercio donde se había refugiado el integrismo anticu-
bano, que prefería a los Estados Unidos a Cuba libre. Estos elementos, en quienes Squiers creía poder confiar para la realización
de sus planes para la anexión, contemplaban esa posibilidad como
la resultante de lo contrario de lo que el diplomático quería obtener
en aquel momento. Sólo así es que podemos explicarnos este exa-
brupto de Squiers en un despacho a su cancillería, en que no precisaba que el Goicoechea a quien se refería, era españolista furibundo:

> ...They all agreed that the annexation sentiment was fast
> on the wane and that prosperity would postpone it for many
> years...
> Mr. Goicoechea belongs to a class of Cubans who are
> willing to sell their souls for the benefit of their pockets; they
> were annexationists, not because they admired our institutions
> and desired to join our political body, but because they thought
> they could make more money as a part of the United States;
> they have no love for our flag or any other.
> His arguments, demands and insinuations point to the same
> end, but by another course. If they can defeat the treaty they
> hope such failure will be followed by political difficulties
> which may force another intervention. They are devoid of
> gratitude, devoid of any feeling other than mercenary. To

that end they will not hesitate at anything, even to throwing their country into a state of anarchy or disorder... [64]

La indignada actitud de Squiers con los españolistas de antaño que aspiraban a la anexión por medios distintos a los que él preconizaba, tiene su explicación y merece un comentario especial. Sin duda que él había iniciado sus gestiones para provocar la agitación anexionista de que había hablado a Estrada Palma y a John Hay, en favor del tratado de reciprocidad, y se había encontrado con que los hombres en quienes había confiado no le hacían caso y lo que pretendían era dificultar la concertación del convenio y quizás si propiciar otros con las potencias europeas. Esa clase de personas son, precisamente, las que siempre han sido la inspiración y el norte de esa política norteamericana respecto a Cuba, que por sistema ha prescindido de considerar las aspiraciones del pueblo cubano para tratar de entenderse con los españoles más reaccionarios, como Goicoechea y Gamba, o los cubanos "norteamericanizados", como Lacoste y Placé, a pesar de que ni unos ni otros representan a la opinión pública del país en que habitan.

Y aunque la desesperación y la alarma de Squiers encontraron expresión concreta en otro despacho de fecha 27 de octubre, con el que acompañó numerosos recortes de periódicos en que había fuertes ataques a los Estados Unidos y al propuesto tratado, así como a Estrada Palma, por no haberlo rechazado, ya al día siguiente se tranquilizó por unos días con la entrega de las contraproposiciones cubanas al tratado, que Squiers recibió el día 28 y muchas de cuyas cláusulas envió por telégrafo a Wáshington para su inmediata atención. Sus contactos con los anexionistas no terminaron con ello, porque a los pocos días, en una carta en que reiteraba su desconfianza de Rafael Montoro, a quien seguía considerando pro-europeo y enemigo de los Estados Unidos, podemos encontrar la frase bien significativa de que

...*Desvernine, Lacoste, González Lanuza... are annexationists...,* [65]

como si estuviera haciendo un recuento de las fuerzas con que podía contar para la realización de su proyecto favorito.

Pese a las acusaciones que con frecuencia se dirigen hasta en nuestros días a Estrada Palma y a su gobierno como dependientes de los Estados Unidos e indiferentes a la defensa de la soberanía y los intereses cubanos, la realidad es que Estrada Palma y sus consejeros, Zaldo, Quesada y Aurelio Hevia, se conducían con gran

habilidad y celo para consolidar la personalidad internacional de
Cuba independientemente de las supuestas concesiones norteamericanas y resistiendo a las presiones de todo orden que los Estados
Unidos ejercían para que la cancillería de La Habana se resignase
a vivir con la atmósfera económica que se le asignase. Y no eran
los españoles, ciertamente, los que entonces ayudaban de buena
fe a los cubanos a robustecer su precaria independencia, pues seguían la estúpida política anticubana que la antigua metrópoli
había tratado de hacer triunfar en las conferencias de la paz, en
París, y que tan conveniente había resultado a los Estados Unidos.
En tales censurables manejos colaboraban los prohombres de la
colonia española —periodistas, comerciantes, industriales, etc.—,
que pocos años antes, en plena fiebre de integrismo reaccionario,
con o sin los uniformes de voluntarios manchados con la sangre
de tantos crímenes, habían abominado de los Estados Unidos, cuyo
dominio ahora anhelaban. En su despecho y su egoísmo estos elementos no reparaban en la limpieza de los procedimientos empleados ni recordaban la gratitud que debían a la joven nación cuya
evolución trastornaban con tales actividades. En la correspondencia diplomática norteamericana de la época hasta encontramos
una carta del Senador William P. Frye, de Maine, al Secretario
Hay, fechada a julio 22, 1902, en que a nombre de unos fabricantes
de calzado de Boston enviaba la denuncia hecha por los peleteros
españoles Pons y Cía., establecidos en La Habana, respecto a que
Cuba preparaba en secreto una nueva tarifa arancelaria que aumentaría los derechos al calzado procedente de los Estados Unidos.

La cancillería de Wáshington tampoco restó importancia a la
información enviada por Squiers y suministrada por algún traidor
que revelaba los secretos de Estrada Palma, sobre que Inglaterra
apoyaba a Cuba en su resistencia a la presión norteamericana. El
16 de octubre Hay instruyó telegráficamente al Embajador Choates
para que demandase una explicación del Foreign Office, de Londres, sobre las gestiones atribuídas al Ministro Carden, en La Habana, contra los intereses de los Estados Unidos. Choates dió cumplimiento a la terminante encomienda recibida en una entrevista
celebrada con Lord Lansdowne, quien le informó que las instrucciones dadas al Ministro Carden para que negociase un tratado de
comercio con Cuba le prevenían que tuviese mucho cuidado en no
hacer nada que pudiera aparecer como tentativa "...to thwart the
policy of our Government...", según Choates hubo de reportar a

Hay y que, por lo tanto, en el fondo del incidente denunciado y que sería investigado por el carácter específico de las acusaciones hechas, solamente había un malentendido o un error de información.[66]

Días más tarde el gobierno de Londres dió una respuesta categórica y muy hábil a las quejas norteamericanas y empleó para ello los informes remitidos por Carden, pero al mismo tiempo dejó constancia de su derecho a tratar con Cuba para la concertación de un tratado de comercio. Según el cable de Choates, fecha 26 de octubre, a su jefe, Lord Lansdowne tenía respuesta de Carden por la cual decía él:

> ...there is no foundation whatever for the statement that latter offered Cuban Government moral or material support of Great Britain, nor has he ever alluded in conversation with the Cuban President or Minister for Foreign Affairs even remotely to Germany or German interests in Cuba. Carden suggests these reports may have had origin in negotiation he has carried on for the conclusion of a commercial treaty between Great Britain and Cuba; and in regard to this point British Minister for Foreign Affairs explains that as Cuban Constitution empowers the President to conclude treaties with foreign states, and as the United States Congress has not passed any enactment in derogation of that power, a draft drawn up in usual form containing most favored clauses was forwarded to Carden for discussion with Cuban Government. Cuban Government officials are still examining the draft and have reserved most favored nation articles for consideration on account of their bearing upon negotiations in progress between the United States and Cuba. British Minister for Foreign Affairs is anxious to remove all misunderstanding, and will be glad at all times to give fullest information as to British action in Cuba...[67]

Pero todavía hay mucho más que citar con referencia a los procedimientos empleados por los Estados Unidos para obligar a Cuba a plegarse a las exigencias norteamericanas acerca del tratado de reciprocidad. No sólo se ejerció la presión diplomática y se apeló a la amenaza y se intrigó con los anexionistas y se gestionó que Inglaterra se separase de una negociación que podía alentar a los cubanos a resistir, sino que en agosto de 1902, en violación de la letra y el espíritu de la Enmienda Platt, de la soberanía cubana y de las más solemnes promesas, los Estados Unidos desembarcaron tropas regulares en el puerto de Santiago de Cuba, donde aún quedaban restos de las fuerzas de la ocupación militar, con el ostensible objeto de recordar al gobierno de la joven República que no debía permitirse ciertas libertades ni hacer tentativas de resistencia. Hasta el lugar de desembarco fué escogido según la teoría sostenida por algunos de los más recalcitrantes expansionistas norteamericanos respecto a que, al haberse rendido Santiago a Shafter, debía pertenecer a los Estados Unidos.

Estrada Palma, en una entrevista celebrada el 26 de agosto, expresó su protesta a Squiers contra la llegada de las nuevas tropas; y sus razones fueron expuestas con tanta fuerza lógica, que el diplomático yanqui escribió a su gobierno para apoyarle porque estaba rodeado de enemigos y merecía que se le ayudase "...*if his experiment (?) in Cuban self-government is to be successful...*", como decía Squiers revelando su secreto designio. Ante la pasividad con que el gobierno de Wáshington había recibido sus protestas, el Presidente de Cuba se dirigió directamente a Roosevelt, en una extensa carta escrita en inglés en que le decía que las nuevas tropas eran innecesarias y que lo único que harían sería restarle fuerza moral a su gobierno, por cuyas razones esperaba de su magnanimidad que ordenase su reembarque... [68]

Esta carta no la contestó Roosevelt en seguida y aunque para ello le sirvió de excusa un accidente sufrido en esos días, la realidad era que el envío de nuevas tropas se esperaba que ayudara a Estrada Palma a decidirse a aceptar el propuesto tratado y era preferible dejar a los cubanos en la incertidumbre de lo que iba a ocurrir. Por su parte, tampoco Estrada Palma se resignó a esperar impreparado lo que todo aquello podía significar. En una carta confidencial que envió a Pelayo García Santiago, Presidente de la Cámara de Representantes, y de la que el espionaje norteamericano en Cuba tuvo copia íntegra casi en seguida, el anciano estadista le encargaba que sondease urgentemente la opinión de sus compañeros del Congreso acerca del aumento hasta 5,000 plazas del cuerpo de artillería del ejército cubano. No había, pues, rendición ante la amenaza de las tropas norteamericanas enviadas a Santiago, sino disposición a prepararse, y el mismo Squiers, al informar del contenido de la carta que un traidor llevaba a sus manos decía que la adopción de la medida propuesta por Estrada Palma

   ...*may depend partly on the attitude of the Washington Government and, to a certain extent, on the attitude the conservative element and annexationists of the country may assume*... [69]

La firma del Tratado Permanente entre Cuba y los Estados Unidos, en el Palacio Presidencial. Sentado, el Presidente Estrada Palma; de pie, de izquierda a derecha, el coronel Aurelio Hevia, Director de la Secretaría de Estado; el Dr. Jorge A. Belt, Secretario particular del Presidente; el primer Secretario de la Legación de los Estados Unidos, Mr. Sleeper; un oficial de dicha Legación; el Ministro norteamericano en La Habana, Mr. Squiers, y el Secretario de Estado cubano, D. Carlos de Zaldo.

Finalmente, al contestar a Estrada Palma, ya alejado el competidor europeo que podía alentar la resistencia cubana, merced a la gestión de Choates, a que ya hemos aludido, y agravada la situación económica de Cuba hasta lo indecible después de estimulada la agitación anexionista, Roosevelt pudo plantear el problema de la reciprocidad mercantil como estrechamente relacionado con el de la retirada de las guarniciones norteamericanas y el de la cesión de las estaciones navales mencionadas en la Enmienda Platt y que los Estados Unidos comenzaban a exigir. En 1901 la oferta de la reciprocidad indispensable por el control privilegiado del gobierno interventor, que excluía a las demás naciones, era a cambio de la aceptación de la Enmienda Platt, y la Asamblea Constituyente había cedido sin que los Estados Unidos cumpliesen su parte por el asesinato de McKinley y el desenfreno de los proteccionistas, quienes dejaron transcurrir la legislatura y no hicieron honor a su promesa. En 1902, asegurada la dependencia económica de Cuba respecto a los Estados Unidos, de nuevo se ofrecía la reciprocidad mercantil y esta vez a cambio de las estaciones navales. En la impotencia cubana, la desproporción de los recursos de ambos países, la ambición hegemónica norteamericana y la miseria que señoreaba la Isla, la reciprocidad era, pues, un caramelo que se ofrecía y no se daba y que seguía siendo atrayente para obtener hoy una cosa y mañana la otra. Así se explican estas palabras de Roosevelt en su extensa carta a Estrada Palma a que nos estamos refiriendo:

> ...You are quite right in your understanding that the soldiers recently sent to Cuba were merely sent in the ordinary routine of administration to take the places of men whose terms of enlistment had expired. The Secretary of War informs me that immediately upon learning that this was liable to be misunderstood, he countermanded orders for the sending of additional recruits who were all ready to be sent to Havana. I should be very sorry indeed to have the Cuban people think that there was any purpose on the part of this Government to interfere in any way with the action of your Government as an entirely free agent. There is no such purpose. We desire to establish just and permanent relations between the people of the United States and the people of Cuba as friends and equals, having many interests in common, and each anxious to promote the welfare of the other.
>
> Your suggestion of the entire withdrawal of the artillerymen who have been left in the coast defense fortifications of Cuba, meets with hearty assent on my part, but it raises the

*question as to time and method which it seems to me a good
understanding between the two countries requires to be
carefully considered. You will remember that in the public
instructions given by the Secretary of War to General Wood
in March last for the termination of the military government,
he was authorized to leave in the coast fortifications this small
number of artillerymen to enable the new government to
organize and substitute therefor an adequate military force of
its own, and the instructions went on to say "...by which time
it is anticipated that the naval stations referred to, etc., will
have been agreed upon and the said artillerymen may be
transferred thereto".*

*I think it would be very unfortunate in view of the general
public understanding in the United States that this was to be
the course followed, to have these artillerymen brought back
to the United States instead of being transferred to the
proposed naval stations.*

*In the hope that we may now be able to agree upon those
stations I have requested the Secretary of State to communicate
with your Government on the subject through the ordinary
channels of diplomatic intercourse. The places where naval
officers think that the stations would be most useful for the
common defense of the two countries have long been well
understood in a general way and I have the impression that
your people do not object to the locations proposed. As we
do not ask for a station at Havana, the arrangement which
I now suggest would lead to an immediate withdrawal of the
artillerymen in the neighborhood of that city and this, I sup-
pose, would meet the main difficulty of public sentiment to
which you refer in your letter...*[70]

Con toda su melosa cortesía, la carta venía a significar que no
habría retirada de las tropas norteamericanas sino para ir a guar-
necer las estaciones navales. La de La Habana quedaba fuera de
la lista preparada al efecto porque desde el mes de julio Leonard
Wood le había escrito al Secretario Root para aconsejarle que no
reclamasen a Triscornia como base para la flota norteamericana
porque "...*the Cuban people are very sensitive on the subject of
anything pointing to the location of a naval station in Havana".*
En realidad, el 24 de marzo de 1902, antes de inaugurarse la República, se había dicho oficiosamente a Estrada Palma, a Gonzalo
de Quesada y a Diego Tamayo, que los Estados Unidos habían se-
leccionado las bases de Cienfuegos, Guantánamo, Nipe y posiblemente Bahía Honda, aunque La Habana era muy de desear. El 29
de octubre, ya contestadas por Cuba las proposiciones norteameri-

canas sobre el tratado de reciprocidad, o sea, rota la primera fase de la resistencia cubana a la dominación económica, Hay envió a Squiers muy precisas instrucciones para que solicitase formalmente la entrega de la estación naval de Guantánamo y dijese a la cancillería de La Habana que tan pronto como Cuba cediese a las demandas de los Estados Unidos serían transferidas a los puertos escogidos las tropas de guarnición cuya retirada había pedido Estrada Palma.

La estrategia de Roosevelt en cuanto al tratado de reciprocidad había quedado enunciada en una carta a John Hay, a mediados de septiembre, en que decía:

> ...I think that an extra session in November on the Cuban tariff business would be inadvisable. I want the treaty with Cuba, therefore, in time to permit us thoroughly to go over it in November, so that we may send it in to the Senate the minute the Senate convenes, with an appropriate message. I might deem it well in addition to my annual message to send in this special message about the Cuban treaty. Under these circumstances I think we should have the Cuban treaty in time to be sure that we are satisfied with it, by say the 10th of November... [71]

Y la opinión de Roosevelt en cuanto a la relación entre la reciprocidad mercantil con Cuba y las estaciones navales, también lo había expuesto con su ruda franqueza antes de escribirle a Estrada Palma, al decir a su Secretario de Estado:

> ...In view of Squiers' memorandum, would it not be just as well to let the Cubans know at once and definitely that whatever is done about reciprocity the naval stations are to be ceded and in the near future? There is no intention of placing a naval station at Havana or at Santiago; but the question itself is not a matter open to discussion by the Cubans. It is already contained in their Constitution and no discussion concerning it will be entertained... [72]

En los primeros días de noviembre ya se hizo evidente que los optimistas cálculos de Roosevelt respecto a completar el ajuste del tratado de reciprocidad alrededor del día 10 de ese mes estaban en camino de fracasar. El despacho de Squiers a Hay, de fecha 7 de noviembre, y los documentos que fueron enviados con el mismo, venían a revelar que Estrada Palma continuaba tan resuelto a resistir como el primer día y que seguía dispuesto a neutralizar las rebajas arancelarias concedidas a los Estados Unidos por el propuesto tratado con el previo aumento de los derechos de aduanas. Squiers ya enviaba copia íntegra de una carta de Estrada Palma a Pelayo García Santiago, fechada a 31 de octubre, que urgentemente recomendaba que la Cámara pusiese a un lado las tarifas impuestas a las naciones europeas para consagrarse exclusivamente a la modificación de las que el coronel Bliss había asignado a los Estados Unidos. Como para hacer más convincente la prueba suministrada por un traidor que vendía los secretos del gobierno cubano, Squiers adicionaba copia del memorándum de lo tratado en el consejo de gabinete de 4 de noviembre, a pesar del natural secreto de esa reunión, y agregaba la información de que el día 6 se había enviado a Gonzalo de Quesada una instrucción reservadísima sobre que era imposible aceptar las proposiciones norteamericanas acerca de la reciprocidad y que Cuba prefería abandonar la negociación comenzada, pero sin iniciar gestiones cerca de otras potencias hasta que los Estados Unidos se decidiesen a renunciar al tratado o lo aceptasen.

Cuando Squiers, por su parte, acudió a entrevistarse con Estrada Palma y Carlos Zaldo para hacerles saber el contenido de la instrucción de octubre 29 sobre las estaciones navales, se encontró con que los estadistas cubanos reclamaban que el asunto se acordase por medio de un tratado convenido libremente entre ambas naciones y no por un simple contrato, como se pretendía, o sea, que aspiraban a que la cuestión fuese resuelta como se había hecho con el tratado de reciprocidad, todavía pendiente, de nuevo enlazando la suerte de un instrumento con el otro. Es muy posible que los ataques que *La Lucha* —periódico de inspiración anexionista, como que su propietario y director era de esa tendencia— hubo de dirigir por entonces contra Estrada Palma, acusándole de ser un instrumento de la penetración norteamericana en Cuba, fuesen otra modalidad de las actividades de Squiers para obligar al gobierno cubano a que cediese en su actitud. En opinión de Estrada Palma y Zaldo el tratado sobre las estaciones navales tenía que ser ratificado por ambos cuerpos legisladores, lo que no auguraba una solución rápida a las pretensiones de Squiers, quien poco a poco iba descubriendo lo que hemos sostenido en el curso de esta obra sobre que Estrada Palma había sido escogido por creérsele fácil de manejar por los Estados Unidos y hasta inclinado a la anexión, pero que, una vez en la presidencia de la República, el anciano patricio solamente se preocupaba de defender la soberanía y los intereses de su patria.

A medida que pasaba el tiempo la actitud cubana se hacía más firme y resultaba más difícil obligar a su gobierno a ceder en su oposición al tratado de reciprocidad que se pretendía imponer y a la entrega de las varias estaciones navales que reclamaban los Estados Unidos. Estos, que tranquilamente se habían burlado de la "joint resolution" de abril de 1898 y de todas sus promesas de no interferir con el gobierno cubano, que habían arrancado la aprobación de la Enmienda Platt con recursos de mala ley, etc., entonces hablaban de la santidad de los compromisos y la buena fe internacionales y reclamaban que a tenor de los mismos se les diera lo que ellos no se habían atrevido por su cuenta a tomar para no escandalizar a la opinión pública de su país y la mundial.

El 13 de noviembre Squiers ya advirtió con toda claridad que no se las había con unos personajes desmoralizados, rendidos y sumisos a las exigencias norteamericanas y bien dispuestos a aceptar sus dictados sin sombra de protestas, sino con gobernantes que, a pesar de las difíciles circunstancias en que se hallaban, no tenían temor en defender sus derechos. Ese día, en una entrevista celebrada con el Secretario Zaldo, éste expresó, a nombre de Cuba, su oposición a la concesión de cuatro estaciones navales y se mostró conforme con la entrega de dos, que declaró ser más que suficientes. La indignación de Squiers se desbordó y así se echa de ver en los argumentos que empleó. Predijo que los anexionistas podían provocar problemas y ya empleó la amenaza de la "intervención" por esa causa o por dificultades con los veteranos, como se puede ver por un despacho telegráfico suyo de esa fecha, dirigido al Secretario Hay, quien no le llamó a capítulo por ello, e insistió en que Roosevelt exigía una solución inmediata del asunto. Conviene fijar la atención en la indiscreta predicción de Squiers, que en seguida veremos realizada en la famosa huelga general habanera provocada por agentes anexionistas y norteamericanizantes, en 1902, como ya también vimos que el improvisado diplomático, quien se creía el "residente" británico en una tribu zulú, semanas atrás había amenazado con provocar agitación anexionista y había cumplido su amenaza.

Fracasado en sus esfuerzos para imponerse a Zaldo, contra quien sentía creciente hostilidad, Squiers apeló directamente a Estrada Palma, pero éste le discutió el alcance del artículo III de la

Enmienda Platt, sobre la intervención con que amenazaba el Ministro de los Estados Unidos, y precisó la opinión cubana, basada en
interpretaciones hechas por McKinley y Root, de que la intervención
norteamericana sólo podía tener lugar cuando Cuba así lo pidiese
por considerarse impotente su gobierno para dominar una situación política. Además, lo que era un punto que dolía a Squiers y
que al fin causaría su caída, Estrada Palma introdujo un nuevo
factor en la cuestión al recordarle que había que solucionar el problema de la soberanía cubana sobre la Isla de Pinos. El tratado de
reciprocidad, pues, quedaba convertido en una negociación entre
los dos gobiernos afectada por las estaciones navales que pedían
los Estados Unidos, la definición del artículo tercero de la Enmienda
Platt, a que aspiraba Cuba, y la jurisdicción sobre la Isla de Pinos.
Squiers, al informar de todo esto a Hay, expresaba su opinión de
que las demoras puestas por Cuba eran parte de un plan para conseguir la modificación del discutido artículo III de la Enmienda
Platt.[73]

El gobierno de Estrada Palma estaba en posición muy desven-
tajosa para sostenerse frente a las exigencias norteamericanas.
Emocionalmente el país le hubiese respaldado en su muy cubana
actitud; pero con todos los trastornos económicos, sociales y políticos dejados por la guerra de independencia y la ocupación militar norteamericana, los reaccionarios y los demagogos no eran de
fiar ni había en el extranjero, con inclusión de las repúblicas latinoamericanas y su decantado espíritu fraternal, una nación que la
hubiese apoyado, siquiera hubiese sido diplomáticamente, en su
resistencia. Además, y esto era lo peor, Estrada Palma estaba
siendo traicionado por un miembro de su propio gabinete, si hemos
de creer a Squiers en sus informes al State Department.

Ya hemos señalado en otra ocasión que Manuel Luciano Díaz,
el Secretario de Obras Públicas, tenía la reprobable debilidad de
informar a Squiers de los más reservados asuntos tratados en el
gabinete y se había convertido así en un confidente de valor inapreciable para el diplomático norteamericano. Ahora, con ocasión
de la complicada negociación entre ambos países, volvió a servir
a Squiers con sus noticias, según consta de la documentación con-
servada en el State Department. El diplomático yanqui decía a
Hay que Díaz era "very pro-American" y que por él había sabido
que en consejo de secretarios se había tratado de la cuestión de las
estaciones navales y la decisión adoptada había sido la de aceptar

de primera intención las demandas norteamericanas en cuanto a todas las carboneras, menos Cienfuegos, para después entregar esta última también, a cambio de alguna concesión.[74] Así resultaba, pues, que mientras Estrada Palma y Zaldo seguían su línea de discusión con Squiers, en la creencia de que podían convencerle, a él y a su gobierno, de que el gabinete cubano era de opinión unánime contra la entrega de las estaciones navales sin garantías y compensaciones a Cuba, el representante de los Estados Unidos tenía la superiorísima ventaja de saber la realidad del acuerdo de los secretarios, con lo que podía derrotarles en sus propósitos nacionalistas.

El 21 de noviembre, en una entrevista bastante turbulenta, volvió Squiers, a tenor de las instrucciones de 15 de noviembre de 1902, a exigirle a Estrada Palma y a Zaldo la entrega de las cuatro estaciones navales que pedían los Estados Unidos, alegando que se amparaba en lo preceptuado en la Enmienda Platt. Los cubanos seguían insistiendo en que era preciso definir el artículo III de la Enmienda Platt y sólo se mostraban dispuestos a ceder dos carboneras, aunque Squiers, informado por Manuel Luciano Díaz, se mostraba inexorable en sus reclamaciones sin dejar traslucir que estaba en el secreto de lo resuelto por el gabinete.

Tres días más tarde, con ambas partes firmes en su actitud, el Ministro de los Estados Unidos tenía otra larga conversación con Estrada Palma y su Secretario de Estado. Estos últimos ya habían adoptado con toda resolución la política de no tratar del convenio de reciprocidad, que así se iba demorando más y más, y de combinar el problema de las estaciones navales con la definición del artículo III de la Enmienda Platt con el que, en su imprudencia, Squiers había amenazado a Cuba si no se rendía, semanas atrás, de esta manera despertando las sospechas del gobierno de Estrada Palma. Squiers mismo dice que en esta entrevista el Presidente se quejó de que los Estados Unidos "...seemed inclined to coerce his Government...",[75] y que Zaldo agregó que si la Asamblea Constituyente hubiese sabido que los términos de la Enmienda Platt eran indefinidos "...that Convention would never have accepted it". Estrada Palma precisó que la actitud norteamericana era contraria a los artículos III, IV y VII del apéndice constitucional y que era deseo de su gobierno decidir, de una vez para siempre, la cuestión de la soberanía cubana sobre la Isla de Pinos.

Al informar a sus jefes de las pretensiones del gobierno cubano, en la nota que comentamos, el consejo de Squiers era de mostrarse firme en las exigencias hechas a Cuba, porque, en su opinión:

> ...It is a very bitter dose for them to swallow, but when they are given to understand that it must be done, they will submit...

Este importante despacho también contenía la información de que se había discutido en el seno del gabinete el texto de la nota con que Zaldo contestaba a las exigencias norteamericanas, en que, según confidencia de Manuel Luciano Díaz, figuraba una frase sobre que "...the Platt Amendment had been forced on Cuba by the United States against Cuba's will...", acusación fuerte aunque ajustada a los hechos. Díaz afirmaba que en un principio él había sido el único de los miembros de aquel gobierno al que traicionaba que se había opuesto a la inserción de cláusula tan dura y tan justa, pero que más tarde el propio Estrada Palma le había apoyado en su actitud para que se prescindiese de aquellas palabras cuya verdad iban a sonar mal en los oídos de los norteamericanos que tan rudamente habían llevado a cabo lo que así se denunciaba. La nota de Zaldo por fin no fué enviada al representante de los Estados Unidos porque Squiers hizo saber al gobierno cubano, a manera de ultimátum, que debía o rehusar la entrega de las dos estaciones navales o entregar las dos bases pedidas, pero sin entrar en discusiones acerca de la cuestión porque no se obtendría cambio alguno en la actitud norteamericana.

Squiers iba perdiendo la serenidad como consecuencia de las dificultades que tenía que confrontar para el logro de sus propósitos, lo que unido a la arrogancia proveniente de su complejo de superioridad, le hizo arrojar toda cautela en su trato con los cubanos hasta hacer afirmaciones sensacionales sobre el régimen de relaciones entre los Estados Unidos y Cuba. De ellas fué típica la hecha ante el Vicepresidente de la Cámara de Representantes cubana, quien le había anunciado a Squiers que sus compañeros iban a combatir la ratificación de la Enmienda Platt, a lo que el diplomático norteamericano hubo de contestar con una confesión de los escandalosos motivos determinantes del apéndice constitucional, que una vez más escarnecía las solemnes promesas de la "joint resolution" de 1898 y se burlaba de las de McKinley y Root sobre las causas de aquella injusta y desvergonzada limitación de la soberanía cubana. Squiers, al decir paladinamente al Dr. Garmendía que "...Cuba owed her independence to the acceptance of *the Platt Amendment...",*[76] rompía otro de los supuestos títulos norteamericanos a la gratitud del pueblo cubano y proclamaba lo que fué la esencia de nuestra tesis cuando en 1933 denunciamos ante la VII Conferencia Internacional de Estados Americanos a la imposición de la Enmienda Platt como el sustitutivo de la anexión de Cuba a los Estados Unidos.

Es de gran interés, en conexión con el estudio que venimos haciendo de las circunstancias relacionadas con la concertación del tratado de reciprocidad y del convenio de cesión de estaciones navales, el informe de Squiers acerca de la entrevista que celebró el día 28 de noviembre con el Senador Méndez Capote, en la residencia del también Senador, Sr. Párraga. Ya con anterioridad hemos destacado que, en opinión de Squiers, el antiguo Vicepresidente de la República en armas era uno de los políticos más capaces y astutos de su tiempo. En el despacho que ahora vamos a comentar, confiesa Squiers que después de mucho tiempo en que había estado tratando de conseguir que Méndez Capote visitase la Legación de los Estados Unidos, sin conseguirlo porque su invitado siempre tenía una u otra excusa para no ir, ese día lo encontró en casa de Párraga y aprovechó la ocasión para tener una larga conversación por ser *"Dr. Capote's opinion of special interest".* Méndez Capote no defraudó a Squiers en lo que esperaba, porque con gran habilidad se declaró conforme con el artículo III de la Enmienda Platt, pero..., y ésta era su estratagema:

> *...However, he did suggest that there ought to be a Court of Arbitration having jurisdiction in questions arising under the provisions of Article IV and proposed that the United States appoint three Judges of the Supreme Court, who with two Cuban Judges would form such a Court of Arbitration...*[77]

No parece que Squiers advirtiese todo el alcance de aquella proposición, que de haber sido aceptada hubiese privado a la Enmienda Platt de mucho de su efecto perturbador, así como de su característica de arbitrariedad, para organizar un tribunal de arbitraje en que seguramente la mayoría norteamericana no habría sido siempre la misma y en el que habría habido los votos de la minoría cubana, en torno a los cuales se hubiese polarizado la oposición a toda suerte de imposiciones e injusticias hasta dar al traste con la Enmienda Platt. Méndez Capote, además, se expresó en favor de que la cuestión de las carboneras fuese resuelta por medio de negociaciones, aunque se mostró resueltamente contrario, por la importancia de la plaza, a que la bahía de Cienfuegos figurase entre las estaciones navales cedidas y propuso, en cambio, el puerto de El Masío, excelente, pero cuyas orillas estaban deshabitadas.

El político cubano aprovechó la ocasión que el propio Squiers le había deparado para dirigir la conversación hacia el tratado de reciprocidad y el efecto de las tarifas de ambos países sobre su comercio de importación, pero el diplomático se refugió tras la declaración de que no tenía instrucciones para discutir el asunto, después de lo cual dejó caer una intencionada pregunta, —cuyo significado entendió perfectamente Méndez Capote— sobre si el arreglo de todas las cuestiones pendientes por razón de la Enmienda Platt no sería, precisamente, lo que habría de robustecer de manera definitiva al gobierno de Estrada Palma, con lo que se mostró conforme Méndez Capote al declarar que, en opinión suya, Cuba no podría atender a los asuntos domésticos hasta que no se hubiese hecho el ajuste del problema de las relaciones con los Estados Unidos.

Ya por entonces Squiers estaba empleando los grandes medios para vencer la resistencia del gobierno cubano, muy principalmente la del Secretario Zaldo, cuyo resorte oculto de oposición a las demandas norteamericanas era el consejo hábil y enérgico del coronel Aurelio Hevia. Al terminar aquel mes de noviembre, tan crítico, la posición de Zaldo era la de que los asuntos relacionados con la Enmienda Platt debían resolverse al mismo tiempo de firmarse el tratado de reciprocidad, y así se lo hizo saber, personalmente, a Squiers, en una entrevista que le enfureció, como se echa de ver en sus telegramas de diciembre 1 y 2, de 1902, al Secretario Hay, acusando al gobierno cubano de que quería ganar tiempo y aconsejando que se apelase a las máximas presiones para obligarle a la rendición.

Fué entonces que se organizó y tuvo lugar la huelga general de 1902, surgida por reivindicaciones sociales que el incipiente industrialismo habanero exigía; pero a la que la inexperiencia de los obreros cubanos convirtió en problema político de importancia decisiva contra la estabilidad de la República, ya que agentes provocadores extranjeros, norteamericanos y españoles, y demagogos cubanos, se alzaron con la dirección del movimiento. Es difícil, al cabo de tanto tiempo, fijar el grado de responsabilidad de Squiers en el planteamiento de aquella grave crisis destinada a vencer la resistencia nacionalista del gobierno cubano a las imposiciones norteamericanas; pero no hay duda de que él tuvo que ver con aquellos disturbios, como ya hemos visto que también había actuado para fomentar la agitación anexionista y así minar la posición adoptada por Estrada Palma y sus consejeros, que para ser mantenida requería como condición indispensable la unidad nacional en apoyo de esa política, mucho más cuando el infortunado patricio que regía los destinos de Cuba era objeto de los más duros ataques por parte de una oposición ciega e implacable y tenía pocos colaboradores merecedores de su confianza, aunque nunca llegó a imaginarse hasta qué punto le traicionaban algunos que habían jurado ser fieles a sus deberes de gobierno y a quienes parecía faltarles el tiempo para ir a entregar los secretos naciones al representante de los Estados Unidos. La actuación de Squiers y de los anexionistas de entonces tuvo relación con los manejos de los agentes provocadores que atizaban la hoguera de las malas pasiones en lo que fué el primer caso de semejante reprobable interferencia con la tranquilidad de la nación cubana; pero la intriga de 1902, si fué la primera, no fué la última de esa clase en la política a ratos seguida por los diplomáticos norteamericanos en Cuba, porque en 1935 el tristemente célebre Embajador Caffery realizó obra análoga con la huelga general de la última fecha citada.

Martínez Ortiz nos ha dejado un relato bien preciso de las circunstancias externas de la huelga de 1902; y con esos antecedentes la responsabilidad de lo ocurrido la atribuye al Secretario de Gobernación Dr. Diego Tamayo, y al Alcalde, Dr. Juan Ramón O'Farrill por estar "...*demasiado encariñados con la popularidad...*"[78] La explicación es en extremo simplista. "l Dr. Tamayo, hombre de confianza del general Wood, era anexionista y había seguido siendo de fiar para el representante de los Estados Unidos en Cuba. Hay motivos fundados para creer que la alentadora indulgencia con que en un principio se había considerado a la huelga, y las perturbadoras contradicciones del Ministerio del Interior respecto a ese movimiento, no fueron sino estudiadas maniobras de un plan encaminado a arrancar al gobierno de Estrada Palma su rendición ante las exigencias norteamericanas del momento, y del que si los conspiradores podían obtener la caída del régimen republicano para hacer la anexión de Cuba a los Estados Unidos, no se lamentarían de ello los que tal esperaban.

Aparte de lo que venía a representar la política de funcionarios débiles o de mala fe, también actuaban con impune audacia verdaderos elementos subversivos que tenían el menor interés en la causa del obrerismo o en la reivindicación de sus derechos, importados al efecto algunos de ellos y hasta conocidos como demagogos y esquiroles quienes, mezclándose con los verdaderos obreros que hacían legítimas reclamaciones y conduciéndose con provocativa insolencia, hicieron imposible el oportuno arreglo.

Significativamente el conflicto surgió entre los tabaqueros, trabajadores de una industria que ya era presa de los tentáculos de uno de los "trusts" mejor organizados de los Estados Unidos, el del tabaco, al que apoyaban en su expansión los más conservadores elementos españoles de la época, que habían dominado antes esa industria y que preferían rendirse ante los capitalistas norteamericanos. La habilidad mayor de los agentes provocadores estuvo en escoger un conflicto real para desarrollar sus perturbadoras actividades, porque los tabaqueros habían siempre sido los más cubanos y los más avanzados de los obreros de la Isla, y protestaban de que en contra de sus intereses estuviesen siendo empleados los españoles recién llegados a la Isla, que antes, entonces y después, hasta 1933, mantendrían en Cuba un proteccionismo irritante y disolvente de sus amigos y parientes en perjuicio del cubano, convertido así en un paria o en un extranjero en su patria. Los polvos de la frustración de la revolución cubana por la intervención militar norteamericana, traían aquellos lodos. Los descontentos todos, los desempleados y los maltratados, fueron poco a poco incorporándose al movimiento de los tabaqueros. La resistencia de los patronos se hizo provocativamente intransigente, como para hacer más difícil la solución del conflicto; y el Secretario de Gobernación, con una pasividad escandalosa y reveladora de censurables designios, hacía que las que eran diferencias fácilmente ajustables se convirtiesen en inconciliables para precipitar una lucha violenta.

Los anexionistas y las clases conservadoras, en general, se felicitaban con el sesgo de los acontecimientos, que imaginaban como causa bastante para la intervención militar norteamericana a tenor de lo previsto en el artículo III de la Enmienda Platt. Squiers, bajo cuerda, atizaba el fuego, si no directamente para el logro de la anexión, por lo menos para que en tales dificultades el gobierno de Estrada Palma se rindiese a sus exigencias.

Finalmente, el 24 de noviembre, cuando eran más tirantes las relaciones entre Zaldo y Squiers por sus disímiles puntos de vista, se declaró la huelga general, violenta, destinada a paralizar todas las actividades en la capital de la República. Hubo choques sangrientos entre huelguistas y policías y entre aquéllos y los rompehuelgas, y en el curso del día el Ministro Carden exigió seguridades para las vidas y haciendas de los súbditos británicos. La empresa de los tranvías, que no tardaría mucho en pasar a manos de aquel empresario sin escrúpulos, Frank Steinhart, que había sido la "eminencia gris" de Leonard Wood y sería Cónsul General de los Estados Unidos en La Habana, y cuya empresa estaba ya dominada por capitalistas norteamericanos, no dejó de contribuir a que se agravase la situación, pues paralizó la circulación de sus carros y colocó en las estaciones el siguiente aviso, en extremo significativo:

> ...En vista de que el gobierno cubano no garantiza las vidas ni los intereses de esta empresa, se suspende el tráfico...

Al agravarse la situación el gobierno se vió forzado a actuar y entonces la reacción fué dura y sangrienta y sólo se evitó una revolución porque el viejo caudillo de las guerras de independencia, Máximo Gómez, con otros elementos influyentes, lograron hallar una avenencia salvadora. Estrada Palma, sin embargo, no perdonó al Dr. Tamayo su responsabilidad en lo ocurrido, que tanto había venido a debilitar la posición cubana frente a las exigencias norteamericanas y en los momentos más críticos de la pugna existente. Martínez Ortiz, por otra parte, nos dice a este respecto:

> ...El Sr. Zaldo, Secretario de Estado y Justicia, increpó con mucha severidad al Sr. Tamayo, en pleno consejo y lo hizo responsable de lo sucedido. Las palabras fueron ásperas y pronunciadas en tono descompuesto; muchas personas que estaban en las habitaciones contiguas se dieron cuenta perfecta de lo sucedido... [79]

El Secretario de Estado cubano no se rindió sino en el último momento porque, a pesar de los contratiempos a que acabamos de aludir, el 28 de noviembre todavía escribía oficialmente a Squiers para decirle que Estrada Palma deseaba que el acuerdo respecto a las estaciones navales figurase en el cuerpo del Tratado de Reciprocidad y no en un convenio aparte.

Squiers no parece que hubiese lamentado mucho la salida de Tamayo del gabinete; le quedaban todavía Manuel Luciano Díaz y algún otro hombre de confianza de Estrada Palma, que eran confidentes suyos. Además, si en Tamayo perdía un secretario del despacho que era anexionista, posiblemente se consoló con la idea de que el nuevo Secretario de Hacienda, Leopoldo Cancio, cuya capacidad elogió calurosamente en un despacho de 4 de diciembre, fuese, como decía él "...a well known annexationist..." La preocupación principal de Squiers, como partidario de la anexión de Cuba a los Estados Unidos, era la de colgar el sambenito de anexionista a todo el que conocía.

El diplomático norteamericano, cuya turbia actuación en Cuba condujo más tarde a su separación del cargo como sanción a sus reprobables manejos, no dijo toda la verdad a su gobierno acerca de la huelga general y la intervención de los norteamericanos en la misma en un despacho de entonces, dirigido a John Hay, pero aún así podemos colegir que él sabía más de lo que decía y que ocultaba maliciosamente su relación con los agentes provocadores extranjeros cuando, al informar de que la huelga de los tabaqueros podía provocar la intervención, agregaba:

> ...while as already reported I have been unable to bring home to any responsible American the charge of actual support of the strikers, I feel assured that there were many Americans as well as Spaniards who hope the strike would succeed and ultimately force the United States to take a hand in matters...[80]

En ese párrafo tenemos la declaración autorizadísima de que, ya constituída la República, los elementos españoles que habían sido influyentes durante la época colonial y hacia los cuales Leonard Wood se había inclinado en el período de la intervención, no habían renunciado a su anticubanismo y lo mantenían, pues preferían a Cuba norteamericana o española, pero nunca cubana, como años atrás la habían querido africana o española, pero no cubana. De ahí que no podamos regatear nuestra admiración al fenómeno de la supervivencia del espíritu nacional cubano ante factores adversos tan poderosos como la acción concertada de una metrópoli que se degradaba hasta querer acabar con la independencia de su antigua colonia para transferirla a otra potencia que ambicionaba esa posesión, y la influencia de la dominación económica de los naturales de España y los Estados Unidos sobre la mayor parte de los recursos de Cuba.

A esta situación de preponderancia norteamericana sobre Cuba, aceptada sin protesta por España y también por las repúblicas latinoamericanas, fué a la que se refirió el Presidente Roosevelt en su mensaje de 2 de diciembre, al Congreso de Wáshington, cuando con orgulloso y censurable olvido de todas las promesas hechas acerca de la independencia del pueblo cubano, declaró que "...Cuba has become a part of our international political system..."

El 11 de diciembre ya hubo de rendirse el gobierno de Estrada Palma y firmaron los plenipotenciarios cubanos el tratado preparado por el coronel Bliss, quien representaba a los Estados Unidos. La cuestión de las carboneras y la de la anhelada definición y regulación del derecho de intervención que figuraba en el artículo III de la Enmienda Platt, quedaron definitivamente separadas del convenio sobre reciprocidad mercantil cuya ratificación constitucional, que primero se acordó que debía ser hecha en un plazo de cuarenta días, no tuvo lugar sino hasta meses después, al prorrogarse dicho término.

Martínez Ortiz se deshace en elogios al tratado de reciprocidad con los Estados Unidos y emplea el argumento, tan manido, de la generosidad norteamericana para con Cuba. En apoyo de su tesis transcribe un artículo del *Diario de la Marina*, contemporáneo de la concertación del referido tratado, en el mismo sentido. La posición de los defensores del tratado es indefendible desde el punto de vista de las conveniencias nacionales y no de los intereses españoles, productores de azúcar o identificados con esa industria, y del comercio de importación en gran escala, también controlado por esos elementos, que era el adoptado por el *Diario de la Marina* y que al cabo de los años defiende Martínez Ortiz en su obra.

Los beneficios concedidos a los productos cubanos consistían en un preferencial de un 20% de descuento, que favorecía al azúcar crudo y al tabaco, que eran, realmente, los únicos importantes renglones de exportación de la Isla una vez restablecida la ecomía colonial que la Revolución había destruído y que la intervención había revitalizado en provecho de los Estados Unidos. La industria azucarera, tanto la de caña como la de remolacha, crecía entonces con formidable impulso en los Estados Unidos, cuyo país, además, contaba con áreas coloniales propias, cuya producción iba en aumento, en Filipinas, Hawaii y Puerto Rico. Se veía, pues, que el mercado norteamericano no iba a ser dominado por Cuba ni mucho menos, cuando contaba con tan privilegiados competidores, y se podía colegir, con la cláusula que reservaba el derecho a la modificación de las tarifas a cada país, que a la larga el relativo beneficio de una economía tan sometida sería recortado más y más para complacer a los productores domésticos.

A cambio de una concesión tan general en teoría y tan específica en la práctica, Cuba otorgaba a las importaciones procedentes de los Estados Unidos y clasificadas en tres grupos principales, descuentos de 25%, 30% y 40% que venían a significar la imposibilidad absoluta de industrialización y de diversificación agrícola para el país. El anexionista Placé le había pedido una vez al Senador Platt: "Help me to make Cuba an agricultural country", pero ni siquiera eso significaba el tratado de reciprocidad, porque la Isla renunciaba a ser país agrícola para consagrarse a dos cultivos que requerían ciertos procesos industriales, incompletos, de producción de materias primas, dependientes de mercados extranjeros para su venta, y los rendimientos de los cuales, en la parte que quedaba en Cuba, se invertirían en la adquisición de mercancías norteamericanas, privilegiadas en su tratamiento hasta poder desalojar del mercado cubano a competidores más baratos, de otras tierras, y hasta lograr que no hubiese artículos de fabricación nacional que pudieran oponérseles.

Si un economista honrado y competente puede afirmar que el tratado de reciprocidad con los Estados Unidos favoreció a ciertos elementos en Cuba, y con ello no falta a la verdad, porque así fué, en efecto, para con los grupos identificados con el gran parásito de la vida nacional cubana que es la industria azucarera, es error insigne o mala fe indisculpable el pretender que ese convenio fué hecho a beneficio de Cuba y por Cuba y escandaloso que haya quienes aleguen que por ello nuestra patria incurrió en otra supuesta deuda de gratitud a los Estados Unidos, de las inexistentes, porque ni los Estados Unidos ni nación alguna se ha dedicado jamás a la caridad internacional ni Cuba ha sido objeto de la misma y es hora ya de que norteamericanos y cubanos dejen de referirse a tales mitos.

Wright dice, en relación con el tratado de reciprocidad, que las causas "...for American concern in Cuban affairs were political and economic". Y el propio autor afirma que los refinadores norteamericanos y los capitalistas de esa nacionalidad que habían hecho inversiones en la industria azucarera de la Isla recomendaban la reciprocidad mercantil con Cuba porque les convenía "...to have raw sugar enter American ports as cheap as possible..."[81] Conviene insistir sobre que ese favor al azúcar cubano quedaba limitado al crudo, con exclusión del refinado, porque entonces como ahora, para mantener la costosa y anti-económica industria del refinado norteamericano, que cuesta cientos de millones de sobreprecio al consumidor de ese país, es necesario que siga Cuba como productor de materia prima, única y exclusivamente. Wright, al analizar los puntos de vista de los norteamericanos opuestos a la reciprocidad mercantil con Cuba, destaca que uno de sus argumentos era el de que el tratado sería un perjuicio y no un beneficio para Cuba, ya que la convertiría en un país dedicado al monocultivo. Al correr de los años la fuerza de ese argumento y su verificación en la vida nacional cubana, por egoístas que fuesen los motivos de los que entonces lo esgrimían, resultan innegables. La frase del Senador Cullom, de Indiana, que cita Jenks, respecto a que el agente norteamericano Bliss fué enviado a La Habana "...to obtain the most he could from Cuba in return for the least concessions on our parte...",[82] es por demás elocuente respecto a la motivación del tratado de reciprocidad.

En torno al régimen económico así creado volvió a la vida la economía colonial de la Isla, destruida por la tea revolucionaria años atrás, con los Estados Unidos y sus intermediarios, los azucareros, como únicos beneficiarios por haber sido expulsada España del disfrute de su secular participación en dicha explotación. La república cubana creció raquítica con ese sistema que la convertía en dependiente, no ya de una política norteamericana bien meditada y de orientación permanente, sino de los vaivenes del electorado de los Estados Unidos, que un año podía ser intensamente proteccionista y dos años más tarde se hacía de nuevo partidaria de las concesiones aduaneras. La culminación de ese sistema lo tenemos en nuestros días, cuando el Secretario de Agricultura norteamericano, al fijar la cuota azucarera de Cuba en el mercado de su país, resulta en la práctica un dictador económico y hasta político del pueblo cubano más omnímodo que el gobierno español de antaño.

Y es falso de toda falsedad que sea ése el régimen normal de relaciones mercantiles entre las dos naciones, sino que es puramente artificial y antieconómico y hasta contrario a las mejores conveniencias de los Estados Unidos y de Cuba, aunque pueda beneficiar a un pequeño grupo de azucareros, banqueros y especuladores de ambos países. A Cuba le conviene tener una economía estable, de fuerte base interna y que produzca un "standard" de

vida seguro y bien proporcionado al mayor número, con un erario
que se nutra principalmente con rentas internas y que no grave
de manera exorbitante las importaciones indispensables que siempre habrá por el clima, la limitación de los recursos naturales de
la Isla y otras circunstancias. Así también tendría la nación, en
lo político, una estabilidad democrática respetable y respetada.
Todo esto convendría extraordinariamente a los Estados Unidos,
mucho más que la situación actual, en que el alza en los derechos
arancelarios al azúcar de Cuba produce el colapso o por lo menos
la dislocación del poder adquisitivo cubano, con fuerte quebranto
para las exportaciones norteamericanas a la Isla, y en que la cró-
nica crisis económica trastorna la vida política del país y man-
tiene en inquietud constante a los Estados Unidos.

Los negociadores del Tratado de Reciprocidad firmado en 1902
no fueron capaces de ver esa realidad, como tampoco lo han sido
los economistas y diplomáticos que con la misma equivocada política, una y otra vez, hasta nuestros días, han mantenido ese régimen artificial, ruinoso y perturbador, en las relaciones de los dos
países. ¡Qué mucho, pues, que los Bliss, los Squiers, etc., no viesen
esa realidad en 1902, cuando en 1934-1940 igual hacen los Wal-
lace, los Welles y sus dependientes norteamericanos y cubanos,
ora sean políticos, ya sean azucareros y comerciantes!

La diplomacia norteamericana no pudo cantar victoria con la
simple firma del convenio de 1902, porque era indispensable obtener la ratificación de ese instrumento por los cuerpos que debían
hacerlo, constitucionalmente, en ambos países. Las posibilidades
de esa ratificación en el Senado cubano eran una incógnita para
Squiers a pesar de su entrevista con Méndez Capote, a que ya nos
hemos referido, y que no había aclarado lo bastante la situación.
De ahí que el representante de los Estados Unidos tratase de sondear al también Senador, Manuel Sanguily, sobre este asunto, en
una entrevista sostenida el 18 de diciembre. Squiers, al relatar
esa entrevista, cuidaba de advertir que Sanguily era miembro del
Partido Nacional y "...*at this time probably the most prominent
man of that party in the Senate...*", por lo que el rumor público de
que los nacionales se opondrían a la ratificación del convenio daba
gran significación a los informes que pudiese obtener de Sanguily.
Fué con alborozo, pues, que Squiers reportó a su gobierno que:

> ...*I found that while Senator Sanguily has all sorts of
> reasons for opposing the ratification of the treaty, public*

*pressure which, he stated, has greatly increased during the
past three weeks, will compel him to support it...* [83]

Aunque, según Squiers, Sanguily hubo de quejarse de que Estrada Palma hubiese firmado el tratado sin consultar con el Partido Nacional, y hasta insinuó que había ido más allá de sus atribuciones, no dejó de inquietarle el que también este político de la oposición coincidiese con el gobierno en mezclar la cuestión de la reciprocidad mercantil con la de la Enmienda Platt. Sanguily, pues, construía ya la línea nacionalista que seguiría en el Senado y después como Secretario de Estado del Presidente Gómez, frente a la arbitrariedad de la intervención norteamericana en Cuba. En la conversación que relata Squiers en el despacho que comentamos, Sanguily aparece afirmando que la Asamblea Constituyente de 1901 había aceptado la Enmienda Platt para salvar a Cuba de la anarquía y la revolución, pero advirtiendo al representante de los Estados Unidos de que al tratarse en el Senado de los artículos III y VII de la Enmienda Platt para fundirlos en un tratado, él pediría la limitación de los derechos que el gobierno de Wáshington había arrancado a Cuba *"...and the exact conditions under which the United States may intervene clearly and distinctly written in and that there be a plain understanding as to when such intervention shall cease".*

Ya en esta oportunidad Squiers hizo saber a Sanguily que no conseguiría que los Estados Unidos aceptasen tales limitaciones y agregó que Cuba debía fiarse del gobierno norteamericano y abandonar sus sospechas para ser protegida por la vecina nación; y más adelante, en el curso de la misma conversación, y a preguntas de Sanguily sobre si el tratado permanente ratificador de la Enmienda Platt, suprimiría dicho apéndice constitucional, el diplomático yanqui contestó con brutal franqueza que, mientras existiese la Enmienda Platt, los Estados Unidos no se preocupaban lo más mínimo por el tratado permanente. El comentario final de Squiers a su entrevista con Sanguily, fué el siguiente:

*...This man with his followers will make a hard fight, but
when they find that opposition is useless they will retire
gracefully as they did once before...*

Hay otro despacho de Squiers a su gobierno, también de diciembre de 1902, con el que enviaba los textos de una breve nota, sin fecha, de Zaldo a Estrada Palma, y de dos cartas de este último a Rafael Portuondo, Presidente de la Cámara de Representan-

tes, todas tres acerca de que el Congreso votase una ley relativa
a los tratados de reciprocidad mercantil que le permitiese a Cuba
el resguardarse contra inesperadas exigencias de concesiones arancelarias que hiciesen en los Estados Unidos. El espía al servicio
de Squiers que así traicionaba la confianza de su gobierno, llegó
a mostrarle la copia autenticada de una de las cartas citadas, con
el objeto de convencerle de su veracidad. Y comentaba esas revelaciones el diplomático que tan bajunamente se conducía y que
representaba una política de engaños y traiciones a las promesas
hechas a Cuba, con las siguientes palabras:

> ...this correspondence throws considerable light on Cuban
> honesty and integrity in their official relations with us... [84]

¡Cómo si por parte de los Estados Unidos no hubiese habido, en
sus relaciones para con Cuba, y muy especialmente en la burla a
la "joint resolution", la intervención militar y la Enmienda Platt,
bastante que criticar sobre la honradez y la integridad de los gobernantes norteamericanos!

Al terminarse el año de 1902 sin que el Senado cubano ratificase el Tratado de Reciprocidad, todos los esfuerzos de Squiers se
empleaban en conseguir esa ratificación, pero sin éxito. Más de
una vez apeló a Estrada Palma con la petición de que convocase a
una sesión extraordinaria al Senado cubano para que considerase
el pacto comercial y lo aprobase antes de que se reuniera el Senado en Wáshington, el 5 de enero de 1903, a fin de presentar a
éste con un "fait accompli" que debilitase toda oposición. Estrada
Palma, ya derrotado en sus anteriores tentativas de resistencia,
con tenacidad extraordinaria se aferraba a la nueva oportunidad
que las circunstancias le deparaban para que la reciprocidad mercantil que querían los Estados Unidos fuese acompañada de concesiones políticas a Cuba, pero no contaba con verdaderos elementos de resistencia y las imposiciones graduales planeadas por
la cancillería de Wáshington se sucedían con regularidad estudiada y que anunciaba su triunfo. Así se echa de ver con la presentación del borrador del tratado permanente entre Cuba y los
Estados Unidos, conforme a lo estipulado en el artículo VIII de la
Enmienda Platt, que Squiers entregó personalmente a Estrada
Palma y a Zaldo en una entrevista celebrada el 9 de enero de 1903.
Ante las objeciones hechas por Zaldo, en el mismo momento, sobre que Root había prometido a los constituyentes cubanos que le
visitaron en Wáshington, en 1901 —lo cual Platt había confir-

mado—, que se limitaría el alcance del artículo III de la Enmienda Platt al formularse el tratado permanente, Squiers se concretó a contestar secamente que el documento presentado era la expresión del criterio del gobierno norteamericano.

En otro despacho de esos mismos días el representante de los Estados Unidos nos da ocasión para escandalizarnos con los turbios manejos de la época contra la república de Cuba, porque quien entregaba por una parte el borrador del Tratado Permanente, por otra escribía:

> ...The Americans here are opposed to the Treaty (de reciprocidad) and have used their influence against its ratification, one of their chiefs reasons being that they consider it will delay annexation for ten years...[86]

Finalmente, ya firmado el tratado de reciprocidad, los Estados Unidos no quisieron seguir teniendo más miramientos con Cuba y se decidieron a revelar su verdadera posición acerca de la Enmienda Platt y del tratado permanente. Zaldo se había entrevistado con Squiers y le había entregado el borrador de las contraproposiciones cubanas para el ajuste de la Enmienda Platt, es decir, que había ido tan lejos como las normas protocolares lo permitían, pero el diplomático norteamericano, que tenía órdenes bien estrictas al efecto, expresó terminantemente que su gobierno no quería considerar de manera oficial el pliego entregado por Zaldo cuando ya había hecho a nombre de los Estados Unidos expresión de cuáles eran las demandas de su gobierno.

Contemporáneamente con estas discusiones el periódico La Lucha, que por espacio de varios años había mostrado cierta tendencia anexionista, trataba de la existencia en el país de grupos partidarios de la misma y lo hacía con la mayor tranquilidad.

La cancillería de Wáshington no tardó en respaldar oficialmente la actitud asumida por Squiers sobre la intangibilidad de la Enmienda Platt y así podemos leer que en una instrucción telegráfica de fecha 13 de enero de 1903 el Secretario Hay aprobaba la arrogante intransigencia de Squiers con la declaración de que:

> ...You correctly interpret your instructions existing law and appendix to Cuban Constitution cannot be amended by treaty...

Así apoyado, Squiers abusó de su posición y en una entrevista celebrada el 12 de enero, en que Zaldo volvió a recordarle las promesas de Root a Méndez Capote, durante la visita de este último a Wáshington, en 1901, así como la carta del Senador Platt y sus mentidos ofrecimientos a los cubanos, el diplomático norteamericano quitó importancia a las palabras de ambos estadistas y entonces, cuando ya ellas habían hecho su efecto de atar a Cuba a la Enmienda Platt, habló desdeñosamente del valor de tales declaraciones y destacó con energía la obligatoriedad del apéndice constitucional aceptado por las más altas representaciones políticas de ambos países. Lo hecho por el Secretario de la Guerra y por el Senador de Connecticut, pues, como parecía dar a entender Squiers, habían sido promesas para salir del paso y para servir el propósito de engañar a los cubanos en el momento necesario, por lo que, parodiando cierta frase del propio Squiers que ya hemos citado, tal conducta revelaba a las claras la honradez y la integridad de la política norteamericana en sus relaciones con Cuba.

El representante de los Estados Unidos no se sonrojó para decirle a Zaldo, en el curso de su conversación, que él sabía por sus confidentes todo lo que se trataba en el seno del gabinete de Estrada Palma, y en su despacho al Secretario Hay que nos proporciona toda esta información, tampoco falta el comentario de que Carlos de Zaldo, el jefe de la cancillería cubana, se afectó visiblemente ante la insolente revelación de que había quienes traicionaban a su gobierno y a su patria y de que un diplomático extranjero le humillaba a su antojo con semejantes palabras a nombre de una nación que se decía amiga de Cuba.[87]

Y Squiers no dejaba a oscuras al Secretario Hay sobre la realidad de su espionaje, porque a renglón seguido le informaba de que el día anterior había recibido la visita de Manuel Luciano Díaz, el Secretario de Obras Públicas, quien le había revelado lo que acababa de discutirse en la reunión del gabinete, en la que se había acordado conceder tres estaciones navales a los Estados Unidos, con excepción de Cienfuegos, que sería muy difícil de obtener, y que la mayoría de los secretarios se había mostrado dispuesta a conformarse con las demandas norteamericanas sobre la inclusión literal de la Enmienda Platt en el Tratado Permanente y así lo haría finalmente el gobierno, a cambio de la Isla de Pinos; pero que Estrada Palma y Zaldo habían sido de opinión contraria y preferían seguir negociando con los Estados Unidos sin rendirse a sus exigencias.

Al más desapasionado historiador de este período crítico de las relaciones cubano-norteamericanas tienen que merecerle simpatía la situación y los esfuerzos de aquella república desamparada y sujeta al asedio económico y político de una nación ambiciosa y de enorme poderío, que se había propuesto dominarla para realizar después su anexión. Para la tesis de nuestra obra, sobre el anti-anexionismo real y profundo del pueblo cubano, sin exceptuar a los ciudadanos que en un momento de desesperación o de egoísmo se hayan manifestado en favor de esa tendencia, es esencial que destaquemos el valor de la apreciación de Squiers sobre que Estrada Palma era el más intransigente defensor de los intereses patrios contra las demandas norteamericanas y la debilidad de alguno de sus colaboradores. Los Estados Unidos habían creído encontrar en el primer presidente cubano un dócil instrumento de su política, y se habían basado para ello en su admiración por el progreso del pueblo norteamericano y en alguna expresión anexionista vertida años atrás en medio de crisis morales desesperantes, pero Estrada Palma anteponía sus deberes para con Cuba y el patriotismo por el que tanto había sufrido y luchado, a toda otra consideración, y elevado a la primera magistratura del país, como así habría resultado con cualquier otro cubano de la centuria en que la Isla había combatido por su independencia, sentía y actuaba en cubano, olvidado de toda otra consideración posibilista que en un momento de debilidad le hubiera asaltado años atrás.

Aquel gobierno, surgido en tan difíciles circunstancias, con una limitación real de su soberanía por la actuación del régimen militar que le había antecedido, por la propia Enmienda Platt y por la estructura económica del país, no podía siquiera apoyarse en una unión sagrada de los cubanos, que le respaldase, y tampoco contaba con la ayuda o el consejo desinteresado de otras naciones. Y cuando no se había consolidado la república porque los turbulentos elementos revolucionarios, los españoles inconformes con la independencia y los anexionistas laboraban en su contra, los Estados Unidos le apremiaban para que aceptase un tratado de comercio cuya reciprocidad era ilusoria, le exigían que se desprestigiase con la entrega de varios puertos para estaciones navales norteamericanas y le imponían, finalmente, sin más espera, un tratado permanente, ratificador de la Enmienda Platt, como para que Estrada Palma proclamase ante el mundo, a nombre de Cuba, que la soberanía de ésta resultaba mediatizada. ¡Pocas veces se ha tratado con menos consideración a un pueblo, y raramente se han hecho tales imposiciones con tan agobiador abuso de fuerza, de

influencia y de ventajas, disimulado todo tras un falso interés en
la felicidad y el progreso y la independencia de la víctima de esas
exigencias, como el puesto en práctica por Squiers, a nombre de
los Estados Unidos, sobre Cuba, en aquellos días dolorosos de 1902
y 1903!

En las instrucciones dadas por el Secretario Hay a su representante en Cuba, acerca del Tratado Permanente, se omitía toda alusión sobre la Isla de Pinos, a cuyo dominio aspiraban algunos aventureros norteamericanos, pero se precisaba con el mayor cuidado
lo referente a la Enmienda Platt, como para remachar por convenio
aceptado por Cuba dicha imposición escandalosa del Congreso de
Wáshington, en cuya virtualidad unilateral tanto afectaban creer,
por otra parte, los dirigentes de la política internacional de los Estados Unidos. En esas instrucciones, además, se precisaba que el
canje de las ratificaciones del Tratado Permanente podía ser hecho en plazo indefinido o a término fijo, y que Cuba podía escoger
lo que quisiese, pero que en el caso de que se decidiese por la
fecha determinada, ésta debería calcularse de modo que ambos
Senados tuvieran tiempo para hacer la ratificación, siendo así
que el de los Estados Unidos terminaría sus sesiones el 4 de marzo.

Otras instrucciones, de fecha 5 de enero, reclamaban de Squiers
que actuase con "celo y energía" para que se decidiese la cuestión de las carboneras con la concesión de Guantánamo de manera definitiva, a fin de iniciar en seguida las obras de construcción necesarias, y aunque quedasen para el futuro, si había graves
objeciones en contra, los acuerdos relativos a Cienfuegos, Nipe y
Bahía Honda, en cuyos puertos también querían establecer bases
navales los Estados Unidos. El deseo de la cancillería de Wáshington era el de que la resolución acerca de las estaciones carboneras tuviese en cuenta las palabras "cession" "grant" o "lease", cesión, donativo o arrendamiento, en el orden en que aparecían en el
artículo VII de la Enmienda Platt y que se esforzase en conseguir la
cesión como primer objetivo y en caso de imposibilidad aceptase la
segunda solución para en último término conformarse con el arrendamiento que es el que, en suma, está en vigor, como bien demostrativo de que Cuba aceptó el mal menor e inevitable.

Sin embargo, Squiers, en su complejo de superioridad y su arrogante suficiencia, tenía otros puntos de vista. En un despacho suyo
de la época podemos encontrar un buen número de juicios despectivos acerca del carácter de los cubanos, con quienes hacía

medio año que tenía contactos bien superficiales por cierto, pero que parecían bastarle, y con ellos la afirmación concluyente de que Cuba cedería las carboneras porque, de público se decía que:

> ...one Senator whose opposition is very strong would like, privately, a naval station in his own particular bailiwick... [88]

Estas dificultades de las relaciones cubano-norteamericanas trascendían al público y no exclusivamente, como pudiera pensarse, por la indiscreción de los noveles gobernantes, diplomáticos y congresistas cubanos, sino por las estudiadas revelaciones de la política de los Estados Unidos hechos por Squiers y hasta por la cancillería de Wáshington. De ello se aprovechaban los agitadores, los demagogos y los personajes que pensaban satisfacer mejor sus apetitos y ambiciones si el gobierno cubano estaba debilitado y en crisis. No pocos de estos perturbadores eran españoles y norteamericanos a quienes con insensatez indisculpable apoyaban en su juego algunos elementos revolucionarios cubanos. En la huelga general de noviembre de 1902 y también en la de mayo de 1903 un J. W. White, floridano, desempeñó importante papel como agente provocador que atizaba la discordia y no fué él, por cierto, el único extranjero dedicado a la tarea de hacer difícil el triunfo del que se consideraba experimento cubano de gobierno propio.

En enero de 1903 cobró importancia el movimiento anexionista de la Isla de Pinos a los Estados Unidos, dirigido, financiado y ejecutado por norteamericanos que se habían establecido en la mencionada isla y con los cuales mantenía contactos, si no todavía de complicidad, por lo menos imprudentes y comprometedores, el Ministro Squiers. Estas actividades venían a coincidir de manera alarmante con la presión que los Estados Unidos ejercían sobre el gobierno de Estrada Palma para que se rindiese en toda objeción al Tratado de Reciprocidad, al Convenio sobre Estaciones Navales y al Tratado Permanente. La cuestión de Isla de Pinos era uno de los puntos espinosos del régimen de relaciones cubano-norteamericano. En el Tratado de París España y los Estados Unidos se habían despachado a su gusto y sin otro poder que el de la fuerza para distribuirse ambas naciones los territorios que la una perdía y la otra adquiría mediante una compensación en dinero y sin consultar a los pueblos así vendidos, pero ni siquiera entonces se había puesto en duda que la Isla de Pinos era parte del territorio nacional cubano. En 1901, cuando los geófagos norteamericanos ya se habían establecido en dicha Isla y estaba en pleno desarrollo el plan para la absorción política de los cubanos, apuntó la ambición de no considerar a la Isla de Pinos como parte integrante de Cuba, de la que siempre había dependido, y de arrancársela a los cubanos, por lo tanto, como otra posición utilizable para dominarlos. La Enmienda Platt consideró que la posesión definitiva de la Isla de Pinos sería resuelta por un tratado y después las instrucciones dadas a Squiers comenzaron a plantear problemas relacionados con la suerte futura de la Isla de Pinos, que nunca había sido objeto de discusión. Nunca se ha explicado satisfactoriamente cómo surgió la política oportunista norteamericana acerca de la posesión de la Isla de Pinos; pero Gonzalo de Quesada, que tan de cerca pudo ver el funcionamiento de las relaciones entre Cuba y los Estados Unidos, nos dejó la explicación de que tuvo su origen en el propósito de obligar a los cubanos a rendirse a las demandas de Root, porque se creía

> ...that the Isle of Pines could be made the basis of defence for American interests in the Caribbean Sea, or that, if the Isle of Pines was found unsuitable —as it was afterwards shown to be— for coaling and naval purposes, it could be made the basis of negotiation for the acquisition of other sites...[89]

Lo extraordinario fué que en noviembre 27 de 1905, Root, convertido en Secretario de Estado, se olvidó de los sórdidos motivos de su conducta anterior como Secretario de la Guerra para escribir de la manera más enfática al presidente del Club Norteamericano de la Isla de Pinos que ésta:

> ...is not and never has been territory of the United States... This is the view with which President Roosevelt authorized the pending treaty... Nor would a rejection of the pending treaty put an end to the control of Cuba over the island. A treaty directly contrary, to the one now pending would be necessary to do that...[90]

La equívoca conducta de Squiers en el asunto de la Isla de Pinos, que al fin le costó su puesto, fué de lo más censurable; pero consiguió a fuerza de audacia y carencia de escrúpulos que dicha cuestión quedase involucrada con los otros convenios y tratados del régimen de relaciones, como si tuviesen origen y destino comunes a ambas naciones.

En enero de 1903 Squiers informó al State Department que le había visitado James E. Runcie, uno de los cabecillas del movimiento anti-cubano de Isla de Pinos, quien le había informado en nombre de sus compatriotas allí residentes que los norteamericanos no reconocían la jurisdicción del gobierno de Cuba, por lo que no pagarían las contribuciones cubanas y pelearían en favor de la anexión. Squiers, en realidad, estaba de acuerdo con esa agitación, pero no lo confesaba a sus superiores, quienes tardarían algunos años en descubrirlo, y al paso que alentaba a Runcie y sus cómplices con suaves represiones, prevenía a Estrada Palma y a Zaldo para que no fuesen a emplear la fuerza contra aquellos secesionistas insolentes, lo que servía el propósito de hacerles conocer el peligro que corrían oponiéndose a las exigencias de los Estados Unidos.[91]

No por eso se rindió la cancillería cubana porque, con sorpresa de Squiers, Zaldo continuó insistiendo en que Cuba cedería dos bases navales, que serían Guantánamo y Bahía Honda, aunque con arreglo definitivo de la cuestión de Isla de Pinos.[92] Como se recordará, la demanda de Squiers aspiraba a obtener también estaciones carboneras en Nipe y Cienfuegos, por lo que la actitud cubana resultaba, dentro de las circunstancias, independiente y digna. En Wáshington se hicieron cargo de la situación mejor que el intrigante y obstinado Squiers, porque un telegrama cifrado de fecha 3 de febrero le instruyó para que aceptase, en seguida, la proposición cubana sobre Guantánamo y Bahía Honda. Las estudiadas dilaciones de Cuba iban tan lejos en la defensa de los intereses nacionales y la resistencia a las exigencias norteamericanas como era compatible con la posición del gobierno en el interior y el desamparo internacional de la pequeña nación; pero no hay duda de que Estrada Palma iba obteniendo todo lo que el patriotismo y la habilidad hubieran podido conseguir en cualquier otro país, en parecidas circunstancias. La lucha diplomática no resultaba del todo desproporcionada para quienes acababan de fundar la República y se les había reputado incapaces de gobernarse y necesitados de tutelaje y entrenamiento. Ya hemos visto que la cancillería norteamericana había querido aprovechar las manifestaciones de Zaldo sobre las dos carboneras como modo de salir del "impasse" que se había creado, pero el 7 de febrero Squiers le telegrafiaba al Secretario Hay que Estrada Palma rehusaba firmar el convenio sobre las estaciones navales y quería demorarlo algo más, lo que, en opinión del diplomático norteamericano, no tenía otro objeto sino el de ganar tiempo mientras quedaban ratificados

el Tratado Permanente y el de Reciprocidad, especialmente este
último que, después de tantas promesas y tantas presiones de los
Estados Unidos, no hacía progreso alguno en el Congreso de Wáshington. Ya desesperado, Squiers terminaba su telegrama diciendo:

> ...*A reply expressing extreme dissatisfaction this delay
> and urging matter be closed at once will greatly aid me...* [93]

El representante de los Estados Unidos, pues, confesaba su impotencia para forzar a los cubanos a rendirse y apelaba a los grandes medios: no podía olvidar sus antecedentes y de igual manera
que en el Far West y en China se hablaba de la cólera del "Gran
Padre Blanco" de Wáshington como argumento final en una cuestión, Squiers quería apoyarse en Roosevelt para imponerse a los
cubanos desobedientes. El cable pedido por él le fué enviado el
mismo día 7 de febrero y en él Roosevelt aparecía como muy disgustado por la demora habida y afirmando que no había causa
para nuevas posposiciones. Estrada Palma, sin embargo, continuó
resistiendo y otra instrucción cablegráfica enviada a Squiers con
fecha 10 de febrero, le recordaba que era necesario firmar en seguida el convenio sobre las carboneras porque apenas quedaban
dos meses de labores congresionales en los Estados Unidos y la
demora en solucionar la cuestión perjudicaba las perspectivas de
la ratificación del Tratado de Reciprocidad por el Senado de
Wáshington.

En realidad, el problema de los tratados con Cuba no era el de
mayor interés para los senadores norteamericanos en aquellos
momentos, porque una buena parte de sus esfuerzos se dirigían a
la concertación de un convenio relativo a la construcción del Canal
de Panamá, núcleo de una política internacional de los Estados
Unidos. El argumento, pues, del receso senatorial, tenía un valor
muy relativo, que no desconocían en Wáshington y en La Habana,
y pese a todas las presiones resultó imposible obligar a Estrada
Palma a que firmase el convenio sobre las bases navales con la
premura que se le exigía. No fué hasta el 16 de febrero que por fin
quedó firmado el instrumento preliminar relativo a las carboneras,
y el Secretario Zaldo, en una nota de esa fecha dirigida a Squiers,
con la que le envió una copia del borrador del convenio, hacía hincapié en que quedaba cumplido lo dispuesto en el artículo VII de
la Enmienda Platt y que no se concederían más estaciones navales
a los Estados Unidos en territorio cubano, después de lo cual no

olvidaba recordar al diplomático norteamericano que Cuba quería solucionar en seguida y de manera definitiva la cuestión de la Isla de Pinos.

Martínez Ortiz, que no peca de entusiasta por la obra de gobierno de Estrada Palma, no le regatea sus elogios por la forma hábil con que el Presidente y el Secretario Zaldo llevaron a cabo las negociaciones acerca de las carboneras y por los resultados obtenidos. Como dice dicho historiador:

> ...Las pretensiones de cuatro puertos se redujeron a dos: uno en la costa Norte y otro en la Sur de la Isla y no con el carácter de cesión a perpetuidad de los terrenos correspondientes, sino con el de arriendo por el tiempo que los necesitaren. Fué una buena labor patriótica dentro de la realidad, y debe hacerse justicia a los propósitos que la inspiraron...[94]

Si tenemos en cuenta que, después, las estaciones navales quedaron reducidas a una sola, la de Guantánamo y que todo ello se obtuvo a pesar de las presiones bien efectivas, en lo diplomático, lo político y lo económico, ejercidas por los Estados Unidos sobre Cuba, no puede quedar duda de que los cubanos se condujeron habilidosamente y dieron altas pruebas de capacidad, energía y patriotismo para llegar al acuerdo final. En las circunstancias en que se encontraba el gobierno de Estrada Palma hizo todo lo que era posible que hiciese y hasta más, y resulta de suprema injusticia regatearle y aún discutirle sus títulos a nuestro reconocimiento y admiración. Hora es ya de que los errores de Estrada Palma, no siempre atribuíbles a su propia obstinación, no continúen restándole la consideración de celoso defensor de la soberanía cubana a que fué acreedor. Un despacho de Squiers al Secretario Hay, revelador de la irresponsable duplicidad con que el State Department, una vez firmado el borrador del convenio sobre las carboneras, pretendió convertir el arriendo de las mismas en cesión de territorio, nos da la mejor prueba de la afirmación que acabamos de hacer. La instrucción número 202, de 8 de abril, ordenó a Squiers que propusiese a Estrada Palma el canje de las carboneras por la renuncia de los Estados Unidos a sus pretensiones sobre la Isla de Pinos las que, como ya hemos visto por cita anteriormente hecha de la opinión del Secretario Root al respecto, carecían totalmente de fundamento. Root, sin embargo, formaba parte del gobierno en el seno del cual había surgido aquella escandalosa prueba de falta de escrúpulos y del más desvergonzado imperialismo, porque si Root entendía que los Estados Unidos no tenían derecho alguno a la Isla de Pinos, ¿cómo podían ofrecer a Cuba la renuncia del mismo a cambio de la cesión de las estaciones navales?

Squiers visitó a Estrada Palma para leerle la instrucción de referencia, pero pasó con ello un rato bien amargo pues, como después hubo de relatar al Secretario Hay, el Presidente cubano no pudo reprimir la indignación y con frase exaltada contestó que nunca admitiría el supuesto derecho de los Estados Unidos a la Isla de Pinos, como se presuponía en el canje ofrecido, y que si el convenio fracasaba en cuanto a su ratificación por el Senado de Wáshington, Cuba se vería envuelta en graves dificultades para mantener sus derechos en la Isla de Pinos. Fué tal la explosión de protesta de Estrada Palma, que Squiers tuvo que emplear sus más amables palabras para tranquilizarle y desvanecer sus temores ante la jugarreta hecha por quienes se permitían hablar de la "duplicidad" de los cubanos. *"I have never known the President to speak with so much warmth and vigor"*, comentaba finalmente en su despacho, admirativamente, el Ministro Squiers.[95]

Más le quedaba por aprender al representante de los Estados Unidos respecto a la altiva independencia de los cubanos y a la energía con que defendían sus derechos y los intereses patrios aquellos a quienes él se había permitido menospreciar. Con efecto, la ratificación del convenio sobre las carboneras no marchaba en el Senado cubano con la rapidez que demandaban los Estados Unidos, y Squiers envió a Zaldo una nota en extremo provocativa, el 29 de abril, para protestar de esa demora. Diez días más tarde la Secretaría de Estado le dió cumplida respuesta a sus destempladas palabras en una extensa nota que destruía, en tono digno y fuerte, las insinuaciones de Squiers respecto a que, de propósito, Cuba estaba demorando la ratificación del convenio. La nota era de potencia a potencia y comparaba la política seguida por ambos países al paso que recordaba a Squiers las presiones que los Estados Unidos habían empleado en sus relaciones con Cuba para dominarla.[96]

La arrogancia del diplomático norteamericano, cuya hostilidad hacia Zaldo crecía por momentos, ya que le consideraba el alma de la resistencia cubana a sus exigencias, quedó maltrecha con el recibo de una nota cuya redacción él mismo había provocado con sus imprudencias. Sólo así se explica su típica reacción ante aquella réplica, porque unos días más tarde, en un despacho confiden-

cial enviado al Secretario Hay y que no obtuvo la merecida reprensión a que era acreedor por su lenguaje incorrecto y hasta insultante, Squiers pedía que se le autorizase a decir a Estrada Palma
que, si no se ratificaba el Tratado Permanente antes de que se ce-
rrase el período legislativo, los Estados Unidos ocuparían las estaciones navales de Guantánamo y Bahía Honda sin esperar más
por la resolución de Cuba. La amenaza, según él, hecha a tiempo,
surtiría sus efectos y evitaría que siguiesen las demoras. Semejante consejo, que hubiese podido precipitar un choque innecesario
y perjudicial para las relaciones entre Cuba y los Estados Unidos,
debió haber sido bastante para que el gobierno de Wáshington relevase de su cargo a quien en 1903 era la negación de la diplomacia con tales métodos brutales, que anticipaban en muchos años
las barbaridades análogas de la Alemania de Hitler y de la Italia
de Mussolini en sus abusivas imposiciones a las pequeñas nacionalidades. Squiers, sin embargo, no fué reconvenido por el gobierno "amigo" del de Cuba, que había prometido no interferir
con sus resoluciones, y lo que es peor, el meloso y suave John Hay
tampoco se dió por enterado de que el improvisado diplomático
que era su subordinado, le terminase el despacho que estamos
comentando con la frase de que "...*both Mr. Zaldo and Mr. Palma
were equally stupid*...",[97] reveladora de su total incapacidad
para el cargo que por apoyo del procónsul Wood, le había sido
dado. El lenguaje que empleaba el representante de los Estados
Unidos para con el Presidente y el Secretario de Estado de Cuba,
país al que los Estados Unidos tenían que "enseñar a gobernarse",
era más propio de un carretonero del Lower East Side, de Nueva
York, o de un desvalijador de diligencias del Far West, que de un
diplomático; pero con lamentable frecuencia y marcadas excepciones, no ha sido mejor la selección del personal diplomático norteamericano acreditado en Cuba. No hay que olvidar que en esos
mismos días los Estados Unidos habían tenido que retirar de La
Habana, por parecidas insolencias e indiscreciones, a dos patanes
de Wisconsin, el Cónsul General Braggs y su digna esposa, que
iban a ser declarados no gratos por el gobierno de Cuba después
de que el Presidente Roosevelt había considerado su nombramiento,
como en el caso de Squiers, ideal para el establecimiento de buenas relaciones con Cuba.

Por una carta de Roosevelt a Elihu Root, en marzo de 1903, podemos comprobar que el Presidente de los Estados Unidos y su Se-

cretario de la Guerra también discutían las ventajas de ocupar con
sus tropas las tierras públicas junto a la bahía de Guantánamo, en
espera de que Cuba ultimase todos los detalles del convenio sobre
las carboneras y se hiciesen las instalaciones de la de Caimanera.
Ni siquiera mientras iba de viaje se olvidaba Roosevelt de las estaciones navales en Cuba, que tenía que pedir a la nueva República
después de que la "joint resolution" había hecho imposible la
anexión. Como Augusto con las legiones destrozadas por los teu-
tones, el gran imperialista norteamericano quería que le devolvie-
sen lo que reputaba de esencial para su poderío. Augusto había
pedido a Varo que le devolviese sus legiones, y Roosevelt pedía a
John Hay que le devolviese "sus" posiciones en Cuba. Su insistencia hace doblemente interesante la obstinada defensa de los
cubanos, sobre todo con vista al siguiente amenazador párrafo de
una carta escrita desde San Francisco de California:

> ...*I wonder if it would be possible to let the Cuban people
> understand as delicately as possible that those coaling stations
> must be ours, and that they are laying up for themselves grave
> trouble in the future if they do not immediately put them in our
> possession*...[98]

Finalmente, en julio de 1903 se hizo el arriendo formal de las
estaciones navales y pudo considerarse finiquitado uno de los
puntos difíciles de las relaciones iniciales entre ambos países, pero
no hay que olvidar por un momento que en este caso, como anteriormente con la imposición de la Enmienda Platt y del Tratado de
Reciprocidad, y después con otros convenios entre ambos países,
Cuba había mantenido su posición de estado soberano con la mayor firmeza, con energía que solamente se doblegó ante la intriga
de Squiers en la política interna cubana, ante la presión diplomática norteamericana y ante coacciones y hasta amenazas que resultaban irresistibles para una pequeña nación nacida en circunstancias dificilísimas y que estaba desamparada ante las exigencias
de un vecino poderoso y voraz.

Como ya hemos expuesto, la cuestión de las carboneras no era
la única que requería ajuste entre los Estados Unidos y Cuba, sino
una de tantas, y había que dar solución definitiva al Tratado de
Reciprocidad, al Tratado Permanente, al Convenio Postal, a la soberanía sobre la Isla de Pinos y al fuero especial que el capital y
los ciudadanos extranjeros, especialmente los norteamericanos,
querían tener en Cuba. La existencia misma de la República, no

ya la estabilidad del gobierno, podía depender del acuerdo que hubiese respecto a tan importantes problemas.

El arreglo acerca de las carboneras se convirtió en argumento esencial para que Roosevelt lo emplease con los senadores y representantes de su país en favor del Tratado de Reciprocidad con Cuba, que había quedado estancado desde hacía unos meses en el Congreso de Wáshington, en espera de su ratificación, y contra el cual movían sus poderosas influencias numerosos elementos. Como que la Cámara de Representantes había reclamado el derecho de aprobar dicho convenio, pretensión cuya constitucionalidad no era del todo clara, a fin de evitar mayores dificultades Roosevelt se dedicó a obtener votos de congresistas en apoyo del tratado firmado con Cuba el año anterior y que desde el 17 de diciembre de 1902 dormía tranquilamente en el Senado.

Es del mayor interés el examen de la correspondencia de Roosevelt acerca del Tratado de Reciprocidad con Cuba, porque revela a maravilla cómo funciona la relación entre el Poder Ejecutivo y el Legislativo en los Estados Unidos, lo que ya hemos destacado en los volúmenes segundo y tercero de esta obra. Además, esa correspondencia reduce a sus naturales proporciones la cuestión de la supuesta gratitud de Cuba a los Estados Unidos, por razón del Tratado de Reciprocidad, y presenta todo tal cual fué y continúa siendo, un problema económico-político consecuencia de la ambición hegemónica norteamericana y para el cual el bienestar del pueblo cubano es bastante secundario.

En febrero de 1903, cuando ya casi era un hecho que sería preciso convocar a sesión extraordinaria al Congreso porque no había materialmente tiempo para atender a las relaciones mercantiles con Cuba y al Canal de Panamá antes de que se terminase la legislatura, Roosevelt escribía al congresista Dalzell, de Pennsylvania, y le decía:

> ...Do let me know as soon as you can as to what can be done as to the resolution in reference to the Cuban Reciprocity Treaty. I do not want to send in a special message about it if it can be avoided, but it does seem to me very important that action should be taken. It will be a national misfortune of possible far reaching consequences if there should be any slip up in this Cuban Reciprocity matter, —all the more so as I have concluded a convention to give us the needed naval stations... [99]

En igual sentido el Presidente envió otra carta, el siguiente día, al congresista Joseph G. Cannon y otra a las veinte y cuatro horas a Sereno E. Payne, quien controlaba el Comité de Medios y Arbitrios de la Cámara. Contemporáneamente Roosevelt estuvo explorando el ánimo del Presidente de la Cámara respecto a si era posible "...for the House to pass a Resolution reciting the amended Cuban Treaty and saying that whenever the Senate adopts such a treaty it shall take effect?"[100]

A pesar de todos los esfuerzos de Roosevelt, el Congreso no entró a considerar el convenio con Cuba y la cuestión de Panamá con la premura que él había querido y ambos asuntos pasaron a ser tratados por la sesión extraordinaria convocada en Wáshington para el 4 de marzo y que iba a desarrollarse coetáneamente con las discusiones del Senado cubano para la ratificación del tratado de comercio con los Estados Unidos.

La Comisión de Relaciones Exteriores del Senado cubano emitió dictamen favorable al Tratado de Reciprocidad y la discusión del informe fué señalada para el 4 de marzo, cuando ya hacía varias semanas de que los senadores Méndez Capote y Párraga habían dicho confidencialmente a Squiers que la mayoría de dicho cuerpo legislativo estaba en favor de la ratificación del Tratado. El punto oscuro de estas lisonjeras esperanzas estaba en la actitud del Senador Sanguily quien, por otra parte, no había ocultado sus puntos de vista a nadie, ni siquiera a Squiers, como contrario al Tratado. Antes de iniciarse el debate, al sugerir Sanguily que se pospusiese por unos días la discusión de tan importante asunto hasta que decidiese su actitud sobre el mismo el Congreso de Wáshington, encontró frente a sí un bloque sólido de elementos conservadores, resueltos a comenzar en seguida el debate, unos para impresionar favorablemente a sus colegas norteamericanos y otros para no dar la sensación de que esperaban la decisión de los legisladores transfretanos a fin de someterse a ella.

Así comenzó el 6 de marzo el histórico debate sobre el Tratado de Reciprocidad, de que participaron, en igualdad de condiciones, con la patria libre, los que habían luchado por su independencia y los que se habían opuesto a la misma o se le habían mostrado indiferentes por ser españolizantes o intransigentes. Resulta difícil señalar otro caso igual, demostrativo de la nobleza del carácter cubano y de su alteza de miras, porque allí acudían a influir sobre la suerte de la República los equivalentes de los "tories" norteamericanos que en 1783, asaltados, maltratados, sin garantías y despojados de sus fortunas, tuvieron que huir de las Trece Colonias ante los revolucionarios triunfantes, ebrios con su victoria, implacables y sin escrúpulos, y también los émulos de los heroicos "colonistas" de Yorktown que en Cuba, valientes, abnegados, laboriosos y progresistas como los de Wáshington, eran, además, generosos, justicieros y disciplinados. Las pruebas de capacidad para la vida de la democracia que así daba el pueblo, único en los tiempos modernos al que se había considerado necesario "enseñarle a gobernarse", no tenían ni han tenido igual en naciones sajonas, latinas, eslavas o asiáticas.

Y el debate en sí se condujo a una altura capaz de honrar a cualquier parlamento en la más antigua y respetable democracia o monarquía constitucional. Como bien señala el ilustre historiador Emilio Roig de Leuchsenring al tratar de este tema en su formidable *Historia de la Enmienda Platt*, los gigantes de la palabra autorizada y elocuente que allí midieron sus fuerzas para orientar la vida económica cubana hacia la autarquía racional o hacia el coloniaje azucarero, no tuvieron sucesores dignos de su talla moral e intelectual en la gentecilla improvisada, corrompida y audaz que después se coló y dominó los cuerpos legisladores cubanos hasta los tristes días de las colecturías menocalistas, zayistas y machadistas, los escándalos del Convento de Santa Clara, de la Ley del Dragado y Espigón de Cárdenas, de los "chivos" del machadato y del reciente y vergonzoso asunto de los bonos de obras públicas.

El dictamen de la Comisión de Relaciones Exteriores del Senado era favorable al Tratado de Reciprocidad y estaba influído por el resultado de las informaciones públicas llevadas a cabo y de que habían participado, muy principalmente, los elementos tradicionales de la economía colonial, productores de azúcar, tabacaleros y comerciantes. No obstante, no había entusiasmo en la recomendación del Tratado y sí una tibieza tras la cual asomaba el descontento por la desproporción de los beneficios dados y recibidos. En tesis general se puede afirmar que la esencia del dictamen era de que Cuba resultaba sacrificada en favor de los Estados Unidos, pero que había que resignarse por ser imposible obtener otro mejor tratamiento para los productos de la Isla.

En el debate que dividió a los senadores en dos bandos aparecieron algunos de los nombres que se habían significado en el seno de la Asamblea Constituyente en pro y en contra de la Enmienda Platt y que ahora casi repitieron la antigua lucha en torno a un

Tratado de Reciprocidad que convertía a Cuba en dependencia económica de los Estados Unidos. Después de varios turnos consumidos en defender y atacar el convenio y de que participaron revolucionarios como Eudaldo Tamayo y Salvador Cisneros Betancourt, intransigentes en sus convicciones, frente a otros elementos que, como Ricardo Dolz y José Antonio Frías, representaban la primera hornada de políticos ambiciosos que se desataba sobre Cuba, la argumentación central de las dos actitudes contrapuestas quedó confiada a Manuel Sanguily, contrario al Tratado de Reciprocidad, y Antonio Sánchez de Bustamante, partidario de dicho instrumento. Cubanos ambos y los dos formidables oradores, ahí terminaban sus analogías: Sanguily había luchado por la independencia desde niño; había ayudado a conquistarla y sirvió a la Patria con distinción y desinterés hasta su senectud; Sánchez de Bustamante, abogado conservador de los más conservadores intereses de la Isla, principalmente los extranjeros, fué siempre ajeno a las luchas por la independencia de Cuba y en su senectud cometió errores políticos lamentables. Como era de esperar por sus antecedentes y sus caracteres, Sanguily se opuso con ardiente entusiasmo a la ratificación del Tratado de Reciprocidad, y Sánchez de Bustamante lo defendió con calor y con suprema habilidad.

Resulta inexplicable que Martínez Ortiz, generalmente tan ponderado en sus juicios, yerre hasta el disparate al calificar el formidable discurso de Sanguily, en la sesión del 9 de marzo, "...de bello... pero poco lleno. Fué más sentimental que lógico, más afiligranado y efectista que robusto y sólido..."[101] En realidad, Sanguily hizo un análisis devastador del dictamen de la Comisión de Relaciones Exteriores, el que destruyó enteramente, y señaló las deficiencias y los peligros que el Tratado, en sí, tenía para Cuba, con sobra de datos estadísticos y de razones económicas y políticas del mayor valor. Habría sido un bien para Cuba que Sanguily se hubiese equivocado en sus apreciaciones; pero la realidad nos muestra que, por desdicha, sus juicios eran acertadísimos. Hasta estudiados con un criterio moderno los argumentos de Sanguily resultan certeros y de inspiración científica, respetables como sus conclusiones de orden político acerca de la influencia que el Tratado tendría sobre la vida nacional. ¿Quién puede negar la vigencia de esta afirmación entonces hecha por Sanguily?

> ...los Estados Unidos, en cuanto las circunstancias actuales lo consienten, se han subrogado a nuestra antigua metró-

*poli española, han reducido nuestra condición general, bajo
el aspecto de la hacienda y del comercio, a aquellas mismas
relaciones sustanciales en que se encontraba Cuba respecto
de España, cuando España dominaba en Cuba; han convertido, por tanto, nuestra nación en una colonia mercantil, y a
los Estados Unidos en su metrópoli...* [102]

Para Sanguily este relacionamiento era una apostasía de los revolucionarios cubanos, que habían luchado, sufrido, derramado su
sangre y destruído la economía colonial que entonces se quería
restablecer, con la agravante de que, como señalaba él, con esa
restauración venían el monopolio, el latifundismo y "la tiranía
del capital característica de los "trusts" norteamericanos". A ello
agregaba estas palabras admonitorias respecto a las corporaciones
y consorcios capitalistas:

*...Primero poco a poco, y ya con rapidez alarmante, nos
invaden esas asociaciones, como pulpos inmensos que se empeñan en recoger en sus tentáculos, para ahogar nuestra personalidad, cuantas manifestaciones reales y posibles consien-
ten nuestra vida general y nuestra vida económica; y no os
desatendáis de que esas combinaciones de capitales que se
llaman "trusts" no existen ni podrían existir por la mera explotación de las industrias; sino que por fuerza han de vivir y
sólo viven en razón de los privilegios que obtienen, por lo que
de propia necesidad tienen que explotar al Estado, sujetándolo
a su influencia y poderío corruptor...*

Sanguily proclamó su opinión de que el tratado "ofrece ventajas a otros, pero no a nosotros" y excitó a sus compañeros, al gobierno y al pueblo para adoptar una política salvadora de la nacionalidad y que proscribiese el derrotismo que se predicaba.

La falacia de los argumentos empleados por Sánchez de Bustamante en defensa del Tratado, que era el interés de las clases
conservadoras del país, principalmente las productoras de azúcar
crudo y de tabaco, está más que demostrada con la realidad de la
vida nacional cubana durante este siglo y en especial la de nuestros días, en que la cuota azucarera norteamericana se ha convertido en nuestra atmósfera económica y hasta política y el Secretario de Agricultura de los Estados Unidos, al decidir qué cantidad
de azúcar crudo podemos vender en el mercado transfretano, ha
llegado a ser el dictador de nuestra vida nacional sin que podamos
reclamar, discutir o disentir de su voluntad, omnímoda para nosotros, que somos nación aparte, pero reglada para su propio país.
En aquel momento, en que el espíritu cubano estaba en crisis y en

que tan efectivamente la intervención confiada a Wood había realizado el restablecimiento de la economía colonial en un país sumido en la miseria, lo que Wood expuso a Oswald Garrison Villard en su cínica frase: *"I have done the President's dirty work in Cuba for him and I want my reward"*,[103] las palabras de Sánchez de Bustamante pudieron representar muy lisonjeras esperanzas, pero carentes de base. El mismo Wood había dejado dicho que con el dominio de la industria azucarera de Cuba por los Estados Unidos le quedaba poca independencia a la Isla.

El hermoso discurso de Sánchez de Bustamante, de frase elegante y pulida, sí que resultó más afiligranado que robusto y sólido. En él salió a relucir el tema después tan manido de "los motivos de gratitud para ese gran pueblo", que el propio Roosevelt, días después, echaría por tierra al revelar qué era lo que había en el fondo del Tratado de Reciprocidad con Cuba en su carta a la American Protective Tariff League, que comentaremos más adelante.

La mayoría senatorial, conservadorizada como su más ilustre representante, que lo era Sánchez de Bustamante, estuvo de acuerdo con la sofística argumentación de que, si había ventajas desproporcionadas en favor de los Estados Unidos

> ...*como llevamos hidalgamente en el alma motivos de gratitud para ese gran pueblo, más a nuestro placer se lo pagaremos con serias ventajas en los derechos de aduanas que con jirones de nuestro territorio o pedazos de nuestra soberanía*... [104]

Como se vé, el sentimentalismo que Martínez Ortiz cree ver en las palabras de Sanguily, donde realmente apareció fué en las de Sánchez de Bustamante, lo que era muy de la naturaleza del gran internacionalista, pues en 1919, al representar a Cuba en las Conferencias de Versalles y según él mismo después informó al Congreso cubano reunido en sesión especial, tampoco reclamó ventajas económicas para Cuba en el Tratado de Paz, a pesar de lo que había padecido nuestro país con la guerra, por razones sentimentales también, según parece.

Los párrafos finales del discurso de Sánchez de Bustamante contenían la afirmación indefendible y vacía de que el Tratado de Reciprocidad era "obra antianexionista". En realidad, no podía ser contrario a la anexión un convenio mantenedor del monocultivo, estimulador del latifundismo y del ausentismo y que a cambio de ventajas muy relativas al azúcar crudo importado por los Estados

Unidos, concedía a éstos, prácticamente, el monopolio del mercado cubano. Si como decía Sánchez de Bustamante con un relacionamiento poco feliz de la economía y la biología, el organismo que quiere sobrevivir se nutre y se debilita, ¿cómo entonces podía defender él un Tratado de Reciprocidad supuesta que establecía el desempleo crónico, elevaba innecesariamente el costo de la vida, aplastaba la pequeña propiedad y la pequeña industria y hacía que los ingresos nacionales descansasen, en su mayor parte, sobre los derechos de las importaciones? ¡Si todo eso era, precisamente, fomentar el pauperismo y la miseria en que ha caído el pueblo cubano y que es irremediable mientras no se reestructure la industria azucarera y se establezca una verdadera reciprocidad mercantil con los Estados Unidos!

Y Sánchez de Bustamante terminó su defensa del Tratado de Reciprocidad con las siguientes palabras que, ante la realidad cubana de ayer y de hoy, inspiran graves dudas de que no haya estado padeciendo del insomnio culpable a que con tanta seguridad creía escapar él por su actuación:

> ...Yo he de votar esta tarde en favor del Tratado con plena convicción y con plena tranquilidad patriótica. Si vosotros hacéis lo mismo, señores senadores, apruébenlo o no lo aprueben los Estados Unidos, habréis prestado a Cuba un servicio incalculable. De mí sé deciros que cuando salga de aquí, después de ese voto, y vuelva a mi hogar sereno y feliz, nunca siquiera rizado por vientos de tempestad; cuando me entregue al descanso apetecido, sólo ante la paz de la conciencia, no dormiré intranquilo, no despertaré sobresaltado por la visión de Cuba extenuada y famélica vendiéndose al extranjero por un puñado de oro miserable; creeré percibir entre sueños la imagen serena y dulce de la patria grande y rica, mostrando a todos su prosperidad asombrosa como asiento inconmovible de la independencia y de la libertad... [105]

Sánchez de Bustamante veía todo esto en sueños y sus sueños quedaron sin realización precisamente porque el Tratado de Reciprocidad supuesta que él acababa de defender con tan lamentable efectividad no fomentó la prosperidad del pueblo cubano, sino de una clase casi siempre extranjerizante y cuya dependencia del mercado norteamericano, para la venta de sus azúcares, hizo que el sentimiento anexionista quedase vivo en un grupo cegado por su egoísmo y que se permitió pensar que sus ganancias habrían sido mayores si Cuba hubiese formado parte de los Estados Unidos.

Lo terrible del error de Sánchez de Bustamante fué que en su discurso él tocó casi todos los puntos capitales de la forma en que el
Tratado de Reciprocidad supuesta podía afectar a Cuba, pero los
presentó como favorables al quedar retorcidos los argumentos,
siendo así que eran adversos a las mejores conveniencias económicas y políticas del pueblo cubano.

Finalmente, al votarse en el pleno del Senado, tras el movido
debate, la ratificación del Tratado, quedó éste aprobado por dieciséis votos contra cinco, en una minoría que formaron el propio
Sanguily y Cisneros Betancourt, Tamayo, Recio y Cabello. Presentado quedaba al Senado el famoso proyecto de ley de Sanguily por el que se prohibía a los extranjeros no naturalizados la
adquisición de tierras en la Isla, que él había considerado indispensable para evitar el ausentismo y el latifundismo y para darle
base económica a la soberanía cubana y cuya previsión patriótica
era y sigue siendo indiscutible.

Pocos días más tarde, de conformidad con los temores de Sanguily expresados al iniciarse el debate en el Senado cubano, el
de los Estados Unidos, que se había ocupado preferentemente de
la cuestión del Canal de Panamá, entró a discutir el Tratado de
Reciprocidad cubano y lo aprobó el 19 de marzo, aunque con modificaciones en tres de sus cláusulas que imponían su devolución
al Senado de Cuba para que concurriese en ellas antes de darle
vigencia. Los cambios introducidos, por supuesto, eran todavía
más favorables a los Estados Unidos que en el texto original, y
menos convenientes a Cuba; pero la oficiosa precipitación con que
la mayoría senatorial cubana había actuado, ahora la colocaba en
la poco airosa posición de inclinarse ante las nuevas exigencias
norteamericanas, poniendo todavía más de manifiesto la supedita-
ción de su política, o rechazar de plano el Tratado.

El efecto producido en la opinión cubana por la resolución del
Senado de Wáshington fué desastroso. Casi equivalía lo hecho a
reírse de los sacrificios de Cuba después de que el dominio económico de la Isla por los Estados Unidos estaba establecido, a fin
de obligarla a que se humillase más y se contentase con menos
piltrafas, porque aunque somos de opinión de que Cuba puede vi
vir, y posiblemente viviría mejor, sin su estrecha dependencia eco
nómica de los Estados Unidos por razón de unos míseros y costosos favores a la industria azucarera parasitaria, no se nos oculta
que, imperando ésta como así ha convenido al interés transfretano

que así sea, la agresión que se le haga la recibe, antes que los propios azucareros, el pueblo cubano todo, que nunca se aprovecha de las bienandanzas de la industria referida, pero sí sufre los efectos de sus crisis.

No pocos de los partidarios del Tratado se declararon contrarios al mismo. El Presidente Estrada Palma, al dar cuenta al Senado con las nuevas modificaciones hechas en los Estados Unidos recomendaba que fuesen aceptadas antes de que venciese el plazo fijado para el canje de las ratificaciones y quedase pendiente el asunto porque no volviese sobre sus pasos el Congreso de Wáshington. El Ministro de los Estados Unidos, partidario decisivo y activo de la anexión del país ante el cual estaba acreditado, no fué de los menos disgustados con lo hecho por el Senado norteamericano por entender que ello iba en contra de la realización de la anexión. Así podemos verlo en el siguiente párrafo que si hubiese sido de un despacho de un ministro nazi ante el gobierno de Austria, en 1935, no habría sido más desvergonzado y censurable:

> ...If annexation is a desirable thing and is to take place only by the general wish of the Cuban people the failure to give them what they hoped for reciprocity will surely postpone it...[106]

Es decir que, sólo por cálculo anexionista Squiers creía condenable lo hecho por el Senado de Wáshington, que consideraba pésima estrategia para la realización de lo que su protector, el procónsul Wood, había fijado como meta de la política norteamericana en Cuba.

Entonces comenzaron los cabildeos de Squiers con el Comité de Relaciones Exteriores del Senado cubano, del que Méndez Capote era principal portavoz. Corrían vientos de fronda en el seno de dicho Comité, que se negaba a impulsar la ratificación del tratado si los Estados Unidos no hacían lo mismo. Un cablegrama de Hay a Squiers, fechado a 26 de marzo, le comunicaba para que trasladase la noticia a los senadores cubanos que "...it is the intention of the President... to call the Congress together to approve the treaty before the first of December Nineteen three...", o sea, que el argumento y la crítica de Squiers contra lo actuado como contrario a la anexión había producido su efecto en Wáshington y Roosevelt no tenía inconveniente en dar el paso extraordinario de revelar al Senado cubano lo que pensaba hacer. Méndez Capote,

Sánchez de Bustamante y Dolz se permitieron contestar que las palabras de que "...la intención del Presidente" era tal o cual no garantizaban nada y que el Tratado debía entrar en vigor en la fecha prometida. Squiers sugirió entonces a los senadores cubanos que Roosevelt podía cambiar su promesa y decir "he will call a special session of Congress", de una manera positiva, y aceptado así, por cable de 27 de marzo el Presidente de los Estados Unidos dió las seguridades pedidas y por ello, como reconoció Squiers al día siguiente en un despacho al Secretario Hay, volvió a la actividad el Senado de Cuba para impulsar el Tratado de Reciprocidad.

El 28 de marzo se decidió el asunto en un debate que, como el anterior, fué la expresión de dos filosofías políticas distintas encarnadas en Sanguily y Sánchez de Bustamante, con el primero representando la más cubana de las dos, indudablemente, en un discurso inolvidable por su fondo y por su forma. La votación fué de doce votos contra nueve, reveladora de cómo había reaccionado la opinión senatorial, influída por la del país, ante cuestión tan importante. Si como pretendió la Cámara de Representantes cubana en esos días, a imitación de la de Wáshington, su opinión hubiese tenido que ver con la ratificación del Tratado de Reciprocidad, es muy posible que éste hubiese fracasado. El 31 de marzo ya pudieron canjearse las ratificaciones en Wáshington y la vigencia del convenio quedaba en espera de la resolución del Congreso norteamericano, que Roosevelt se aplicó a preparar con toda diligencia.

De esto último la correspondencia de Theodore Roosevelt nos da pruebas irrecusables y del mayor interés al objeto de demostrar que la supuesta gratitud de Cuba a los Estados Unidos por el Tratado de Reciprocidad no tiene razón de ser y que los norteamericanos, como nación, nunca se han dedicado a la práctica de la beneficencia internacional sino que han mirado, en todo momento, a sus conveniencias, tal y como debiéramos hacer nosotros y sin que ello sea obstáculo invencible a las buenas relaciones entre ambos países. Al principio no parecía que hubiese grandes posibilidades de que los Estados Unidos cumpliesen su compromiso con Cuba para la vigencia del Tratado de Reciprocidad, y no eran pocos los senadores y representantes que, acostumbrados a faltar a sus promesas a Cuba, querían hacerlo una vez más, como para poner de relieve aquella duplicidad que, según Squiers, era característica de los cubanos. Mark R. Hanna, el corrompido cacique político de Ohio que había gobernado por medio de McKinley, figuró entre los senadores opuestos a la celebración de la legislatura extraordinaria que había de considerar el Tratado de Reciprocidad. Roosevelt, sin embargo, no se dió punto de reposo convenciendo a los reacios e indiferentes con los argumentos que le dictaba su franqueza. A principios de agosto destruía las objeciones del Senador Charles W. Fairbanks, de Indiana, con estas palabras:

> ...Unfortunately, we have no option about the extra session. When the Cuban Treaty was adopted by Cuba it was adopted in consequence of the express statement by me that I would call on extra session. As a matter of fact, the treaty would lapse if the legislation to carry it into effect were not adopted by December 1st. I announced all this at the time in the public press... [107]

Y al notificarle al Senador M. S. Quay, de Pennsylvania, de que la sesión extraordinaria sería el 9 de noviembre, Roosevelt cuidaba de decirle:

> ...I shall feel that it is a great misfortune to the party and to our people if we fail to get through the Cuban Reciprocity Treaty... [108]

Una de las más efectivas cartas de Roosevelt sobre el Tratado de Reciprocidad con Cuba fué la enviada con texto casi idéntico a los senadores Francis E. Warren, de Wyoming, J. H. Millard, de Nebraska, y Henry Cabot Lodge, de Massachusetts; a Franklin Murphy, gobernador de New Jersey, al general W. F. Draper, de Massachusetts, al representante Henry H. Bingham, de Pennsylvania, y a Le Grand B. Cannon, director de la American Protective Tariff League, de Nueva York. La carta decía como sigue, en una revelación franca de los motivos que tenían los Estados Unidos para el Tratado de Reciprocidad con Cuba:

> ...The American Protective Tariff League has been engaged in sending out a circular attacking the Cuban Reciprocity Treaty —a Treaty started by President McKinley, negotiated by President McKinley's appointee, Secretary Root, under me, and approved by every Republican senator save one; a treaty to secure action on which a special session of Congress will be called on November 9th. of this year.
> It would be difficult to imagine any action more ingeniously calculated to do damage to the Republican Party, and therefore to the protective tariff, than the action which the American Protective Tariff League is thus taking...

Y a renglón seguido, y de puño y letra de Roosevelt, venía la otra sorprendente revelación:

> ...This is not in the least like any other reciprocity treaty; it is demanded by military reasons, by reasons of far reaching international policy...[109]

La importancia de este documento no necesita ser exagerada para nadie. Ahí está la confesión de que la llamada reciprocidad mercantil con Cuba comenzó a ser preparada en tiempos de McKinley, quien fué asesinado antes de que Cuba fuese república independiente. ¿Cómo pudo ser eso si la Isla estaba regida desde Wáshington y carecía de gobierno propio que pudiese pactar? Pues sencillamente mediante el restablecimiento de la economía colonial, productora de azúcar, que había destruído la Revolución cubana y a la que resucitó el procónsul Wood, quien hasta gastó miles de pesos del tesoro de Cuba en hacer propaganda en los Estados Unidos por ventajas arancelarias al azúcar cubano. Además, con las reformas de las tarifas aduanales de la Isla, hechas arbitrariamente por el coronel Bliss quien, después de ser el zar de las aduanas de Cuba, fué el negociador nombrado por Roosevelt para que en la concertación del Tratado de Reciprocidad se aprovechase de todas las ventajas que había dejado preparadas durante su mando, a beneficio de los Estados Unidos. Finalmente, como decía Roosevelt a Cannon, el Tratado no era para favorecer a Cuba ni siquiera para fomentar un mercado exclusivo o una gran corriente de intercambio mercantil, sino única y exclusivamente por necesidad de las conveniencias militares de los Estados Unidos y por cuestiones especialísimas de política internacional que no podían ser otras sino la dominación de Cuba al servicio del imperialismo norteamericano. ¡Realmente que se necesita ser muy ingenuo o muy ignorante o muy poco patriota para sentir gratitud ante tan sórdidas razones!

Y como para completar el cuadro, Roosevelt le agregaba de su puño y letra a la carta al general Draper la siguiente postdata:

> ...This is not like an ordinary reciprocity treaty; it stands by itself; it is demanded by our military needs in Cuba, and without it, the Platt Amendment, pushed by President McKinley himself, will assume a most unpleasant aspect...[110]

Wright recuerda que al reunirse el Congreso de los Estados Unidos, el 9 de noviembre de 1903, para considerar el Tratado de Reciprocidad con Cuba, Roosevelt le hizo saber que la vigencia del mismo *"was demanded not only by our interest, but by our honor..."*[111] Así lo reconoció la Cámara al aprobarlo con fecha 19 de noviembre por mayoría de 335 contra 21 votos, y también el Senado en la votación de 16 de diciembre, por 57 votos contra 18. Al día siguiente entró en vigor el Tratado de Reciprocidad con Cuba, y el general Bliss, que lo había preparado todo hasta cuando en apariencia era el custodio de los intereses de Cuba, le regaló a Roosevelt la pluma con que firmó la ley cual si hubiera sido la de un tratado de paz concluído con sonadísima victoria sobre un pueblo conquistado, como así era en efecto, porque lo que ha sido la vida política y económica de Cuba durante lo que va de siglo, ha sido determinado, en gran parte, por las imposiciones de aquellos primeros tratados con los Estados Unidos; y el gobierno de Estrada Palma, que se había visto forzado a aceptarlos, quedó quebrantado y comenzó a caer de una en otra crisis, camino del desastre.

3.—La reacción contra la República.

A Squiers no pareció serle suficiente que Cuba se sometiese a la dominación económica de los Estados Unidos, sino que también quiso aislarla de todo otro contacto internacional que pudiese interferir con esa dominación. Así es que podemos ver que en abril de 1903 el diplomático norteamericano se aventuró a pedir a la cancillería cubana que le facilitase copia del tratado de comercio que se estaba discutiendo con la Gran Bretaña y pocos días después enviaba al Departamento de Estado, de Wáshington, D. C., copia de las instrucciones dadas por Zaldo al Dr. Rafael Montoro, Ministro de Cuba en Londres, que había obtenido él por medios subrepticios. Algún tiempo después, en un despacho de Squiers al Secretario Hay, fechado en La Habana a 1º de abril de 1905, podemos encontrar la revelación de que la presión ejercida por los Estados Unidos sobre Cuba había neutralizado todas las ventajas que en un principio había esperado Inglaterra de su tratado comercial con la nueva república, resultado ante el cual el Ministro Carden, según decía Squiers, amenazaba con cerrar la Legación británica en La Habana.

El optimismo de Squiers no fué de larga duración, sin embargo, porque el 17 de octubre de 1905 el diplomático norteamericano se quejaba al nuevo Secretario de Estado, Elihu Root, de que Cuba se disponía a ratificar el tratado de comercio con Inglaterra que él había considerado anulado meses atrás, y pedía que se diese a Cuba una lección bien enérgica para que renunciase a la ratificación de dicho acuerdo mercantil y los Estados Unidos conservasen su influencia sobre la Isla.

Los extremos a que llegó Squiers en sus empeños de tener para los Estados Unidos el monopolio de las importaciones cubanas se advierten muy bien en el incidente creado en torno a la adquisición de varios cilindros aplanadores, movidos a vapor, que fueron comprados a la firma inglesa de Aveling & Porter, representada en La Habana por los Sres. Sussdorf, Zaldo y Cía., uno de cuyos gerentes era hermano del Secretario de Estado, Carlos de Zaldo, a quien Squiers detestaba. La adquisición de dichas máquinas la había hecho Manuel Luciano Díaz, Secretario de Obras Públicas y confidente de Squiers, pero éste quiso acusar de irregulares manejos en contra de los intereses públicos y en contra de los fabricantes norteamericanos, a Zaldo también. Así lo hizo en una entrevista que tuvo con Estrada Palma, quien prometió investigar lo ocurrido y algo hubo de hacer en ese sentido, ya que, como informó Squiers al State Department:

> ...The following morning Mr. Díaz called at the Legation in a very much perturbed state of mind; protested that Cuba had a perfect right to purchase what and where she pleases, and stated that his engineers regarded the English roller as the best on the market; also his pro-American sentiments, etc...[112]

Squiers, además de pretender un papel en las relaciones de Cuba con Inglaterra, lo desempeñaba, en efecto, entre Cuba y España. Más de una vez, en estos años formativos de la República, podemos ver que los EE. UU. y España seguían entendiéndose acerca de Cuba sin reconocer a ésta su personalidad internacional, como si del todo no hubiesen quedado liquidadas las que hemos llamado relaciones triangulares de los tres países. España insistía en negar a Cuba condición de nación libre y soberana, con un perverso odio a la antigua colonia a la que había corrompido y destrozado, y prefería tratar con los Estados Unidos, a los que había vendido sus otras posesiones, respecto a sus dificultades con la nueva situación cubana. Es difícil precisar hoy en día qué grado de verdad tienen ciertas informaciones respecto a que la Segunda República Española protestó ante los Estados Unidos, en 1934, por la abolición de la Enmienda Platt, pero hay suficiente evidencia documental para probar que la corrompida monarquía alfonsina de este siglo no se reconcilió con la idea de Cuba libre, que hubiese preferido verla norteamericana a pesar de los interesados cantos a una supuesta raza con que de cuando en cuando nos han regalado los oídos ciertos ruiseñores trasatlánticos, y que pese a todo lo que hoy digan los ridículos "reconstructores de imperios" que tiranizan a la Península, la España borbónica, imagen de atraso e inmoralidad, recibió muy a gusto los dineros con que los Estados Unidos le endulzaron la derrota y la pérdida de Puerto Rico y de Filipinas y trató por todos los medios de sacar unos cuantos pesos más a la república norteamericana por causa de Cuba.

En junio de 1903, por ejemplo, el Encargado de Negocios de España en La Habana, Torroja, tenía entrevistas con Squiers, quien por su parte tampoco las evitaba, para recordarle que España nunca había pactado con Cuba el cese de la soberanía española, sino con los Estados Unidos y que esta nación y no Cuba era la que debía intervenir en la entrega del supuesto material de guerra español que había en la Isla. Algún tiempo después, en abril de 1905, todavía España gestionaba con los Estados Unidos que se humillase una vez más a la República de Cuba con un acuerdo en que ambas potencias prescindiesen de los cubanos para hacer la transferencia de unos armamentos que el gobierno de Madrid todavía quería arrancar a sus antiguas víctimas.

Los diplomáticos cubanos acreditados en Madrid también recibían pruebas bien evidentes de que España, al excluir a Cuba de las conferencias de París y fracasar en sus empeños de entregar la Isla a los Estados Unidos, no se reconciliaba con la existencia de la nueva República y a ratos afectaba desconocerla. El primer Ministro de Cuba en España, que lo fué el insigne patriota y literato D. Rafael Mª Merchán, fué objeto de inmerecidos y estudiados desaires por los palaciegos españoles y ciertos elementos de la política y de las fuerzas armadas, quienes no podían disimular su odio a los republicanos de Cuba y encontraban en la vanidad herida y en la intolerancia reaccionaria de la Reina María Cristina el estímulo para conducirse groseramente con el representante de la única de las antiguas colonias que no habían podido vender tras su ignominiosa derrota. La situación fué sobrellevada por el Ministro Merchán, pero llegó a una crisis bajo su sucesor, el Dr. Cosme de la Torriente, quien en mayo y junio de 1905 fué objeto de más de un público desaire por la Reina Madre, por lo que reportó lo ocurrido a la cancillería cubana y presentó la oportuna queja al gobierno español.

No es posible que los Estados Unidos dejasen de conocer los incidentes a que acabamos de referirnos y que más de una vez tuvieron lugar en presencia del cuerpo diplomático acreditado en Madrid y fueron comentados por éste; pero los Sres. Storer, Hardy y Collier, que representaron al gobierno de Wáshington en España, durante esos años, nada hicieron para respaldar a su colega cubano, aunque abundaban los precedentes de apoyo norteamericano a los diplomáticos de otros países de la América Latina, ante parecidos desplantes, a raíz de la independencia de los mismos, en el siglo pasado. Sólo hemos podido encontrar que la Instrucción No. 90, de fecha diciembre 1, 1906, enviada al Ministro en España por el State Department, se refiere a las descortesías hispanas para con el representante de Cuba y la amenaza de éste, de renunciar a su cargo, y pide al representante norteamericano que averigüe *"discreetly"* la verdadera actitud del gobierno español en el asunto, cuando ya éste había sido resuelto por la enérgica reclamación de merecidas consideraciones que Cuba había hecho y mantenida por medio del Ministro Torriente quien, efectivamente, había amenazado con renunciar a su cargo y provocar un incidente si la Reina Madre insistía en sus descortesías. En este caso, pues, la política norteamericana fué de dejar a Cuba frente a España, como así había sido por espacio de tantos años, como una demostración más de que ambas naciones siempre se entendieron a costa de Cuba.

Y este entendimiento también tuvo lugar con la Iglesia Católica, en su inmensa mayoría representada en Cuba por sacerdotes y monjas españoles, enemigos de la República y que habían tomado partido por su patria durante las guerras de independencia de la Isla. Ya hemos señalado en más de una ocasión con qué facilidad el clero católico en Cuba, especialmente la jerarquía eclesiástica, se había inclinado en favor de la ocupación militar norteamericana y obtenido favores de la misma, en reciprocidad. La política de la curia romana había sido ésa, también, en parte por satisfacer a los intereses españoles, como había hecho por espacio de muchos años, y en parte por temor al laicismo y a las ideas radicales de los cubanos de la revolución. La idea de la república seguía siendo anatema como en los tiempos de Pío IX. Además, los intereses católicos eran ya poderosos y muy influyentes en los Estados Unidos, animados de un conservadorismo garantizado y

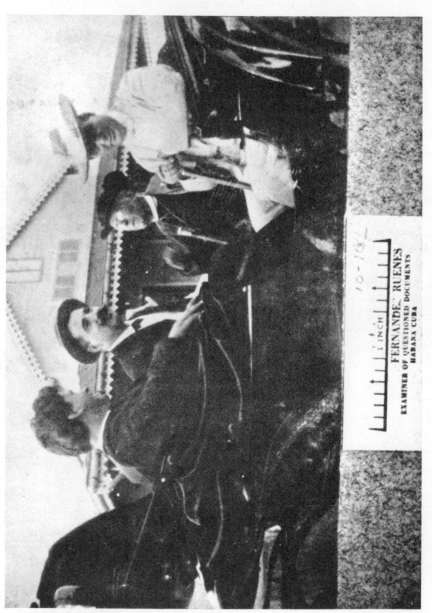

El Ministro norteamericano Squiers, protector del catolicismo en Cuba, pasea en coche con Monseñor Barnadas y con Broderick, el Obispo auxiliar de La Habana, por quien planteó un incidente a Estrada Palma.

que hacía olvidar que se desenvolvían en el temido medio democrático. Estos elementos, como los españoles, actuaban "en nacionalista" dentro de su credo, y se prepararon a servir la política norteamericana de dominar eficazmente a Cuba en favor de los Estados Unidos.

En un capítulo anterior nos referimos a la oposición de los mambises, entre ellos Máximo Gómez y Salvador Cisneros Betancourt, al famoso Obispo Sbarreti, por extranjero, y su campaña para que la Santa Sede hiciera justicia al clero cubano, virtuoso y perseguido por su patriotismo, con su nombramiento para las altas dignidades eclesiásticas de la nueva República; pero en honor a la verdad la Iglesia Católica en Cuba, una vez vencida España, prefirió a los Estados Unidos antes que a Cuba, al revés de lo que al mismo tiempo hacía en Filipinas, donde se puso del lado de los nativos contra el conquistador y dió lugar a una sorda y fuerte lucha de influencias, liquidada años más tarde. Charles J. Bonaparte, católico' militante que ejerció gran influencia sobre la política del Presidente Roosevelt acerca de Cuba, aun antes de ser Secretario de Marina, tuvo mucho que ver con la privilegiada posición del clero norteamericano y español en los primeros años de la república cubana; pero no hay que olvidar que también Squiers lo era y que hizo una extraña mezcla de su militancia religiosa y su ciudadanía y representación norteamericanas para interferir como Ministro de los Estados Unidos —potencia laica la mayoría de cuyos habitantes son protestantes—, en favor de la Iglesia de Roma y de sus intereses en Cuba.

Al cesar la dominación española, de la misma manera que afluyeron a Cuba clérigos norteamericanos pertenecientes a todas las sectas reformadas y se dedicaron a una obra misionera con ribetes políticos, también vinieron a establecerse en la Isla los P.P. Agustinos de los Estados Unidos con representantes de otras órdenes religiosas y del clero secular, de nacionalidad norteamericana. En todos ellos la fe y la propaganda política en favor de su patria iban estrechamente mezcladas, como se puede ver con el estudio de la documentación oficial y privada de los estadistas y políticos de la época.

En julio de 1902, apenas establecida la república, podemos señalar las entrevistas del Father Jones, superior de los P.P. Agustinos de Cuba, y del notorio Father Broderick, quien poco después sería hecho Obispo auxiliar de La Habana, con el Secretario de la

Guerra, Elihu Root, a quien informaron extensamente sobre la situación política en Cuba y las dificultades que había con el clero español, el que todavía se resistía a ser dominado del todo por los conquistadores, mientras que éstos también encontraban fuerte oposición en Filipinas. Broderick, en plan franco de espionaje en favor de los Estados Unidos, ya pudo informar a Root, y éste a Roosevelt, el 19 de julio, que Sbarreti había recibido órdenes de volver a Roma y dejar las Filipinas.

Los principales agentes de la "norteamericanización" de Cuba y Puerto Rico, sin embargo, fueron el Arzobispo de Nueva Orleans, P. L. Chapelle, Nuncio Apostólico en La Habana, y el P. Buenaventura Broderick, Obispo de Juliópolis y luego hecho Obispo Auxiliar de La Habana. Monseñor Chapelle no se conformaba con la prestación de servicios importantes en favor de los planes expansionistas norteamericanos, sino que acudía al desacreditado recurso de los regalos personales al Presidente Roosevelt con el fin de conquistarse su favor. En la correspondencia de Monseñor Chapelle con Roosevelt se encuentra una carta, fechada a 17 de agosto de 1903, sobre la mejor manera de lograr la "norteamericanización" de los puertorriqueños y llena de fuertes críticas contra el gobernador Hunt, porque, según él, los menos leales a los Estados Unidos, de entre los hijos de la Isla, eran los que colaboraban en su gobierno. En más de una ocasión el State Department se aprovechó de la oficiosidad del príncipe de la Iglesia que tan celosamente servía a los Estados Unidos, y en los archivos diplomáticos de Wáshington se conservan copias de instrucciones enviadas a Chapelle mientras éste se encontraba en La Habana como representante de la Santa Sede. En el momento de la crisis entre los Estados Unidos y Colombia, con ocasión del brote revolucionario de Panamá, Monseñor Chapelle se ofreció a su país para gestionar con su colega, el Arzobispo de Bogotá, que Colombia se plegase a las exigencias de los Estados Unidos, lo que pone de relieve qué extraña mezcla hacía dicho eclesiástico de su ministerio y de su nacionalidad.

En octubre de 1903, al ser consagrados los nuevos Obispos de La Habana y Pinar del Río, Monseñores Pedro González Estrada y Braulio de Orúe, también fué consagrado como Obispo Auxiliar de La Habana el P. Buenaventura F. Broderick, favorito de Monseñor Chapelle y que se había ganado una impopularidad extraordinaria en todo el país por su arrogancia y sus propósitos de "norteamericanizar" a los cubanos, así como por el odio reflejo que le seguía, producto de su asociación con Monseñor Chapelle. Por entonces eran frecuentes las amenazas anónimas que recibía el Obispo Broderick a quien, por orden del Secretario Zaldo, se le prestó constante protección policíaca.

Los dos prelados norteamericanos todavía quisieron más. Necesitaban imponerse en lo religioso y en lo político y dar una demostración pública de que, por tener la nacionalidad que tenían, hasta el gobierno les temía. Y Monseñor Chapelle solicitó ser recibido por el Presidente Estrada Palma para presentarle al nuevo Obispo Auxiliar, no obstante la excitación de los ánimos y el hecho de que, con la separación de la Iglesia y el Estado y las conocidas ideas del Primer Magistrado en materia de religión, la ceremonia era innecesaria. Así fué que Estrada Palma, en el curso de la entrevista, dió rienda suelta a su indignación por aquel nombramiento que era más de política pro-Estados Unidos que de consideración a Cuba y a los intereses del catolicismo. En un momento el anciano estadista llegó a declarar que no aprobaba el nombramiento de Monseñor Broderick, por ser éste norteamericano, que prefería que hubiese sido hecho a favor de un sacerdote alemán, italiano, polaco y hasta español, y que si no lo anulaban, apelaría a Roma para ello.[113] A Monseñor Chapelle le faltó tiempo para ir a ver a Squiers y participarle el resultado de la entrevista, y el Ministro de los Estados Unidos protestó enérgicamente ante el Secretario Zaldo por las palabras de Estrada Palma y reportó todo lo ocurrido a su gobierno, al que también informó de que Zaldo había ofrecido hablarle al Presidente para que no protestase ante la curia romana, como había amenazado que lo haría. Por supuesto que esta nueva prueba de las estrechas relaciones entre la Legación de los Estados Unidos y el Nuncio apostólico y sus favoritos no hizo más populares a unos ni a otros para con los cubanos, y en cuanto a Squiers, reveló hasta dónde llegaban sus abusivas extralimitaciones y la peligrosa mezcla de sus intereses personales con los de su posición de diplomático autorizado a intervenir en los problemas internos de Cuba, en que sus superiores parecían alentarle.

El gobierno de Estrada Palma necesitaba ser respetado en el exterior y obrar con libertad en el interior, en lo que eran sus legítimas prerrogativas, si es que había de tener éxito en su difícil y comprometida encomienda de regir un país salido de una revolución frustrada y en el que los antiguos explotadores, aliados a

los que ambicionaban reemplazarles, eran elemento perturbador insufrible. No es de extrañar que, en tales circunstancias, y como así ha sucedido en muchos otros países, los Estados Unidos inclusive, en sus primeros años de vida independiente, hubiese conspiraciones y conjuras contra el gobierno.

Estrada Palma no había querido seguir dependiendo exclusivamente de la Guardia Rural, cuerpo armado creado por la intervención militar norteamericana y cuyos jefes eran demasiado inclinados a los Estados Unidos, especialmente el general Alejandro Rodríguez, quien con lamentable frecuencia olvidaba su pasado de luchador por la independencia de Cuba para mostrarse partidario de la ocupación norteamericana y descontento del gobierno de su patria. Por esta razón y para asegurar el apoyo necesario al régimen republicano y precipitar la retirada de las guarniciones de tropas de los Estados Unidos dejadas en ciertas fortalezas, se creó el Cuerpo de Artillería, objeto de los odios del general Rodríguez y de sus parciales. El 25 de junio de 1903, en una entrevista celebrada en la Legación de los Estados Unidos, el general Rodríguez se quejó a Squiers, quien ciertamente le dió alas para ello, de que el Cuerpo de Artillería perjudicaba a la Guardia Rural, que así ganaba una menor soldada, de que Estrada Palma no gobernaba como debía, de que existía un gran descontento en el país y entre los veteranos, especialmente, y de que había

> ...the possibility of trouble, which many Cubans hoped to see as it would result in occupation and final annexation... [114]

¡Extrañas palabras en un jefe militar que hablaba a un diplomático extranjero, partidario de esa anexión; pero extraña conducta, también, la de ese diplomático solemnemente comprometido, en la representación que ostentaba, para que Cuba siguiese siendo una república y tuviese paz, orden y prosperidad! Porque Squiers no echó de su presencia al militar que traicionaba a su gobierno y que por extraña ironía de las cosas, hoy tiene una estatua en uno de los paseos de La Habana, sino que le oyó y, de acuerdo con sus deseos, que no eran de conveniencias nacionales, se fué a ver a Estrada Palma, según informó a la cancillería de Wáshington que no le reprendió por ello, ¡para pedir, precisamente, la disolución del Cuerpo de Artillería creado por el gobierno cubano y del todo leal a éste, a fin de que el general Rodríguez y sus guardias rurales fuesen sin disputa los dueños de la situación! El diplomático

norteamericano no pudo ocultar su asombro cuando Estrada Palma
se negó a acceder a su proposición y le dijo que conservaría el
Cuerpo de Artillería porque:

> ...*I want a body of men near me on whom I can rely
> absolutely in time of danger*...,

según informó Squiers a sus superiores quienes, con toda tranquilidad, continuaron respaldándole en su cargo y alentándole a más
peligrosas actividades anticubanas.

Pocos días más tarde el diplomático norteamericano que había
pretendido que Estrada Palma disolviese el Cuerpo de Artillería,
que era su más eficaz protección contra toda sublevación, cable-
grafiaba urgentemente a su gobierno, que no le llamaba a cuentas
por sus errores y seguía dejándole hacer, la solicitud de que se
enviase a La Habana el crucero *Nashville* con el pretexto de que
iba a hacer sondeos en Bahía Honda, y justificaba su petición con
las siguientes palabras:

> ...*There is a conspiracy which contemplates overthrow
> of the Government. The chief instigators are Alberto (Juan
> Gualberto) Gómez, a number of ex-Army Generals and some
> members of the House of Representatives*...[115]

Es decir, en solo dos semanas Squiers había pasado, de una infructuosa tentativa para que Estrada Palma quedase desarmado
por la disolución del Cuerpo de Artillería y su entrega al general
Rodríguez y su Guardia Rural, dependientes de la Legación norteamericana por la deslealtad de su jefe, a otra para que su gobierno
enviase un buque de guerra a La Habana porque había una conspiración contra Estrada Palma. Si no lo había sabido Squiers
cuando pretendió dejar sin tropas de confianza a Estrada Palma a
virtud de sus conciliábulos con el general Rodríguez, ¡bien nulas
eran su eficacia y su información como representante de los Estados Unidos! Pero si lo sabía y a pesar de ello trató de anular la
resistencia de Estrada Palma con sus artilleros, en ello tenemos otra
prueba más, y bien concluyente, de la duplicidad y las intrigas
anexionistas del primer Ministro de los Estados Unidos en Cuba,
que tanto trabajo costó a sus superiores sancionar, porque no fué
hasta años después que, por fin, ante las protestas de Cuba, fué
retirado de La Habana aquel hombre pérfido y sin escrúpulos, tan
responsable de los males de Cuba republicana, que fué el Ministro
Herbert G. Squiers.

El alarmante cablegrama de Squiers que acabamos de comentar fué confirmado, al día siguiente, por un despacho que agregaba
la información de que Estrada Palma conocía el complot, cuyo objeto era destituirlo a él y asesinar al Secretario Zaldo, por lo que
Squiers le había dicho, personalmente, que un tiro disparado en
Palacio o la muerte violenta de un miembro del gabinete signifi-
caría la desaparición de la República.

El relato hecho por el diplomático norteamericano a su jefe no
dice si Estrada Palma contestó a sus amenazas con un recordatorio
de que, precisamente en esos días, Squiers había tratado de que el
gobierno cubano licenciase las tropas en que más confianza tenía.
Pero si lo hizo o no, el Presidente cubano no se resignó a quedar
sin protección, aunque tal hubiera querido Squiers quien, en un
despacho a su gobierno, de fecha 17 de julio, informaba de que
Estrada Palma había asistido a un baile en el Havana Yacht Club
custodiado por soldados del Cuerpo de Artillería. Ya por entonces
la Asociación de Veteranos de la Independencia había condenado
públicamente la intentona contra el Presidente y el general Corbin,
jefe del Estado Mayor del Ejército norteamericano, había requerido
al agregado militar en La Habana, teniente Hanna, para que le
informase sobre lo que hubiera de cierto en la rumorada conspiración.

Squiers, en un despacho oficial a su gobierno, filosofaba de
esta manera sobre millones de hombres que no conocía y respecto
a quienes hacía sus características estúpidas generalizaciones:

> ...Like all Latin-Americans the Cubans are, for the most,
> devoid of real patriotism. They may be willing on occasions
> to die for their country —preferably in the grandiloquent
> style—, but good, sound, plain every-day love of the country
> is a sentiment that does not exist in the hearts of many...
> Selfinterest is the ruling passion among Cuban politicians...[116]

Al terminar el año de 1903 y aproximarse la fecha de las elecciones parciales, la situación de rivalidad política y de descontento y
de ambición desenfrenada se agudizó notablemente en todo el país,
pero más en la provincia de Santa Clara, que ya ganaba el remoquete de las inquietas Villas porque esa bella y progresista región
tenía la desdicha de que varios de los peores y menos escrupulosos
políticos de la Isla, cubanos y hasta extranjeros, como en el caso
de un italiano renegado, de apellido Ferrara, hubiesen sentado allí
sus reales para comenzar su larga serie de fechorías contra la feli-

cidad y el bienestar del pueblo de Cuba, que todavía duran. La ciudad de Cienfuegos comenzó a ser teatro de violencias extraordinarias entre republicanos y nacionales, y el Cónsul de los Estados Unidos, Max I. Baehr, no demoró en tomar partido y en acusar a una de las facciones locales como responsables de los actos demagógicos cometidos. Sus informes a Squiers eran terminantes condenaciones de hombres y procedimientos, que llegaron a hacerse públicas, y un mal día un grupo de salvajes, que se iniciaban en la carrera de la criminalidad política que les ha llevado a altas posiciones en el gobierno, cometieron un indigno atentado al insultar a los Estados Unidos en el escudo del consulado de Cienfuegos. El gobierno de Wáshington y sus representantes en Cuba se condujeron con loable moderación al protestar del escandaloso y desvergonzado ultraje; pero el gobernador de las Villas, general José Miguel Gómez, tuvo que comisionar al Senador Méndez Capote, que entonces militaba en su mismo partido político, para que visitara a Squiers y le diese sus satisfacciones por lo ocurrido. En cuanto a sanción para los perpetradores, no la hubo, porque en la situación de desamparo interior y exterior del gobierno, la criminalidad política empezaba a sentirse inmune y su descarada agresividad se manifestaba en todas partes, hasta en el Congreso, como anticipo de los horrores que vivimos en estos últimos años.

En esos días, sin embargo, Squiers escribía estas significativas palabras al referirse a la retirada de los últimos soldados norteamericanos de guarnición en Cuba:

> ...There are many Americans and others who never cease to point out the ingratitude, the dishonesty, the many weaknesses of these people, and which may be to a great extent true. But... they have a stronger and better government than most people were willing to admit was possible... [117]

Días después ya Squiers se quejaba al Secretario Hay de que el gobierno no actuaba con energía para castigar a los que habían cometido el ultraje a los Estados Unidos. Por una curiosa coincidencia, el general Rodríguez visitó en esos días la Legación de los Estados Unidos para criticar de nuevo a su gobierno ante el diplomático norteamericano, según el cual, el jefe de la Guardia Rural había dicho

> ...that the President seemed very loath to give him any definite instructions as to his action in case of disturbances during the coming election... [118]

Cuando el 28 de febrero se celebraron las elecciones parciales, se vió que el general Rodríguez había exagerado las dificultades de la situación política y que Squiers, al informar a la cancillería de Wáshington sobre la conversación sostenida con el militar cubano, tampoco había apreciado bien la realidad. El reporte de Squiers a su gobierno, acerca de las elecciones, resultaba ser de extravagante contradicción con sus opiniones de julio 30 de 1903, acerca de las virtudes cívicas de los cubanos, pero era tal la indiferencia del State Department acerca de las actividades de su representante en La Habana o tal la irresponsabilidad de este último por sus arbitrariedades y errores, que ni Hay ni sus auxiliares le llamaron a capítulo. El 3 de marzo de 1904 Squiers informaba de que las elecciones se habían celebrado sin dificultades ni desórdenes, después de lo cual decía:

...The passing of this election without lawlessness or disorder of any kind proves all that has ever been claimed for the capacity of the Cuban people for self-government... The most hopeful of the annexationists, American as well as Cuban, reluctantly admit that the last faint chance of a political union with the United States has been indefinitely postponed...

El teniente Hanna, agregado militar, no era menos entusiasta que Squiers en sus elogios a la elección celebrada, ya que en un informe suyo de fecha 29 de febrero, enviado desde Santa Clara, podemos encontrar este párrafo:

...It was without doubt a model election, so far as order and quiet were concerned, and perhaps just such an election as will produce the most favorable impression abroad just at this time; but a little more spirit and enthusiasm, even at the cost of broken heads, will be quite desirable in future elections...

Sin duda que esta frase final sobre la conveniencia de que en las futuras elecciones hubiese varias cabezas rotas no estaba muy de acuerdo con el imperio de la democracia, pero lo que el teniente Hanna quería en Santa Clara el Cónsul Baehr, en Cienfuegos, lo reputaba de "brutal intimidation" puesta en práctica por los republicanos contra sus adversarios.

La conspiración contra Estrada Palma y Zaldo no quedó terminada con la celebración de las elecciones a que acabamos de referirnos, porque meses más tarde, en un cablegrama de fecha 10 de agosto, confirmado por nota del mismo día, Squiers avisaba al

State Department de que se había descubierto un complot para asesinar a Estrada Palma o, por lo menos, hacerlo renunciar, con objeto de reemplazarlo por el ex-Secretario de Gobernación doctor Diego Tamayo, de bien conocida tendencia anexionista. El atentado había sido planeado para llevarlo a cabo en las cercanías del Campamento de Columbia, donde residía entonces Estrada Palma, y el informante de Squiers seguía siendo Manuel Luciano Díaz, Secretario de Obras Públicas.

4.—*Las imposiciones de Squiers.*

El Ministro de los Estados Unidos, en estos gravísimos momentos para la seguridad y la existencia misma del Estado cubano, era un mero espectador de los acontecimientos, que interfería en múltiples aspectos de la vida nacional, graves o simples, y que lo hacía con arrogante ostentación de su papel y de su influencia, pero ni aquél ni ésta entraron en juego para salvar o respaldar en tales dificultades a Estrada Palma: la intervención se ejercía, pues, para ciertas cosas solamente.

No es posible hacer un catálogo de los casos de intervención en los asuntos internos de Cuba, de imposiciones en cuestiones importantes y baladíes, oficiales y privadas, que son excelentes ejemplos de la arbitrariedad y la injusticia que siempre acompañan el ejercicio de la intervención de un país en otro. Pero si no podemos presentar aquí una lista de los referidos casos, vale la pena que comentemos varios de ellos, de los más representativos.

A principios de 1904 un norteamericano nombrado Henry Sigel, amigo del Presidente Roosevelt y del gobernador de Nueva York, estaba de cacería en la provincia de Santa Clara y dió muerte en las cercanías de Caibarién, por una imprudencia, a un vecino. Sigel fué procesado y puesto en libertad bajo fianza, después de lo cual huyó a los Estados Unidos sin comparecer ante los tribunales y apeló a sus poderosos amigos para conseguir que los tribunales cubanos le exonerasen de toda responsabilidad sin siquiera esperar a que se celebrase la vista de la causa. Hasta aquí todo parece humano, demasiado humano quizás, pero es que el Presidente Roosevelt y la Cancillería de Wáshington instruyeron a Squiers para que presionase al gobierno de Cuba a fin de que el proceso del influyente Sigel fuese archivado para siempre a cambio de la incautación de la fianza. La papelería referente a esta bajuna proposición y a este indigno abuso de los recursos de los

Estados Unidos en Cuba, bien desmoralizador, por otra parte, de la
vida judicial cubana, se encuentran en el tomo décimo de los papeles de la Legación norteamericana en La Habana, ahora depositados en The National Archives, de Wáshington, D. C. Y el observador imparcial no puede dejar de preguntarse: ¿es que, efectivamente, hay dos criterios de moralidad para el norteamericano,
uno el empleado en su país para respetar las leyes y los derechos
existentes en el mismo, y otro, el de despreciar las leyes y los derechos en otras naciones, el de ofrecer dinero, oficialmente, para
que la justicia no persiga al criminal?

Entre las imposiciones a que nos estamos refiriendo se destacó
la que, en concierto de Squiers con los agentes consulares de su
país, estuvo representada por las continuadas quejas al gobierno
cubano sobre el estado sanitario del país y la reclamación de que
mejorase éste último. No sólo Squiers, sino los cónsules, muy especialmente Holaday, el de Santiago de Cuba, se creían facultados
a criticar públicamente a Estrada Palma y a los suyos y a exigir
obras de saneamiento aquí y allá. A fines de junio de 1904 el
Dr. García Montes, Secretario de Estado por una breve temporada,
ya tuvo que enviar una enérgica nota a Squiers contra las extralimitaciones de sus funciones por el Cónsul Holaday, quien en Santiago de Cuba se conducía con insolencia intolerable para reclamar
que la República hiciera en dos años de vida tormentosa lo que la
intervención militar norteamericana no había sido capaz de hacer
en un cuatrenio de gobierno arbitrario y con menos gastos fijos.

Es de especial interés, en cuanto a este tema, la entrevista sostenida a fines de julio de 1904, entre Estrada Palma y Squiers, en
que éste leyó la Instrucción No. 411, fecha 16 de julio, del Secretario Hay, sobre las mejoras en las condiciones sanitarias de las
poblaciones cubanas de acuerdo con los planes preparados al
efecto por el gobierno interventor, de 1899 a 1902. Esas obras estaban presupuestadas en muchos millones de pesos, que necesitaban un empréstito (por supuesto, facilitado por banqueros norteamericanos), y Estrada Palma hubo de desesperarse ante aquella
exigencia de imposible realización y que venía a sumarse a las reclamaciones que los agentes consulares de los Estados Unidos se
permitían hacer públicamente en ese sentido. Como informó
Squiers a Hay, Estrada Palma se indignó para decirle, respecto a
la conducta de dichos funcionarios,

> ...*that they were in no way authorized to take such action, or to assume the position of overseer...,.*

y el disgusto del Presidente por tantas humillaciones e injusticias estalló seguidamente en estas duras palabras que Squiers recogió en su despacho a Hay:

> ...*He had barely given me a chance to explain our position when he declared that if he was to be coerced by the United States in the matter he preferred throwing up his office and returning to his former home... He was very much affected, almost to tears...* [119]

Es bastante significativo, en todo este proceso de imposiciones arbitrarias que cada vez debilitaban más al gobierno de Estrada Palma, el incidente provocado por la descarada violación de la soberanía cubana sobre Cayo Avalos, realizada por dos norteamericanos, William A. Varty y H. J. Browne. El primero citado se había erigido en dueño de dicha isla al reclamarla tranquilamente como depósito de guano ante los tribunales de los Estados Unidos según lo dispuesto en el título LXXII de los "Revised Statutes" o códigos civiles de ese país. Después que el Varty había inscripto la propiedad de su ínsula, este nuevo Sancho se la vendió al Browne, quien apeló al gobierno de Wáshington para que la considerara bajo la soberanía norteamericana. Hasta aquí se trataba solamente de litigantes de mala fe y gentes sin escrúpulos; pero es que el State Department comenzó a respaldarles, de cierta manera, y el 23 de agosto de 1904 Squiers, oficialmente, pretendió intervenir para que el gobierno cubano no fallase contra los defraudadores. Sin embargo, el Dr. Ortiz Coffigny, entonces Secretario de Estado, no se detuvo en cuestiones accesorias, sino que fué al fondo del asunto y dió una réplica formidable al diplomático norteamericano cuando, por nota de 2 de septiembre, al recordarle el contenido del artículo segundo de la Constitución de la República y el Tratado de París, le preguntó

> ...*by what right the United States exercise sovereignty and dominion over the said Avalos Key...*

El problema, así planteado, no tenía vuelta de hoja y Squiers tuvo que refugiarse en el fracaso de una gestión que nunca debió haber iniciado; pero no hay duda de que los Varty y los Browne del caso de Cayo Avalos, empeñados en aprovecharse de la influencia norteamericana en Cuba y legítimos antecesores de los banqueros, azucareros y empresarios de servicios públicos que

hoy forman la mayoría de los inversionistas norteamericanos en
Cuba, eran bastante numerosos y bastante poco escrupulosos en
aquella época. El mismo Squiers, al estudiar el desarrollo del comercio entre Cuba y los Estados Unidos, que empezaba a prosperar allá por septiembre de 1904, decía que las dificultades iniciales
habían tenido por causas la distinta mentalidad de norteamericanos
y cubanos y una cierta aversión de estos últimos por los primeros,
pero también

> ...the fact that so many adventurers, always an un-
> desirable class, followed the American Army into Cuba, and
> by inconsidered and thoughtless acts blackened the American
> reputation for thrift, straightforward honesty and fair dealing...

> ...the American who interests (himself) in business in
> foreign countries... is generally a man who has failed at
> home and who goes out into foreign lands to try his luck, with
> no knowledge of the language and with no desire or intention
> to affiliate with or yield for a moment to the customs and man-
> ners of the people with whom he has selected to live... [120]

El improvisado moralista que escribió el antecedente párrafo
tardó menos de un mes en expresar puntos de vista diametralmente
distintos en otro despacho al Secretario Hay, relativo al comercio
con Cuba. Con su propósito anexionista en mente, Squiers decía
entonces que había que aumentar el tráfico norteamericano con
Cuba porque "...political interest follows trade...", y después de
afirmar que todos los extranjeros residentes en la Isla eran enemigos de los Estados Unidos, concluía con este párrafo de escandalosa inmoralidad:

> I think that they sould be driven out. If that cannot be done
> by fair competition in the open market, as appears to be the
> case, then it should be accomplished by availing ourselves of
> concessions which we are able to obtain from this country
> owing to its commercial dependence on us... [121]

Parece imposible imaginar una más descarada violación de
todas las promesas de trato equitativo para Cuba, hechas de manera solemne por los Estados Unidos, que esa cínica confesión de
Squiers, que convierte a dicho diplomático en antecesor de la política de los Hitler, los Mussolini y los Stalin de nuestros días, para
dominar y explotar a las pequeñas naciones.

Squiers se lisonjeaba por entonces con la idea, comunicada a
sus dignos superiores, de que había conseguido un cambio radical
en la política comercial del gobierno cubano con los demás países,

Inglaterra muy especialmente, en favor de los Estados Unidos. Ya el tratado de llamada reciprocidad mercantil cubano-norteamericano, dictado por el coronel Bliss y hecho aún más duro para Cuba a cambio de su ratificación por el Congreso de Wáshington, estaba en vigor y funcionaba conforme a las previsiones de sus autores para restablecer la economía colonial de la Isla en favor de los Estados Unidos, cuando comenzó la discusión del tratado de comercio entre Cuba e Inglaterra, que fué obstaculizado y combatido rudamente por los intereses norteamericanos de acuerdo con las palabras de Squiers, que citamos ha poco, sobre que había que expulsar del mercado cubano a todos los competidores extranjeros y que, ya que eso no se podía hacer por las buenas, era preciso hacerlo abusando de la dependencia económica en que se había colocado a Cuba, respecto de los Estados Unidos, porque "...el interés político sigue al comercio..."

Los espías de Squiers y el empleo de todos sus otros recursos no le sirvieron para conocer a tiempo las características del tratado anglo-cubano e impedir su concertación. El 6 de junio de 1905 el State Department envió una instrucción telegráfica a Squiers para que protestara contra el tratado con Inglaterra; pero el gobierno cubano dió un quite a la cuestión al enviar al Senado, para su estudio y ratificación, el instrumento aprobado y los antecedentes del asunto, de todo lo cual dió Squiers cuenta a sus superiores con fecha 15 del mismo mes, en un despacho que rezumaba de indignación por el fracaso sufrido. La rabia principal de Squiers se dirigía contra el nuevo Secretario de Estado cubano, Dr. O'Farrill, a quien había menospreciado anteriormente y que no había querido servirle de juguete.

Con una instrucción telegráfica del State Department que reclamaba la inserción de una cláusula, redactada en la cancillería de Wáshington, para que fuese agregada después del artículo 20 del tratado con Inglaterra, en favor del preferencial norteamericano, Squiers se fué a ver a Estrada Palma y le reclamó que detuviera la ratificación del convenio en el Senado, por medio del Senador Méndez Capote, a fin de agregarle las palabras que querían los Estados Unidos. En la entrevista empleó la terminante amenaza de que, si no eran satisfechas sus peticiones, los Estados Unidos cambiarían su política económica en cuanto a Cuba y, ya desbordada su rabia, él, maestro de falsedades y de duplicidad, que tenía espías hasta en el gobierno ante el cual estaba acreditado y cons-

piraba contra la integridad territorial del país en que estaba (lo
que le costaría su destitución poco después), se reveló como quien
era, —vulgar, ineducado y abusador— para decirle personalmente
al anciano Presidente que no podía contestarle lo que se merecía
por la debilidad de su posición, que el Secretario O'Farrill había
sido "...guilty of gross falsehood and duplicity..." [122]

Algún tiempo después, ya relevado de su cargo Squiers como
sanción a sus arbitrariedades, el nuevo Ministro de los Estados
Unidos, Edwin Morgan, que sí era un diplomático, hubo de contestar a las excitaciones del Secretario Root para que obtuviese la
propuesta modificación del tratado anglo-cubano en favor de los
Estados Unidos, que no era probable que el Senado de La Habana
admitiese dicha imposición porque, en la forma en que se había
conducido Squiers, había ofendido al gobierno cubano y no había
manera de resucitar aquella demanda después de la insolente
gestión de Squiers. [123]

Para no hacer interminable esta lista de las imposiciones de
Squiers, vamos ahora a darle fin con un sonadísimo incidente, bien
representativo de la conducta perturbadora que siguió en Cuba dicho diplomático, que fué la caída del Secretario de Estado cubano,
Carlos de Zaldo. Este había sido objeto de las iras y los odios de
Squiers desde la inauguración de la República, por tratarse de un
caballero independiente y de gran fortuna, cortés y al mismo
tiempo enérgico en defensa de sus atribuciones, celoso de la dignidad de su cargo y de la de su patria, irreprochable en su conducta y capaz como estadista que, además, había tenido la buena
fortuna de contar con un auxiliar hábil y de firmes convicciones en
el director diplomático, coronel Aurelio Hevia. Ambos habían resistido, con variable fortuna, las extralimitaciones de Squiers, quien
les sabía obstáculos principales a sus propósitos de dominar fácilmente a Estrada Palma y a su gobierno.

De ahí la enemiga del diplomático norteamericano contra Zaldo,
que se advierte en su correspondencia y en sus conversaciones de
la época, pues no perdía ocasión de atacarle. En mayo de 1904
esta aversión llegó a su máximo y podemos encontrar un despacho
de Squiers a Hay, relativo a la reorganización del Tribunal Supremo de Cuba, aconsejada por Zaldo, que ya demuestra la preparación del esfuerzo final para causar la caída de Zaldo y desacredi-
tarle, pues Squiers dejaba caer estas palabras:

...Mr. Zaldo, Secretary of State and Justice, is supposed responsible, the President having acted on his recommendation. This member of the Cabinet has never been popular with the country and his action in this matter may prove very embarrassing to the President. It is even said that if he is retained in the Cabinet, Mr. Palma's chances for a renomination would be materially prejudiced...

Dos semanas más tarde esta tensión entre el Secretario de Estado y el arrogante diplomático llegó a su final en un incidente que causó la renuncia del primero citado y que aparece relatado en todo detalle por Squiers en su nota No. 962, fechada a 26 de mayo de 1904 y que se conserva en su original en el tomo 11 de los papeles de la Legación en Cuba, ahora guardados en The National Archives, de Wáshington, D. C.

En ese despacho decía Squiers al Secretario Hay que, desde su llegada a La Habana, él tenía acceso directo y rápido al Presidente Estrada Palma mediante un simple telefonema de su ayudante, Mr. Blizzard, al Palacio, y que Zaldo se había propuesto regular de otra manera, como con los demás diplomáticos, su comunicación con el jefe de la Nación, mediante entrevistas concertadas por medio de la cancillería. Según Squiers, él sabía por sus confidentes en el gabinete (!) que esto se había discutido en las reuniones del gobierno y que existía ese propósito. Así las cosas, a una queja de Squiers porque en Palacio no habían tomado su recado de que deseaba ver al Presidente, enviado por Mr. Blizzard telefónicamente y con menos ceremonia que la que un supervisor nazi emplea hoy día con el supuesto presidente de los checos, Zaldo contestó dándose por enterado e indicándole que, en lo sucesivo, a fin de evitar que se repitiese lo ocurrido, pidiese la entrevista por medio de la cancillería, la que en seguida se la gestionaría. El indignado comentario de Squiers a la muy apropiada indicación de Zaldo está contenido en el siguiente párrafo de su nota al Secretario Hay:

...His object was very plain. 1st. To show me that this Legation was, in its relations to the Cuban Government, on the same ground as the others. 2nd. To put an end to what he considered my rather too close relations with the President...

De seguida, pues, Squiers se fué a visitar al canciller cubano y, según sus propias palabras,

...very plainly told Mr. Zaldo... that the position of the American Minister vis-a-vis the Cuban Government was quite

different than that of the diplomatic representatives of any
other country; that I am here on a quite different basis, as is
well understood; that I should not accept for a moment of a
rule which limits in the least or changes in the slightest degree
the relations which have existed up to this time between the
President and myself...

Ni Squiers ni sus superiores se acordaban para nada de las promesas hechas a Cuba, a fin de que aceptara la Enmienda Platt,
relativas a que no habría uso indebido de influencias norteamericanas ni pretensión de privilegios para los Estados Unidos en Cuba,
y ahí estaba la afirmación contundente de que ésa era, precisamente, la situación que exigía el representante del gobierno de
Wáshington.

Zaldo, que no era hombre para apocarse ante Squiers, contestó
fríamente sus protestas con una declaración de que la solicitud de
audiencia era el trámite acostumbrado entre dos naciones, y entonces Squiers, tras devolver la nota que había causado el incidente, fué a entrevistarse con Estrada Palma quien, según él, esperaba saber el resultado del incidente, ya que la estrategia había
sido planeada en una reunión del gabinete, y protestó con energía
contra los puntos de vista de Zaldo como perjudiciales a los mejores intereses de los Estados Unidos que, para estar bien servidos,
en opinión suya, reclamaban que él tuviera libre acceso hasta
donde se encontrara Estrada Palma. Y el razonamiento de Squiers
para reclamar ese privilegio no puede tener una mayor brutal franqueza imperialista que la contenida en este párrafo de su despacho a Hay, que venimos citando, cuando dice acerca de Estrada
Palma:

> *...No doubt it is embarrassing for him to read in the daily*
> *press, during the discussion of some important question, that*
> *"the American Minister made a long call at the Palace today".*
> *That this impression is generally accepted is one of the*
> *strongest reasons for continuing my present relations...*

Como se ve, pues, el Ministro de los Estados Unidos estaba
bien convencido de su influencia y la empleaba espectacularmente,
como para impresionar bien a los cubanos; pero, ¿no quiere esto
decir que así era corresponsable en los errores del gobierno de Estrada Palma, por no haberlos evitado con aquella omnipotencia de
que alardeaba?

En el fondo, sin embargo, de su choque con Zaldo, había un
problema de pique personal, de prejuicio y de pequeñez de miras,

El mayor general José Miguel Gómez, líder de la Revolución de 1906 y primer Presidente de la Segunda República Cubana.

pues en ese mismo despacho se advierte su resentimiento en la frase:

> ...*I am told that Mr. Zaldo boasted to his friends of a victory over the American Legation*...

Si es cierto que Estrada Palma participaba de un plan discutido en el seno del gabinete y destinado a regular sus visitas a Palacio, como afirma Squiers, no respaldó del todo a Zaldo en su actuación, porque ante la protesta del diplomático norteamericano convino con éste en que, en lo adelante, pediría directamente su audiencia a Estrada Palma, quien se ofreció a solicitar de Zaldo que enviase otra nota a Squiers, en sustitución de la que éste le había devuelto y contentiva del arreglo hecho. Al negarse firmemente Zaldo a desempeñar el papel que le había sido asignado y en el que el Ejecutivo y un diplomático extranjero le humillaban, renunció su puesto dicho secretario, que era el estadista de personalidad más vigorosa con que contaba el gabinete de Estrada Palma, el único consejero con energía e independencia para oponerse a los futuros extravíos reeleccionistas y provocadores de la revolución del anciano Presidente. De esta manera, pues, y en sus esfuerzos para dominar más efectivamente a Estrada Palma, Squiers debilitó de modo notable aquel gobierno que se acercaba a una crisis dificilísima y en la que la personalidad de Zaldo habría constituído una ayuda preciosa.

En el State Department este incidente provocado por Squiers produjo gran inquietud y por espacio de varias semanas los directores de la diplomacia norteamericana se mantuvieron muy reservados respecto al particular, mientras que Squiers se alarmaba más y más ante el temor de que le desautorizasen. A mediados de julio ya no pudo esperar más, y en una carta personal, dirigida al Subsecretario de Estado, pidió que se le diese la opinión de la cancillería sobre la conducta seguida por él en el incidente con Zaldo. En sus esfuerzos para convencer a sus superiores jerárquicos de que lo hecho por él había sido en beneficio de los Estados Unidos, Squiers decía ansiosamente que, de haber aceptado la indicación de Zaldo para pedir audiencia de acuerdo con el protocolo, "...*I feel positive we would have lost prestige by it*..."[123]

El 20 de julio, en una carta personal del Subsecretario Loomis a Squiers, podemos encontrar la explicación de que todo había estado en suspenso hasta saber la decisión adoptada acerca de la renuncia de Zaldo y quien sería el sucesor del secretario dimitente. El consejo de Loomis fué de que Squiers se arreglase amistosamente con el propio Estrada Palma, y la única censura a la indebida arrogancia y a la arbitrariedad de Squiers consistió en decirle que actuase teniendo a la vista los intereses de los Estados Unidos.

> ...and the avoidance of any conspicuous action on your part which might arouse the sensibilities of the Cuban people...

Por esta vez, de consiguiente, Squiers se salió con la suya y continuó su perturbadora labor sin sanción ni reprimenda, hasta que fué retirado algún tiempo después. Por mucho menos había perdido su puesto de Cónsul General en La Habana un patán de Wisconsin, de apellido Bragg, quien se había expresado despectivamente de Cuba y de los cubanos en una carta que su esposa había hecho pública con la mayor despreocupación, pero aunque Bragg era protegido político de los senadores Quarles y Spooner, sus influencias no podían compararse a la de Leonard Wood, protector de Squiers. Y cuando por fin el Bragg fué relevado de su cargo el gobierno cubano tuvo una victoria pírrica, porque el que le sustituyó fué el nefasto Frank Steinhart, ante cuyos hechos contra el país en que se enriqueció, nada de lo que hubiese dicho Bragg tuvo importancia.

5.—La cuestión de la Isla de Pinos.

Uno de los problemas más importantes de las relaciones cubanonorteamericanas al establecerse la nueva República y por muchos años después, fué el del reconocimiento de la soberanía cubana sobre la Isla de Pinos.

Con la arbitrariedad con que se manejaron los Estados Unidos y España durante las conferencias que condujeron al Tratado de París, entre ambas potencias, Cuba no fué consultada ni oída ni se atendieron sus intereses como era debido, lo que ya hemos demostrado en cuanto a más de un aspecto de la organización del nuevo Estado. Nadie podía sospechar entonces, sin embargo, que fuese necesario precisar que la renuncia de la soberanía española sobre Cuba debía hacer mención específica de que la Isla de Pinos era parte de la misma, porque ello habría requerido la mención concreta de millares de islas e islotes que siempre habían sido parte de la Capitanía General de Cuba y a los que, por lo tanto, no se les podía imaginar como independientes de la misma, al igual que ocurre con Roatan Island, Catalina Island, Round Island y otras muchas tierras cercanas a las costas norteamericanas y que son parte integrante de esa nación.

Pero como ya hemos visto, a Cuba vinieron los soldados, los misioneros, los capitalistas, los negociantes, los empresarios y los constructores de los Estados Unidos, y también la ralea de los "land grabbers" o geófagos, de las gentes poco escrupulosas empeñadas en enriquecerse a toda costa y que, terminada la conquista del Far West, querían sacar todo el partido posible de la dominación norteamericana sobre Cuba. Algunos de esos elementos, con tales antecedentes, han llegado a escalar elevadas posiciones del gobierno y la diplomacia de su país y hoy viven en "olor de santidad", que pudiéramos decir, a pesar de su pasado en escandalosos negocios de tierras en Pinar del Río, La Habana y Camagüey, y en obras públicas y concesiones de relevante inmoralidad.

La Isla de Pinos atrajo desde los primeros momentos la atención de varios de esos geófagos, quienes interesaron a prominentes políticos e influyentes personajes norteamericanos en su favor, a fin de despojar a Cuba de ese territorio. La isla en cuestión, situada a unos sesenta kilómetros al Sur de Cuba y con una superficie de 2110 kilómetros cuadrados o poco menor que el estado norteamericano de Rhodes Island, estaba poco poblada y los geófagos comenzaron a hacerse lenguas sobre la supuesta fabulosa riqueza de la misma. Metales preciosos, valiosos minerales, feracidad extraordinaria, clima perfecto, etc., etc., fueron atribuídos a la Isla de Pinos con el fin de atraer incautos y venderles parcelas de tierras cuya titulación original no estaba muy clara y sobre las cuales, en ocasiones, el vendedor apenas si tenía una opción. Víctimas de estas especulaciones y fraudes practicados por sus compatriotas, varios labriegos norteamericanos que honradamente habían invertido sus ahorros en la Isla de Pinos, hicieron causa común con los geófagos a fin de proteger sus inversiones. Estas, sin embargo, nunca llegaron a alcanzar la cuantía que ciertos autores norteamericanos quisieron atribuirles. Por ejemplo, resulta ridículo que Fitzgibbon, en su reciente obra sobre las relaciones entre Cuba y los Estados Unidos,[125] acepte sin discutirlas siquiera las cifras que elementos interesados hicieron publicar en el *Congressional Record* sobre que el capital norteamericano invertido en la Isla de Pinos oscilaba entre quince y veintiún millones de dólares, cuando en 1903 el valor en venta de todas las fincas rústicas de la citada Isla, extranjeras y nacionales, era de $190,479.00, y el de las urbanas llegaba a $189,986.00,[126] o sea, menos de medio millón de pesos o bastante menos que las fabulosas cantidades antes citadas aunque en los cálculos bien precisos que acabamos de dar, conviene repetirlo, no sólo están incluídas las propiedades de norteamericanos, que eran los menos, sino también de los cubanos y españoles, que formaban la inmensa mayoría de la población de la Isla. No menos infundada resulta la otra afirmación de Fitzgibbon sobre que la población permanente de norteamericanos en la Isla de Pinos llegó a contar con 700 individuos, porque en el Censo de 1899, practicado durante el mando del general Wood, la población pinera era de 3,199 habitantes, de ellos 195, españoles, 14 extranjeros de otras nacionalidades, en su mayoría norteamericanos, y 2,990, cubanos.[127] En 1903 vivían en la Isla de Pinos 325 ciudadanos norteamericanos, de los cuales solamente 15 eran contribuyentes a pesar de las fantásticas cifras de millones invertidos de que hablaban los geófagos, y de los 62 comerciantes e industriales establecidos 15 eran ciudadanos de los Estados Unidos. El Ayuntamiento de Nueva Gerona, en que se suponía que había tales riquezas imponibles, recaudó poco más de dos mil pesos de contribuciones en 1903.[128] Las actividades de los geófagos, pues, al vender tierras que a veces no eran suyas, siempre a precios muy superiores a su valor real y con engaño de los compradores en muchos respectos, que así eran víctimas de costosos fraudes, eran propiamente cuestiones de policía que el gobierno de la intervención militar y el federal de los Estados Unidos habrían podido solucionar con toda facilidad mediante el procesamiento de los defraudadores; pero por causas diversas, los senadores Quay, Platt (de Nueva York), Morgan, Clark, Pomerene, Penrose, etc., es decir, los políticos más desacreditados del Senado de Wáshington, en aquella época, decidieron apoyar en sus descaradas pretensiones a los geófagos, y así resultó que el gobierno norteamericano, que "enseñaba" a los cubanos a regirse, tuvo que hacerle el juego a dichos elementos y faltar a la fe pública en sus compromisos con Cuba.

Los agitadores principales de la campaña para apoderarse de la Isla de Pinos fueron siempre H. S. Pearcey, Thomas J. Kenan y C. Raynard, norteamericanos llegados a Cuba en 1899 y cuyos antecedentes eran bastante turbios e incluían malos manejos comerciales. Estos y otros individuos de Massachusetts, Iowa, Ohio, New Jersey y Pennsylvania, constituyeron sociedades anónimas cuyo capital estaba en el papel y que tenían nombres pintorescos, como para engañar incautos, de The Santa Fe Land Co., The Isla de Pinos Land Development Co., The Almácigos Springs Land Co., The American Settlers Association, The San José Company, etc., que anunciaban en circulares y folletos distribuídos por los Estados Unidos unas propiedades llenas de riquezas y que se vendían a bajo precio. Con el recuerdo de lo que otros geófagos habían hecho en cuanto a las Floridas, Texas y Hawaii, para convertirlas en territorio norteamericano, estos individuos sin escrúpulos y cuyos títulos de terratenientes eran bastante dudosos, se consideraban autorizados no obstante su condición de exigua minoría extranjera, para reclamar la incorporación de la Isla de Pinos a los Estados Unidos.

Todavía antes de que la Enmienda Platt, en una de sus varias cláusulas de injusticia y de burla de la fe pública, estipulase que la Isla de Pinos quedaba de momento excluída de los límites de la República de Cuba para que un futuro tratado fijase la definitiva soberanía sobre ella, ya los geófagos habían comenzado a actuar y parecían contar con fuentes oficiales de información que les permitían anticiparse a la arbitraria exigencia de la Enmienda Platt, hecha dos años después.

El entonces comandante John J. Pershing, después defensor de la democracia y de las pequeñas nacionalidades, era ayudante del Estado Mayor norteamericano, y con fecha 14 de agosto de 1899 había informado a uno de los geófagos, como sigue:

> ...I am directed by the Assistant Secretary of War, G. D. Meiklejohn, to advice you that the island was ceded by Spain to the United States and is therefore a part of our territory, although it is attached at present to the Division of Cuba for governmental purposes... [129]

Resulta difícil encontrar excusa para tan escandalosa perversión de la verdad. Nada habían tratado España y los EE. UU. acerca de la Isla de Pnios o los otros tres mil islas e islotes inmediatos a Cuba y también dependientes de ésta, que permitiese fundamentar semejante afirmación, hecha a nombre del Subsecretario de la Guerra, departamento del cual dependía el gobierno de Cuba. Y como para no dejar lugar a dudas sobre la complicidad del Subsecretario Meiklejohn con los geófagos, el 13 de enero de 1900 el propio funcionario, en carta dirigida a un L. C. Leigh, le daba la mendaz información de que "...the Isle of Pines was ceded by Spain to the United States or to Cuba..." Los mapas oficiales norteamericanos de la época, en que figuraban las tierras del creciente imperio de la República de Wáshington, que todavía se lisonjea de haber cumplido el consejo del fundador de la nación para evitar los "foreign entanglements", incluían a la Isla de Pinos entre las posesiones adquiridas a virtud de la guerra con España. No hay por qué dudar de la aseveración de Fitzgibbon sobre que el propio McKinley había recomendado la adquisición de la Isla de Pinos, ya que el gran imperialista, untuoso, lleno de ambiciones y carente de escrúpulos como su digno protector, el Senador Hanna, de haber podido se habría quedado con Cuba también mediante una más de las sacrílegas "revelaciones divinas" que le ordenaron quedarse con las Filipinas y a las cuales ya nos hemos referido en páginas anteriores de esta obra.

El Secretario Root hubo de comentar algún tiempo después las declaraciones de Meiklejohn sobre la supuesta cesión de la Isla de Pinos, con la afirmación de que habían sido hechas sin su consentimiento o autorización como jefe del Departamento de la Guerra y hasta agregó que la Isla de Pinos era tan parte de Cuba como la de Nantucket lo era del Estado de Massachusetts. Sin embargo, no es cosa que le honre mucho el que fuese él, precisamente, que tan seguro aparecía estar de la soberanía cubana sobre la Isla de Pinos quien, al plantear la monstruosa imposición de la Enmienda Platt, en el artículo VI de la misma, le exigiese a Cuba que para quedar organizada en república renunciase a esa soberanía y la sometiese a un acuerdo con los Estados Unidos. Su situación moral es peor, por lo tanto, que la de Meiklejohn el cual, equivocadamente, creía que España le había cedido la Isla de Pinos a los Estados Unidos y lo afirmaba así, mientras que Root, convencido de que Cuba tenía perfecto derecho a dicho territorio, como Massachusetts a Nantucket, no dejó que Cuba fuese libre hasta que se resignó al despojo, circunstancia que bien nos presenta el verdadero carácter moral de Elihu Root y puede ayudar muy mucho a formar opinión concluyente sobre la supuesta deuda de gratitud que Cuba debe a los Estados Unidos y a los gobernantes de la época de McKinley. Los geófagos, pues, de la Isla de Pinos, sabían de antemano lo que hacían y con qué apoyo podían contar. De ahí su insolente audacia y la inmunidad que pretendieron tener y que a veces reclamaron para ellos los funcionarios diplomáticos norteamericanos y hasta altas autoridades del gobierno de Wáshington.

Y entre esos sórdidos motivos conviene insertar, por lo que valga y por el hecho de que eminentes tratadistas norteamericanos han aceptado como válido ese razonamiento, el expuesto por Gonzalo de Quesada, el primer Ministro de Cuba en Wáshington, tan bien enterado de las interioridades de la política norteamericana de la época, sobre que la conducta seguida por los Estados Unidos respecto a la Isla de Pinos pudo tener su origen en que:

> ...the Isle of Pines could be made the basis of defense for American interests in the Caribbean Sea, or that, if the Isle of Pines was found unsuitable —as it was afterwards shown to be— for coaling and naval purposes, it could be made the basis of negotiation for the acquisition of other sites...[130]

Como veremos más adelante, la última alternativa fué la empleada por los Estados Unidos para obtener —y obtener baratamente, a cambio de un derecho que no tenían sobre la Isla de Pinos—, las estaciones navales en las costas de Cuba.

Tan pronto como quedó constituída la República comenzaron los norteamericanos residentes en la Isla de Pinos a provocar rozamientos y a reclamar por medio de ciertos senadores y representantes de su país que los Estados Unidos estableciesen su soberanía sobre dicho territorio. Los anexionistas y los elementos inconformes con la independencia de Cuba atizaban desde la sombra este descontento y estas provocaciones, a fin de perturbar la marcha del gobierno de Estrada Palma. A fines de 1902 y principios de 1903 la agitación en el Congreso de Wáshington y en cierta sección de la prensa de los Estados Unidos, contra la soberanía cubana sobre la Isla de Pinos, alcanzó caracteres de cruzada patriótica en favor de una provincia irredenta, muy por el estilo de lo que en nuestros días han hecho las potencias totalitarias de Europa y Asia para despojar a sus pequeñas vecinas, de sus tierras y hasta de su soberanía. Las cosas se pintaban de manera que una persona poco avisada podía creer que los norteamericanos habían poblado la Isla de Pinos por espacio de siglos; que eran dueños de sus fincas; que allí había una cultura yanqui, y que los cubanos querían arbitrariamente despojar a los Estados Unidos de parte de su suelo y convertían a la gran potencia en víctima de Cuba y a un número de sus ciudadanos en esclavos. Todo aquello era ridículo e increíble que pudiese ocurrir, pero la propaganda hábil de los geófagos y de los que estaban tras ellos, quería tener un "issue" con Cuba al discutirse el tratado de relaciones permanentes, el de reciprocidad mercantil y el de las estaciones navales, y de ahí que no se pusiese coto a semejante campaña de infundios.

El *Congressional Record* norteamericano de 1903 contiene amplia información sobre esta materia, con las peticiones hechas por los senadores Clark y Platt, el representante Richardson, y otros, hasta que, por fin, en febrero de 1903, el Senado acordó pedir al Presidente Roosevelt que le informase sobre la situación política de la Isla de Pinos y qué gobierno estaba ejerciendo autoridad y dominio sobre la misma. Roosevelt, al contestar, lo hizo enviando informes del Secretario Root y del general Wood que, bien a las claras, exponían la realidad de los legítimos derechos cubanos sobre la Isla de Pinos y la debilidad de la posición norteamericana, desde un punto de vista legal y moral, contra aquéllos. La respuesta de Roosevelt terminaba explicando que los ciudadanos de los Estados Unidos residentes en dicho territorio estaban sujetos al mismo régimen que "otros extranjeros" y no necesitaban protección especial alguna, y afirmaba que cuando esos ciudadanos se habían radicado allí lo habían hecho a sabiendas de que la propiedad definitiva de la Isla estaba por resolver y que había ese riesgo para cualquier inversión.

Las provocaciones de los geófagos a las autoridades cubanas se hicieron persistentes y peligrosas. Pearcey, uno de los aventureros, se negó a pagar las contribuciones debidas por los terrenos que había comprado a la familia Costa, y se le siguió el correspondiente procedimiento de apremio, por lo que él apeló al Ministro Squiers para que le protegiese y dicho diplomático no tuvo inconveniente en dirigirse a la cancillería cubana con semejante asunto. El Secretario Zaldo, sin embargo, mantuvo firmemente la soberanía cubana al contestar a Squiers, con fecha 3 de enero de 1903,

> ...que *todos los extranjeros residentes tenían que acatar las leyes y la jurisdicción de las autoridades cubanas y que toda desobediencia sería castigada en la forma que éstas prescribían*...[131]

El gobierno de Wáshington respaldó la actitud asumida por Cuba, en este asunto, cuando Pearcey continuó con sus protestas; pero Squiers comenzó ya a poner de relieve la turbia actuación sobre el asunto que al fin determinaría su caída. En un despacho suyo al State Department, en el mismo mes de enero, podemos encontrar el informe de que le había visitado el comandante James

E. Runcie, de actuación no muy recomendable durante el gobierno de la intervención y que había hecho causa común con los geófagos, y que Runcie le había dicho que los ciudadanos de los Estados Unidos residentes en la Isla de Pinos no se someterían a la soberanía cubana ni pagarían impuestos a Cuba y hasta apelarían a las armas, si era necesario. Squiers, según parece, trató de disuadirle de que llevaran a vías de hecho tales violencias; pero al mismo tiempo previno terminantemente a Estrada Palma y a Zaldo que no fuesen rigurosos con los que desafiaban su autoridad.[132]

En el mes de marzo, finalmente, Squiers hizo una breve visita a la Isla de Pinos y recogió los informes necesarios para comprender que de un momento a otro podía surgir una grave alteración del orden público, que forzase a actuar con energía al gobierno cubano. Su despacho del 18 de marzo de 1903, al Secretario Hay, recomendaba "strongly" que el gobierno de Wáshington le encontrase una solución al problema de la Isla de Pinos para que Cuba tuviese tranquilidad. No menos ansioso estaba el gobierno de Estrada Palma para resolver la cuestión; y en las negociaciones entre ambos países para la reciprocidad mercantil y la concesión de estaciones navales Cuba trató de insertar provisiones referentes a la Isla de Pinos, aunque sin resultado al principio, como ya hemos mencionado en otro lugar. El tratado referente a las bases navales se firmó en febrero de 1903 sin que en él se aludiese a la Isla de Pinos, pero la decisión respecto a esta última fué hecha en otro tratado, de fecha 2 de julio de 1903, cuyas ratificaciones serían canjeadas siete meses más tarde, el 2 de marzo de 1904.

El artículo 1º de ese tratado comprendía la renuncia expresa que hacían los Estados Unidos de toda reclamación o derecho acerca de la Isla de Pinos; pero el segundo artículo precisaba que la renuncia hecha por los Estados Unidos se hacía

> ...en consideración a las concesiones de Estaciones Carboneras y Navales en la Isla de Cuba, que antes de ahora se han hecho a los Estados Unidos de América por la República de Cuba...

En realidad se trataba de una jugada maestra del más descarado imperialismo: primero se azuzaba a los geófagos y aventureros para que creasen imaginarios intereses en la Isla de Pinos, después se le imponía a Cuba una cierta limitación a su derecho sobre la Isla de Pinos, arbitrariamente omitida por la Enmienda Platt del territorio cubano, y más tarde, para devolver ese "dere-

cho" así arrancado, por la fuerza, a la pequeña nación que quería
ser libre, se le obligaba a comprarlo con la cesión efectiva de su
suelo a los Estados Unidos. Como ya hemos dicho en anterior ocasión: eso era comprar barato y, además, pagándole al vendedor
con el dinero que le habían extraído del bolsillo.

Ante tales manejos como los que acabamos de describir y que,
como se verá, todavía no son los peores en torno a la cuestión de
Isla de Pinos, resulta difícil comprender qué concepto de la sinceridad y de la honradez política tenía Elihu Root, ya que, al cabo
de poco tiempo, escribiría al presidente del American Club de la
Isla de Pinos, lo que sigue, acerca del "derecho" que los Estados
Unidos habían renunciado a cambio de las estaciones navales:

> ...There is no procedure by which you and your associates
> can lawfully establish a government in that island. The island
> is lawfully subject to the control and government of the
> Republic of Cuba, and you and your associates are bound to
> render obedience to the laws of that country as long as you
> remain on the island. If you fail in that obedience you will be
> justly liable to prosecution in the Cuban courts and to such
> punishment as may be provided by the laws of Cuba for such
> offenses as you commit. You are not likely to have any
> greater power in the future. The treaty now pending before
> the Senate, if approved by that body, will relinquish all claims
> of the United States to the Isle of Pines. In my judgment the
> United States has no substancial claim to the Isle of Pines.
> The treaty merely accords to Cuba what is hers in accordance
> with international law and justice...[133]

Y Jessup, el panegirista de Root, para probar el espíritu de justicia de su biografiado, cita una carta de éste a Gonzalo de Quesada, fechada a 26 de marzo de 1906, en que le sugería la publicación de un folleto que probase que, histórica, política, geográfica y
económicamente, la Isla de Pinos siempre había pertenecido a
Cuba. Y entonces, ¿qué "derecho" habían cambiado los Estados
Unidos, que nunca lo habían tenido, por las estaciones navales?

Los enemigos de la ratificación del tratado, que comprendían a
varios influyentes senadores, representantes, banqueros y periodistas norteamericanos, se aplicaron a impedirla con una hábil gestión en su contra, en que se emplearon todos los recursos, hasta
los de mala ley, con objeto de hacer que transcurriesen los siete
meses fijados como plazo para el canje de las ratificaciones, sin
que se efectuase el mismo, de modo que así quedase invalidado
el tratado.

No obstante los esfuerzos de la cancillería cubana y la gestión del Ministro Quesada, el tratado quedó detenido por espacio de cinco meses en el seno del Comité de Relaciones Exteriores del Senado, hasta que al fin obtuvo la recomendación favorable de la mayoría, que encabezaban los senadores Cullom y Foraker; pero la minoría no cedió y tras una infructuosa tentativa para hacer que el tratado volviese a la Comisión, la efectiva campaña llevada a cabo en el hemiciclo del Senado impidió la ratificación de ese instrumento dentro del plazo señalado y caducó el convenio tan laboriosamente preparado. Es de justicia decir que el gobierno de Roosevelt fué tan lejos como pudo para cumplir sus compromisos con Cuba, aunque la cancillería cubana no quedó del todo satisfecha con la poca energía puesta de manifiesto por los Estados Unidos en la cuestión.

Cuando ya era evidente el triunfo de los opositores del tratado, que ponía en entredicho la buena fe norteamericana, el Secretario Zaldo precisó la posición cubana en una nota muy enérgica y muy digna, dirigida al Ministro Quesada, con instrucciones de que hiciera conocer los argumentos contenidos en la misma al Secretario Hay, quien hubo de confesarse impresionado por esas razones. En esa nota, de fecha febrero 26, 1904, decía Zaldo lo siguiente:

> ...No nos cabe duda sobre la suerte de ese Tratado; vencido en los primeros días del mes el plazo fijado para el canje sin haberlo efectuado, ha quedado de derecho caducado. Por nuestra parte hemos llenado todos los requisitos necesarios para que llegara a regir; el Senado de Cuba lo aprobó en 16 de julio último y fué ratificado por el Presidente, según aparece del documento de estilo que se le remitió en 18 de diciembre próximo pasado, para su canje. La culpa de que ese pacto quedara ineficaz ha sido del Senado norteamericano que ha dejado transcurrir el término sin siquiera tomarlo en consideración; y también de algún modo, del gobierno de los Estados Unidos, que no ha hecho todos los esfuerzos que pudo para conseguir su aprobación, no obstante haber realizado el de Cuba, todas las mejoras en la administración pública de la Isla de Pinos que le fueron sugeridas por la Legación Norteamericana, tendientes a quitar todo pretexto a los que se oponen a que se reconozca la soberanía de la República de Cuba sobre la mencionada Isla. Examinado con detenimiento el caso por el Departamento, no se encuentran medios hábiles para salvar el tratado de la caducidad, por lo que recomiendo a usted se sirva hacer presente al Sr. Secretario de Estado los

deseos del Gobierno de Cuba de que se suscriba cuanto antes otro tratado, idéntico al de 2 de julio de 1903, estipulándose un plazo ilimitado para el canje de las ratificaciones, a fin de evitar lo acontecido.. El gobierno tiene necesidad de que se proceda con urgencia en el asunto, y a usted no se le ocultarán los poderosos motivos que le asisten; por lo cual, aunque entiende que el nuevo tratado debiera también firmarse en La Habana, en obsequio a la brevedad no tiene inconveniente que se haga en Wáshington para lo que se le mandaría la correspondiente plenipotencia, o se le autorizaría por cable para suscribirlo, si esa forma fuese suficiente a juicio del señor Secretario de Estado. Asimismo espera el Gobierno que el de los Estados Unidos no tendrá ninguna objeción que oponer a que se firme en seguida ese nuevo tratado, ni que pretenderá introducir ninguna modificación en el texto del anterior en el sentido indicado por algunos senadores norteamericanos. El Gobierno no está dispuesto a admitirlas, y así deberá usted hacerlo presente al señor Secretario de Estado, pues no sería equitativo que se limitase o alterase, siquiera aparentemente, una ventaja obtenida por Cuba en consideración a otras concesiones hechas a los Estados Unidos, cuando éstas permanecen inalterables. Ello, con razón, causaría un profundo disgusto en el pueblo cubano. El tratado sobre la Isla de Pinos no puede considerarse como un pacto aislado, sino como parte y consecuencia de las negociaciones llevadas a cabo entre los dos Gobiernos y que dieron por resultado los tratados celebrados con los Estados Unidos que se derivan de la Enmienda Platt; las estipulaciones dè aquel tratado favorables a Cuba, son como una compensación por y en consideración a las concesiones hechas por Cuba a los Estados Unidos, como claramente se expresa en el primero de sus artículos; y por tanto, no pueden alterarse sin que a su vez tenga Cuba el derecho de modificar las cláusulas de los otros tratados favorables a los Estados Unidos... [134]

Quesada no demoró el acercarse a Hay para comunicarle sus instrucciones, que hicieron profunda impresión en el Secretario de Estado norteamericano, el que entonces pudo convencerse, si no lo estaba ya, de que Cuba tenía estadistas capaces y de firmes convicciones, que así asumían con energía y dignidad la iniciativa en el desarrollo de las negociaciones de ambos países . La cancillería de Wáshington naturalmente que accedió a lo propuesto por Cuba y en las condiciones precisas que ésta fijaba, asistida de sus derechos, y un cable de Quesada a Zaldo, el propio 26 de febrero, comunicaba el acuerdo de firmar un nuevo tratado, en substitución del que estaba a punto de caducar, con texto idéntico salvo en lo del plazo para el canje de las ratificaciones, que esta vez se hizo ilimitado. El 27 quedó autorizado Quesada para la firma del nuevo convenio; se le enviaron inmediatamente los poderes y el 2 de marzo quedó firmado el tratado definitivo que, de nuevo, reconocía que la renuncia norteamericana a la Isla de Pinos era a cambio de "valores adquiridos", o sea, las estaciones navales; pero que a pesar de ello los Estados Unidos tardaron más de veinte años en ratificarlo y en canjear las ratificaciones.

Con más de una dolorosa experiencia respecto al incumplimiento de sus promesas por parte de los Estados Unidos, Cuba recordó continuamente a la cancillería de Wáshington que no había cumplido su compromiso en cuanto a la Isla de Pinos y que era de justicia y de conveniencia generales que lo hiciese; pero los partidarios del despojo eran tan influyentes, que resultaba imposible lograr la ratificación del tratado mientras los incidentes con los geófagos se hacían cada vez más inquietantes.

Razones de sobras tenía Cuba para estar alarmada. Squiers, el representante del gobierno que había firmado el tratado, cada vez se mostraba más como cómplice de los aventureros establecidos en la Isla de Pinos. Para colmo, en mayo de 1904 visitaron La Habana varias prominentes personalidades norteamericanas que acompañaban al Secretario de Justicia del gabinete de Roosevelt, William H. Moody, tan íntimo amigo de Elihu Root y de W. H. Taft, que en Wáshington les llamaban "los tres mosqueteros". El Senador Bacon, que viajaba con Moody, dijo a Squiers que el tratado acerca de la Isla de Pinos sería ratificado "...*if some form of self-government could be granted...*" El Ministro de los Estados Unidos, según informó al State Department, le objetó que ello sería inconstitucional; pero, no obstante, decidió sondear a Estrada Palma y a Zaldo respecto al particular, con lo que tuvo que escuchar duras y amargas palabras en respuesta. De conformidad con sus informes a la cancillería norteamericana, Squiers, en esa entrevista

> ...*suggested that some change be made in the law by which the Alcalde be appointed by the President instead of elected, believing under such a law that he, the President, would be guided in his selection by the wishes of the Legation and the American residents of the Island...* [435]

¡En verdad que había cambiado bastante la orientación de los "maestros" encargados de enseñar la democracia a los cubanos! Ahora el Ministro de los Estados Unidos informaba libremente a su gobierno, sin que éste le reprendiese, que para dar el poder a un puñado de norteamericanos avecindados en la Isla de Pinos y que formaban una ínfima parte de la población de la misma, había que privar del voto, en su propia tierra, a la mayoría de los habitantes, que eran cubanos. Los geófagos no tenían votos suficientes para ganar la alcaldía de la Isla de Pinos y en su país de origen ése era el procedimiento consagrado para triunfar en las elecciones; pero, en el extranjero, el representante de los Estados Unidos renegaba de la democracia y quería que unos compatriotas suyos, aventureros sin escrúpulos, gobernasen un país al que no tenían derecho alguno mediante la influencia que él y los perturbadores de que era cómplice pudieran ejercer sobre el Presidente de Cuba para lograr el alcalde que les convenía... ¡Y John Hay, que hacía pocas semanas había firmado un tratado acerca de la Isla de Pinos, no se escandalizó con aquella indigna proposición de su subordinado!

Por supuesto que Estrada Palma rechazó enérgicamente la sugestión de Squiers y le expuso que la simple tentativa de semejante ilegalidad en favor de los norteamericanos residentes en la Isla de Pinos haría que surgiese una ley contra la adquisición de tierras en Cuba por parte de extranjeros, "...based on the fear of further demands for recognition in the body politic..." Y no se detuvo en esas palabras el gobernante cubano, sino que inmediatamente protestó de que el Senado de Wáshington no hubiese ratificado el tratado acerca de la Isla de Pinos mientras que sí lo había hecho con el de las estaciones navales, cuando ambos eran complementarios. Squiers incluyó en su despacho a Hay el siguiente párrafo con la enérgica crítica de Estrada Palma al Senado de Wáshington, ante la justicia de la cual Squiers tuvo que callar:

> ...The President... said this morning that he could not believe that three hundred Americans settlers in the Isle of Pines could successfully oppose the ratification of the Treaty if the members of the Senate were moved by sentiments of justice and honesty, but that if they succeed that his sentiments toward the United States must change as he would feel that his people had been robbed... They do not think we have acted honestly... [136]

Y el Presidente Roosevelt, unos meses más tarde, se expresaría en forma bastante parecida a la de su colega cubano, sobre el mismo asunto, pues en una carta suya a Elihu Root, hecho ya Secretario de Estado a la muerte de Hay, puede leerse este párrafo bastante significativo:

> . . . Senator Cullom has just handed me the enclosed papers. He states that his information is that the Cubans are behaving with scandalous lack of good faith to the Americans doing business in Cuba in the matter of giving preference to Germans and others of our mercantile competitors over American business men; and he also says that from what he learns the Cubans are paying no heed to the proper sanitation of their cities and that some day there will be a return of the fever epidemics. I have called Senator Cullom's attention to the misconduct on our part in the refusal to ratify the Isle of Pines treaty. I have explained to him that it is very hard for us to ask equity when we do not do equity, and that it is clearly our duty to ratify the treaty in question. We do not want the Isle of Pines; it would simply be a nuisance to us. We would not known how to govern it; and it has been worse than foolish on our part to fail formally to give the Isle of Pines back to Cuba, who is now administering it . . . [137]

Sin embargo, el Presidente de los Estados Unidos podía opinar así, pero su representante en La Habana seguía alentando ideas diametralmente opuestas y en la sombra alentaba a los aventureros para que precipitasen una crisis. Un despacho de Squiers a Root, fechado a 18 de noviembre de 1905, le participaba que los norteamericanos de la Isla de Pinos habían constituído un gobierno independiente, según le había confirmado personalmente, en una entrevista, el aventurero Pearcey, a quien calificaba de díscolo, y que él había ido a visitar al Secretario de Estado, Dr. O'Farrill, para recomendarle que Cuba se condujese con cuidado con los revoltosos y evitase toda efusión de sangre o medida violenta para con los que desafiaban su autoridad.

Dos días antes del despacho a que acabamos de referirnos el periódico norteamericano *The Havana Daily Telegraph*, edición de noviembre 16, publicó una sensacional entrevista con el Ministro Squiers, en la que éste reveló sus manejos con la declaración de que sería mejor que los Estados Unidos ejerciesen el control sobre la Isla de Pinos, como gobierno, hasta que se hiciese el canje de las ratificaciones del tratado . . . , que tuvo lugar veinte años después. La indiscreción estaba muy de acuerdo con la impune arrogancia y la arbitrariedad con que el State Department le había permitido a Squires que se manejase; pero ya pasaba de los límites de lo tolerable, porque la publicación de esa entrevista tuvo lugar después de una visita de dicho diplomático al Secretario O'Farrill, en la que se había permitido sugerir que Cuba retirase las autoridades nacionales de la Isla de Pinos y le pidiera al Presidente Roosevelt que enviase a la misma un cañonero norteamericano para garantizar el orden.[138] Además, con anterioridad se había publicado que Squiers había aconsejado a los geófagos "que procedieran, porque el asunto estaba en sus manos", y la cancillería cubana, en una nota al Ministro Quesada, lo había hecho constar. El gobierno de Estrada Palma, pues, se negó a tolerar la perturbadora actuación de Squiers y con serena y resuelta energía que en más de una ocasión, para bien de Cuba y de los Estados Unidos, se debió haber empleado en casos análogos con otros diplomáticos, procedió a pedir el relevo del primer representante oficial norteamericano ante la nueva república, de aquel funcionario escogido por el general Wood como "ideal" para el ajuste de las mejores relaciones entre ambos países.

La petición de relevo la hizo el propio Estrada Palma a Roosevelt, en una carta en que le informaba de que la conducta personal de su enviado había dejado de ser agradable al gobierno cubano, y fué confirmada protocolarmente el 18 de noviembre en instrucciones expedidas al efecto para que el Ministro Quesada plantease la cuestión ante la cancillería de Wáshington. El 24 de ese mes el Secretario Root le exigió cablegráficamente a Squiers que explicase por qué había hecho las declaraciones que habían producido el incidente y justificase su conducta. Squiers no se esperaba esto. La impunidad con que se había manejado hasta entonces le había alentado a creer que ni Cuba protestaría ni el State Department le llamaría a capítulo, sobre todo, cuando tantos personajes influyentes del Congreso norteamericano estaban de su parte. Martínez Ortiz, al empeñarse en suavizar lo ocurrido, agrava la situación al decir que las sanciones del gobierno de Roosevelt contra Squiers tenían su origen en el disgusto con los yerros cometidos por él para impedir el tratado de comercio entre Cuba e Inglaterra,[139] por lo que su indiscreción en cuanto a Isla de Pinos dió el pretexto para castigarle. Squiers, al explicar su actuación, trató de quedar bien; pero había llegado la hora de la sanción. Quesada informó a La Habana que Root prometía relevar de su cargo a Squiers tan pronto como las circunstancias lo permitiesen, y el 29 de noviembre de 1905, reprendido duramente por sus extralimitaciones, Squiers renunció a su cargo e hizo entrega del mismo al Segundo Secreta-

rio de la Legación, Henry L. Janes, al serle admitida su dimisión
con rapidez fulminante y sin esperar a que estuviese en La Habana el Primer Secretario, Jacob Sleeper, quien debió haberle reemplazado. Así fué como Squiers, primer Ministro de los Estados
Unidos en Cuba, y Bragg, primer Cónsul General de los Estados
Unidos en Cuba, iniciaron la lista de sonadísimos fracasos diplomáticos norteamericanos en el país en que más fácil debiera triunfar, por multitud de circunstancias favorables, la política internacional de la cancillería de Wáshington. Es de justicia decir, sin
embargo, que no por ser Squiers el que encabeza con tales antecedentes esa lista, fué el peor de los diplomáticos de su país en Cuba,
porque Frank M. Steinhart, Harry F. Guggenheim, Benjamin Sumner
Welles y James Jefferson Caffery, todavía fueron peores e hicieron
mucho más daño a los Estados Unidos y a Cuba y solamente
Welles, de estos cuatro, fué denunciado como persona no grata por
el gobierno independiente, popular y revolucionario de Grau San
Martín, cuya caída, en 1934, por las intrigas, la intransigencia y la
incapacidad de Welles y de Caffery, es uno de los borrones en la
historia de la diplomacia norteamericana en Cuba.

La culpabilidad del Ministro Squiers en la ridícula intentona revolucionaria de los geófagos de la Isla de Pinos contra el gobierno
ante el cual él estaba acreditado, es cosa ya indudable. Martínez
Ortiz dice eufemísticamente que Squiers no acertó en el asunto de
la Isla de Pinos, que atizó el fuego, sopló las brasas y le creó dificultades a Wáshington. Hevia ya da pruebas bastantes para con-
denarle y los autores norteamericanos no han podido defenderle y
guardan silencio sobre las causas de su relevo para no tener que
admitir que fué infiel a su misión el primer diplomático enviado a
Cuba por los Estados Unidos. Squiers y sus cómplices de la Isla
de Pinos también tuvieron cierta responsabilidad en los preparativos revolucionarios de 1905 contra la reelección de Estrada Palma,
de que trataremos más adelante; pero baste decir ahora que el
extenso informe del agente F. S. Cairns, del Servicio Secreto norteamericano, al Secretario de la Guerra, sobre las fuentes en que
habían obtenido sus recursos para la revolución contra Estrada
Palma los sublevados de 1906, contiene estos dos párrafos, entre
otros muchos:

> ...The American residents of the Isle of Pines have also
> given various sums to Luis Pérez, former governor of Pinar del
> Río. A few days ago a committee which came with the object

of seeing Mr. Taft, delivered a final sum of $5,000 which, two days ago, reached Pino Guerra.

These are, in general terms, the facts relating to this matter, which have been proven by the Government. It also appears from the investigations made, though it has not been proven, that Mr. Squiers, former Minister of the United States, delivered to General José Miguel Gómez a large sum, neither the amount nor origin of which has been ascertained... [140]

La retirada de Squiers no significó el final de la agitación anexionista entre los aventureros radicados en la Isla de Pinos. El Senador Bailey, de Texas, hubo de enviar a Root unas cartas fechadas en Nueva Gerona, a 20 y 24 de enero de 1906, en que un testaferro de Pearcey amenazaba con la revolución de la Isla de Pinos y decía horrores de Cuba y de los cubanos, así como del propio Root, por razón de sus declaraciones acerca de la soberanía cubana sobre dicho territorio. Por los mismos días el Senador Thomas C. Platt, de Nueva York, uno de los más corrompidos políticos norteamericanos de la época, se dirigió a Root con una larga exposición, que era un indigno tejido de mentiras, expuestas con violencia de lenguaje, con la pretensión de probar que la Isla de Pinos había sido cedida por España a los Estados Unidos. [141] Y como parte de la misma campaña, que provocaba luchas fratricidas en Cuba y las financiaba para aprovecharse de esos disturbios y apoderarse de la Isla de Pinos, el 8 de marzo de 1906 el llamado comité ejecutivo de la Asociación de Terratenientes lanzó en Nueva Gerona un manifiesto firmado por T. B. Anderson, E. T. Fries, F. S. Rothenhoeffer, Geo. D. Robers y F. M. Van Etten, en que se pedía a los Estados Unidos que "restableciesen" su bandera en el "suelo norteamericano" de la Isla de Pinos y, tras insultar al gobierno de Cuba y a los que respaldaban sus derechos, se amenazaba con la revolución para que corriese la sangre, todo ello con una pintoresca alusión a Bunker Hill. Típica de esta agitación anticubana es una carta que un picapleitos de Norristown, Penna., nombrado E. L. Hallman, relacionado con el politicastro Senador Quay, dirigió al Presidente Roosevelt con fecha 19 de marzo de 1906. En su opinión, era mejor para la Isla de Pinos, y para Cuba y los Estados Unidos, que la primera fuese norteamericana. En apoyo de su opinión decía que los cubanos descendían de negro y español y los pineros de ¡indio y español!; declaraba que los

...Cubans are ignorant, arrogant and I believe incapable of ruling themselves very long... it was a mistake to give Cuba absolute independence...,

y terminaba pidiendo que se protegiese a los norteamericanos

...against the brutality, the ignorance and the discrimination and injustice of this only half civilized country...

Todo esto ya revelaba un plan en pleno desarrollo para lanzarse a la violencia simultáneamente con la revolución contra Estrada Palma, que se preparaba en Cuba. En junio de 1906 hubo un desembarco de armas en la Isla de Pinos para *"leading American annexationists"* y el Secretario O'Farrill llamó al Ministro Morgan y le comunicó esas noticias y le previno de que iba a ser necesario expulsar del territorio nacional a alguno de sus compatriotas, por perturbador de la paz pública. El 8 de ese mes Morgan comunicó a Root el resultado de esa entrevista pero la respuesta del State Department fué en contra de la proyectada expulsión, aunque contentiva de la promesa de que los Estados Unidos no respaldarían a los aventureros en la revuelta la que, por otra parte, ante los cambios políticos norteamericanos y la violación de otras muy solemnes promesas hechas a Cuba, no era cosa como para tranquilizar a los cubanos.

La equívoca conducta del State Department y la firme y contemporizadora conducta del gobierno de Cuba tuvieron una prueba final a mediados de julio con el incidente provocado por una joven norteamericana de la Isla de Pinos, Miss Millie Brown, quien, con otros compatriotas suyos, y en violación de la Orden Militar No. 902, dictada por el general Wood, procedió a instalar y operar un sistema de telégrafos, aparte de la red oficial. Al ser arrestada Miss Brown desafió al juez cubano a que la castigara y, al ser multada, se negó en lo absoluto a pagar la multa, por lo que fué enviada a la cárcel, de acuerdo con las leyes, a purgar la pena impuesta con días de prisión. El escándalo fué mayúsculo y se trató de convertir a Miss Brown en una mártir de la "tiranía cubana en la Isla de Pinos". El 14 de julio de 1906, en un mítin celebrado en Nueva Gerona, los aventureros norteamericanos insultaron a las autoridades cubanas, especialmente al juez que había cumplido con su deber y a los soldados y policías que habían intervenido en el caso; pero fracasaron señaladamente en su empeño de lanzar a la mayoría de los emigrantes a quienes habían atraído con engaño a la Isla, a que se lanzaran a una sublevación para reprimir la cual, por otra parte, Cuba contaba con fuerzas suficientes a pesar de los seis mil hombres con que aseguraban contar los revoltosos y que eran el doble de la población total de la Isla por entonces.

El Encargado de Negocios Sleeper apeló al gobierno cubano para que Miss Brown, la mártir fracasada, fuese tratada con cierta consideración por razón de su sexo, y la detenida fué trasladada a la residencia de la familia del alcalde de Nueva Gerona, donde estuvo hasta que se le concedió su libertad, pedida insistentemente por la cancillería de Wáshington.

Así, pese a todos los desplantes y a todas las conjuras, la diplomacia del país al que se negaba capacidad para gobernarse, conjuró el conflicto que le había sido provocado y, dentro de las circunstancias adversas, defendió sus derechos y sacó el mejor partido posible de la situación para conservar su territorio, aunque tardó veinte años más en conseguir que los Estados Unidos cumpliesen su compromiso, ayudada en sus esfuerzos por varios estadistas norteamericanos de firmes convicciones, como el propio Presidente Roosevelt, y por el Tribunal Supremo de Wáshington, que siempre consideró a la Isla de Pinos como territorio extranjero, y por otros generosos defensores de la justicia internacional.

6.—La caída del gobierno de Estrada Palma.

El gobierno de la primera república cubana sin duda que hizo maravillas, con los obstáculos de orden interno y externo a que hubo de hacer frente en aquellos años de prueba y que para Cuba, como para cualquier otra nación al principio de su vida independiente, resultaron ser dificilísimos. Estrada Palma ni siquiera tuvo la suerte de contar siempre y en cada caso con consejeros que le fuesen fieles, pues ya hemos visto que alguno de sus secretarios, el jefe de la Guardia Rural y hasta senadores y representantes, revelaban los que a veces eran secretos de estado a la insistente labor de averiguación y espionaje a que se entregaba el representante de los Estados Unidos. Este nunca fué amigo leal del anciano estadista ni cumplió tampoco con gran escrupulosidad sus deberes para con la nación ante la cual estaba acreditado. En un país destrozado por la que Fernando Ortiz llama con verdad la Guerra de los Treinta Años, empobrecido y que tenía que digerir en el cuerpo social y político a los elementos que se habían acostumbrado a la violencia en los campos de la revolución, a los que se habían opuesto a la misma y a los que venían de otras tierras,

el gobierno estable, progresista, justo y respetado, que Cuba necesitaba, se hacía muy difícil.

El pueblo cubano hizo esfuerzos de reconstrucción y adelanto
y reaccionó a maravilla conforme a los estímulos recibidos, y para
Estrada Palma esto vino a ser como consecuencia de una administración pública en la que sólo veía perfecciones y cuyos defectos
ignoraba con increíble obstinación en el error. Cuando se hizo evidente que el anciano estadista había abjurado de toda debilidad
anexionista y que estaba convencido de que él era el único gobernante que podía fomentar la prosperidad del país, mantener el
orden, educar al pueblo y administrar con honradez, no faltaron
interesados partidarios que alabaron hasta las nubes sus buenas
cualidades hasta convencerle de que él era el hombre necesario, el
que debía consolidar la República con un segundo período presidencial. Nadie paró mientes en que Estrada Palma era hombre
íntegro, resuelto, de cierta capacidad y de acendrado patriotismo;
pero también intransigente, apasionado y cuya firmeza de opiniones llegaba a la obstinación más ciega en el mantenimiento de
las mismas. Cierto que él había enjugado el déficit dejado por
Wood y administrado los dineros públicos con escrupulosa honradez hasta acumular un impresionante superávit; que había realizado obras públicas y de rehabilitación económica dignas de elogio; que durante su gobierno la instrucción pública había recibido
formidable impulso; que se había manejado con habilidad y patriotismo en la defensa de los intereses nacionales frente a los Estados Unidos y otras potencias, pero llegó a persuadirse de que él
era el único que podía salvar a Cuba y que debía hacerlo por todos los medios, hasta los poco respetables, y esa obsesión le llevó
a aspirar a un segundo período presidencial, con gran beneplácito
del Ministro Squiers, quien se prometía dominarlo él solo si seguía
en el poder, una vez eliminados los secretarios que como Terry,
Zaldo y otros pocos, le hacían sombra. En un hombre del carácter
de D. Tomás la adopción de un propósito se convertía en el dominio
de una idea fija, y el anciano bondadoso, sencillo, frugal y honrado, de ese modo se cambiaba en un personaje malhumorado,
disgustado ante toda oposición o inconformidad y decidido a imponerse para salvar, a pesar de ellos, a los que se atrevían a
disentir.

El propósito reeleccionista apareció bien temprano, porque los
partidos políticos organizados para conquistar el poder, no se re-

signaron a que el Presidente gobernase sin tener apoyo partidarista específico y trataron de atraérselo, unos y otros. Naturalmente, en aquellos años iniciales, los grupos políticos no tenían historial ni caracteres definidos, y las denominaciones y las filiaciones surgían y se cambiaban con vertiginosa rapidez, aunque, por otra parte, poco a poco iban perfilándose un partido del gobierno frente a otro de la oposición, a los que se podían dar los nombres que se quisiesen, pero no eran más que los tradicionales "ins and outs", que dicen los norteamericanos.

En mayo de 1904 ya Squiers, en su correspondencia con el State Department criticaba al Secretario Zaldo para terminar con la declaración de que si seguía en el gabinete perjudicaría las probabilidades de Estrada Palma para reelegirse, o sea, que la reelección ya estaba por entonces en el ambiente y en los últimos días de ese mes, en otro despacho en que atacaba la corrupción y la irresponsabilidad con que se manejaba el Congreso cubano, Squiers daba este respaldo concluyente a Estrada Palma:

> ...The present satisfactory state of affairs is due alone to the influence of the Platt Amendment and the wise conservative policy pursued by Mr. Palma...

Y este endoso del gobierno de Estrada Palma podemos encontrarlo bien explícito, meses más tarde, en una carta personal de Squiers a Hay, en que aquél decía que la crisis política de Cuba se aproximaba y llegaría a su culminación el próximo año, pero que

> ...only a continuation of Mr. Palma's honest, conservative administration can preserve to Cuba a government adequate for the protection of life and property... [142]

Así era como Squiers iba identificando la reelección de Estrada Palma con los intereses norteamericanos en Cuba, aunque después cambiaría de opinión. El pago de los sueldos a los veteranos de la guerra de independencia venía a influir en esa decisión suya, a lo que parece, porque él mismo relacionó ambas cuestiones al relatar a Hay, en otra carta personal, la entrevista tenida con el Presidente cubano el 17 de enero de 1905. Squiers informaba que Estrada Palma se inclinaba a contratar un empréstito interior para saldar los veinte y ocho millones de pesos que quedaban pendientes, de la deuda con los veteranos. De los cincuenta y seis millones de pesos en certificados de adeudos, que habían sido expedidos, veinte y tres fueron vendidos por sus propietarios a terceras personas, y de esa suma había dieciséis millones que estaban en manos de ciudadanos de los Estados Unidos.[143] Si el Congreso acordaba pagar el total de esa deuda, en contra de la opinión de Estrada Palma, quien sólo quería abonar una parte de ella, la ley sería vetada por el Presidente, pero este acto, en opinión de Squiers, le costaría la reelección, y acerca de ésta decía el diplomático norteamericano:

> ...Our interests would be prejudiced by his failure to succeed himself, seriously so if either of the two candidates now prominently mentioned happened to be nominated and elected. I refer to General Máximo Gómez, of Revolutionary Army fame, and to José Miguel Gómez, now civil governor of Santa Clara, members of the Nationalistic party, avowed enemies of the United States and generally opposed to our interests here...[144]

La crisis política cubana, mientras tanto, se había desarrollado con fuerza inesperada. Elementos procedentes de las filas del Ejército Libertador y que nunca habían alcanzado distinción especial, ahora se erigían en caudillos y demagógicamente se producían para el logro de sus ambiciones. Las grandes figuras de la revolución se alejaban unas de otras con malsanas rivalidades que sólo aprovechaban a sus enemigos de ayer y a los improvisados líderes políticos. La miseria llevaba el descontento a las masas y no faltaban quienes reprochaban a Estrada Palma su estricta economía, que aumentaba notablemente los fondos públicos, como error administrativo. Las elecciones parciales de 1904 ya habían puesto de relieve los métodos de copo, despojos y violencias electorales que después habrían de ser norma regular de las campañas políticas cubanas hasta estos mismos días que vivimos. En un principio el regionalismo había sido en extremo influyente dentro de los llamados partidos políticos, el Liberal Nacional y el Republicano Conservador, que después adquirieron características verdaderamente nacionales cuando el reeleccionismo hizo su aparición; pero a partir de 1904 ya hay los lineamientos y las filiaciones que llegarían a hacerse regulares durante el resto de la vida republicana de Cuba, hecha abstracción de algunos señalados casos de tránsfugas, como los de las entonces obscuras figuras políticas de Alfredo Zayas, Mario García Menocal, Gerardo Machado y Carlos Mendieta, nombres y hombres de infausta memoria en la historia nacional de Cuba.

En 1905 surgió el Partido Moderado, que integraban los elementos disidentes del Republicano Conservador, partidarios de la re-

elección de Estrada Palma y opuestos a la candidatura del general
José Miguel Gómez, que surgía con gran fuerza en la opinión,
aunque con una plana mayor en que había algunos demagogos sin
escrúpulos, como el italiano Ferrara. El viejo caudillo mambí, general Máximo Gómez, se había separado política y particularmente
de Estrada Palma, a quien había contribuído a elegir, y estaba entre los adversarios de la reelección, a la que censuró abiertamente;
pero se negó en redondo a ser el candidato contrario a D. Tomás,
aunque apoyó a los que le combatían. El 1⁰ de febrero, en una ceremonia de cierta solemnidad y que tuvo lugar en el Palacio Presidencial, Estrada Palma ingresó en el recién formado Partido Moderado. El paso dado era de trascendencia relativa hasta ese momento; es decir, si no hubiera sido seguido por una política real de
servicio a los intereses de la aludida agrupación política, con apoyo
oficial para que obtuviese el triunfo en los comicios y siguiese el
Presidente en el poder. Toda la administración pública, apenas
encauzada en normas de reconocimiento al mérito, cumplimiento
del deber y eficacia y patriotismo en la gestión, que eran extrañas
a la nación después de siglos de coloniaje, se resintió al impacto
del proteccionismo político. Cundió la inquietud; se desmoraliza-
ron los organismos oficiales; la tensión creció en el Congreso entre
los elementos de diversas tendencias y recobraron sus esperanzas
los anexionistas que parecían haberse extinguido y habían estado
trabajando en la sombra; pero que ahora calculaban: si hay disturbios, puede haber intervención militar norteamericana provocada
al efecto, y así vendrá la anexión; si el proceso electoral no produce choques armados y Estrada Palma resulta reelecto, con él
hay la remota esperanza de que recuerde sus olvidadas profesiones de fe anexionista, mientras que con sus adversarios vendrá el
nacionalismo intransigente.

Es de gran interés el analizar las reacciones de Squiers ante
la situación política que se planteaba en Cuba con la aspiración
reeleccionista de Estrada Palma y la incorporación de éste al Partido Moderado, frente a las otras candidaturas que se discutían.
Squiers insertó sus opiniones en un extenso despacho dirigido al
Secretario Hay y que marcó como "privado y confidencial", que
no figura en los archivos diplomáticos de Wáshington porque Hay
lo remitió al Presidente Roosevelt, quien lo conservó entre sus papeles. Ese despacho comenzaba con la declaración de que el estado político de Cuba no era tan claro como había sido antes, aun-

que el gobierno cubano iba solucionando los problemas de las huelgas, la paga a los veteranos, etc., bastante bien y "...*apparently demonstrating the ability and capacity of the Cuban people for self-government*". Las preocupaciones de Squiers estaban relacionadas con el problema de la sucesión presidencial, los candidatos para ella y los intereses de los Estados Unidos, respecto a cuyos puntos decía lo siguiente:

> ...*Another situation now confronts them —the possibility of the defeat of the most moderate and conservative interests of the Island, as represented by Mr. Palma, by the liberal element as represented by José Miguel Gómez, present Governor of Santa Clara Province.*
>
> *Mr. Palma's declared purpose to ally himself with the Moderates has resulted in a serious rupture in the party, the Santa Clara or las Villas faction having separated from the Havana branch and will likely nominate Governor Gómez, a candidate supported by General Máximo Gómez. If the Liberal party joins the seceders in this nomination Mr. Palma's election will be very uncertain.*
>
> *The vacancies in the Cabinet have not yet been filled, the President finding himself unable to satisfy the demands of the Moderate Party. Mr. Palma's candidature largely depends upon his political sagacity in making these selections. He is not a fighter and if the situation demands vigorous action I much fear he will prefer to pack himself off to his old home in Central Valley.*
>
> *Governor Gómez's election would mean placing in power the worst element in the Island, giving the country an administration in which the more responsible classes, the property owners, would have no confidence. If the best of the conservative element are lacking in those qualities which insure fair, equitable, beneficial legislation, and a just and intelligent application of the law, what can the Cuban people expect from the yet more deficient liberals?...* [145]

Como se ve, Squiers un día podía alabar las capacidades de los cubanos para el gobierno propio y proclamar que lo habían hecho mejor que lo que se esperaba, y poco después cambiaba de parecer y consideraba a Cuba y a los cubanos como un caso desesperado. La contradicción respondía a sus planes del momento y en torno a la reelección de Estrada Palma Squiers veía la posibilidad inmediata de la anexión por una crisis política violenta, o la posibilidad mediata con la continuación de Estrada Palma por algunos años más, mientras que los llamados "liberales", de los que él abominaba, representaban un golpe de muerte al anexionismo. Y para

probar que las conclusiones que acabamos de fijar se ajustan a
la realidad y no exageran ni tuercen las esperanzas de Squiers,
conviene leer los siguientes párrafos finales de la comunicación
que venimos comentando, en que decía el diplomático norteamericano:

> ...The development of this situation is of highest import-
> ance to the United States. In it lies the possibility of an appeal
> for annexation. There would be no other escape from the
> corruption and malfeasance which may follow a successful
> liberal campaign.
>
> In discussing the situation with Mr. Palma I have on many
> occasions mentioned the confidence and trust the better class
> of Cubans have in him, and the apprehension and fear they
> feel for the future in the event of his defeat, and suggesting the
> belief that many of them would prefer to see him Cuba's last
> President, a sentiment I found by no means displeasing.
>
> As the officers of the Senate and House were elected by a
> moderate coalition, the split in the party has brought about
> the resignation of the President of the Senate and the House,
> in the former case Mr. Capote, a very useful man to us...

Y así el sentimiento anexionista de Squiers quien, como acabamos de ver, se complacía con la idea de que Estrada Palma fuese
el último Presidente de Cuba, no sólo encontraba cabida, sin reprensión de sus jefes, en la carta particular y confidencial que acabamos de comentar, sino también en despachos oficiales que de-
jan entrever el curso de sus pensamientos y las esperanzas que se
prometía, como su nota No. 1184, de febrero 11, acerca de la alianza de Estrada Palma con los moderados y la renuncia de varios
miembros del gabinete, respecto a lo cual decía:

> ...The so-called Moderate Party is more favorable to our
> interests than the Radical, but neither of them can be taken
> seriously, personal advantage and gain being the first con-
> sideration and paramount importance... The people would not
> long support a legislative body with the record of the one now
> in session were it not for the feeling that if things get too bad
> there is always the Platt law to appeal to it, or as a last resort,
> annexation...

Squiers no quería abandonar el terreno en que tan laboriosamente había trabajado por espacio de tres años y en el que esperaba que diesen frutos, antes de mucho, sus intrigas. Así, al ser
reelecto el Presidente Roosevelt, el Ministro en La Habana renunció
a su cargo por cuestión de forma; pero cuidó de advertir al Secre-

tario Hay que deseaba seguir en su puesto a fin de adquirir reputación y méritos, los que no podían ser otros que la realización de sus planes anexionistas.

Con Estrada Palma lanzado camino de la reelección y afiliado al Partido Moderado, la reorganización del gabinete se convirtió en paso político de primerísima importancia, como inicio de la campaña electoral. En los primeros días de marzo el Presidente aceptó las renuncias a sus antiguos secretarios y los reemplazó con un grupo de correligionarios suyos que poco después se haría famoso con el siniestro remoquete de "gabinete de combate", aplicado por los adversarios del gobierno. Por supuesto que Squiers reportó la noticia de estos cambios a sus superiores casi en seguida y su primer informe contenía la opinión de que los nuevos secretarios eran *"...more favorable to our interests than the former cabinet..."* Esta opinión no aparece razonada en su despacho, pero si la consideramos en relación con el párrafo final del mismo, tan pesimista sobre la continuación de la República, hace sospechar que Squiers esperaba lo peor en la crisis política del momento. Del nuevo Secretario de Estado, Dr. O'Farrill, decía Squiers que *"...was most extravagant in his protestation of friendship for the American people..."* No era parco en sus elogios acerca de los dos caracteres más violentos del nuevo gobierno, que eran los generales Freyre de Andrade y Montalvo, y acerca de este último, personaje nefasto de la historia republicana de Cuba y enemigo acérrimo de toda verdadera democracia, decía que *"...is conspicuously honest..."* y lamentaba, sin embargo, que por su nombramiento la Legación perdiese los informes que su antecesor, Manuel Luciano Díaz *"our steadfast friend in every question..."*, siempre le había dado sobre los secretos del gobierno de Estrada Palma, al que pertenecía. Finalmente, los comentarios de Squiers terminaban con la declaración de que Estrada Palma

> *...is willing to give up office and retire "probably", he said, to the United States, certainly not a very cheerful view for a man who has just dismissed his cabinet, generally reorganized his whole administration, and as a candidate for re-election, declared his adherence to a certain political faith...* [146]

¿Sabía Squiers qué tendencias elogiaba en los nuevos secretarios? ¿Conocía sus antecedentes personales? ¿Les alababa de buena fe por justos, demócratas, honrados y patriotas, o porque esperaba que, dominados por las pasiones políticas de la hora, precipitasen a la República al abismo? Todo hace suponer que este último propósito era el que estaba tras sus elogios al gabinete de combate, de acuerdo con las manifestaciones anexionistas suyas que hemos estado comentando.

Los nuevos secretarios, muy especialmente Freyre de Andrade y Montalvo, se aplicaron de seguida al desarrollo de su campaña en favor de la reelección de Estrada Palma y pusieron en juego todos los resortes administrativos para lograrla. Los empleados públicos tuvieron que "definirse", es decir, declarar de antemano por qué candidato votarían, y los que rehusaron hacerlo o se pronunciaron contra la reelección, fueron despedidos o se les persiguió con injusticias a fin de que renunciasen. Ante estos métodos de intimidación y abuso, puestos en práctica en todo el país, reaccionaron de modo análogo no pocos elementos de la oposición, que también se lanzaron a la violencia, bien representativa de que no tenían nada que envidiar a sus perseguidores y que su caso era, simplemente, el de estar en posición de inferioridad transitoria, que sin ella eran capaces de llegar a todos los excesos. No pocos de los problemas futuros de la vida política cubana quedaban planteados por entonces y un observador agudo habría podido llegar a conclusiones muy curiosas sobre los dirigentes políticos que comenzaban a apuntar y lo que se podía esperar de ellos. Un día los "liberales" Carlos Mendieta, Octavio Zubizarreta y Faustino Guerra, que protestaban contra las violencias del gobierno, se apoderaron por la fuerza de un expediente relativo al Ayuntamiento de La Habana para que no se hiciese una investigación del mismo. Un estudioso de la criminalidad política habría podido anticipar que quienes así procedían, como otros correligionarios suyos de la época que se llamaban Gerardo Machado, Orestes Ferrara, etc., estaban simplemente acostumbrándose a hacer barbaridades fuera del poder para continuar haciéndolas en el poder, como tiranos o siervos de tiranos, cuando les llegase la oportunidad, como así resultó.

En abril de 1905 las arbitrariedades del "gabinete de combate", que todavía no habían llegado a su máximo, pero que ya eran escandalosas, casi provocaron una revolución. El general Máximo Gómez, en una asamblea del Partido Liberal que tuvo efecto en La Habana, el 17 de abril, censuró con frase dura y justa las violencias a que se había dedicado el gobierno mediante el empleo de la fuerza pública, de pintorescos tipos de "matones" y "osos" políticos y de persecuciones de todo género contra sus opositores. En esa reunión se acordó que una gran manifestación popular acudiese al Palacio y que en nombre de ella y del país, un comité presidido por Máximo Gómez denunciase ante Estrada Palma los atropellos y las violaciones de la Constitución que cometían sus parciales. La situación se hizo muy grave: de un lado, según Squiers, los liberales pretendían pedir la renuncia y el extrañamiento de Estrada Palma si no ofrecía garantías de gobierno legal, y de otro se decía que Máximo Gómez sería expulsado como extranjero pernicioso del país que había libertado si persistía en sus protestas. Finalmente la manifestación se dió y Estrada Palma se declaró asombrado con las denuncias presentadas y ofreció impedir toda nueva injusticia. Así había sido salvada una primera crisis; pero en manera alguna se había solucionado el conflicto traído por la reelección impuesta por la violencia. El curso de los pensamientos de Squiers ante estos sucesos quedó revelado en su actuación respecto a los mismos. Por un lado informó a Estrada Palma, quien le escuchó complacido, que había estado a punto de solicitar el envío de un buque de guerra norteamericano a La Habana, y por otro escribió al Secretario Hay que

> ...Annexation will never come as the result of a policy, but rather as the closing act of a situation like the one so happily closed... [147]

Cuando, por fin, frente a la candidatura reeleccionista de Estrada Palma surgió la del general José Miguel Gómez, gobernador de las Villas, Squiers no ocultó su inquietud ni su enemiga a la facción liberal, mucho más cuando no había obtenido la postulación el general Emilio Núñez, de quien decía él que era "very pro-American" y que gustaría a los intereses de los Estados Unidos, y sólo había la remota esperanza, después fallida, de que fuese designado vicepresidente en la candidatura de Estrada Palma. Del general J. M. Gómez dijo por entonces el diplomático norteamericano:

> ...His friends esteem him for his independence and patriotism. He is generally considered a man of strong vigorous character, but utterly unscrupulous, a man of the people and without education... [148]

El fallecimiento del general Máximo Gómez vino a agravar la situación política, ya que el viejo caudillo, aunque colocado en la oposición al gobierno, tenía enorme prestigio para ser respetado por unos y por otros. Squiers nunca había sentido simpatías por Máximo Gómez, altivo, independiente, nacionalista y librepensador; y al comunicar al State Department las circunstancias de su sepelio y el dolor popular ante la pérdida del gran mambí, hacía estas apreciaciones al final de las cuales recogía y daba sin pruebas una villana calumnia contra el Generalísimo, que había muerto pobre, como había vivido, ejemplo de desinterés y nobleza:

> ...By the death of General Gómez the greatest enemy of this administration has been removed. He was the only leader of the people and probably the only man who could make an effective demonstration against the Government. He has been a thorn in Mr. Palma's side... It is estimated that $500.000 has been spent from time and time in keeping the old warrior quiet and it probably was well spent... [149]

Alrededor de esta fecha las opiniones de Squiers sobre los políticos cubanos sufrieron los cambios radicales que caracterizaron las ideas de dicho diplomático sobre los hombres y las cosas. Bastó que el general José Miguel Gómez, entrevistado por un repórter del Havana Post, hiciese unas declaraciones que aparecieron en la edición del 27 de junio y en las que se pedía que hubiese más estrechas relaciones con los Estados Unidos, para que Squiers mirase con cierta complacencia al candidato a quien tan duramente había criticado y que ahora decía que iba a aconsejar a los congresistas amigos suyos que trabajasen para fomentar la amistad cubano-norteamericano. Este cambio de opinión era significativo; pero es que, al mismo tiempo, el diplomático que hacía cuatro meses que había elogiado con tanto entusiasmo al Secretario Freyre de Andrade, ahora pensaba de otra manera sobre él pues, al decir que la reelección de Estrada Palma perdía terreno por las arbitrariedades del Presidente, agregaba

> ...In this action he has been ably seconded by his Secretary of Government, General Freyre de Andrade, a man of rash judgment and a particularly bad adviser during an election crisis... It will be recalled that General Freyre Andrade is the man with whom General Brooke had some difficulty on the occasion of General Garcia's funeral...

Cuando Squiers modificaba sus opiniones tan señaladamente, ya había ocurrido el escandaloso incendio de la casa-ayuntamiento de Vueltas, que fué consecuencia de la pugna cada vez más violenta entre el "gabinete de combate" y las autoridades provin-

ciales y locales de Santa Clara, pertenecientes al Partido Liberal.
Los choques armados se hacían frecuentes; las cesantías se decre·
taban a granel como represalias políticas, y los ataques de la oposición al gobierno tenían una virulencia muy peligrosa. La situación, pues, se presentaba caótica y de difícil arreglo y casi puede
decirse que con fruición la comentaba Squiers con estas palabras
que parecían ser la sentencia de muerte de la República:

> ...Mr. Palma has intimated to me on several occasions
> that he would prefer intervention to handing the Government
> over to a dangerous political demagogue whose victory would
> mean the ruin of the Island, and very likely General Gómez,
> the Liberal Candidate, is of the same opinion... [150]

La correspondencia de la Legación norteamericana con el State
Department contiene un interesante informe sobre el incendio de la
casa municipal de Vueltas, trasmitido por Squiers, quien ordenó
su confección a A. R. Thompson, representante de los Estados Unidos en la Comisión de Reclamaciones que funcionaba en La Habana. Decía Thompson que

> ...Orestes Ferrara, representative, Enrique Villuendas, and
> Carlos Mendieta, held the political demonstration on the eve
> of the burning and claimed that the people would reduce the
> City Hall to ashes before they would permit their political op-
> ponents to overhaul it... [151]

Según Thompson, Mendieta acababa de participar de un mítin
celebrado en Sagua, donde había insultado a sus adversarios políticos, especialmente al general Robau, y al protestar el público de
sus palabras, él y sus parciales habían esgrimido sus pistolas en
actitud amenazante, después de lo cual

> ...From Sagua Mendieta went to Santo Domingo, a nearby
> town where he continued his abusive tactics and was chased
> by the crowd escaping through a window. Should he thus
> continue in this particular district, popular sentiment against
> him may assert itself in a more serious way, which is the
> opinion of many...

Este informe, con las acusaciones de incendiarios, perturbadores
del orden, "matonismo" político y otros delitos, contra Ferrara y
Mendieta, se presta a muy interesantes reflexiones sobre la vida
republicana de Cuba; pero también sobre la diplomacia norteamericana en la Isla, porque el Ferrara citado, un italiano de obscura
participación en la última guerra de independencia cubana, y que

entonces era solamente un audaz demagogo, después llegaría a ser el hombre de confianza de ciertos inversionistas de los Estados Unidos, como la International Telephone & Telepragh Co., de los hermanos Behn, y también del capitán Tillinghast L. Huston y del hoy "roving Ambassador" de los Estados Unidos Norman H. Davis, caso típico este último del "diablo metido a fraile" de que habla el refrán español, y quien en los escandalosos negocios de Las Ovas Land Co. y la Compañía del Dragado de los Puertos de Cuba, dejó memoria imborrable en la historia de la corrupción política de la Isla por la complicidad de cubanos sin escrúpulos con extranjeros —italianos, españoles y norteamericanos—, de igual o peor laya. El Ferrara, además, llegó a ser embajador de Cuba en los Estados Unidos durante la tiranía machadista que ampararon los Morgan, Lamont, Davis, Woodin, Stimson, Guggenheim, Castle, Behn, Wiggins, Catlin, Mitchell y demás personajes de la plutocracia norteamericana, omnipotente en los tiempos de Harding, Coolidge y Hoover, por lo que, si alguna vez se enteró de las acusaciones hechas por Thompson y Squiers, en 1905, debe haber lanzado una sonora carcajada napolitana ante los cambios de los criterios morales de la diplomacia de los Estados Unidos en Cuba según que alguien se le oponga o le sirva de criado. Y no menos significativa es la transformación ocurrida en cuanto a la consideración merecida por el Mendieta a quien acusaban Thompson y Squiers. Reputado de hombre peligroso durante muchos años, el día en que se prestó a hacerle el juego a la diplomacia norteamericana para hacer caer al único gobierno independiente que ha tenido Cuba, el de Grau San Martín, en 1934, de repente quedó convertido, a los ojos de la cancillería de Wáshington, dominada por el nefasto B. Sumner Welles, en estadista sensato y de conservadoras tendencias, ya que había convenido en someterse a los dictados del Embajador Caffery y de sus soportes. A él, pues, en veinte y cuatro horas, se le reconoció como presidente legítimo de Cuba, después de habérsele rehusado ese reconocimiento durante cuatro meses a Grau San Martín, quien se negaba a tolerar las arbitrariedades perturbadoras de Welles, Caffery y los inversionistas norteamericanos, en suelo cubano.

El mes de agosto de 1905, al aproximarse la fecha en que debían ser elegidos los integrantes de las mesas electorales ante quienes se celebrarían las elecciones presidenciales, la situación política del país era de terror, un terror que el gobierno había fomentado con sus persecuciones de todo género y con violación de todas las garantías constitucionales y al que ciertos elementos de la oposición habían contestado con otras violencias. La provincia de las Villas, donde los atentados gubernamentales iban dirigidos contra adversarios políticos que, en gran número, eran capaces de iguales barbaridades y lo demostrarían con sus actos fuera del poder y en el poder, entonces y después, era la que ofrecía una perspectiva de mayor peligro. Enrique Villuendas, casi en vísperas de ser asesinado por los gubernamentales a quienes atacaba y denunciaba con el civismo y el desenfado que le caracterizaban, en un telegrama dirigido al diario *La Lucha*, de La Habana, le decía:

> ...*Preveo días luto patria, y aunque sé Estrada Palma provoca intervención Estados Unidos como paso previo anexión, denuncio al pueblo cubano y opinión imparcial extranjera hechos que avergonzarían a cualquier tirano infame Centro América*...[153]

La acusación de Villuendas sobre que Estrada Palma quería provocar la intervención para así realizar la anexión no está de acuerdo, sin embargo, con los puntos de vista del agente consular norteamericano en Santa Clara, James H. Dod, crítico implacable de los liberales y partidario decidido de la reelección de Estrada Palma, y quien llegaba hasta el insulto en sus expresiones partidaristas, cuando le escribía a Squiers. En un despacho suyo a la Legación, en que ponía al general Gómez y a los suyos como no digan dueñas, Dod afirmaba que había elementos adinerados que azuzaban a los liberales para que se sublevasen contra el gobierno. Si no en ese mismo momento, algún tiempo después sí parece que hubo tales estímulos y hasta por parte de norteamericanos, como veremos más adelante al citar un informe hecho por el Servicio Secreto de los Estados Unidos respecto al particular. Y para respaldar su afirmación decía Dod:

> ...*The explanation given for this idiosyncracy is that they wish annexation and believe that if there is an attempt at revolution, the United States will immediately take possession of the Island and annex it*...[154]

Squiers no se encontraba en Cuba al ocurrir el asesinato de Enrique Villuendas y tampoco cuando tuvo lugar el despojo electoral por los métodos empleados por el gobierno para controlar el nombramiento de los funcionarios antes quienes debían hacerse las elecciones. En momentos tan difíciles, el Ministro de los Estados Unidos decidió tomarse unas vacaciones o tuvo noticias de que el Cónsul General Steinhart había enviado ciertos informes a Wáshington, acerca de él y de su actuación, que aconsejaban su viaje. Sea como fuere, esta calculada ausencia venía a agravar la situación, pues con la constante interferencia en los asuntos cubanos, que Squiers había practicado abiertamente por espacio de varios años, el gobierno, la oposición y la opinión neutra fueron dejados a sí mismo cuando tan necesario les resultaba, por pasadas experiencias, conocer la actitud de los Estados Unidos, que podía ejercer una saludable influencia para impedir un caos político. El Secretario Sleeper, dejado a cargo de la Legación en tan crítica coyuntura, era, en opinión definitiva del Presidente Roosevelt, "...*evidently a wretched and worthless creature*...",[155] lo cual, en realidad, no le daba mucho crédito a él, que lo había nombrado para ese cargo y entonces lo reputaba de pobre diablo y de indigno.

Los liberales para quienes, en toda la historia de Cuba republicana, no ha habido papeles intermedios de partido político fuerte y digno en la adversidad y en el triunfo, sino solamente el de víctima o el de verdugo, ambos desempeñados con una perfección digna de mejor causa, no se resignaron de momento a tolerar los salvajes atropellos cometidos por los gobiernistas. Sus candidatos presidenciales, que eran el general José Miguel Gómez y el Dr. Alfredo Zayas (este último maestro en usurpaciones y en el aprovechamiento de la más desvergonzada corrupción política), llegaron a la conclusión de que no había amparo posible de los tribunales, ni esperanza de rectificación por parte del gobierno, ni organización bastante entre sus parciales para imponer su voluntad en las urnas y hacerla respetar. Entonces decidieron apelar a los Estados Unidos, de acuerdo con lo preceptuado en la Enmienda Platt que había sido impuesta a Cuba y a favor de la cual había votado en la Constituyente el general Gómez, aunque no el Dr. Zayas, quien había sido de sus irreductibles opositores; pero a este personaje sin moral política y sin escrúpulos no le preocupaban tales contradicciones de conducta, de que dió peores pruebas en el resto de su vida. Según Squiers, al llegar de regreso a La Habana se encontró que Gómez y Zayas le habían pedido al Secretario Sleeper una entrevista con el Ministro de los Estados Unidos para la misma tarde de su llegada, que fué el 25 de septiembre, porque después de lo ocurrido "...*their only hope was in intervention by the United States*...",[156] lo que en substancia sería lo expresado por el general Gómez, días más tarde, en entrevistas celebradas en los Estados Unidos.

Hipócritamente decía Squiers que estaba asustado con el cambio ocurrido en los procedimientos políticos durante su ausencia, porque cuando él comenzó sus vacaciones el gobierno hacía todo lo que normalmente hace un régimen que aspira a reelegirse y "...*the outlook then was for a reasonably fair fight at the polls in which Gómez seemed to have growing chances...*" Antes de ver a Gómez y a Zayas el diplomático norteamericano hizo una visita a Estrada Palma, quien le recibió de mal humor y expresó su disgusto ante las preguntas hechas sobre la celebración de las elecciones cuando ya él, directamente, le había hecho saber al gobierno de Wáshington que se habían celebrado normalmente, con una legalidad que él garantizaba, después de lo cual, muy significativamente,

> ...*he also complained very feelingly that some United States representatives had no conception of the true meaning of the appendix to the Constitution (Piatt Amendment)...*

Al indicar Squiers que él, además de la responsabilidad moral y legal que demandaba su actuación, tenía la de la defensa de los intereses norteamericanos en Cuba, Estrada Palma aseguró que contaba con recursos suficientes para aplastar cualquier intentona revolucionaria, agregó que los moderados habían ganado honradamente y reputó los trágicos sucesos de Cienfuegos de plan dinamitero hecho abortar por el gobierno, aseveración falsa y que hacía del viejo estadista uno de los responsables de aquel sangriento atentado.

La beligerante actitud de Estrada Palma ya hacía predecir cuál sería su reacción ante la proyectada entrevista de sus adversarios políticos con Squiers, y cuando éste le comunicó la noticia, el Presidente "*very strongly objected claiming that as a foreign representative I had no right to see them as they are the enemies of the Republic*". Todos los defectos del carácter autoritario e intransigente de D. Tomás se sobreponían a sus muchas virtudes y hasta a la consideración que debía a sus antiguos compañeros de armas. Como así harían Ferrara, Machado, Zayas, Menocal y Mendieta años después, ya se hacía la confusión característica de los tiranos entre su régimen y la República para tachar de contrarios a esta última a aquéllos que, precisamente, trataban de defenderla de los usurpadores. Por supuesto que Squiers se mantuvo firme en su decisión de celebrar la entrevista privada; pero en su informe a Root ya vuelve a aparecer la anexión mezclada con esa cuestión que le era tan lejana, pues decía el Ministro de los Estados Unidos:

> ...There has been so much annexation talk recently that even the President was suspicious of what might be behind it...

En el mismo despacho que comentamos relataba Squiers su entrevista con Gómez y Zayas. Estos no mencionaron la palabra revolución, pero sí hicieron una larga exposición de sus agravios y de los atropellos que los moderados habían cometido. Squiers, a su vez, les sermoneó sobre los sacrificios que había costado la independencia y los que costaría el mantenerla y aprovechó la ocasión para referirse al rumor público sobre la sublevación de los liberales

> ...possibly with the belief that the people and the Government of the United States would give them sympathy and support. I explained that the American Government had no interest in either candidate...

Para reforzar esta declaración Squiers agregó que los Estados Unidos ponían su mayor interés en que Cuba tuviese orden, paz, sanidad y comercio, y que los votos eran los que decidían las elecciones, después de lo cual apeló al patriotismo del general Gómez para que aceptase los hechos consumados mientras surgían nuevos ciudadanos, más preparados, y prosperaba el país. El párrafo final del informe vuelve a traer a colación la anexión, y en él comentó Squiers la reacción de sus visitantes con estas palabras:

> ...Their disappointment was evident when they learned what I understand to be our position in Cuba. They made no threat, but seemed inclined to accept the situation. I believe, however, a hint that the American Government would favor annexation would have sent them "to the woods" and brought the downfall of the Government...

No hay duda de que las declaraciones de Squiers a Gómez y Zayas influyeron en la renuncia que el primero hizo, con fecha 27 de septiembre, de su candidatura presidencial. Las palabras del diplomático norteamericano quien ya había demostrado su poder en los asuntos internos y externos de Cuba, parecían hacerse sentencia inapelable para un aspirante a la primera magistratura del país. Wood había electo a Estrada Palma y Masó se había retirado de la lucha electoral ante influencias incontrastables. Squiers, escogido por Wood para representar a los Estados Unidos en Cuba, hacía lo mismo, en opinión de los desalentados liberales, para mantener en el poder al hombre que la intervención militar había contribuído a elegir años atrás. Paz, orden, sanidad y comercio, eran las preocupaciones de los Estados Unidos en Cuba y a eso se reducía la democracia y hasta ahí llegaba la protección de la vida y de la propiedad y la libertad individuales mencionadas en la Enmienda Platt. Es inadmisible, sin embargo, la realidad de la conclusión anexionista que Squiers atribuye a Gómez y a Zayas, porque, de estar él convencido de tales tendencias en sus visitantes, habría hecho lo posible por verlas triunfar, ya que ése era, precisamente, su propósito. Además, la carta-renuncia del general Gómez a la Asamblea Nacional del Partido Liberal y que discutía todos los caminos a seguir, proscribía la revolución porque "...*la lucha armada traería, inevitablemente, la intervención extranjera...*" Fueron necesarias más barbaridades del "gabinete de combate" e incontables provocaciones, así como las intrigas y los manejos solapados de elementos empeñados en acabar con la República y que aspiraban a hacerlo si financiaban una revolución, para que se diese la sublevación que puso fin al gobierno de Estrada Palma.

Y Squiers comenzó a darle la razón a los liberales poco después de su llegada. Una nota suya de principios de octubre admite que hasta los amigos de Estrada Palma criticaban la campaña de violencias de los moderados contra los liberales y dice, respecto a estos últimos, que "...*the Government has them thoroughly frightened and controls absolutely the political situation...*", afirmación después rectificada en el mismo despacho al decir que Estrada Palma no necesitaba haber hecho semejante campaña una vez muerto el general Máximo Gómez, único que podía haberle derribado, para triunfar; pero que el gobierno sabía que estaban llegando a Cuba armas y pertrechos destinados a una sublevación. Y ya en esta situación, Squiers relacionaba la sublevación con la anexión a que él aspiraba, al decir

> ...*A remark made to me by Dr. O'Farrill indicate a strong undercurrent of unrest, a situation for which there is but one remedy, annexation. In discussing the future, he said he would not be surprised to see Mr. Palma the last Cuban President, a rather significant remark from a member of the cabinet...* [157]

Después de su renuncia a la candidatura presidencial por el Partido Liberal, el general Gómez se dirigió a los Estados Unidos, en compañía de algunos de sus íntimos, mientras la Asamblea Nacional de dicha agrupación se negaba a aceptar la renuncia y seguía adelante con sus planes para celebrar las elecciones. Finalmente, después de una nueva serie de ilegalidades de los gobiernistas, el 15 de octubre acordaron no concurrir a las urnas los liberales; y al retraerse éstos, los moderados se despacharon a su antojo, y escandalosamente inscribieron falsos electores para así fabricar una votación fraudulenta, aunque impresionante por su número. Squiers hubo de informar a su gobierno que el retraimiento de los liberales era absoluto y que el general Emilio Núñez, inconforme con esa medida, se había separado de ellos y le había dicho confidencialmente, al hacerlo, que formaría grupo de oposición, pero entre los moderados mismos, que era el único modo de derrotar al gobierno.

Es difícil apreciar con qué sinceridad o convicción el Ministro de los Estados Unidos se podía permitir, a fines de octubre, afectar que ignoraba la gravedad de la situación y predecir que no habría dificultades en Cuba; pero tal era su informe a la cancillería de Wáshington, a la que decía:

> ...The election with all its party strife and revolutionary talk is fast being forgotten. Cuba is prosperous beyond the dreams or hopes of the most optimistic. Economic questions now occupy the public minds. The wrongs of the election will soon be forgotten...[158]

Quizás si esta estudiada indiferencia de Squiers a la peligrosa situación que vivía el país y que él conocía como nadie, tenía su fundamento en la esperanza de que, como resultado del conflicto que se avecinaba, pudiera consumarse la anexión. El Cónsul Dod, tan entusiasta partidario de los moderados como apasionadísimo enemigo de los liberales, alimentaba sus esperanzas con los despachos que le enviaba desde Santa Clara, uno de los cuales, fechado a 13 de octubre, decía:

> ...There is another change observed here recently. Until now, no one spoke openly of annexation. It is now talked of openly as the ultimate fate of the Island, and with no signs of regret so far as I have heard. It seems to be accepted by many as a foregone conclusion, that this in time is to be the fate of the Island through natural causes and the freely expressed will of a majority of its inhabitants...

No hay duda de que Squiers sabía que se llevaban a cabo preparativos revolucionarios y hay más de un indicio para sospechar que tenía contactos con los organizadores de la sublevación. El Cónsul Steinhart estudiaba sus movimientos con tanto cuidado como lo hacía el propio gobierno cubano, en el que habían prendido sospechas de que el representante de los Estados Unidos sabía más de lo que aparentaba saber y no lo decía. De ahí que pueda elaborarse una hipótesis muy atendible respecto a que el haber dejado de ser Squiers persona grata al gobierno cubano, con ocasión de sus imprudentes palabras sobre la entrega de la Isla de Pinos a los Estados Unidos, fuese la culminación de un largo proceso de descontento con su gestión y de falta de confianza en su lealtad. En verdad que Squiers había sido arrogante, intransigente y provocativo en sus abusos de influencia desde el inicio de su misión y que en más de una ocasión había planteado serios incidentes con sus extralimitaciones, sin que el gobierno de Estrada Palma decidiese librarse de su perturbadora presencia. No deja de ser significativo que esa resolución se adoptase a virtud de sus palabras sobre la Isla de Pinos, pero cuando Estrada Palma le había reprochado sus contactos con los líderes de la oposición y estaba él sujeto a ataques directos de ciertos periódicos por otra inhábil política suya en cuanto al tratado de Inglaterra, que alimentaba con nuevos argumentos las acusaciones que los enemigos del gobierno hacían contra éste, tildándole de incapaz, falto de apoyo y vacilante. Con efecto, el periódico *La Discusión*, de los moderados, publicó el 25 de octubre un violento artículo contra los opositores del tratado con Inglaterra, entre los que citaba a los anexionistas Placé y Gamba, y "an American official", que era Squiers, según éste comprendió perfectamente. Al informar sobre ello al State Department, el diplomático norteamericano decía que la acusación era de que tras sus gestiones contra el tratado había una conjura "...*the real object of which, it is alleged, is annexation*...", y agregaba estas declaraciones que eran bastantes a probar la realidad de la imputación, como hemos hecho hasta ahora con el examen de su correspondencia, desde su primer despacho, en 1902:

> ...*It is hardly necessary for me to deny this charge; so far as I am concerned my opinion regarding annexation is very clearly shown by my despatches on political matters*...[159]

Squiers no dejaba de relacionar los ataques que se le hacían con su criterio de que Estrada Palma se hacía intolerante a toda oposición; pero el 26 de octubre el periódico *La Lucha,* que no era, ciertamente, de los partidarios decididos del gobierno, publicaba una información según la cual el Ministro Quesada había notificado a la cancillería de La Habana, con fecha 24 de octubre, que en La Habana se reunían unas veinte o treinta personas que formaban una junta anexionista que laboraba de acuerdo con varios ciudadanos norteamericanos residentes en los Estados Unidos e interesados en Cuba, como el general Wilson y, además, con el propio Squiers. Y el *Havana Post,* en un artículo de 27 del mismo mes, también se refería a que el sentimiento anexionista crecía por razón del tratado con Inglaterra, que se consideraba una agresión a los Estados Unidos. Toda la prensa habanera y algunos importantes diarios neyorquinos, como el *Herald, discutían* en esos días el tema de la anexión conforme a lo que parecía una consigna en momentos bien peligrosos para un gobierno que, en circunstancias tan difíciles, iba a la reelección. Hasta los periódicos de provincia discutían el peligroso tema y el corresponsal habanero de *La Opinión,* de Cienfuegos, decía terminantemente que los que laboraban por la anexión era Galbán, Blanco Herrera, Silveira, González Lanuza, Desvernine, Sánchez de Bustamante, Nicolás Rivero y Horacio Rubens, es decir, comerciantes, abogados y periodistas de tendencias conservadoras, algunos de ellos españolistas de ayer, y otros, como González Lanuza y Desvernine, cubanos con más de una declaración anexionista en su haber. En cuanto a Horacio Rubens, "el amigo de Martí", agente de banqueros y camino de millonario con los negocios hechos en Cuba, el periodista explicaba que su colaboración con ese grupo se debía a que no había podido conseguir la ampliación del empréstito para la paga del Ejército Libertador, como había querido.

Se comprende perfectamente, con todos estos detalles, que tan pronto como Squiers cometió otra de las imprudencias y extralimitaciones en que con tanta impunidad había estado incurriendo, por espacio de varios años, el gobierno de Estrada Palma se hiciese firme para librarse de un diplomático fisgón y perturbador en quien por entonces adivinaba un enemigo de la reelección por haber cambiado de actitud. Los últimos informes de Squiers al State Department, en los días que precedieron a su relevo, son ya decididamente contrarios al gobierno que tanto había elogiado y cuya reelección había considerado como conveniente a los intereses de los Estados Unidos. En el mes de noviembre fueron varias las in-

tentonas revolucionarias que abortaron por la agresiva actividad de
la policía, hostigada por el "gabinete de combate"; pero pese a la
extremada vigilancia y a la durísima represión gubernamental,
varias partidas de sublevados comenzaron a operar en los campos
y sostuvieron frecuentes choques con la fuerza pública hasta que,
por falta de organización revolucionaria y de equipo, al cabo de
unas semanas se rindieron la mayoría de los jefes que se habían
lanzado a la lucha, especialmente en La Habana, y sólo quedaron
unos pocos en la provincia de Pinar del Río, que sería el foco de la
gran sublevación, pocos meses más tarde. El gobierno, pues, al
celebrarse las elecciones con el retraimiento de los aterrados liberales, pudo alardear de haberse impuesto en toda la línea y sin
que pareciese que sus adversarios tuviesen la menor posibilidad
de impedir la reelección, y usó y abusó de su victoria. En aquellos
momentos, sin embargo, pareció a todos que el escándalo de aquel
despojo electoral nunca sería superado y hasta entre los elementos
neutrales hubo fuertes censuras a los procedimientos puestos en
práctica. Sleeper, el Encargado de Negocios de los Estados Unidos
de quien tan pobre opinión tenía el Presidente Roosevelt, apenas
si se daba cuenta de lo que ocurría en torno suyo.

El general José Miguel Gómez, como sería después su costumbre en parecidas situaciones, había ido a los Estados Unidos para
desenvolver mejor sus planes contra el gobierno, ya que no era
hombre de los que se someten tranquilamente a imposiciones y arbitrariedades. Durante las semanas que pasó en suelo norteamericano, asesorado de Ferrara, Gómez había estado en contacto con
poderosos intereses económicos contrarios a Estrada Palma, algunos de ellos anexionistas y que, sin confesarlo, veían en la revolución que se avecinaba la oportunidad de provocar el caos político que llevaría a la nueva intervención y a la anexión. De ahí
que esos elementos se mostrasen tan entusiasmados con los derechos de los liberales, la libertad del sufragio y la defensa de la
Constitución violada por el gobierno. El general Gómez, vuelto a
Cuba el 3 de enero de 1906 y recibido en triunfo a su llegada, había experimentado un notable cambio durante su ausencia en los
Estados Unidos. El político poco escrupuloso que tan duramente
había sido calificado por Squiers meses antes, como enemigo de
los Estados Unidos, regresaba con la encomienda de hacer los desmontes preparativos a la construcción y fomento de un gran central
azucarero, lo que también hacía por esa época el que después

sería su implacable rival en la política cubana, general Mario
García Menocal, encargado de erigir otro central azucarero en la
provincia de Oriente. La industria del azúcar, la que había mantenido la economía colonial cubana, primero a beneficio de España y después a favor de los Estados Unidos, se había restablecido de sus quebrantos en el período de la revolución y volvía a
pesar duramente sobre la vida nacional, como seguiría haciéndolo
hasta nuestros días, y respaldaba a los candidatos y se mezclaba
ya en la política del país.

A Gómez lo respaldaban en su empresa los negociantes Ceballos y Silveira, ricos terratenientes de Camagüey y Santa Clara,
cuyas oficinas principales radicaban en Nueva York y quienes,
aunque de origen español, por esa época actuaban como norteamericanos y eran partidarios de la anexión de Cuba a los Estados
Unidos. Por supuesto que el líder revolucionario no se proponía
laborar por tales propósitos y que lo que le interesaba era alcanzar
el poder para sí con la conservación de la república, pero aquella
alianza de circunstancias y de conveniencias comenzó a funcionar
con el pretexto de fomentar el central "Quince y Medio", entre
Ciego de Avila y Sancti Spíritus. El gobierno tenía informes de
sus agentes en el país y en el extranjero que le permitían sospechar
que los capitales puestos a la disposición de Gómez, quien, al igual
que Menocal, no llegaría a ser millonario sino años después y
como resultado de su actuación en la Presidencia de la República,
tenían por objeto encubrir con el pretexto de la construcción de un
central azucarero el hecho real de los preparativos revolucionarios.
De ahí la vigilancia constante ejercida sobre Gómez y sus parciales, así como sobre sus actividades. Policías y guardias rurales
estaban continuamente vigilando los desmontes que tenían lugar
en Ciego de Avila y varias agencias de detectives norteamericanos
seguían los pasos de los anexionistas en los Estados Unidos. Sus
informes mantenían viva la alarma en los círculos gubernamentales y las represalias políticas y las arbitrariedades del "gabinete
de combate" alcanzaron enormes proporciones.

Estrada Palma y sus consejeros, que no querían comprender sus
terribles responsabilidades en aquella situación de fuerza creada
por la ambición y la injusticia, veían enemigos por todas partes y
reaccionaban violentamente contra toda crítica o consejo, por bien
intencionado que fuese. Cuando advirtieron un cierto desvío en los
círculos oficiales de Wáshington, hacia el gobierno cubano, su in-

quietud se hizo mayor y comenzó un extrañamiento peligroso entre ambas cancillerías, hecho más significativo por la forzada retirada de Squiers y el incidente en torno al tratado comercial con Inglaterra, al que infructuosamente se habían opuesto los Estados Unidos. Los gobiernistas más prudentes se aplicaron a enmendar tales yerros con los planes más descabellados, bien demostrativos de que el régimen se había lanzado por la pendiente y ya no podía detenerse en sus esfuerzos para conservar el poder a toda costa. No sería de justicia criticar los alardes de confraternidad cubanonorteamericana que tuvieron lugar con ocasión de inaugurarse el monumento a los soldados de los Estados Unidos que cayeron en 1898 en El Caney y que sin duda merecían el homenaje; pero sí resultó desacertado, estúpido y censurable el acto de adulación al Presidente Roosevelt, representado por el regalo de bodas que la nación cubana, por ley del Congreso, sancionada por Estrada Palma a pesar de su insistencia sobre la economía en el manejo de los fondos públicos, hizo a la señorita Alicia Roosevelt, al contraer ésta matrimonio en esos días con el político Nicholas Longworth. Fué aquéllo una supervivencia del espíritu colonial; una aplicación de los donativos a la familia del soberano, practicados bajo el régimen español, a la política de ganarse la buena voluntad del Presidente de los Estados Unidos. Veinte y cinco mil pesos dedicó de esa manera la República de Cuba a un regalo de carácter político, destinado a impresionar favorablemente a Roosevelt y que a este avisado estadista hubo de resultarle en extremo embarazoso en tales circunstancias. Tan decisiva había llegado a ser la influencia norteamericana en Cuba y tan dignos eran los políticos liberales de sus adversarios, los moderados, que unos y otros no se pudieron poner de acuerdo para salvar la República; pero sí batieron palmas al unísono y por una falsa gratitud que no sentían y con la que encubrían sus anhelos de apoyo transfretano, en aquella humillante donación a la señorita Roosevelt, cuyo ilustre padre no iba a ser menos amigo de Cuba porque no se hubiese hecho el obsequio... El complejo de inferioridad de los políticos cubanos, producido por la intervención y la Enmienda Platt, comenzaba así a dar sus frutos...

Durante el mes de febrero y los días subsiguientes hasta la proclamación de los Sres. Estrada Palma y Méndez Capote como Presidente y Vicepresidente de la República, que tuvo lugar el 19 de marzo, la opinión cubana pudo constatar que la oposición no se había resignado a tolerar el despojo y que el gobierno esperaba un alzamiento revolucionario. De una parte tuvo lugar el asalto al cuartel de la Guardia Rural de Guanabacoa, durante el cual y en los días siguientes hubo varios combates entre los sublevados y la fuerza pública que, al fin, pudo sofocar el movimiento; de otra hay que anotar que Ceballos y Silveira, los negociantes anexionistas que respaldaban económicamente al general Gómez para fomentar el central "Quince y Medio", le indujeron a presentar la renuncia del cargo de director de la empresa. Sin duda que la presión gubernamental tuvo que ver con esa decisión, pues no eran desconocidas las maquinaciones de Ceballos y Silveira para provocar trastornos; pero es muy posible que también influyese en ello la circunstancia de que los anexionistas habían llegado a la conclusión de que el general Gómez, aunque se aprovechaba de su auxilio económico, no tenía el más remoto propósito de dar fin a la República o propiciar la anexión.

A consecuencia del retraimiento de los liberales y de la falta de escrúpulos con que se habían manejado los moderados en las elecciones, el Congreso que se reunió en los primeros días de abril tenía una enorme mayoría gobiernista. En la prensa, como en el seno de los cuerpos legisladores, se hablaba libremente de que el país estaba al borde de la revolución y de que ésta podía provocar la intervención militar norteamericana y el final de la República. Un representante de apellido Zubizarreta, afiliado a los liberales, se sentía entonces partidario de la justicia, de la democracia y de la libertad (años después sería uno de los cómplices en la sangrienta tiranía de Machado), y proclamaba en plena Cámara: "...creo en *la intervención... que sería día de gran vergüenza para la patria...*", de producirse la revolución. Entonces era su adversario político el también representante Mario García Kohly quien, al cabo del tiempo, estaría unido al Zubizarreta en apoyo de Machado, y en su discurso en defensa de las fraudulentas elecciones celebradas se refería al "...*aniquilamiento de nuestra personalidad independiente y el fantasma de una intervención extranjera...*", mientras contestaba al Zubizarreta y al historiador de aquellos días terribles, Rafael Martínez Ortiz, también miembro de la Cámara, quien parecía muy preocupado con las arbitrariedades y violencias de Estrada Palma para continuar en el poder; pero que no sentiría iguales preocupaciones al ser Secretario de Estado del tirano Machado en fecha bastante reciente.

El sustituto de Squiers como Ministro de los Estados Unidos en Cuba, que lo fué Mr. Edwin V. Morgan, era hombre capaz, justiciero y afable, carente de las provocativas arrogancias de su antecesor y bien dispuesto para laborar por el éxito de su misión y de las buenas relaciones entre las cancillerías de La Habana y Wáshington. Morgan llegó a La Habana el 22 de febrero y asumió las funciones de su cargo el 1º de marzo cuando, como ya hemos visto, la intervención y la anexión se discutían abiertamente en el Congreso y en la prensa y los preparativos revolucionarios estaban muy adelantados. Heredaba de Squiers, por lo tanto, una situación muy difícil porque, además, se le creía al nuevo diplomático con las instrucciones al día, precisas y concluyentes, que evitarían un conflicto armado y devolverían la paz a la familia cubana, cuando lo cierto era que de él no se podía esperar tal cosa, que sus instrucciones y órdenes eran intrascendentes y que había gran interés, entre muchos de sus compatriotas, en provocar conflictos que dieran al traste con la República. Morgan, o no se enteró de la gravedad de la situación o sí tuvo noticias de ella y por eso fué que no tardó mucho en emprender viaje de descanso y con absoluta indiferencia de lo que pudiera ocurrir en Cuba, mientras que a cargo de los intereses norteamericanos quedaban Sleeper, vacilante y sin personalidad, y Steinhart, lleno de ambiciones y desprovisto de escrúpulos. En realidad, ni Morgan ni sus subordinados informaron debidamente al State Department de la gravedad de la situación política cubana y, con ciertas reservas, pudiera decirse que el gobierno de Wáshington quedó tan sorprendido con la violenta sublevación de agosto de 1906, como el mismo Estrada Palma. El Secretario de Estado, Elihu Root, que lógicamente habría sido por sus antecedentes la persona más indicada para actuar en representación de los Estados Unidos en crisis semejante, viajaba hacia la América del Sur y había sido despedido por el Ministro Quesada en un banquete en que las palabras cambiadas habían sido tranquilas y sin sombra de alarma.

Estrada Palma había tomado posesión de la Presidencia de la República, al comenzar su segundo período, el 20 de mayo de 1906, y si no había habido grandes demostraciones de entusiasmo, tampoco las había habido de oposición y el acto se había desarrollado en medio de la mayor tranquilidad. Era un hecho, sin embargo, la constitución de un "Comité Central Revolucionario" de los liberales, encabezado por el general José Miguel Gómez y cuya acta original firmaron otros políticos de Pinar del Río, las Villas, La Habana y Oriente, mientras que Camagüey y Matanzas parecían ser las provincias fieles al gobierno. Comprometidos en la revolución había veteranos y políticos de reconocido prestigio y que eran movidos por nobles impulsos; pero también se había incorporado al movimiento un grupo abigarrado de demagogos llenos de vicios y que construirían sus fortunas políticas sobre los errores y las arbitrariedades de Estrada Palma, que habían llevado al país a la protesta armada. Este grupo, por irresponsabilidad, por inconsciencia o por motivos sórdidos, actuaba de acuerdo, a espaldas de los revolucionarios bien intencionados, con los anexionistas, negociantes sin escrúpulos y perturbadores públicos, que aspiraban a que se produjese el caos en la administración nacional para la realización de sus planes anti-cubanos.

Los conspiradores se condujeron con imprudencia extraordinaria y el gobierno no tardó en estar en posesión de los informes necesarios para frustrar y desbaratar el movimiento; pero eran tales los elementos reunidos y tal la combinación de fuerzas, nacionales y extranjeras, que se habían concertado contra el gobierno de Estrada Palma que, pese a la represión hecha, los trabajos revolucionarios continuaron sin interrupción de mayor importancia en espera del momento propicio para la sublevación.

Los agentes del Servicio Secreto norteamericano fueron comisionados por sus jefes para conocer cómo se habían reunido los fondos cuantiosos con que se financió la llamada Revolución de Agosto, y entre los papeles del Presidente Roosevelt figura un memorándum del agente F. S. Cairns, fechado en Marianao, septiembre 22, 1906, que contiene la siguiente interesante información sobre el asunto:

> ...Most of the money at the disposal of the revolutionists has been obtained in this country. Large sums have been advanced by the merchant, Manuel Silveira, a partner of Ceballos. The wealthy property owner of Pinar del Río, Colonel Lazo, alone, has given nearly $50.000. A similar sum has been advanced by a nephew of the rich property owner, Gregorio Palacios, to whose large fortune he recently fell heir. A sum amounting to over $200.000 was collected from several other rich property owners of Pinar del Río. The collections made in the Province of Santa Clara amounted to over one hundred thousand dollars. Here in Havana money was also collected; it being positively known that some gave all the money they had, as for example Pelayo García, whose contribution

amounted to $19.000. Doctor González Pérez won a $10.000 prize in the Madrid lottery, and he gave the entire sum to the Revolutionary Committee. The most important members of the Liberal Party gave money and collected some from among their friends. A game of "Monte" was established in the building of the "Círculo Liberal" about eight months ago which paid eight centenes (about forty dollars) per day for the privilege. This money was all sent to add to the funds of the revolution. As the Liberals were in control of the Ayuntamiento of Havana, the Councilors and higher employes were allowed by the Alcalde to commit all kinds of frauds on condition that they contribute a part of the proceeds to the funds of the revolution. Several of these acts were really scandalous, as for instance that known as the closing of the Cristina market and that referring to the transfer of the carpenter shops situated in this capital. This last piece of business produced $25.000. Others were of such nature that they caused the courts to intervene, and in one of them the municipal architect, Benito Lagueruela, is still under indictment, as is also the Secretary of the Ayuntamiento, Carrera Peñarredonda.

Up to now the sums obtained were voluntary delivered by the followers of the revolution. In this capital alone more than $40.000 was collected in the manner described and by many other methods placed in practice. In addition, under concealed threats and under obligation, a large number of planters and Spanish merchants gave considerable sums of money, as they saw the revolution coming and knowing the impotence of the government to suppress it, tried this way to assure their interests and property.

Among others who gave large sums mention is made of the wealthy planter Tirso Mesa, who through his brother—in—law, Judge Landa, sent Zayas $30.000 and of the sisters Rosalía and Marta Abreu who, between them, gave $50.000.

The revolutionists have not as much money as they say, but it may be affirmed that in the eight or nine months in which they have been preparing they have been able to collect more than one million dollars.

The American residents of the Isle of Pines have also given various sums to Luis Pérez, former governor of Pinar del Río. A few days ago a committee which came with the object of seeing Mr. Taft, delivered a final sum of $5.000 which, two days ago, reached Pino Guerra.

These are, in general terms, the facts relating to this matter which have been proven by the Government. It also appears from the investigation made, though it has not been proven, that Mr. Squiers, former Minister of the United States, delivered to General José Miguel Gómez a large sum, neither the amount nor origin of which has been ascertained; and it is also said *that a representative of the Tobacco Trust has given a large sum with the object of preventing the destruction of its farms and properties in Pinar del Río.*

The government has not been able to prove, and believes it untrue, that politicians and large merchants of the United States have given money, but believes the statement to be a canard originated by the revolutionists themselves to make the people believe that they reckon with the support of the United States... [160]

Aunque el informe del agente Cairns contiene datos ciertos, correspondientes a la realidad conocida, también contiene exageraciones y errores que conviene señalar. Resulta inadmisible para quien conozca la historia de Cuba y el carácter cubano, creer en ese concierto de voluntades y sacrificios pecuniarios que tan ligeramente admite Cairns como artículo de fe. Ya Sanguily hubo de decir hace muchos años, con sobra de razones, que si él hubiera podido creer que los cubanos, juntos o por acuerdo, pero mediante la correspondiente organización, fuesen capaces de reunir un millón de pesos para un esfuerzo aunado con que redimir a la patria, él habría creído los milagros de la Sagrada Escritura. Para las guerras de independencia de Cuba nunca había sido posible obtener tan cuantiosos donativos, a pesar de que la prosperidad del país y la riqueza de los criollos eran mayores entonces que en 1906, y no es posible creer que para fomentar una revolución que podía destruir la república tan laboriosamente establecida, se mostrasen tan generosos y bien dispuestos con la entrega de sus capitales los que no habían sido así para ayudar a crearla. Por otra parte, algunos nombres de los citados por Cairns como contribuyentes cubanos, eran de norteamericanos de adopción, como en el caso de Ceballos y Linares, cuyos intereses estaban dirigidos desde los Estados Unidos. Estas observaciones no restan validez a la mayoría de los datos reunidos por Cairns, sino que solamente tratan de precisar su exactitud y suprimir exageraciones, ya que no puede haber duda de que los elementos citados apoyaron, en una u otra forma, la "Revolución de Agosto".

Durante los meses de junio y julio los preparativos revolucionarios se hicieron tan abiertamente, y con tan poca cautela, como ya se echa de ver por los datos de Cairns, que acabamos de mencionar, que trascendieron al público y llegaron a ser conocidos de la policía. El Presidente Estrada Palma fué a veranear a la fortaleza de La Cabaña, como si indicase cierta desconfianza y prefiriese estar protegido contra un atentado. A mediados de agosto se libraron las órdenes de arresto contra los principales comprometidos, algunos de los cuales ya estaban en armas contra el gobierno, en Pinar del Río, y no pudieron ser aprehendidos; pero el 19 de ese mes quedaron detenidos militares, políticos y veteranos prominentes de Santa Clara, Oriente y La Habana y el 21 el propio general José Miguel Gómez era hecho prisionero en Sancti Spíritus, de donde se le llevó sin miramientos a Santa Clara, Cienfuegos, Batabanó y La Habana. Parecía aplastada la intentona revolucionaria con el encarcelamiento o la muerte de sus principales jefes; pero a poco se generalizó la sublevación y la Guardia Rural que Squiers y el general Alejandro Rodríguez habían querido que fuese la única tropa del gobierno, se reveló incapaz de hacer frente a la situación. Estrada Palma apeló a los fondos que tan, laboriosamente había acumulado para saldar las deudas de la República, y comenzó el reclutamiento de movilizados o milicianos para que cooperasen con los soldados regulares en la campaña contra los sublevados; pero los consejeros que en el "Gabinete de Combate" habían empleado todas las arbitrariedades para robarse la elección, no resultaron ser tan hábiles ni resueltos para hacer frente a la sublevación, y los jefes militares pusieron de relieve la más lamentable incapacidad e irresolución después de unos éxitos iniciales y tan pronto como encontraron resistencia organizada y tenaz en los rebeldes. El general Montalvo, cuya actuación junto a Estrada Palma y a otros gobernantes cubanos siempre ha sido funesta, pasó de Secretario de Obras Públicas y corresponsable en todas las ilegalidades y provocaciones del "Gabinete de Combate", a jefe del ejército de operaciones, pero su actuación al frente del mismo demostró que no era lo mismo hacer un despojo electoral por todo lo alto y lanzar al pueblo cubano a la revolución, que reprimir esta última. Antes de terminar el mes de septiembre la situación del gobierno se había hecho crítica, y en las filas de los alzados, sobre todo en aquellos grupos mandados por demagogos irresponsables y que al cabo de los años harían peores atropellos con el nombre de "conservadores", "liberales"; "nacionalistas", etc., que los que entonces combatían, se manifestó una peligrosa tendencia a destruir las propiedades extranjeras, entre ellas, muy especialmente, las de ingleses y norteamericanos, como para provocar la intervención militar de los Estados Unidos y que cayese el gobierno de Estrada Palma. En algunos casos los que tal hacían eran inconscientes o malvados que obraban por su cuenta; en otros individuos que recibían inspiración de elementos anexionistas.

El Ministro Morgan estaba de vacaciones al comenzar la revolución; y el Secretario Sleeper, vacilante y de escasas luces, no comprendió de momento la verdadera situación. Su cablegrama de agosto 20 al State Department se limitaba a informar que, aunque había habido varios brotes revolucionarios en La Habana y Pinar del Río, el gobierno aseguraba que había tranquilidad y se habían hecho importantes detenciones de conspiradores. Los días subsiguientes Sleeper continuó sus informaciones como cuestión de rutina, mientras que en Wáshington crecía la ansiedad, especialmente después que el Embajador de la Gran Bretaña pidió de manera oficial al gobierno de los Estados Unidos que diese "...any protection possible..." a las pertenencias de la Cuba Railroad Co., en Santa Clara, estimadas en un valor de un millón de pesos y amenazadas por los revolucionarios. El 29 de agosto ya Sleeper tenía que reportar que el almacén de la Merceditas Sugar Co., empresa norteamericana, había sido saqueado por los rebeldes y él había presentado la correspondiente protesta ante el gobierno cubano; pero el State Department recibía casi al mismo tiempo un despacho suyo en que afirmaba que no podía creer que "...the Government should not crush the revolt with the resources at its disposal..."

La Secretaría de la Guerra de Wáshington no parece haber estado tan confiada como Sleeper, ya que el 26 de agosto, una semana después de haberse iniciado la sublevación, Taft ordenaba al jefe del estado mayor, general Bell, que· hiciese los preparativos del caso por si había necesidad de intervenir en Cuba y que hasta trajese de Filipinas algunos regimientos y concentrase tropas en las proximidades de la Isla. Bell, un soldado sin cultura y desconocedor de Cuba y de los cubanos, a los cuales confundía con los filipinos al mismo tiempo que decía pintorescamente que los tagalos eran latinos, ya entonces había dispuesto que dos transportes, el Engalls y el Meade, saliesen de Manila con tropas, vía Canal de Suez, el 1º de septiembre, y que fuesen seguidos de otros dos, el 1º de noviembre. La intervención, pues, estaba a la vista aún antes de solicitarla Estrada Palma.

Al agravarse la situación decidieron actuar los libertadores más prominentes y que no estaban mezclados directamente en la pugna entre el gobierno y sus opositores. Las primeras gestiones las llevaron a cabo los generales Cebreco y García Menocal y, aunque en un principio se concibieron ciertas esperanzas de su buen éxito, no tardó Estrada Palma en revelar que estaba dominado por la invencible obstinación que era defecto capital suyo y los mediadores se separaron de la gestión iniciada ante las duras palabras y la intransigencia del anciano estadista.

Sleeper también parece haber estado en el limbo en cuanto a la verdad de la situación en aquel momento, ya que el 1º de septiembre hubo de cablegrafiar al State Department que había desacuerdos y rozamientos entre Estrada Palma y Méndez Capote, aunque ambos estaban bien dispuestos para propiciar un acuerdo con los revolucionarios. Este infundado optimismo de Sleeper es la nota dominante de sus informes diarios a la cancillería de Wáshington, desde el 1º de septiembre hasta el 8 de ese mes, inclusives, cuando toda esperanza de arreglo hacía tiempo que había desaparecido. Su deficiente información en tan críticas circunstancias resultaba extraordinariamente perjudicial y, en cuanto a la causa del gobierno, en manera alguna podía serle conveniente que Sleeper dijese que el Vicepresidente Méndez Capote conspiraba para deponer a Estrada Palma y reemplazarle, pero, de todos los males, habría sido el menor, ya que habría asegurado la continuación de las instituciones republicanas sin otra intervención militar norteamericana como, cegado por el despecho, quería Estrada Palma y se plegó a propiciar Méndez Capote con su censurable renuncia a hacerse cargo de la primera magistratura cuando el Presidente dimitió su cargo.

Sleeper hacía el juego a la revolución con sus mensajes, posiblemente sin maldad y sin proponérselo; pero ante su incapacidad e irresolución, el Cónsul General Steinhart comenzó a actuar independientemente de la Legación para apoyar al gobierno. El era el único representante, bien fiel y bien responsable, que quedaba en Cuba del régimen de Wood al que se había debido la elección de Estrada Palma años atrás; había comenzado a acumular fortuna bajo ese gobierno, y por su temperamento y por sus compromisos se decidía a luchar por la salvación de la obra de Wood en el mantenimiento de Estrada Palma como presidente. Sus mensajes al State Department habían diferido muy mucho de los enviados por Sleeper; y la cancillería de Wáshington, como la de La Habana, comenzaron a prescindir de sus regulares representaciones diplomáticas mientras Steinhart hacía de punto de contacto entre aquéllas. El Subsecretario de Estado, Bacon, hasta hacía poco tiempo asociado al banco de J. P. Morgan & Co., y al que Roosevelt había tratado de convertir de banquero en diplomático, no era el hombre para dirigir la política internacional norteamericana hacia Cuba en tales momentos, pero el Secretario Root viajaba por la América del Sur, y así fué que el improvisado funcionario asumió el desempeño de un cargo que le venía ancho. Por mediación de Bacon el Presidente Roosevelt inició sus gestiones tendientes a convencer al gobierno cubano y a los revolucionarios de que debían llegar a un acuerdo si querían impedir la intervención norteamericana. El argumento no resultó decisivo con uno ni con otros y mientras tanto seguían los combates, las persecuciones y los destrozos y la Gran Bretaña y España, sobre todo esta última, ni entonces ni hoy reconciliada con la idea de que Cuba sea independiente, insistían con los Estados Unidos para que interviniesen en la Isla. Estrada Palma, en su obstinación de hombre providencial, llegó a la conclusión de que si se hacía la intervención sería para ayudarle a imponerse y basaba su optimismo en el apoyo recibido con anterioridad y que tardaría poco en serle rehusado. Los rebeldes, a su vez, con los contactos que tenían con elementos norteamericanos, la impotencia del gobierno cubano y la cautela que aconsejaba a los Estados Unidos la celebración de la III Conferencia Internacional de Estados Americanos, de Río de Janeiro, se lisonjeaban con la idea de que no habría intervención o que, de haberla, sería a su favor.

Resultado directo de la decisión de Estrada Palma para entenderse con Steinhart fué la entrevista que, por orden de aquél, celebró el Secretario de Estado O'Farrill con el Cónsul de los Estados Unidos, el 8 de septiembre, con objeto, precisamente, de ir preparando el camino para la intervención norteamericana, solución que Roosevelt contemplaba como último y desesperado recurso aunque la hubiese esgrimido como amenaza y hubiese hecho los preparativos para ella. En esa desdichada ocasión el representante de Estrada Palma declaró que el gobierno no podía aplastar la revolución y pidió ayuda con empleo bien específico de las condiciones para la intervención contenidas en el artículo III de la Enmienda Platt, aunque sin aludir a ésta. Así fué que Steinhart envió al State Department su famoso telegrama de 8 de septiembre que, por razón de haberlo publicado Martínez Ortiz en

una traducción no del todo exacta, aquí lo publicamos conforme a
su texto original, en inglés, que se encuentra en el expediente titulado "Cuba", de los Roosevelt Papers, en la Biblioteca del Congreso, de Wáshington, D. C. Decía así ese mensaje:

*Absolutely confidential. Secretary of State of Cuba has
requested me in the name of President Palma to ask President
Roosevelt send immediately two vessels, one to Havana, other
to Cienfuegos. They must come at once. Government forces
are unable quell rebellion. The Government is unable to
protect life and property. President Palma will convene
Congress next Friday and Congress will ask for our forcible
intervention. It must be kept secret and confidential that Palma
asked for vessels. No one have except President, Secretary of
State and myself, known about it. Very anxiously awaiting
answer. Send answer to Steinhart...*

Roosevelt no tenía el menor deseo de llevar a cabo la intervención solicitada, pese a lo que digan en contrario ciertos historiadores con insuficiente información, ya que con anterioridad a esta
petición formal Steinhart se había aventurado a indicar la solución intervencionista como idea suya y Roosevelt la había comentado, en una carta a Bacon, con las siguientes palabras:

*...Steinhart is wrong about immediate intervention; but it
may be worth while considering whether an emphatic warning
to the people of Cuba as to what revolutionary disturbances
will surely entail in the way of intervention would be a good
thing... Meanwhile cable to Steinhart for his private information that it would be out of the question for us to intervene at
this time...*

*...Those who bring about revolution and disturbances are
in reality doing their best to secure the intervention and
domination of the United States and are in the profoundest way
unpatriotic to the cause of the Cuban people...* [161]

Este lenguaje ciertamente que era el de un buen amigo de la
independencia de Cuba, que siempre supo serlo Roosevelt por
una extraña debilidad de hombre fuerte, un raro escrúpulo de
hombre resuelto en su filosofía expansionista, en favor de Cuba,
que más de una vez habremos de destacar en esta obra y que
contrasta de manera singular con los procedimientos empleados
por Roosevelt acerca de otros países. Por éstas y parecidas expresiones de buena voluntad hacia la república que él había contribuído a fundar y que entonces parecía naufragar fué que el
insigne Sanguily, nunca sospechoso de justificar el imperialismo,

hubo de escribir con ocasión de la muerte de Roosevelt las siguientes palabras que hace suyas el autor de esta obra:

> ...cuando cuatro años después (de 1902) sobrevino la su-
> blevación y guerra civil de agosto de 1906, actuó siempre para
> armonizar los intereses cubanos, calmar las pasiones y man-
> tener la República, que puede decirse, sin vacilación alguna,
> que ocurrió fatalmente la intervención norteamericana por
> culpas que no fueron las suyas pues que, al contrario, procuró
> cuanto estuvo en sus manos evitarla. Se ha publicado en un
> volumen toda la documentación referente a aquellos dolorosos
> sucesos y en realidad, leyéndola, impresiona el convencimien-
> to que de aquélla se desprende, de la pena, de la contrariedad
> del entonces Presidente Roosevelt porque los cubanos no se
> hubiesen entendido, y de la consideración y ecuanimidad con
> que por su parte se empeñó en prevenir aquellos aconteci-
> mientos...
>
> ...El pueblo cubano está de luto. Su bandera en cada
> hogar y en los edificios públicos debe estar por mucho tiempo
> a media asta. Lamentamos entristecidos la desaparición del
> americano insigne y bendigamos los cubanos agradecidos su
> grandioso nombre...[162]

El descontento de Roosevelt respecto a sus representantes en
La Habana aparece expresado con la franqueza característica
suya en más de una de sus comunicaciones de la época, y el disgusto llegó a mezclarse con la desconfianza respecto a aquellos
subordinados. Finalmente, el 12 de septiembre se menciona por
primera vez, en una carta al Subsecretario Bacon, el nombre de
Charles E. Magoon, quien más tarde sería gobernador de Cuba
durante la segunda intervención norteamericana y entonces desempeñaba un cargo de gran responsabilidad en la zona del Canal
de Panamá. "...I wonder whether it might not be well to send
Magoon there from Panama to give us a report on the situation...",
decía Roosevelt. Esta primera referencia a Magoon vale la pena
de compararla con estas duras expresiones sobre el Encargado de
Negocios Sleeper, el Ministro Morgan y el Cónsul Steinhart, en
esos mismos días:

> ...Sleeper is evidently a wretched and worthless creature;
> and Morgan needs to be told that he has mist the great chance
> of his diplomatic life by not being on the spot. At the first
> symptom of disturbance in Cuba he should have been hurrying
> to his post...[163]
>
> ...I greatly wish we had some big man at Havana...
> Sleeper does not amount to anything at all; and even Steinhart

does not count for much. Where is Morgan? Morgan has mist
the chance of his life and I want our diplomats to understand
that when they take holidays they must keep a sharp lookout
and start for their posts the instant there seems to be the
slightest chance for any kind of disturbance... [164]

Razón sobrada tenía Roosevelt en sus duras críticas; pero la
realidad es que, salvo contadísimas excepciones, Sleeper, Morgan
y Steinhart son tipos bien representativos de los diplomáticos norteamericanos que con más frecuencia hemos tenido en Cuba y
que tanto daño han hecho a los intereses de nuestro país y también de los Estados Unidos, especialmente en los momentos de
crisis, como los de 1906 que ahora comentamos y la de 1933-1936,
con la funesta actuación de Welles y Caffery. La influencia de
la Enmienda Platt y de la preponderante posición económica de
los Estados Unidos en Cuba, cuando mal empleadas por la cancillería de Wáshington y puestas en manos de agentes incapaces,
soberbios o mal intencionados, han hecho más daño a Cuba que
todas las revoluciones, porque casi siempre ha habido un motivo
sórdido en el apoyo o la oposición a tal o cual gobierno. Así ocurría con la actitud que recomendaba Steinhart en septiembre de
1906 y sobre cuya conveniencia tanto dudaba Roosevelt.

El Presidente de los Estados Unidos meditó detenidamente sobre la conveniencia o el perjuicio de hacer una solemne prevención a los cubanos acerca de los peligros de la situación y la posibilidad de que hubiese una intervención. Su correspondencia
con el Subsecretario de Estado y el Secretario de Estado revela
sus dudas antes de actuar, pesando cuidadosamente todas y cada
una de las consecuencias de ese pronunciamiento durante varios
días y asesorándose de sus consejeros de mayor confianza. Mientras iba formando opinión y preparando la fraseología de la que
después fué su famosa carta a Gonzalo de Quesada, Roosevelt
dispuso el envío de los dos buques de guerra pedidos por Estrada
Palma para La Habana y Cienfuegos, aunque con órdenes bien
estrictas de que sería él quien dispusiese cómo debían actuar los
marinos en aguas cubanas. Y mientras la soberbia de Estrada
Palma y sus auxiliares y la ambición de los revolucionarios cubanos aspiraba a la intervención y o la pedía o la provocaba para
satisfacción de los anexionistas, los que se felicitaban del éxito de
sus planes y de la falta de patriotismo que les ayudaba, Roosevelt
volvía a insistir en que no le gustaba llevar a cabo la intervención
y que antes de que tuviera lugar los cubanos debían llegar a un

acuerdo. Tal es el texto de la instrucción cablegráfica de 10 de septiembre, enviada por el Subsecretario Bacon a Steinhart, por orden de Roosevelt, y que decía así:

> ...The President directs me to state that perhaps you do not yourself appreciate the reluctance with which this country would intervene. President Palma should be informed that in the public opinion here it would have a most damaging effect for intervention to be undertaken until the Cuban Government has exhausted every effort in a serious attempt to put down the insurrection and has made this fact evident to the World. At present the impression certainly would be that there was no real popular support of the Cuban Government or else that the Government was hopelessly weak. As conditions are at this moment we are not prepared to say what shape the intervention should take. It is of course a very serious thing to undertake forcible intervention and before going into it we should have to be absolutely certain of the equities of the case and of the needs of the situation. Meanwhile we assume that every effort is being made by the government to come to a working agreement which will secure peace with the insurrectos, provided they are unable to hold their own with them in the field. Until such efforts have been made we are not prepared to consider the question of intervention at all...[165]

Como se ve, la resolución de Roosevelt, comunicada por Bacon, era contraria a la intervención militar en Cuba y la consideraba inconveniente para los Estados Unidos. Se confiaba en que, pese a todo, Estrada Palma lograría imponerse a la revolución y en que así no habría necesidad de comprometer el prestigio de los Estados Unidos o humillar el de Cuba con una nueva intervención, la que Roosevelt declaraba que sólo ocurriría en el momento en que no hubiese esperanza de arreglo entre los cubanos y muy a disgusto.

De todos modos, conviene precisar que, tal como lo había pedido Steinhart, y a espaldas de la representación diplomática norteamericana, el State Department se comunicó con Estrada Palma por medio del Cónsul en La Habana y la perniciosa costumbre se continuó hasta la llegada de Taft y Bacon como delegados personales de Roosevelt, cuando ambos pudieron darse cuenta de la obstinación del anciano Presidente y del papel especialísimo que Steinhart había estado llevando a cabo para dificultar el arreglo buscado.

Con el mismo desenfado con que se había manejado durante

el bajalato de Wood, Steinhart siguió actuando en esta nueva
crisis en el sentido de provocar la intervención y como si no cre-
yese la realidad de las profesiones de fe de su gobierno para no
llegar a intervenir. Recibido el cablegrama de Bacon al que
acabamos de referirnos, en seguida Steinhart tuvo varias entrevistas con el Secretario O'Farrill y el Presidente Estrada Palma,
y antes de terminar el día 10 ya había contestado a Bacon con la
información de que había comunicado verbalmente el contenido
de su cable al gobierno cubano y que Estrada Palma, además
de pedir que los dos buques de guerra enviados permaneciesen
por mucho tiempo en Cienfuegos y en La Habana, prometía luchar
con toda energía contra la revolución, como se le había pedido;
pero que si fracasaba en su empeño "...Cuban Congress will
indicate kind of intervention desirable..." Obvio es que el tipo
de intervención que Estrada Palma y Steinhart tenían en mente,
como deseable al Congreso, no podía ser otro que el de apoyar
al gobierno con las fuerzas militares y navales de los Estados
Unidos a fin de aplastar la revolución. Y así se comprende que
en las frases finales de su despacho Steinhart justificase la posición intervencionista de Estrada Palma y hasta dijese con una
velada crítica a la actitud de la Casa Blanca y del State Depar-
ment que en vano trataba de disimular que, aunque comprendía
la oposición de los Estados Unidos a intervenir en Cuba, pocos
se daban cuenta de la situación cubana y menos eran los que
podían valorar su realidad.

Es significativo que en una carta del 11 de septiembre, en que
Steinhart ratificaba sus informes y ampliaba aún más sus argu-
mentos, sus razones para esperar que el gobierno de Estrada
Palma triunfase estaban en sus noticias de que

>   ...in the last week or two a number of Americans have
> enlisted and some of them commissioned, which puts a little
> more life and courage into the rest of the Army...,

inquietante declaración por la que el State Department no pidió
cuentas al funcionario que con tamaña irresponsabilidad confesaba saber que sus conciudadanos violaban las leyes de los Estados Unidos para apoyar a Estrada Palma, de la misma manera
que otros lo hacían para derribarle, como veremos en seguida,
pues al día siguiente, en otro interesante despacho bien revelador
de que Steinhart seguía viviendo los días en que era el "factótum"
del procónsul Wood y sugería la fraseología de las instrucciones

que debían enviarse a su superior nominal (el Encargado de Negocios norteamericano), quien no sabía una palabra de esta trama entre su gobierno y el cónsul, encontramos el consejo de Steinhart a Bacon respecto a que, como

> ...the insurrectionists have been made to believe by interested Americans that our Government favors the Liberal Party and this belief dates back as far as the time when the American Rice bill was pending, it is well at present not to hamper the Government by strengthening this belief on the part of the rebels... [166]

El mismo día 12 el Secretario Sleeper seguía ignorando la solicitud de envío de buques y de intervención que cuatro días antes había hecho Estrada Palma por medio del Cónsul Steinhart. La posición del diplomático norteamericano ante la cancillería cubana y respecto de su propio subordinado era de lo más desairada e incomprensible también la falta de consideración que el State Department tenía para con él. No es posible reprimir un sentimiento de lástima por la humillación que innecesariamente sufría Sleeper en aquellas circunstancias; pero también es preciso decir que si esa situación se hubiese dado en las relaciones del gobierno cubano con sus funcionarios diplomáticos y consulares, habría sido utilizada como argumento contra la capacidad de los cubanos para organizar y mantener un gobierno normal. Como que Sleeper no disfrutaba de la confianza especial que Estrada Palma tenía depositada en Steinhart, sus relaciones con el Presidente cubano eran más bien frías y así se explica la aparente contradicción de que el 12 de septiembre, al entrevistarse el Encargado de Negocios de los Estados Unidos ante Estrada Palma, con éste, para preguntarle si el gobierno aplastaría la revolución, pudiera constatar que se le respondía "evasively", según informó Sleeper a Wáshington, mientras que casi a la misma hora, y a nombre de Estrada Palma, por conducto de Steinhart se pedía la intervención militar con toda formalidad. Esta nueva solicitud no era dictada por la apremiante situación militar del gobierno, todavía lejos de ser desesperada, sino con el propósito político de confrontar a los rebeldes con el hecho consumado de la intervención norteamericana en apoyo de los gobiernistas, cuyos dirigentes, y también Steinhart, creían que sería simplemente una cuestión de decidir la pugna en favor de Estrada Palma y arrojar en la balanza el peso de la influencia de los Estados Unidos. Aquellos equivocados personajes, en su obstinación, echaban a un lado toda cautela y todo pensamiento de verdadero patriotismo y no querían pensar por un instante que la intervención quisiese ser imparcial entre los continuistas y los sublevados.

La petición de intervención de 12 de septiembre, con su confesión de impotencia, es uno de los documentos más bajunos de la historia política de Cuba y la redacción telegráfica del mismo, en el estilo de O'Farrill y Steinhart, lo hace más patéticamente humillante. Decía así:

> ...Secretary State Republic of Cuba at 3.40 today delivered to me memorandum in his own handwriting a translation of which follows and is transmitted notwithstanding previous secret instruction on the subject:
> "The rebellion has increased in the provinces of Santa Clara, Havana and Pinar del Río and the Cuban Government has no elements to contend it, to defend the towns and prevent the rebels from destroying property. President Estrada Palma asks for American intervention and begs that President Roosevelt send to Havana with the greatest secrecy and rapidity two or three thousand men to avoid any catastrophe in the capital. The intervention asked for should not be made public until the American troops are in Havana. The situation is grave and any delay may produce a massacre of citizens in Havana... [167]

La responsabilidad de Steinhart en la redacción del antecedente documento es innegable, aunque ella no excusa ni por un momento la de los gobernantes cubanos que, dominados por la ambición y la soberbia, colaboraban con él en su plan intervencionista. Los argumentos empleados para justificar esa petición los había estado usando Steinhart en su correspondencia con el State Department, como suyos, y todos venían a formar el caso previsto en el artículo III de la Enmienda Platt como determinantes de la intervención en Cuba, o sea, que su influencia real y lo que pudiéramos llamar su obligatoriedad para los Estados Unidos, por razón de tratarse de una ley vigente, planteaban la cuestión como ineludible si las causales alegadas eran ciertas, que no lo eran, porque no había tal peligro de catástrofe o matanza en La Habana.

Asombra la impunidad de Steinhart al desobedecer instrucciones expresas de su gobierno en momentos tan difíciles; pero es que él se manejaba con aquella independencia que había aprendido durante el bajalato de Leonard Wood, cuando sólo era responsable ante éste, mientras que entonces era un funcionario consular en quien no podían imaginarse tales facultades extraordinarias como las de seguir alentando planes intervencionistas cuando el Presidente de los Estados Unidos había desautorizado dicha solución o negarse a cumplir las instrucciones de Roosevelt respecto a hacer público que las declaraciones que le atribuían el *New York* y *La Lucha*, acerca de la situación cubana, eran falsas. Con la mayor tranquilidad decía Steinhart a sus superiores, por cablegrama de fecha 12 de septiembre, que la desmentida al artículo del *Herald* "...*would be best to let it alone for the present*...", y nadie le llamaba a capítulo.

Su audacia crecía y alcanzaba las características de la frescura y el atrevimiento con que, a veces, se conducen los viejos servidores para con los amos cuyas debilidades conocen y a los cuales han servido durante mucho tiempo. El antiguo muletero alemán dictaba su política al State Department. Y la mejor prueba de esto podemos encontrarla en otro despacho telegráfico suyo, también de fecha 12 de septiembre, al State Department, en que aconsejaba que se enviase un mensaje a Estrada Palma por mediación del Encargado de Negocios Sleeper (quien a pesar de su cargo nada sabía de estas relaciones entre la cancillería y el Cónsul), en que se le dijese al gobierno cubano que o aplastaba la revolución o los Estados Unidos intervendrían militarmente en la Isla; es decir, se planteaba el dilema que habría hecho indispensable la intervención si no se pacificaba al país, lo que Estrada Palma y sus enloquecidos consejeros, convencidos de que la intervención sería en favor suyo, podían resolver de acuerdo con esos propósitos con sólo confesarse impotentes ante la sublevación. Para que no fracasase el proyecto, Steinhart cuidaba de enviar a sus superiores el texto redactado del mensaje para Estrada Palma, que debía comunicar a éste el Secretario Sleeper, a fin de que fuese retrasmitido, y terminaba su despacho con la siguiente observación, bien reveladora de su partidarismo y que debiera haberle descalificado como consejero:

> ...*All reference to make a compromise or like ideas must be omitted. Is more important that the dignity of Government is upheld to guarantee its future stability*...

Ese mismo día 12 de septiembre, a las 4 de la tarde, estaba a la vista de La Habana el crucero norteamericano *Denver*, enviado a solicitud de Estrada Palma y con cuya presencia y la impresión causada por el saludo a la plaza, los gobiernistas creyeron haber

ganado la partida y hasta estar en disposición de forzar la mano
del Presidente Roosevelt para producir la intervención o el simu-
lacro de ella que habría de aplastar la revolución. Sin embargo,
el cablegrama del State Department a Sleeper le prevenía con el
mayor énfasis de que los buques de guerra en aguas cubanas
dependían directamente de Roosevelt, quien era el único que podía resolver acerca del papel que desempeñarían los marinos
norteamericanos en Cuba. La determinación de evitar la intervención o lo que pudiera parecerse a ella era bien manifiesta y
como para hacerla más explícita se agregaba que los ciudadanos
de los Estados Unidos que estuviesen en peligro serían recibidos
a bordo del crucero, pero que no habría desembarco alguno sin
orden expresa enviada desde Wáshington.

Los acontecimientos se precipitaron con vertiginosa rapidez en
las horas subsiguientes. El capitán Colwell, quien mandaba el
crucero visitante, pasó a saludar al Presidente Estrada Palma, y
lo hizo en compañía del Secretario Sleeper, a cuyas tribulaciones
acababa de unirse la de que el Cónsul de Inglaterra le había visitado esa mañana para decirle que consideraba en peligro a los
súbditos británicos y que sería preciso hacer algo para protegerles.
La entrevista en el Palacio Presidencial fué larga y sus participantes, presas de la ansiedad, no dejaron un relato coherente y
concorde de su desarrollo y acuerdos. Estrada Palma se mostró
alarmado y sin confianza en sus fuerzas para dominar a la revolución y exageró los peligros de la situación, que no era desesperada
ni mucho menos; pero el plan tramado era ése. La Enmienda Platt,
pues, surtía sus esperados efectos de crear un complejo de inferioridad en los gobernantes cubanos y en vez de ser garantía de
orden se la utilizaba para obtener apoyo político extranjero. Martínez Ortiz afirma que el capitán Colwell hizo saber a .Estrada
Palma que, en caso de correr riesgo las propiedades norteamericanas, desembarcaría un destacamento de marinos armados, para
protegerlas;[168] y parece atribuir la responsabilidad en el desembarco de dichas fuerzas, al día siguiente, al capitán Colwell; pero
la correspondencia diplomática de la época presenta la realidad
de los hechos, distinta a lo afirmado por el historiador cubano.
Según un despacho enviado por Sleeper a las 9.30 p.m. del día 13
de septiembre, en la entrevista celebrada con Estrada Palma se
había acordado, con consentimiento de este último, desembarcar
cien soldados de infantería de marina con tres cañones y acanto-

narlos en la Plaza de Armas, frente al Palacio Presidencial, lugar que, naturalmente, revelaba el propósito político de dicha medida y no tenía relación con la garantía de vidas y haciendas. Sleeper fué, sin embargo, el verdadero responsable de aquel acto precipitado y poco hábil con el que hizo el juego a los intervencionistas al comprometer a su país en el conflicto. Un cablegrama de seca reprimenda le fué remitido al que Roosevelt llamaba "wretched creature" y en él le decía el Presidente de los Estados Unidos:

> ...You had no business to direct the landing of those troops without specific authority from here...,[169]

a lo que agregaba las no menos terminantes palabras de que esas tropas no podían ser empleadas sin orden del Ejecutivo norteamericano y que había que quitarlas de la vista pública con toda rapidez, acuartelándolas total o parcialmente en el edificio de la Legación y reembarcando las que no pudiesen ser alojadas allí.

Steinhart no perdió un momento en aclarar su situación y excusarse de toda la responsabilidad en el desembarco de los soldados, pero también se aprovechó del error cometido por el desdichado Sleeper para reforzar la posición de Estrada Palma frente a los rebeldes, como apoyado por los Estados Unidos. En un telegrama del Cónsul al Subsecretario Bacon, que trataba de otras cuestiones, Steinhart insertó un párrafo que decía así:

> ...With reference to disembarkation of force by the commander of the Denver upon request of Chargé d'affaires, and now by him countermanded, which landing was contrary to my opinion until American life and property actually in danger, President Palma desires me to say that their return to ships adds serious complications for him and for his Government...[170]

Es decir, el desembarco había sido preparado con el propósito de impresionar a la opinión pública, y especialmente a los sublevados, con la idea de la intervención; pero si las tropas volvían a bordo se perdía ese efecto. La represión enviada por Roosevelt a Sleeper no dejaba lugar a dudas sobre la resolución del gobierno de Wáshington, que quería que Estrada Palma y los suyos se defendiesen por su cuenta e hicieran los mayores esfuerzos para aplastar la revolución que habían provocado, y que solamente en caso de una crisis anárquica se decidiría a intervenir, para lo cual las fuerzas militares y navales de los Estados Unidos hacían todos los preparativos del caso, por si las circunstancias así lo exigían.

La orden de reembarque del destacamento de marinos llegó a ser la clave de las decisiones políticas del momento, hasta de las mismas que determinaron aquellas censurables y antipatrióticas resoluciones de la renuncia colectiva de todos los integrantes del gobierno antes que llegar a un acuerdo con los revolucionarios o rendirse a ellos. Aquellos hombres soberbios, obstinados y cegados por la ambición, que habían conducido al anciano Presidente a cometer o a permitir que se cometiesen tantas arbitrariedades y provocaciones, habían esperado la intervención y habían intrigado para que se produjese, ora con una expedición en forma, ora con una intervención símbolo que resultase impresionante. La primera alternativa había sido explícitamente rechazada por Roosevelt, quien se había negado también a lanzar proclamas amenazadoras a los sublevados; y la segunda, después de un triunfo aparente en que la ineptitud, la alarma exagerada y la oficiosidad habían colaborado, también había sido neutralizada por la orden de reembarque y la condenación que Roosevelt había hecho de la inconsulta orden dictada por Sleeper. Además, en el fondo, esta actitud del gobierno de Wáshington venía a significar que no colaboraba con el de La Habana en las dificultades que éste se había buscado; y con la posición que los Estados Unidos habían adquirido en Cuba, al imponer a ésta la Enmienda Platt, confirmada por el Tratado Permanente, aquel gobierno cubano sin apoyo popular no podía subsistir ni sentía deseos de resistir, ya que, si derrotaba a sus enemigos interiores, nunca los tendría vencidos y a merced suya porque los Estados Unidos, al haber hecho patente su condenación del gobierno cubano, arrojaban en la balanza una influencia incontrastable en su contra, de carácter político y económico, y alentaba sin proponérselo siquiera, a los que quisiesen seguir resistiendo. La acción perturbadora de la Enmienda Platt se ejercía, pues, de todos modos y resultaba perjudicial hasta cuando los Estados Unidos querían obrar de acuerdo con la justicia, con lo que sería muchísimo peor, creadora de la desmoralización, la violencia sangrienta y ruinosa y el desquiciamiento social y político, cuando en muchos otros casos, hasta épocas bien recientes, se ejerciese esa acción en favor de gobiernos usurpadores y abyectamente sometidos a los Estados Unidos, y en contra de la justicia.

Cuando el empleo del batallón de marinos para que representase el papel de intervencionistas hubo fracasado por la orden de reembarque, Estrada Palma y sus consejeros decidieron apelar a los grandes medios y provocar la intervención hasta con el monstruoso recurso de dejar a Cuba sin gobierno, si era necesario. Steinhart había pedido el día 12 que se enviase el mensaje con la amenaza de la intervención, por medio de Sleeper, y se le publicase en la prensa, con tiempo para que fuese conocido por el Congreso cubano, cuya sesión debía ser el viernes 14 y sobre el cual dicho mensaje, si estaba consebido en las palabras sugeridas por Steinhart "...will have a favorable result...", según esperaba el intrigante funcionario. Pero el mensaje no vino y en cambio se ordenó el reembarque de los marinos, lo que produjo una impresión penosísima entre los senadores y representantes gobiernistas que horas antes se habían reunido en el Palacio Presidencial con objeto de acordar la estrategia del período legislativo, y que entonces se habían mostrado arrogantes, intransigentes y resueltos a no conformarse con nada menos sino la sumisión incondicional de los rebeldes, los que también se mostraban cegados por la ambición y dedicados a calcular, con esa ansiedad malsana que la Enmienda Platt puso en el alma nacional cubana, si los Estados Unidos estaban en favor suyo o del gobierno, en vez de propiciar un acuerdo verdaderamente patriótico y que salvase a la República. Con la retirada de los marinos los congresistas perdieron no pocos de sus falsos bríos y Steinhart dejó de pensar en que el Congreso resolvería qué clase de intervención era la que el gobierno deseaba. La entrevista celebrada por el capitán del crucero *Denver* con los representantes de los sublevados y del Partido Liberal apareció ante los ojos de D. Tomás y sus partidarios como prueba de cierto reconocimiento o beligerancia de los Estados Unidos a los revolucionarios y les desesperó todavía más.

Así surgió y se hizo definitiva la línea política gobiernista de pedir oficialmente la intervención al mismo tiempo que se dejaba sin gobierno a la República. Steinhart, quien estaba en el secreto de todas estas deliberaciones, fué nuevamente el mediador con la cancillería de Wáshington en el bochornoso telegrama de 13 de septiembre, en solicitud de la intervención, que decía:

> ...President Palma, the Republic of Cuba, through me officially asks for American intervention because he cannot prevent rebels from entering cities and burning property. It is doubtful whether quorum when Congress assembles next Friday (tomorrow). President Palma has irrevocably resolved to resign and to deliver the Government of Cuba to the representative whom the President of the United States will

designate as soon as sufficient American troops are landed in Cuba. This act on the part of President Palma to save his country from complete anarchy and imperative intervention come immediately. It may be necessary to land force of "Denver" to protect American property. Probably 8.000 rebels outside Havana. Cienfuegos also at mercy of rebels; three sugar plantations destroyed. Foregoing all resolved in palace. Present President, Secretary of State, Secretary of War and Steinhart... [171]

Martínez Ortiz, siempre tan comedido en sus opiniones, nos dice con razón que este telegrama está plagado de exageraciones y falsedades y que no respondía a la realidad de la situación militar y política y hasta hace observar que

> ...*exageradas estas noticias por el Cónsul General, tal parece descubrirse en ellas el propósito de decidir a una acción definitiva a su gobierno...* [172]

Es muy de dudar que los sublevados en las proximidades de La Habana llegasen a sumar ocho mil hombres; pero, además, la mayor parte de ellos estaban armados de manera deficiente y no pocos estaban desarmados, y era absurdo pensar que aquella turba desorganizada se aventurase a penetrar en La Habana sin ser destrozada por la guarnición y hasta por el populacho de una ciudad de más de doscientos mil habitantes no pocos de los cuales eran empleados públicos y tenían su suerte echada del lado del gobierno. La propia situación se daba en cuanto a Cienfuegos, de que decía Steinhart que estaba "a merced de los rebeldes". La intención, pues, de que participaba Steinhart, era de llevar la alarma al ánimo de Roosevelt y sus consejeros para que sin esperar más se decretase la intervención; y como para que no hubiese otro remedio que intervenir, se producían las renuncias del gobierno cubano en los mismos momentos en que el capitán Colwell, después de su entrevista con Estrada Palma y con los jefes del Partido Liberal, y a pesar de sus exiguos recursos militares, decía con razón en un telegrama a Wáshington que, si se le autorizaba para actuar, él podía terminar con la sublevación "at once". [173]

Al reunirse el Congreso, el día 14, la mayoría gobiernista siguió mostrándose intransigente y opuesta a toda avenencia. Con desprecio de todos los reparos y argumentos expuestos por la minoría, en la Cámara y en el Senado, a fin de lograr un acuerdo entre el gobierno y sus enemigos, se aprobaron leyes para seguir la lucha a sangre y fuego. Las exhortaciones de Sanguily y otros

mediadores en busca de una fórmula patriótica, fueron desoídas. En
Oyster Bay, la residencia veraniega del Presidente Roosevelt, los
telegramas de Steinhart por fin habían causado su efecto, y el jefe
del gobierno norteamericano, apremiado por las sensacionales informaciones periodísticas, las excitaciones de los políticos e inversionistas de su país para que actuase de una vez, y las urgentes
peticiones de Estrada Palma y Steinhart, renunciaba a su anti-in-
tervencionismo y se disponía a hacer los preparativos para la intervención. Los auxiliares ejecutivos de que podía disponer Roosevelt eran hombres de su confianza; pero muy inferiores en resolución, habilidad y conocimientos de la situación cubana, al Secretario de Estado, Elihu Root, quien viajaba por la América del Sur.

Root mismo había estado tan ajeno a la realidad de la crisis cubana por la ineficacia de sus agentes en la Isla, que el 18 de junio
de 1906, dos meses antes de que comenzase la sublevación, había
pedido al Presidente Eliot, de la Universidad de Harvard, que se le
concediese a Estrada Palma el título de doctor en leyes, honorario,
como reconocimiento a su obra de gobierno y al progreso político
y económico que Cuba había alcanzado con él y como argumento
para que los Estados Unidos se decidiesen a apreciar los valores
nacionales latinoamericanos. La sorpresa de Root por los acontecimientos de agosto fué genuina y sinceras sus lamentaciones por
la quiebra del sistema de gobierno sirviente que él había contribuído a establecer. Su correspondencia con Roosevelt, Taft y
Bacon, en aquellos meses de ausencia, bien revela su ansiedad por
el curso de los sucesos de Cuba, como se ve, entre otros, con su
telegrama desde Lima, el 15 de septiembre, a Roosevelt, en que se
refería a lo que él podía haber hecho, dado su conocimiento de las
cosas y los hombres de Cuba, si hubiese estado en Wáshington en
aquellos momentos, y con otro despacho del día siguiente en que
se ofrecía a detenerse en La Habana, diez días más tarde, en viaje
de regreso, si Roosevelt creía que su gestión podía ser útil. Root
parecía darse cuenta, entonces, de la falta principal de la política
norteamericana sobre Cuba con la intervención y el tutelaje, porque, aunque es muy cierto que la gestión proconsular de Leonard
Wood, arbitraria, anexionista y de despojo electoral, y la mediatización de la soberanía cubana con la Enmienda Platt, el llamado
Tratado de Reciprocidad y las interferencias de Squiers, no eran
precisamente escuela de democracia, también lo es el que ningún
pueblo aprende a ser demócrata bajo el paternalismo extranjero

por bien intencionado que éste sea, y el de los Estados Unidos con Cuba había dejado mucho que desear en cuanto a las tales buenas intenciones.

Además, Root había estado dedicado durante su excursión por la América Latina a predicar el acercamiento con los Estados Unidos, y se había esforzado en presentar a su país como el amigo y el vecino leal de las demás repúblicas americanas, que no aspiraba a dominarlas ni a intervenir en sus asuntos. Esa era piedra angular de una nueva política que quería hacer olvidar la brutal imposición a Cuba, el despojo cometido con Colombia y otras arbitrariedades con Venezuela, la República Dominicana, etc. Y ahora, como un castigo a sus errores en la imposición de la Enmienda Platt y el respaldo dado a Wood y a Squiers, en medio de su gestión le llegaba la noticia de que los Estados Unidos iban a intervenir en Cuba porque el gobierno no podía defenderse después de haber robado el triunfo en una elección y porque los revolucionarios no ofrecían a la cancillería de Wáshington todas las seguridades de que las relaciones entre ambos países continuarían como hasta entonces. En cualquier otro país, la situación era la de un cambio de gobierno, en este caso bien justificada la violencia que lo producía contra los usurpadores del poder, y el tratar con los nuevos gobernantes hasta ver si merecían el reconocimiento de facto y si se les podía convencer para que celebrasen elecciones y legitimasen su organización constitucional; pero en Cuba el proceso era distinto para los Estados Unidos y no había escapatoria a los perturbadores efectos de aquella Enmienda Platt que, con violación de los derechos del pueblo de Cuba y de las más solemnes promesas, había sido impuesta, sin necesidad alguna, por la coacción, la intriga y hasta el trueque de favores políticos contrarios a la moral y a las leyes, a un pueblo que no merecía ese tratamiento: la monstruosa invención se había vuelto contra su creador y le hería en el peor momento. No en balde decía el Subsecretario Bacon a Roosevelt que, en vista de la Enmienda Platt, era *"a pretty clear case for intervention..."*, pero agregaba:

> *...I shall be ashamed to look Mr. Root in the face. This intervention is contrary to his policy and what he has been preaching in South America...*[174]

¡Por supuesto que era contraria la intervención a toda prédica panamericanista; pero es que la Enmienda Platt era también contraria a la justicia internacional, a los derechos de Cuba, a los me-

jores intereses de los Estados Unidos y a la fe pública norteamericana tal cual quedó comprometida por la *joint resolution!* No es tan
fácil burlarse de un pueblo y obligarle a someterse a otro si quiere
tener gobierno propio y no tener que hacer frente a las consecuencias; el poder y la responsabilidad son correlativos y Root descubrió esto en 1906, cuando con el simple expediente de declararse
incapaz para proteger vidas, haciendas y libertad individual, un
gobierno usurpador en Cuba obligó al de los Estados Unidos a
cumplir con el "deber" de la intervención, cuyos inventores habían
creído que sería un arma a beneficio de los intereses norteamericanos y de repente se encontraban que era una comprometedora e
imperiosa obligación para los Estados Unidos, al capricho de unos
cuantos perturbadores de la paz pública, gobernantes o no, en
Cuba.

Root nunca le perdonó a Taft la intervención de 1906 en Cuba,
que fué un mentís a la obra panamericanista que tan laboriosamente había estado él desarrollando en la América del Sur. Con
la precipitación de los acontecimientos, el mentís se lo había dado
su propio gobierno sin que él se hubiese alejado de aquellos países
donde más de un pueblo pudo sonreír socarronamente ante las palabras de amistad interamericana y de respeto por los derechos de
las pequeñas nacionalidades cuando los Estados Unidos desembarcaban sus tropas en Cuba y se hacían cargo del gobierno.
Y Taft tampoco quedó muy satisfecho con que a él le tocase el
papel de fracasar en sus empeños para que Estrada Palma continuase en el poder o facilitase su sustitución constitucional y le
obligase a reemplazarle a virtud de una Enmienda Platt en cuya
preparación e imposición él no había tenido arte ni parte y cuya
paternidad Root reclamaba. Por eso dice Jessup:

> ...Root privately felt that the intervention in Cuba in 1906
> might have been avoided by skillful handling; Taft felt he had
> been instrumental in mending a bad situation which Root had
> created... [115]

Hay una carta de Taft a Root, fechada a 15 de septiembre, en
que podemos encontrar este párrafo en apariencia almibarado;
pero que, en el fondo, es una crítica de la obra de Root en la creación y mantenimiento del gobierno de Estrada Palma:

> ...I felt very much regret that you are not here so that
> you could go to Cuba instead of myself. You know the Cuban
> situation so fully, and I am so lacking in knowledge of it, that

*it is quite embarrassing for me to go; the truth is, that the
Cuban government has proved to be nothing but a house of
cards. It has almost collapsed and we have to take action at
once...* [176]

En buen romance Taft le decía a Root que era una lástima que,
ya que todas aquellas dificultades surgían del gobierno creado por
el último citado y que se desmoronaba como un castillo de naipes,
no fuese precisamente el entonces Secretario de Estado, que tantos
elogios había recibido como hábil e inteligente conocedor de la
situación cubana que acababa de hacer quiebra, el que tuviese que
arreglarla, en vez de aquel corpulento hijo de Ohio al que las vicisitudes de la política norteamericana habían convertido en Secretario de la Guerra. Cierto que Taft, conforme confesaba a Root,
no sabía una palabra acerca de Cuba; pero, en realidad, ¿cuándo
la ignorancia ha sido obstáculo para que un norteamericano pretenda saber más acerca de un país latinoamericano que los ciudadanos de la nación en cuestión? Si los escrúpulos de Taft hubiesen
sido respetados siempre por los Estados Unidos en sus relaciones
con Cuba y otros países, mucha sangre y ruina e infelicidad nos
habríamos ahorrado todos y nos ahorraríamos para el futuro.

Los preparativos de Roosevelt en Oyster Bay para hacerle
frente a la crisis cubana según las exigencias de la Enmienda Platt,
convertida ésta en "boomerang" del imperialismo, fueron adoptados de acuerdo con Taft, quien, como acabamos de descubrir con
su propia confesión, no sabía nada de Cuba, con el Subsecretario
de Estado Bacon, cuya desesperación era patética al comprender
que el ser socio de la casa bancaria de Morgan no era entrenamiento para aquellos menesteres, y con el Secretario de la Marina,
Charles J. Bonaparte, quien todavía sabía menos acerca de Cuba,
pero que podía resultar más peligroso que sus colegas, ya que,
ferviente católico, de él se había aprovechado y se aprovecharía
monseñor D. Falconio, el delegado apostólico en los Estados Unidos, a fin de que tratase de influir con su gobierno y el de Cuba
para el pago de unas reclamaciones muy discutibles de la Santa
Sede contra la república cubana.

En los momentos en que se celebraba la reunión de Oyster Bay
ya el Presidente Estrada Palma había decidido no continuar al
frente del gobierno cubano y hacer imposible que otro estadista
obstaculizase la disolución del régimen fundado pocos años atrás,
a fin de que fuese con él que se terminase la República. De ahí el

telegrama de Steinhart a Bacon, el día 14 de septiembre, que presentaba el nuevo y audaz plan en que intervenía el Cónsul, como confidente de Estrada Palma, a fin de que la intervención resultase inescapable para los Estados Unidos. El telegrama planteaba la cuestión en estos increíbles términos que después fueron puestos en práctica:

> ...*President Palma has resolved not to continue at the head of the Government and is ready to present his resignation even tho the present disturbances should cease at once. The Vice President has resolved not to accept the office. Cabinet ministers have declared that they will previously resign. Under these conditions it is impossible that Congress will meet for the lack of a proper person to convoke same to designate a new president. The consequence will be absence of legal power and therefore the prevaling state of anarchy will continue unless the Government of the United States will adopt the measures necessary to avoid this danger. The foregoing must remain secret and confidential until the President of the United States takes action...* [177]

Este telegrama, que también contenía la petición de Estrada Palma para que no fuesen reembarcadas las tropas del "Denver", mucho tuvo que ver con los acuerdos de intervención adoptados en Oyster Bay; pero no podía ser de otra manera, ya que Estrada Palma cerraba todos los caminos de avenencia o solución para obligar a los Estados Unidos a intervenir. Martínez Ortiz no cita este importante despacho en que Steinhart, el antiguo muletero del ejército norteamericano, dictaba la política a seguir por el gobierno de Wáshington; pero es indudable que ante la decisión adoptada en Cuba y que era la negación del patriotismo y del deber constitucional, no sólo la intervención era inminente, sino que de nuevo parecía probable la anexión al fin y a la postre.

Una carta de Roosevelt a Bacon, del propio día 14, informaba al Subsecretario de Estado de que había recibido los mensajes desesperados de Steinhart y quedaba enterado de la resolución de Estrada Palma sobre renunciar con todos los componentes del gobierno, así como de la solicitud de intervención, por lo que había llegado a la conclusión de que debía actuar en seguida de conformidad con los términos de la Enmienda Platt, para intervenir. A renglón seguido se refería Roosevelt a la comunicación que enviaba al Ministro Gonzalo de Quesada, y decía que ya no había posibilidad de actuar por las canales regulares de la diplomacia, ya que la situación era de "...*impending chaos with no real responsible head...*", por lo que dicho mensaje debía ser publicado en la prensa cubana, que parecía

> ...*to offer the best way of communicating not merely with the supposed governmental authorities, but with the Cuban people*...[178]

Los intervencionistas, pues, habían conseguido su propósito de desacreditar al gobierno cubano y colocar a la República en la crisis que podía destruírla. Los acuerdos de Oyster Bay consistieron en el envío de la mencionada carta del Presidente Roosevelt al Ministro Quesada, que en cierto modo cumplía las repetidas recomendaciones de Steinhart, la organización de una expedición de fuerzas navales y militares en número superior a las enviadas contra Santiago de Cuba, en 1898, y el viaje a La Habana del Secretario Taft y el Subsecretario Bacon como representantes personales y directos del Presidente de los Estados Unidos.

La carta a Quesada es un documento notabilísimo y expresión cabal del carácter de Teodoro Roosevelt, capaz de grandes violencias y de profundos afectos; hombre impulsivo, pero de sensibilidad que a veces determinaba generosos arranques. Como que la traducción que publica Martínez Ortiz no es exacta en todos sus puntos y algunos de sus errores son relevantes, ahora insertamos dicho documento en el texto e idioma originales. Dice así:

> ...*In this crisis in the affairs of the Republic of Cuba, I write you, not merely because you are the Minister of Cuba accredited to this government, but because you and I were intimately drawn together at the time when the United States intervened in the affairs of Cuba with the result of making her an independent nation. You know how sincere my affectionate admiration and regard for Cuba are. You know that I never have done and never shall do anything in reference to Cuba save with such sincere regard for her welfare. You also know the pride I felt because it came to me as President to withdraw the American troops from the Island of Cuba and officially to proclaim her independence and to wish her godspeed in her career as a free republic. I desire now thru you to say a word of solemn warning to your people, whose earnest well-wisher I am. For seven years Cuba has been in a condition of profound peace and of steadily growing prosperity. For four years this peace and prosperity have obtained under her own independent government. Her peace, prosperity and independence are now menaced; for all possible evils that can befall*

Cuba the worst is the evil of anarchy into which civil war and revolutionary disturbances will assuredly throw her. Whoever is responsible for armed revolt and outrage, whoever is responsible in anyway for the condition of affairs that now obtains, is an enemy of Cuba; and doubly heavy is the responsibility of the man who, affecting to be the special champion of Cuban independence, takes any step which will jeopardize that independence. For there is just one way in which Cuban independence can be jeopardized, and that is for the Cuban people to show their inability to continue in their path of peaceful and orderly progress. This nation asks nothing of Cuba, save that it shall continue to develop as it has developed during these past seven years, that it shall know and practice the orderly liberty which will assuredly bring an ever increasing measure of peace and prosperity to the beautiful Queen of the Antilles. Our intervention in Cuban affairs will only come if Cuba herself shows that she has fallen into the insurrectionary habit, that she lacks the self-restraint necessary to secure peaceful selfgovernment, and that her contending factions have plunged the country into anarchy.

I solemnly adjure all Cuban patriots to band together, to sink all differences and personal ambitions, and to remember that the only way that they can preserve the independence of their republic is to prevent the necessity of outside interference, by rescuing it from the anarchy of civil war. I earnestly hope that this word of adjuration of mine, given in the name of the American people, the staunchest friends and well-wishers of Cuba, that there are in all the world, will be taken as it is meant, will be seriously considered, and will be acted upon; and if so acted upon, Cuba's permanent independence, her permanent success as a republic, are assured.

Under the treaty with your Government, I, as President of the United States, have a duty in this matter which I cannot shirk. The third article of that treaty explicitly confers upon the United States the right to intervene for the maintenance in Cuba of a government adequate for the protection of life, property and individual liberty. The treaty conferring this right is the supreme law of the land and furnishes me with the right and the means of fulfilling the obligation that I am under to protect American interests. The information at hand shows that the social bonds throughout the Island have been so relaxed that life, property and individual liberty are no longer safe. I have received authentic information of injury to, and destruction of, American property. It is in my judgement imperative for the sake of Cuba that there shall be an immediate cessation of hostilities and some arrangement which will secure the permanent pacification of the Island.

*I am sending to Havana the Secretary of War, Mr. Taft,
and the Assistant Secretary of State, Mr. Bacon, as the special
representatives of this Government, who will render such aid
as is possible towards these ends. I had hoped that Mr. Root,
the Secretary of State, could have stopped in Havana on his
return from South America, but the seeming imminence of the
crisis forbids further delay.*

*Thru you I desire in this way to communicate with the
Cuban Government and with the Cuban people, and ac-
cordingly I am sending you a copy of this letter to be presented
to President Palma and have also directed its immediate
publication...* [179]

Esta extensa carta, destinada a la publicidad y que por ello a
ratos se lee como un manifiesto a los cubanos y a la opinión mundial, no era, precisamente, una justificación de la política seguida
por el gobierno de Estrada Palma o de la resolución adoptada por
los revolucionarios, de apelar a las armas; pero en los términos
en que estaba concebida, restaba apoyo norteamericano a los gobiernistas por las indefinidas condenaciones que fulminaba y porque todavía no anunciaba, de manera terminante, la intervención
pedida. Sin embargo, aunque Roosevelt mantenía esta enigmática
reserva, estaba ya preparado y resuelto a intervenir si así lo exigían los acontecimientos. En un escrito de fecha 17 de septiembre,
dirigido a Taft, le felicitaba porque tenía al ejército en disposición
de actuar en Cuba y se mostraba muy complacido porque el jefe
de la auditoría militar le había enviado su dictamen respecto al
derecho que asistía al Presidente de los Estados Unidos para intervenir en Cuba sin necesidad de consultar al Congreso. Aquel
hombre absorbente y dominante confesaba a Taft que se conten-
taría con la opinión del auditor y no consultaría al Secretario de
Justicia, ya que era de gran interés nacional el robustecer la autonomía del Ejecutivo en cuanto a la política exterior y emanciparse
así de la tutela o interferencia legislativa. Ya en esta ocasión Roosevelt hablaba de que fuese el general Bell, y no MacArthur, el
jefe de la expedición a Cuba. Las intransigencias de Estrada Palma y las artimañas de Steinhart habían logrado despertar al hombre de acción que había en el antiguo "rough rider" e imperialista
confeso, y que así pudiera haber llegado a todos los extremos, y el
estadista que una semana antes, al escribir a Sir George Otto
Trevelyan, declaraba entonces que no aceptaría control alguno
sobre Cuba y afirmaba que *"we emphatically do not want it..."*
porque si intervenían los Estados Unidos en Cuba el mundo les

creería anexionistas, iba a tener que someter a muy ruda prueba tales declaraciones.

La carta de Roosevelt a Quesada, publicada en la prensa de los Estados Unidos y en la de Cuba, fué generalmente acogida con elogios y despertó esperanzas de que se llegase a un arreglo entre las partes contendientes en Cuba, a fin de salvar a la república. La opinión pública de la Isla, inarticulada hasta entonces por falta de entrenamiento y preparación, comenzó a agitarse, pero lo hizo con lentitud y sin resolución de hacerse oír. El gobierno, todavía en la vana espera de que los Estados Unidos le respaldaría y con la ilusión de que la intervención militar norteamericana era la derrota de los revolucionarios, actuó con una cierta sensatez al ordenar la suspensión de las operaciones militares de sus tropas en toda la República. Casi inmediatamente se recibía en la cancillería de Wáshington un telegrama que desde Nueva York enviaba Agustín Castellanos, secretario de la Junta Revolucionaria Cubana, en que participaba que se había ordenado a los sublevados que detuviesen la lucha, como habían hecho los gobiernistas, y que la Junta deseaba verse representada en la comisión investigadora de la situación cubana. Sleeper, mientras tanto, informaba al State Department de que había recibido una comunicación formal de uno de los jefes de la sublevación, Enrique Loynaz del Castillo, en que ofrecía suspender las hostilidades siempre que el gobierno hiciera lo propio y pedía que se hicieran nuevas elecciones como base de la pacificación del país. El Subsecretario Adee, diplomático viejo, creyó notar que Loynaz quería dictar sus condiciones a los Estados Unidos y ordenó que la respuesta fuese lo más cauta posible.

J. M. Ceballos, español norteamericanizado, o sea, enemigo acérrimo de la independencia de Cuba, quien había respaldado económicamente al general José Miguel Gómez en sus preparativos revolucionarios en la creencia de que así vendría el caos y con éste la intervención, preparatoria de la anexión, escribía cartas contra la República antillana en que tenía sus cuantiosas inversiones. Una carta suya, de 19 de septiembre, que se encuentra entre los papeles del Presidente Roosevelt en la Biblioteca del Congreso, de Wáshington, D. C., bien revela su complacencia porque iba a tener lugar la intervención, para la cual pedía nuevamente la mano de hierro del anexionista Leonard Wood, entonces en Filipinas, junto con figuras del autonomismo, como Fernández de

Castro y el que parecía ser mirlo blanco de la reacción conservadora, general García Menocal, bajo cuyo gobierno e influencia
Cuba caería después en una dictadura embrutecedora y corruptora
de la vida nacional. Ceballos desacreditaba a los cubanos en esta
carta como gentes sin preparación para la independencia ni disposición para trabajar y prosperar, que necesitaban "permanent
intervention" aunque se les dejase la independencia nominal. No
faltaba, por supuesto, la alusión anexionista, muy a tono con los
sentimientos de Ceballos, quien había arriesgado algún capital en
respaldo de ese movimiento político y de la revolución durante la
intervención de Wood y el gobierno de Estrada Palma y ahora
quería cobrar hasta con intereses.

El párrafo que hacía referencia a la anexión estaba concebido
en los siguientes términos:

> ...The question of annexation or military occupation
> should not be touched publicly, as the time is not ripe to
> discuss these matters with the Cubans. It will take several
> months of education, and a revival of confidence, and perhaps
> some appreciation of what we might have done for them from
> now on, to inspire them with confidence and to show them that
> we propose leaving them later on to work out their own destiny
> if the majority of the people should so decide...

Para Ceballos y sus secuaces, pues, la intervención era nuevamente paso preliminar de la anexión, la oportunidad de adquisición
de Cuba que no había materializado de 1898 a 1902 porque aquella
"foolish joint resolution", que decía el Senador Platt, lo impedía.
Ceballos pedía que Wood volviese a ser gobernador de la Isla
a fin de que completase su obra anexionista y viese realizados por
fin sus planes, confesados en cartas cuyo texto hemos reproducido
en esta obra, de que los cubanos fuesen independientes por algún
tiempo, hasta que llegase el momento de la anexión que él prede-
cía como inevitable. Los veteranos de la independencia de Cuba
cobraron ánimos para una nueva gestión mediadora entre el gobierno y los revolucionarios a causa de la alarma despertada por
los manejos anexionistas de la hora. Y no había que maravillarse
porque hubiese esa alarma, ya que si a los Estados Unidos le había
sido impuesta la intervención en contra de la firme resolución anti-
intervencionista del Presidente Roosevelt, expuesta más de una vez,
y lo había sido por los manejos de los que querían provocarla y
apoyarse en ella, también era posible que con otras intrigas y pretextos se llegase a la anexión, puesto que, al fin y al cabo, Teodoro

Roosevelt no era un maestro de moral internacional ni pretendía serlo, y sí era un ardiente expansionista sujeto a la presión de poderosas fuerzas políticas en su país. La mediación de los veteranos, pues, estaba bien inspirada y tendía a prevenir la ocurrencia de graves males precisamente en los momentos en que Taft y Bacon emprendían viaje a La Habana. La inexplicable intransigencia de los gobiernistas y la ambición ilimitada de los revolucionarios, que hicieron fracasar esta nueva tentativa de avenencia, netamente cubana, emprendida por los creadores de la patria libre, merecen todas las condenaciones. Típicas expresiones de estas dos actitudes egoístas y perjudiciales a Cuba fueron las declaraciones del general Freyre de Andrade, presidente de la Cámara de Representantes y antiguo miembro del funesto "Gabinete de Combate" quien, en unas declaraciones al periódico *New York World*, sin parar mientes en que su gobierno había pedido la intervención y anunciado su propósito de dejar acéfala la República mediante una renuncia colectiva, se había mostrado opuesto a la misión mediadora de Taft y Bacon, mientras que el presidente de los llamados liberales, el Dr. Alfredo Zayas, autor y beneficiario de los más desvergonzados despojos electorales y de la más indigna corrupción administrativa y política, tomaba alientos con la llegada de los comisionados y exigía ¡él, burlador del sufragio, de la Constitución y del pueblo cubano!, que se respetase la voluntad popular y se anulasen las elecciones de 1905 para que hubiese paz.

En esas condiciones fué que el día 16 de septiembre emprendieron viaje a La Habana los enviados del Presidente de los Estados Unidos, Taft y Bacon, con un séquito de asesores y ayudantes entre los que figuraba el Ministro Morgan. Quedaban dictadas y en proceso de ejecución las órdenes pertinentes para el envío inmediato de cinco mil soldados, que serían seguidos a poco por trece mil más. Siete cruceros y transportes llevaban a su bordo el primer contingente citado, al que había que agregar las fuerzas de los cruceros ya en aguas cubanas y del *Des Moines*, en que fueron a Cuba los comisionados. Estos llegaron a La Habana el 19 de septiembre, por la mañana, recibidos con todas las cortesías oficiales y privadas a que eran acreedores, y pasaron a alojarse en la residencia del Ministro Morgan, en Marianao, cerca de las líneas de los sublevados, pero no lejos de la capital.

Las primeras noticias acerca de la situación cubana la recibieron Taft y Bacon de labios del Secretario de Estado, O'Farrill, quien les visitó a bordo del *Des Moines* tan pronto fondeó el buque, y les planteó en términos muy exactos los puntos de vista en que se abroquelaban ambas partes: los liberales, con el general Gómez, Zayas, Ferrara, Guerra, Machado, Mendieta, González Sarraín, Loynaz del Castillo, Guzmán, Zubizarreta y otros violadores de la Constitución y especialistas en despojos electorales y hasta de otro carácter alguno de ellos, pedían que se celebrasen nuevas elecciones y estaban erigidos en tragicómicos campeones de unos principios democráticos que escarnecerían durante toda su vida, mientras que los gobiernistas, que habían violado la Constitución para perpetuarse en el poder y lo habían hecho de manera brutal, flagrante e imperdonable, no admitían la celebración de nuevas elecciones porque tal cosa no estaba prevista en una Constitución de la cual ellos se habían burlado a su antojo.

Esa misma mañana los comisionados tuvieron una primera entrevista con Estrada Palma. El anciano magistrado les impresionó vivamente como hombre sincero, intensamente patriota y honrado, que sí lo era; pero también puso de relieve los defectos de su carácter en aquel paternalismo intransigente en que había caído al seguir a malos consejeros, quienes le habían convencido de que era el hombre providencial que debía hacer la felicidad del pueblo cubano, el único capaz de salvarle y de prepararle para la democracia, con esa confusión entre la nación y el gobernante que ha llegado a hacerse común entre los usurpadores y dictadores de la historia republicana de Cuba y que puede sintetizarse en la frase: el que no está conmigo está contra el país. Estrada Palma autorizó a Taft y Bacon para que iniciasen sus gestiones, les aconsejó que las llevasen a cabo con los jefes de los dos partidos políticos, que podían llegar a una avenencia, al mismo tiempo que criticaba la mediación llevada a cabo por los veteranos y que exigía concesiones por parte de los gobiernistas, como contribución a la paz y enmienda y reparación a yerros e injusticias. La defensa hecha por Estrada Palma de su política económica, educadora y fomentadora del progreso y el bienestar del pueblo cubano, no admitía vuelta de hoja: era la de un gobernante preocupado por la elevación del nivel cultural de la nación, por el desarrollo de sus recursos, por la honradísima administración de los dineros públicos que Gómez, Zayas, Machado y Mendieta, sus críticos, nunca imitarían, y que el mediador García Menocal nunca puso en práctica, a su vez, años más tarde, cuando reemplazaron a aquel anciano probo y exigente hasta la intolerancia, pero que no se enriqueció en el poder y tampoco permitió corruptelas para el enriquecimiento de paniaguados y cómplices. A la luz de la historia política de nuestro país desde 1906 hasta la fecha, no hay duda de que Estrada Palma tenía razón en acusar a sus enemigos de que

> ...les movían propósitos pequeños de ambición lucrativa, de enriquecimiento fácil y de posesión de cargos ampliamente remunerados, utilizando, como medios, la ignorancia de los incultos y la audacia de los desprovistos de todo arraigo económico y social...[180]

¡Estrada Palma, pues, sabía lo que se decía cuando así retrataba a Gómez, Menocal, Zayas, Machado, Mendieta, Guerra, Ferrara y toda la cohorte desmoralizada y a veces sanguinaria y siempre ruinosa que le sucedió en el gobierno de Cuba!

De aquella entrevista en que tan contradictorias impresiones habían recibido los comisionados, partieron éstos a la reunión que a bordo del *Des Moines* debían celebrar con los representantes del Partido Liberal, presididos por el Dr. Zayas. Aquí el cuadro era distinto. Un político venal, sin escrúpulos, frío y calculador, ejemplo vivo de nepotismo y contubernios corruptores, era, por obra y gracia de la absurda política del "Gabinete de Combate", el defensor de una Constitución en que nunca creyó y a la que traicionó en todo momento. Taft y Bacon convinieron en reunirse nuevamente con los liberales a las 3 de la tarde, en la residencia del Ministro Morgan, después de haber recogido los puntos de vista de los llamados moderados o gobiernistas, que expondría el Dr. Méndez Capote. La información sería completada con las noticias y observaciones que darían los veteranos y personalidades prominentes de la vida de los negocios y la política. Entre estos últimos abundaban los intervencionistas y no faltaban algunos anexionistas, cuyos interesados consejos eran fáciles de predecir. Steinhart también agregaba sus parciales advertencias y recomendaciones, porque, si bien Martínez Ortiz nos dice que el Cónsul era muy útil en aquellos momentos por sus conocimientos, experiencia y contactos, Jenks nos hace observar el papel importantísimo que desempeñó Steinhart en traer las tropas norteamericanas a Cuba, en 1906, a pesar de la oposición de Roosevelt a esa medida, y agrega

> ...That Americans should control Cuba was to him as axiomatic as the law of gravitation, and for much the same reason...[181]

Méndez Capote, en su primera entrevista con los comisionados, actuó largamente como un abogado que discute una transacción, lo que también venía a ser la posición adoptada por sus rivales, porque esa conducta es genérica en los problemas políticos de Cuba y sus soluciones, donde la responsabilidad perturbadora de la mentalidad del abogado se acuerda de la santidad de la Ley cuando así conviene a sus particulares intereses y hace burla de esa misma Ley y la viola si sus preceptos chocan con el propósito que se persigue. Está por escribir la historia de los males políticos de Cuba en la perversión de las normas jurídicas a manos de interesados intérpretes, desde que a principios de la vida colonial los reyes de España se oponían a que viniesen a América las gentes de leyes porque todo lo complicaban y trastornaban; pero el día en que se escriba esa historia, habrá que dedicar un buen espacio al exceso de mentalidad abogadil sobre el espíritu del patriotismo en las negociaciones de moderados y liberales, allá por 1906. Para Méndez Capote la cuestión se reducía a la intangibilidad de todo lo hecho y a pactar para el futuro, con el propósito de que se dictarían leyes municipales y de jurisdicción electoral que asegurasen la imparcialidad y la representación de las minorías y permitiesen la celebración, dentro de breve plazo, de nuevas elecciones en los ayuntamientos. Zayas, a su vez, cuando le tocó el turno, entregó pruebas concluyentes de las anormalidades del proceso electoral por los abusos del gobierno; reclamó la libertad de los personajes de su partido que estaban presos, y precisó que solamente la anulación de las elecciones y la reposición de los funcionarios y ediles municipales que habían sido separados de sus cargos podían ser consideradas como soluciones pacíficas por los sublevados.

Los veteranos ofrecían una mejor fórmula de avenencia como resultado de sus gestiones, partiendo del muy razonable punto de vista de que el gobierno y sus enemigos debían hacerse mutuamente ciertas concesiones, todas ellas dentro de la ley constitucional cuya integridad cada cual reclamaba defender por su cuenta. El plan era de que renunciasen a sus cargos los funcionarios que habían triunfado en las elecciones fraudulentas, con excepción de Estrada Palma y Méndez Capote, así como los miembros de los consejos provinciales y del Congreso necesarios para integrar el quórum, previo compromiso de que el gabinete presidencial quedase integrado por elementos neutrales y de que se hiciese justicia en lo de los Ayuntamientos perturbados. De este modo los revolucionarios depondrían sus armas y el país se aprestaría a liquidar constitucionalmente la crisis planteada.

El telegrama de Taft a Roosevelt, fecha 20 de septiembre, no era por cierto muy optimista respecto a una situación que calificaba de "most serious", con el gobierno en posesión de los puertos principales y "anarchy elsewhere". Esta primera impresión de Taft fué de que "...people of both city and country seem to favor insurgents by large majority...", aunque pudiera ser simpatía pasajera, según prevenía él. El Secretario de la Guerra, asesorado de sus agentes, había llegado a la conclusión de que los sublevados no habían hecho grandes daños; pero que si se decidían a quemar cañaverales y centrales azucareros en diez días podían destruir propiedades por valor de cien millones de dólares. El resultado de las conversaciones del día 19 lo relataba Taft con precisión desalentadora y el cablegrama terminaba con la confesión de que él y Bacon no creían saber lo suficiente todavía para aconsejar medidas definitivas.

El despacho del día siguiente es mucho más concreto como acusación contra el gobierno de Estrada Palma y declaración de su impopularidad y debilidad. En él Taft le informaba a Roosevelt de los datos acumulados en dos días de investigación.[182] En su primer despacho de 20 de septiembre Taft se había mostrado ligeramente desconfiado de las fuerzas del gobierno; pero en éste, del 21, podemos encontrar ya este terminante enjuiciamiento de la situación:

> ...It becomes clearer and clearer that present Government under Palma cannot maintain itself...
>
> ...Were it not for landing troops from the Denver and publication your letter, highly probable insurgents would now have control over Havana with all the destruction and disaster that would have been certain to follow not so much from insurgents themselves as from mob which would have taken control. Palma Government lacks moral support of large majority the people and is without adequate preparation...
>
> ...We cannot maintain Palma Government except by forcible intervention against the whole weight of public opinion in the Island. Palma Government through its, then, minister of government, Freyre de Andrade, flagrantly and openly used and abused its power to carry elections and in so doing removed many municipal officers in many parts of the Island. Undoubtedly it is usual for the Government in such countries to attempt the control of the elections in its interest, but the

*open and flagrant way which it was done here seems to have
made deep impression on minds of people, especially because
it was accompanied by wholesale removals from office and by
levy of assessments to the lowest street cleaner...* [183]

La declaración que antecede equivalía a una sentencia de
muerte para el régimen producto de las elecciones de 1905, aunque
no todavía para la continuación de Estrada Palma en la presidencia de la República, siempre que el inflexible anciano hubiera
estado dispuesto a colaborar en las medidas necesarias para llegar
a otra situación política a su debido tiempo. Taft no exageraba
nada en su acusación contra los métodos empleados por los gobiernistas y empleaba los informes suministrados por los liberales,
aunque, con perspicacia que justificarían hechos posteriores de
Zayas, Gómez, Machado, Mendieta, Ferrara, etc., al referirse al te-
rrorismo puesto en práctica por los moderados, decía:

*...Quite probable that Liberals would have done the same
thing as Moderates had the power been theirs, but I cannot
think they would have done it in such brutal and open way
entirely unnecessary...*

Probablemente Taft tenía en cuenta, al hacer esta última afirmación, el sistema de despojo electoral para con los negros y los
blancos pobres de la región Sur de los Estados Unidos, que desde
hace muchos años practica el Partido Demócrta norteamericano y
que priva del voto a millones de electores con el "poll tax" y otros
pretextos.

A Roosevelt sin duda que debieron hacerle profunda impresión
los párrafos que acabamos de transcribir y comentar; pero es que
en el extenso despacho que estamos estudiando hay estas otras
terminantes afirmaciones acerca de la impopularidad del gobernante que Wood había dado a Cuba en 1902 y de la posibilidad de
reemplazarle con otro protegido norteamericano, que posiblemente
ya era el general García Menocal:

*...If the present Government could maintain itself or had
moral support or following which would be useful in case of
intervention, Bacon and I would be strongly in favor of sup-
porting it as the regular and constitutional government because
the election was held under the forms of the law and has been
acted upon and recognized as valid, but actually the state of
affairs is such that we should be fighting the whole Cuban
people in effect by intervening to maintain this Government.
Insurgents, without our intervention, could drive Government*

out of Havana, and should they enter, there would be probably
uprising in their favor. Is it not wiser therefore to continue
form of present Government by resignation of the President
and other officials and succession of temporary executive
under the provisions of the law? We can possibly secure for
this temporary executive, by agreement, some person indif-
ferent between the parties and not closely affiliated with either
party, who will have conservative tendencies...

Taft, pues, jugaba con la idea de "hacer" un presidente, como
en 1902 había hecho Wood. Parece improbable que Steinhart no
estuviese en el secreto de estas informaciones y propósitos de los
comisionados, ya que era uno de los asesores más consultados;
pero con el recuerdo de lo que se había hecho al inaugurarse la
República, no es aventurado el suponer que su experiencia tenía
que ver con la repentina resolución de Taft en cuanto a la sustitución presidencial. Esta, por otra parte, no era la única solución
que contemplaban los representantes de Roosevelt, porque en el
mismo despacho podemos encontrar esta otra posibilidad que resultaba inadmisible para los gobiernistas:

...We shall try to procure the continuance of Palma in
office with a new cabinet, if possible, but there are two dif-
ficulties connected with this —first, that insurgents are not
likely to agree to it, and second, it is doubtful whether Palma
would be instrument in our hands for this purpose under
conditions which must accompany the arrangement, chief of
which are resignation of half of Senate and half of the House
elected at the last election and the restoration of municipal
officials who were removed from office by Freyre de Andrade.
The compromise should also include enactment of a municipal
law required by constitution, a duty viciously violated by
Moderates in order to continue Spanish concentration of power
and also law making judges of first instance irremovable as
required by Constitution. New electoral law will be required
to square with new municipal law, and a further condition
should be an election within a reasonable time to fill vacancies
occasioned by the resignation. We do not know that we can
enforce this compromise with Moderates. Think we can. Very
evident that, however, must be dependent on condition that
immediately upon entering into agreement and resignations
in accordance with it, insurgents in arms shall disband and
that a failure to fulfill this condition will lead to forcible
intervention United States. Seems to us in this way we put
insurgents in position utterly indefensible if they remain in
arms, and that we shall then probably be able to secure much

more moral support from people in Island if we have to
intervene. At any rate we shall have honorably made every
effort to avoid intervention...

Con semejantes alternativas, la situación era desesperada para
la conservación del gobierno de Estrada Palma, como no podía
ocultársele a nadie, y menos al avisado Steinhart, ya que no había
la más remota posibilidad de que los gobiernistas y los revolucionarios llegasen a acuerdo sobre tales bases; pero de todos modos,
si se rechazaban esas propuestas como si se producía otro choque
armado o seguía el avance de los sublevados sobre La Habana, se
produciría la intervención que se quería provocar: los Estados
Unidos, pues, quedaban colocados en una posición de la cual no
podían retirarse, comprometidos a intervenir y la iniciativa para
obligarles a ese paso correspondía primeramente a Estrada Palma
o a sus enemigos. No en balde al terminar este extenso telegrama
Taft solicitaba que se le autorizase para amenazar con la intervención si los revolucionarios insistían en acercarse a La Habana
o se negaban a aceptar y cumplir su parte del compromiso. La
aprobación de Roosevelt a todo lo actuado por sus representantes
y a sus planes, vino en seguida, también por telégrafo, con la sola
recomendación de que si desembarcaban las tropas no se hablase
de intervención, sino de protección a vidas y haciendas, y se le
consultase, de ser posible, antes de dar la orden de desembarco.

En el informe de Taft y Bacon de que conoció el Congreso de los
Estados Unidos se encuentra la significativa observación, que re-
coge Martínez Ortiz,[184] de que los comisionados tenían razones
para sospechar de que había ciertos elementos gobiernistas que
creían que la Enmienda Platt y la intervención de los Estados Unidos proporcionarían la fuerza suficiente para acabar con la sublevación. En ese mismo documento se recogen declaraciones muy
importantes del general Freyre de Andrade sobre que el despojo
electoral de 1905 correspondía al hecho de que en Cuba no se
podían celebrar elecciones "sin fraudes" y de los generales Montalvo y Rodríguez respecto a que, de no haberse declarado el armisticio, los sublevados habrían penetrado en La Habana y frater-
nizado con el populacho y con gran parte de los policías.

Los acontecimientos vinieron a probar a Taft y Bacon que su
pesimismo no era infundado. El día 21 de septiembre la asamblea
del Partido Moderado o gobiernista acordó someter al arbitraje de
Taft y Bacon todo el proceso político cubano, desde sus inicios,

siempre que los sublevados depusiesen las armas y se comprometiesen a cumplir el laudo que se dictase. Estas exigencias condicionaban bastante la aceptación hecha por los moderados, y aunque Taft telegrafió a Roosevelt el 22 de septiembre que los partidarios de Estrada Palma "...informally have consented to resignation of members of the House and the Senate...", en realidad no sería así al llegar el momento de cumplir el ofrecimiento. Antes de la entrevista con los jefes y cabecillas de la revolución, el Dr. Zayas se había dejado persuadir por los comisionados de la conveniencia de que Estrada Palma continuase al frente del gobierno y los comisionados deseaban que ese acuerdo personal fuese ratificado. A lo que parece, fué la influencia de Bacon la que prevaleció en favor del mantenimiento de Estrada Palma en la presidencia, pues Taft informó a Roosevelt de que:

> ...Bacon strongly of view that we should keep Palma in Presidency if possible. Forcible arguments in favor of this view are constitutional continuity of Government, honesty of Palma, confidence of business interests in his honesty; absence of suitable materials of elegible age in Moderate Party and absence of any proper material in the Liberal Party for the place... The lack of force, obstinacy of weakness, and danger of the lack of harmony with mixed elements that must enter his Cabinet are reason against his continuance. On the whole I am inclined to believe that if his continuance can be secured it is wiser...[185]

En la entrevista que los dirigentes de la sublevación celebraron con los comisionados el día 22, por la noche, se confirmó que el Comité Revolucionario estaba facultado para concertar cualquier convenio con Taft y Bacon, aunque fuese conforme al compromiso inicial de Zayas respecto a la permanencia de Estrada Palma en el poder.

La reacción de Roosevelt a estos acontecimientos fué típica de su impulsivo carácter. En un primer telegrama de 22 de septiembre consideraba que la continuación de Estrada Palma en el poder, como quería Bacon, "...would be best" y se declaraba muy complacido con esa posibilidad, y el mismo día, en otro telegrama, aconsejaba exactamente la contrario al decir:

> ...Put in some temporary executive and then carry out the plan of action you outline in your cable including the resignation of half the Senate and half the House, the restoration of the municipal officers improperly removed and a new

*election under a new electoral law. The Moderates must ac-
cede to these terms because they would fall like a house of
cards and without an effort if we turned against them. As for
the insurgents have it understood that you will land troops at
once in order to protect life and property in Havana or any
other city they approach nearer than you think they ought
to...* [186]

A Roosevelt no se le podía ocurrir, y en realidad era difícil que
alguien lo hubiese imaginado, que Estrada Palma y los suyos precisamente lo que querían era provocar la intervención y que el
colapso del "castillo de naipes" a que se refería el estadista que
lo había construído y apuntalado para su mejor dominación por los
Estados Unidos, era una perspectiva con que contaban los gobiernistas para frustrar el triunfo de sus adversarios. Taft sin duda
que debió vacilar ante las indicaciones que le hacía su jefe y que
revelaban un gran desconocimiento de la realidad; pero siguió sus
gestiones en un estado de ánimo que él mismo calificó de
"...hopeful, but not confident", ya que mientras trataba con los
representantes de ambas partes, las tropas del gobierno y las de
los sublevados reforzaban sus posiciones y realizaban avances que
eran otras tantas violaciones del armisticio sobre las que el hoy
general McCoy y el propio Taft tuvieron que llamar la atención de
los distintos jefes.

El día 24 de septiembre vino a ser el día de la crisis. La primera entrevista de los comisionados, celebrada con los representantes de la revolución, obtuvo de los mismos la aceptación de la
fórmula de arreglo por la cual renunciaban a sus cargos, con excepción de Estrada Palma, todos los funcionarios electos, sin anular los comicios celebrados; pero la comunicación de Méndez Capote, a nombre del Partido Moderado, que establecía la condición
previa de que los "insurrectos" debían deponer las armas para
continuar las negociaciones, fué recibida por Taft y Bacon en esos
mismos momentos en que habían comenzado a considerar que había esperanzas de pacificación inmediata. En la entrevista celebrada poco después por el propio Méndez Capote con los mediadores, éstos le entregaron un resumen de la solución que formalmente propondrían después y que estaba concebido en estos términos:

*...Los miembros del Partido Moderado que ahora desem-
peñan cargos en virtud de las últimas elecciones, excepto el
Presidente Estrada Palma, presentarán sus renuncias a la Co-*

misión Norteamericana de la Paz, a fin de que surtan sus
efectos en su totalidad o en parte y solamente mediante la
firma de un convenio de paz por acreditados representantes
del Partido Liberal, incluyendo los insurrectos en armas, y
también mediante la entrega garantizada de las armas, por
dichos insurrectos, a quienes se nombre por la referida Comisión de la Paz, según convenio. . .

Según Martínez Ortiz, el jefe de los moderados se enteró con
gran desagrado de la proposición que le presentaban y que venía
a significar la pérdida de su propia posición política y la de sus
partidarios y el reconocimiento de que las elecciones habían sido
fraudulentas. A los periodistas le expresó con toda claridad su
actitud contraria a dicha fórmula y la reputó de inaceptable para
los gobiernistas. Es de presumir que esa opinión suya estimulase
a Estrada Palma a mantenerse con mayor firmeza en su actitud intransigente, si es que el anciano Presidente necesitaba de tales
alientos; pero lo cierto es que, cuando esa noche, en el Palacio Presidencial, Estrada Palma recibió la visita de Taft y Bacon, quienes
llevaban el propósito de convencerle para que apoyase el arreglo
preparado, la entrevista tuvo momentos de violentos reproches y
protestas en que el viejo mambí mostró una energía bien de acuerdo con su carácter y que fué una lástima que no la hubiese empleado con los consejeros egoístas y poco escrupulosos, así como
con los adversarios dominados por la ambición, que por sus malsanas pasiones habían llevado a Cuba a aquella crisis dolorosa y
humillante.

Ante la resuelta actitud de Estrada Palma en contra de salvar
la continuación de la república con una reorganización de la vida
política de la nación bajo otro gobierno, que él mismo presidiese,
la situación cambió del todo. No se le ocultaba a Taft, después de
su discusión con el Presidente de Cuba, que la determinación de
éste era inalterable y que la otra alternativa era poner en el poder
a los revolucionarios, a menos que fuese posible establecer un gobierno provisional, imparcial y respetado, lo que era muy difícil.

Taft informó a Roosevelt, por cable, del resultado de sus gestiones con Estrada Palma, en las siguientes palabras llenas de
amargura por el fracaso sufrido:

...Palma absolutely declines to help us to secure a
compromise with the Liberals by remaining in office. The
plan merely required Palma to appoint a cabinet without
regard to the politics of the members. Palma maintains that

*for him to remain in office while his party supporters in the
House and the Senate resign would be inconsistent with his
honor and that a peace thus obtained will not last three
months. He and his cabinet say that the only course open to
the United States is war with the insurgents and future control.
The Moderate Party will not agree to abide by our decision
and no plans of resignation of offices filled at last election
unless the rebels lay down their arms in advance. I hear the
rebels will not consent to this We thought that their arms
might be laid down when the resignations were presented. It
is very evident that Palma, and I fear the Moderate Party, are
determined to force armed intervention by us... It is very
hard to find a suitable man for president if Palma resigns and
still more difficult to secure his election by Congress, which is
in the hands of the Moderates. Méndez Capote, the vice
president, and the head of the Moderate Party, is an able man
but has not confidence of anybody. He says he will resign if
Palma does. We shall ask the rebels' consent to the condition
of the Moderate Party as to laying down their arms tomorrow
morning, and advise you. In the meantime we await more
ships and suggest immediate mobilization of troops...* [187]

La posición de los comisionados norteamericanos, que ansiosamente habían trabajado para evitar la intervención y la veían inevitable, era difícil para con su gobierno, el que en esos momentos
no quería intervenir por razón de sus planes de acercamiento con
la América Latina. Del otro lado del hilo directo estaba el Presidente Roosevelt, autoritario, inflexible e impulsivo, con toda su inmensa simpatía por los cubanos y con sus pocos escrúpulos respecto a la expansión territorial de su país; y la gran masa neutra,
que hubiera podido resolver la crisis en uno u otro sentido, perma-
necía extrañamente insensible a todo, como si el problema no le
interesase, a pesar de las viriles y patrióticas palabras de Enrique
José Varona y otros pensadores. Varona, en las páginas de *El Fígaro*, edición correspondiente al 23 de septiembre, había presentado el cuadro de la desunión nacional y del triunfo de los mezqui-
nos intereses que se preparaban a apoyarse en la intervención
para su conveniencia política y había usado su palmeta dialéctica
sin compasión contra moderados y liberales. Con razón decía el
filósofo:

*...los partidos, coautores de esta convulsión deshonrosa,
no atienden sino a sacar el mejor partido del momento, a costa
del país... Pues lo que con más razón debiera indignarnos es
ver que no se habla sino del bien del país, del honor del país,*

de la libertad del país, y los que así hablan desatan sobre el
país la calamidad mayor de cuantas azotan la mísera especie
humana, la guerra, y lo reducen a esperar su remedio no del
amor, de la cordura o del escarmiento de los suyos, sino de la
int ivención de los extraños... [188]

Varona criticaba duramente a los que llamaba "acaparadores
del poder, del prestigio y de la influencia política" y afirmaba que
todo se reducía a "...ir a disputarse, ante jueces extranjeros, la posesión de unas actas y la facultad de seguir reincidiendo en los
errores que hemos de purgar inocentes y culpables..." Esos tiros
iban bien dirigidos, pero más contra los moderados, a pesar de que
tal era la tendencia política a que más se acercaba él, personalmente.

Los comisionados, perplejos ante la intransigencia irreductible
con que se había pronunciado Estrada Palma, encontraron cierto
estímulo para seguir actuando en el alarde de cordura que súbitamente había caracterizado a los liberales y en las manifestaciones
de la opinión pública que se declaraba en favor de una transacción o compromiso. De ahí su carta de fecha 24 de septiembre,
enviada a Estrada Palma como consecuencia de la violenta entrevista celebrada en el Palacio Presidencial en la noche de ese
mismo día. En esa comunicación Taft y Bacon comenzaban por
hacer constar su descontento ante las manifestaciones de Estrada
Palma durante la visita de referencia y precisaban con toda claridad que el gran número de los alzados y la debilidad de las fuerzas del gobierno hacían presumir que este último no pudiera resistir a aquéllos por su cuenta, a menos que la intervención norteamericana se decidiese a apoyarle activamente. Por tales razones,
y teniendo en consideración las gestiones hechas por los veteranos
con anterioridad y la repugnancia de los Estados Unidos para intervenir en Cuba con sus tropas, los comisionados eran de opinión
de que resultaba absurdo encastillarse en la supuesta verdad de
que un gobierno constituído no podía tratar con rebeldes.

Al hacer historia de lo ocurrido, Taft y Bacon admitían la ilegalidad de las elecciones generales, que era tesis de los liberales,
sin entrar a determinar la verdad de los cargos hechos, aunque
declarando con toda crudeza que los agentes del gobierno se habían aprovechado de las deficiencias de la Ley Electoral para despojar a la oposición de su triunfo. En el documento se hacía justicia al patriotismo y la popularidad personales de Estrada Palma

al afirmar que sin necesidad de ilegalidades habría resultado reelecto y que su permanencia en el poder era de suprema conveniencia nacional para Cuba por la obra administrativa llevada a
cabo. En cuanto a senadores, representantes, gobernadores y
consejeros provinciales electos en los amañados comicios de 1905,
los comisionados se pronunciaban en favor del cese de sus man-
datos para realizar nuevas elecciones y en tesis general ésa era su
actitud acerca de los censurables manejos gubernamentales para
controlar los ayuntamientos con o sin elecciones.

Todas estas acusaciones sin duda que debieron causar profunda impresión en el ánimo de Estrada Palma; pero también debió
afectarle el que Taft y Bacon criticasen que él se hubiese afiliado
al Partido Moderado, abandonando una neutralidad política por
el retorno de la cual abogaban y que, según ellos, era la más conveniente para el país, porque no había diferencias doctrinales importantes entre los partidos y sí solamente personalismos. Su consejo, pues, era el de que fuesen aceptadas las renuncias de los
miembros del gabinete, que estaban ansiosos de presentarlas, y
que se les reemplazase con otros funcionarios capaces e independientes.

A estas recomendaciones se unían otras sobre las leyes de organización municipal, del servicio civil y de los organismos electorales, que se consideraban indispensables para impedir otras
crisis políticas y que podían ser preparadas por comisiones de los
liberales y los moderados, en número igual de miembros de cada
tendencia, con un jurista norteamericano nombrado por Roosevelt,
para el voto decisivo.

Con la declaración final de que los sublevados depondrían sus
armas ante un comité de veteranos de la independencia de Cuba
y de oficiales norteamericanos, los comisionados hacían una apelación conmovida al patriotismo y a la larga historia de sacrificios
de Estrada Palma por su pueblo, para que cooperase en el plan
expuesto y no renunciase a su cargo.

Los gobiernistas lo habían previsto todo, inclusive la intervención norteamericana que habían provocado; pero no se les había
ocurrido que perdiesen tan completamente su arriesgado juego al
acusárseles, como hacían Taft y Bacon en la comunicación que
acabamos de comentar, de ser los responsables de la crisis política
cubana y los que debían confesarlo así con la renuncia de los
cargos que detentaban como consecuencia del despojo electoral de

1905. La intervención que ellos habían pedido con tamaña ligereza, era la que hubiese puesto las fuerzas militares y navales de los Estados Unidos al servicio de los intereses políticos de los moderados, para imponerse a sus enemigos y mantenerse en el poder. De ahí que la indignación de los consejeros de Estrada Palma ante la carta susodicha fuese violenta e irrefrenada y llegase a la acusación de parciales y tendenciosos contra Taft y Bacon, quienes no se habían prestado al juego que de ellos se esperaba. Después de muy fuertes discusiones entre los dirigentes gobiernistas la resolución adoptada fué la de impedir, con la desaparición del gobierno republicano, que el poder fuese entregado a los sublevados al hacer indispensable que los Estados Unidos lo asumiesen porque todos los que debían desempeñarlo de manera constitucional estaban dispuestos a renunciar a sus cargos con Estrada Palma. Aunque el rumor público ya comentaba que se proyectaba una renuncia colectiva y que la República quedaría acéfala, lo cierto es que la respuesta del Presidente cubano a los comisionados norteamericanos, fechada a 25 de septiembre, evitaba cuidadosamente toda mención de la renuncia en masa y en su lacónica sequedad encontraba oportunidad para decirle a los mediadores que no podían contar con él para viabilizar la solución propuesta a menos que los sublevados depusiesen sus armas, porque las condiciones recomendadas iban contra su decoro personal y la dignidad del gobierno. Al terminar la carta venía la declaración terminante de que:

> ...Es por consiguiente, irrevocable mi propósito de presentar, ante el Congreso, la renuncia del cargo oficial para el cual fuí electo, por la voluntad del pueblo cubano, en las últimas elecciones...

En verdad que estas palabras venían a confirmar simplemente los propósitos anunciados por Estrada Palma y Steinhart antes del viaje de los comisionados; pero éstos se habían lisonjeado con la esperanza de que la renuncia era una amenaza vacía; habían alimentado ilusiones de concertar un arreglo entre las dos facciones opuestas sin llegar a intervenir, y bruscamente la realidad del carácter de Estrada Palma acababa de revelárseles. Y aunque el Presidente nada decía respecto a la renuncia colectiva, ya Taft y Bacon sabían que se llegaría a tales extremos de soberbia y de mal aconsejado patriotismo mientras que los anexionistas se refregaban las manos. El telegrama entonces enviado a Roosevelt por su Secretario de la Guerra, a raíz de ser conocida la respuesta de Estrada Palma, denota la firme resolución de reemplazarle con un gobierno interventor norteamericano sin prestar oídos ni consideración a las reclamaciones de los liberales, entre los cuales se había producido la más extraña rectificación de conducta: casi por arte de magia los demagogos y los jefecillos sin moral y sin escrúpulos que tan funestos serían para Cuba en años posteriores, actuaban con apariencias de estadistas llenos de prudencia y animados del más puro desprendimiento y de las más elevadas ideas, en espera de que así se les transfiriese el poder a Gómez, Guerra, Ferrara, Machado, Mendieta y toda aquella cohorte de políticos corrompidos. El mensaje de Taft a Roosevelt decía así:

> ...Palma has notified us that he will resign and we are advised that the Vice President, all the Cabinet and all Congressmen in the Moderate Party will resign, leaving nothing of the Government. I think there is nothing to do but to issue a proclamation stating that as the only constituted government in the island has abdicated it is necessary for you under the last Platt Amendment to assume the control of the island and establish a provisional government and name some one as governor, giving him such powers as may become necessary to preserve law and order, suppres the insurrection and continue the ordinary administration of the government until a more permanent policy may be determined. It would be as well to authorize me to issue a proclamation in your name. Your suggestion in your cipher telegram today in regard to the Liberal Party we have some doubts about. The situation has now so changed that a tentative compromise would have but little application to the present exigency. Should like your authority so soon as it is necessary to assume the government, to order... forces landed to protect property. Would it not be well to send for leaders of the insurgents and tell them that the conditions have changed, that they are in arms against the United States, have no grievance, and must lay down their arms and return to their homes and that amnesty will be granted them if they do?...[189]

Era evidente que el gobierno de Estrada Palma se desintegraba al fracasar los planes de lograr que la intervención norteamericana le apoyase por la fuerza y que el descrédito en que había caído aceleraba su descomposición. El coronel Aurelio Hevia, director político de la cancillería y alma que había sido de la muy cubana gestión de la misma bajo el Secretario Zaldo, renunció a su cargo en señal de protesta contra el intervencionismo del go-

bierno e igual hizo el Dr. Cosme de la Torriente, Ministro de Cuba
en España. Toda la administración pública padecía bajo aquella
situación de desconcierto y el partido gobiernista y sus voceros
más caracterizados, en el despecho del fracaso sufrido, acusaban a
los comisionados de parciales y de haberse pasado a los liberales,
hasta el punto de que por persona responsable se les calificó como
de "...dos alzados más..." En la reunión celebrada por los moderados el 26 de septiembre la actitud general fué de no transigir
con solución alguna que reconociese derecho a los sublevados
aunque la república quedase sin gobierno. Estos puntos de vista
fueron los de la comunicación de esa misma fecha, dirigida por
Méndez Capote a Taft y a Bacon, en la que arrojaba todas las
culpas de la crisis sobre los liberales, censuraba las indicaciones
hechas por los mediadores y presentaba el cuadro sombrío de las
revoluciones que se sucederían en Cuba, aunque sin señalar si
también se convertiría en norma fija de los cambios políticos el
sistema del despojo electoral que había provocado el alzamiento
de 1906.

En los Estados Unidos, en España y en otros países era también grande la ansiedad por la crisis cubana. La antigua metrópoli, que ahora hace ridículas y falsas profesiones de fe hispanoamericana porque así cree que logrará la reconquista, entonces
no ocultaba su odio a la última colonia libertada y la prensa española regocijadamente comentaba sus dificultades y excitaba a
los Estados Unidos a que, de una vez, pusiesen fin a la independencia de Cuba y se la anexasen. Esa era la actitud de algunas
otras naciones europeas cuyos capitalistas habían hecho fuertes
inversiones en la Isla, mientras que las repúblicas latinoamericanas permanecían indiferentes a la crisis planteada.

Los pesimistas informes de Taft no pudieron menos que impresionar poderosamente a Roosevelt con la gravedad de la situación.
En un telegrama del 25 de septiembre podemos encontrar que el
Presidente norteamericano todavía objetaba a la movilización de
sus tropas porque así se respaldaría a los gobiernistas en su intransigencia. Roosevelt se había dejado convencer por la idea de que
una apelación suya a Estrada Palma podía lograr que este último
reconsiderase su decisión y decidiese continuar en su cargo. A ese
fin sugirió a Taft que entregase a Estrada Palma el siguiente mensaje, cuyo texto el Secretario de la Guerra quedó autorizado para
cambiarlo según las conveniencias del momento:

*...I most earnestly ask that you sacrifice your own feelings
on the altar of your country's good and yield to Mr. Taft's
request by continuing in the Presidency a sufficient length of
time to in his judgment inaugurate the new temporary government under which the arrangements for peace can be carried
out. I sent Mr. Taft and Mr. Bacon to Cuba on receipt of your
repeated telegrams stating that you would resign; that this
decision was irrevocable and that you could no longer carry
on the Government. It is evident that under existing circumstances your Government cannot stand, and that to at-
tempt to maintain it or to dictate your own terms about the new
government merely means disaster and perhaps ruin for Cuba.
Under you for four years Cuba has been an independent
republic.*

*I adjure you for the sake of your own fair fame not so to
conduct yourself that the responsibility if such there be for the
death of the republic can be put at your door. I pray that you
will act so that it will appear that you at least have sacrificed
yourself for your country and that when you leave office you
leave your country still free. You are then not responsible if
further disaster should unhappily overtake Cuba. You will
have done your part as a gentleman and a patriot if you act
in this matter on the suggestion of Mr. Taft and I most earnestly
beg you to do so...* [190]

Esta apelación, honorable y nobilísima, fué entregada a Estrada
Palma con ligeras alteraciones en el texto que acabamos de citar,
consideradas convenientes por Taft, quien tenía autorización para
tales cambios. Como veremos en las páginas subsiguientes, Estrada Palma no permitió que sus sentimientos cubanos, sus anhelos
de salvar a la república según métodos que le dictaban su propia
soberbia y la de interesados consejeros, resultasen influídos por
este llamamiento a su patriotismo y a su espíritu de sacrificio, él,
que con tanta dureza y con menor derecho había atacado al Presidente Céspedes durante la Guerra de los Diez Años.

En el despacho que ahora comentamos Roosevelt no aparecía
muy bien dispuesto acerca de los liberales, ya que instruía a Taft
para que les notificase que se había ordenado la movilización del
ejército norteamericano y que serían considerados responsables
de la destrucción que llevasen a cabo si la sublevación continuaba
y aparecían ante el mundo

*...as the authors of the destruction of the Republic, as the
people who when Cuba was free and independent, by their
own wicked act, reduced her to a condition of dependence...*

Roosevelt, sin embargo, era hombre de impulsos, circunstancia que hacía mucho más peligrosa y condenable la política de Estrada Palma y los suyos, ya que un impulso podía ser el de comprometer a los Estados Unidos en la cuestión cubana hasta el punto de que la ocupación militar se hiciese permanente y de propósito francamente anexionista. El estadista de quien acabamos de ver una opinión contraria a la Revolución de Agosto, el mismo día enviaba otro telegrama de instrucciones diametralmente contrarias a sus representantes en La Habana, cambio de actitud que justificaba con un "...I have been thinking...", tras cuya declaración exponía el criterio de que lo mejor era, ya que la obstinación de Estrada Palma y de los moderados provocaba la crisis, dirigir contra ellos la intervención, ocupar los principales puertos de mar y tomar posesión del gobierno al mismo tiempo que se le notificaba a los sublevados que, si deponían las armas, se celebrarían nuevas elecciones conforme a lo ya tratado por ellos con Taft y Bacon.

No terminó ese día sin que el nuevo impulso que había asaltado a Roosevelt alcanzase proporciones de idea fija en favor de los sublevados, como se echa de ver con otro telegrama de la misma fecha en que el Presidente norteamericano decía a Taft que no acertaba a comprender cómo las circunstancias habían cambiado tan completamente y que su opinión era la de que fuesen desembarcadas las tropas y se asumiesen temporalmente las funciones del gobierno sin decir nada acerca de suprimir la sublevación, sino, al contrario, llegar a un acuerdo con los liberales sobre la base de que la ocupación por los Estados Unidos sería a modo de puente para la nueva situación, tal y como los revolucionarios habían declarado que estaban dispuestos a admitir. Todavía más, Roosevelt pedía que se le diesen pruebas de que los liberales no eran de fiar antes de que hubiese intervención, y defendía el derecho de aquéllos al gobierno como sucesores de Estrada Palma. No otra cosa significaban estas palabras del Presidente de los Estados Unidos al Secretario de la Guerra:

> ...It seems to me that under the Platt Amendment it is at least doubtful whether the resignation of the regular government would not amount to substituting the hitherto insurrectionary party as the government de facto. At any rate I am inclined to think that unless you have reason to the contrary of which I am ignorant, it would be better to proceed with the

insurrectos along the exact lines that you have proposed, simply notifying them that as Estrada Palma will not act we will appoint some man to act in his place until the plan you have sketched out and to which they have agreed can be put thru. I am certain that we wish not merely to act but to make it conclusive to appear that we do act with the most evident good faith in our effort to keep an independent Cuban government and to exhaust all possible means of effecting this purpose before we go into the business of armed intervention and face the destruction of property and the harrassing warfare that would necessarily follow. I do not understand why this plan I speak of is not feasible now unless the insurgents have changed their attitude from what it was 48 hours ago, when... they acceded to your proposals. I do not believe we should, simply because Estrada Palma has turned sulky and will not act like a patriot, put ourselves in the place of his unpopular government and face all the likelihood of a long drawn out and very destructive guerrilla warfare...

Taft, quien estaba en contacto directo con la situación y apreciaba mejor las dificultades que había para solucionarla, que el Presidente Roosevelt, no quedó muy conforme con los cambios de opinión que representaban los telegramas que acabamos de comentar y que estaban en pugna con sus puntos de vista. Hay un largo despacho cablegráfico del Secretario de la Guerra, fechado a 26 de septiembre y que figura entre los papeles de Roosevelt, en que podemos seguir bien el curso de las gestiones y de las reacciones de Taft en aquellos críticos días. Ese cablegrama comienza por dar cuenta con las entrevistas celebradas el día 25, por la mañana, con Méndez Capote y con Zayas, los jefes de los dos partidos rivales. Según Taft

...Méndez Capote came in to say that he had much influence with his party and could make them do what he wished and that he wished to do as I would like. I said would like to have them to agree to the compromise I had proposed and which I hope Liberals would agree to. He said that was impossible but that they would do anything to throw the government into our hands. I said that that was just what we were struggling to avoid and I sincerely hoped the government would continue and that the President would not resign... [191]

Como se ve, pues, el despacho de los moderados se había convertido en propósito firme de dejar acéfala la República, de arrojar el gobierno, según las palabras de Méndez Capote, en manos

de los Estados Unidos y negarse a todo arreglo con los sublevados. Taft cuidaba de agregar que la cordura y el espíritu de sacrificio que súbitamente se había apoderado de los liberales eran
tales, que Zayas, al enterarse de la declaración de Méndez Capote, se había manifestado dispuesto a gestionar con sus partidarios que depusiesen sus armas y se sometiesen al arbitraje conforme a la que había sido la solución propuesta por los moderados, aunque Taft cuidó de advertirle que en ese caso el fallo de
los comisionados podía llegar a ser distinto a lo que ahora recomendaban como posible arreglo a la cuestión. El astuto politicastro, que apreciaba bien los errores tácticos de sus adversarios y
la debilidad de la situación que con ellos se había creado, se
mostró muy de acuerdo con correr ese riesgo, ya que así daba
pruebas aparentes de un patriotismo y una alteza de miras que
nunca sintió y de los que se burló con el mayor descaro cuando
llegó a ser Presidente de la República.

También Taft comentaba ampliamente en este despacho la
carta que le había sido entregada por el Dr. Fonts Sterling, Secretario de Hacienda, el día anterior, y con la que Estrada Palma
había contestado la comunicación de los mediadores norteamericanos respecto a las medidas que podían ser la solución de la
crisis. El enviado de Roosevelt se defendía ante éste de las acusaciones que Estrada Palma y los moderados hacían contra los
comisionados, tachándole de parciales y contrarios al gobierno.
Zayas, enterado de la resolución de renunciar su cargo, que
había adoptado Estrada Palma, la censuró duramente, pero cuidó
de decir a Taft, y éste así lo informó a Roosevelt, que los liberales
depondrían las armas para facilitar la labor del gobierno provisional que se instaurase como resultado de que "...*Estrada Palma and the Moderate Party will now take away their dolls and
not play...*", que decía gráficamente Taft a su jefe, acerca de la
actitud adoptada por los gobiernistas. Sobre la base de esa promesa de Zayas y "...*without being certain of anything in this
country...*", el Secretario de la Guerra comunicaba a Roosevelt
que había que asumir el gobierno en sustitución de Estrada Palma
y previo el anuncio de que sería un gobierno temporal, bajo el
cual se llevasen a cabo las elecciones que definitivamente solucionasen la crisis política cubana. De esta manera, como se ve,
la resistencia de los Estados Unidos a asumir plenamente las responsabilidades de la Enmienda Platt, que habían impuesto a

hoist it unless it becomes necessary to raise it in such a way that it has got to stay... [8]

Dos días más tarde Roosevelt escribía nuevamente a Beveridge y en esta carta la promesa de realizar la anexión si tenía lugar otra revuelta en Cuba ya fué más explícita, pues decía en uno de sus párrafos:

...I am very much struck by what you say about the attitude of the West toward Cuba. It would not have done to have acted otherwise that I have acted in this matter, for it would have looked as if this nation was not behaving in good faith; but of course if there is a fresh breakdown of the Cuban Government I feel that all need on our part for exercising further patience will be at an end... [9]

No obstante estas declaraciones, el gobierno provisional se consideró establecido y en funciones para resolver la crisis política de Cuba, al quedar la república sin su gobierno constitucional, y para preparar el restablecimiento del mismo, mediante las elecciones de rigor, en el más breve plazo posible.

El 13 de octubre, al tomar posesión del cargo de gobernador, en reemplazo de Taft, Magoon lanzó una proclama al pueblo de Cuba en la que, a vuelta de ratificar que se cumplirían las promesas hechas por Taft, declaraba que asumía las facultades y cumpliría los deberes señalados en el artículo tercero de la Constitución cubana respecto al mantenimiento de la independencia y la protección de la vida, la propiedad y la libertad individual. Al mismo tiempo Magoon ofrecía que tan pronto como fuese posible resurgiría el gobierno cubano; pero que, mientras tanto, las estipulaciones constitucionales que fuesen incompatibles con la intervención se considerarían en suspenso.

Una orden ejecutiva firmada por Roosevelt con fecha 23 de octubre, hacía que Magoon y su gobierno dependiesen de la Secretaría de la Guerra, de Wáshington, con lo que Taft no renunciaba a la supervisión de la política que se seguiría en la Isla, ya que durante la mayor parte del período de la segunda intervención y hasta que renunció para hacer su campaña política para suceder a Roosevelt en la presidencia de los Estados Unidos, Taft desempeñó aquella cartera.

Root, desde la Secretaría de Estado, tampoco renunció a su antiguo interés en las cosas de Cuba. No convenía a su política de panamericanismo aparecer como responsable de la intervención en Cuba, que podía repercutir como manifestación imperialista en la América Latina. Pocos meses atrás había hecho él sus celebradas declaraciones ante la Tercera Conferencia Internacional de Estados Americanos, en Río de Janeiro, en que había proclamado que:

> ...We wish for no victories but those of peace; for no territory except our own; for no sovereignty except the sovereignty over ourselves. We deem the independence and equal rights of the smallest and weakest member of the family of nations entitled to as much respect as those of the greatest empire, and we deem the observance of that respect the chief guaranty of the weak against the strong. We neither claim nor desire any rights, or privileges, or powers that we do not freely concede to every American republic... [10]

¡Y en octubre se encontraba con que los Estados Unidos, por obra de él, precisamente, habían sido obligados a intervenir en Cuba y a ejercer allí funciones que demostraban que no todas las naciones de América tenían iguales derechos o privilegios; que su país ejercía en Cuba poderes que estaba muy lejos de conceder a nación otra alguna, en contradicción con la promesa que acabamos de transcribir!

Las declaraciones de Río de Janeiro, sin embargo, habían sido para la exportación. La realidad intervencionista estaba en manos de Taft y no del Secretario de Estado, quien no quería resignarse a que no se contase con él para las cosas de Cuba, que él había siempre manejado a su antojo, hasta el punto de reclamar para sí, con orgullo, la paternidad de aquella Enmienda Platt que se daba de cachetes con el discurso de Río de Janeiro.

De ahí las opiniones de Root expresadas al general Ríus Rivera cuando éste le visitó en octubre de 1906, a su paso por Wáshington, de regreso de la América del Sur. Ríos Rivera reveló esos puntos de vista en una entrevista publicada por el periódico habanero La Discusión, el 16 de octubre, y es de presumir que no desfiguró ni alteró nada en ellos cuando Root no rectificó sus palabras, al conocerlas. El Secretario de Estado no tenía bastante con lo ocurrido para convencerse del peligro que para los Estados Unidos suponía la Enmienda Platt y de la ineficacia de la misma en cuanto a Cuba, probados cuando el gobierno de Estrada Palma y unos cuantos revolucionarios arrastraron a Roosevelt y a Taft, muy a su pesar, a la intervención de 1906. Lejos de eso,

Root declaró a Ríus Rivera que había motivos para felicitarse de que existiese "...conforme a indicaciones que hice al Senador Platt, el artículo tercero de la Ley que lleva su nombre...", porque, conforme agregó Root:

> ...Este artículo va a salvar ahora la independencia de Cuba. Si no existiera, lo probable sería que, no encontrando la acción de nuestro Gobierno limitaciones pactadas y escritas que le ayudaran en sus buenos deseos de constituir una república sólida y próspera en Cuba, se viera obligado, por circunstancias y poderosos intereses de cierto orden, a obrar de distinto modo.
>
> Con escudo tal a nuestra disposición, puede Ud. tener la seguridad de que, sin desdeñar las circunstancias ni olvidar nuestras obligaciones hacia esos importantes intereses que tienen en nosotros, solidariamente con Cuba, perfecta garantía no serían ellos suficientemente poderosos para torcer nuestros propósitos.
>
> Deben Uds. sacar grande y provechosa experiencia de esta situación, que no habrá de repetirse sin resultados deplorables para la independencia de Cuba; más, por esta vez, no se descorazonen y asegúrele al pueblo cubano que nosotros sabremos cumplir nuestras promesas...

Es difícil plantear más claramente la prueba de que la Enmienda Platt era el sustitutivo de la anexión, conforme denunciamos ante las naciones de América reunidas en Montevideo, en 1933, que como lo hacía Root en las palabras que anteceden. En realidad, él afirmaba que había Enmienda Platt y funcionaba, o se daba la anexión, y hasta agregaba que esta ocurriría, indefectiblemente, si no se cumplía con su artículo tercero. La amenaza anexionista era evidente y las demás conclusiones a extraer de esas declaraciones, en extremo alarmantes. Una nación vecina a los Estados Unidos y cuya independencia había sido reconocida internacionalmente, que tenía sus derechos consagrados hasta en la *joint resolution* de 1898, que como estado soberano había estado representado en la Tercera Conferencia Internacional Americana, de Río de Janeiro y en otros congresos, podía dejar de existir como república de no haber "...limitaciones pactadas y escritas..." para el gobierno norteamericano, como la Enmienda Platt. Esto hace pensar que Root no había sido sincero ni honrado consigo mismo y con la opinión mundial, en su discurso de Río de Janeiro, del que así se burlaba a las pocas semanas. Las "circunstancias y los poderosos intereses de cierto orden" que podían obligar a los Estados Unidos a quedarse con Cuba, como decía Root, no podían ser otros que los de los inversionistas extranjeros en la Isla, cuyos gobiernos pudieran plantear reclamaciones a la cancillería cubana o provocar incidentes con la misma. Sin embargo, las inversiones británicas en Cuba y el estado de las relaciones entre los Estados Unidos y la Gran Bretaña, no eran como para hacer creer que el incidente surgiese por el lado del gobierno de Londres y mucho menos podía temerse tal cosa de los de París y Berlín, pues las inversiones francesas y alemanas no eran importantes. Esta situación no era aplicable al capital español y a los súbditos españoles residentes en Cuba, pues gracias al Tratado de París y quizás si algún acuerdo secreto entre los Estados Unidos y España, la posición de esta última nación en Cuba estaba protegida por las limitaciones pactadas y escritas, de que hablaba Root, y la cancillería de Madrid se entendía con la de Wáshington, directamente, para importantes cuestiones que eran del todo cubanas.

Entre las declaraciones de Root a Ríus Rivera también figuró la de que los Estados Unidos estaban dispuestos a que "el pueblo de Cuba intentara una nueva y definitiva prueba (?) de su capacidad para el gobierno propio", con la absurda teoría de que la ineptitud gubernamental y la revolución contra la misma son demostraciones contra la capacidad de un pueblo para gobernarse, que si lo son, en efecto, privarían de tal condición a casi la totalidad de las naciones, entre ellas a los propios Estados Unidos por el escandaloso desgobierno suyo de 1782 a 1787 y por la Guerra de Secesión.

Root, además, de otro modo, en el curso de sus declaraciones citadas, desvirtuaba sus campanudas palabras de Río de Janeiro en favor de las pequeñas nacionalidades, cuando establecía un paralelo entre la intervención norteamericana en Cuba y la posible intervención federal en uno de los estados de la Unión, de confesarse éste impotente para mantener el orden y garantizar la vida y las propiedades de sus habitantes. ¿Venían a significar estas palabras que el régimen de relaciones con Cuba era el de una anexión disfrazada? ¿A quién hacía honor semejante hipocresía y por qué mentirle a las naciones de América, a la opinión pública de Cuba y de los mismos Estados Unidos con la declaración de igualdad y justicia panamericanas de Río de Janeiro? La idea de Root, pues, venía a ser la de que la Enmienda Platt y la intervención de 1906 establecían la posición de Cuba como una especie de Estado Confederado de la Unión, según hubo de decir Martínez Ortiz.

Con los años el criterio de Root, que acabamos de discutir, sufrió algunos cambios y poco a poco llegó a ser el normal respecto a un Estado soberano y de vida independiente, aunque con las limitaciones de sus recursos de pequeña nación; pero todavía cuando no se había liquidado la segunda intervención, podemos encontrarle aferrado a actitudes bien positivas sobre las facultades de los Estados Unidos en Cuba y los deberes de los cubanos. El 5 de marzo de 1908, en una carta a M. H. Watterson, Root desarrollaba sus ideas respecto a esos particulares con las siguientes palabras:

> ...After a good many years of study and practical experience with Cuba my ideas have crystallized into a very clear and positive formula. We do not want Cuba ourselves; we cannot permit any other power to get possession of her, and, to prevent the necessity of one and the possibility of the other of those results, we want her to govern herself decently and in order... [11]

Pocos meses más tarde, en un memorándum para Roosevelt, fechado a 10 de enero de 1909 y que discutía la peregrina teoría de que Cuba pagase por los gastos de la intervención norteamericana en la Isla, Root mantenía la opinión contraria a semejante pretensión; pero con estos inquietantes argumentos:

> ...I don't think we can afford to ask pay from Cuba for the cost of intervention. That would be abandoning our ground that it is a right of the United States and taking the ground that it is a favor to Cuba. The Platt Amendment arose from our assertion of our right... [12]

A esta declaración Root no agregó sus nobles palabras de Río de Janeiro sobre que los Estados Unidos no pretendían de otras naciones de América facultades o derechos que no estuviesen dispuestos ellos mismos a conceder en reciprocidad y tampoco recordó otras afirmaciones suyas sobre que la independencia y los derechos de las pequeñas naciones eran tan sagrados y respetables como los de las grandes potencias; pero así contradecía aquel imperialista que fué Elihu Root sus untuosas y falsas palabras de Río de Janeiro.

Lógicamente, Magoon, "a once obscure law clerk", como dice

uno de los biógrafos de Taft, tenía que gobernar a Cuba dentro de los bien concretos lineamientos que la política del gobierno de Roosevelt le trazaba por inspiración de Root y Taft, muy principalmente. No podía rebelarse; no se esperaba de él que tuviese arranques de desacuerdo o resoluciones propias; ni siquiera que se obstinase en sus puntos de vista y los hiciese triunfar por medio de artimañas, estilo Wood. Era un administrador sin personalidad suficiente ante sus jefes y, por ello mismo y por otras circunstancias, tampoco podía inspirar a sus gobernados, después de una revolución que los Estados Unidos habían reconocido como triunfante frente a un gobierno declarado responsable de la crisis republicana, los sentimientos de respeto y adhesión normales que necesitaba para el mejor desempeño de su gestión. Entre los políticos cubanos con quienes Magoon tendría que lidiar, eran numerosos los que le superaban en cultura y en astucia y los había que carecían completamente de escrúpulos. Todos ellos se ingeniaron en descubrir dónde radicaba la debilidad del nuevo gobernador, y la tarea no les resultó difícil y de ese descubrimiento se derivaron graves males para Cuba, los Estados Unidos y el propio Magoon.

La primera gran prueba de Magoon tuvo lugar cuando llegó el momento de decidir quiénes iban a ser los consejeros de este Ejecutivo especialísimo, bonachón, deseoso de acertar e interesado en orillar dificultades; pero desconocedor del medio, inferior a sus responsabilidades y con una suma de poder arbitrario sobre dos millones de hombres que le eran totalmente extraños, que siempre es y será algo nuevo y superior a las fuerzas de un norteamericano, al que no se le educa para tales funciones. Wood había tenido su gabinete o grupo de asesores cubanos con facultades delegadas; pero Magoon se declaró contrario a ese sistema, por indicación de Taft, con objeto de evitar que las rivalidades de los políticos cubanos se reflejasen en el consejo de secretarios. Cierto que había gran hostilidad entre moderados y liberales como resultado de la crisis que había puesto fin a la primera república cubana; pero es que los liberales mismos, tan pronto como lograron la caída de Estrada Palma, habían dado rienda suelta a sus ambiciones políticas y se habían dividido en dos facciones enemigas, la del general Gómez, candidato presidencial que había sido en 1905 y a quien apoyaban Ferrara, Machado, Mendieta y otros no menos funestos personajes de la vida republicana de

Cuba, y la del doctor Zayas, que reunía en torno a ese político
sin moral a otros elementos corrompidos, igualmente responsables de la desorganización y la frustración administrativas de la
segunda república cubana, como Juan Gualberto Gómez, Ernesto
Asbert, Benito Lagueruela y otros. No era mejor el material que
ofrecían los moderados después de la usurpación del poder, en
1905, y de la intransigencia anticubana que llevó a la intervención.
Se comprende, pues, que Magoon no apelase a quienes tan pobres
pruebas de verdadero patriotismo habían dado para formar su
gabinete; pero es inexcusable que no se interesase por incorporar
a la política y que no diese responsabilidad concreta en la dirección de la vida nacional de su patria a los cubanos eminentes,
íntegros, capaces, enérgicos y progresistas, que eran la verdadera
esperanza de la regeneración nacional y de los que prescindió
casi en absoluto en cuanto a puestos ejecutivos. En cada una de
las antiguas secretarías del despacho un funcionario cubano subalterno, con las limitaciones propias de su condición, se convirtió
en consejero especial de Magoon en lo tocante a su departamento,
pero siempre bajo la supervisión real de un militar norteamericano. En tesis general esos empleados convertidos en secretarios
eran caballerosos, honrados y de excelentes intenciones; pero por
sus antecedentes y por la mediatización de sus facultades eran
tan jefes respecto a Magoon, como éste lo era en cuanto a Taft y
Taft resultaba serlo, a su vez, con relación a Roosevelt... Si tal
es la manera de que un pueblo se acostumbre a la democracia, de
que surjan estadistas con iniciativa y responsabilidad que lo guíen
sin tropiezos, hay que revisar y desechar las mejores normas de
educación política, que precisamente proscriben la arbitrariedad
y la centralización y recomiendan las delegaciones de autoridad
hechas de manera legítima.

Por lo que llevamos dicho puede advertirse que el gobierno
de Magoon, segunda figura que se rodeó de segundas figuras supervisadas, fué más esencialmente norteamericano en cuanto a la
responsabilidad de su gestión, que el de Wood, no obstante la
absorbente personalidad de éste, porque Brooke y Wood sí que
en cierto modo dividieron su autoridad con hombres como Enrique José Varona, Pablo Desvernine, Juan Ríus Rivera, Luis Es-
tévez Romero y otros, a quienes los gobernadores militares dieron
latitud para actuar y no regatearon su respaldo.

Sobre el régimen así creado se desataron los apetitos de liberales y moderados que deseaban puestos remunerados del servicio público y concesiones y favores. La idea de que los presupuestos eran la primera industria nacional, después llevada a extremos inconcebibles por los gobiernos cubanos de la segunda república, excepción hecha del de Grau San Martín, fué una consecuencia de la debilidad de Magoon y sus consejeros y de la noción de que para tener tranquilo al pueblo intervenido todas las transigencias eran pocas. De Wáshington no vino una sola reprimenda ni la más mínima objeción al desmoralizador sistema de la complacencia como norma de gobierno.

Como ocurre siempre, las inmoralidades y los escándalos de la administración pública, repercutieron sobre los dirigentes de la misma y muy especialmente sobre su figura más destacada, que era la de Magoon. Si las facultades máximas las tenía el gobernador provisional, quien no las compartía con secretarios del despacho o con el Congreso, que no los había, la opinión naturalmente colocaba la responsabilidad de lo que ocurría sobre quien tenía el poder, se lo había reservado todo, y no lo empleaba.

Las deficiencias más notables y de mayor relieve del régimen de Magoon fueron las del manejo o inversión de los dineros públicos. Los autores cubanos más desapasionados, aquéllos que no regatean sus elogios a Brooke y a Wood, han condenado enérgicamente y con sobra de datos los despilfarros de Magoon con los fondos de la nación cubana y tal podemos advertir en la obra clásica, de Martínez Ortiz, a que tanto nos hemos referido, y en los trabajos de Fernando Ortiz, Ramiro Guerra, Carlos M. Trelles, Enrique Barbarrosa, y otros. Los historiadores norteamericanos, aun los que por un patriotismo mal entendido y que pretende presentar la vida política de los Estados Unidos como perfecta e inmaculada, excusan los errores de Magoon, no pueden evitar la conclusión de que su gobierno fué inferior al de Wood en cuanto a obra hecha y moralidad administrativa.

La correspondencia cruzada entre Estrada Palma y Taft acredita el traspaso a este último de fondos públicos por valor de $13.625,539.65 en efectivo y valores, que estaban en el Tesoro Nacional, el cual se mantenía al día en cuanto al pago de toda deuda legítima. Desde el 20 de mayo de 1902 a 20 de mayo de 1906 las recaudaciones superaron a los gastos presupuestados en $27.291,200.00. A los ingresos ordinarios de ese período hay que agregar $31.675,000.00 producto del empréstito de treinta y cinco millones, contratado por Speyer, y $11.174,000.00 de la emisión de la deuda interior; pero como se sabe, estos fondos tenían una inversión predeterminada en la paga de los veteranos. Algunos autores cubanos acusan directamente a Magoon de haber dilapidado las economías de Estrada Palma y las hacen ascender, no ya a la suma que recibió Taft el 28 de septiembre de 1906 y que mencionamos a principios de este párrafo, sino hasta veinte y cinco y más millones de pesos. Otros escritores, norteamericanos, se han dedicado con el mismo apasionamiento a tratar de probar que Estrada Palma había dejado un déficit en el Tesoro y que Magoon lo había convertido en superávit, todo esto con la infantil idea de que no puede ser que un gobernante norteamericano despilfarre o tolere malos manejos con los dineros públicos o siquiera se vea obligado por causas ajenas a su voluntad, a cerrar el año fiscal con déficit. Como es imposible tapar el sol con un dedo, solamente con estudiar las finanzas de la ciudad de Chicago, o las de Kansas City, o las del estado de Luisiana, o las de Nueva York antes del Alcalde La Guardia, entre otros muchos casos, podemos comprobar numerosos ejemplos de la dilapidación de los fondos públicos, aparte de que durante los últimos diez años los presupuestos federales de los Estados Unidos han cerrado con enormes déficits que hoy alcanzan a más de cuarenta mil millones de dólares, sin que ello quiera decir que haya incapacidad o mala fe en los gobernantes. En esos fútiles esfuerzos para justificar a Magoon hay un poco de la actitud británica en materia colonial respecto a que el "residente" inglés siempre ha de ser el noble, justo, honrado y sin mácula, frente a los "natives", y los cubanos fuimos los "natives" ante Magoon, aunque éste naciese en las soledades de Minnesota y se criase en las praderas polvorientas de Nebraska casi cuatro siglos después de que Cuba tenía contacto con la civilización occidental. Por otra parte, son igualmente fantásticas las pretensiones de los cubanos apasionados que por razón de que Estrada Palma economizaba y administraba los fondos públicos con escrupulosa honradez, saltan a la conclusión de que lo hacía con el propósito meditado de saldar en seguida el empréstito de los treinta y cinco millones, lo que habría significado una sangría económica de tal magnitud y tan absurda, que el gobierno que la hubiese hecho se habría revelado como totalmente incapaz y funesto al país.

Chapman, Lockmiller, Fitzgibbon y otros autores norteamericanos, se empeñan en la imposible tarea de convertir el superávit dejado por Estrada Palma, en déficit entregado a Magoon y que éste, por arte mágico, transformó en "verdadero surplus" al cabo de un año. A ese fin enumeran los gastos extraordinarios que hubo que hacer como compensación por los perjuicios causados por la Revolución de Agosto, los hechos para reparar los daños causados por el ciclón de octubre de 1906, la llamada indemnización a la Iglesia Católica, y los créditos concedidos por el Congreso cubano para obras y servicios no comprendidos en el presupuesto ordinario.

Los gastos por daños y perjuicios causados por la Revolución, cuyo pago autorizó el gobierno provisional, ascendieron a $1.389,827.39. Las reclamaciones por ese concepto alcanzaban a muy cerca de cuatro millones de pesos, por lo que hay que reconocer que la comisión liquidadora, presidida por un militar norteamericano, hizo una importante reducción en la cuantía de aquellas. La suma pagada en su mayor parte se dedicó a compensar a perjudicados de doce nacionalidades distintas, de los Estados Unidos en primer término; pero también se pagaron $296,508.84 por 6,557 caballos y mulos que habían sido robados y cuya restitución se hizo imposible por la extraordinaria ocurrencia del general Funston, que prácticamente legitimó a nombre de la intervención, la posesión de esos animales y la convirtió en propiedad. El periódico norteamericano The Havana Post, edición de diciembre 21, 1906, dijo con razón que el precio de $45.22 por cada caballo robado que pagó Cuba, era un poco elevado. De todos modos, no es justo utilizar la indemnización a que acabamos de referirnos y en la que para nada intervino el gobierno de Estrada Palma, con el propósito de reducir el superávit real, entregado al gobierno de la intervención, bajo el cual se hicieron tales ajustes.

Los destrozos causados por el ciclón de octubre 17, 1906, fueron enormes. En toda la Isla las cosechas quedaron arruinadas y hubo pérdidas cuantiosas en las viviendas, el ganado, las vías de comunicación, las obras públicas, toda la riqueza nacional, en suma. Magoon, como era su deber, movilizó los recursos nacionales y los empleó para aliviar los sufrimientos de los perjudicados y reparar con toda la posible rapidez los daños producidos. Sumas cuantiosas fueron empleadas, de manera directa o indirecta, en remediar esas necesidades. Sin duda que una buena parte de los $2.381,851.07 que la segunda intervención gastó en la beneficencia pública de un país con menos de dos millones de habitantes, desde octubre 1, 1906, hasta septiembre 15, 1908, con otros fondos más provenientes de distintos capítulos, se dedicaron a socorrer a los damnificados del ciclón y a reparar las averías; pero resulta absurdo el pretender que tales gastos afectan la realidad del superávit entregado por Estrada Palma dos semanas antes, como parecen suponer los panegiristas de Magoon.

En cuanto a la llamada indemnización por los bienes de la Iglesia Católica, la carga impuesta a Cuba por el gobierno de la intervención fué arbitraria y sin justificación, y a fin de probarlo haremos ahora un poco de historia. Ya en el capítulo referente al bajalato de Wood hemos discutido la primera fase del convenio de compensación entre dicho gobernador militar y el Obispo Sbarreti, hecho con toda premura por la convicción que tenían ambos de que si esperaban al establecimiento de la República, la Iglesia de Roma no vería satisfechas sus reclamaciones pecuniarias y, además, como confiesa Hagedorn, el biógrafo de Wood, porque a éste le convenía que levantasen una penalidad canónica a su amigo, el tristemente famoso P. Emilio, y lo obtuvo así a cambio de autorizar el pago de una importante suma que reclamaba Sbarreti. Los mencionados bienes estaban constituídos por ciertas propiedades que el gobierno español había confiscado, de 1837 a 1841, y por las cuales España había convenido en pagar alquileres a partir del concordato de 1861, con la Santa Sede. En tal virtud de 1861 a 1899 las cajas de Cuba habían pagado al clero, por alquileres, la enorme suma de veintiún millones de pesos, o sea, más del valor de los bienes. El contrato de 1901 entre Wood y Sbarreti, sin embargo, no había alcanzado a varios edificios cuya propiedad reclamaba el clero y que estaban ocupados por varias oficinas públicas. Durante la primera república cubana, tal como lo habían calculado Wood y Sbarreti, habían sido vanos todos los esfuerzos eclesiásticos para que el gobierno de Estrada Palma indemnizase a la Iglesia por unos edificios que España había confiscado antes y cuya propiedad reclamaba un clero que había sido y era, ora español, ora norteamericano, enemigo de la independencia de Cuba.

Steinhart, cuyas fortunas política y económica siempre estuvieron estrechamente unidas con la Iglesia de Roma, era católico y, después de ser factótum de Wood, fué hecho Cónsul General de los Estados Unidos en La Habana, con Squiers, también católico, al frente de la Legación. El Vaticano, antes de acuerdo con España para defender sus privilegios en Cuba, inmediatamente se alió con los Estados Unidos para el mismo fin, y el delegado apostólico, varios obispos y nuevas órdenes religiosas que vinieron a Cuba, fueron ciudadanos norteamericanos al servicio de los intereses de su país y de su credo, y en manera alguna preocupados por el robustecimiento del ideal nacionalista cubano o la consolidación de la República.

Con estas estrechas relaciones de Steinhart y el clero es que podemos explicarnos que el primero hubiese telegrafiado en 1903 al Secretario Hay, oficialmente, sin que le reprendiesen por ello, el siguiente mensaje cuyo texto le había entregado al Arzobispo norteamericano Chapelle, representante de la Santa Sede en La Habana.

> ...Cuban House of Representatives repudiated contract between Wood and Church of Rome. There is much danger Cuban Senate will act soon. Arguments used not based on facts, and worthless. Papers other than filed with Department on file War Department. I have no doubts from documents you will be convinced that honor the United States of America is at stake in this matter. Please cable Steinhart for me your opinion what action the United States will take to defend our rights under the Platt Amendment and Treaty of Paris. He is well acquainted with the facts in the case and THE CHURCH OF ROME REPOSES THE FULLEST CONFIDENCE IN HIM....[13]

Como se ve, la Iglesia de Roma tenía tanta fe en Steinhart como el propio State Department, lo que nos explica muy bien cómo fué que el Arzobispo Farley, de Nueva York, le respaldó en 1907 con un millón de pesos, cuando todavía Steinhart estaba en el servicio consular norteamericano, para que triunfase en sus planes de obtener el control financiero de la Havana Electric Railway Co. La alianza de la jerarquía católica de los Estados Unidos con Steinhart, la Santa Sede, la cancillería de Wáshington y los banqueros Speyer, primeros prestamistas de Cuba, es hecho histórico curiosísimo que mucho tiene que ver con el pago a la Iglesia de Roma por los bienes confiscados, hecho durante las dos intervenciones. Esas son las "official courtesies" de Steinhart con los católicos, a que se refiere Jenks, cuando hablando de los esfuerzos del Cónsul General de los Estados Unidos en La Habana, en activo servicio, a fin de dominar a los accionistas de una empresa privada del país en que estaba acreditado, nos dice lo siguiente:

> ...He finally called upon Archbishop Farley. Steinhart
> had performed some official courtesies for Catholics in Havana;
> his daughter had been to a convent school in the diocese of
> New York. This emboldened him to propose to the archbishop
> to buy a million dollars' worth of 5 percent bonds at 85, with
> the guarantee that he would buy them back inside of a year at
> 90. The archbishop agreed to take the bonds... [14]

La impunidad con que Steinhart abusaba de su posición oficial casi resulta tan extraordinaria como la habilidad del prelado católico en jugadas de bolsa de las que Cristo habría hecho figurar entre las muy condenables de los mercaderes del templo de Jerusalem; pero Steinhart y sus aliados sabían arriesgarse y combinarse a costa de Cuba.

Aunque el Secretario Hay, en 1903, no se había mostrado muy inclinado a intervenir en los problemas entre el clero y el gobierno de Cuba, como pedía el Arzobispo Chapelle, la Iglesia continuó insistiendo en solicitud de apoyo a sus reclamaciones por medio de Steinhart. El Cardenal Gibbons, los Arzobispos Ireland y Farley, etc., emplearon sus mejores influencias con ese fin y lograron obtener el apoyo de Charles J. Bonaparte, católico, Secretario de la Marina en el gabinete de Roosevelt, en sus gestiones. En 1906 Bonaparte le escribía a su colega, el Secretario Root, y le remitía un memorándum que había recibido de Monseñor Falconio, delegado papal, acerca de los llamados bienes eclesiásticos en Cuba, el convenio hecho con Wood, y la actitud del gobierno de Estrada Palma acerca del asunto. Falconio sugería que era necesario que Root escribiese, no al Ministro Morgan, sino a Steinhart, aunque fuese confidencialmente,

> ...intimating that it is his wish that the question of the
> purchase and sale of this property be definitively regulated in
> accordance with the conditions established by the contracts,
> and to have him, to this end, take steps and use his influence
> to induce if possible the Cuban Government to decide on the
> purchase of the property... [15]

El día 17 de febrero Root contestó a Bonaparte su carta y lo hizo negándose a hacer la intervención que pedía Monseñor Falconio porque, aunque en opinión suya, Cuba debía pagar lo convenido por Wood, las leyes cubanas eran las que debían regular la materia y cualquier acto de Wood, como del mismo gobierno

de Estrada Palma, era modificable por los órganos constitucionales de la República.

La respuesta que antecede marca la actitud bien definida del
Secretario de Estado y antes Secretario de la Guerra, Elihu Root,
sobre que el gobierno republicano de Cuba estaba en libertad de
cumplir o no el compromiso que Wood había contraído con la
Iglesia a cambio de que se levantase la sanción impuesta a su
amigo, el P. Emilio, por las autoridades eclesiásticas, y el reconocimiento pleno, por Falconio y por Root, de que Cuba no quería
cumplimentar el convenio de Wood y Sbarreti.

Pero Falconio no era hombre que se rindiese ante un primera
negativa. En marzo escribió de nuevo a Bonaparte, para que éste
lo hiciese saber a Root, que lo que la Santa Sede quería era que
se emplease a Steinhart para que apoyase a Monseñor Aversa en
las gestiones que hacía en La Habana. La petición estaba concebida en estas palabras:

> ...There is no question at present of the intervention of
> the United States for the fulfillment of the contract made
> between the Church authorities in Cuba and general Wood,
> but merely was asked the favor that the Secretary of State
> Mr. Root, would write a few words in a confidential manner to
> Mr. Steinhart, Consul General to Cuba (Falconio, pues, no te-
> nía confianza en el Ministro Morgan, N. del A.), in order that
> this gentleman might use his good offices in assisting Mon-
> signor Aversa, Envoy Extraordinary of the Holy See to Cuba,
> towards the settlement of the contracts according to the terms
> agreed upon, but, of course, in a manner which would in no
> way interfere with his official duties... [16]

Root volvió a negarse a la gestión que se le pedía y de modo
terminante contestó a Bonaparte que no haría tal cosa, pues las
pocas palabras que se le pedían, dichas a un subordinado como
Steinhart, siempre serían oficiales y "would be going entirely
beyond our diplomatic rights". En su opinión, se trataba de un
asunto interno de Cuba y de sus ciudadanos y si los Estados Unidos se mezclaban en él, serían justamente criticados y hasta pro-
vocarían cierta irritación si Cuba no les complacía, por todo lo
cual, concluía el Secretario de Estado, rehusaba enviar las instrucciones pedidas para Steinhart. Según Root:

> ...The fact that we had a right of intervention in Cuba
> under some extremes circumstances makes it all the more
> necessary that we should be scrupulous about keeping

within the limits of international right and courtesy in our everyday intercourse with the Cuban Government... [17]

El que así hablaba era el Root de las declaraciones de Río de Janeiro; pero ya sabemos que a ratos cambiaba de opinión. Estas manifestaciones, sin embargo, tienen para nuestra tesis del despilfarro arbitrario de los dineros cubanos por la intervención norteamericana, una importancia capital. El primer pago hecho a la Iglesia Católica por una indemnización muy discutible, que casi alcanzó a un millón de pesos, lo hizo Wood con pleno conocimiento de que la República de Cuba nunca lo habría autorizado, y Sbarreti convino en ello y le recompensó por ese gesto a costa del Tesoro de Cuba con la rehabilitación del P. Emilio, que Wood le había pedido. El gobierno de Estrada Palma se negó a hacer más indemnizaciones a la Santa Sede y los representantes de ésta, Chapelle, Falconio, Aversa, etc., invocaron la Enmienda Platt y el Tratado de París para que los Estados Unidos obligasen a Cuba a cumplir el despropósito caprichosamente pactado por Wood años atrás. Root se negó a todos los requerimientos de esos prelados y hasta de su compañero de gabinete, Bonaparte, y reconoció, como lo hacía el clero, que la República de Cuba se negaba a hacer más pagos por los supuestos bienes eclesiásticos. No obstante todos estos pronunciamientos, en el año de 1908 Magoon autorizó que se pagase a la Iglesia Católica, por gestiones de Monseñor Aversa en que el funesto Steinhart tomó parte activísima, $1.747,983.75. Lockmiller no tiene inconveniente en admitir como artículo de fe que el gobierno de Estrada Palma se negó a pagar indemnización alguna al clero porque un grupo de políticos cubanos exigía una comisión de $400,000 para aprobar dicho pago; pero se resiste a admitir que Magoon o Steinhart lucrasen con esa negociación hecha a espaldas del pueblo cubano durante la segunda intervención. [18] Estrada Palma y sus hombres de confianza de 1903 siempre estuvieron por encima de Magoon o Steinhart en cuanto a su moral política; pero sin necesidad de soborno, la gestión de Steinhart en favor de la Iglesia cuando no había gobierno cubano que impidiese el pago, es de las "official courtesies" convenientes al clero católico, de que habla Jenks, con las que Steinhart un día obtuvo un millón de pesos del Arzobispo Farley para comprar la Havana Electric Railway Co. El hecho de que Roosevelt y Taft autorizaran el pago de esa cantidad que Cuba no debía no justifica a Magoon por haberlo hecho, como pretende Lockmiller, y sí sólo destaca que ambos tenían opinión contraria a Root respecto a este asunto y que Cuba resultó perjudicada por esa decisión arbitraria. El Papa Pío X se mostró agradecido al otorgarle a Magoon la Orden de San Gregorio el Magno en recompensa a que, bajo él, se le había arrancado a Cuba intervenida otra cuantiosa indemnización que Cuba republicana se había negado a pagar. Finalmente, cualquiera que sea el juicio sobre la ilegalidad de este pago, resulta absurdo que se pretenda que, porque el gobierno de la intervención lo hizo, el superávit dejado por Estrada Palma tenga que considerarse menor de lo que era.

Nos queda por considerar el último de los pretextos con que los historiadores norteamericanos tratan de justificar o disfrazar los despilfarros del régimen de Magoon al negar que Estrada Palma dejase millones sobrantes en el Tesoro. Ese pretexto es el de que el Congreso cubano había autorizado numerosos créditos especiales, fuera del presupuesto, para obras y servicios extraordinarios valorados en $20.286,500.00, según el estimado de Chapman, y que para cumplimentar lo resuelto por el Congreso hubo que incurrir en gastos enormes, como consecuencia de los cuales desaparecieron los millones recibidos por Taft. Chapman no nos dice cómo llegó a la computación de los créditos especiales en la cifra que mencionamos más arriba; pero Lockmiller hace un estudio bastante detallado del informe fiscal del comandante Ladd, militar norteamericano a quien Magoon encargó la supervisión de la hacienda cubana, y llega a la conclusión de que los gastos extraordinarios no presupuestos ascendían a $13.500,000,[19] por gastos de la guerra, aumento de la guardia rural, intervención militar de los Estados Unidos, indemnizaciones por los daños y perjuicios traídos por la Revolución de Agosto y créditos especiales concedidos por el Congreso. La diferencia entre las cifras dadas por ambos autores es notable; pero es que, si analizamos el estimado de Lockmiller, nos encontramos numerosas partidas de importancia, producto de la intervención, que en justicia no pueden ser deducidas de la cantidad entregada por Estrada Palma.

Los créditos especiales de la enumeración de gastos que nos da Lockmiller son, pues, una pequeña parte de los gastos extraordinarios no presupuestos; pero todavía hay más para que no los aceptemos como obligación ineludible que el gobierno de la intervención se vió constreñido a aceptar y con la cual desaparecie-

Cuba, como también le habían dado el gobierno que entonces caía por sus culpas y las ajenas, entre éstas las norteamericanas, venía a culminar en un principio de acuerdo, que después sería más evidente, de los liberales con la intervención. La astucia y la falta de escrúpulos de Zayas y sus partidarios, y el deseo de los Estados Unidos de "tener la fiesta en paz", llevaban a un compromiso años antes de las elecciones, pues aunque en su mensaje Taft declaraba que todo estaría arreglado en menos de seis meses, la intervención duró más de dos años.

El informe telegráfico que venimos comentando no terminaba sin que Taft sacase a Roosevelt de su error en cuanto a reemplazar a Estrada Palma con los revolucionarios, directamente, como gobierno de facto, y a ese fin le decía:

...The even remote possibility suggested in your telegram of last night, that under any possible hypothesis the Platt Amendment might require the present insurrectionary force to be treated as a government de facto makes me shiver at the consequence. It is not a government with any of its characteristics, but only a horde of men without discipline under partisan leaders of questionable character. The movement is large and formidable and commands the sympathy of a majority of the people of Cuba, but they are the poorer classes and the uneducated. The Liberal Party which is back of the movement has men of ability and substance in it, but they are not titular leaders of the insurgent forces in whom such a government de facto must vest it in any body. The change in circumstances which makes the particular compromise inapplicable is the dissolution of Congress, a continuance of whose legislative functions after the resignation of the half of Congress elected last year was essential to the plan, and the refusal of the Moderates who are in a majority in the first and remaining half of the lower House of Congress to agree to carry out the compromised proposed. We can of course and must, after restoring order, provide fair elements to fill the vacant places in Congress and the other vacancies and then turn over the government to the people duly elected. We should be derelict, however, if we did not make the restoration of order there. Mere surrender of the rebels will not restore order. The insurgent leaders cannot prevent organization from their forces of predatory bands who must be suppressed. This will take time and the use of part of our army to garrison the towns while the rural guard shall do the scouting. In the interval now between the rumor of the scuttle of the government and our taking control, the situation with the rural guard is delicate and may give rise to trouble and the Moderate *leaders some of them seem willing to have it arise. I may have to land the naval forces today, hope not. Moderates certain the more conservative and higher class of Cubans in politics, but they have undesirable men among them who would feel vindicated by making more trouble for us. There is an absence of any real patriotism here on both sides that is most discouraging...*

En todos los comentarios a esta situación, que cambiaban el Presidente Roosevelt y sus representantes en Cuba, entre sí y con otras personas, hay una apreciación bastante exacta de hombres y actitudes con que más de una vez nos hemos mostrado de acuerdo por estar ajustada a la realidad; pero no debemos seguir adelante sin precisar que no toda la verdad está en esos comentarios. Los Estados Unidos se habían negado a permitir que el gobierno cubano sucediese al colonial español en 1898 o 1899; habían desconocido los derechos de los cubanos a ser oídos al pactarse la paz, conducta que, como hemos señalado, resultó en graves perjuicios para Cuba, y después le habían impuesto una intervención que durante casi cuatro años se había manejado a su antojo para frustrar económica, social y políticamente, a la revolución cubana. Más tarde, cuando resultó imposible prolongar por más tiempo la ocupación militar y llegó a hacerse evidente que los planes anexionistas de McKinley y Wood no alcanzaban éxito, se inventó la Enmienda Platt a modo de sustitutivo de la anexión, como Wood hubo de reconocerlo cínicamente, hasta que fuese fácil la adquisición de la Isla por la desesperación de un pueblo cuya economía colonial y cuya soberanía mediatizada estaban en manos de los Estados Unidos. Finalmente, al ser elegido el primer gobierno cubano, Wood se las había manejado para poner en el poder, conforme había ofrecido meses antes en declaración suya que hemos citado, a las personas que había considerado más convenientes al triunfo de sus planes. El tratado de supuesta reciprocidad mercantil, el de relaciones permanentes, el de las estaciones navales, el de la soberanía sobre la Isla de Pinos, la conducta insolente y perturbadora de Squiers y de los cónsules Bragg y Steinhart, etc., habían sido otras tantas confirmaciones de la crisis nacional cubana, del desconcierto, la rabia impotente y la humillación de un pueblo que era el único al que internacionalmente se le había marcado, en el momento de su independencia, con el hierro candente de la Enmienda Platt sobre su cuerpo constitucional, la confesión de incapacidad para gobernarse. Ante la futilidad de sus esfuerzos cívicos y la burla de su dignidad y sus derechos, muchos de los cubanos más notables de la época se habían puesto a un lado y así la Revolución de Agosto y aquella desconsoladora traición a la República que al mes siguiente hacían los gobernantes producto de la maldad de Wood y los sublevados que lo eran de la de Squiers, resultaban ser consecuencias naturales del impacto que sobre el patriotismo cubano había hecho la política norteamericana de intervención y dominación, al alejarle a esos buenos elementos de sus responsabilidades a beneficio de los reaccionarios o los demagogos. Taft hablaba, pues, de la ausencia de real patriotismo entre los hombres de los dos bandos a quienes los Estados Unidos habían hecho personajes; pero no calificaba como debía a McKinley, a Wood, a Squiers, a Steinhart y a tantos otros también culpables...

El propio día 26 resurgió la esperanza de que no se hiciese la intervención y se llegase a un arreglo, sobre todo cuando los liberales y algunos moderados menos intransigentes o no tan comprometidos como otros correligionarios suyos comenzaron a asustarse al considerar las posibles consecuencias de una segunda intervención norteamericana. En la mañana de ese día Taft le notificó a Zayas que el propósito de los Estados Unidos se reducía a restablecer el orden, celebrar nuevas elecciones con toda honradez, entregar el gobierno a los magistrados electos, y retirarse. Zayas se descolgó con la extraña proposición de que se eligiese otro Presidente de la República por un congreso "rabadilla" o expurgado; pero según Taft informó a Roosevelt por cable de aquella fecha

> ...I told him what is true that a rump government would open possibility for a new rebellion from some desperate Moderates. Indeed some militia of government are already threatening. I explained that the thing of all others that was to be avoided, was election of a mulish Moderate who would stand in his tracks and prevent successful compromise. Clean intervention was better because in that case insurgents would surrender and we could soon restore order and constitutional government and by fair elections quickly bring about the same result as compromise, but it may be that intervention will not come. Moderate party is now thinking of reconsidering rejection and about to make a proposition to arbitrate on condition that arms be laid down in advance. This Zayas thought yerterday the Liberals would agree to... [192]

A Roosevelt no le parecieron del todo bien los escrúpulos de Taft acerca de la Constitución cubana. Hombre de acción, las trabas legales en otro país no le merecían mucho respeto. De ahí sus instrucciones a Taft, en que decía, como para ilustración de algunos de sus sucesores, preocupados con la sucesión constitucional en Cuba:

> ...Upon my word, I do not see that with Cuba in the position it is we need bother our heads much about the exact way in which the Cubans observe or do not observe as much of their own Constitution as does not concern us... I do not care in the least for the fact that such an agreement was or was not in accordance with the Cuban Constitution.

No obstante esta terminante declaración de su jefe, Taft se mantuvo firme en propiciar soluciones que cupiesen dentro del marco de la Constitución de Cuba y hasta parece ser que una de sus razones para ello estaba en que así se podría frustrar algún objetivo anexionista, porque también decía a Roosevelt, a propósito de la entrevista que había tenido con el Secretario Montalvo —tan directamente responsable de aquella crisis—, que había dicho a ese truculento personaje cuál había de ser el alcance y el resultado de la intervención, porque "...this may not make those Moderates who wish annexation so anxious to have intervention..."

Las nuevas y pobres esperanzas de arreglo que había concebido Taft y que había comunicado a Roosevelt se basaban en ciertas declaraciones más transigentes que le había hecho Montalvo y en una comunicación de Méndez Capote, recibida el día 26, que parecía indicar la posibilidad de un convenio mediante arbitraje. No tardó Taft en advertir que sus ilusiones eran infundadas, porque los moderados estudiadamente evitaban comprometerse al cumplimiento de todo laudo arbitral que pudiera perjudicar sus intereses políticos. Esta resolución la evidenció bien a las claras otro nuevo personaje de aquella crisis vergonzosa, el Dr. Ricardo Dolz, vicepresidente del Partido Moderado, quien resultó más tortuoso e intransigente que Méndez Capote y cuya corresponsabilidad en la caída de la primera República de Cuba tampoco debiera ser nunca olvidada. Dolz, después de una entrevista con Taft que no dejó lugar a dudas sobre sus propósitos de no cejar en la actitud de los gobiernistas, convocó a los dirigentes de su partido, quienes celebraron una asamblea en que abundaron los ataques a los comisionados norteamericanos y hasta no faltó la bajuna declaración de provocar la intervención de las potencias europeas ya que la de los Estados Unidos no había resultado ser lo que se había querido para mantenerse en el poder. De esa reunión salió una nueva proposición enviada a los mediadores por comunicación de fecha 27 de septiembre y que era, simplemente, una vacía estratagema para ganar tiempo sin propiciar solución definitiva alguna. Zayas, enterado por Taft de la actitud adoptada por los moderados, no vaciló un momento en rechazar la transacción propuesta, seguro como estaba de que era como un aliado de Taft, al haberse declarado en favor de la solución indicada por él, y que de esa manera los liberales sucederían al gobierno de la intervención. Claro que esa transigencia con el mediador envolvía la desaparición temporal de la República de Cuba, pero a aquel político corrompido y astuto lo que le interesaba era el poder, para su medro personal, como hubo de probar años más tarde, y no le preocupaban la patria y su existencia sino como medios para alcanzar sus fines.

Mientras tanto, Estrada Palma se había aplicado a la imposible tarea de justificar su política mediante el socorrido recurso de culpar a los sublevados y a los mediadores, a todo el mundo menos a sí mismo y a sus pérfidos consejeros. Al contestar el telegrama de Roosevelt, quien con tanta insistencia le había rogado que no abandonase su cargo, el anciano Presidente había hablado "en maestro": había que enseñar a los cubanos a no sublevarse y a respetar al gobierno, lo que lamentablemente dejaba sin considerar el punto esencial de que un régimen usurpador e impuesto por la violencia no deja otro recurso que la revolución, como así había ocurrido por los abusos e injusticias del "Gabinete de Combate". El punto de vista de Estrada Palma parecía ser el de que lo hecho debía quedar como irreprochable y que había que legislar para el futuro; y, después de defenderse por su solicitud de intervención y de acusar de parciales a los comisionados, ratificaba su decisión de renunciar a la Presidencia de la República y de no hacer el sacrificio que Roosevelt le había pedido, de continuar en el cargo, porque

> ...Mis sacrificios en pro de Cuba han sido siempre provechosos. El sacrificio que hoy yo hiciera, continuando al frente de un Gobierno impuesto por la fuerza de las armas, sería, más que inútil, vergonzoso para mí personalmente y para mi país... [193]

El telegrama de Estrada Palma en respuesta al de Roosevelt fué trasmitido por mediación de Taft, e hizo profunda impresión sobre el Presidente de los Estados Unidos, especialmente con los argumentos sobre el estímulo que podía darse a los hábitos de insurrección si se daba la razón a los sublevados, que también había empleado Taft por su cuenta. Roosevelt no tardó en comunicar a sus comisionados en La Habana las que ya venían a ser como instrucciones definitivas para consumar la intervención. Otro telegrama suyo, del día 26, daba por descontado que no se debía ni podía apoyar a Estrada Palma a permanecer en el poder, porque ese gobierno no mostraba propósito sincero de enmendar sus yerros o capacidad para hacerlo, ya que de haber puesto de relieve esa decisión el no habría dudado en respaldarlo con la fuerza y hasta contra la insurrección, a fin de que no se generalizase la inclinación a levantarse en armas cada vez que un gobierno erraba en su gestión. En este nuevo telegrama, sin embargo, hay la afirmación, que no concuerda con la realidad de los hechos, de que aun antes de la partida de Taft y Bacon para La Habana se le había notificado al gobierno de Wáshington que Estrada Palma, Méndez Capote y el gabinete en pleno rehusaban continuar en el gobierno de la República de Cuba y ahora se negaban a defenderse y a obtener la estabilidad del régimen que representaban. Esta premisa parecía necesaria a Roosevelt para su conclusión de que, en tales circunstancias, no quedaba otro recurso sino un gobierno interventor norteamericano que reemplazase a Estrada Palma y que fuese protegido por fuerzas de desembarco para restablecer el orden

> ...and notify the insurgents that we will carry thru the program in which you and they are agreed...

o sea que, por la obstinación y la incapacidad de los moderados, ya hasta el propio Presidente de los Estados Unidos reconocía que estaban de acuerdo los sublevados y los mediadores, circunstancia que mucho ayuda a comprender hechos posteriores de la historia política de Cuba.

En este mismo mensaje podemos encontrar este otro párrafo demostrativo de que Roosevelt contemplaba hasta la posibilidad de la desaparición de Cuba como nación independiente, cuando decía:

...if the new government sooner or later falls to pieces under the stress of another insurrection, not only will our duty be clearer, but the conception by our people and by the people of other nations of our duty will be clearer, and we will have removed all chance of any honest people thinking we have failed to do our best to establish peace and order in the island without depriving it of its independence... [194]

En el resto de este importante despacho Roosevelt precisaba detalladamente cómo se debía actuar a fin de evitar un choque con los sublevados y asegurar su cooperación, sin comprometer a los Estados Unidos, y ya al terminar, con referencia concreta a la responsabilidad de Squiers en la crisis cubana, por la perturbadora política que había seguido con el gobierno de Estrada Palma y con los sublevados, dejaba caer estas palabras de sanción sobre aquel gran culpable, hechura de Wood:

...I am concerned at what you say about Squiers, and if such rumors are on foot I do not see how we can appoint him to any ministership. I hope an effort will be made to trace the rumor down...

Dos telegramas más, enviados por Roosevelt a Taft el 26 de septiembre, en vísperas de su partida para asistir a las maniobras y prácticas de tiro que iban a tener lugar en Buzzards Bay, le encarecían la necesidad de obrar con cautela y no usar la palabra intervención hasta tener la seguridad de que los sublevados no iban a continuar en armas, porque entonces la resistencia sería contra los Estados Unidos y produciría graves complicaciones políticas con los opositores que tenía Roosevelt en el Congreso, especialmente el Senador Foraker, a quienes no debería dejarse pretexto alguno utilizable para sus ataques en declaraciones hechas por Estrada Palma y los moderados, que hubiesen quedado sin rebatir.

Roosevelt había partido de su residencia de Oyster Bay para las prácticas de tiro de la escuadra, en aguas de la Nueva Inglaterra, animado de un cierto optimismo sobre la crisis cubana, que tenía su origen en los últimos informes de Taft; pero la situación, que este último llamaba caleidoscópica, tuvo un cambio súbito con la renovada intransigencia de los moderados en su comunicación de 26 de septiembre, contentiva de los acuerdos adoptados en la asamblea presidida por Dolz. El día 27 por la mañana Taft había hecho declaraciones en extremo pesimistas, al afirmar que si el Congreso cubano no designaba un sustituto al Presidente

Estrada Palma, al renunciar éste, se produciría la intervención a partir del día 29. Los más intransigentes de entre los moderados, a quienes encabezaba el general Montalvo, uno de los personajes más influyentes y responsables del funesto "Gabinete de Combate", daban pábulo al rumor público de que se coaccionaría al Congreso para que no eligiese sucesor a Estrada Palma y quedase acéfala y entregada al poder extranjero la república, con aquella extraña y condenable manera de entender el patriotismo que para siempre debió haber descalificado ante la opinión pública, para cargo alguno, a sus inspiradores y mantenedores.

Como Taft hubo de telegrafiar a Roosevelt, el día 27, la situación se había agravado como resultado de la intransigencia de última hora, de los gobiernistas; pero los liberales y algunos moderados independientes ensayaron conciliar los diversos criterios para que se eligiese un presidente provisional. Entre los nombres mencionados figuraron los del general García Menocal, el coronel Manuel Sanguily, el doctor Juan Hernández Barreiro, Presidente éste del Tribunal Supremo, el Dr. Leopoldo Berriel, Rector de la Universidad de La Habana, y el propio Dr. Zayas, quien no tenía inconveniente alguno, como era de esperar, en pasar de jefe de la revolución a presidente constitucional. Los gobiernistas rechazaron todos estos candidatos de transacción. Sanguily, García Menocal y Zayas hicieron una postrera gestión cerca de Méndez. Capote y Dolz, pero sin éxito para que cambiasen de criterio y hasta casi provocando un incidente personal entre los jefes moderados y García Menocal, tan unidos como esta rían años más tarde en la política cubana.

El Secretario de la Guerra norteamericano ya estaba tan aburrido y molesto con el fracaso de sus planes y los ataques de que había sido objeto que, como hubo de confesar a Roosevelt en un telegrama del día 27, había expresado su asentimiento a ciertas combinaciones de Zayas para lograr un presidente provisional, a sabiendas de que el proyecto era inconstitucional, por lo que tuvo que rectificar su aprobación original cuando recobró la calma, horas después. Ya en el primer telegrama de esa fecha Taft avisaba a Roosevelt de que Estrada Palma le había enviado recado, en horas de la tarde, en que le notificaba informalmente que estuviese preparado para hacerse cargo del gobierno porque no habría quórum en el Congreso cuando presentase la renuncia de la Presidencia de la República. En opinión de Taft, lo más conveniente era asumir el poder sin limitaciones impuestas por el Congreso, por lo que, decía él:

> ...We shall delay action until the quorum of Congress fails unless an emergency unforeseen occurs...

Aquellos dramáticos momentos que ponían fin a la primera república cubana transcurrían sin lograr que las facciones hostiles se reconciliasen o acordasen una solución favorable al país. El día 28 Taft podía cablegrafiar a Roosevelt que habían fracasado los planes para formar un nuevo gobierno y que tenía la seguridad de que no habría habido bastantes civiles para integrarlo, por lo que hubiera sido necesario "...the immediate appointment of insurgent generals to office, a circumstance most grave in itself". Por otra parte. Taft no las tenía todas consigo respecto a los designios de los moderados; y en el despacho que comentamos hacía constar que algunos de los gobiernistas estaban dispuestos a hacer una contrarrevolución y a poner obstáculos al curso de la renuncia de Estrada Palma. Otro punto interesante de este telegrama, que ilustra la situación que acabamos de mencionar, es el que describía Taft con estas palabras:

> ...I told the Moderate committee yersterday in answer to a question put to me that the election of a Moderate successor to the President who did not have support of all parties would not conduce to peace because as you see this would lead us in a very awkward position. The Moderate committee then told me they would not meet in Congress to receive the President's resignation. After that they have had a meeting and determined to receive the President's resignation and ask him to withdraw it... [195]

Finalmente, Taft dejaba traslucir una cierta inquietud ante las actividades de los cónsules de otras potencias que estaban a punto de "...to take action with their own governments as to intervention..."

Roosevelt, al contestar el telegrama de Taft a las pocas horas de haberlo recibido, disentía de los puntos de vista de su enviado y se mostraba complacido de que hubiese moderados dispuestos a iniciar otra revolución porque, si había dos revoluciones, se justificaba mejor la intervención. Igualmente se declaraba satisfecho con los movimientos intervencionistas de los cónsules de las otras potencias, a fin de que la intervención norteamericana tuviese el respaldo inmediato de la opinión pública de su país.

al adelantarse a la de las demás naciones. Respecto a la intervención en sí, Roosevelt se mostraba tan cauteloso como siempre y recomendaba que no se usase la palabreja y sí solamente se desembarcasen fuerzas con el pretexto de que eran para proteger los intereses del pueblo de Cuba mientras que las facciones políticas se ponían de acuerdo sobre la formación de un nuevo gobierno.

En los esfuerzos del momento para conseguir que García Menocal o Sanguily o algún otro personaje neutral fuese presidente provisional concurrieron algunos moderados con la mayoría de los liberales; pero la mayoría de los gobiernistas, y los más representativos de entre ellos, condenaron dichas tentativas. No parece probable que Taft exagerase al relatar las declaraciones del general Freyre de Andrade a ese respecto, hechas en una entrevista que celebraron ambos el día 28 de septiembre, por la mañana. La versión de Taft es como sigue:

> ...We then received a call from General Freyre de Andrade, leader of the Moderate Party, in which he said that the election of Zayas or Sanguily or Menocal to succeed Palma was utterly absurd, that what the Moderate Party would do would be to convene Congress, receive the resignation of President Palma, appoint a committee to ask him not to resign, that he would decline to reconsider, that they would then return to Congress, break the quorum and disappear. He said that they wanted intervention, that there was no other solution. He told Steinhart while here that while the Moderates wanted intervention they did not want it to appear that they were asking it. The situation developed by Andrade will probably be consummated tonight or tomorrow morning; then action must follow... [196]

A la inestabilidad de las opiniones y actitudes de los políticos cubanos, que mortificaba profundamente a Taft, se añadía también, para mayor tortura de los comisionados, el que Roosevelt también variaba de criterio de un día para otro y hasta de hora en hora, en relación con soluciones fundamentales y que a veces eran antitéticas. Ya el día 28 el estado de ánimo de Taft y Bacon era el de que hubiese cuanto antes una solución final a aquel exasperante choque de egoísmos e intransigencias y de que esa solución fuese la que estuviese de acuerdo con la última opinión expresada por Roosevelt y tuviese su aprobación. De ahí que se pueda leer entre líneas una expresión de complacencia por parte de Taft, cuando con fecha 28 de septiembre pudo ya dar a Roosevelt los detalles definitivos del cambio de poderes y la noticia de que acababa de fracasar un último esfuerzo para que un gobierno provisional, cubano, hubiese reemplazado al de Estrada Palma. En ese despacho, antes de la reunión del Congreso en que debía ser conocida la renuncia presidencial, ya Taft transcribía el texto de la comunicación que después aparecería enviada por Estrada Palma al cesar en su cargo, lo que al cabo de los años parece un anacronismo singular, pero revelador de que los comisionados tenían una relación directa con el gobierno dimitente y estaban al tanto de sus decisiones, hasta con anticipación.

Cuando se aproximaba la trascendental reunión del Congreso, señalada para las dos de la tarde del 28 de septiembre, reinaba el descontento entre los gobiernistas y los elementos de la oposición. Estos últimos habían estado a punto de abstenerse de concurrir a la sesión y habían discutido esa resolución en una junta previa, en que Zayas había defendido esa moción; pero la tronante elocuencia del Senador Sanguily, quien llegó a apostrofar a sus colegas porque pretendían dejar incumplidos sus deberes, impuso el acuerdo de que los liberales asistiesen a la sesión. Los más tozudos de los moderados también parecieron dispuestos a una transigencia en aquella hora suprema y se mostraron reacios a adoptar resoluciones que impidiesen una posible avenencia, aunque Dolz no cejó en su obstinada oposición a toda transacción, a pesar de que Freyre de Andrade, García Kohly y Coyula abogaban con ardor porque no se considerase como definitiva la decisión de Estrada Palma para abandonar el poder. Esta tardía cordura de ambos bandos culminó en que fracasase el plan que los mediadores y el propio Estrada Palma habían concertado y según el cual no se reuniría el quórum suficiente para la sesión congresional citada para las dos de la tarde, por lo que a las cuatro el Presidente se dirigiría a Taft para decirle que no se había reunido el Congreso y que, por lo tanto, renunciaba a su cargo ¡suprema humillación de un patriotismo equivocado! ante el representante de los Estados Unidos. Al convenirse en la necesidad de que el Congreso celebrase sesión y conociese del documento en que Estrada Palma renunciaba a su cargo, se hizo necesario esperar unas horas más para que desapareciese la primera república; pero ya Roosevelt había autorizado a Taft para asumir el gobierno tan pronto se hubiese retirado Estrada Palma.

Iniciada aquella memorable sesión del Congreso cubano, conoció éste de una comunicación en que el Presidente participaba que había aceptado las renuncias presentadas por todos y cada uno de los miembros de su gabinete, por lo que el gobierno de las diversas secretarías quedaba a cargo de subalternos legalmente incapacitados para participar en la sucesión presidencial una vez hubiesen abandonado sus deberes Estrada Palma y Méndez Capote. En realidad el procedimiento que se empleaba para dejar a Cuba sin gobierno responsable o medios de crearlo, era completamente ilegal. Los que habían intervenido en aquella humillante estratagema contra los mejores intereses de la patria habían traicionado sus deberes jurados y vulneraban la Constitución y las leyes en cuanto a la sucesión presidencial, puesto que la ley que regulaba esa sustitución, aprobada el 24 de junio de 1903, específicamente determinaba quiénes debían reemplazar, y en qué orden, a los primeros mandatarios de la nación, y lo que se había hecho impedía que hubiese sucesores legales, ya que también renunciaba el Vicepresidente de la República, Domingo Méndez Capote, con inolvidable e imperdonable olvido de su deber.

La carta-renuncia de Estrada Palma, fechada a 28 de septiembre, no resultó ser un documento de estado sino la expresión de una actitud de despecho, de soberbia herida y de injusta apreciación de la realidad, en cuyo párrafo principal es fácil advertir las características señaladas, en las siguientes palabras:

> ...El curso que ha tomado la perturbación del orden público desde que se inició la rebelión armada en la provincia de Pinar del Río; el hecho de estar funcionando en esta capital una Comisión norteamericana llamada de la paz, en representación del gobierno de Wáshington, y de haber perdido, en consecuencia, casi por completo su autoridad el Ejecutivo, mientras los rebeldes continúan con las armas en la mano y en actitud amenazadora; deseando, por otra parte, el que suscribe, que el país vuelva a su estado normal de orden y general tranquilidad, y no siéndole dable aceptar, en manera alguna, las condiciones que la Comisión mencionada propone como único medio de que termine la rebelión, resuelve, por considerarlo patriótico y decoroso, presentar ante el Congreso, como lo hace formalmente, con el carácter de irrevocable, la renuncia del cargo de Presidente de la República para el que fué electo por el voto de sus conciudadanos en marzo 19 del año actual... [197]

Hubo quienes se opusieron a la aceptación de esta renuncia, que determinó un vivo debate congresional, y por gran mayoría se acordó visitar a Estrada Palma y rogarle que la retirase en una reiterada expresión de confianza en su patriotismo y honradez. La entrevista tuvo lugar en el Palacio Presidencial y fué una escena conmovedora, pero bien expresiva de cómo las pasiones llegan a dominar las más altas virtudes de los hombres, porque Estrada Palma, emocionado hasta lo indecible, se mantuvo firme, como lo estaban sus partidarios y lo estaban sus enemigos políticos, en no ceder en lo que consideraban sus derechos, pero sin atender a los derechos de los demás o a los altos intereses de la Patria, subordinados al personalismo y a la ambición de dos grupos.

Se había acordado continuar la sesión congresional hasta solucionar el problema de la sucesión presidencial; pero los moderados, al no poder convencer a Estrada Palma, resolvieron en una tormentosa reunión en la casa del Dr. Dolz, no volver a la interrumpida sesión y por una mayoría de sólo cuatro votos la República quedó traicionada. Los dieciséis congresistas que en vano trataron de evitar dicho acuerdo, representaban una minoría de incuestionables prestigios cívicos, alguno de los cuales, como Miguel Coyula, seguirían hasta nuestros días en la vida pública con una actuación irreprochable; pero su esfuerzo había sido en vano. Como para asegurar que nadie pudiese hacerse cargo de aquel gobierno obtenido por la usurpación y que caía en el fango al que lo arrojaban los que no habían podido mantenerse en él por la violencia y por el apoyo extranjero, el general Montalvo siguió los métodos del "Gabinete de Combate" hasta el último momento y acuarteló y revistó sus fuerzas cerca del Congreso para amedrentar a los legisladores y que éstos no se atreviesen a elegir sustituto a Estrada Palma: no era suficiente, pues, haber herido de muerte a la primera república, sino que había que dejarla que se desangrase sin permitir que nadie acudiese a socorrerla. No se le ocurrió a dicho personaje ir con sus soldados a hacerse matar ante las líneas de los revolucionarios que tan eficazmente habían colaborado a producir aquella situación, sino que utilizó la tropa para impedir que subsistiese el gobierno republicano. Ante la actitud de la Policía habanera y del pueblo mismo, dispuestos a proteger al Cuerpo Legislativo, más de una vez pareció que habría un choque sangriento; pero como solamente un pequeño grupo de

congresistas acudió a seguir la sesión y los dos núcleos mayores
de moderados y liberales permanecieron reunidos en las residen-
cias de sus jefes sin ir a cumplir con sus más altos deberes, las
horas transcurrieron sin que continuase la sesión interrumpida y
a las nueve de la noche se cumplió el plazo que había dado Taft
para que hubiese otro gobierno constituído o decretar la intervención norteamericana. Poco después desembarcaron los soldados
norteamericanos a hacerse cargo de la custodia de los fondos públicos y tranquilamente asumieron sus posiciones: había comenzado la segunda intervención de los Estados Unidos al cesar la
primera república cubana, herida de muerte por los cubanos mis·
mos; y los responsables de la catástrofe, de una y otra parte, para
colmo de la desdicha nacional y perturbación constante de la
vida republicana del país, no quedaron descalificados por su incapacidad, su intransigencia y su flaqueza cívica para seguir figurando en la vida pública, como debía haber sido con las pruebas dadas, sino que después llegaron a la primera magistratura,
a puestos en el gabinete, en el Congreso, etc. Así se comprende
lo que ha sido la política cubana hasta hoy y la razón de nuestras
crisis y de la frustración de nuestro progreso normal y de la moralidad administrativa...

...Y todavía pudiera haber sido peor alguna otra solución,
porque el 29 de septiembre, a bordo del *Mayflower*, Roosevelt había cablegrafiado a Taft la sugestión de que el general García
Menocal, después tan responsable de los males de Cuba, fuese
presidente provisional. "...*I hear well of Menocal; ask Funston
about him*...",[198] había dicho Roosevelt con demostración evidente de que los intereses azucareros norteamericanos que en seguida convertirían en figura presidenciable a García Menocal, comenzaban a trabajar en favor de su candidato.

Temprano en la mañana del 29 de septiembre, en un breve
telegrama, Taft anunció a Roosevelt que comenzaba la intervención. A las pocas horas ya había sido enviada a La Habana la
aprobación del Presidente de los Estados Unidos a la conducta seguida por sus comisionados, que contenía palabras de elogio a la
misma, así como la instrucción de que siguiese izada la bandera
cubana sobre los edificios públicos y de que organizase el gobierno provisional. Significativamente, al final de este despacho
Roosevelt recomendaba que se hiciesen los mejores esfuerzos para
que los sublevados depusiesen las armas y que se les dijese que

ello les convenía mucho porque las elecciones se celebrarían de inmediato y

> ...they will have practically all the advantages they
> would have had if Palma had gone into the original agreement
> to which they assented...,[199]

lo que ratificaba la promesa para el futuro, que daría el poder a los liberales, dos años después.

La proclama de Taft al pueblo de Cuba, publicada el mismo día 29 de septiembre, era firmada solamente por él como Secretario de la Guerra de los Estados Unidos y Gobernador Porvisional, con exclusión de Bacon. El documento estaba redactado con el mayor cuidado a fin de que tuviese efecto saludable sobre la opinión pública y restableciese el orden sin quitar esperanzas o infundir temores. Venía a ser la primera aplicación formal y pública de aquel régimen anormal de relaciones entre los dos países, que había impuesto la Enmienda Platt, y sentaba los precedentes jurídicos y los hechos determinantes de la intervención y de su funcionamiento en las siguientes palabras:

> ...El no haber el Congreso tomado acuerdo en cuanto a
> la renuncia irrevocable del Presidente de la República, o ele-
> gido un sustituto, deja a este país sin gobierno en una época
> en que prevalece gran desorden, y se hace necesario, de
> acuerdo con lo pedido por el Presidente Estrada Palma, que
> se tomen las medidas debidas, en nombre y por autoridad del
> Presidente de los Estados Unidos, para restablecer el orden,
> proteger las vidas y propiedades en la Isla de Cuba e islas y
> cayos adyacentes y, con este fin, establecer un Gobierno Pro-
> visional.

> El Gobierno Provisional establecido por la presente orden
> y en nombre del Presidente de los Estados Unidos, sólo exis-
> tirá el tiempo que fuere necesario para restablecer el orden,
> la paz y la confianza pública, y una vez obtenidas éstas, se
> celebrarán las elecciones para determinar las personas a las
> cuales deba entregarse de nuevo el gobierno permanente de
> la República.

> En lo que sea compatible con el carácter de un Gobierno
> Provisional, establecido bajo la autoridad de los Estados Uni-
> dos, éste será un gobierno cubano, ajustándose, en lo que
> fuere posible, a la Constitución de Cuba.

> La bandera cubana se enarbolará, como de costumbre, en
> los edificios del gobierno de la Isla. Todos los departamentos
> del Estado, y los gobiernos provinciales y municipales, incluso
> el de la ciudad de La Habana, funcionarán en igual forma que

bajo la República de Cuba. Los tribunales seguirán adminis-
trando justicia y continuarán en vigor todas las leyes que no
sean inaplicables por su naturaleza, en vista del carácter tem-
poral y urgente del gobierno.

El Presidente Roosevelt ha anhelado obtener la paz bajo
el Gobierno Constitucional de Cuba y ha hecho esfuerzos
inauditos para evitar la presente medida. Demorar más, sin
embargo, sería peligroso.

En vista de la renuncia del gabinete, hasta nuevo aviso,
los jefes de los diferentes departamentos se dirigirán a mí para
recibir instrucciones, incluso el mayor general Alejandro Ro-
dríguez, jefe de la Guardia Rural y demás fuerzas regulares
del Gobierno, y el tesorero de la República general Carlos
Roloff.

Hasta nuevo aviso los gobernadores civiles y alcaldes tam-
bién se dirigirán a mí para recibir órdenes.

Pido a todos los ciudadanos y residentes en Cuba que me
apoyen en la obra de restablecer el orden, la tranquilidad y
la confianza pública. . . [200]

Esta proclama fué conocida de Estrada Palma, quien manifestó su conformidad con el texto de la misma, antes de publi-
carla. Fué recibida con beneplácito por la opinión pública mientras que los anexionistas, en su mayoría moderados, como cuidó
de observar Taft, buscaban en el texto o en la nueva situación
creada la posibilidad favorable a sus designios. Chapman cita
un párrafo de cierta información publicada por el periódico *El País,*
de Madrid,[201] en favor de la anexión, que es típica de la actitud anticubana que los españoles intransigentes siempre habían
tenido, en Cuba y en España, en contra de nuestra independencia
y que ahora tratan de cohonestar con risibles y absurdos alardes
de fraternidad hispanoamericana. Para no pocos españoles, norteamericanos y extranjeros, en general, la intervención iniciada
era el prólogo de la anexión de Cuba a los Estados Unidos, que
ellos habían deseado y por la que hasta habían intrigado.

Taft y el régimen que él inauguró tributaron a Estrada Palma
todas las consideraciones merecidas por su historial y su personalidad; pero el anciano patricio, pasada la crisis en que los defectos de su carácter y los errores de sus malos consejeros le habían dominado, volvió a ser el hombre sencillo, cortés, compren-
sivo y hecho al sacrificio que durante medio siglo había dado
ejemplo de austero patriotismo y de firmísimas convicciones cívicas. Su retirada de la vida pública, por expreso deseo suyo,

quedó privada de toda ostentación y rehusó él todos los honores extraordinarios que se le ofrecieron hasta que, al cabo de unos días, pobre, honrado, altivo y satisfecho de sí mismo, abandonó el Palacio Presidencial con sus familiares y emprendió viaje hecho con modestia ejemplar para ir a residir el resto de sus días en la pequeña finca que le quedaba en Bayamo, a trabajar duramente para librar el sustento con el producto de la tierra, como un Cincinato cubano que tipificaba en su sacrificio las mejores cualidades del carácter cubano y uno solo de sus defectos, el de obstinación, por lo que el viejo maestro de patriotismo, al cabo de los años, está a cien codos más alto como figura de nuestra historia, que sus interesados partidarios y enemigos de entonces, varios de los cuales después mancharon con su corrupción, sus usurpaciones y hasta sus crímenes, aquel cargo presidencial que Estrada Palma dejó en 1906 y en el que hizo administración íntegra de los dineros públicos, labor cubanísima de educación y fomento y ejemplo continuo de austeridad que ninguno de sus sucesores, con la sola excepción del Dr. Ramón Grau San Martín, ha podido igualar o siquiera imitar.

Taft, como es de suponer, no tenía el menor deseo de sacrificar su porvenir político en los Estados Unidos a las incertidumbres del gobierno de Cuba, sobre todo cuando solamente había llegado a conocer las contradicciones y limitaciones de los dirigentes moderados y liberales, que no eran, ciertamente, como para estimular a quien no conociese al verdadero pueblo cubano. Así podemos ver que ya el 29 de septiembre indicaba por cable a Roosevelt que debía reemplazarlo con Beekman Winthrop, de quien hacía el más cumplido elogio, como para que le trasladasen de Puerto Rico a La Habana en condición de gobernante ideal. En su opinión debía organizarse una comisión de juristas cubanos que, de acuerdo con Winthrop, preparase todas las leyes electorales y orgánicas del país, y las fuerzas de la guarnición norteamericana debían ser de unos seis mil hombres al mando de dos brigadieres, Duvall y Funston, aunque al día siguiente presentaría fuertes objeciones al nombramiento de este último. Taft gestionó y obtuvo la continuación de los representantes diplomáticos y consulares cubanos acreditados en el extranjero, y Root le ayudó poderosamente en convencer al más caracterizado de ellos, Gonzalo de Quesada, Ministro en Wáshington, para que no renunciase a su puesto; pero se había hecho preciso que el Secretario de Estado hiciese una declaración bien concreta respecto al porvenir de Cuba al decirle a Quesada, en carta escrita a principios de octubre:

> ...I do not think there is just reason for the friends of Cuba to despair of her liberty, her independence, or her success in selfgovernment. You will recall that the provision of the Cuban Constitution and the treaty, under which the United States is now acting, provides the right "to intervene for the preservation of Cuban independence, and you will perceive in the terms of Secretary Taft's proclamation that such is the purpose of the Government of the United States... [202]

No fué de las menos importantes contribuciones para el restablecimiento de la paz el que, pese a la fanfarria obstaculizadora de unos cuantos demagogos y hasta obscuros oficiales de la guerra de independencia, que se habían convertido en "generales" y "coroneles" entre los sublevados, se llegase a un acuerdo de desarme y vuelta a la vida civil por parte de las bandas de alzados en toda la Isla. La pacificación, sin embargo, fué consecuencia de un pacto firmado entre Taft y los liberales y que, según el informe enviado a Roosevelt, decía así:

> ...With the understanding that the provisional government, this day established in Cuba, intends to carry out in so far as the same may be applicable to the changed conditions, the bases of settlement which the peace commissioners recommended to both the Moderate and Liberal party, including a general amnesty for political offenses, the undersigned representing the insurgent forces in the field by proper delegation, hereby agree on behalf of such insurgent forces that they will at once lay down their arms, return to their homes, restore the property which was taken by them for military purposes and which is now in their possession, we request the appointment of a commission by the provisional governor to meet a similar commission appointed by us to arrange the details for the surrender of arms and property and the return of the men to their homes... [203]

Así fué como, poco a poco, volvió el país a la normalidad. La cordura y laboriosidad del cubano triunfaban de las maquinaciones de los demagogos y los reaccionarios; y pasada la crisis de odio y de desorden, la opinión nacional, recogida en sí misma, podía formar juicio halagador de la obra de transformación de la antigua colonia española, atrasada y empobrecida, en una nación progresista, próspera y culta, por la iniciativa y la gestión de gobernantes nacidos en la Isla. Cierto que había que tomar en consideración los errores del "Gabinete de Combate" y de la sublevación y caída del gobierno de Estrada Palma; pero con todo, en cuanto a obra hecha, la primera república superaba en no pocos aspectos los adelantos y mejoras que Wood había introducido durante su bajalato con su régimen personalista y autoritario.

El impulso dado a la educación pública fué realmente extraordinario y merece ser destacado propiamente. Sabido es que Estrada Palma tenía como lema de su gobierno el que hubiese más maestros que soldados, a fin de que el pueblo cubano fuese ilustrado y capaz de redimirse por su propio esfuerzo. Brooke y Wood, muy principalmente por el entusiasmo del Superintendente de Escuelas Alexis Frye, habían hecho que Cuba pasase de 904 escuelas de ínfima clase, con 36.306 alumnos, en 1895, a 3.194 aulas y 182.000 educandos en 1901. Estrada Palma había continuado aumentando el número de las escuelas y mejorando la enseñanza, y en 1904 tenía empleados 3.600 maestros y el ejército sólo contaba con 3.000 plazas. En 1906 funcionaban 3.580 aulas de instrucción primaria con una matrícula de 189.000 alumnos. España había dedicado $247.000 en 1898 a las escuelas de Cuba, Wood les había destinado $2.650.000 en 1900, y Estrada Palma aumentó la asignación para instrucción pública a $4.200.000 en 1906. El gobierno cubano de la primera república mantuvo el 25% de los gastos públicos dedicados a la enseñanza, como también había hecho Wood. Paralelamente con este formidable esfuerzo en pro de la enseñanza elemental, la Universidad, los institutos y las escuelas de estudios especiales habían alcanzado un desarrollo y una influencia que nunca habían tenido, e igual podía decirse de las bibliotecas públicas y museos que funcionaban en La Habana y en otras poblaciones de la Isla. Estrada Palma hizo más por la enseñanza que el gobierno de la segunda intervención norteamericana; pero muchísimo más que los de sus sucesores, porque los corrompidos regímenes de la segunda república cubana utilizaron las consignaciones presupuestales de la instrucción pública para fines políticos, en una orgía de despilfarro y enriquecimiento personal de los gobernantes. El esfuerzo económico del gobierno de Estrada Palma por la educación es tanto más de admirarse si tenemos en cuenta que iba acompañado de una escrupulosa honradez administrativa durante cuatro años en que los presupuestos de gastos tuvieron un promedio de dieciocho millones de dólares.[204]

También había sido notabilísimo el desarrollo de las vías de comunicación en la Isla. Los 256 kilómetros de caminos mal construídos que había en 1898, habían sido convertidos por Brooke y Wood en 354 kilómetros de buenas carreteras y tenían una extensión de 700 kilómetros al dejar el poder Estrada Palma. Se pavimentaban las calles de las principales ciudades; se construían paseos y parques, surgían edificios públicos y se modernizaban las líneas de transporte urbano y de otros servicios públicos, al mismo tiempo que los puentes, los muelles modernos y las obras de puertos, en general, se multiplicaban, sin apelar a los criminales manejos y escandalosas concesiones de las leyes del dragado de La Habana, Cárdenas, etc., que años más tarde, hasta nuestros días, alcanzarían tan lamentable popularidad. La iniciativa privada, calorizada por una prudente política de ayuda gubernamental, también había visto elevarse la extensión de las vías férreas desde 1.900 hasta 3.200 kilómetros, y ya había un ferrocarril central que cumplía importantes funciones de agente de la prosperidad de la Isla y estímulo para la integración nacional del pueblo cubano.

El laborioso restablecimiento del régimen del trabajo, del comercio y del fomento de los recursos naturales del país, se completó bajo el gobierno de Estrada Palma. El país en ruinas, desolado y empobrecido, de 1898, había comenzado a reponerse bajo el gobierno de la intervención, durante cuyo período no había contado con otros elementos económicos que los suyos propios, con una poca inyección de capital extranjero que había colaborado con los capitalistas que se habían salvado de la destrucción traída por la Guerra de Independencia. El factor principal de ese restablecimiento, sin embargo, había sido el espíritu de trabajo y de progreso del pueblo cubano; la energía invencible y la facultad asimiladora de todos los adelantos que son características suyas. Los campos, las casas y las fábricas abandonados, habían vuelto a la vida; se habían reconstituído las familias dispersas y surgido otras nuevas, y la tierra generosa respondió a las demandas de la población en crisis con sus abundantes cosechas. En todo ello no había intervenido política alguna de fomento y reordenación de la economía cubana, por parte del gobierno interventor, sino solamente la moralidad administrativa y algunas obras públicas indispensables. Y si había habido en cierto momento algo hecho durante el proconsulado de Wood que se pareciese a una política económica, había sido en favor del restablecimiento de la vieja economía colonial, destruída por la revolución cubana, para que pudiera servir los intereses hegemónicos de los Estados Unidos en Cuba, como así ha sido hasta la fecha.

Esa era la situación heredada, como hecho consumado, por el gobierno de Estrada Palma, y ya hemos visto en este capítulo cómo los Estados Unidos presionaron a la primera república cubana, en forma que los designios anexionistas de Squiers habían hecho particularmente dura e injustificable, para que el tratado de llamada reciprocidad mercantil y los demás pactos iniciales entre ambas repúblicas, ratificasen y consolidasen esa relación de dependencia, de estado sirviente a estado dominador.

No obstante eso, Cuba había aumentado su población de 1.572,797 habitantes en 1899 a 1.989.000 en 1906, y así también había aumentado la prosperidad del país, que atraía una numerosa inmigración. De junio de 1902 a junio de 1904 Cuba había recibido 33.392 inmigrantes, de ellos veinte y seis mil españoles y dos mil cuatrocientos norteamericanos, mientras que de julio a noviembre de 1905 el número de nuevos elementos agregados a la población cubana había alcanzado a 22.324 personas, en su inmensa mayoría (20.468), españoles, pero con 539 ciudadanos de los Estados Unidos que casi en su totalidad quedaron incorporados para siempre al pueblo cubano.

Es un buen argumento para contestar a los interesados panegiristas del General Wood como gobernante hábil e íntegro, el hacer notar que en 1901 su administración cerró con déficit de $7.000.000, mientras que Estrada Palma entregó a Taft un superávit de $13.625,539.65. Y dice un autor norteamericano imparcial, a este respecto, en elogio de la administración de Estrada Palma:

...During his incumbency, General Brooke accumulated a treasury surplus of nearly $2.000.000. General Wood, during his term, appears to have overspent his revenues by about $1.500.000. One year after the American withdrawal, the Cuban Treasurer reported an available cash balance of nearly $3.000.000. This was done in spite of an increase in the running expenses for items which did not appear in the Wood budget, such as the payment of a congress, a larger salary and ap-

*propriation for the executive, and the maintenance of a
diplomatic corps and a consular service. It was also done
with no appreciable diminution in the efficiency of government in the departments of law, order, education, sanitation,
and public improvements. As a financier, General Wood was
outclassed by both General Brooke and Señor Estrada
Palma...* [205]

La afirmación final del párrafo que antecede, y que es parte
de la excelente obra de Albert G. Robinson, es indiscutible: Estrada Palma superó a Wood en su obra administrativa y en el
financiamiento de la misma, como se ve por el siguiente cuadro
de los ingresos y egresos del Estado durante la primera república
cubana:

	Presupuesto	Recaudación
1902-1903	$17.514,000.00	$16.200,800.00
1903-1904	17.514,000.00	22.455,000.00
1904-1905	18.899,500.00	28.923,400.00
1905-1906	19.699,900.00	33.339,300.00

Como destaca Pina, [206] el superávit total de la administración
de Estrada Palma alcanza a $27.291,200.00, a pesar del aumento de
gastos sobre el gobierno de Wood por razón del funcionamiento
constitucional de la República. Sin duda que hay razones que explican esa creciente prosperidad, de ritmo ininterrumpido, en el aumento del comercio exterior de Cuba y de la capacidad contributiva
del país, en el empréstito de treinta y cinco millones de pesos
para el pago a los veteranos, no incluído en la recaudación normal
de la república, y en la afluencia de capitales cubanos que habían
huído del país y volvían a Cuba, y también en los extranjeros.
No hay datos para precisar a cuánto ascendió la restitución de dinero cubano a la economía colonial durante este período; pero un
economista norteamericano de la época precisó que las inversiones
de sus compatriotas no pasaban de cincuenta millones en 1894, aumentaron en treinta millones durante el gobierno de Wood, y agregaron ochenta millones más de 1902 a 1906. [207] La distribución de
esas inversiones la hacía Brownell en doce categorías distintas en
las que los ferrocarriles, el azúcar, el tabaco y el ganado tenían la
mayor cantidad. Si unimos a esa enorme suma la de los bonos de
la emisión con que se pagó a los "lobbyists" o agentes políticos
norteamericanos que consiguieron la aprobación de la "joint resolution" y la de la paga a los veteranos, no es exagerado afirmar que

en 1906 ya los Estados Unidos tenían invertidos en Cuba unos doscientos millones de dólares, lo que revela en parte cuál era el sentido con que Brownell intitulaba su artículo como anexión comercial de Cuba.

En aquellos años la industria azucarera cubana no estaba tan dominada por el capital norteamericano como lo está hoy y era en la del tabaco donde se advertía mejor el control financiero transfretano, mediante el acuerdo de los tabacaleros españoles con los de los Estados Unidos, a quienes cedieron el campo tan completamente, que la influencia del "Tobacco Trust" llegó a hacerse sentir políticamente en Cuba y algunos de los enemigos de Elihu Root le acusaron de estar interesado en la Isla a través de conexiones de negocios con el consorcio tabacalero de los Estados Unidos.

La producción azucarera de Cuba, sin embargo, mostraba la tendencia que el llamado tratado de reciprocidad favorecía para que el gran parásito de la economía nacional alcanzase las proporciones perturbadoras que después llegó a tener y que tan duramente pesan sobre el país. La zafra de 1902-1903 había llegado a ser de 1,124,327 toneladas cortas, que ya era un record; pero la de 1906-1907 aumentó hasta 1,626,199 toneladas cortas.

El comercio exterior también creció en proporciones sorprendentes, hasta alcanzar cifras que nunca habían figurado en la balanza mercantil cubana. Las exportaciones que en 1902 alcanzaron un valor de $64.948,804.00, en su mayor parte para los Estados Unidos, seguidos éstos a gran distancia por la Gran Bretaña, ascendieron en 1906 a $108.909,667.00. Cuba importó en 1902 mercancías por valor de $62.135,464.00, mientras que en 1906 las compras hechas alcanzaron a $99.539,661.00. El mayor de esos aumentos correspondió a las importaciones procedentes de los Estados Unidos, privilegiadas sobre todas las otras según el régimen de relaciones entre ambos países, con unas ventajas de las cuales el gobierno de Wáshington no quiso prescindir ni por un momento, como hubo ocasión de ver cuando en 1905 Cuba negociaba un tratado de comercio con la Gran Bretaña, en que las instrucciones a Squiers tenían textos como el siguiente:

> ...You will inform Cuban Government that any agreement with Great Britain that directly or indirectly renders ineffective our advantages under Reciprocity Treaty or that grants Great Britain most favored nation treatment or any commercial concessions whatever in the Cuban market will be most unsatisfactory to the United States...[208]

Como se ve, pues, los Estados Unidos no querían compartir su dominación económica con nación otra alguna, y dictaban a Cuba, sin miramientos, su política arancelaria.

Así había surgido, luchado y desaparecido, la primera república cubana. Había sido el suyo un esfuerzo formidable para organizar la vida nacional de un país con un pasado colonial que era una larga historia de atraso, corrupción, injusticias y obstáculos al progreso. Sobre ese período colonial español se había superpuesto el de arbitrariedad y absorción norteamericanas del bajalato de Wood, destinado a destruir la confianza del pueblo cubano en sus propias fuerzas y a unirlo a los Estados Unidos más tarde o más temprano. El fracaso de 1906 era una resultante natural de los antecedentes históricos, mediatos e inmediatos, del pueblo cubano, y se habría dado hasta con peores aspectos en cualquier otra nación en parecidas circunstancias. Si tenemos en cuenta que no hay país exceptuado de la regla de los primeros turbulentos años de vida republicana, y que los Estados Unidos, como señalamos al principio de este capítulo, es la mejor prueba de esa verdad, hay que convenir en que el cuadro de la sociedad cubana de 1906 no era para desesperar del futuro de la nacionalidad que sufría tales crisis sin desaparecer...

CAPITULO III

LA SEGUNDA INTERVENCION NORTEAMERICANA

Nunca había entrado en los cálculos de Taft el continuar en el cargo de gobernador provisional de Cuba. La misión de mediador, que le había encomendado Roosevelt, no había sido de su agrado por estimar que podía comprometer su carrera política y ponerle en pugna con su colega, Elihu Root, en el caso de que las soluciones empleadas no fuesen del agrado del influyente Secretario de Estado, como así fué, en efecto, pues Jessup cita una carta de Taft a Root, fechada a 15 de septiembre de 1906, que claramente expresa la repugnancia de aquél con la gestión que se le había confiado, y también reproduce comunicaciones de Bacon y Taft a Root, de 1º y 4 de octubre, en que ambos argüían la necesidad de la intervención consumada como hecho que habían querido evitar por todos los medios, en interés de Root y de sus planes de acercamiento panamericano.[1]

Bacon tampoco tenía interés en dejar a Wáshington y a sus amigos de la banca Morgan para lidiar con los cubanos y hasta es muy de dudar que Roosevelt le hubiese escogido para el cargo de gobernador provisional de Cuba. Aunque Taft se había mostrado partidario de trasladar a Beekman Winthrop de Puerto Rico a Cuba y lo había aconsejado abiertamente como selección ideal, según señalamos en el capítulo anterior, Roosevelt no atendió sus indicaciones y desde temprano pensó en Charles E. Magoon para que fuese el responsable de la segunda intervención. En una carta de Roosevelt a Bacon, fechada a 12 de septiembre, que hemos citado en el capítulo anterior, podemos encontrar una primera referencia a Magoon en estas palabras:

. . .I wonder whether it might not be well to send Magoon there from Panama to give us a report on the situation. . .

Jessup nos da la prueba de que Roosevelt y Root preferían a
Magoon sobre los candidatos que Taft había indicado, así como de
la decisiva intervención de Root para que se le designase, al citar
un cablegrama de Root a Taft, fechado a 2 de octubre, en que le
decía:

> ...He is large and serene, like some others of my ac-
> quaintance, of sound judgment, good temper, never fears
> responsibility and perfectly adapted to control excitable
> elements which have to be dealt with... [2]

El Secretario de la Guerra, todavía en buenas relaciones con su
impulsivo jefe político, no se arriesgó a luchar contra el nombramiento de Magoon, aunque hubiese querido enviarle a Filipinas, y
así fué que Charles E. Magoon fué trasladado de su puesto de
gobernador civil de la Zona del Canal de Panamá y Ministro de
los Estados Unidos ante la república ístmica, a La Habana, como
gobernador provisional de Cuba.

Magoon, un obeso gigante nacido en las soledades de Minnesota
y cuya niñez había transcurrido en una granja fronteriza a las praderas de los indios del Far West, en Nebraska, no era un hombre
de destacada inteligencia o buena preparación cultural, sino simplemente el tipo normal del abogado norteamericano de provincias,
habilidoso conocedor de las leyes y deficiente en todo otro aspecto
de su equipo intelectual, entrenado más bien para lo que es el pro-
curador público entre nosotros, que para la condición del jurista.
Sus biógrafos destacan que perteneció a un grupo de jóvenes de
gran promesa, de Lincoln, Neb., entre ellos el general Pershing y el
Vicepresidente Dawes, figuras prominentes de la vida nacional norteamericana en años recientes; pero el hecho de que Magoon, tras
de una iniciación de importancia en su carrera política, inclusive
la gobernación provisional de Cuba, quedase para siempre rele-
gado a un lado y oscurecido mientras triunfaban sus antiguos compañeros, es hecho bastante significativo. Magoon no completó estudios regulares en la Universidad de Nebraska, cuyas aulas abandonó en circunstancias misteriosas que silencian de propósito sus
biógrafos, y entró de pasante en un bufete hasta que se le autorizó
ejercer de abogado, lo que hizo con relativo éxito hasta que en 1899
fué a residir en Wáshington, ya en posesión de un pequeño capital.
Nadie explica por qué Magoon dejó su lucrativa profesión en
Lincoln, en los momentos en que, lógicamente, podía recoger los
mejores frutos económicos y políticos de haber sido el abogado ín-

tegro, cumplidor, capacitado y respetable que nos presentan algunos autores y que, de ser así, habría figurado en la legislatura estatal, habría llegado al Congreso federal o hubiera desempeñado algún importante cargo de la gobernación o la judicatura de su región. Así es que contemplamos ese extraño traslado de un abogado de 38 años de edad y soltero, que en pocos años había amasado una fortuna de cien mil dólares en Lincoln, Nebraska, y que va a Wáshington con el objeto de conseguir mediante influencias un puesto muy secundario y mal retribuído como consultor del Bureau de Asuntos Insulares, que acababa de crearse adscrito a la Secretaría de la Guerra, para atender a las cuestiones surgidas por la incorporación y manejo de las posesiones cedidas por España.

En ese puesto de asesor legal parece que Magoon trabajó con asiduidad y distinción, aunque sin tener que hacer frente a la competencia de otros abogados de primera clase y de gran preparación, pues todo aquel servicio se improvisaba en el gobierno de los Estados Unidos. Los dictámenes e informes de Magoon despertaron el interés del Secretario Root, quien los consideró de utilidad y merecedores de la publicidad y favoreció su impresión y hasta prologó con elogio uno de los volúmenes publicados, que trataba de la condición legal de los territorios ocupados a virtud de la guerra con España y de la misma Cuba, entonces sujeta a la ocupación militar norteamericana.

Más tarde, al surgir la Comisión del Canal Istmico como consecuencia de la creación de la República de Panamá y del convenio para construir el Canal de Panamá, Magoon fué utilizado como asesor legal por parte de los Estados Unidos y después fué hecho miembro titular de aquella Comisión, en cuyo cargo se las manejó con la habilidad de un abogado listo y activo, hombre de confianza del Secretario de la Guerra, Taft. Vuelto Root al gabinete de Roosevelt como Secretario de Estado, a la muerte de John Hay, la fortuna política de Magoon siguió ascendiendo con la influencia que tenía su antiguo protector. En su doble carácter de gobernador de la Zona del Canal y Ministro de los Estados Unidos en Panamá, Magoon aconsejó, transigió, ordenó y resolvió las complicaciones de la situación panameña del momento, y lo hizo sin alardes de poder, amable y sonriente en sus gestiones hasta convertirse en personaje popular en el Istmo. Posiblemente Root, a su regreso de la América del Sur, impresionado por el buen éxito de su protegido en Panamá, decidió emplearlo en Cuba en vez de que fuese a Filipinas, como se había planeado, en calidad de vice-gobernador, y el 6 de octubre de 1906 Roosevelt lo nombró gobernador provisional de Cuba, después de que Root le había pedido a Taft que retirase su solicitud a favor de Winthrop, no obstante que a éste se le había notificado su designación.

El nuevo gobernador llegó a La Habana el día 9, cuando todavía el país trataba de liquidar los problemas creados por la Revolución de Agosto y estuvo varios días dedicado a la labor de estudiar la situación y las medidas dictadas por Taft, así como a prepararse a continuar la política formulada por quien había sido su superior jerárquico y al que ahora debía sustituir. Parece que no había buena voluntad entre los dos hombres, por la forma en que se había producido el nombramiento de Magoon, en contra de los deseos de Taft, y uno de los panegiristas de Magoon nos dice que éste no fué Secretario de la Guerra en el gabinete de Taft porque Mrs. Taft se opuso a que su marido lo designase por estimar que el voluminoso personaje no debió haber aceptado el cargo de gobernador en Cuba, sino el que había convenido con Taft, para las Filipinas.[3]

La falta de personalidad que en todo momento acompañó a Magoon, a pesar de su imponente presencia, hizo que siempre tuviera una limitación de facultades, un poder incompleto ante el gobierno de Wáshington y ante los mismos cubanos, quienes no tardaron en darse cuenta de ese estado de cosas, tan distinto al de la época de Wood, por lo que una buena parte de los errores del gobierno provisional son directamente atribuíbles a esa causa.

Taft tomó bien en serio su misión en Cuba y la reorganización de la vida política del país, de modo que no se perjudicasen las conveniencias nacionales norteamericanas. De ahí que aprovechase todas las oportunidades de marcar cuidadosamente el curso que habría de seguir su sucesor así como la que él esperaba que fuese la conducta de los cubanos. La apertura del curso 1906-1907, en la Universidad de La Habana, dió ocasión relevante para que el Secretario de la Guerra de los Estados Unidos precisase sus puntos de vista sobre la crisis cubana y sus remedios. Sus palabras respecto a las causas que habían producido la caída de la primera república fueron una explicación detallada de los antecedentes históricos del pueblo cubano, al que elogió y alentó para que no se rindiese ante los obstáculos que surgían a su paso. En su juicio sobre la colonización española, de ciertas pretensiones eruditas, insertó un propósito político bien definido de halagar a los numerosos peninsulares residentes en Cuba e instarles a que colaborasen al progreso y la tranquilidad del país. En sus consejos a los estudiantes se produjo con sensatez y alteza de miras innegables y bien demostrativas de que había podido enfocar en "those awful twenty days", como llamaría siempre él a su misión en Cuba, los graves problemas sociales de la educación superior. Un discurso de esa clase, sereno y meditado, que disculpaba, aconsejaba y alentaba, y que prometía la vuelta de la república a los cubanos, necesariamente tenía que producir excelente efecto en un pueblo que acababa de pasar por tan duras experiencias. Y al escribirle a Roosevelt sobre su discurso y sus propósitos, Taft hubo de justificar su política con estas palabras:

> ...Bacon and I have attempted, both in the proclamation and in this speech and in everything else, to conform as nearly as possible to Root's views as expounded by him in his trip to South America and to show the South Americans that we are here against our will and only for the purpose of aiding Cuba...
>
> My theory in respect to our Government here, which I have attempted to carry out in every way, is that we are simply carrying on the Republic of Cuba under the Platt Amendment, as a Receiver carries on the business of a corporation, or a trustee the business of his ward; that this in its nature suspends the functions of the legislature and of the elected executive but that it leaves them in such a situation that their functions will at once revive when the receivership or trusteeship is at an end... This is, of course, a novel situation, but the Platt Amendment was novel in that one independent nation agreed with another independent government that the latter might intervene in the former and maintain the former in law and order. All this effort is apparently exceedingly gratifying to the Cuban people and softens much the humiliation that they have suffered from the Intervention...[4]

Fué realmente notable el progreso de la normalización de la vida nacional cubana que Taft llevó a cabo antes de entregar el poder a su sucesor. El licenciamiento de los milicianos y de los sublevados se hizo con tal rapidez que, salvo casos especiales de grupos armados que temían represalias de sus enemigos o cuyos jefes pretendieron recompensas para someterse a las órdenes de desarme y dispersión, el 8 de octubre Taft pudo telegrafiar a Roosevelt que en menos de dos semanas se había completado la parte más difícil de la pacificación, aquélla que se había temido que produjese choques sangrientos. Cierto fué que para ese fin hubo algunas desmoralizadoras transigencias, hechas a costa del Tesoro cubano, la primera y más lamentable de ellas debida a la iniciativa del general Funston respecto a los caballos requisados por los sublevados, que prácticamente fueron adjudicados a sus poseedores en contra de las leyes y con grave perjuicio de los intereses de numerosos campesinos propietarios, víctimas de un cuatrerismo legalizado. Ya Taft había pedido a Roosevelt que relevase a Funston de su mando en Cuba y lo reemplazase con el general Bell, por razón de otras arbitrariedades cometidas y de las antipatías que tenía entre algunos veteranos. La enormidad cometida al legitimar los robos de cabalgaduras agregó otro argumento para el relevo de dicho militar y tal fué la única sanción; pero Cuba tuvo que pagar, durante la segunda intervención norteamericana, por caballos robados cuya propiedad se reconoció a los cuatreros disfrazados de revolucionarios, $296,508.84 de indemnización y $44,030.55 por las raciones de 8,312 caballos y otros tantos jinetes hasta que se completó la pacificación, despilfarro censurable y que no tiene defensa; pero que parecía anunciar otras peores complacencias para mantener a Cuba tranquila. Por supuesto que los demagogos con quienes se tenían estas consideraciones comprendían perfectamente la debilidad de ánimo de quienes las otorgaban y así se perdía toda posibilidad moralizadora o ejemplarizadora. De nuevo quedaban de relieve la ineficacia y la injusticia de la Enmienda Platt y de su funcionamiento para que Cuba respetase la vida y la propiedad individuales, cuando se llevaba a cabo tan monstruosa combinación, mucho más cuando una historiadora norteamericana que nunca ha disimulado los vicios y los errores de los cubanos, ha explicado tales componendas con la declaración de que

> ...I believe that Magoon's sole instructions were to keep things quiet that there might be no "Cuban Question" to trouble the campaign in which Mr. Taft was elected President of the United States... [5]

Si esto es cierto; si puede haber ocurrido en las relaciones entre Cuba y los Estados Unidos que el robo, la ilegalidad y el despilfarro a costa del Tesoro cubano se condonasen por las autoridades norteamericanas de la intervención y del propio gobierno de Wáshington, ¿para qué se impuso entonces la Enmienda Platt? Si responsabilidades impuestas y pactadas podían ser traicionadas a fin de que Taft no tuviese dificultades en sus aspiraciones presidenciales, no queda otra excusa para la Enmienda Platt sino la que verdaderamente la originó, o sea, el propósito de dominar a Cuba e influir sobre ella a beneficio de los Estados Unidos, de que fuese el sustitutivo de la anexión aquel apéndice constitucional.

La intervención azuzó los apetitos anexionistas, sin embargo. Ya hemos probado en el capítulo anterior que el anexionismo había visto con gusto y hasta estimulado con apoyo diplomático y dinero la Revolución de Agosto, en la creencia de que sobrevendría la anarquía y ésta traería la anexión. También los anexionistas se habían mostrado bien activos entre los gobiernistas. Sin duda que no era por las conocidas imputaciones de partidario de la adquisición de Cuba por los Estados Unidos, lanzadas contra Estrada Palma y que tenían fundamento documental, que Taft, en un telegrama de 28 de septiembre, dirigido a Roosevelt, había afirmado que "...the moderates are in favor of annexation, generally..." Esa declaración se refería a los elementos que dirigían e influían en el Partido Moderado, adinerados o dependientes de éstos por su profesión y negocios. Hay una buena dosis de verdad en el siguiente párrafo de Lockmiller, acerca de este tema:

> ...During the August Revolution and the stay of the Peace Commission in Cuba much was said and written about the annexation of Cuba to the United States. Citizens of the United States in Cuba wanted annexation and the Northern press in the United States favored permanent occupation. Southern sugar planters, fearing annexation, made plans to visit Cuba with the view of investing their money there. Brokers dealing in stocks and bonds were recommending securities to their clients with annexation in mind. The Temps of Paris, France, expressed the view that the Cubans were not worthy of liberty and that ultimate annexation to the United States was certain. Cuban leaders held widely divergent opinions on the subject of annexation. Many favored annexation but refrained from expressing this opinion because they feared political opposition if the idea was not carried out. Estrada Palma preferred a political dependence which would assure the blessings of liberty to an independence "discredited and made miserable by the baneful action of periodic civil wars". Enrique José Varona, who spoke for the majority of his countrymen, was violently opposed to annexation and criticized his people for bringing upon themselves United States intervention. Taft had been approached by prominent Cubans who

desired annexation, but he gave them no encouragement.
Roosevelt ignored all discussion of annexation and was
determined to give the Cuban people another chance of self-
government. As he saw it, his duty was to guard and protect
Cuban liberty, not to destroy it. All discussion of annexation
soon subsided, but subsequent events were to prove that the
issue was not dead... [6]

Por supuesto, los anexionistas de entonces, como los de ahora,
eran casi exclusivamente individuos dedicados a la producción
de azúcar y que tenían la infantil idea de que si Cuba entraba a
formar parte de la Unión Norteamericana, dominarían privilegia-
damente ese mercado, sin advertir que hasta las áreas productoras de los propios Estados Unidos están sujetas a cuotas y regu-
laciones que hacen imposible la realización de semejante absurdo.
Lockmiller se equivoca, sin embargo, al decir que Roosevelt ignoró toda discusión sobre la anexión de Cuba, porque el Senador
Beveridge, furibundo imperialista que formaba en las filas del
llamado "progresismo", del Partido Republicano, le obligó a manifestarse acerca de ese tema. Beveridge hizo campaña anexionista, abiertamente, con ocasión de la Revolución de Agosto, y
proclamó que ya era tiempo de quedarse con Cuba y de reparar
el yerro que decía él que se había cometido al hacer a Cuba independiente. El estribillo de Beveridge, en 1906, era el de que
una vez izada de nuevo en la Isla la bandera norteamericana, no
debía ser arriada para que la anexión quedase consumada. [7] Así
hubo de escribírselo a Roosevelt quien, por otra parte, se encontraba con que otro influyente político republicano, el Senador Foraker, censuraba la intervención. Al contestar a la carta de
Beveridge, Roosevelt decía que no era cierto que los gobiernos cubanos caerían uno tras otro y afirmaba que él no asumiría por su
cuenta la responsabilidad de conquistar y anexar a Cuba, porque
se necesitarían 25,000 soldados o más y un año de guerra, por lo
menos. El Presidente norteamericano, por otra parte, ya no estaba tan firmemente en favor de la independencia cubana, como
antes, y llegaba a decirle a Beveridge:

> *...However, if it shall prove true in the future that as far as*
> *one Cuban Government is set up it will be knocked over, I think*
> *that you will find that all Americans will stand behind the*
> *policy of taking possession of the Island in some form or other.*
> *But they would like to be sure that first we have in good faith*
> *striven to avoid the necessity... I have been scrupulous not to*
> *hoist the American flag in Cuba because I do not want to*

ron las economías hechas por Estrada Palma. Taft y Magoon anularon leyes y créditos votados por el Congreso cubano que eran de la mayor importancia y hasta suspendieron el funcionamiento de las cámaras y cesantearon a un buen número de sus componentes. Si podían adoptar tan trascendentales resoluciones y efectivamente las pusieron en práctica, ¿cómo es posible que se considerasen obligados a respetar otros actos del Congreso, que envolvían gastos con los cuales se podía llegar al déficit? Quien puede lo más, puede lo menos también, mucho más cuando, como reconocen todos los tratadistas, en vez de déficit Magoon se encontró con que al finalizar el primer año de su período, gracias a los millones dejados por Estrada Palma, tenía un sobrante de más de diecisiete millones de pesos. Y la prodigalidad inexcusable de Magoon y los errores fiscales de su régimen quedan bien de relieve si hacemos notar que, no obstante ese superávit debido a las economías de Estrada Palma, dos años más tarde el gobierno de la intervención abandonó el poder a la segunda república cubana con un déficit que Magoon calculó en $6.447,117.00 y que el Presidente Gómez hizo ascender a $8.060,136.00. Estrada Palma gastó un promedio poco mayor de dieciocho y medio millones de pesos durante sus cuatro años de gobierno, aunque tenía que sostener al Congreso y a la fuerza pública, y Magoon, sin esos gastos fijos, tuvo un promedio de casi veinte y seis millones de pesos. Con razón dicen Pina y Abad[20] que el gobierno de Estrada Palma fué mucho más económico y ordenado que el de Magoon.

Cierto que el gobierno de la intervención construyó carreteras y puentes y llevó a cabo obras públicas que en muchos casos eran útiles y necesarias; pero con mayor frecuencia esas construcciones tuvieron propósitos políticos y se autorizaron para complacer a individuos influyentes y a quienes se quería mantener tranquilos y afectos al régimen. De otorgar contratos para obras cuya urgencia era muy discutible, se pasó con gran facilidad a permitir recargos en los precios, a tolerar deficiencias en la ejecución, a recargar la nómina del personal, etc., y a poco la inmoralidad era rampante en el famoso plan de fomento de comunicaciones de la segunda intervención norteamericana, y enormes cantidades se malgastaron total o parcialmente, con los más perniciosos ejemplos para la moral pública, aparte de los perjuicios que por sí causaban tales procedimientos. El kilómetro de carretera bajo Estrada Palma costó $6,278.00 y $18,345.00 con Magoon. Resulta absurdo decir que en un país como Cuba, cuya vida política, administrativa y judicial había sido corrompida por los siglos del coloniaje español, el gobierno de Magoon fuese el que introdujera el sistema de los empleos imaginarios, de la venta de favores oficiales y de la falta de fiscalización en la inversión de los fondos públicos, como pretenden algunos autores cubanos; pero sí es innegable que Brooke, Wood y Estrada Palma habían hecho esfuerzos formidables para moralizar la administración nacional y establecer normas de eficacia, mérito y honradez, en la misma, y que bajo Magoon, por su falta de energía, su moral acomodaticia, su pobre visión de gobernante y su interés en "keeping things quiet" se destruyó toda la obra de adecentamiento tan laboriosamente iniciada por sus antecesores, y el vicio, el peculado, la improvisación y la falta de sanciones echaron las nuevas raíces con las cuales han vivido hasta nuestros días. Aunque Gómez, García Menocal, Zayas, Machado, Mendieta y Laredo Bru han encabezado gobiernos en que la podredumbre oficial ha sido mayor que bajo Magoon, en una larga lista de despilfarro criminal e impune de que sólo escapa el Presidente Grau San Martín, la realidad es que el impulso en esa dirección data de la segunda intervención, en que gobernaba Magoon sin secretarios cubanos responsables y con oficiales norteamericanos en la supervisión de cada departamento.

Magoon gastó cerca de cien millones de pesos, si computamos el sobrante recibido de Estrada Palma, las recaudaciones normales y el déficit que dejó a José Miguel Gómez. La utilidad que Cuba recibió con tales egresos fué normalmente de no más del 75% de lo que tenía derecho a esperar de un gobierno honrado, capaz y progresista, como el que los Estados Unidos, erigidos en maestros de democracia, tenían que dar a la nación intervenida. Entre las críticas exageradas de los cubanos a Magoon y las no menos exageradas defensas de Magoon, hechas por norteamericanos y por algún cubano a quien convino el gobierno interventor, como en el caso de Antonio San Miguel, hay una verdad indestructible que representa el fracaso de dicho régimen para reestructurar la economía cubana sobre bases normales y el triunfo del despilfarro y la corrupción administrativos. Un cubano que nunca ha desempeñado cargos públicos, de gran seriedad y amplios medios de fortuna y que tuvo la amistad de Magoon y hasta lo disculpa por sus errores, al discutir con el autor de esta obra la segunda intervención norteamericana y su política de gastos sin tasa, ha empleado la frase impresionante de que Magoon fué enviado a Cuba y mantenido en su puesto para que así Taft pudiera hacer sus elecciones presidenciales sin dificultad. Si así fué, y Miss Wright así lo admite, hubo una gran injusticia en que a Cuba le costase tan caro el que William H. Taft llegase a la Casa Blanca.

Chapman, con su vivo empeño de que los cubanos despierten a las sórdidas realidades de lo que, con la excepción de los gobiernos de Estrada Palma y Grau San Martín, ha sido nuestra vida republicana, muestra una lamentable tendencia a dividir a los responsables de los males de Cuba en ángeles y villanos, de acuerdo con su nacionalidad, con los norteamericanos en la primera categoría y los cubanos en la segunda. No seremos nosotros, ciertamente, que tan enérgicamente hemos condenado las páginas bochornosas que hay en nuestra historia republicana, los que tratemos por mal entendido patriotismo de disimular las faltas —injusticias, atropellos, sobornos, usurpaciones y robo descarado de los dineros públicos sin que la sanción judicial y moral llegase a los culpables— de los políticos cubanos que han corrompido, arruinado y malgobernado a Cuba; pero, por otra parte, tampoco es justo silenciar las responsabilidades de los Estados Unidos en todo ese proceso, ya que los norteamericanos nos arrancaron por la coacción y sin derecho alguno facultades que reputaban de indispensables para que nuestra nación se gobernase bien, y cuando les llegó la ocasión de emplearlas, lo hicieron de la manera lastimosa y censurable con que lo hizo Magoon.

El gobernador provisional tenía más poderes discrecionales que un Capitán General español durante el breve régimen autonómico: prohibió la reunión del Congreso y anuló elecciones; cobró y gastó a su antojo las rentas públicas; pagó indemnizaciones que la República se había negado a abonar con todo derecho; destituyó y nombró funcionarios; suspendió la vigencia de la Constitución; encarceló e indultó; pactó con naciones extranjeras; dictó leyes orgánicas; otorgó concesiones ruinosas a sus protegidos y amigos, entre ellos Steinhart, a costa de Cuba; interfirió con el funcionamiento de los tribunales, e hizo, en suma, todo lo que correspondía esperar de un dictador, de un gobernante que tenía en sus manos, sin limitación alguna, todos los poderes...

...Sin embargo, Magoon, como Wood antes que él, no hizo

nada en cuanto a la reorganización fundamental de la economía
cubana. Chapman pone de relieve que la segunda intervención
norteamericana gastó $22.958,659.36 en obras públicas, con otros
millones en hospitales y fomento de comunicaciones. Agreguemos a esas sumas la dispendiosa indemnización por daños y perjuicios, inclusive caballos robados, autorizada por Taft y Magoon;
y sumémosle los millones entregados a la Iglesia y otra importante cantidad pagada arbitrariamente a España por el concepto
de material de guerra dejado en las fortalezas de la Isla por la
nación vencida en 1898, compensación a que Estrada Palma se
había negado en todo momento. Ccn estos capítulos solamente
se puede llegar a hacer un gran total de más de treinta millones
que, si invertidos de acuerdo con un plan inteligente, metódico y
bien inspirado, habrían dotado a Cuba del instrumento de su
grandeza, prosperidad y paz definitivas, al cesar la economía colonial que se había reconstruído en favor de los Estados Unidos.
¿Dónde está el sistema bancario independiente para el fomento
de los recursos del país, la diversificación de sus productos, la
creación y desarrollo de la pequeña propiedad, el estímulo a una
industrialización racional, etc., que no creó quien a su antojo construyó y destruyó en todos los otros aspectos de la vida nacional
cubana? Las carreteras, los puentes, los muelles, los edificios públicos y los dragados y canales hechos para satisfacer las ambiciones de políticos, contratistas y personajes influyentes, en general, sin plan y a veces dejados sin completar, eran lo accesorio
en la economía cubana y en ellos se gastó a manos llenas el dinero; pero no hubo la menor consideración para las cuestiones
fundamentales de acabar con el predominio de la industria azucarera y transformar esa industria, de fomentar el cultivo de plantas alimenticias y de materias primas utilizables en Cuba, de crear
otras fuentes de riqueza, de hacer, finalmente, que surgiera una
clase media cubana con independencia económica, ilustrada y
progresista, que no estuviese sujeta a los vaivenes de la política
y que tuviese supremo interés en la conservación de la paz pública, del régimen de derechos y deberes y del gobierno decente
y responsable. Las elecciones honradas pueden lograrse con la
fuerza pública neutral, una judicatura a la que se impone el cumplimiento de la ley y un cuerpo electoral temeroso de la sanción;
pero esa situación es transitoria y consecuencia del empleo de la
fuerza y la coacción, como en 1901 y 1908, bajo las intervenciones

norteamericanas. Lo único que habría dado estabilidad, permanencia y fe en sí mismo, al pueblo de Cuba, en 1909, habría sido precisamente el que hubiese surgido una convicción nacional de que era dueño de sus destinos y de una respetable organización económica, y de que debía ser digno de tales responsabilidades históricas. El gobierno de Magoon estuvo lejos de eso; de comprenderlo y de proponérselo, más lejos que el de Wood, y la prueba de ello está en los gobiernos usurpadores y corrompidos que hemos padecido hasta nuestros días y que no habrían sido posibles sin las culpas conjuntas de cubanos y norteamericanos y no exclusivamente atribuíbles a unos u otros.

Los apologistas de Magoon que son, casi siempre, norteamericanos que creen defender a su país al defender al gobernador provisional, con algunos españoles y cubanos cuya corresponsabilidad en la segunda intervención es evidente, destacan su obra de reformador e innovador de las leyes y del sistema judicial de Cuba. En realidad, Magoon, abogado con largos años de práctica y conocedor del ordenamiento jurídico hispanoamericano por su labor en el Buró de Asuntos Insulares, de Wáshington, D. C., impulsó e implantó muy notables cambios y progresos en el cuerpo de leyes que tenía Cuba. El entonces coronel Enoch H. Crowder, lleno de energías y de buenos propósitos acerca de Cuba, comenzó su distinguida carrera de experto en cuestiones cubanas al ser destinado por Magoon a supervisar la Secretaría de Justicia. El, juez militar, fué alma de muchas de las reformas implantadas y esa reputación le llevó a ser, años más tarde, Embajador de los Estados Unidos en Cuba, puesto en el que tuvo ocasión de comprobar las inconsistencias y contradicciones de la política de su país en la Isla y en el que recibió los desengaños que quebrantaron su carácter y le hicieron terminar sus días a sueldo del tirano Machado. Crowder y otros abogados norteamericanos laboraron intensamente con los juristas cubanos que figuraron en la llamada Comisión Consultiva, y el resultado de esos trabajos podemos contemplarlos en la Ley Orgánica de los Municipios, de las Provincias y del Poder Judicial, en el Código Electoral, en la Ley de Caza y Pesca, en los primeros esfuerzos para modernizar el Código Penal y el Código Civil y en muchas otras reformas y mejoras de carácter jurídico equivalentes a la transformación más completa y más útil que Cuba había tenido o ha tenido de una sola vez, porque la segunda república nunca tuvo el gobierno capaz, bien intencionado y laborioso, que igualase la obra del régimen de Magoon en cuanto a leyes.

Magoon no fué un legislador, sin embargo, sino un gobernante que comprendió la importancia de una buena reforma legislativa y pudo impulsarla sin el obstáculo de los intereses creados y de la actitud estática del poder judicial. Contó para ello con técnicos y especialistas de relevantes capacidades, cubanos y norteamericanos, que no fueron remisos en planear, formular e implantar las nuevas normas jurídicas.

Por otra parte, la debilidad característica de Magoon y su perniciosa complacencia a tono con las instrucciones que tenía de mantener tranquilos a los cubanos a toda costa, hicieron que resultase obscurecida su obra de rehabilitación de la justicia, de los principios de la misma y hasta de su funcionamiento, con el perdón de los delincuentes que prodigó a manos llenas y que es uno de los más censurables aspectos de la segunda intervención norteamericana en Cuba. Wood se había distinguido con el uso y el abuso de los indultos, sobre todo cuando, reunida la Asamblea Constituyente, necesitó contar con una mayoría de votos para la aceptación de la Enmienda Platt y apeló a todos los recursos para procurárselos; pero Magoon llegó a extremos que Wood nunca había alcanzado. Los apologistas de Magoon se esfuerzan en vano para atenuar la responsabilidad del gobernador provisional en aquella escandalosa lista de perdones a criminales de la peor especie y que llegó a alcanzar a "...1140, la mayor parte por delitos comunes",[21] en poco más de dos años. Fernando Ortiz, en uno de sus trabajos sobre la honda crisis cubana, dice a este respecto:

> ...El Presidente Estrada Palma concedió un promedio mensual de 6 indultos, 46 Magoon, 29 Gómez, 30 Menocal y Zayas 33, más de un indulto diario...[22]

W. F. Johnson, Chapman, Fitzgibbon, Lockmiller y otros autores norteamericanos, excusan la orgía de indultos de Magoon con los más especiosos pretextos y apelan a los más ingeniosos razonamientos para negar la influencia desmoralizadora de la segunda intervención en ese aspecto. Su actitud parece ser la de que, si admiten que el gobernador provisional fué responsable de semejante política de aliento al crimen, esa admisión perjudicará a los Estados Unidos. A ese fin, Lockmiller expone que los indultos fueron otorgados a petición de los políticos cubanos y para complacer a éstos y a sus amigos y hasta supone que Gómez, Zayas y Asbert recibiesen dinero por tales gestiones. El defensor de Magoon no da prueba alguna en apoyo de esa afirmación; pero para exonerar más completamente a su biografiado, descarga sobre el funcionario cubano que, supervisado por el coronel Crowder, atendía a la Dirección de Justicia, la responsabilidad de los indultos. Así se advierte mejor el propósito perseguido por los apologistas de Magoon respecto a darle todo el crédito por la obra constructiva de la segunda intervención, al mismo tiempo que echan todas las culpas del despilfarro y las inmoralidades de aquel régimen sobre sus auxiliares cubanos, muy segundas figuras todos ellos y sujetos a la supervisión de militares norteamericanos.

Lo que llevamos expuesto revela que la segunda intervención no tenía método de gobierno específico ni propósito de reestructurar la vida nacional cubana a fin de que se consolidasen la paz y la prosperidad y culminase en un éxito la segunda república, sin hacer depender ese éxito de la mayor o menor honradez en la celebración de las elecciones. La encomienda principal de Magoon era la de mantener tranquilos a los cubanos para que no hubiese descontento y para que éste no se hiciese sentir en los Estados Unidos y perjudicase los planes electorales de Taft cuando ya el Partido Republicano venía siendo denunciado por los demócratas como imperialista y poco escrupuloso. Obras públicas, reales o imaginarias; sistema escolar desorganizado; favores de todo orden; indemnizaciones al clero y a los intereses españoles; reformas de limitados alcances, etc., tendieron a los fines mencionados. El pueblo cubano, que apenas si se había alzado del estado general de inmoralidad e incapacidad administrativas en que había vivido por espacio de siglos, durante el período colonial, y que había iniciado su regeneración en tiempos de Wood y Estrada Palma, súbitamente vió que se detenía toda aquella prometedora orientación nacional y que volvían los viejos tiempos. No se habían desarrollado fuerzas de resistencia ni tenía consistencia suficiente el espíritu cívico en formación para sobreponerse a aquellas sórdidas realidades renacidas con apoyo oficial de la intervención y alborozo de los corrompidos politicastros cubanos, y así se explica la historia de nuestra segunda república bajo Gómez, Menocal, Zayas, Machado, Mendieta, Laredo Brú y algún otro pobre señor erigido en estadista, con la excepción del breve período de Grau San Martín, como una época de desenfreno vergonzoso, de despilfarro indisculpable, de hacer la futilidad de las leyes y la traición al deber y a las promesas hechas y a las esperanzas del pueblo, las características regulares de los gobiernos, apoyados éstos por los Estados Unidos en una complicidad muy parecida y de tanta corresponsabilidad como la de la época de Magoon. Y cuando con Grau San Martín hubo un gobierno revolucionario cuya honradez y afán de acertar eran indudables, a ése, precisamente, los Estados Unidos lo hostilizaron hasta producir su caída después de haber respaldado a ineptos, inmorales y corruptores gobernantes, desde 1906 hasta nuestros días.

Como ya hemos dicho, Magoon tenía como primera encomienda mantener a Cuba tranquila hasta preparar la restauración republicana mediante unas elecciones generales. Dentro de ese propósito se colocaron todas las intrigas, debilidades, reformas, progresos, despilfarros e inmoralidades, de aquel régimen; pero había que obtener la normalización de la vida política del país a tiempo para que no surgiese un conflicto entre las ambiciones reprimidas que no habían tenido completa satisfacción al sobrevenir la segunda intervención. Esta había sido anunciada, desde un principio, como gobierno provisional, y Magoon tuvo que hacer frente a muy difíciles problemas para encauzar las actividades políticas de los cubanos hacia la restauración republicana.

Los dos partidos rivales de 1906 habían quedado profundamente afectados por la crisis que había dado al traste con el gobierno de Estrada Palma. Con apoyo de Magoon y con ciertas direcciones de Root, el general Rius Rivera había tratado de capitalizar el descontento existente entre los políticos para lograr la formación de un nuevo partido; pero había fracasado en su empeño. Los esfuerzos de algunos demagogos desacreditados para lanzar al país a otra revolución tampoco tuvieron éxito y los cabecillas de tales intentonas fueron a parar a la cárcel sin que su suerte despertase la más mínima simpatía en la nación. La crisis de los dos grandes partidos, sin embargo, era, más que nada, de ambiciones y personalismos y apenas había principio o propósito fundamental que diferenciase a un grupo del otro. En el seno de los liberales surgieron dos facciones rivales, la de los partidarios del general Gómez y la de los simpatizadores del doctor Zayas. Unidas ambas formaban el partido de mayoría; pero Zayas, envalentonado por el papel que había desempeñado en el

proceso revolucionario de 1906, se consideraba figura nacional y
aspiraba a ser el candidato presidencial de los liberales a pesar
de que su popularidad, entonces y después, siempre fué bastante
limitada. Gómez, por su parte, no se resignaba a ser desplazado;
y secundado por consejeros hábiles y resueltos, robusteció sus
huestes y volvió a afirmarse como el primer personaje de la política cubana en cuanto a arrastre, astucia y recursos.

Disuelto el antiguo Partido Moderado, al que se cargaron todas
las culpas de la crisis de 1906, sus dirigentes se unieron a elementos que habían permanecido neutrales y que eran de sólido
renombre como juristas, hombres de letras y de ciencias, negociantes, etc. De esa alianza surgió el Partido Conservador, frente
al Partido Liberal, y así quedó planteada la rivalidad de tres candidatos, Gómez y Zayas, de un lado, y García Menocal, del otro,
que habría de ensangrentar la Isla y dar ocasión para el encumbramiento de los ineptos y los improvisados sin conocimientos ni
patriotismo, que han sido los responsables del trágico fracaso de
los gobiernos sostenidos por la fuerza, el soborno y las deshonro-
sas complacencias, típicos de la segunda república cubana. Los
conservadores hicieron conocer al país su programa político, que
contenía once puntos fundamentales entre los que se contaban
la renovación del llamado tratado de reciprocidad mercantil con
los Estados Unidos y la aclaración precisa del artículo tercero de
la Enmienda Platt, a fin de regular en lo posible la cuestión de
la intervención. Esos pininos nacionalistas iban acompañados de
expresiones de interés en el bienestar de los trabajadores y el desarrollo de las riquezas naturales del país, cuestiones todas de las
cuales se burlarían una y otra vez los conservadores, al llegar al
poder, pues los más vergonzosos abusos de la ingerencia norteamericana en los asuntos cubanos tuvieron lugar durante el gobierno del general García Menocal y de su heredero en el poder,
años después, que lo fué Zayas merced a una coalición política
inolvidable por la descarada usurpación de la presidencia de la
República y por el desenfreno de la corrupción legislativa y administrativa con que se acompañó aquel despojo. En cuanto a la
preocupación por los trabajadores y el fomento de la prosperidad,
nunca hubo una mayor suma de violencias anti-proletarias, de
desprecio a los intereses nacionales, de despilfarro de los dineros
públicos y de podredumbre administrativa, que bajo García Menocal y Zayas, llevados al gobierno por los conservadores que en

1907 habían hecho tan bellas promesas. La plana mayor del nuevo partido —nuevo en cuanto al nombre— contaba con algunos nombres que eran de los antiguos autonomistas, como Rafael Montoro, pero también de individuos que más de una vez se habían revelado como simpatizadores de la anexión, tales González Lanuza, Desvernine, Cancio, etc., y hasta al propio García Menocal, en quien nadie adivinaba todavía sus gravísimos defectos de gobernante, se le tachaba, posiblemente sin razón, de anexionista.

Planteada así la situación política del país, se agitaron las aspiraciones de liberales y conservadores y Magoon llegó a alarmarse con la presión ejercida por esos elementos, que ansiosamente demandaban informes categóricos sobre la terminación del gobierno provisional, sin que Magoon pudiese darles los datos pedidos. El Secretario Taft, a su paso por Cuba, en abril de 1907, respondió por Magoon. Celebró entrevistas con algunos significados personajes, de los de más aparatosas pretensiones de dirigentes y, por lo menos, bien responsables de los males de Cuba, entonces y después de esa fecha, y como resultado de esas reuniones y de las instrucciones que traía del Presidente Roosevelt, el día 10 de abril el Secretario Taft le dirigió una carta a Magoon, quien la hizo pública en seguida, contentiva de una detallada exposición de la fórmula que se emplearía para liquidar la crisis constitucional cubana y establecer la segunda república, fórmula en la preparación de la cual volvemos a encontrar la colaboración del funesto Frank Steinhart, como consejero de la política de los Estados Unidos en Cuba.

El dictamen de Taft comenzaba por recoger las opiniones de la Comisión Consultiva y de los dos partidos sobre que era necesario que se hiciese un censo general, científico y escrupuloso, como paso previo para celebrar elecciones, en un período que los liberales consideraban que podía ser de sólo cuatro meses, mientras que el Secretario de la Guerra de antemano reputaba ese plazo como insuficiente. Tanto los liberales como los conservadores recomendaban que hubiese elecciones parciales, para cargos municipales y provinciales, como paso preliminar y de entrenamiento del pueblo hacia el restablecimiento de la república mediante unas elecciones generales.

Los conservadores mantenían el criterio de que era preciso que transcurriese cerca de un año entre una y otra elección a fin de tener la seguridad de que se había consolidado la normalidad política, y Taft se mostró de acuerdo con esa opinión, conveniente a sus planes de que no hubiese trastornos en Cuba durante su campaña presidencial.

De ahí los siete puntos de la fórmula de Taft sobre las elecciones, la preparación del Censo, la sustitución gradual de los funcionarios provinciales y municipales, la necesidad de que Cuba se mantuviese en paz y diese garantías de que no habría más alteraciones del orden, etc. En realidad, Taft venía a reafirmar las amenazadoras palabras del mensaje presidencial de Roosevelt al Congreso, el 4 de diciembre de 1906, sobre que si las elecciones cubanas continuaban siendo falseadas y se acostumbraba el pueblo a las sublevaciones e intentonas revolucionarias, los Estados Unidos considerarían terminado el experimento de gobierno propio y probado que Cuba no podía ser independiente, declaración ésta que ratificaba otras hechas a Beveridge, que ya hemos citado, y que venía a coincidir peligrosamente con las de una carta de Wood a Roosevelt, que también hemos comentado, poco antes de organizarse la primera república cubana, sobre lo que el procónsul consideraba un ensayo de gobierno propio que llegaría a su fin para ser sustituído por la ocupación norteamericana permanente que era el sueño dorado de los anexionistas.

Sea como fuere, el criterio de Taft, aprobado por Roosevelt, venía a constituir una especie de programa para la normalización de la vida política cubana por medio de las elecciones; y todo el país, con la excepción del grupo anexionista, se aplicó a la obra. Lo primero fué hacer el nuevo censo general, llevado a cabo con notable escrupulosidad, bajo la supervisión de un experto norteamericano, con el sorprendente resultado de que la población de la Isla, por primera vez, en su historia y con sólo ocho años de independencia, alcanzó a 2.048,980 habitantes, o un aumento de casi medio millón de personas sobre el de 1899. Comenzaba así ese notabilísimo crecimiento de la población cubana, con uno de los promedios más altos del mundo y que ha hecho que la nación triplique el número de sus habitantes en unos cuarenta años.

Magoon estuvo en Wáshington por espacio de varias semanas a principios de 1908, ya promulgada la nueva Ley Electoral que aparecía como panacea de los males de Cuba y que después sería vulnerada y escarnecida por los políticos cubanos, justo es decirlo; pero quien mayores atropellos de usurpación del poder y corrupción administrativa llevó a cabo al amparo de esa Ley, fué precisamente el general García Menocal, protegido por los Estados Unidos en sus tropelías. Cuando el gobernador provisional fué a consultar con sus superiores, era conocido el propósito de Roosevelt para que la segunda intervención se terminase en enero de 1909, cuando más tarde; y por ello, así como por la proximidad de las elecciones y otras circunstancias, la Isla estaba tranquila y esperanzada.

En la ciudad del Potomac se celebraron importantes conferencias acerca del futuro de Cuba durante los meses de febrero, marzo y abril, de que participaron Roosevelt, Root y Taft, con Magoon, y en que también se dió consideración a las opiniones del Embajador de Alemania, barón Speck von Sternberg quien, por el simple hecho de ser amigo personal del Presidente de los Estados Unidos, podía aconsejar sobre la política a seguir al terminarse la intervención en Cuba, con una de esas curiosas contradicciones que hubo de presentar siempre el carácter de Teodoro Roosevelt.

El 4 de abril de 1908, con objeto de precisar bien el procedimiento a seguir para el restablecimiento de la república cubana, Roosevelt envió una extensa carta a Magoon en la que le pedía que formulase un plan preliminar de traspaso de poderes y le indicaba cuáles eran los puntos de vista del Barón Sternberg sobre el régimen de relaciones entre ambos países, a fin de que los tuviese en cuenta.

El informe de Magoon en respuesta a esa carta es un documento de estado de primera clase y de mucha mayor fuerza que las interesadas defensas de sus panegiristas, quienes, de haberlo consultado, habrían encontrado buenos argumentos para defender al gobernador provisional. El documento, que figura entre los papeles de Roosevelt depositados en la Biblioteca del Congreso, consta de treinta páginas escritas a máquina y llenas de interesantes observaciones y consejos, en que se mezclan los elogios merecidos al pueblo cubano y el reconocimiento de sus derechos, con las críticas de sus defectos y errores, hechos con imparcialidad.

La primera afirmación de Magoon era la de que el único modo de terminar la intervención, de acuerdo con la justicia, estaba en la entrega del poder en manos de funcionarios cubanos debidamente electos conforme a la Constitución. El gobernador no defendía la carta fundamental cubana, ya que de seguida se lamentaba de que la orden ejecutiva de Roosevelt para terminar la intervención, fechada a 14 de enero de 1908 y que fijaba el 1º de febrero de 1909 para que cesase el gobierno provisional, no dejaba tiempo suficiente para llevar a cabo una reforma constitucional. En opinión suya, lealmente expresada en este informe que comentamos, de haberse sabido en un principio que la intervención duraría dos años, habría sido posible hacer las modificaciones convenientes, que él no precisaba, en la Constitución.

Después, y en el orden que ahora pasamos a anotarlas, Magoon hacía sus recomendaciones tercera, cuarta, quinta, sexta, séptima, octava y novena, que trataban, respectivamente, de la necesidad de que hubiese leyes complementarias, políticas y orgánicas, de la Constitución; de que se mantuviese una fuerza armada suficiente para dominar sublevaciones; de que se implantasen nuevos códigos civiles y de procedimientos y de que se garantizase eficazmente el orden público durante el llamado "tiempo muerto". En los tres puntos siguientes Magoon insistía en que era indispensable educar al pueblo cubano en el conocimiento de las ventajas colectivas del gobierno y no como un ente dispensador de gracias, favores, concesiones y puestos; que había que continuar la política del gobierno provisional para ilustrar al pueblo y realizar obras públicas, y que tenía que hacerse permanente el sistema de entrenamiento de funcionarios y técnicos cubanos por medio de expertos norteamericanos.

En tesis general, las recomendaciones enumeradas estaban bien inspiradas; pero partían de afirmaciones carentes de base en algún caso, como, por ejemplo, el del progreso de la ilustración y de las obras públicas que, bajo la intervención, o había mostrado deficiencias notables si comparado con igual proceso bajo Estrada Palma, o había ido acompañado de escandalosos despilfarros y otras inmoralidades. Además, en todas las reformas jurídicas que, sin obstáculo alguno de cuerpos legisladores o partidos políticos, hizo Magoon a indicación de la Comisión Consultiva, falta siempre la innovación sustancial fomentadora de la pequeña propiedad, de los recursos nacionales por los nativos y del bienestar de los trabajadores.

En su informe Magoon se opuso resueltamente a la sugestión de Roosevelt y del barón von Sternberg sobre que permaneciesen en Cuba las tropas de ocupación, lo que consideró perjudicial para el país, aunque, por otra parte, se manifestó conforme con que el coronel Daugherty permaneciese en Cuba por algún tiempo como supervisor de la Guardia Rural y no porque sin su presencia dicho cuerpo se mezclase en los problemas políticos de la nación, porque con toda energía rebatió las ideas de Sternberg al respecto, sino porque la actuación del militar norteamericano contribuiría a consolidar la disciplina y a perfeccionar la función de dichos soldados.

Magoon no se mostró entusiasta con el propósito de que se nombrasen supervisores norteamericanos, al restablecerse la República, para las secretarías de Justicia y del Tesoro. Si dispuesto a conceder que fuese práctica la idea en cuanto al departamento de Justicia, si el nombrado era Crowder, en cuanto a la Hacienda decía con el mayor énfasis que bajo Estrada Palma no había habido fraudes ni malversaciones y que las irregularidades descubiertas en conexión con la paga de los veteranos, habían sido análogas a las encontradas en el Pension Office de los Estados Unidos, durante los primeros años de su funcionamiento. En opinión suya, el gobierno de Estrada Palma había manejado con honrada severidad los productos de las aduanas y las rentas interiores de Cuba y este juicio halagador para la primera república cubana se completa con el que un libro bien reciente hace de los escándalos de la vida política y administrativa de Cuba desde los tiempos de Magoon, inclusives, al decir que el gobierno de Cuba ha sido "...wasteful and somewhat lacking in scruples in matters of finance since 1906...[23]

Sir William Van Horne, el constructor del Ferrocarril Central de Cuba, quien simpatizaba con la anexión, había expresado al gobierno de Wáshington la opinión de que era imposible que hubiese un gobierno cubano estable "...for a considerable time to come unless controlled and upheld by the United States through a protectorate or something of the kind...",[24] pero Magoon, en su informe, rebatía esa opinión y decía que el carácter cubano no cambiaría ni con dos ni con veinte años de ocupación militar o dominio norteamericano. A la afirmación de Van Horne sobre que el gobierno que se estableciese en Cuba caería tan pronto se retirasen las tropas de los Estados Unidos, Magoon oponía una tesis absolutamente contraria, de esperanza en la estabilidad republicana, al mismo tiempo que hacía notar que se había prometido terminar la intervención a principios de 1909 y que era inevitable dejar a los cubanos dueños de Cuba porque lo contrario sería faltar a las promesas de la "joint resolution".

Eran también interesantes los puntos de vista de Magoon, en su informe, sobre lo que Cuba necesitaba para contar con un gobierno estable por la actuación cívica constante y resuelta de todos los cubanos y los residentes en el país, en general. En primer término se requería, según él:

> ...Cessation of the constant, senseless and trouble breeding criticism with which the Government is surrounded as by a circle of perpetual fire...,

cuestión respecto a la cual ponía de relieve que su propio gobierno era objeto de muy duras críticas, unas justas y otras injustas.

Además, decía Magoon:

> ...The second great accomplishment would be to induce the property owning and commercial classes to engage in active politics, assume and discharge the obligations of Cuban citizenship...

A este respecto abogaba él porque los extranjeros afincados en Cuba se naturalizasen, como ya había aconsejado Taft en su famoso discurso de octubre de 1906 en la apertura del curso en la Universidad de La Habana. En apoyo de su dicho en cuanto al perjudicial alejamiento de las cuestiones políticas del país en que vivían las gentes adineradas, Magoon hacía notar que Van Horne y Orr, los magnates ferroviarios de la Isla, le habían dicho que no habían sabido nada de la revolución de 1906 hasta que ésta hubo de estallar. Los cubanos y los españoles "apolíticos", decía en son de crítica el gobernador provisional, "shrugged the shoulders", cuando se les invitaba a que entrasen en la vida pública e impidiesen disturbios porque "...the United States should and will attend to the matter..."

Mucho habría que decir sobre esa abstención de las clases acomodadas, de toda actividad política, que es uno de los males de la vida nacional cubana hasta nuestros días; pero esa actitud tiene sus causas y hasta alguna excusa. Los Estados Unidos habían frustrado la revolución cubana con la primera intervención y con el régimen administrativo, fiscal y económico, impuesto a Cuba con Wood y consolidado con las limitaciones impuestas a la República Cubana al comenzar ésta y que, si iniciadas con la Enmienda Platt, se habían hecho permanentes con el Tratado de Relaciones, la concesión de estaciones navales y el convenio de llamada reciprocidad mercantil. Las clases acomodadas habían sido las privilegiadas de la época colonial y cómplices del despotismo español; los partidarios de la independencia, durante medio siglo, habían visto confiscados sus bienes por valor de más de cuarenta millones de pesos, los que eran ricos y que así quedaron convertidos en pobres y miserables, o se habían sacrificado ellos y los suyos en las oportunidades de mejorar de posición, los que simplemente eran trabajadores manuales o profesionales. Al terminarse la dominación española los Estados Unidos se habían apoyado precisamente en los adinerados más españolizados y les habían amparado en su posición, cuando muchos de ellos eran españoles, norteamericanos, ingleses, franceses o cubanos anexionistas, autonomistas o simplemente enemigos de la independencia. Al cubano que había hecho la guerra separatista y que en ella había aportado tamaños sacrificios de vidas, haciendas, oportunidades y tiempo, se le dejó la esperanza de vivir del presupuesto o de obtener una pequeña compensación pecuniaria que fué la paga de los veteranos. Shannon nos dice en su reciente obra "America's Economic Growth", que al terminarse la guerra de independencia de los Estados Unidos habían sido confiscadas tierras pertenecientes a los partidarios de Inglaterra por valor de cuarenta millones de dólares, además de otros cuantiosos valores en dinero, mercancías, esclavos, barcos, etc. Esas confiscaciones de propiedades de los enemigos de la independencia no fueron hechas porque los bienes en cuestión hubiesen sido embargados a los patriotas o fuesen producto de interesados privilegios y complicidades de los reaccionarios con el gobierno metropolitano, como en el caso de Cuba, sino porque los revolucionarios habían reclamado el botín de la victoria para organizar la economía de su país con sus propios recursos. Los Estados Unidos, que así habían dado ejemplo de procedimientos violentos para poner en manos nacionales la riqueza nacional, como han hecho todas las revoluciones, impidieron que Cuba también lo hiciese y se comprometieron con España, sin contar con Cuba, para no permitir que los cubanos llevasen a cabo su revolución. El libertador y el patriota cubano quedaron convertidos en jornaleros y sitieros o en políticos y empleados dependientes de un presupuesto nacional que no podía satisfacer a todas las demandas y necesidades y de ese modo se frustró la aparición de una clase media y acomodada, genuinamente cubana y en posesión de los recursos principales del país, que hubiese sido valladar a toda demagogia y puntal firmísimo de la democracia al proteger sus bienes contra revoltosos, usurpadores y déspotas, sin contar con la intervención norteamericana para ello, lo que no podía ser el caso de los privilegiados del coloniaje amparados por la intervención, y para siempre acostumbrados a mirar hacia los Estados Unidos en demanda del apoyo de que carecían entre los cubanos. Por otra parte, estos mismos elementos favorecidos por su sumisión a la política norteamericana en Cuba, no tardaron en advertir que no era por simpatía hacia ellos, sino por conveniencia propia, que los Estados Unidos les protegían y que la política del gobierno de Wáshington en la Isla respondía a sus intereses, los de los azucareros, tabacaleros, ferrocarrileros, dueños de plantas eléctricas, banqueros, etc., de la Unión, que multiplicaban sus inversiones en Cuba y la dominaban tan estrechamente que, hoy en día, con el sistema de cuotas azucareras que administra el Secretario de Agricultura norteamericano, este funcionario extranjero es más arbitrario e irresponsable dictador de la vida económica de Cuba que lo que era el Ministro de Ultramar durante el coloniaje español. Y la diplomacia de los Estados Unidos, confiada la representación en La Habana a intrigantes sin capacidad y sin escrúpulos las más de las veces, como Guggenheim, Welles y Caffery, ha sido casi siempre como para descorazonar todo honrado movimiento de acción cívica por los que tienen algo que perder. Magoon, pues, que no iba al fondo de la cuestión, como nunca ha hecho uno solo de los historiadores norteamericanos que se han ocupado de Cuba, erraba lastimosamente al hablar de la apatía de los cubanos por sus problemas políticos como deficiencia del carácter nacional, cuando en realidad no era sino la consecuencia inescapable de la política que los Estados Unidos habían puesto en práctica para frustrar la revolución cubana.

En el importante documento que estamos discutiendo Magoon reducía a cinco las direcciones fundamentales que debía seguir el gobierno provisional hasta su liquidación, y que eran: 1º - Promulgar tantas leyes orgánicas como fuese posible a fin de asegurar la estabilidad de la República; 2º - completar las obras públicas en ejecución; 3º - ayudar a la producción, el comercio y la navegación para que se abaratase el costo de la vida; 4º - planear la apropiación de los fondos necesarios con objeto de terminar las obras públicas, y 5º - hacer las reformas convenientes en el poder ejecutivo hasta que se eliminasen todos los rozamientos y conflictos de autoridades.

Magoon, además, se manifestaba en favor de que quedasen en Cuba un supervisor de la Guardia Rural y un asesor de la Secretaría de Justicia y para ambos cargos recomendaba al coronel Crowder, previo su ascenso a brigadier general; aconsejaba que se decidiese con la debida antelación si iban a quedar tropas norteamericanas en Cuba y que, en caso afirmativo, quedasen estacionadas en el campamento Columbia; insistía en que se exigiese la mayor atención a la sanidad y en que se hiciese una revisión general de los aranceles de Cuba y de los Estados Unidos con vistas a aumentar el comercio de ambos países y, finalmente, aconsejaba la instauración de un tribunal que decidiese los problemas electorales.

Ya al terminar su dictamen Magoon dejaba caer esta verdad a la que nunca han prestado la más mínima atención en los Estados Unidos, sobre la selección del representante diplomático norteamericano en Cuba:

> ...Send to Cuba as American Minister the very best man that they can procure... He must be free from any connection with Cuban institutions, factions or public affairs. He must be a man of tact and ability, calculated to gain and retain the confidence and the good will of the Administration and the Cuban people...[25]

Nadie puede negar, sin faltar a la verdad, que esta regla de oro ha sido una y otra vez despreciada y burlada por la cancillería de Wáshington. Squiers y Bragg, el primer Ministro y el primer Cónsul General de los Estados Unidos en Cuba, fueron relevados de sus cargos como castigo a sus groserías y a sus intrigas. De Morgan y de Sleeper ya hemos anotado los juicios despectivos que Teodoro Roosevelt les dedicó como "wretched creatures". Al restablecerse la República, o sea, después de los consejos de Magoon que acabamos de transcribir respecto a las cualidades que debía tener un diplomático norteamericano en Cuba, la representación de los Estados Unidos estuvo a cargo de Arthur M. Beaupré, Ministro, y Hugh S. Gibson, Encargado de Negocios, el primero con la triste reputación de haber actuado en Colombia con ocasión del vergonzoso despojo de Panamá, y el segundo abofeteado públicamente por el Dr. Enrique Mazas a causa de sus intemperancias anticubanas. Ambos se condujeron de manera censurable con abuso de su posición para provocar conflictos e incidentes con la cancillería cubana y agravarlos innecesariamente. A Beaupré le reemplazó el funesto William E. González, heredero de los defectos y no de las virtudes de su padre, el patriota Ambrosio José González, y cuya actuación parcial, desconsiderada y obtusa en apoyo de la usurpación presidencial de García Menocal, en 1917, es borrón indeleble de la política norteamericana en Cuba. A González le sustituyó Boaz W. Long, anodino, pero efectivo instrumento de "dollar diplomacy" y que era más un negociante que un diplomático, y en las postrimerías de su infortunada gestión, con ocasión de la usurpación, las violencias y la corrupción distintivas de los regímenes de García Menocal y Zayas, vino a Cuba el ya general Enoch H. Crowder, primero como representante personal del Presidente de los Estados Unidos y después como Embajador de su país. Crowder era honrado, severo, bien intencionado y conocedor como pocos de las realidades cubanas, inclusive las muy desvergonzadas de aquella época terrible, y se aplicó a la tarea de remediar los males políticos y administrativos del país con sus consejos y su influencia y hasta halló eco favorable en ciertos sectores de la opinión pública cubana, cansada de tanta podredumbre. Un día, sin embargo, las influencias de los banqueros, los negociantes y los empresarios de servicios públicos norteamericanos, que estaban de acuerdo con Zayas, pudieron más que la rectitud de Crowder, y el State Department no respaldó al viejo soldado en sus reclamaciones, iniciadas por orden de la cancillería, precisamente, y las energías y los propósitos de saneamiento de Crowder no sobrevivieron al desengaño y el reformador terminó sus días recibiendo del peor de los tiranos de Cuba, Gerardo Machado, y de sus asociados, una cantidad mensual como abogado de tales clientes. Retirado Crowder la Embajada fué confiada a Noble Brandon Judah como recompensa por su contribución para los gastos de la propaganda electoral del Partido Republicano de su país, y Judah fué una trágica caricatura de lo que un funcionario de su responsabilidad debía ser. Por el mismo procedimiento de premiar favores políticos fué que vino a Cuba el Embajador Harry F. Guggenheim, incapaz y poco escrupuloso y que fué juguete y apoyo al mismo tiempo del sanguinario despotismo de Machado, bajo la inspiración de sus dignos jefes en Wáshington, que lo eran Harry L. Stimson, William R. Castle y Francis White. El "New Deal", a pesar de la llamada política del buen vecino, también perturbó la vida económica y política de Cuba y desarticuló por muchos años más la normal evolución del país, con la confianza inmerecida puesta en Benjamin Sumner Welles, arrogante, reaccionario, soberbio y obstinado en el error, y en su hechura y sucesor, James Jefferson Caffery, suma y compendio de todas las deficiencias del servicio diplomático norteamericano, personaje odioso y odiado por su tenebrosa actuación y a quien corresponde el triste honor de haber provocado con su actuación más de un atentado contra su vida, a pesar de su investidura. Así ha escuchado el gobierno de Wáshington los consejos de Magoon sobre la selección de un representante diplomático en Cuba que fuese digno de la importancia de su misión y de los grandes intereses de ambos países. ¡No hay que maravillarse de que el resultado haya sido para Cuba el que todos hoy lamentamos y no tan solo en este pequeño país, aunque los culpables todavía desempeñen funciones importantísimas en los Estados Unidos y sigan influyendo en las relaciones cubano-norteamericanas!

Magoon, después de dejar planteada la liquidación del gobierno provisional y de haber hecho conocer sus puntos de vista sobre la misma, que acabamos de comentar, volvió a La Habana para dirigir el proceso electoral que se avecinaba, y con gran habilidad y rectitud presidió la celebración de las elecciones parciales de 1º de agosto de 1908, en que se eligieron los gobernadores, consejeros, alcaldes y concejales, y que se desarrollaron con plausible normalidad. Los liberales, divididos en dos facciones personalistas en torno a Gómez y a Zayas, no salieron bien librados, y aunque el grupo partidario del primero se reveló como el más fuerte de los dos, los conservadores obtuvieron numerosas posiciones electivas y resultaron los triunfadores, lo que les esperanzó de que pudiesen ganar también las elecciones presidenciales, meses después.

Roosevelt aprovechó la celebración de las elecciones para felicitar a Magoon y al pueblo de Cuba y declarar, de paso, que ésa era la mejor prueba que podía darse de capacidad de gobierno y que así se preparaba la restauración de la república, lo que equivalía a una reiteración formal de su promesa sobre el carácter temporal de la segunda intervención. La reacción producida por sus palabras fué de lo más satisfactoria, aunque los elementos anexionistas, que de nuevo se habían lisonjeado con la esperanza de que el fracaso de la primera república significaba el triunfo de sus aspiraciones, expresaron su disgusto.

El gobernador provisional escogió ese momento tan poco apropiado, cuando ya faltaban pocos meses para la terminación de su mando, para abogar por otro empréstito norteamericano a Cuba. Sus entusiasmos a ese respecto eran compartidos por el Presidente Roosevelt, dispuesto a ayudar en sus negocios a "friend Jimmy Speyer", cuyo abogado era el Secretario de Estado, Elihu Root y quienes tenían en Cuba, como agente de sus intereses, al funesto Steinhart, consejero de Magoon y Cónsul General de los Estados Unidos en La Habana por espacio de varios años. A este período de la "diplomacia del dólar" en Cuba es al que se refiere Rippy con el siguiente párrafo, bastante significativo:

> ...Roosevelt became a dollar diplomat, engaging in political finance both as a means of favoring his banker friends and as a device of strategy diplomacy.
> In Latin America dollar diplomacy was first directed at Cuba, in respect to which the Platt Amendment, providing that the United States should be consulted in the flotation of Cuban foreign loans, tended to give American investment bankers a monopoly. The Platt Amendment, was largely the work of Elihu Root, ably supported by Roosevelt and the Republican members of Congress. Speyer and Company managed the sale of the first two Cuban issues in the American market. The first loan contract was signed on February 11, 1904; the second was not completed until August 1, 1909, but practically all arrangements were made at the beginning of that year while the Roosevelt administration was still in power. Root served from time to time as attorney for Speyer and Company. Frank M. Steinhart, chief headquarters clerk under Leonard Wood in Cuba, consul-general of the United States in Havana shortly after the termination of the American occupation, and later the representative of Speyer and Company in the Cuban capital, formed another important link between the bankers and the Roosevelt administration... [26]

Este párrafo sobre el acuerdo de Roosevelt, Root, Magoon y Steinhart, dueños de los destinos de Cuba, con la banca Speyer, de tan extraña buena suerte esta última para obtener los primeros empréstitos cubanos, se comprende mejor si tenemos en cuenta que, cuando Rippy dice que las negociaciones para el préstamo de agosto de 1909 comenzaron antes de que Roosevelt dejase la Casa Blanca y Root, el abogado de Speyer, cesase como Secretario de Estado, se refiere a que bajo Magoon y su consejero Steinhart, agente de Speyer, surgió el proyecto de contratar el empréstito para evitar una bancarrota producida por los despilfarros de Magoon. Es lástima que los panegiristas de la segunda intervención no hayan advertido esas singulares coincidencias.

Un despacho confidencial de Magoon a Roosevelt,[27] poco después de las elecciones parciales, al presentar un detallado estudio de las finanzas de Cuba durante el gobierno de la intervención y las perspectivas de las mismas para el futuro, comenzaba por afirmar que las rentas públicas disminuirían rápidamente y que se haría necesario emitir bonos para levantar fondos con que el gobierno provisional y el de la República, que le reemplazaría, pudiesen continuar las obras de construcción y de mejoramiento sanitarias que habían sido planeadas. Los trabajos de mayor urgencia, según la opinión de Magoon, eran los de alcantarillado y pavimentación de La Habana, presupuestados en $14.150,000.00, y los de igual clase en Cienfuegos, con un costo de $2.500,000.00, gastos a los cuales se unían $2.150,000.00, para pagar las gestiones que condujeron a la aprobación de la "joint resolution", deuda turbia a que ya nos referimos, cuyo origen conocía bien el State Department; pero que, según decía Magoon en este documento, había sido aprobada por los Estados Unidos. En el estimado de quienes tenían que enseñar a los cubanos a gobernarse, de los que debían poner los cimientos para que en Cuba hubiese una democracia próspera y responsable, no había, pues, más que tres renglones, dos para alcantarillado y pavimentación en dos ciudades y uno para una deuda ilegítima a unos negociantes en votos norteamericanos, todo ello por valor de casi diecinueve millones de dólares. El fomento de la riqueza nacional en nuevos cultivos e industrias, la creación de un banco de refacción agrícola, el respaldo de una marina mercante nacional, el establecimiento de la enseñanza técnica o la extirpación del analfabetismo, es decir, los grandes y verdaderos problemas nacionales, no justificaban para Magoon, Steinhart, etc., préstamo alguno, porque habrían independizado a Cuba económica y socialmente y lo que se quería era el negocio fácil y lucrativo y la continuación de la economía colonial cubana. Magoon, para mejor reclamar la aprobación de su plan, le recordaba a Roosevelt que en una entrevista celebrada por ambos en presencia de Root y de Taft, se había acordado que la República hiciese frente a esos gastos, aunque fuesen a beneficio de ciudades y particulares.

En el propio documento el gobernador provisional hacía notar que se había suspendido la ejecución de un buen número de obras públicas por la baja de los ingresos y a pesar de las protestas de la Liga Agraria de Cuba y de los jefes políticos, ya que en opinión suya los ingresos del país no pasarían de veinte y ocho millones de dólares mientras que el presupuesto fijo de la nación llegaba a $24.285,303.00. Lo que era peor todavía, Magoon afirmaba que si no había los ingresos extraordinarios de la emisión de bonos por 20 ó 25 millones de pesos que él reclamaba por consejo de Steinhart, tan relacionado éste, y Roosevelt y Root, con la banca Speyer que luego facilitó el dinero, al terminarse el gobierno provisional estarían vacías las arcas nacionales de aquel país en el que un Presidente cubano, que había tenido tantos gastos fijos a que la intervención no tuvo que hacer frente, había dejado un superávit de millones.

El informe confidencial que estamos comentando confiesa que el gobierno interventor recibió $13.845,958.63 al asumir el poder y que de octubre 1º de 1906 a junio 30 de 1908 ingresaron en el Tesoro recaudaciones ascendentes a $55.285,730.15, o sea, que Magoon había tenido a su disposición $69.131,688.78 en menos de dos años, sin contar con las remesas en tránsito o en poder de los pagadores. Los gastos durante ese breve período, declarados por Magoon, alcanzaban a $59.668,890.41, que incluían más de catorce millones de pesos arbitrariamente pagados y entre los que figuraban las indemnizaciones a causa de la revolución, el pago por las llamadas propiedades de la Iglesia Católica y otros gastos cuya ilegitimidad ya hemos puesto de relieve. El 12 de agosto de 1908, según confesión de Magoon en este mensaje confidencial a Roosevelt, había en caja $7.326,110.24 menos que cuando Taft recibió el gobierno de manos de Estrada Palma, y aún ese dinero estaba comprometido al pago de obras públicas en ejecución y otros gastos. Ese era el cuadro económico de la segunda intervención, traído por sus despilfarros y por su política de comprar la tranquilidad con dinero gastado y otros favores, para continuar la cual sus directores no encontraban otra solución sino la de pedir prestado a los Estados Unidos de veinte a veinte y cinco millones de pesos. Así se incubó, bajo el gobierno de Magoon, el segundo de los empréstitos exteriores de Cuba, contratado a los pocos me-

ses con Speyer y Compañía, los banqueros influyentes de turno
con la cancillería de Wáshington, como después lo serían J. P.
Morgan & Co., The National City Bank of New York, The Chase
National Bank of New York y The Manufacturers Trust Co., en una
orgía de millones malgastados por los usurpadores y déspotas que
han disfrutado del apoyo de los Estados Unidos, hasta nuestros días.
Hasta septiembre de 1940 Cuba ha contratado con los Estados
Unidos empréstitos por valor de $374.289,980.00, ha pagado
$248.835,360.00 de principal y $152.206,322.00 de intereses, y debe
todavía la enorme suma de $125.454,620.00.[28] En todo ese tiem-
po sólo ha habido una pequeña emisión interior y la banca norteamericana ha monopolizado la facultad de prestar a Cuba con
ventaja y amparada en aquella Enmienda Platt que surgió teniendo como uno de sus pretextos el vigilar, precisamente, que la
nueva república no se endeudase. De los beneficios reportados
por tales operaciones de crédito más vale no hablar, ya que en
su mayor parte han correspondido a los banqueros y corredores
norteamericanos, de una parte, y a los políticos cubanos, de otra,
y poco de verdadera utilidad ha aprovechado Cuba, sobre todo
si comparado con lo que se podía haber hecho con tamañas
sumas.

El documento que acabamos de comentar lo presentó Magoon
a Roosevelt con ocasión de un rápido viaje a los Estados Unidos,
que duró tres semanas y que llegó a su fin el 7 de septiembre,
cuando regresó a La Habana el gobernador provisional, en posesión de las últimas instrucciones para la celebración de las elecciones presidenciales cubanas. Los liberales, convencidos de que
sus rencillas daban el triunfo a la minoría conservadora, acababan de unir circunstancialmente las facciones rivales que habían
luchado en la primera elección y acudían a los comicios con una
formidable fuerza política, lo que complacía de modo extraordinario a los Estados Unidos porque, como bien dice Martínez Ortiz,
el triunfo de los liberales en 1908 era la justificación definitiva de
la intervención de 1906, al cesar el gobierno de Estrada Palma.
Este insigne cubano, abrumado por las amarguras que había vivido en sus últimos años y que habían destruído sus planes para
consolidar aquella república ideal, ilustrada, laboriosa y honrada, con que habían soñado los patriotas, no alcanzó a ver las elecciones que iban a confirmar la mayoría de los liberales, pues fa-
lleció en noviembre de 1908. El, que tan enérgicamente y con

tamañas desventajas, se había mantenido firme defensor de la soberanía cubana hasta la hora aciaga en que escuchó al "Gabinete de Combate" y provocó la intervención, había vuelto a su antigua actitud de duda sobre las virtudes cívicas de sus conciudadanos y la necesidad de que aprendiesen a ser libres con tutores extraños. Apenas había entregado la Presidencia de la República, en una carta de fecha 10 de octubre de 1906, Estrada Palma había escrito a un amigo suyo para decirle que, en opinión suya mantenida desde la Guerra de los Diez Años, la independencia no era el término final de las nobles y patrióticas aspiraciones de los mambises, sino que hubiese un gobierno estable, capaz de proteger vidas, haciendas y derechos y bajo el cual no hubiese perturbaciones licenciosas del orden público. Y como para que no quedase duda de lo que significaban sus palabras, Estrada Palma terminaba su carta con la declaración de que:

> ...es preferible cien veces para nuestra amada Cuba una dependencia política que nos asegure los dones fecundos de la libertad, antes que la República independiente y soberana, pero desacreditada y miserable por la acción funesta de periódicas guerras civiles... [29]

Como vemos por estas palabras, Estrada Palma se inclinaba de nuevo a la anexión y ponía de relieve el por qué de su selección y apoyo por Wood frente a Masó, en 1902. De la misma manera fué que hasta el último momento abominó de sus enemigos políticos y no escatimó sus censuras al gobierno provisional porque preparaba el restablecimiento de la República con unas elecciones en que triunfarían los liberales. En una carta de septiembre de 1907, dirigida a su amigo el Dr. Jorge Alfredo Belt, podemos ver que Estrada Palma criticaba duramente el plan por el cual se liquidaba la intervención mediante la celebración de elecciones presidenciales, del que decía que parecía honrado y no era "moral en el fondo". [30] Estos puntos de vista, que hacen cavilar un poco sobre si del todo fué Estrada Palma irresponsable del despojo electoral de 1905-1906, no tenían otro origen sino el temor de que los liberales alcanzasen el poder sobre los conservadores, por ser más numerosos, en una elección hecha honradamente, como fué la de noviembre de 1908.

En efecto, no hubo que torcer o burlar la voluntad popular para que resultasen electos el general José Miguel Gómez y el doctor Alfredo Zayas, como Presidente y Vicepresidente de la

República, frente a los candidatos conservadores, general Mario García Menocal y doctor Rafael Montoro. La política cubana seguía los cauces que un escritor haría figurar como tema central de la novela *Generales y doctores*, en años más recientes, y así seguiría siéndolo porque la intervención norteamericana había frustrado la revolución cubana y dado al país una organización económica que conducía a tales resultados.

La segunda república surgía, pues, condenada de antemano por Estrada Palma, bajo quien había fracasado la primera. Tras Gómez y Zayas llegaban al poder los hombres llenos de ambiciones y, por regla general, sin muchos escrúpulos políticos, que entronizarían la corrupción administrativa, la violencia y la incapacidad en los gobiernos, cada vez mayores hasta hoy mismo. Obtusos patanes, profesionales improvisados, caudillos tropicales, etc., se erigieron en estadistas, legisladores, diplomáticos, financieros y técnicos; y de ese modo la evolución normal de progreso, ilustración, bienestar y engrandecimiento, que habría correspondido a Cuba, quedó alterada y obstaculizada hasta culminar en lo que es en un país cuya primera necesidad, quizás si llave de toda reforma, es simplemente la del adecentamiento de la vida pública, de arriba a abajo.

Magoon y la segunda intervención fracasaron ruidosamente, pero con escándalo y vergüenza, en dar a Cuba los fundamentos económicos, el régimen fiscal, el ordenamiento jurídico integral y, sobre todo, los ejemplos indispensables de honrada y útil inversión de los dineros públicos y de sanción inexorable e igualitaria para todo delincuente, el vulgar y el político, que resultaban de vitalísima importancia para un pueblo con los antecedentes históricos del cubano.

Hubo muchas y muy levantadas expresiones de patriotismo y de buenos deseos con ocasión del cambio de poderes, al inaugurarse la segunda república. El Presidente Roosevelt no desaprovechó la oportunidad de su último mensaje al Congreso de los Estados Unidos para ratificar que el gobierno de Wáshington conservaba su tutela sobre Cuba y que el único modo de que ésta pudiese evitar el ser gobernada, de manera permanente, por los norteamericanos, estaba en que probase su capacidad para hacerlo. Como hemos dicho ya, Cuba y los Estados Unidos quedaban solas en aquella relación singular que antaño había comprendido a España y que se había roto en 1898. Correspondió, sin embargo, a la ex-metrópoli sumida en la decadencia y el obs-curantismo de que pareció escapar de 1931 a 1936 y al que ahora acaba de volver, de manera trágica, con el franquismo, el oficiar en cierto modo y por el correspondiente precio, en la liquidación definitiva de las viejas relaciones triangulares de los tres países. Con efecto, en la recepción de Año Nuevo, de 1909, el Ministro Gaytán de Ayala, español, fué el encargado de saludar a Magoon, a nombre del cuerpo diplomático acreditado, y el representante de la nación que en vano había querido entregar a Cuba a los Estados Unidos, para no verla libre e independiente, en ese momento felicitó al gobernador provisional por su gestión y expresó la esperanza de que los sacrificios que los cubanos habían hecho por su patria asegurasen la felicidad y la permanencia de la República. Pocos días más tarde, de acuerdo con instrucciones dictadas por Magoon, se firmó en Madrid un convenio por el cual Cuba, que no había sido consultada para ello, pagaría a España la suma de trescientos mil pesos como indemnización por los cañones y el material de guerra dejado en las fortificaciones y cuarteles de la Isla. La reclamación por este concepto databa de años atrás y el gobierno de Estrada Palma se había negado, con todo derecho, a pagarla, mientras que España apelaba a los Estados Unidos y éstos se excusaban de presionar a Cuba para que lo hiciese. Bajo Magoon, sin embargo, se hacía aquella indemnización injusta e indebida a costa de la nación intervenida. En realidad los Estados Unidos se habían mostrado en extremo generosos con la España derrotada al pagarle millones de pesos por haberse quedado con Puerto Rico y Filipinas, pero lo habían hecho con su dinero, mientras que la compensación ordenada por Magoon a España, al cesar la segunda intervención y en premio a que los españoles de Cuba habían cooperado con las autoridades norteamericanas sin provocar conflictos, era un acto de generosidad a costa del tesoro cubano...

De todos modos, tanto con la actuación del Ministro Gaytán de Ayala como con el convenio de indemnización a que acabamos de referirnos, España quedaba finalmente relegada, por confesión e interés propio, a una posición de potencia extraña a las relaciones cubano-norteamericanas, en que para siempre ha de quedar, pese a las trasnochadas propagandas de reconstrucciones imperiales y meridianos culturales a que hoy se dedica la España fascista y que no pueden engañar a nadie de este lado del Atlántico, ya que si nuestras repúblicas son democracias imperfectas todavía, no siempre por su culpa, también son naciones amantes de la ilustración y la tolerancia y la libertad, a las que nunca y por motivo alguno será posible reconciliarlas con el obscurantismo, la regimentación y la intransigencia...

Con todos los defectos de sus hombres dirigentes, con todos los errores, a veces terribles, de la segunda república cubana, aunque ésta aún no sea la república cordial, llena de perfecciones políticas, sociales y económicas, que querían los formadores de la conciencia nacional, es infinitamente mejor, en todos los aspectos, que la colonia atrasada y tiranizada bajo España o el país humillado y perturbado por las intervenciones de los Estados Unidos; y mientras laboramos por su engrandecimiento con tenacidad invencible, los cubanos nos sentimos orgullosos de la patria y la bendecimos mientras marcha hacia la realización de sus destinos para ser una pequeña gran nación, feliz, independiente, unida, próspera y respetable, como tiene derecho a ser con su gloriosa historia.

FIN DE LA OBRA

NOTAS BIBLIOGRAFICAS

CAPITULO I

(1) **Actas de las Asambleas de Representantes y del Consejo de Gobierno...**, editadas por Emeterio S. Santovenia y Joaquín Llaverías, La Habana, 1932, vol. 5, pp. XVII - XVIII.

(2) Ibídem, vol. 5, p. 28.

(3) Ibid., vol. 5, p. 44.

(4) Ibíd., vol. 5, pp. 45-46.

(5) Ibíd., vol. 5, p. 47.

(6) State Department Archives: **Miscellaneous Letters-Part II**, Morgan-Hay, febrero 12, 1899.

(7) Ibídem.

(8) Morgan Papers, ya citados, Hay-Morgan, febrero 16, 1899.

(9) State Department Archives: **Miscellaneous Letters-Part II**, 1899, Morgan-Calixto García.

(10) **Iniciadores y primeros mártires de la revolución cubana**, por Vidal Morales, La Habana, 1901, 1ª edición, p. 478.

(11) Rubens, **ob. cit.**, p. 397.

(12) State Department Archives: **Miscellaneous Letters-Part II**, 1899, Calixto García-Morgan.

(13) Ibídem, Morgan-Hay, febrero 12, 1899, ya citada.

(14) Actas de las Asambleas de Representantes..., obra citada, vol. 5, p. 152.

(15) **Máximo Gómez - El Generalísimo**, por Benigno Sousa, obra citada, p. 321.

(16) **Actas de las Asambleas de Representantes...**, obra citada, vol. 5, p. 152.

(17) **Ibídem**, vol. 5, p. 151.

(18) Ibídem, vol. 5, p. 153.

(19) Ibíd., vol. 5, p. 156.

(20) Pueden leerse esas opiniones en **ibídem**, vol. 5, pp. 166-168.

(21) Ibíd., vol. 5, p. 169.

(22) Ibíd., vol. 5, p. 157.

(23) Máximo Gómez..., por Souza, obra citada, p. 322.

(24) Ibídem, p. 322.

(25) Martínez Ortiz, **ob. cit.**, vol. I, pp. 44-46.

(26) **Boletín del Archivo Nacional**, La Habana, vol. 31, 1932, Gómez-McKinley, octubre 28, 1898.

(27) Martínez Ortiz, **ob. cit.**, vol. I, p. 33.

(28) Actas de las Asambleas de Representantes..., obra citada, vol. 6, p. 34. Gómez-Portuondo, Jinaguayabo, enero 6, 1899.

(29) **Ibídem**, vol. 6, pp. 35 37.

(30) **Rubens**, ob. cit., pp. 391-392.

(31) **Cuba and the intervention,** por Albert G. Robinson, Nueva York, 1905, p. 116.

(32) **State Department Archives - Miscellaneous Letters: Part. I,** Porter-Gage, Wáshington, febrero 6, 1899.

(33) **Ibídem.**

(34) Ibíd., Gómez-McKinley, Remedios, febrero 1, 1899.

(35) Rubens, **ob. cit.,** p. 384.

(36) **Atkins,** ob. cit., p. 300.

(37) Ibídem, p. 303.

(38) Robinson, **ob. cit.,** pp. 111-112.

(39) Ibídem, p. 121.

(40) **State Department Archives - Miscellaneous Letters: Part I,** Porter-Gage, febrero 6, 1899.

(41) Robinson, **ob. cit.,** p. 118.

(42) **Actas de las Asambleas de Representantes...,** obra citada, vol. 5, pp. 67 y 69.

(43) **Ibídem,** vol. 5, pp. 87-88.

(44) Ibíd., vol. 5, pp. 92-93.

(45) **Ibíd.,** vol. 5, p. 97.

(46) Ibíd., vol. 5, p. 102.

(47) Ibíd., vol. 5, p. 144.

(48) Ibíd., vol. 5, p. 147.

(49) **State Department Archives: Miscellaneous Letters - Part I,** Morgan-McKinley, marzo 6, 1899.

(50) Martínez Ortiz, **ob. cit.,** vol. I, p. 31.

(51) **Civil Report of Maj. Gral. John R. Brooke...,** La Habana, 1899, vol. I, p. 3.

(52) Fitzgibbon, **ob. cit.,** p. 29.

(53) **Civil Report of... Brooke...,** obra citada, vol. 3, pp. 9-10.

(54) Robinson, **ob. cit.,** p. 124.

(55) Martínez Ortiz, **ob. cit.,** vol. I, p. 84.

(56) **Ibídem,** vol. I, p. 85.

(57) Atkins, **ob. cit.,** pp. 306-307.

(58) **Ibídem,** p. 308.

(59) **Civil Report... of Brooke...,** obra citada, vol. 3, pp. 3-22.

(60) Ibídem, vol. 3, pp. 17-18.

(61) Atkins, **ob. cit.,** pp. 304-305.

(62) Robinson, **ob. cit.,** p. 130. Jenks, **ob. cit.,** p. 68, dice que la Ley Foraker fué también motivada por el establecimiento de una junta presidida por el general Kennedy, en febrero de 1899, para asesorar al Secretario Alger sobre "...the sale or gift of franchises, either local or interprovincial; **railway grants;** street car-line concessions; electric light and other municipal monopolies...", en Cuba. Ante el descrédito en que había caído Alger, la Ley Foraker vino a impedir que la corrupción imperante en la Secretaría de la Guerra hiciese almoneda con todas las concesiones de servicios públicos posibles en Cuba.

(63) **State Department Archives: Miscellaneous Letters - Part II,** John W. Griggs-Hay y Russell Alger, marzo 17 y 25, 1899, respectivamente.

(64) **Ibídem: Great Britain,** vol. 131, Hay-Pauncefote, marzo 27, 1899.

(65) **Ibídem,** vol. 131, Reginal Tower-Hay, mayo 25, 1899.

(66) Martínez Ortiz, **ob. cit.,** vol. I, pp. 36-37.

(67) Rubens, **ob. cit.,** p. 384.

(68) **The Theodore Roosevelt Papers,** en The Library of Congress, Wáshington, D. C., "Files Wo-Wy", Wood-Roosevelt, Santiago, febrero 18, 1899.

(69) **The News,** Indianapolis, Ind., edición de abril 15, 1899.

(70) Jenks, **ob. cit.,** p. 71.

(71) **Ibídem,** p. 129.

(72) Ibíd., p. 129.

(73) **The Eagle,** Wichita, Kansas, edición de julio 9, 1899.

(74) **The News** y **The Tribune,** de Chicago, ediciones de julio 11, 1899.

(75) Rubens, **ob. cit.,** p. 384.
(76) Martínez Ortiz, **ob. cit.,** vol. 1, p. 83.
(77) **Roosevelt Papers,** ya citados, ''Roosevelt Files: Wo-Wy'', Wood-Roosevelt, Santiago, julio 12, 1899.
(78) Ibídem, Wood-Roosevelt, Santiago, agosto 3, 1899.
(79) Ibídem, Wood-Roosevelt, Santiago, agosto 18, 1899.
(80) Ibídem, Wood-Roosevelt, Santiago, agosto 24, 1899.
(81) **Olney Papers,** ya citados, Cleveland-Olney, Princeton, **marzo 26,** 1900. En el original de esta carta, en la Biblioteca del Congreso, de Wáshington, D. C., aparecen tachadas las palabras ''or colony'', que aquí insertamos.
(82) Martínez Ortiz, **ob. cit.,** vol. I, pp. 99-100.
(83) **Civil Report...** de Brooke, ya citado, vol. 3, pp. 17-22.
(84) **Foreign Relations of the United States...** 1899, Wáshington, 1901, p. XXIX.
(85) **Roosevelt Papers,** ya citados, Wood-Roosevelt, diciembre 3, 1899.
(86) Estos elogios contrastan con las críticas que el comandante J. E. Runcie, amigo y subordinado de Wood, con conocimiento de éste, hizo del régimen de Brooke en un escandaloso artículo publicado en la **North American Review,** vol. 170, pp. 284-294, que fué denunciado por Brooke al estado mayor para la averiguación y las sanciones correspondientes. Wood se defendió como pudo de la responsabilidad que podía haberle cabido, pero si con el ''enjuague'' hecho en su favor pudo salir adelante entonces. se preparó muchos y muy difíciles problemas durante el resto de su vida militar y política. A los cubanos, como es de suponer, todos estos escándalos, el choque de ambiciones que los producían, y las componendas resultantes, debieron ayudarles mucho a ''aprender'' a gobernarse bajo la ''ejemplar'' administración norteamericana.
(87) Martínez Ortiz, **ob. cit.,** vol. 1, pp. 105-106.
(88) Ibídem, vol. 1, pp. 106-107.
(89) Rubens, **ob. cit.,** pp. 397-398.
(90) Martínez Ortiz, **ob. cit.,** vol. 1, pp. 113-114.
(91) Ibídem.
(92) Ibíd.
(93) **Leonard Wood,** por Hermann Hagedorn, **Nueva York, 1931,** vol. 1, p. 231.
(94) Ibídem, p. 250.
(95) Atkins, **ob. cit.,** p. 309.
(96) Hagedorn, **ob. cit.,** vol. 1, pp. 271-274.
(97) Jenks, **ob. cit.,** p. 321.
(98) Hagedorn, **ob. cit.,** vol. 1, p. 277.
(99) Ibídem, vol. 1, p. 278.
(100) Ibíd., vol. 1, p. 285.
(101) **Roosevelt Papers,** ya citados, expediente ''Wood'', Wood-Roosevelt, La Habana, abril 20, 1900.
(102) Coolidge, **ob. cit.,** p. 314.
(103) **The Orville H. Platt Papers, en The Connecticut State Library,** Hartford, Platt-Atkins, junio 11, 1901.
(104) Coolidge, **ob. cit.,** pp. 288-294.
(105) Ibídem, p. 305.
(106) Ibíd., pp. 316-318.
(107) Atkins, **ob. cit.,** p. 314.
(108) Martínez Ortiz, **ob. cit.,** vol. 1, pp. 120-121.
(109) Hagedorn, **ob. cit.,** vol. 1, p. 288.
(110) Cortissoz, **ob. cit.,** vol. 2, p. 266.
(111) Martínez Ortiz, **ob. cit.,** vol. 1, p. 119.
(112) Fitzgibbon, **ob. cit.,** p. 34.
(113) Martínez Ortiz, **ob. cit.,** vol. 1, p. 115.
(114) Ibídem, p. 116.
(115) Ibídem, p. 117.
(116) Fitzgibbon, **ob. cit.,** p. 34.
(117) Robinson, **ob. cit.,** p. 79-80.

(118)   Martínez Ortiz, **ob. cit.**, vol. 1, p. 117.
(119)   Hagedorn, **ob. cit.**, vol. 1, p. 245.
(120)   Ibídem, vol. 1, p. 246.
(121)   **Ibíd.**, p. 316.
(122)   **Ibíd.**, pp. 370-371.
(123)   Ib., p. 186.
(124)   **Carlos J. Finlay**, por Francisco Domínguez Roldán, París, 1935, p. 40.
(125)   **Ibídem**, pp. 130-133.
(126)   Hagedorn, **ob. cit.**, vol. 1, pp. 324-329.
(127)   Véase, por ejemplo **Fifty years of Medicine and Surgery**, por Franklin H. Martin, Chicago, 1934, pp. 261-264.
(128)   Fitzgibbon, **ob. cit.**, p. 40.
(129)   **The United States and Cuba**, por Harry F. Guggenheim, Nueva York, 1934, p. 58.
(130)   El autor de esta obra presentó a la VII Conferencia Internacional Americana, de Montevideo, como delegado plenipotenciario de Cuba, la proposición de que se crease el Instituto Panamericano de Medicina Tropical ''Carlos J. Finlay'', en La Habana. La propuesta fué derrotada por la combinada oposición de ciertos delegados, entre ellos el embajador Weddell y el Dr. John D. Long, quienes representaban a los Estados Unidos. Como se ve, Cuba no ha escatimado sus esfuerzos para honrar la memoria de Carlos J. Finlay.
(131)   **Notes of a Busy Life**, por J. B. Foraker, Cincinnati, 1916, vol. 2, pp. 40-51.
(132)   Hagedorn, **ob. cit.**, vol. 1, p. 282.
(133)   **Ibídem**.
(134)   Robinson, **ob. cit.**, pp. 152-155.
(135)   **Annual Report of Maj. Gral. Leonard Wood**, Havana, 1900, p. 6.
(136)   Hagedorn, **ob. cit.**, vol. 1, pp. 279-281.
(137)   Rubens, **ob. cit.**, p. 400.
(138)   Fitzgibbon, **ob. cit.**, p. 63.
(139)   Robinson, **ob. cit.**, p. 194.
(140)   **Ibídem**, pp. 194-195. También Rubens, **ob. cit.**, pp. 422-423; Hagedorn, vol. 1, pp. 368 y 379; Fitzgibbon, **ob. cit.**, pp. 62-63.
(141)   **State Department Archives: Miscellaneous Letters**, Jones-Quesada, marzo 2, 1906.
(142)   **Ibídem**.
(143)   **Ibíd.** El abogado federal denunciado por Mr. Jones como favorable al desfalcador Neely era Mr. Henry L. Stimson, años después Secretario de Estado en tiempos del Presidente Hoover y como tal inventor de la llamada ''hands off policy'' en Cuba, mediante la cual la tiranía de Machado obtuvo el apoyo económico y diplomático de los Estados Unidos que lo mantuvo en el poder durante ocho años de sangre, ruina y corrupción cuyos efectos vivirá el pueblo cubano por muchos años más.
(144)   Hagedorn, **ob. cit.**, vol. 1, pp. 376-377.
(145)   Robinson, **ob. cit.**, p. 177.
(146)   **Problems of the New Cuba**, editada por la Foreign Policy Association, New York p. 138.
(147)   Martínez Ortiz, **ob. cit.**, vol. 1, pp. 101-102.
(148)   Robinson, **ob. cit.**, pp. 143-144.
(149)   **Ibídem**, p. 142.
(150)   Rubens, **ob. cit.**, pp. 418-419.
(151)   Hagedorn, **ob. cit.**, vol. 1, p. 289.
(152)   **Ibídem**, vol. 1, p. 334.
(153)   El autor de esta obra recuerda en la escuela primaria cubana a que asistió la enseñanza obligatoria de asignaturas como historia de los Estados Unidos y rudimentos de historia de América casi circunscriptos a los del pasado de las Trece Colonias de la América del Norte, con textos escritos e impresos en los Estados Unidos y cuya tendencia, como el hecho bien elocuente de su enseñanza a tiernos niños cubanos, era de inspirar en las nuevas generaciones ideas favorables a la anexión. El propósito, por supuesto, no prosperó.

(154) Robinson, **ob. cit.**, pp. 144-148.

(155) En los archivos del Departamento de Estado de Wáshington, **Miscellaneous Letters**, julio 18, 1900, figura la protesta del rector Lastre y los decanos Carbonell y Cañizares ante el Presidente McKinley contra la reforma Varona.

(156) Robinson, **ob. cit.**, p. 147.

(157) Hagedorn, **ob. cit.**, vol. 1, p. 287.

(158) Robinson, **ob. cit.**, pp. 337-342.

(159) Jenks, **ob. cit.**, p. 65.

(160) **Ibídem**, p. 129.

(161) **Ibíd.**, p. 129.

(162) **Ib.**, p. 132.

(163) **Ib.**, p. 157.

(164) F. G. Carpenter en **Cuba Review**, La Habana, noviembre, 1905, pp. 11-14.

(165) Hagedorn, **ob. cit.**, vol. 1, p. 194.

(166) **The Life and Work of Sir William Van-Horne**, por Walter Vaughn, Nueva York, 1920, pp. 286-287.

(167) Jenks, **ob. cit.**, pp. 153-154.

(168) **Ibídem**, p. 137.

(169) **Ibíd.**, p. 328.

(170) **Ib.**, p. 329.

(171) Robinson, **ob. cit.**, pp. 166-167.

(172) Jenks, **ob. cit.**, p. 136.

(173) Robinson, **ob. cit.**, p. 168.

(174) Jenks, **ob. cit.**, p. 136.

(175) Robinson, **ob. cit.**, p. 169.

(176) **Ibídem**, p. 201.

(177) **Ibíd.**, pp. 187 y 345.

(178) Todo esto se prueba, además, con el establecimiento de tarifas de pilotaje y otras concesiones favorables a los Estados Unidos y a su tráfico marítimo con Cuba, y en contra de los intereses de otras naciones. El encargado de Negocios inglés, Reginald Tower, protestó de ello sin resultado ante el Secretario Hay, en noviembre 6, 1899. (Véase **State Department Archives: Great Britain**, vol. 132).

(179) Cita de Guggenheim, **ob. cit.**, p. 62.

(180) Martínez Ortiz, **ob. cit.**, vol. 1, p. 127.

(181) Robinson, **ob. cit.**, p. 164.

(182) Rubens, **ob. cit.**, pp. 403-404.

(183) **Annual Report of Maj. Gral. Leonard Wood**, Dic. 20, 1899-Dic. 31, 1901. Havana, 1902 (?), vol. 1, p. 63.

(184) Atkins, **ob. cit.**, p. 322.

(185) **The Military and Colonial Policy of the United States**, por Elihu Root, pp. XIV, XV.

(186) Rubens, **ob. cit.**, pp. 418-419.

(187) Robinson, **ob. cit.**, p. 207.

(188) Fitzgibbon, **ob. cit.**, p. 71.

(189) Coolidge, **ob. cit.**, pp. 326-332.

(190) **Ibídem**, p. 334.

(191) Hagedorn, **ob. cit.**, vol. 1, pp. 299-300.

(192) **Ibídem**, p. 322.

(193) Rubens, **ob. cit.**, p. 426.

(194) Robinson, **ob. cit.**, pp. 134-136.

(195) Rubens, **ob. cit.**, p. 428.

(196) Hagedorn, **ob. cit.**, vol. 1, pp. 343-344.

(197) **Roosevelt Papers**, ya citados, expediente "Wood", Wood-Roosevelt, La Habana, abril 12, 1901.

(198) **Ibídem**, Wood-Roosevelt, La Habana, agosto 13, 1900.

(199) Martínez Ortiz, **ob. cit.**, vol. 1, pp. 166-168.

(200) Robinson, **ob. cit.**, pp. 209-210.

578 HERMINIO PORTELL VILÁ

(201) Hagedorn, ob. cit., vol. 1, p. 321.
(202) Eeveridge and the Progressive Era, por Claude Bowers, Cambridge, 1902, p. 134.
(203) Diario de Sesiones de la Convención Constituyente de Cuba, núm. 1, noviembre 6, 1900, p. 3.
(204) Ibídem, núm. 9, noviembre 23, 1900, p. 97.
(205) Ibíd., pp. 105-106.
(206) Ibíd., núm. 10, noviembre 24, 1900, p. 113.
(207) Ibíd., p. 119.
(208) Cita de Chapman, ob. cit., p. 135.
(209) Por ello resalta más la tontería de C. G. Bowers en Beveridge and the Progressive Era, ya citada, pp. 139-140, cuando al hablar de lo que no sabe dice que la Asamblea Constituyente cubana discutió la constitución sin una palabra de gracias a los Estados Unidos: ¡tipo representativo de cierta clase de historiador superficial y lleno de prejuicios el que en este caso aparece ser Mr. Bowers!
(210) Hagedorn, ob. cit., vol. 1, p. 322.
(211) State Department Archives: Miscellaneous Letters. Long Hay, diciembre 21, 1900.
(212) Robinson, ob. cit., p. 215.
(213) Hagedorn, ob. cit., vol. 1, pp. 340-341. Wood-Root, diciembre 22, 1900.
(214) Ibídem. Root-Wood, enero 9, 1901.
(215) Ibíd., Wood-Root, enero 4, 1901.
(216) Ib., Root-Wood, enero 9, 1901.
(217) Ib., p. 343.
(218) Ib., p. 342.
(219) Ib., p. 338, Root-Hay, enero 11, 1901.
(220) Ib., p. 343, Wood-Root, enero 19, 1901
(221) Coolidge, ob. cit., p. 338-340.
(222) Diario de Sesiones, ya citado, núm. 28, edición de febrero 12, 1901.
(223) Robinson. ob. cit., pp. 227 228.
(224) Ibídem, pp. 230-235.
(225) Cómo se hizo la constitución de Cuba, por Antonio Bravo Correoso, La Habana, 1928.
(226) Ibídem, p. 78.
(227) Historia de la Enmienda Platt..., por Roig de Leuchsenring, ob. cit., vol. 1, pp. 64-66.
(228) Robinson, ob. cit., p. 236.
(229) Bravo Correoso, ob. cit., p. 83.
(230) Hagedorn, ob. cit., vol. 1, p. 347.
(231) Rubens. ob. cit., p. 430.
(232) Hagedorn, ob. cit., vol. 1, p. 359.
(233) Ibídem, pp. 350-351.
(234) Robinson, ob. cit., p. 236.
(235) State Department Archives: Miscellaneous Letters, Root-Hay, febrero 25, 1901.
(236) State Department Archives: Great Britain, vol. 133, Pauncefote-Hill (Confidencial), septiembre 4, 1900.
(237) Hagedorn, ob. cit., vol. 1, p. 354.
(238) Mención histórica..., ob. cit. p. 395.
(239) Ibídem, pp. 400-401. proposición de febrero 19, 1901.
(240) Ibíd., pp. 402-403.
(241) Ib., pp. 409 412.
(242) Ib., pp. 404-408.
(243) Coolidge, ob. cit., p. 341.
(244) Génesis de la Enmienda Platt, por Enrique Gay Calbó en Cuba Contemporánea, La Habana, 1926, núm. 161, pp. 52-53.
(245) Ibídem, p. 55.
(246) Letters of John Hay..., ob. cit., vol. 3, p. 155, Hay-Adams, agosto 5, 1899.

(247) **Ibídem,** vol. 3, pp. 159-163, Hay-Henry White, agosto 11, 1899.
(248) **Ibíd.,** vol. 3, p. 269, Hay-Mrs. P. W., marzo 13, 1903.
(249) Hagedorn, **ob. cit.,** vol. 1, pp. 338 y 351.
(250) Ibídem, vol. 1, p. 359. Wood-Root, febrero 27, 1901.
(251) **Mención histórica**... obra citada, pp. 413-416.
(252) Hagedorn, **ob. cit.,** vol. 1, p. 359.
(253) Robinson, **ob. cit.,** p. 250.
(254) **Ibídem,** p. 248.
(255) Hagedorn, **ob. cit.,** vol. 1, p. 359.
(256) Robinson, **ob. cit.,** p. 251.
(257) **Historia de la Enmienda Platt, ob.** cit., vol. 1, p. 141.
(258) **Ibídem,** vol. 1, pp 137-138.
(259) **Mención histórica**..., ob. cit., pp. 425-426.
(260) Es singular el que, aprobada por imposición incontrastable de los Estados Unidos, la Enmienda Platt, todos los empréstitos cubanos han sido contratados con casas bancarias norteamericanas y aprobados por el Departamento de Estado de Wáshington, y también el de Comercio, al autorizar a los banqueros a prestar sus dineros o los de los inversionistas muchas veces engañados por financieros sin escrúpulos, como se ha probado en las investigaciones hechas por el Senate Finance Committe de los Estados Unidos, 1931-1934, de los empréstitos a Cuba. No pocos de esos préstamos eran riesgosos; en ocasiones fueron productos de componendas con gobernantes usurpadores, sin legítimo mandato constitucional, a fin de apoyarles en el poder a cambio de leoninas condiciones de crédito. Como después se ha probado hasta la saciedad los préstamos contratados por Cuba, y autorizados a los banqueros por el gobierno de Wáshington, si ayudaban a dictadores y gobernantes corrompidos, eran mayores que la capacidad económica de Cuba para pagarlos. No sólo, pues, la Enmienda Platt fué un abuso indigno y una violación de la fe prometida, sino que por su irresponsable y poco honrada interpretación en vigor, los Estados Unidos han contribuído a cargar al pueblo cubano con una deuda inmensa e innecesaria en favor de usurpadores cubanos y banqueros norteamericanos.
(261) **Obras de Eliseo Giberga,** La Habana, 1930, vol. 2, pp. 526-531.
(262) **Historia de la Enmienda Platt**..., de Roig de Leuchsenring, vol. 1, p. 153.
(263) Martínez Ortiz, **ob. cit.,** vol. 1, p. 175.
(264) **Mención histórica**..., ob. cit., p. 556.
(265) Hagedorn, **ob. cit.,** vol. 1, p. 360.
(266) **Historia de la Enmienda Platt,** ya citada, vol. 1, pp. 15-23.
(267) Hagedorn, **ob. cit.,** vol. 1, p. 362.
(268) **The Monroe Doctrine** - 1867-1907, por Dexter Perkins, Baltimore, 1937, p. 399.
(269) **Roosevelt Papers,** ya citados, expediente ''Wood'', Wood-Roosevelt, La Habana, abril 2, 1901.
(270) **Senator Morgan Papers,** ya citados, Barker-Morgan, Cienfuegos, abril 2, 1901.
(271) **Ibídem,** Root-Morgan, abril 10, 1901.
(272) **Ibíd.,** Hay-Morgan, abril 22, 1901.
(273) **Ibíd.,** García Menocal-Morgan, Nueva York, abril 22, 1901.
(274) **Ibíd.,** Pintó-Morgan, Nueva York, abril 22, 1901.
(275) **Ibíd.,** Morgan-Méndez Capote, Wáshington, abril 24, 1901.
(276) **Ibíd.,** Pettus-Morgan, marzo 2, 1901.
(277) **Roosevelt Papers,** expediente ''Wood'', Wood-Roosevelt, abril 12, 1901.
(278) Robinson, **ob. cit.,** p. 255.
(279) **Roosevelt Papers,** expediente ''Wood'', Wood-Roosevelt, mayo 9, 1901.
(280) **Mención histórica**..., ya citada. p. 480, Platt-Root, abril 26, 1901.
(281) **Morgan Papers,** ya citados, Pintó-Morgan, Nueva York, abril 29, 1901.
(282) **Diario de la VII Conferencia Internacional Americana,** Montevideo,

diciembre 20, 1933, pp. 27-29. Discurso del Delegado Plenipotenciario de Cuba, Dr. Herminio Portell Vilá, contra la intervención, en la sesión de diciembre 19.

(283) **Morgan Papers**, ya citados, Wood-Morgan, La Habana, mayo 21, 1901.

(284) **Ibídem**, Nueva York, García Menocal-Morgan, Nueva York, mayo 29, 1901.

(285) **Elihu Root**, por Philip C. Jessup, Nueva York, 1938, vol. I, p. 287.

(286) **Ibídem**, vol. I, p. 320, Root-Platt, mayo 9, 1901.

(287) Hagedorn, **ob. cit.**, vol. I, p. 364, Wood-Root, mayo 18, 1901.

(288) Jessup, **ob. cit.**, vol. I, p. 320, Platt-Root, abril 26, 1901.

(289) Martínez Ortiz, **ob. cit.**, vol. I, p. 301, Platt-Quílez, mayo 1º, 1901.

(290) **Mención histórica**, ya citada, pp. 465-466.

(291) **Ibídem**, p. 469.

(292) **Ibíd.**, p. 470.

(293) Perkins, **ob. cit.**, vol. 3, p. 399.

(294) **Ibídem**, pp. 400-404.

(295) **Mención histórica...**, ya citada, p. 472.

(296) **Ibídem**, p. 476.

(297) **Ibíd.**, p. 477.

(298) Hagedorn, **ob. cit.**, vol. 1, p. 364. Wood-Root, mayo 18, 1901.

(299) **World's Work**, Nueva York, 1901, vol. 2, p. 803.

(300) **Ibídem**, pp. 729-735.

(301) **The North American Review**, Nueva York, 1901, vol. 172, pp. 403-415.

(302) **Mención histórica...**, obra citada, p. 490.

(303) Martínez Ortiz, **ob. cit.**, vol. 1, pp. 303-304.

(304) El original de esta importantísima carta, fechada a marzo 2, 1902, está en poder del Dr. Miguel Gener, hijo, porque la Administración de Correos de Manila hubo de devolverla a su padre ya que el destinatario, Sbarreti, había partido de Filipinas cuando el 21 de abril llegó a Manila dicha carta.

(305) **Mención histórica...**, obra citada, p. 585.

(306) **Ibídem**, p. 587.

(307) **Ibíd.**, p. 485.

(308) Hagedorn, **ob. cit.**, vol. 1, p. 365. Wood-Root, junio 6, 1901.

(309) Robinson, **ob. cit.**, p. 270.

(310) **Ibídem**, p. 270. Lo que dejamos relatado en la nota 304, sobre la acusación de Miguel Gener al general Wood, prueba a maravilla lo que aquí dice Robinson. Uno de los votos decisivos en la aprobación de la Enmienda Platt lo obtuvo Wood al ayudar a un político de Oriente que estaba en dificultades con la ley y que influía en uno de los votos de la Asamblea, hecho que el "maestro de democracias" que fué Wood tuvo muy en cuenta.

(311) **Roosevelt Papers, (Letter Book)**, Roosevelt-Root, Oyster Bay, junio 1, 1901.

(312) **Ibídem**, Roosevelt-Butler, Oyster Bay, junio 3, 1901.

(313) Hagedorn, **ob. cit.**, vol. 1, p. 365, Wood-Root, junio 6, 1901.

(314) **Ibídem**.

(315) **Mención histórica...**, p. 510.

(316) **Historia de la Enmienda Platt...**, de Roig de Leuchsenring, ya citada, vol. I, pp. 179-185.

(317) Hagedorn, **ob. cit.**, vol. 1, p. 365-367.

(318) **Roosevelt Papers (Wood Files)**, ya citados, Wood-Roosevelt, La Habana, octubre 28, 1901. Este documento del más desvergonzado imperialismo lo encontramos hace años en los papeles de Roosevelt depositados en la Biblioteca del Congreso, de Wáshington. En un trabajo que presentamos a la reunión anual de la American Historical Association (1933), en Ann Arbor, Mich., fué la sorpresa del día. Conviene agregar que la familia del hombre que la escribió y que tales pruebas de doblez hubo de dar para con Cuba, hace muchos años que recibe del gobierno de nuestra República una pensión en "reconocimiento" a sus esfuerzos por la "independencia" de Cuba... El sándalo perfuma el hacha que le hiere..., dijo el poeta.

(319) Dennett. **ob. cit.**, p. 203.

(320) Hagedorn, **ob. cit.**, p. 342. Wood-Foraker, La Habana, enero 11, 1901.

(321) **Ibídem**, p. 343. Wood-Root, La Habana, enero 19, 1901.

(322) Martínez Ortiz, **ob. cit.**, vol. 1, p. 346.

(323) **Desde el Castillo de Figueras**, por Carlos de Velasco, La Habana, 1918, pp. 73-76. Estrada Palma-Benigno Gener, enero 1878. Véase también la reciente biografía de Tomás Estrada Palma por el Dr. Pánfilo D. Camacho, publicada por Editorial Trópico.

(324) Hagedorn, **ob. cit.**, p. 360.

(325) **Ibídem**, p. 371.

(326) **Ibíd.**, p. 372.

(327) **Roosevelt Papers (Wood Files)**, ya citados, Wood-Roosevelt, octubre 7, 1901.

(328) **The Orville H. Platt Papers**, en The Connecticut State Library, Hartford, Atkins-Wood, mayo 31, 1901 y Atkins-Platt, junio 3, 1901.

(329) **Ibídem**, Atkins-Platt, junio 3, 1901.

(330) **Ibíd.**, Platt-Atkins, Wáshington. D. C., junio 11, 1901.

(331) Martínez Ortiz, **ob. cit.**, vol. 1, p. 351.

(332) **Ibídem**, vol. 1, p. 354.

(333) Hagedorn, **ob. cit.**, vol. 1, pp. 370-371. Este biógrafo confiesa sin rubor ni disculpa todo este escandaloso caso de uso indebido de autoridad y de juego con los dineros públicos hecho por Wood para favorecer a su amigo, el ya entonces bastante señalado Padre Emilio.

(334) Martínez Ortiz, **ob. cit.**, vol. 1, p. 363.

(335) **Ibídem**, p. 365.

(336) Robinson, **ob. cit.**, p. 182.

(337) Martínez Ortiz, **ob. cit.**, vol. 1, p. 373.

(338) **Ibídem**.

(339) Robinson, **ob. cit.**, 183-185.

(340) Carta de Gener al Obispo Sbarreti, ya citada, **marzo 7, 1902**.

(341) Hagedorn, **ob. cit.**, vol. 1, pp. 376-377.

(342) Robinson, **ob. cit.**, pp. 152-156.

(343) Jessup, **ob. cit.**, vol. 1, pp. 292-293.

(344) Robinson, **ob. cit.**, p. 184.

(345) **Ibídem**, p. 185.

(346) **Roosevelt Papers (Wood Files)**, ya citados, Wood-Roosevelt, enero 4, 1902.

(347) **Ibídem**, Wood-Roosevelt, octubre 28, 1901.

(348) **Ibídem**.

(349) Jessup, **ob. cit.**, vol. 1, p. 323. Wood-Root, octubre 22, 1901.

(350) **Roosevelt Papers** (Hay Files), ya citados, Hay-Roosevelt, **febrero 14, 1902.**

(351) **Ibídem**, (Root Files), Root-Roosevelt, marzo 24, 1902.

(352) **State Department Archives: Miscellaneous Letters**, Root-Hay, **marzo 25, 1902.**

(353) **Diario de la Marina**, La Habana, edición de enero 12, 1902.

(354) **Miscellaneous Letters**, ya citadas, Secretario del Tesoro-Root, abril 16, 1902, enviando informe del Dr. Walter Wyman.

(355) Martínez Ortiz, **ob. cit.**, vol. 1, pp. 382 383.

(356) **State Department Archives-Legation in Cuba**, vol. 1, memorándum del almirante Bradford, fechado a julio 28, 1902.

(357) **Roosevelt Papers (Wood Files)**, ya citados. Wood-George B. Cortelyou (secretario éste de Roosevelt), La Habana, abril 12, 1902.

(358) **Ibídem (Letter Book)** Roosevelt-Wood, abril 24, 1902.

(359) **Ibíd., (Hay Files)**, Hay-Roosevelt, julio 18, 1902.

(360) **Ib., (Hay Files)**, Hay-Roosevelt, julio 21, 1902.

(361) Hagedorn, **ob. cit.**, vol. 1, p. 392.

(362) Martínez Ortiz, **ob. cit.**, vol. 1, p. 415.

(363) **Roosevelt Papers (Wood Files)**, ya citados, Wood-Roosevelt, octubre 28, 1901.

(364) Jessup, **ob. cit.**, vol. 1, p. 297.

(365) **Ibídem**, p. 299.

CAPITULO II

(1) **Patria**, Nueva York, abril 5, 1894.

(2) **Obras completas de José Martí**, editadas por Gonzalo de Quesada, La Habana, 1905, vol. IV, pp. 181-183.

(3) **State Department Archives - Cuba**, vol. I, Squiers Hay, junio 2, 1902. Squiers había presentado sus credenciales como representante diplomático de los Estados Unidos el 27 de mayo.

(4) **Ibídem**, vol. 1, Squiers-Hay, junio 7, 1902.

(5) Martínez Ortiz, **ob. cit.**, vol. 2, p. 11.

(6) Fitzgibbon, **ob. cit.**, p. 107.

(7) La voracidad presupuestívora de los congresistas cubanos ha crecido notablemente con los años, como así también ha aumentado la corrupción política desenfrenada. Los senadores y representantes de 1902 se asombrarían de los sueldos y las prebendas que han llegado a tener sus sucesores. El nivel intelectual y moral no ha crecido proporcionalmente a la retribución, conviene añadir.

(8) **State Department Archives - Cuba**, vol. I, Squiers-Hay, junio 14, 1902.

(9) **Ibídem**.

(10) **Ibid.**, vol. 3, Squiers-Hay septiembre 29, 1902.

(11) **Ib.**, Squiers-Hay, octubre 15, 1902.

(12) **Ib.**, Squiers-Hay, octubre 16, 1902.

(13) **Ib.**, Hay Squiers, octubre 16, 1902.

(14) Martínez Ortiz, **ob. cit.**, vol. 2, pp. 15-16.

(15) **State Department Archives: Cuba**, vol. 1, Squiers-Hay, junio 28, 1902.

(16) **Ibídem**, Squiers-Hay, julio 4, 1902.

(17) **Ibídem**. Con fecha 12 de julio el Secretario Hay instruyó a Squiers sobre que los Estados Unidos no estaban interesados en la anexión, que si ésta tenía lugar sería porque así lo pidiesen los cubanos y le aconsejó que se manejase con cautela, y la respuesta del Ministro en La Habana a su superior, que se encuentra entre los papeles del Presidente Roosevelt, en la Biblioteca del Congreso, en el expediente titulado "State Department. I", y que lleva fecha 19 de julio, dice así: "Since I reached here I have been more or less in the dark regarding the position of the Government on the question of annexation, and while I felt sure of myself, I was not altogether certain as there were some things I heard which made me feel a little doubtful as to the ultimate intentions of the Government. With the assurances you have given me I hope now to be able to more intelligently carry out your wishes and instructions, and I shall take every occasion to discourage to the utmost any false ideas on the subject of annexation existing in the minds of those who come to the Legation seeking advice on the subject..." Por supuesto que Squiers no cumplió el propósito que aquí anunciaba contra la anexión y en la misma carta se pronunciaba por la retirada de las guarniciones norteamericanas que había en Cuba porque eso descorazonaría a los anexionistas que "...are more dangerous than they may be credited in the United States..." y podían provocar una revolución "...thus bringing about the desired result: military occupation by the United States and subsequent annexation..."

Con razón decía Squiers que los directivos de la Asociación de Hacendados eran "strong annexationists" y agregaba que: "The Planters' Association of Cuba have been constantly planning in this direction, as is reported in the daily press. One of the General Committee came to the Legation today to acquaint me with their most recent plans and intentions, but I told him most emphatically that the United States had not interest in, or desire whatever, for annexation..."

(18) **Ibíd.**, Squiers-Hay, junio 23, 1902.
(19) **Ibíd.**, Squiers-Hay, julio 11, 1902.
(20) **Ibíd.**, Squiers-Hay, julio 17, 1902.
(21) Ib., vol. 2, Squiers-Hay, agosto 16, 1902.
(22) **Ib.**, vol. 7, Squiers-Hay, junio 18, 1903.
(23) Ib., Squiers Hay, agosto 8, 1903.
(24) Martínez Ortiz, **ob. cit.**, vol. 2, p. 54.
(25) Jessup, **ob. cit.**, vol. 1, p. 431.
(26) **Ibídem**, p. 432.
(27) **Ibíd.**
(28) **Ibíd.**, p. 471.
(29) **The Roosevelt Papers, en The Library of Congress**, Wáshington,
D. C. Press Copy-Books, vol. 17, Roosevelt-Butler, mayo 21, 1904.
(30) **Ibídem**, vol. 18, Roosevelt-Root, septiembre 2, 1904.
(31) **Ibid.**, vol. 26. Roosevelt-Taft, junio 24, 1905.
(32) **State Department Archives. Cuba**, vol. 8, Squiers-Hay, septiembre 19, 1903.
(33) **Ibídem**, vol. 10, Squiers-Secretario de Estado, enero 25, 1904.
(34) **Ibíd.**, vol. 11, Squiers-Hay, junio 7, 1904.
(35) **Ibíd.**, vol. 12, Squiers-Hay, agosto 10, 1904.
(36) **Ibíd.**, vol. 11. González de Mendoza-Squiers, agosto 29, 1904.
(37) **Ibíd.**, vol. 13, Squiers Hay, diciembre 8, 1904.
(38) Ib., vol. 14, Squiers-Hay, enero 21, 1905.
(39) **A History of the Cuban Republic**, por Charles E. Chapman, p. 163.
(40) **Leonard Wood**, por Hermann Hagedorn, Nueva York, 1931, vol. 1, p. 380.
(41) **The Roosevelt Papers**, ya citados, expediente "Wood", Wood-Roosevelt, mayo 9, 1901.
(42) **Ibídem-Letter Book**, vol. 1, Roosevelt-Wood, mayo 14, 1901.
(43) **The Cuban Situation and Our Treaty Relations**, por Philip G. Wright, Wáshington, D. C., 1931, p. 24.
(44) **Cuba and the Intervention**, por Albert G. Robinson, Nueva York, 1905, p. 292.
(45) **Our Cuban Colony**, por Leland H. Jenks. Nueva York, 1928, p. 136.
(46) **Historia de la Enmienda Platt**, por Emilio Roig de Leuchsenring, La Habana, 1935, vol. 1, pp. 169-170.
(47) Jenks, **ob. cit.**, p. 135.
(48) **La Enmienda Platt y la reciprocidad**, por Luis V. de Abad, en **Diario de la Marina**, La Habana, febrero 7 - marzo 18, 1933.
(49) **La Discusión**, La Habana, marzo 21, 1901.
(50) Jenks, **ob. cit.**, p. 135.
(51) **Ibídem**, p. 136.
(52) **Roosevelt Files**, ya citados, expediente "Wood", Wood-Roosevelt, octubre 28, 1901.
(53) **Roosevelt Papers**, ya citados, "Letter-Book" 1, Roosevelt-Wood, noviembre 11, 1901.
(54) **Ibídem**, vol. 3, Roosevelt-Butler, febrero 4, 1902.
(55) **Ibídem**, Letter Book, vol. 4, Roosevelt-Butler, mayo 27, 1902.
(56) **Ibíd.**, Letter Book, vol. 5, Roosevelt-W. F. Wakeman, julio 19, 1902.
(57) **State Department Archives: Cuba**, vol. 1, Squiers-Hay, junio 28, 1902.
(58) Fitzgibbon, **ob. cit.**, p. 208.
(59) **State Department Archives: Cuba - Notes**, vol. 1, Quesada-Hay, octubre 14, 1902.
(60) **Ibídem: Cuba**, vol. 3, Squiers-Hay, octubre 9, 1902.
(61) **Ibíd.**, Squiers-Hay, octubre 13, 1902.
(62) **Ibíd.**
(63) **Ibíd.**, Squiers Hay, octubre 17, 1902.
(64) **Ibíd.**, Squiers-Hay, octubre 23, 1902.
(65) **Ibíd.**, vol. 4, Squiers-Hay, noviembre 1º, 1902.

(66) **Cuba - Instructions,** vol. 1, Hay-Squiers, octubre 23, 1902. (Incluye copia del despacho de Choates al State Department).

(67) **Ibídem,** Hay-Squiers, octubre 27, 1902 (Incluye copia del despacho de Choates al State Department).

(68) **Roosevelt Files,** ya citados, expediente "P - Pe", Estrada Palma-Roosevelt, septiembre 12, 1902.

(69) **State Department Archives - Cuba,** vol. 3, Squiers-Hay, septiembre 21, 1902.

(70) **Roosevelt Papers,** ya citados, **Letter Book** No. 7, Roosevelt-Estrada Palma, octubre 27, 1902.

(71) **Ibídem, Letter Book** No. 6, Roosevelt-Hay, septiembre 18, 1902.

(72) **Ibíd.,** Roosevelt-Hay, octubre 23, 1902.

(73) **State Department Archives - Cuba,** vol. 4, Squiers - Hay, noviembre 14, 1902.

(74) **Ibídem,** Squiers-Hay, noviembre 17, 1902.

(75) **Ibíd.,** Squiers-Hay, noviembre 24, 1902.

(76) **Ibíd.,** Squiers-Hay, noviembre 27, 1902.

(77) **Ib.,** Squiers-Hay, noviembre 28, 1902.

(78) Martínez Ortiz, **ob. cit.,** vol. 2, pp. 24-28.

(79) **Ibídem,** p. 27.

(80) **State Department Archives: Cuba,** vol. 4, Squiers-Hay, diciembre 2, 1902.

(81) Wright, **ob. cit.,** pp. 28-30.

(82) Jenks, **ob. cit.,** p. 136.

(83) **State Department Archives: Cuba,** vol. 5, Squiers Hay, diciembre 18, 1902.

(84) **Ibídem,** Squiers-Hay, diciembre 20, 1902.

(85) **Ibídem,** Squiers-Hay, enero 8, 1903.

(86) **Ibíd.,** Squiers-Hay, diciembre 10, 1903.

(87) **Ib.,** Squiers-Hay, enero 16, 1903.

(88) **Ib.,** Squiers-Hay, enero 16, 1903.

(89) **Cuba's Claims to the Isle of Pines,** por Gonzalo de Quesada, en **North American Review,** noviembre de 1909, pp. 594-604.

(90) Chapman, **ob. cit.,** p. 159.

(91) **State Department Archives - Cuba,** vol. 5, Squiers-Hay, enero 22, 1903.

(92) **Ibídem,** Squiers-Hay, enero 26, 1903.

(93) **Ibíd.,** Squiers-Hay, febrero 7, 1903.

(94) Martínez Ortiz, **ob. cit.,** vol. 2, p. 41.

(95) **State Department Archives: Cuba,** vol. 6, Squiers Hay, abril 18, 1903.

(96) **Ibídem,** vol. 7, Zaldo-Squiers, nota No. 468, mayo 9, 1903.

(97) **Ibídem,** Squiers-Hay, mayo 18, 1903.

(98) **Roosevelt Papers,** ya citados, **Letter Book** núm. 9, Roosevelt-Hay, mayo 13, 1903.

(99) **Ibídem,** vol. 8, Roosevelt-John Dalzell, febrero 24, 1903.

(100) **Ib.,** Roosevelt-Henderson, febrero 26, 1903.

(101) Martínez Ortiz, **ob. cit.,** vol. 2, p. 34.

(102) **Diario de Sesiones del Congreso de la República de Cuba** (2ª legislatura, Senado), La Habana, 1903.

(103) **Roosevelt Papers,** ya citados, **Letter Book** núm. 10, Roosevelt-Villard, julio 17, 1903. (Traducción: "He hecho el trabajo sucio del Presidente en Cuba, en favor de él, y ahora quiero mi premio".)

(104) **Diario de Sesiones...,** ya citado.

(105) **Ibídem.**

(106) **State Department Archives: Cuba,** vol. 6, Squiers-Hay, marzo 24, 1903.

(107) **Roosevelt Papers,** ya citados, **Letter Book** núm. 11, Roosevelt Fairbanks, agosto 10, 1903.

(108) **Ibídem,** Roosevelt-Quay, agosto 27, 1903.

(109) **Ibíd.**, Roosevelt-Cannon, septiembre 19, 1903.
(110) **Ib.**, Roosevelt-Draper, septiembre 19, 1903.
(111) **Wright, ob. cit., p. 30.**
(112) **State Department Archives: Cuba,** vol. 7, Squiers-Hay, julio 13, 1903. Cuando Díaz, finalmente, prometió comprar dos aplanadoras norteamericanas, toda la indignación moralista del diplomático norteamericano se desvaneció, según vemos relatado en el despacho citado.
(113) **Ibídem: Cuba,** vol. 8, Squiers-Hay, noviembre 5, 1903.
(114) **Ibíd.: Cuba,** vol. 7, Squiers-Hay, junio 26, 1903.
(115) **Ibíd.: Cuba,** vol. 7, Squiers-Hay, julio 8, 1903.
(116) **Ibíd.: Cuba,** vol. 7, Squiers-Hay, julio 30, 1903.
(117) **Ibíd.: Cuba,** vol. 10, Squiers-Hay, febrero 5, 1904. Aurelio Hevia cita muchos casos más, de estas imposiciones intolerables de Squiers y sus auxiliares, en **Cuba Contemporánea** (agosto. 1922), pp. 310-319).
(118) **Ibíd.: Cuba,** vol. 10, Squiers-Hay, febrero 19, 1904.
(119) **Ibíd.: Cuba,** vol. 12, Squiers-Hay, julio 28, 1904 (Personal).
(120) **Ibíd.: Cuba,** vol. 11, Squiers-Hay, septiembre 17, 1904.
(121) **Ibíd.: Cuba,** vol. 13, Squiers-Hay, octubre 15, 1904.
(122) **Ibíd.: Cuba,** vol. 11. En este tomo están los detalles de esa controversia y no hay un solo documento que permita suponer una reprensión de Squiers por su grosería y su pobre diplomacia.
(123) **Ibíd.: Cuba,** vol. 17, Morgan-Root, abril 12, 1906 (particular).
(124) **Ibíd.: Cuba,** vol. 12, Squiers-Loomis, julio 16, 1904.
(125) **Fitzgibbon, ob. cit., p. 95.**
(126) **Los derechos cubanos sobre la Isla de Pinos,** por Aurelio Hevia, en **Cuba Contemporánea,** marzo de 1924, pp. 196-197.
(127) **Censo de Cuba,** 1899, p. 204.
(128) **Hevia, ob. cit., p. 196.**
(129) **Fitzgibbon, ob. cit., p. 95.**
(130) **Cuba's Claims to the Isle of Pines,** por Gonzalo de Quesada, en **North American Review,** noviembre de 1909, pp. 594-604.
(131) **Hevia, ob. cit., p. 199.**
(132) **State Department Archives: Cuba,** vol. 5, Squiers-Hay, enero 22 de 1903.
(133) **Jessup, ob. cit.,** vol. 1, pp. 529-530.
(134) **Hevia, ob. cit.,** pp. 200-201.
(135) **State Department Archives: Cuba,** vol. 11, Squiers-Hay, mayo 19, 1904.
(136) **Ibídem.**
(137) **Roosevelt Papers,** ya citados, vol. 28, Roosevelt-Root, noviembre 6, 1905.
(138) **Hevia, ob. cit., p. 297.**
(139) **Martínez Ortiz, ob. cit.,** vol. 2, pp. 179-180.
(140) **Roosevelt Papers,** ya citados, expediente "Cuba", Cairns-Taft, Marianao, septiembre 22, 1906.
(141) **State Department Archives: Miscellaneous Letters,** Platt-Root, febrero 21, 1906.
(142) **Ibídem: Cuba.** vol. 13, Squiers-Hay, diciembre 8, 1904.
(143) El 29 de agosto de 1904 el anexionista cubano Ramón G. Mendoza había pedido a Squiers que interviniese para protestar oficialmente de la forma en que se haría el pago a los norteamericanos que habían comprado bonos de veteranos y a quienes no convenían los requisitos exigidos para poder cobrar. Según González de Mendoza los clientes a los que él representaba y que eran el Senador Frank D. Pavey y los Sres. Clarence M. Jones y Robert C. Pruyn, de Nueva York, habían invertido $300.000 en dicho negocio. **State Department Archives, Cuba,** vol. II.
(144) **Ibídem: Cuba,** vol. 13, Squiers-Hay, enero 21, 1905.
(145) **Roosevelt Papers,** ya citados, Squiers-Hay, febrero 25, 1905.

(146)   **State Department Archives: Cuba,** vol. 14, Squiers-Hay, marzo 11, 1905.

(147)   **Ibídem: Cuba,** vol. 14, Squiers-Hay. abril 28, 1905.

(148)   **Ibíd.: Cuba,** vol. 14, Squiers-Hay, mayo 26, 1905.

(149)   **Ibíd.: Cuba,** vol. 15, Squiers-Hay, julio 1, 1905.

(150)   **Ibíd.: Cuba,** vol. 15, Squiers-Root, julio 28, 1905.

(151)   **Ibíd.: Cuba,** vol. 15, Thompson-Squiers-Root, Cienfuegos, agosto 2, 1905.

(152)   **Ibíd.: Cuba,** vol. 15.

(153)   Martínez Ortiz, **ob. cit.,** vol. 2, p. 152. El infortunado joven no podía prever que todavía Cuba viviría tiranías peores, más ruinosas y más sangrientas, precisamente por la acción de Gerardo Machado y Orestes Ferrara, quienes decía él en el mismo telegrama que estaban amenazados de muerte por los gobiernistas.

(154)   **State Department Archives: Cuba,** vol. 15, Dod-Squiers, agosto 29, 1905.

(155)   **Roosevelt Papers,** ya citados, vol. 36. Roosevelt-Subsecretario Bacon, septiembre 10, 1905.

(156)   **State Department Archives: Cuba,** vol. 15, Squiers-Root, septiembre 30, 1905.

(157)   **Ibídem: Cuba,** vol. 15, Squiers-Root, octubre 7, 1905.

(158)   **Ibíd.: Cuba,** vol. 15, Squiers-Root, octubre 24, 1905.

(159)   **Ibíd: Cuba,** vol. 15, Squiers-Root. octubre 28, 1905.

(160)   **Roosevelt Papers,** ya citados, expediente ''Cuba'', Cairns-Taft, septiembre 22, 1906.

(161)   **Ibídem,** vol. 36, Roosevelt-Bacon, septiembre 10, 1906.

(162)   **Teodoro Roosevelt,** por Manuel Sanguily, en **Heraldo de Cuba,** La Habana, enero 7, 1919.

(163)   **Roosevelt Papers,** ya citados, vol. 36. Roosevelt-Bacon, septiembre 10, 1906. El sentido de la traducción que Martínez Ortiz da en su obra (vol. 2, p. 249), a la frase ''out of the question'' con referencia a la intervención, es exactamente lo contrario de su verdadero significado y por eso es que, en homenaje a las rectas intenciones de Roosevelt, aquí insertamos el texto original, en inglés. Este y otros casos análogos de traducciones mal hechas confirman al autor de esta obra en su decisión de publicar las citas en idiomas extranjeros sin traducirlas.

(164)   **Ibídem,** Roosevelt-Bacon, septiembre 12, 1906.

(165)   **Ibídem,** expediente ''Cuba'', Bacon-Steinhart, septiembre 10, 1906.

(166)   **Ibídem,** Steinhart-Bacon, septiembre 12, 1906. La observación sobre la Ley del Arroz, que aquí hace Steinhart, tiene que ver con un incidente de los últimos tiempos de Squiers como Ministro de los Estados Unidos y meses subsiguientes, en que ciertos intereses norteamericanos encontraron apoyo diplomático para tratar de influir con el gobierno y los congresistas cubanos en favor del arroz de los Estados Unidos. La protesta del Ministro Gonzalo de Quesada ante la cancillería de Wáshington fué contestada de manera destemplada y significativa.

(167)   **Ibídem,** Steinhart-Bacon, septiembre 12, 1906.

(168)   Martínez Ortiz, **ob. cit.,** vol. 2, p. 260.

(169)   **Roosevelt Papers,** ya citados, expediente ''Cuba'', Roosevelt-Sleeper, septiembre 13, 1906.

(170)   **Ibídem,** Steinhart-Bacon, septiembre 14, 1906.

(171)   **Ibíd.:** Steinhart-Bacon, septiembre 13, 1906.

(172)   Martínez Ortiz, **ob. cit.,** vol. 2, p. 261.

(173)   Jessup, **ob. cit.,** vol. 1, p. 534.

(174)   **Robert Bacon, Life and Letters,** por James Brown Scott, Nueva York, 1923, p. 118.

(175)   Jessup, **ob. cit.,** vol. 2, p. 156.

(176)   **Ibídem,** vol. 1, p. 534.

(177) **Roosevelt Papers**, ya citados, expediente "Cuba", Steinhart Bacon, septiembre 14, 1906.

(178) Ibídem, **Letter Books**, vol. 36, Roosevelt-Bacon, septiembre 14, 1906.

(179) **Ibídem**, vol. 36, Roosevelt-Quesada, septiembre 14, 1906.

(180) Martínez Ortiz, **ob. cit.**, vol. 2, p. 297.

(181) Jenks, **ob. cit.**, p. 169.

(182) La interesante documentación así iniciada por Taft ha sido publicada en gran parte; pero con correcciones y extractos que a veces dejaron fuera del valioso **Report** de Taft y Bacon (publicado en **House of Representatives - Documents, United States 59th. Congress, Second Session**, 1906-1907), datos y conclusiones que son de la mayor importancia y que conviene destacar, por lo que en las páginas siguientes citaremos estos papeles directamente de las copias que tomamos en el archivo del Presidente Roosevelt y no del **Report** de Taft y Bacon, destinado a la publicidad y cuidadosamente revisado.

(183) **Roosevelt Papers**, ya citados, expediente "Cuba", Taft-Roosevelt, septiembre 21, 1906.

(184) Martínez Ortiz, **ob. cit.**, vol. 2, p. 306.

(185) **Roosevelt Papers**, ya citados, expediente "Cuba", Taft-Roosevelt, septiembre 22, 1906.

(186) **Ibídem**, Roosevelt-Taft, septiembre 22, 1906.

(187) **Ibíd.**, Taft-Roosevelt, septiembre 25, 1906.

(188) **La crisis**, por Enrique José Varona, en **El Fígaro**, La Habana, septiembre 23, 1906.

(189) **Roosevelt Papers**, ya citados, expediente "Cuba", Taft-Roosevelt, septiembre 25, 1906.

(190) **Ibídem**, Roosevelt-Taft, septiembre 25, 1906.

(191) **Ibíd.**, Taft-Roosevelt, septiembre 26, 1906.

(192) **Ibíd.**, Taft-Roosevelt, septiembre 26, 1906.

(193) Martínez Ortiz, **ob. cit.**, vol. 2, p. 341.

(194) **Roosevelt Papers**, ya citados, expediente "Cuba", Roosevelt-Taft, septiembre 26, 1906.

(195) **Ibídem**, Taft-Roosevelt, septiembre 28, 1906.

(196) **Ibíd.**, Taft-Roosevelt, septiembre 28, 1906.

(197) Martínez Ortiz, **ob. cit.**, vol. 2, p. 355.

(198) **Roosevelt Papers**, ya citados, expediente "Cuba", Roosevelt-Taft, septiembre 29, 1906.

(199) **Ibídem**, Roosevelt-Taft, septiembre 29, 1906.

(200) Martínez Ortiz. **ob. cit.**, vol. 2, pp. 360-361.

(201) Chapman, **ob. cit.**, p. 226.

(202) Jessup, **ob. cit.**, vol. 2, pp. 536-537.

(203) **Roosevelt Papers**, ya citados, expediente "Cuba", Taft-Roosevelt, septiembre 29, 1906.

(204) **Los presupuestos del Estado**, por Rogelio Pina y Luis V. de Abad, La Habana, 1936, p. 147.

(205) Robinson, **ob. cit.**, p. 187.

(206) Pina, **ob. cit.**, p. 147.

(207) "The Commercial Annexation of Cuba", por Atherton Brownell, en **Appleton's Magazine**, octubre de 1906.

(208) **State Department Archives: Cuba - Instructions**, vol. 1, Adee-Squiers, marzo 20, 1905.

CAPITULO III

(1) **Elihu Root**, por Philip C. Jessup, Nueva York, 1938, vol. I, pp. 534-535.

(2) **Ibídem**, p. 539.

(3) **Magoon in Cuba**, por David A. Lockmiller, Chapel Hill, 1938, p. 217.

(4) **William Howard Taft**, por Herbert S. Duffy, Nueva York, 1930, p. 194.

(5) **Cuba**, por Irene A. Wright, Nueva York, 1910, p. 183.

(6) Lockmiller, **ob. cit.**, p. 71.

(7) **Beveridge and the Progressive Era,** por Claude G. Bowers, Cambridge, 1938, pp. 239-240.

(8) **Roosevelt Papers,** ya citados, vol. 37, Roosevelt-Beveridge, octubre 5, 1906.

(9) **Ibídem,** Roosevelt-Beveridge, octubre 7, 1906.

(10) **Report of the Delegates of the United States to the Third International Conference of American States,** Wáshington, 1907, p. 64.

(11) Jessup, **ob. cit.,** vol. I, p. 538.

(12) **Ibídem,** p. 538.

(13) **State Department Archives: Consular Despatches - Havana,** vol. 133, Steinhart-Hay, diciembre 30, 1903.

(14) **Our Cuban Colony,** por Leland H. Jenks, Nueva York, 1928, p. 171.

(15) **State Department Archives: Miscellaneous Letters,** Bonaparte-Root, febrero 14, 1906.

(16) **Ibídem,** Falconio-Bonaparte, marzo 16, 1906.

(17) **Ibídem,** Root-Bonaparte, marzo 20, 1906.

(18) Lockmiller, **ob. cit.,** p. 142.

(19) **Ibídem,** pp. 88-89.

(20) Pina y Abad, **ob. cit.,** p. 157.

(21) **El progreso (1902 a 1905) y el retroceso (1906 a 1922)** de la República de Cuba, por Carlos M. Trelles, Matanzas, 1923, p. 8.

(22) **La decadencia cubana,** por Fernando Ortiz, La Habana. 1924, p. 15.

(23) **The Caribbean Danger Zone,** por J. Fred Rippy, Nueva York, 1940, p. 231.

(24) **Roosevelt Papers,** ya citados, Magoon-Roosevelt, abril 16, 1908.

(25) **Ibídem.**

(26) Rippy, **ob. cit.,** pp. 143-144.

(27) **Roosevelt Papers,** ya citados, Magoon-Roosevelt, agosto 31, 1908 (Confidencial).

(28) Véase ''Análisis de la deuda pública de Cuba'', en **Cuba Económica y Financiera, La Habana,** sept'embre de 1940, pp. 8-9.

(29) Martínez Ortiz, **ob** cit., vol. 2, p. 447.

(30) **Honrando al caíd',** por Carlos de Velasco, La Habana, 1910, p. 20.

TABLA ALFABETICA